지리학과 지정학으로 읽는 중동 사전

이완 W. 앤더슨 지음

이주성 옮김, 인남식 해제

지리학과 지정학으로 읽는 중동 사전

이완 W. 앤더슨 지음
이주성 옮김, 인남식 해제

MIDDLE EAST: GEOGRAPHY AND GEOPOLITICS

서문

오랜 기간 동안 중동 지역을 설명하는 교과서로 간주되어온 윌리엄 B. 피셔William B. Fisher의 저서 《중동The Middle East》을 상고하고 개정·증보할 기회를 얻은 것은 내게 큰 영광이자 기쁨이었다. 특별히 영광인 이유는 내가 더럼 대학교의 베너러블 비드Venerable Bede* 칼리지 지리학과장으로 자리를 옮기는 데 피셔 교수가 크게 기여했기 때문인데, 그 덕분에 나는 더럼 대학교 지리학과의 일원으로 정착할 수 있었다. 큰 기쁨인 이유는 내가 피셔 교수의 학과 일원이 되면서부터 중동 지역을 본격적으로 연구하는 경력을 쌓아갈 수 있었기 때문이다. 학과에 합류한 초창기 나의 연구 주제는 중동의 수문학hydrology과 지형학geomorphology에 집중되었고, 이후 관심 주제가 지정학으로 전환되었다. 그 결과 중동 내 여러 국가에서 연구할 수 있는 행운을 누려왔고, 주 연구 분야인 지리학뿐만 아니라 지도 제작학이나 보육학 분야 역시 섭렵할 수 있었다.

피셔 교수는 중동 지역을 통합적인 수준에서 연구한 마지막 세대였고, 지리적 특징에 대한 연구와 인문지리학에 능통했다.

---

* 비드(Bede)는 중세 잉글랜드의 종교사를 서술한 수도사이자 역사가로, 덕망이 높았기에 '신망 있는(Venerable) 비드'라는 호칭으로 불렸다.

그는 중동의 기상학과 기후학에 대한 끝없는 관심을 가지고 있었고, 중동 지역의 문화적 요소에 대해서도 풍부한 지식과 깊은 이해를 보유하고 있었다. 그렇기 때문에 나는 그가 집필한 핵심적인 내용들을 이 책에 남기고 싶었다.

다만 '중동'이라는 용어는 지리학적 의미 이상으로 지정학적인 의미를 지니고 있기 때문에, 이 책을 통해 피셔의 저서 형식을 지정학적인 분석의 형식으로 재구성하는 것이 필요하다고 생각했다. 폴 클라발Paul Claval(1998) 같은 학자들이 여전히 지역지리학 연구를 지속하고 있기는 하나, 최근에는 중동 지역을 지정학적인 맥락에서 연구하는 경향이 뚜렷해지고 있기 때문이다. 또한 국제사회의 주요 사건 중 다수가 중동 지역에서 발생하고 있기 때문에 지정학 분석의 주체를 국가로 간주하는 것 역시 적합하다. 따라서 피셔가 자신의 저서에서 각 권역별로 설명한 부분은 이 책의 10장 '중동의 국가들'과 11장 '지정학'으로 대체했다. 또한 프롤로그와 1장, 5장, 9장, 에필로그는 완전히 새롭게 집필했고, 2장과 4장 역시 피셔의 기존 저서 내용 중 일부만 유지했다. 반면 3장, 6장, 7장, 8장은 기존 내용을 대체로 유지한 가운데 일부 내용을 추가하며 업데이트했다. 책의 전체 내용 중 약 30% 정도가 피셔의 저서를 계승했다고 볼 수 있다.

이 책을 집필하는 데 많은 도움을 준 더럼 대학교 졸업생과 재학생에게 감사의 말을 전하고 싶다. 특히 에드워드 트위디 박사, 제임스 카네기, 제니 리브스, 개리스 스탠스필드, 라잔 푸바나 박사, 그리고 사하브 파르완치에게 감사한다. 이 동료들과 함께 일할 수 있었던 것은 큰 특권이었다. 또한 두 아들에게도 특별히 고맙다고 말하고 싶다. 그레그 앤더슨Grag Anderson은 프롤로그를 통해 이 책의 새로운 맥락을 효과적으로 설정해주었고, 리암 앤더슨Liam Anderson은 이 책을 집필하는 동안 많은 도움과 조언을 주었다. 프롤로그를 집필한 그레그는 인류가 초기부터, 비록 '지정학'이라는 용어를 직접 사용하지는 않았지만, '지정학적인 접근'을 해왔음을 아주 명쾌하게 드러내주었다. 이와 더불어 세심한 노력과 관심을 가지고 이 책을 편집해준 로즈메리 베일론에게 감사하고, 집필 내용을 타이핑해주고 격려를 아끼지 않은 나의 자매 오스틴에게도 많은 빚을 졌다. 그리고 피셔의 저서에서 사용된 여러 지도를 세심하게 다시 그려준 이언 쿨에게도 감사한다. 마지막으로, 이 책을 집필하겠다는 영감을 선사한 피셔에게 다시 한번 감사드리고, 이 책에서 발견되는 모든 오류는 나의 책임임을 밝힌다.

한국의 독자분들에게

오래전 더럼 대학교 교수로 재직 시절 만났던 동문으로부터 이 책의 한국어판 서문 원고를 요청받고 무척 기뻤다.

앞서 출판된 이 책의 7판까지는 윌리엄 B. 피셔 교수가 썼고, 이후 8판 출판을 준비하며 나는 앞선 판에서 다루었던 지역학적 관점을 넘어서서 지정학적 관점으로 새롭게 방향을 전환할 것을 피셔 교수와 논의한 후 집필했다.

리비아에서 오만과 이란에 이르는 지역을 지칭하는 '중동'은 군사적 개념으로 등장했다. 지금은 지리적 의미와 지정학적 맥락을 함께 함유하며 사용되고 있다. 이와 마찬가지로 '한반도' 역시 지리적 의미로서의 개념은 물론 지정학적 함의도 함께 갖고 있다. 그러므로 중동과 한반도에서 국가란 (단순히 특정한 지리적 위치의 의미를 넘어서서) 지정학의 행위자로도 볼 수 있다. 중동과 한반도 지역의 전략 환경은 미국, 중국, 러시아 및 미래의 인도 등 강대국에 의해 만들어지고 있다.

중동과 한반도는 세계 최대 인구의 두 대국인 중국-인도 대륙의 양쪽 경계에 접해 있고, 전 세계에서 가장 국토가 넓은 러시아의 남쪽으로 인접하고 있다. 중국과 러시아는 (유라시아 육로)

국경을 넘나드는 교역을 지배하고 있다. 반면 미국은 중동과 한반도 양 지역 및 인근 해역을 지리적·지정학적으로 동시에 품고 있다.

냉전기 중동과 한반도는 미·소 양대 초강대국의 가장 중요한 관심 지역이었다. 오늘날 양 지역은 핵무기를 가졌거나 아니면 잠재적으로 핵 개발 역량을 가진 여러 강국의 전장이 되어가고 있다. 앞으로도 중동과 한반도 양 지역의 지정학적 함의와 그 중요성이 계속될 것이라는 점은 부인하기 어렵다.

모쪼록 내가 중동에서 받았던 지적 자극만큼이나 이 지역이 한국 독자들에게도 많은 자극을 줄 수 있기 바란다.

2024년 10월
이완 W. 앤더슨

차례

지정학: 선사시대

전문가든 아니든 대부분의 사람들은 '지정학geopolitics'이라는 용어를 마치 '국제적인 분석 수준에서의 정치학'의 약칭처럼 사용한다. 하지만 우리가 통상적으로 사용하는 '지정학'은 지나치게 좁게 해석되는 경향이 있다. '지리'와 '정치'라는 두 용어가 제공하는 풍성한 분석 능력을 최대한도로 활용하지 못했기 때문이다. 따라서 이 책에서는 물리적, 역사적, 경제적, 전략적, 사회적 측면과 관련한 지리적 요소들이 지역local 수준에서부터 초국가적supranational 수준까지 아우르는 모든 분석 수준에서의 정치적 의사결정 과정에 어떠한 영향을 끼치는지 살펴보도록 하겠다.

  '정치Politics'라는 용어는 그리스어인 폴리스polis라는 명사에서 파생된 형용사 폴리티코스politikos에서 유래했다. 원래 폴리스라는 용어는 일반적으로 고지대에 건설한 그리스 소도시들을 둘러싸고 있는 성채citadel를 의미했다. 고졸기 그리스archaic period(기원전 700~기원전 480) 시대에 들어와서 폴리스라는 용어는 정착지의 도심부 전체를 지칭하는 의미로 확장되었고, 이후에는 정치적 영향력이 미치는 도시 외곽의 영토까지 포괄하게 되었다.

이후 고대 그리스 시대(기원전 480~기원전 320)에 들어와서는 현재 우리가 지칭하는 '도시국가' 수준을 넘어섰고, 폴리스라는 용어는 시민들로 이루어진 공동체를 지칭할 때도 사용되었다.

그리고 이후에는 물리적, 정치적, 사회적 개체를 지칭하던 폴리스가 여러 파생 어휘를 형성하게 되었다. 대표적인 용어들이 바로 폴리테이아politeia('정치 체제political regime' 내지는 '정치적 조직체polity'), 폴리테우마politeuma(국가 기관institutions of the state), 그리고 영어 단어 폴리테polite의 어원인 폴리테스polites(시민citizen) 등이다. 여기서 추가로 파생된 형용사인 폴리티코스politikos는 폴리스의 본래 어원을 바탕으로, 의미론적 측면에서 상당히 자유롭게 시민civil, 대중public, 입헌적constitutional, 도회적urbane, 세속적secular, 공동의communal 등과 같은 뜻을 살릴 때 활용되었다. 아리스토텔레스가 언급한 "인간은 본성적으로 정치적politikon인 동물이다"라는 문구에 사용된 용어가 바로 이것이다. 그런데 여기서 그가 말하고자 하는 바는 인간이 본성적으로 정치적인 성향을 보인다기보다는 인간이 본성적으로 정치 공동체를 이루면서 살아갈 수밖에 없는 존재라는 의미(폴리스적인 동물)다. 어찌 되었든 중립적인 복수 형태의 형용사를 추상명사로 표현한 그리스 어휘인 '폴리티카politika(폴리스와 관련된 사항을 의미)'는 이후 영어 단어인 '정치politics'가 되었다. 다만 그 변환 과정에서 그리스 단어가 내포하고 있는 광범위한 공명감은 다소 사라졌다.

초기 그리스 시대의 우주 생성론에 따르면, 지구 생명체의 창조는 하늘의 신인 우라노스와 대지의 여신인 가이아 간 교합의 결과물로 간주되었다. 또한 그리스 유물들을 살펴보면, '가이아'라는 단어가 종종 지구 표면과 연관되어 있는 것을 볼 수 있다. 바다와 대조된 건조한 땅을 의미하는 경우도 있었고, 개인의 토착 영토를 지칭하기도 했으며, 아니면 농부들에 의해 경작된 토양을 의미하기도 했다. 폴리스라는 어휘처럼 가이아 역시 여러 파생 형태(ge- 또는 geo-)를 남겼다. 대표적인 예시가 게오르고스georgos(농부, '토양에서 일하는 자'), 지오메트리아geometria(기하학, 땅의 측정), 그리고 당연히 가장 흔하게 사용되는 지오그라피아 geographia다.

'지구 표면에 대한 묘사'라는 의미를 가진 '지오그라피아(지리학)'는 기원전 6세기 소아시아 해안 도시에 살았던 이오니아 그리스인을 통해 처음으로 하나의 연구 분야로 자리 잡았다. 당시 지오그라피아가 다루던 연구 범위는 시간이 지나면서 변화했지만, 학문의 경계는 현대 지리학의 경계와 대다수 일치한다. 즉, 지구 표면에서 발견되거나 지구의 표면에 영향을 주는 인간적·물리적인 현상에 대한 광범위한 연구가 그때도 동일하게 이루어진 셈이다. 지리학은 그리스의 고졸기와 고대 시기를 거치면서 학문적 토대가 더욱 탄탄해졌고, 이 용어는 지리학적인 조사의 구체적인 두 결과물인 '지도'와 '지리학 논문'을 지칭하게 되었다.

그리스 어원에서 파생되긴 했지만, '지정학geopolitics'이라는 용어는 사용된 지 100년 정도밖에 되지 않은 근대적인 표현이다. 하지만 이 책에서 사용되듯이, 상당히 오랜 계보를 가진 조사 형태임은 분명하다. 이후 언급하겠지만 여러 분석 수준에서 나타나는 지리와 정치 간 상호작용이 지니는 중요도는 그리스인들도 오랫동안 인정해왔고 연구해왔던 분야다. 또한 지리학적인 조사는 고대 그리스의 정치·경제적인 이익과 중요한 발전을 이루어낼 수 있는 원동력이 되었다. 그럼 우선 그리스 지리학의 역사를 간략히 살펴보자.

지리학에 대한 지각이 있었다는 암시는 매우 이른 시기 그리스 문학 속에 잘 드러나 있다. 예를 들어 호메로스(기원전 750?~기원전 700?)나 헤시오도스(기원전 700?)의 작품 속에는 지형적인 묘사들이 상당히 정교하게 표현되어 있다. 특히 지구 표면의 해양과 바다의 배치나 인류가 살고 있는 세계에 대한 관측이 6세기 이후부터 소아시아의 에게해 연안에 위치한 이오니아 지역에서 시작되었다. 최초의 지도를 만든 밀레투스 출신의 아낙시만드로스는 지구가 드럼 모양으로 구성되어 있다고 생각했다. 5세기로 넘어가면서 또 다른 밀레투스 출신인 헤카타이오스는 아낙시만드로스의 주장을 다듬어서 최초의 지리학 논문 격인 〈세계 안내기〉를 저술했다. 하지만 아쉽게도 지금은 그중 일부만 남아 있다. 헤카타이오스의 저술은 지중해와 흑해 지역을 연구하면서 관찰한 내용을 담고 있다. 하지만 그리스의 오랜 지리학 조사의 전통을 만든 선구자는 동시대 카리안다 출신의 스킬락스로, 그는 더 많은 시간 동안 여행하며 인더스강 유역과 수에즈 지협까지 조사했다. 하지만 그의 자료는 기원전 4세기 정도까지의 기록만 남아 있다.

지구가 구의 형태라고 최초로 인식한 인물 중 하나는 사모스 출신의 피타고라스(기원전 550년경 탄생)와 엘레아 출신의 철학자인 파르메니데스(기원전 510년경 탄생)다. 크니도스 출신의 에우독소스(기원전 390?~기원전 340?) 등과 같은 학자들은 이러한 연구에 깊이를 더했고, 기원전 4세기 들어 아리스토텔레스와 그의 제자인 디카이아르코스(천문학 조사를 주로 하던 인물)는 그리스인들에게 알려진 세계가 단지 지구의 북반구 일부에 불과하다는 것을 깨달았다. 이후 알렉산드로스(알렉산더) 대왕의 페르시아 원정과 헬레니즘 시대가 도래하면서, 새로운 지혜의 전당인 알렉산드리아를 중심으로 더욱 과학적이고 수학적인 토대를 바탕으로 한 지리학적 조사 방법론이 개발되기 시작했다. 이러한 방법론 개발에 있어 의심할 여지없이 가장 중요한 인물은 바로 키레네 출신의 박식가이자 알렉산드리아 도서관의 관장인 에라토스테네스(기원전 285?~기원전 194?)다. 그는 위도와 경도의 고정 좌표를 체계화하는 방안을 획기적으로 개선했고, 지구의 둘레를 놀랍도록 정확하게 계산했다.

이러한 연구 방법론은 알렉산드리아를 중심으로 고대 로마 시절까지 계속해서 활용되었고, 그 과정에서 해안선을 관찰하고 지리학적으로 묘사하던 고대의 전통은 여전히 사라지지 않았다. 사실 이러한 고대 전통 방식을 통해 작성된 가장 오래된 결과물은 아우구스투스 황제 시기(기원전 31~서기 14)의 자료들뿐이다. 가장 기념비적인 작품은 스트라본의 《지리지》로, 이는 기존의 자료들보다 훨씬 뛰어나다. 그는 로마 제국의 영토뿐 아니라 그 너머의 인간적·물리적 세계까지 철저하게 조사하여 묘사했다. 동시에 그는 아우구스투스적 세계 질서를 가능케 만든 지리학적인 당위성을 연구하기 위해 야심차게 역사와 지리학을 융합함으로써 고대 그리스 연구자들에게 자극을 주었다.

그사이 새롭게 수학적인 토대를 바탕으로 연구하는 지리학이 등장했고, 이러한 방식은 프톨레마이오스(130~180경)의 《지리학》을 통해 정점에 도달했다. 그는 아일랜드에서 말레이반도에 이르는 세계지도를 만들 수 있는 충분한 데이터를 제공했다. 그런데 사실 부정확한 부분도 없지는 않다. 주로 로마 제국의 영토 밖에 위치한 세계를 묘사할 때 그러했다. 예를 들어, 로마 제국의 남쪽 국경에 위치한 아프리카가 중국과 연결되어 있다거나, 스코틀랜드가 영국의 동쪽 해안에 위치해 있다고 기록되어 있다. 또한 스리랑카는 실제 규모보다 14배 크게 그려지기도 했다.

그럼에도 불구하고 엄청난 디테일과 수학적인 정확성 덕분에 프톨레마이오스의 《지리학》은 지도 투영법cartographic projection의 발전에 기여했고, 그의 연구 방법은 16세기가 될 때까지 대체될 수 없었다.

그리스 지리학을 연구하면서 드러난 가장 놀라운 부분은 바로 지리학이 갖는 정치적 함의가 역사 전반에 녹아들어 있다는 점이다. 우선 지리학 연구의 출발점 내지는 원동력이, 직접적이든 간접적이든, 국가의 경제적·정치적 이익에 의해 움직였다고 해석해볼 수 있다. 동시에 이러한 인식은 투키디데스나 폴리비오스 같은 역사학자나 스트라본 같은 지리학자의 연구물에 반영되어 있는데, 이들은 정치사나 전쟁사에서 나타나는 사건들의 원인과 영향을 분석하기 위해 종종 지정학적 분석 방법론을 선택했다.

어쩌면 가장 초기의 지도와 지리적인 논문들이 소아시아 해안의 이오니아 도시국가들에서 주로 생성되었다는 점은 결코 우연이 아니다. 실제로 이러한 지리학적 연구의 발전이 이오니아 지역 그리스 도시국가들로 하여금 광범위한 상업적·식민주의적 모험을 추구하게끔 만들었다고 알려져 있다. 지리학의 발달을 통해 이들은 그리스 외부의 세계와도 지속적으로 접촉할 수 있었다. 이들은 북아프리카와 바빌론, 흑해 연안 지역을 여행했고, 그리스계가 아닌 리디아나 카리아, 그리고 후에는 페르시아와도 접촉했다.

지리학자인 헤카타이오스는 기원전 500년 밀레투스의 폭군인 아리스타고라스에게 조언한 인물 중 하나였다. 당시 아리스타고라스는 기원전 546년 리디아 왕국이 무너진 이후 이오니아 지역을 장악하고 있던 페르시아의 패권을 무너뜨리려는 계획을 세우는 중이었다. 헤로도토스에 의하면, 헤카타이오스는 페르시아 왕 다리우스의 막강한 힘과 자원을 너무나도 잘 알고 있었기 때문에 아리스타고라스에게 그 계획을 포기하라고 조언했다. 하지만 안타깝게도 이 조언은 묵살되었다. 아리스타고라스는 혁명에 실패하며 수치스러운 결말을 맞이했고, 이오니아 역시 재앙적인 후폭풍을 맞이했다. 이오니아 지역의 도시들은 약탈당하고 불탔으며, 신전들은 모두 파괴되었다. 아름다운 소녀들은 페르시아로 끌려가 후궁이 되었고, 멋진 소년들은 모두 거세당했다.

한편, 다리우스 황제는 이 사건 이전에 스킬락스에게 임무를 부여한 것으로 알려져 있다. 인더스강을 지나 인도양까지 조사하는 바로 그 유명한 임무다. 그런데 헤로도토스는 다리우스가 이 임무를 부여한 이유가 순수하게 과학적인 목적 때문은 아니라고 이야기한다. 다리우스는 스킬락스의 원정대로부터 얻은 지식을 바탕으로 즉각적으로 인도를 점령한 후 인도양까지 장악했기 때문이다.

이러한 예시들에서 드러나듯이 지리학이 지닌 정치적인 여파에 대한 인식이 초창기 그리스 지리학자들의 여러 작품에도 큰 영향을 끼쳤다는 것을 알 수 있다. 하지만 안타깝게도 기록들이 많이 남아 있지는 않다. 그렇기에 이 지리적인 인식을 더욱 체계적으로 지정학적 분석에 토대를 둔 과거와 현재의 인간사 연구 형태에 적용하기 위해서는 다른 자료들을 활용할 수밖에 없다. 이러한 맥락에서 확보할 수 있는 가장 오래된 원문은 5세기 가장 위대한 역사학자인 헤로도토스와 투키디데스의 작품일 것이다.

헤로도토스는 흥미롭지만 다소 산만한 자신의 저서 《역사》에서 주로 그리스인이 어떻게 페르시아인과 싸우게 되었고, 페르시아 전쟁(기원전 480~기원전 479)에서 어떻게 승리했는지에 집중하고 있다. 이 책은 과거 전설에서 나타나는 특정 사건을 중심으로 상호 적대감을 추적하면서 흥미를 유발하기보다는 특정 지역에 대한 설명으로 시작한다. 헤로도토스가 제시한 특정 지역은 이오니아 도시국가들이 위치한 규모가 작은 소아시아의 에게해 연안으로, 그리스 세계와 동쪽의 비非그리스 왕국들을 연결하는 곳이었다. 그는 이 지역을 둘러싼 일련의 대규모 정치적 소요가 연쇄작용을 일으켜 페르시아 전쟁으로 이어졌다고 묘사하고 있다. 이오니아 도시국가들은 처음에는 리디아 왕국의 지배를 받다가 페르시아 제국에 복속되었는데, 이후 아리스타고라스가 페르시아에 반기를 들면서 대규모 정치적 소요가 발생했다. 다시 말해, 현대적인 의미에서 보면, 그는 고대 시기 분쟁의 화약고를 예측·분석한 셈이다.

앞에서 우리는 밀레투스의 폭군인 아리스타고라스가 페르시아를 상대로 반란을 기획하면서 지리학자인 헤카타이오스에게 조언을 구했고, 또한 그의 조언을 무시하여 본인뿐 아니라 이오니아 그리스인들을 어떠한 파멸로 이끌었는지 살펴본 바 있다. 사실 이 단편적인 사건이 바로 헤로도토스가 저술한 《역사》의 주요 테마이자 구조를 형성하는 사건이다. 또한 이러한 패턴은 이후 일련의 주요 사건에서 계속 반복되면서 결국 페르시아와의 전쟁에까지 이르게 된다. 각 사건마다 영향력 있는 인물들은 자신의 욕심이나 감정, 야망 때문에 혹은 꿈이나 신탁을 토대로 대규모 군사 원정을 기획한다. 그런 다음 이들은 식견이 높은 참모에게 자신의 계획을 보여준다. 참모는 상황을 분석한 후 대개 원정을 포기하라고 조언한다. 하지만 조언은 언제나 묵살되었고, 예상했던 재앙이 찾아왔다.

헤로도토스의 대서사가 다루는 가장 중요한 사건은 리디아의 왕 크로이소스가 페르시아군을 공격한 사건(기원전 546), 아리스타고라스의 반란(기원전 500), 그리고 가장 중요한 페르시아 왕 크세르크세스의 그리스 원정(기원전 480)이다. 여기서 우리가 주목할 부분은 소위 '지정학적인 분석'에 바탕을 둔 조언들이 세 사례 모두에서 거부되었다는 사실이다. 더욱 확실한 이해를 돕기 위해 이미 다룬 헤카타이오스의 조언에 더해 사례 하나를 추가로 소개하겠다.

헤로도토스에 의하면, 크세르크세스가 그리스 원정을 결심하게끔 만든 가장 큰 동기는 바로 아테네인들에 대한 복수심이었다. 기원전 500년 아리스타고라스가 반란을 일으켰을 때 그리스가 이를 도왔고, 이후 페르시아는 괘씸한 아테네를 응징하기 위해 아테네를 침공하지만, 기원전 490년 마라톤 전투에서 승리하지 못하며 굴욕을 당한 바 있다. 크세르크세스가 역사적인 결정을 내리는 상당히 길고 극적인 과정 동안, 그의 삼촌인 아르타바누스*는 크세르크세스가 계획을 포기하게끔 만들기 위해 노력 중이었다. 하지만 아르타바누스의 개입은 실패했고, 크세르크세스는 대규모 육군과 함대를 꾸려 출정했다. 페르시아 대군이 헬레스폰트(다르다넬스 해협의 고대 그리스 지명)에 설치한 특별 부교를 통해 막 아시아에서 유럽 대륙으로 넘어가려는 찰나에, 아르타바누스는 자기 조카를 수렁에서 구할 수 있는 마지막 시도를 해보았다. 그는 '세계에서 가장 위대한 두 힘'인 바다와 육지가 그들을 가로막고 있다고 호소했다. 그는 다음과 같이 아리송한 묘사를 통해 바다의 무서움을 강조했다.

내가 아는 한, 그리스 지역에는 우리 수준의 대규모 함대를 수용

---

* 아르타바누스는 페르시아 제국 아케메네스 왕조 시절 경호 사령관이자 고관으로, 크세르크세스의 측근 중 한 명이었다.

하고 폭풍으로부터 보호해줄 수 있는 항구가 없습니다. 특히 우리가 항해하는 동안 이러한 항구는 하나가 아니라 해안가를 따라 여러 개가 필요할 것입니다. 하지만 단 한 개도 없습니다. 그러니 각하, 사람은 환경의 주인이 아니라 그 앞에 속수무책이라는 점을 인지해주시기 바랍니다.

또한 각하의 또 다른 위대한 적인 육지에 대해 말씀드리겠습니다. 각하가 진격하면서 적을 만나지 못하게 된다면, 땅 그 자체가 갈수록 더 적대적으로 변할 것입니다. 사람은 성공을 통해 만족하기 때문에, 각하는 갈수록 땅 안으로 끌려들어 갈 것입니다. 만약 누군가가 각하의 진격을 막지 않는다면, 육지가 각하를 막을 것입니다. 날이 갈수록 땅은 점점 멀어지면서, 궁극적으로 각하를 아사에 빠지게 할 것입니다.

이러한 두 차례의 호소는 사실상 예언처럼 현실화되었다. 크세르크세스는 역시나 삼촌의 조언을 무시했고, 저돌적으로 원정을 지속하면서 결국에는 굴욕적인 실패를 경험하게 된다.

중요한 시점마다 이렇게 되풀이되는 패턴의 함의는 무엇일까? 헤로도토스가 주목했듯이, 페르시아 전쟁의 발발을 궁극적으로 야기한 일련의 사건은 대개 강력한 정치 지도자들이 대규모 구상들을 추진하기에 앞서 지정학적인 요소들을 고려하지 않음으로 인해 시작되었다. 헤로도토스는 지리학에 많은 관심을 가지고 있었고, 헤카타이오스 같은 선구자들이 쓴 여러 일화 및 여담 역시 명확하게 지리학에 관한 내용을 담거나 종종 헤로도토스의 서사를 압도하고 있다. 또한 헤카타이오스는 지리학이 지닌 정치적 함의에 대해서도 인식하고 있었다. 정보통이나 다름없는 아르타바누스 같은 인물의 입에서 그러한 정도의 지리학적 지식이 나오게끔 유도했다는 것을 통해 알 수 있다. 따라서 아르타바누스를 '지정학'의 최초 수제자라 보아도 과언이 아니다.

이제 투키디데스와 그의 저서 《펠로폰네소스 전쟁사》로 눈을 돌려보자. 투키디데스는 기원전 431년부터 기원전 404년까지 지속된 아테네 제국과 펠로폰네소스 동맹 간의 소모전에 대해 다루고 있다. 그는 헤로도토스보다 더 절도 있는 순차적 서술법을 통해 사건들을 다루고 있으며, 더욱 정밀한 지정학적 분석 방법을 활용했다. 특히 그는 코르큐라섬(코르푸섬의 옛 지명)과 에게해 북부 해안 도시인 포티다이어를 주요 화약고로 지목했다. 이곳에서 처음 아테네와 코린트 간의 국익이 충돌하여 기원전 431년 펠로폰네소스 전쟁이 발발했다. 투키디데스의 이러한 서술은 펠로폰네소스 전쟁에 대한 현대적인 해석에서도 중요한 분석 기반이 되고 있다.

투키디데스는 《펠로폰네소스 전쟁사》의 도입부에서 선사시대부터 5세기 중반까지의 그리스 역사를 재구성하면서, 지금까지 펠로폰네소스 전쟁만큼이나 중요한 분쟁은 없었다고 강조한다. 그는 쥐꼬리만 한 수준의 불완전한 정보의 파편들을 가지고도 그리스의 사회·정치적인 발전 과정을 명쾌하고 일관성 있게 그려내고 있다. 특히 그의 서술은 정치, 경제, 지리학 간의 역사적인 상호관계를 통찰력 있게 분석하고 있다. 투키디데스는 다음의 구절에서 고대 그리스 남동부 지방인 아티카가 왜 다른 그리스 지역보다 역사적으로 더 큰 정치적 안정을 누렸는지 설명한다.

토양이 비옥한 지역일수록 가장 많은 세력 변화를 경험했다. 현재 테살리아라고 불리는 지역, 보이오티아 지역, 아르카디아를 제외한 펠로폰네소스 지역, 그리고 여타 헬라스 지역처럼 말이다. 이러한 비옥한 구역의 구성원들은 다른 이웃 구역에 비해 더 많은 권력을 쉽게 확보했다. 하지만 이러한 권력의 격차는 분열을 야기했고, 종종 도시국가의 붕괴를 가져왔다. 또한 이들은 다른 지역보다 더 많은 외부 침략을 받았다. 반면 아티카 지역은 토양이 척박했기에 정치적인 분열에서 자유로웠고, 항상 같은 사람들이 거주하는 땅이었다.

투키디데스의 《펠로폰네소스 전쟁사》는 미완성본이지만, 현재 상황에서의 클라이맥스는 기원전 415년부터 기원전 413년의 재앙과도 같은 아테네의 시칠리아 원정이다. 그는 이 원정이 비극적인 필연이라고 주장한다. 특히 시칠리아 원정을 페리클레스의 죽음 이후부터 수년간 이어진 아테네인의 관리 부실과 오만한 계산 착오의 결과물이라고 보았다. 시칠리아 원정에서 드러난 오판은 지리적인 지식의 부재에서 기인하며, 아테네인들의 궁극적인 실패에 막대한 영향을 끼쳤다. 투키디데스는 저서 초반부터 이를 명확하게 지적하고 있다. "아테네인들은 대개 시칠리아섬의 규모에 대해 무지했고, 거주하고 있는 그리스인 및 토착민의 숫자도 알지 못했다. 또한 그들은 이 전쟁이 펠로폰네소스 전쟁에 버금가는 수준이라는 점 역시 인지하지 못했다." 이러한 오판은 뒤이어 아테네 의회에서 전개된 논쟁을 통해 더욱 심화되었고, 결국 운명적인 결정을 끌어낸다. 이러한 현상은 여러 면에서 헤로도토스가 관찰한 과거의 악순환 패턴을 상기시킨다. 아테네 의회에서 이루어진 의사결정 과정은 헤로도토스 시대와 유사하게 욕심, 야심, 그리고 감성이 지정학적 상황에 대한 견실한 평가에 기반을 둔 실용적인 신중함을 압도해버린다. 카리스마를 가진 젊은 정치인 알키비아데스가 전자에 속했고, 아테네의 국내·대외 정책을 담당한 원로 정치인 니키아스는 후자에 속했다. 니키아스가 주장한 바는 다음과 같다.

우리가 시칠리아로 진군하는 것은 많은 적을 우리 등 뒤에 놓고 가는 것이며, 사실상 새로운 적을 만들고 그들을 우리 손 앞에 두는 것이다. 이는 결코 우리를 즉각적으로 공격하는 적들을 멈추게 하지 못할 것이며, 우리 수준의 힘을 가진 전 세계 어느 세력도 이를 이겨내지 못할 것이다. 우리가 이미 가진 것을 온전히 지킬 수 있게 되기 전까지는 새로운 제국을 얻기 위해 위험을 무릅쓸 때가 아니다. 우리가 만약 시칠리아를 정복한다고 하더라도 시칠리아인은 너무 많고, 그들은 너무 멀리 떨어져 있다. 그들을 통치하는 것은 매우 어려울 것이다. 정복했더라도 통제할 수 없다면 무의미하다. 통제에 실패한다면 정복을 시도하기 전보다 더 큰 곤경에 빠질 것이다.

헤로도토스와 투키디데스의 서사에서 주요 정치적 결정의 실패가 지리학적 지식의 부족 때문에 야기되었음을 강조하고 있는 것을 보면, 그리스 내 정보통들이 이미 기원전 5세기 말부터 지리학이 지닌 정치학적 함의에 대한 깊은 관심을 가지고 있었음을 알 수 있다. 또한 이러한 관심의 원천이 사실상 기원전 6세기 이오니아 사람들의 지리학적인 탐사에서부터 나온다는 점도 드러난다. 그다음으로 이어진 위대한 지리학적 탐사의 시기는 잘 알려진 알렉산드로스 대왕이 페르시아를 정복한 시대다. 이 원정 덕분에 그리스 세계의 지평은 놀라울 만큼 확장되었다. 기원전 6세기 이오니아 사례와 마찬가지로, 국가의 경제·정치적 이익이 사실상 이러한 새로운 탐사의 방향성을 추동했다.

정복한 영토를 분배하고 자신들의 왕국을 통제 및 이용해야 하는 그리스와 마케도니아의 지도자들에게 정확한 지리학적 정보는 엄청난 가치를 지녔다. 알렉산드로스 자체도 선례를 남겼다. 그는 '베마티스트bematists'라고 불린 조사팀을 파견해 새로운 제국의 주요 위치들 간의 거리를 측정하게 했고, 곳곳에서 발견하는 사람, 동물, 식물의 형태를 기록하여 보고서를 제출하게 했다. 비슷한 맥락에서, 알렉산드로스 대왕 시절 사령관이었던 셀레우코스 1세는 제국의 동부 지역을 계승받은 이후, 역사학자인 메가스테네스를 갠지스강 유역 마우리아 왕조의 수도 파탈리푸트라에 공식 사절로 파견해 황제 찬드라굽타를 만나게 했다. 그 결과 메가스테네스는 고대 시기 가장 영향력 있는 인도 연구서인 《인디카》를 집필할 수 있었다.

하지만 이렇게 취득한 정보와 국가 주도 탐사 프로젝트가 모두 새로운 지도자의 정치·경제적 이익 때문에 이루어진 것은 아니다. 알렉산드리아 도서관의 관장 에라토스테네스 같은 학자들도 새로운 지리학 연구 방법론을 개시했다. 특히 이러한 연구를 통해 과학적인 토대에 기반을 둔 지리학적 접근법이 발전할 수 있었고, 이는 헬레니즘 시대에 가장 대표적인 지적 성과물이라 하겠다.

기원전 3세기 들어 그리스 세계에 로마가 등장하면서 지리학적 관점은 이제 지역적인 수준에서 국제적인 수준으로 변모했다. 이러한 새로운 관점을 체계적인 정치적 발전 연구에 적용한 최초의 인물은, 우리가 아는 한, 메갈로폴리스 출신의 폴리비오스였다. 그는 위대한 그리스 역사학자 집단의 마지막 인물이다. 폴리비오스가 기원전 2세기 중반에 《역사》를 집필한 주목적은 그리스인 동료들에게 로마가 인류사에 전례 없이 53년(기원전 220~기원전 167)이라는 짧은 기간 만에 어떻게 인류가 거주하는 세계 전체를 정복하는 데 성공했는지를 설명하기 위함이었다. 과거 투키디데스와 헤로도토스의 서술과 마찬가지로 폴리비오스의 《역사》에서도 가장 중심적인 테마는 지정학적 분석이다. 하지만 폴리비오스가 논하는 지정학적 환경의 규모는 헤로도토스와 투키디데스가 상상할 수 없는 수준이다. 어쨌든 폴리비오스는 기원전 202년 로마가 아프리카 북부 자마에서 카르타고를 무찌른 이후, 이전까지 알려졌던 세계와 그 역사는 이제 유기적으로 모두 하나가 되었다고 주장했다. 이제는 이탈리아와 아프리카 간 문제는 그리스와 아시아 간 문제와 연결되었고, 모든 사건이 서로 관계가 있게 되었으며, 모두 하나의 결말로 이어지게 되었기 때문이다.

그런데 고대 시기 작품 중 지정학적 분석이 담긴 가장 위대한 작품은 의심할 여지없이 스트라본의 《지리지》다. 그는 엄청난 노력을 기울여 17권에 달하는 이 작품을 집필했다. 스트라본이 집필한 시기는 아우구스투스 황제 시기로, 그는 폴리비오스와 마찬가지로 그리스인과 로마인들 간의 상호 이해를 도모하기 위해 펜을 잡았다. 하지만 여러 면에서 봤을 때 그의 작품은 결과적으로 새롭게 등장한 아우구스투스의 질서에 대한 유창한 대변과도 같다. 그는 이러한 새로운 질서가 전 세계에 '문명'을 전달해주었다고 보았기 때문이다. 또한 그의 작품은 정치적인 결과를 도출할 때 지리의 중요성을 역설한 고대 작품들 중 가장 포괄적인 내용을 담고 있다. 스트라본은 지리와 정치가 어떻게 역사적으로 상호관계를 맺어왔는지 반복해서 보여주면서 풍성한 이해를 돕는다. 예를 들면 프랑스의 하천들이 어떻게 역내 토착민들 간의 접촉을 도모했고, 역으로 이러한 접촉이 어떻게 외부적인 위협들로부터 프랑스를 취약하게 만들었는지, 아니면 이탈리아반도의 위치와 성격이 세계를 지배하는 기지로서 어떠한 장점이 있는지 등에 관한 내용을 다루었다. 그렇기에 스트라본이 《지리지》 초입부터 여러 도시와 사람들을 하나의 제국 아래 모으고, 세계 정세에 영향력을 행사하고 싶은 국가의 지도자들과 장군들은 지리학을 공부해야 한다고 명쾌하게 조언한 것은 사실상 놀랍지 않다.

이제 그리스 지리학의 전통과 관련한 지적인 정점을 살펴보자. 앞에서 언급했듯이, 프톨레마이오스는 8권으로 구성된 《지리학》에서 고대 국가들이 자국의 인적·물리적 요소들을 세계의 표면 위에 투사하기 위해 얼마나 세심하고 꾸준하게 노력했는지를 묘사하고 있다. 그런데 스트라본의 《지리지》와 비교했을 때, 프톨레마이오스의 《지리학》에는 지정학적인 요소들이 그렇게 노골적으로 드러나지는 않는다. 특히 헬레니즘 시대 알렉산드리아에서 유행한 '수학적 접근법을 반영한 지리학'으로 회귀한 느낌을 주기도 한다. 하지만 사실 더 이상 지리학적 연구를 정당화할 필요가 없어진 탓도 있다. 지리학적 연구의 실용적인 가치, 특히 정치적인 지배와 관련한 유용성이 이미 오랜 기간에 걸쳐 확고하게 인정받았기 때문이다.

지금까지 고대 그리스 세계가 정치와 지리의 상호관계에 얼마나 많은 관심을 가지고 있었는지를 간략히 살펴보았다. 이를 통해 두 가지 분명한 결론이 도출된다. 우선, 지정학이 사실상 새로운 학문이라고 주장해도 과언이 아닐 것이다. 기원전 6세기부터 로마 제국 시기까지, 정책 결정자들은 지리학이 지닌 정치적 함의를 높이 평가했고, 여러 학자를 중심으로 체계적인 지리학 연구가 이루어졌다. 둘째로, 그리스의 지정학자들이 시간이 지날 때마다 지속적인 변화 상태에 있는 정치학 환경에 맞춰 관점을 조정할 수 있었다는 점은 상당히 놀랍다. 그리스의 지정학적 분석의 초점은 '불안정하지만 활발한 소규모 독립 도시국가들의 세계'를 추적하다가, 수십 년 후 '로마에 의해 통합되고 통치된, 애석하지만 상대적으로 안정된 세계'로 옮겨갔다. 양차 대전을 치르고 난 이후 20세기의 세계는 정치적 이익이 계속해서 다방면으로 변화하는, 사실상 고대 시대에는 상상할 수 없을 정도로 한없이 복잡한 세계가 되었다. 하지만 중요한 정치적 결단들이 지역적local, 국가적state, 국제적international, 초국가적supranational 수준에서 계속해서 내려지고 있으며, 이 결정들이 계속되는 한 지정학은 현대 사회과학으로서 이러한 복잡성에 계속해서 개입해야 할 것이다. 또한 모든 분석 수준에서 도출된 정치적 결과 속에서 지리학적 요소가 어떠한 기여를 했는지 밝히는 노력이 지속될 것이다. 다시 말해, 고대 선조들이 보여줬던 것처럼, 급변하는 정치적 현실에 적응하는 노력을 우리는 계속해서 보게 될 것이다.

그레그 앤더슨
(오하이오 주립대학교 역사학과)

1장

서론

제2차 세계대전 이후 중동 지역은 다른 어느 여타 지역보다 국제사회의 주목을 받아왔다. 이러한 관심은 몇 가지 이유에 기인한다. 우선, 중동 지역은 세 개의 구대륙이 만나는 '세계 섬World Island'의 중앙에 자리 잡고 있다. 또한 세계 문명의 주요 교차로에 위치하고 있기 때문에 역사적으로도 분쟁의 장이 되어왔다는 사실은 놀랍지 않다.

근대 시기 들어 장기간에 걸쳐 형성된 패턴 위에 다음의 두 가지 새로운 요인이 추가되면서 중동 지역은 세계 최대의 지정학적 화약고가 되었다. 첫 번째 요인은 이슬람이 지배적인 아랍 지역의 정중앙에 이스라엘이 건국된 것이고, 두 번째 요인은 일부 중동 국가가 세계 최대의 석유 매장지를 보유했다는 사실을 인식했다는 점이다. 일반적으로 석유는 가장 전략적인 자원이자 세계 산업의 진정한 발전을 추동한 원자재로 인식되고 있기 때문에 중동이 특별한 지정학적 중요성을 지니고 있다는 점은 의심할 여지

* 지정학의 아버지라 불리는 영국의 해퍼드 매킨더(Halford Mackinder)는《민주주의의 이상과 현실(Democratic Ideals and Reality)》(1919)에서 '세계 섬'을 유럽, 아시아, 아프리카 대륙을 망라하며 높은 수준의 자원을 보유하고 가장 많은 인구가 살고 있는 광범위한 지역이라고 설명했다.

가 없다. 그렇기에 적어도 중기적으로는 가장 불안정한 지역 중 하나로 인식되는 중동의 석유에 대한 의존도가 커질 것으로 보인다. 하지만 중동에 대한 이러한 정확한 인식만큼이나 오해 또한 많다고 해도 과언이 아닐 것이다.

중동에 대한 오해는 유럽 중심적 시각에서는 생소한 중동 특유의 신비로움에서 기인하는데, 그것은 바로 극도의 건조함에서 오는 극한 기후, 그리고 이슬람이다. 게다가 예전에는 여러 이유로 중동 전역을 여행한 서구인이 많지 않았다. 심지어 오늘날에도 중동 지역에서 튀르키예, 이집트, 이스라엘, 그리고 상대적으로 적지만 요르단 정도만이 적정 수준으로 관광이 발달해 있다. 하지만 이 네 국가에서도 대다수의 관광은 전 세계에 널리 알려진 소수의 방문지로 제한된다. 따라서 서구 세계의 극소수만이 중동 지역에 친숙하고, 그 경험을 바탕으로 합리적인 평가를 내릴 수 있다. 다수의 사람에게 중동 지역은 여전히 국제관계에서의 문제 지역, 어쩌면 문제의 핵심인 셈이다.

중동 지역 내 다양성을 고려했을 때, 심지어 전문가들에게도 가장 근본적인 쟁점은 바로 중동 지역에 대한 정확한 정의가 여전히 불분명하다는 점이다. 15세기 '대발견의 시대The Great Age of Discovery'를 시작으로, 근동과 극동을 구분 짓는 것이 관례화되기 시작했다. 근동의 경우 기본적으로 동지중해와 그 인접 영토를 지칭했고, 극동 지역은 단순히 인도의 동쪽 지역을 의미했다. 그리고 인도반도 지역은 무역 및 군사전략 구상에서 대영제국의 중심으로 간주되었고, 특히 서구 중심적 시각과는 별개로 근동이나 극동이 아닌 동쪽에 위치한 독자적인 지역으로 인식되었다. 이에 따라 인도반도와 근동(또는 레반트Levant*) 사이의 공간은 자연스럽게 중동 지역이 되었다. 그렇기 때문에 오늘날 마슈리크Mashreq**

로 간주하는 지역을 중동이라 지칭하는 것이 지리학적으로는 어느 정도 개연성이 있다. 하지만 이러한 지칭은 현대 중동 지역의 일부만을 포함하기 때문에 지리학적이기보다는 다소 지정학적 분류에 기반을 둔다고 볼 수 있다.

'중동'이라는 용어가 1950년대 대영제국 인도사무소에서 통용되기는 했지만, 전문 용어로 널리 수용된 데에는 미국인 역사-지정학자 앨프리드 머핸Alfred Mahan의 공이 가장 크다고 볼 수 있다. 머핸이 인식하고 주목한 중동이란 지역은 바로 페르시아만(아라비아만)이었다. 머핸이 중동을 동-서로 구분할 때 '중간'으로 간주했다는 해석도 있지만, 근본적으로 남-북 구분 측면에서 중동을 북쪽의 러시아 세력과 남쪽의 영국 세력의 '중간'으로 보았다는 해석도 가능하다.

하지만 중동 지역이 대전략Grand Strategy 맥락에서 주목받기 시작한 것은 세계전쟁의 시대가 도래하면서부터다. 제1차 세계대전 당시 영국 메소포타미아 원정대의 작전 범위는 '중동' 지역으로 간주되었고, 이집트 원정대의 작전 범위는 '근동' 지역으로 설정되었다. 그러면서 제1차 세계대전이 끝날 즈음에는 지리학적 의미에서의 중동과 지정학적 개념의 중동이 일치하는 양상을 띠게 되었다.

전간기 동안에는 영국 공군 중동사령부와 근동사령부가 '중동사령부'라는 명칭으로 통합되었다. 영국 육군 역시 이를 전례

---

* 레반트는 그리스와 이집트 사이의 동지중해 연안 지역을 통틀어 이르는데, 좁게는 시리아와 레바논 두 나라를 가리킨다.
** 마슈리크는 '해가 뜨는 곳'이라는 뜻의 아랍어로 이집트 서쪽에서부터 이라크 동쪽까지를 지칭한다. 오늘날 바레인, 이집트, 수단, 사우디아라비아, 예멘, 오만, 쿠웨이트, 아랍에미리트, 카타르, 팔레스타인, 이스라엘, 요르단, 레바논, 시리아, 그리고 이라크가 여기에 포함된다.

삼아 뒤따랐고, 제2차 세계대전 초반, 특히 수에즈 운하 수호를 위해, 중동총사령부GHQ: General Headquarters가 카이로에 설립됐다. 사실상 이란에서 트리폴리타니아(리비아 북서부 지역)에 이르는 군사 지역이 '중동'이라는 이름 아래 재편된 셈이다. 또한 이 지역의 중요도, 특히 정치·경제적 중요성으로 인해 영국 국무성장관이 임명되었고, 중동보급센터Middle East Supply Center라는 이름의 경제기구가 설치되었다. 이러한 센터는 초기에는 영국 소유였으나 이후 영국-미국 소유로 변경되었고, 이에 따라 중동이라는 용어는 유럽 세계뿐 아니라 용어 창시자의 본국인 미국에서도 일반적으로 공인되기 시작했다.

제2차 세계대전 이후에도 군사 당국에 의해 도입된 중동이라는 지명이 유지되었고, 다수의 정부 발간물, 정치 사건 요약문, 영토 측량, 그리고 경제발전 계획 등에서 중동이라는 용어가 전용되면서 서서히 표준 용어로 자리 잡았다. 표준 용어로 자리 잡은 이유에 대한 추가적인 설명은 윌리엄 B. 피셔William B. Fisher의 저서 《중동The Middle East》(1978)에 잘 나타나 있다. 피셔는 프랑스가 공식적인 근동 전구戰區에서 군사적 권리를 강하게 요구한 반면 중동 전구에서는 요구가 적었기 때문에 자연스럽게 영국은 중동이라는 용어를 더 많이 사용하게 되었고, 1940~1941년 영국에 대한 프랑스의 입장이 모호해지는 시점에 중동이라는 용어가 지리학적 개념으로 확장되었다고 주장했다. 이 주장이 타당한지는 불분명하나, 확실한 것은 제2차 세계대전이 끝난 이후부터 '19세기 발칸 유럽의 냄새를 풍기는' 근동이라는 용어는 일상적인 사용에서 멀어졌다는 점이다. 지리학적 용어로서 '근동'이 지닌 함축적 의미는 비록 중동이라는 용어보다는 다소 정확할지 모르나, 항상 모호했다.

냉전기의 우여곡절 속에서도 중동 지역은 서구권과 공산권 모두에게 주요 관심 대상이었다. 미국과 소련 모두 중동 지역과 긴밀한 관계를 쌓아갔고, 이집트 같은 일부 국가는 진영을 넘나들었다. 그 결과 중동이라는 용어는 중동 국가 스스로를 포함하여 전 세계적으로 통용되기 시작했다. 하지만 중동이라는 용어가 지정학적 개념으로서 상대적으로 명확해진 것은 사실이나, 지리학적인 경계로서 보편적으로 인정된 것은 아니었다. 미국에서는 국무부가 근동과 중동이라는 용어를 혼용했다. 미군은 각 지역 사령부를 유럽, 중동, 그리고 아프리카로 구분했다. 결국 경계 구분을 할 때 가장 큰 과제는 북아프리카 국가들을 어떻게 분류할 것인가의 문제로 귀결되었다. 그 결과 많은 저서에서 '중동-북아프리카MENA: Middle East and North Africa'라는 하나의 용어를 사용하게 되었다.

통상적으로 지역 지리학에서 중심부를 정의하는 것은 어렵지 않지만, 문제의 소지는 항상 경계boundary를 어떻게 설정하는지에 있다. 마슈리크 지역의 경우 중심부와 긴밀하게 통합되어 있지만, 마그레브Maghreb* 지역은 서쪽으로 모리타니까지 펼쳐져 있다. 하지만 모리타니의 경우 지리학뿐만 아니라 지정학적으로도 중동으로 간주할 수 없다. 그렇기 때문에 사막이 주를 이루는 국가와 아틀라스산맥 이남의 국가로 나누는 것이 더 적절할 것이다. 리비아의 경우도 마그레브 국가 중 하나로 분류되지만, 대수층帶水層, Aquifers**을 공유하는 이집트와 더 큰 동질성을 보인다.

* 마그레브는 '해가 지는 곳' 또는 '서쪽'을 의미하는 아랍어로, 지역적으로는 아프리카 서북부 지역인 튀니지, 알제리, 모로코, 서사하라를 일컫는데, 넓게는 리비아와 모리타니를 포함한다.
** 대수층은 지하수를 함유한 지층을 일컫는 지질학 용어로 모래, 자갈, 실트, 점토 등으로 구성되어 있다. 중동-북아프리카의 경우 이집트, 차드, 리비아 및 수단이

또 다른 난제는 수단으로, 수단 남부 지역은 중동보다는 극명하게 중부 아프리카와 더 밀접한 연관성을 지니고 있다. 그럼에도 불구하고 수단은 나일강 유역 국가이며 이집트와 역사·지리적으로 통합되었던 적이 있다. 튀르키예의 경우 상당히 중요한 지역이 비록 규모는 작아도 유럽 대륙에 속해 있지만, 엄밀히 따지면 이 나라의 문화가 중동의 문화에 가깝다는 사실을 의심하는 사람은 많지 않다. 또 다른 논란 지역은 그리스와 지배적인 연결고리를 지닌 키프로스다. 키프로스는 지리적으로 중동에 위치해 있으며, 남북 분리 이후 튀르키예와의 연결고리가 강화되었다.

그렇기 때문에 이 책에서는 피셔가 자신의 책에서 구축한 패턴을 따라 일반적으로 인정된 국가와 더불어 리비아, 수단, 키프로스를 중동 지역에 포함하도록 하겠다(그림 1.1). 하지만 물리적인 지형, 특히 역사를 논할 때 레반트, 메소포타미아, 소아시아처럼 근대국가 이전부터 존재했지만 여전히 유지되고 있는 일부 유용한 용어를 적절히 사용할 것이다.

초기에 통용되었던 이러한 용어들은 이집트, 수메르, 바빌론, 아시리아 문명이 번창했던 고대 중동의 중요성을 상기시킨다. 또한 중동은 세계 3대 유일신 종교인 유대교, 기독교, 이슬람이 태동한 지역이며, 이보다 오래된 네 번째 유일신 종교인 조로아스터교가 인근에서 태동하여 중동 전역에 퍼졌다. 중동 지역은 페르시아, 그리스, 로마, 아랍, 몽골, 타타르, 오스만 제국의 지배를 연이어 받으면서 문화와 문명의 융합을 이루어냈다. 중동의 지리적 위치에서 예상할 수 있듯이, 중동은 인류사의 중심이 되었던 지역인 셈이다.

세계 대규모 대수층 중 하나인 누비안 사암 대수층을 공유하고 있으며, 알제리와 튀니지는 북사하라 대수층을 공유하고 있다.

그림 1.1 중동의 범위: 각 국가들과 수도

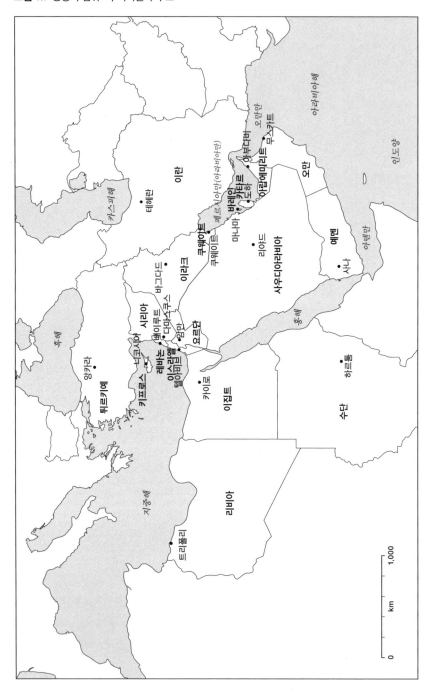

중동을 리비아에서 이란까지, 그리고 튀르키예에서 수단까지로 범위를 정함에 따라 지리학적인 맥락에서 중동이라 지칭된 자연 지역이 존재한다고 상정할 수 있을 것이다. 중동 지역은 색다른 풍토적 기후 요소를 지니고 있으며, 이는 상당히 독특한 인간 활동과 대응을 야기했다. 피셔는 중동 지역은 자연환경 및 사회조직의 공통적인 요소가 쉽사리 식별되고 공통성이 강하기 때문에 이를 하나의 단일 단위로 취급할 수 있다고 주장했다. 하지만 기후와 문화의 종합적인 통일성에도 불구하고, 중동 지역을 깊이 있게 더 작은 단위로 탐구해보면 엄청난 다양성을 발견할 수 있다. 중동 지역은 혹독한 사막 환경과 집약적으로 경작된 농지가, 극도의 현대성과 고대의 전통이, 그리고 상상 이상의 부와 끝없는 빈곤이 병존하고 있다.

현대의 중동 지역은 유럽, 아시아, 아프리카의 중앙에 위치해 있지만, 개발도상국과 선진국의 중간에 위치해 있다고 볼 수도 있다. 또한 중동 지역은 남과 북의 경계에 있다고도 볼 수 있다. 그리고 12억 이슬람 신자를 통해 중동은 전 세계 대부분의 국가와 연결되어 있고, 지리적으로 전 세계 어느 지역보다 다양한 문화에 인접해 있다. 또한 석유의 존재로 인해 중동 지역은 세계 3대 경제 지역인 미국, 유럽연합(EU), 그리고 아시아태평양과 긴밀히 공조하고 있다. 지리학적으로든 지정학적으로든, 중동 지역은 중심에 위치해 있고 전 세계에 영향력을 행사하고 있는 셈이다.

2장

땅의 구조와 형태

땅은 지표면 아래의 지층 구조와 지표면 위의 지층 형성물로 구성되어 있다. 인간의 손이 닿지 않았거나 식물조차 자라지 않는 땅이 많은 중동 지역의 경우 다른 지역보다 지표면 아래의 구조와 지표면 위의 형성물 사이의 연관성이 명확하다. 주요 단층의 패턴이 명확하게 나타나고, 지질학적 특색이 상대적으로 뚜렷하며, 대규모 지형 변화 과정에 따른 결과물 역시 뚜렷하게 드러난다. 하지만 이러한 명확한 형태 속에도 복잡성이 드러난다. 우선 지층의 기반은 지질 구조상의 변화로 인해 구성되었는데, 주로 거시적 규모의 지질 현상에 의해 형성되었다. 지질학적 변화가 장기간에 걸쳐 포괄적으로 이루어졌다는 점을 고려할 때 세부적인 부분은 어느 정도 추측에 의존할 수밖에 없으나, 이렇게 '구조지질학'적 활동에 의해 형성된 모자이크와도 같은 광활한 땅 위에 '지질학'적 변화가 순차적으로 누적되었다. 즉, 융기와 침강 과정을 거치고, 건조 주기와 습윤 주기를 지나면서 시기와 장소에 따라 중동 지역 내 다양한 지질학적 층위가 생성된 것이다. 구조지질학에서 이는 중간 규모의 변화 정도로 간주된다. 또한 융기된 지층의 경우, '지형학'적 과정에 의해 현재의 모습을 갖추게 되었다. 이러한 과정들의 대부분은 상대적으로 소규모 변화로 간주된다. 이처럼 지질 현상 간에는 '구조지질학'적으로, '지질학'적으로, 그리고 '지형학'적으로 다양한 규모의 차이를 보였다.

　또한 지질학과 관련된 현존하는 지식에도 차이가 있다. 지질학의 경제적 측면에 관심을 가진 전문가들은 지층의 근원을 따지는 이론적인 의문들을 부차적으로 취급하며 경시하는 경향을 보여왔다. 하지만 중동 지역에 적용하기 적절한 '구조지질학' 이론이 점차 정교화를 거치면서 차츰 개선되기 시작했다. 주요 단층이나 지진·화산 활동의 위치가 더 정확하게 분석됨에 따라 지질학적 판plates의 경계가 더욱 정확하게 식별되고 있다. 반면, '지질학'과 관련한 지식의 깊이는 연구 지역에 따라 천차만별이다. 탄화수소가 잠재적으로 매장된 지역의 경우 상대적으로 적극적인 시추가 이루어졌고, 그 결과 지질 층위에 대한 많은 정보를 가지고 있다. 이러한 정보는 대수층과 관련된 지질학적 데이터에 대한 요구가 시급성을 가지고 늘어나면서 계속해서 보충되고 있다. 그러나 이러한 경제적 이익을 찾을 수 없는 지역에서는 관련된 지식이 매우 제한적이었다. 이런 상황은 인공위성 사진 등을 활용한 조사 방식의 개선 등에 힘입어 점차 개선되고 있다.

　'지형학' 연구의 경우 다른 문제를 지닌다. 지형의 변화 과정을 분석하고 이해하기 위해서는 대개 추적 프로그램 구축이 필요하다. 하지만 극단적으로 건조한 중동 지역의 경우 지속적인 연구를 수행하기에 녹록지 않다. 또한 조사를 위한 방법론이 개선되었음에도 중요한 지형학적 변화의 대다수는 소규모로 발생하기 때문에 현장 조사 외에는 별다른 대안이 없다. 예를 들어, 광범위한 침식 패턴 변화는 항공 촬영이나 위성 이미지로 추적할 수 있지만, 침식 비율 측정이나 침식 비율과 침식 과정의 관계를 파악하기 위해서는 세밀한 현장 조사가 유일한 방법이다. 그래서인

지 건조한 지역의 지형학 교과서가 빙하학 관련 연례 학술지보다 적은 것이 사실이다. 여하튼 근본적인 측면에서 '구조지질학', '지질학', 그리고 '지형학'은 긴밀히 연결돼 있다. 예를 들면 융기와 침강에 따른 구조지질학적 활동은 지질학적 천이遷移, succession를 제어할 수 있고 횡압력을 통해 물결 모양의 습곡褶曲, folding을 생성할 수도 있다. 또한 습곡화된 산의 융기나 단층의 형성은 지표면의 모양과 지형학적 과정에 영향을 끼친다. 암반의 형성과 침식, 투과 등의 결과를 분석하는 지질학적 변화 역시 지형의 형성에 영향을 준다.

구조지질학

육지와 바다를 구분 짓는 것과 같이 중대한 지구적 특성을 야기하는 근본적인 지질학적 변화는 '판 구조론plate tectonics'에 근거한다. 지구의 표면은 크고 작은 일련의 판들로 이루어져 있다. 이 판들의 이동으로 인해 각 판의 경계에서는 여러 '변화'가 발생하는데, 이는 우리로 하여금 광범위한 판의 경계가 어디인지 식별할 수 있게 해줄 정도다. 이러한 판의 이동은 맨틀 내 온도 차에서 기인한 대류에 의해 발생하며, 지각층에서 나타난다.

판의 경계에서 나타나는 변화는 총 세 가지다. 첫 번째는 '발산spreading'으로 맨틀의 용승upwelling에 의해 판들이 벌어져서 멀어져가는 현상이다. 두 번째는 판들이 함께 이동하다가 한 판이 다른 판에 압착되는 경우다. 한 판이 다른 판 아래로 깔려 들어가고, 아래에 깔린 판은 소위 침입대沈入帶, subduction zone 속으로 '섭입攝入'된다. 셋째로, 두 판이 서로 비스듬히 옆으로 이동하며 '변환단층變換斷層, transform fault'을 형성하기도 한다. 중동에서는 이 세 변화가 모두 뚜렷하게 발생했다. 홍해의 중앙 해곡海谷은 '발산'에 의해 생성된 반면, 동일한 판의 반대편인 북동부 토로스산맥과 자그로스산맥의 경우 '섭입'이 발생한 지역이다.* 또한 요르단 계 곡은 단층의 예다. 이견이 있지만 일반적인 확대 모델에 따르면, 아라비아반도는 아프리카판의 일부였으며, 현재 토로스산맥과 자그로스산맥 지역은 이러한 아프리카판의 최상단 모서리에 위 치한다(그림 2.1). 아프리카판과 아라비아판은 북쪽으로 이동하여 유라시아판과 충돌했고, 두 판의 퇴적물은 테티스해**에 쌓였다. 테티스해는 광범위한 지향사地向斜, geosyncline*** 또는 하향 습곡으 로, 각 육지 판의 남쪽과 북쪽이 침식되며 형성된 두텁고 거대한 퇴적성 광상堆積性鑛床, sedimentary deposit이었다. 이러한 퇴적물이 계 속 누적되면서 유기물이 축적되기 시작했고, 이는 궁극적으로 탄 화수소를 발생시켰다. 충돌 당시 이란의 북부 지역은 유라시아판 의 남부 모서리에 위치해 있었고, 자그로스산맥은 타티스해가 자 리 잡고 있던 곳이다. 또한 충돌 당시 아라비아반도 남부 지역에 구조적인 충격이 발생하여 홍해와 아덴만 중앙에 단층이 생성되 었다. 이러한 충격은 '발산'에 의한 것이며, 이는 열개작용rifting을

---

*   토로스산맥은 튀르키예 남부의 산맥으로, 서쪽의 에이르디르호에서 동쪽의 티 그리스강과 유프라테스강 상류까지 뻗어 있다. 자그로스산맥은 이란과 이라크 를 가로지르는 산맥으로, 이란 북서쪽에서 출발해 이란의 서쪽 국경을 따라 남 동쪽 이란 고원의 서부 및 남서 지역 전체를 포괄하면서 내려와 호르무즈 해협 에서 끝난다.

**   테티스해는 인도양이 형성되기 이전 중생대(트라이아스기~쥐라기)에 있었던 바다 로, 오늘날 알프스산맥에서 히말라야산맥을 거쳐 아시아 대륙으로 빠지는 지역 에 펼쳐져 있었고 고지중해(古地中海)라고 불리기도 한다.

*** 지향사는 지층이 수천 미터 이상 두껍게 쌓인 후, 조산운동을 받아 습곡산맥을 이룬 퇴적분지를 일컫는다.

그림 2.1 중동 지역의 지각판 구조론

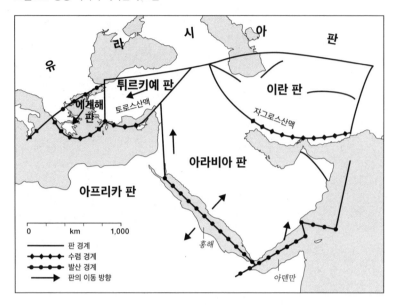

야기하여 궁극적으로는 홍해와 아덴만을 형성했다.

　이러한 지질학적 변화의 연대기를 섀넌Shannon과 네일러 Naylor(1989)가 기록했다. 선캄브리아대Precambrian 당시 아라비아 반도는 곤드와나Gondwana 대륙의 일부였다. 이후 후기 고생대 palaeozoic까지 판의 충돌에 상응하는 세 차례의 조산造山작용이 있었고, 수차례의 조륙造陸작용이 있었다. 이후 헤르시니아 조산 기hercynian orogeny에 접어들면서 고생대는 막을 내렸다. 중생대 mesozoic 들어 테티스해가 형성되었고, 알프스-히말라야 조산기가 시작되면서 중생대가 저물었다. 그리고 제3기 지질시대tertiary에 아라비아반도 서부와 남부에서 동시다발로 충격이 가해지며 단층, 열개작용, 침강이 발생했다. 그리고 제3기 지질시대 초반 들어 테티스해는 해곡 수준으로 축소되었다. 아라비아판은 여전히 움직이고 있는 것으로 간주된다. 자그로스산맥은 계속 융기하고 있고, 홍해 해곡이 계속 넓어지고 있으며, 요르단 계곡 '변환단층'에 변화가 식별되고 있는 것이 그 증거다.

이러한 대규모 변화 가운데 다른 소규모 지질 활동도 발생했다. 후기 중생대 들어 하나 또는 그 이상의 소규모 이란판이 분리되었다. 이후 이란판 주변으로 테티스해 퇴적물이 압착되었고, 그 결과 현재 이란 주변의 분지가 형성되고 습곡으로 둘러싸인 소형 이란판 및 소형 소아시아판이 생성되었다. 또한 홍해 및 아덴만의 '발산' 현상으로 인해 아라비아판이 아프리카판에서 분리되었다. 이는 현재 아라비아판의 지속적인 이동뿐만 아니라 소아시아 및 에게해판의 형성을 야기했다. 튀르키예판은 소아시아 중부의 대부분을 차지하고 있으며, 바로 서쪽에 에게해판이 맞닿아 있다. 아라비아판이 지속적으로 북상함에 따라 소규모인 튀르키예판과 에게해판은 극도의 압박을 받고 있으며, 그 결과 두 판은 서쪽으로 밀려나고 있다. 그리고 그 과정 속에 두 판의 북쪽 모서리에 '변환단층'이 생성되고 있으며 두 판의 남쪽 모서리는 아프리카판에 '섭입'되는 중이다.

이러한 구조지질학적 진전으로 인해 중동 내 광범위한 지역적 차이를 식별하는 것이 가능해졌다. 피셔는 이를 두 구역으로 구분했다.

1. 중부 및 남부 구역: 대체적으로 대륙판 지역으로 구성되어 있으며, 오직 '발산' 또는 '변환단층' 형성과 같은 단층 구조 변화의 간섭을 받는 지역
2. 아라비아판 및 아프리카판의 북상 등 판의 이동에 따른 영향을 강하게 받는 지역

섀넌과 네일러는 광범위한 지각 변동이 발생한 지역 세 곳을 식별해냈다. 우선 남서부 쪽에 위치한 선캄브리아대 괴상으로 이루어진 아라비아 순상지楯狀地*로, 홍해 침식으로 형성된 단층에 의해 아프리카 누비아 순상지와는 분리되어 있다. 다음은 아라비아 순상지 북동쪽 지역으로, 소위 '안정적인 대륙붕'이라고 불린다. 아라비아 순상지와 마찬가지로 이 지역 역시 역사적으로 안정적이었으며 북동쪽에 위치한 분지 중앙으로 펼쳐져 내려간다. 이 지역은 다시 둘로 나눌 수 있는데, 하나는 '안정적인 대륙붕'과 맞닿아 있는 '내륙 동사interior homocline'이며, 다른 하나는 '안정적인 대륙붕'의 북동쪽에 위치한 '내륙 대지interior platform'다.

지질학

판의 이동, 단층의 형성, 화산 활동, 융기와 침강 등과 같은 지각 변동과 더불어 건조 기후 및 습윤 기후의 영향을 받은 중동 지층의 구조적 진화는 상당히 복잡한 지질학적 결과물을 만들어냈다 (그림 2.2). 위치에 따라 지질학적 퇴적 순서에 뚜렷한 차이가 있으며, 그렇기에 종합적인 그림은 단순화 및 일반화를 통해서만 그릴 수 있을 것이다.

가장 오래된 암석은 선캄브리아대의 것으로, 북아프리카 및 아라비아반도 여러 곳에서 결정질 기반암crystalline basement 노두露頭, outcropping** 형태를 띠고 있다. 보편적으로 가로놓인 암석

---

* 순상지는 선캄브리아대의 암석이 방패 모양으로 지표에 넓게 분포하는 지역을 일컫는다. 대표적으로 캐나다 순상지, 발트 순상지, 아프리카 순상지 등이 있다.
** 노두는 광맥, 암석 등의 노출부를 의미하는 지질학 전문 용어다.

그림 2.2 중동의 종합화된 지질학

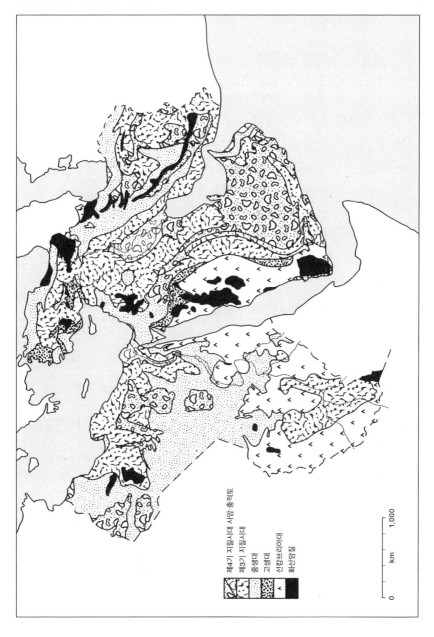

제4기 지질시대 사암·충적토
제3기 지질시대
중생대
고생대
선캄브리아대
화산암질

km
0
1,000

은 퇴적물이며, 남쪽에서 북쪽으로 갈수록 더 최근의 것이다. 퇴적물 속에는 화성 관입火成 貫入, igneous intrusion과 대규모의 마그마 이동에 따른 화산적 속성이 뒤섞여 있다. 화산적 속성의 대표적인 예는 요르단 동부나 시리아의 자발드루즈* 지역에서 잘 드러난다. 퇴적층의 전체적인 특색을 파악하는 것이 쉽지 않다는 것은 섀넌과 네일러가 도식화한 표준 관계도를 보면 알 수 있다. 섀넌과 네일러는 저서에서 석탄기carboniferous에서 제4기 지질시대quaternary까지 남서쪽에서 북동쪽 방향으로 중동 지역의 퇴적층을 간략하게 도식화했다. 〈그림 2.3〉을 보면 석회암이 그림의 대다

그림 2.3 단순화한 퇴적층의 전체적 특색

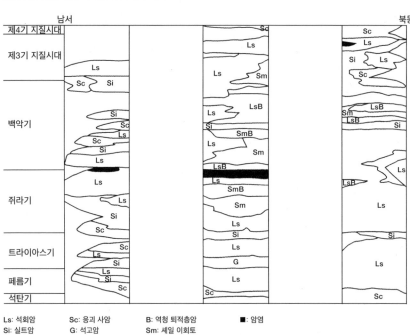

Ls: 석회암	Sc: 응괴 사암	B: 역청 퇴적층암	■: 암염
Si: 실트암	G: 석고암	Sm: 셰일 이회토	

*   자발 드루즈는 과거 1921년부터 1936년까지 프랑스 위임통치령 시리아에 존재했던 자치 국가명이며, 시리아 동남부 지역에 위치했다.

수를 차지하고 있음을 알 수 있다. 응괴 사암sandstone-conglomerate, 셰일shale(이판암), 석회암이 번갈아가며 연속되는 것을 통해 융기와 침강 흔적을 볼 수 있다. 그림에 한 지역에서만 단 한 번 등장하는 암석은 석고gypsum-anhydrite다. 이와 유사하게, 분지에 집중되어 있지만 시기적으로는 쥐라기Jura紀* 후기와 백악기白堊紀, Cretaceous** 중후반에만 발견되는 중요한 암석은 바로 역청질 혈암bituminous shale이다.

지역에 따른 분포도는 각 단계별로 파악한 결과를 통해 알 수 있다. 남서부 지역의 경우, 퇴적층의 많은 부분이 비어 있다. 하지만 확보된 자료만을 봤을 때 석회암, 응괴 사암, 실트암siltstone, 셰일과 이회토marl가 거의 균일하게 분포되어 있음을 알 수 있다. 중부 지역의 경우 셰일과 이회토가 석회암보다 많은 것을 알 수 있다. 또한 암염halite, 석고, 역청질 혈암 등과 같은 중요한 암석이 퇴적되어 있다. 북동부 지역의 경우 백악기 중후반까지 석회암이 압도적이다. 그 이후부터 제4기 지질시대까지는 많은 부분이 비어 있으며, 파악된 암석은 대개 실트암, 응괴 사암임을 알 수 있다.

지질학의 다섯 가지 핵심 요소는 부르동Burdon(1982)의 연구에 잘 요약되어 있다. 선캄브리아대의 기저암precambrian basement은 결정질 암석으로 구성되어 있으며, 사하라 사막의 티베스티 고원 및 아하가르 고원, 이집트 동부 사막, 사우디아라비아 서부, 예멘, 그리고 많지는 않지만 이집트 시나이반도 및 요르단 남부의 항만 도시 아카바에서 발견되고 있다. 고생대 기저암 위에 쌓인 대륙

* 쥐라기는 중생대를 세 시기로 나누었을 때 가운데에 해당하는 지질시대로, 약 1억 8,000만 년 전부터 약 1억 3,500만 년 전까지의 4,500만 년간의 시기다.
** 백악기는 중생대를 세 시기로 나누었을 때 마지막에 해당하는 지질시대로, 약 1억 4,500만 년 전부터 6,500만 년 전까지의 시대를 말한다.

붕 퇴적층의 경우 주로 여러 종류의 석회암으로 이루어져 있다. 고생대 후기에서 중생대 동안에는 이러한 경향이 더욱 늘어나서 결국에는 석회암 및 여타 해양 퇴적물이 주를 이루었다. 과거 테티스해 지역의 경우, 연안 지역에서 침식된 육상 퇴적물과 해양에서 직접 쌓인 퇴적물이 서로 뒤섞여 있다. 아라비아판이 유라시아판에 접근하면서 테티스해는 점차 좁아지고 얕아졌으며, 제3기 지질시대의 증발암蒸發岩, evaporite*이 중요성을 더해갔다. 판의 이동은 테티스해에 누적된 두터운 퇴적물을 흩뜨리기 시작했고, 이는 다양한 지질 변화로 이어졌다. 리비아의 제벨 아크다르 고지대처럼 약한 습곡화가 이루어지거나, 자그로스산맥이나 북부 오만 산지처럼 강력한 습곡화와 스러스트thrust 단층이 형성되었다. 비슷한 시기에, 위와 같은 변화는 열개작용과 연관된 제3기 지질시대 화산 대폭발을 야기하여 현무암이 대거 생성되기도 했다. 이러한 현상은 시리아나 요르단뿐만 아니라 수단의 제벨 마라 화산, 리비아의 제벨 소다 및 제벨 하루즈에서도 발생했다. 부르동에 의해 식별된 다섯 번째 요소는 제4기 지질시대 퇴적물이다. 이는 주로 모래로 구성되어 있으며, 모래 바다sand sea**와 자갈이 대다수다. 또한 제한적이긴 하나 특정 장소에서만 나타나는 호수 퇴적물, 내륙 및 해안 세브카sebkha,*** 그리고 산맥 주변의 유수 퇴적 사력단구砂礫段丘, gravel terrace 등도 이에 포함된다. 〈그림 2.4〉에 주요 지질 구조적 요소에 대한 요약이 나와 있다.

* 증발암은 바닷물이나 염분이 많은 호수의 물이 증발하여 마른 뒤에 생긴 퇴적암을 통틀어 이르는 말로, 증발잔류암이라고도 한다.
** 모래 바다는 사막의 모래가 바다 연안과 바로 연결되는 형태로, 바다사막이라고 볼 수 있다.
*** 세브카는 건조한 기후의 결과로 증발암 염류 광물이 축적되어 염분 농도가 높은 해안의 갯벌을 말한다.

그림 2.4 중동의 지질 구조적 요소들

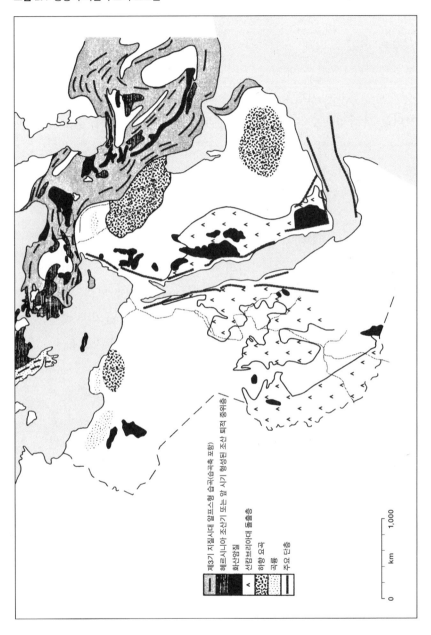

제3기 지질시대 알프스형 습곡(습곡축 포함)

헤르시니아 조산기 또는 앞 시기 형성된 조산 퇴적 중위층

화산암질

선캄브리아대 돌출층

하향 요곡

굴곡

주요 단층

0   km   1,000

지형학

지형은 여러 시기에 걸쳐 형세 구조 위에 '조작' 과정이 가해진 결과물이다. 이러한 과정에는 변수가 너무 많기 때문에 톤버리 Thornbury(1954)는 지형학의 가장 중요한 원칙으로 '지형은 단순함보다는 복잡성complexity의 경향을 띈다'고 주장한 바 있다. 겉보기에 중동은 이러한 일반론의 예외 지역처럼 보인다. 평평한 지형 또는 거의 평평한 표면이 많기 때문이다. 그러나 기본적인 지형 구조가 여러 다양성과 복잡성을 보일 뿐만 아니라 지형학적 과정의 효력이 드러나는지에 대해서도 상당한 논란이 있다. 중동 지역은 광범위하고 세밀한 연구가 제한되어 있기 때문이다.

결국 핵심은 오늘날의 지형이 과거에 형성된 것이 아닌 현재의 지형학적 과정을 어느 정도까지 반영하는지의 여부다. 현재 대부분의 지형학적 변화는 풍화작용에 의한 것이다. 하지만 이러한 풍화작용이 풍식侵蝕, deflation이 아닌 대규모의 침식 지형을 야기했는지에 대해서는 의문을 가져야 한다. 특히 식물이 뒤덮이지 않은 지형의 경우 단기간의 강력한 폭풍에 의해 형성된 유거수流去水, run-off*의 영향이 더 컸을 수도 있기 때문이다. 그러나 중동 대다수 지역의 경우 잔력殘礫, lag gravel으로 뒤덮인 광활한 평원은 잔존 광물인 것으로 보이며, 사실상 현재의 변화 과정에 영향을 받지 않았다. 이러한 논의는 주요 지형에 대한 분석을 통해 더욱 진전되었는데, 특히 쿡Cooke 등에 의한 구조적 특징 분석이 대표적이다.

또한 근대적인 연구 기법에 의해 다소 해소되었음에도, 지질

---

*   유거수는 지표면을 따라 흐르는 빗물을 일컫는다.

연대 결정과 관련한 논란도 있다. 중동 지역의 경우 선캄브리아 대에서 제4기 지질시대에 걸쳐 노두가 식별되는데, 지형이 형성된 시간적 순서는 모든 경우가 가능하다. 지질학적 시기가 매우 장기간에 걸쳐 있기에 지형 구조나 변화 과정 중 무의미하다고 여겨질 사례가 거의 없기 때문이다. 다만, 최근 연구 결과에 따르면 지형의 형성은 단편적이며, 10년에서 100년에 달하는 시간적 범위에서의 기후 변화를 동반한다. 또한, 근대의 사구 시스템砂丘, dune system 형태는 2천 년도 안 될 수 있다는 증거가 있다. 그리고 구조성 해수면 변화eustatic-tectonic changes와 침식 표면 요소를 연관시키려는 시도가 지속되고 있다.

중동 지형학을 전방위적으로 다루기 위해서는 전형적이지 않은 몇 가지 지형 형성 과정을 염두에 두어야 한다. 예를 들어, 해양 활동을 통해 형성된 지형 집합체의 경우 다양한 환경에서도 생성될 수 있다. 카르스트karst 지형*의 경우, 비록 오만 북부 동굴이 세계 2위라는 평판을 가지고 있을지라도, 중동에서는 여러 이유로 형성이 잘 이루어지지 않았다. 특정 단계에서 충분한 물이 공급되었다고 가정했을 때, 카르스트 지형은 알맞게 구성된 석회암의 존재가 필수적이었다고 볼 수 있다. 중동의 지형을 구성한 결정적인 요인은 바로 오늘날의 건조함 또는 과다 건조이며, 우기의 영향도 중첩되어 있다. 이는 현재의 건조지대에서 발생했기 때문에 소위 '건조지대 지형학Arid Zone geomorphology'이라고 지칭하는 것이 나을 것이다. 또한 독특한 지형 집합체는 다음의 세 가지로 구성되어 있다.

---

* 카르스트 지형은 석회암처럼 물에 녹기 쉬운 암석으로 구성된 대지가 빗물 등에 의해 용해되고 침식되어 생성된 지형을 말한다.

1. 산맥에서 평원까지 여러 각도로 이루어진 경사면(적용 범위와 대규모 이동 흔적 포함)
2. 산맥, 둔덕, 평원에서 나타나는 와디wadi* 네트워크
3. 여러 공기역학적aerodynamical 모양의 구조 경관을 포함한 사구 또는 모래 바다(그림 2.5)

중동 지역은 일반적으로 습기가 부족하기 때문에 지면 풍화 비율이 상당히 느린 경향을 보인다. 그렇기에 최대 경사지를 제외하면 경사면들이 일반적으로 크게는 바위에서 작은 자갈 등과 같은 침전물로 뒤덮여 있다. 작은 침전물들은 풍식에 의해 지속적으로 사라지지만, 매우 작은 사막 먼지의 경우 지표면에 스며드는 경

그림 2.5 중동의 주요 지형 요소

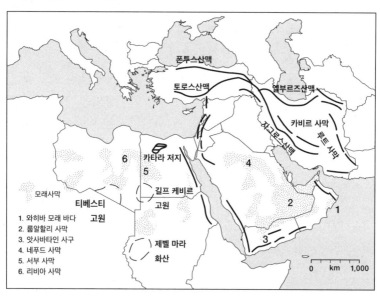

* 와디는 중동 지역과 북아프리카에서 우기 때만 물이 흐르고 우기를 제외한 시기에는 물이 없는 계곡 또는 수로를 일컫는 아랍어다.

향을 띤다. 그리고 자연적으로 퇴적된 생물체 폐기물의 경우 지표면을 풍화와 침식으로부터 보호하는 역할을 한다.

대개 간헐적인 폭우에 의해 진행된 대규모 지형 변동은 암석포행巖石暴行, rock creep, 암설巖屑, debris 산사태, 일반 산사태 등에 의해 다양하게 전개되었다. 미시적 수준에서, '미소微小 서식 환경 micro-habitat'에 유익한 가열과 냉각, 습윤과 건조의 '일일 주기적 율동diurnal rhythm'은 다양한 형태의 변형을 야기했다. 이와 대조적으로, 보호받지 못한 환경에서 발생한 표면 유거수는 지표 물질의 이동과 지표의 침식에 상당한 영향을 끼쳤다.

중동 지역 전역의 하천은 북쪽으로는 튀르키예의 마르지 않는 강에서 남쪽 아라비아반도의 반영구적으로 말라 있는 와디까지 다양하다. 극단적인 두 양상의 하천은 비슷한 점도 있지만 근본적인 차이가 있다. 몰타섬의 위드wied*가 이러한 양극단적인 특색을 동시에 보여주고 있다. 위드는 길고 종횡하는 형태를 띠고 있으며, 식물로 뒤덮인 경관은 마치 하곡河谷, river valley과 유사하다. 위드는 와디와 유사하게 극도로 변칙적인 물의 유입과 수위 변화로 인해 형성되는데, 그 과정은 건조한 중동 남부 지역의 하천 형성 과정과 유사성을 보인다. 이스마Eisma(1978)는 튀르키예 서부의 4대 강을 연구하여 하류에서 네 가지 공통점을 식별해 냈다.

1. 비탈을 따라 충적 선상지扇狀地, alluvial fan 형성
2. 평평한 충적 분지alluvial valley층이 강바닥에서 5~10m가량 위에 형성

* 몰타섬에 있는 계곡같이 생겼는데 바닷물이 있는 협곡을 말한다.

3. 하구 근처에 넓은 범람원 형성

4. 강 연안을 따라 작은 늪, 해빈 구릉海濱丘陵, beach ridge, 사구 형성

그런데 이 네 가지 특색은 중동의 와디 구조에서도 분명하게 나타난다.

여기서 한 가지 의문이 생긴다. 와디에서도 일반적인 강에서의 퇴적과 침식 과정이 나타났을까? 하지만 아직 와디 단구段丘, terrace 및 선상지가 형성된 시기의 근사치를 산출해줄 연대기를 도출할 만큼 연구가 충분치 않다. 이러한 근사치가 산출되어야 중동 내 와디 시스템 간 관계를 파악하고 기후 및 해수면 변화의 상관관계를 파악할 수 있다. 참고로 비타-핀지Vita-Finzi(1969; 1973)는 동지중해의 퇴적과 침식 과정을 비교할 수 있도록 다음과 같이 정리했다.

1. 오래된 골짜기 퇴적물의 퇴적 [목록 I] 20,000~10,000 BP[*]

2. 삼각주의 퇴적과 함께 침식 및 하부 굴착 발생 10,000~2,000 BP

3. 보다 최근에 생성된 골짜기 퇴적물의 퇴적 [목록 II] 2,000~300 BP

4. 침식과 삼각주 형성의 증가 300~0 BP

이러한 연대기는 침식의 증가가 건조함과 높은 연관성을 갖는다는 점을 시사한다. 그러한 주장의 근거로, 건조함이 증가하면 비

---

[*] BP는 'Before Present'의 약어로, 지질학에서 1950년대 방사성 탄소연대 측정이 시작되기 전에 사건이 발생한 시기를 지정할 때 사용하는 시간 척도다. 표준 관행은 1950년 1월 1일을 연령 척도의 시작 날짜로 사용한다.

가 단기간에 폭발적으로 내리게끔 되는데, 만약 땅이 식물로 완전히 덮여 있지 않은 경우 이러한 폭우가 상당한 침식을 야기한다. 습윤 기후 시기의 경우, 총 강우량은 더 많을 수 있지만 쏟아붓는 정도가 더 약하고, 지표면이 대개 식물들에 의해 보호받는다. 미국의 사례에서 확실하게 드러나듯이, 기후의 변화는 침식의 패턴 형성이나 소협곡·와디의 충적작용沖積作用, aggradation에 중요한 역할을 한다.

현지 조사가 제한적이기는 하지만, 풍화작용 과정과 풍화 지형에 대한 연구가 피예Pye와 소아르Tsoar(1990)에 의해 실시되었다. 특히 컴퓨터 시뮬레이션을 통해 현지 조사의 한계가 상당수 해결되었고, 이론 역시 풍동風洞, wind tunnel*이나 실험 기법을 통해 보강되고 있다. 모래 퇴적의 경우 중동 내 많은 지역에서 나타나고 있다. 소아르가 연구한 네게브** 북부의 선형 사구linear dune에서부터 리비아 및 이집트 서부의 광활한 모래 바다까지 그 종류는 다양하다. 56만km²에 달하는 아라비아반도의 룹알할리 사막의 경우 대다수 모래로 구성되어 있으며, 지표면에 물이 전혀 없다. 사구는 바르한barchan,*** 셰이프seif,**** 성사구星砂丘, star dune*****와 복합 사구 등의 집합체로 이루어져 있는데, 어떤 지역에서는 높이가 300m에 달한다. 오만에 있는 와히바 모래 바다는 2만km² 규모이며, 사구의 형태가 지역별로 가지각색이다. 북쪽은 대개 북에서 남으로 가로지르는 높은 선형 사구가 형성되어 있고,

---

*   풍동은 공기의 흐름이 미치는 영향을 시험하기 위한 터널형 모양의 인공 장치다.

**   네게브(Negev)는 이스라엘 남부에 있는 사막지대다.

*** 바르한은 바람에 의한 침식과 퇴적 작용으로 형성된 모래 언덕인 사구 중에서 초승달 모양을 한 모래 언덕을 일컫는다.

**** 셰이프는 항풍(恒風)의 방향과 평행으로 생기는 가느다란 모래 언덕이다.

***** 성사구는 위에서 바라봤을 때 별 모양을 닮은 모래 언덕이다.

남쪽의 경우 횡사구橫沙丘, transverse dune와 삼일월형三日月形* 사구 crescentic dune가 많다. 그리고 외곽 지역은 두 특성이 섞여 있는 소규모 사구들이다. 사구가 얼마나 오래되었는지의 차이는 쉽게 식별될 수 있다. 높은 선형 사구의 경우 오래되어 사실상 안정적이고, 현재 활발하게 형성되는 바르한이 그 위를 덮고 있다. 워런 Warren(1988)에 의하면, 룹알할리 사막, 네푸드 사막,** 그리고 와히바 모래 바다의 경우 20,000 BP에서 9,000 BP 사이에 사구가 형성되었다. 와디와 마찬가지로, 최근에 형성된 모래 바다의 경우 퇴적물 패턴을 좌우하는 단편적인 기후 변화 및 해면 상승에 의해 퇴적되었다는 증거가 점차 발견되고 있다.

모래 바다에 관한 연구는 인간 역시 침식을 야기한 행위자라는 의미심장한 쟁점을 불러일으키기도 한다. 여러 지형 변화를 야기하는 파도나 유수를 통제하기 위한 노력은 돈이 상당히 많이 들고 노력은 수포로 돌아갔었다. 하지만 모래의 이동과 관련해서는 상당히 중요한 진전이 있었다. 왓슨Watson(1990)은 사우디아라비아 동부의 자푸라 모래 바다를 사례로 삼아 비사飛砂, blown sand를 통제하는 연구를 진행했다. 자푸라 모래 바다의 경우 매년 1m당 30km³ 너비의 모래가 이동했다. 왓슨은 네 가지 방법을 통해 이를 통제하려 시도했다.

1. 배수로, 보호벽, 펜스, 식생대植生帶를 설치해 퇴적물이 통제 구역 외부에 쌓이도록 유도
2. 통제 구역 내 모래 수송을 향상시키기 위해 공기 역학 증기력,

---

*   삼일월형은 음력 초사흘날의 달, 즉 초승달 모양을 말하며, 삼일월형 사구는 바람의 방향과 교차로 분리된 초승달 모양의 모래 언덕이다.

**   아라비아반도 북부 내륙에 있는 사막으로, 면적은 10만 3,600km²다.

도로 표면 위를 덮거나 표면 처리 실시

3. 표면 처리, 펜스 및 식생대 설치를 통해 모래 유입을 축소

4. 펜스, 보호벽, 수림대樹林帶를 설치해 모래 이동을 굴절

중동 지역 지형의 다양성은 이집트에서도 엿볼 수 있다. 이집트 서부의 사막은 고원, 대규모의 저지대가 동반된 급경사면, 선형 사구 위주의 광활한 모래 바다 등으로 이루어져 있다. 이집트 동부 사막의 경우 와디에 의해 끊임없이 개석開析*된 바위투성이의 산지로 이루어져 있다. 즉, 동부는 돌사막, 서부는 자갈이나 모래 사막이 주를 이룬다.

홍해 지역

홍해와 관련된 연구를 보면 구조지질학, 지질학, 그리고 지형 학이 어떻게 상호 연관되어 있는지 확인할 수 있다. 크로슬리 Crossley(1992)에 따르면, 올리고세Oligocene世** 후기에 열개작용이 시작되었고 아덴만과 홍해 남부에 대량의 해수가 넘쳐 들었다. 이 단계에서 홍해의 북부는 아마도 대륙지각이 벌어진 대륙열곡 continental rift이었던 것으로 보인다. 그리고 마이오세Miocene世*** 초

---

* 원래의 지형면이 하천의 침식 작용으로 골짜기가 형성되면서 새로운 지형으로 바뀌는 것을 말한다.

** 올리고세는 점신세(漸新世)라고도 하는데, 신생대 제3기를 다섯으로 나누었을 때 세 번째에 해당하는 시대로, 기원전 3390만 년부터 기원전 2303만 년까지의 지질시대를 말한다.

*** 마이오세는 중신세(中新世)라고도 하는데, 신생대 제3기를 다섯으로 나누었을 때 네 번째에 해당하는 시대로, 기원전 2303만 년부터 기원전 533만 년까지의

기에 지속적인 열개작용을 통해 홍해 지역의 해양 환경이 조성되었다. 하지만 마이오세부터 시작된 간헐적인 해수 고립은 홍해 지역 내 분지에 증발 퇴적암이 형성되게끔 만들었고, 마이오세 말기까지 소금 퇴적층이 대규모로 쌓이기 시작했다. 플라이오세 pliocene世*에 접어들면서 해양 환경이 재구성되었고, 얕은 해안 지역을 중심으로 탄산염 증강carbonate buildup이 시작되었다. 열개 작용이 처음 시작한 시기에 형성되었던 홍해 경계선의 급경사면은 마이오세에서 제4기 지질시대를 거치면서 융기하기 시작했다. 우리는 그 증거를 쇄설성퇴적물碎屑性堆積物, clastic sediment에서 찾을 수 있다. 이와 반대로, 소금 퇴적층이 쌓이던 시기에 빠른 속도로 분지 침강이 이루어졌다. 이러한 변동은 홍해 중앙선을 따라 대규모 용암 분출을 야기했고, 축 해곡axial trough에는 다량의 현무암이 퇴적되었다. 이를 아파르Afar 삼각지대**에서 찾아볼 수 있다.

대지 측량을 통해 축 해곡에서 자기 이상이 측정되고 있고, 이곳에 현무암이 가득 차 있다는 점은 이러한 지질 변화의 근원이 해저 발산이었다는 명확한 증거다. 자기력선magnetic lineation을 살펴보면, 홍해 바닥의 발산이 500~600만 년 전에 발생했으며, 홍해 남쪽 끝에서 시작하여 북으로 이어졌다는 것을 알 수 있다. 이를 통해, 올리고세에 열개작용의 사전 단계가 있었고, 마이오세 초기에서 중기 동안 본격적으로 해곡이 형성되었다고 결론지

지질시대를 말한다.
* 플라이오세는 선신세(鮮新世)라고도 하며, 신생대 제3기를 다섯으로 나누었을 때 마지막에 해당하는 시기로, 기원전 533만 년부터 기원전 258만 년까지의 지질시대를 말한다.
** 아파르 삼각지대는 에티오피아 북동부의 홍해와 아덴만이 접하는 부근의 삼각 지역으로, 그 지형이 대륙 이동설의 증거가 되고 또 신대양의 중심이라고 지목되고 있다.

을 수 있다.

크로슬리는 광범한 데이터를 종합해 팔링제네틱 복원 palinspastic restoration이라는 색다른 접근법을 도입했다. 그는 단층 이동의 양과 시점을 분석하고 그 이동의 근원을 파악하기 위해 노력했는데, 열개작용의 사전 단계 분석 결과와 팔링제네틱 복원을 통해 예측한 이동 형태가 제시된 지질학적 데이터가 대다수 일치했다. 더욱이 아라비아판의 북부 경계를 따라 발생한 열개작용 및 단층 이동이 가속하고 감속하던 시기의 시계열적 순서에 대한 결과도 구조적 데이터와 상당수 일치했다. 특히 햄턴 Hempton(1987)은 마이오세 후기, 홍해 및 아덴만에서 발산의 확장이 종식된 것은 아라비아판과 유라시아판이 충돌했기 때문이라고 여겼다.

결국 여러 방면에서 지질학이 구조지질학적 역사를 확증해준다고 볼 수 있다. 층위학stratigraphy과 열개작용의 관계는 콜맨 Coleman(1993)의 연구에서 명확하게 드러나고 있다. 그는 퇴적의 역사를 다음의 다섯 시기로 나누었다.

1. 기반암의 퇴적
2. 열개작용 사전 단계에서의 퇴적
3. 열개 퇴적층의 퇴적
4. 증발 퇴적암의 퇴적
5. 증발 후 퇴적암의 퇴적

홍해 유역과 관련하여 체계적인 지형학적 연구는 없었으나, 지질학과 구조지질학의 관계를 보여주는 지형학적 요소가 분명 존재한다. 예를 들어, 홍해 대륙붕을 보면 북쪽에서는 융기가 발생했고 남쪽에서는 침강과 빠른 속도의 퇴적이 있었다는 흔적이 있다. 북위 21도의 남쪽에 위치한 홍해 대륙붕은 감지할 수 없을 정도로 해안 평원과 합쳐졌다가 갑자기 50km 이상의 폭으로 넓어지며, 특정 부분은 최근 용암이 흐른 흔적이 있다. 북위 21도의 북쪽에 위치한 대륙붕의 경우 점차 좁아지고 급격한 지형학적 분절이 식별된다. 반면, 해안 평원의 경우 폭이 더 좁고 융기된 단구가 보이는데, 이는 오래된 해안가라는 증거다.

하지만 이보다 더 설득력 있는 증거는 홍해의 섬들에서 찾을 수 있다. 홍해의 섬은 세 가지 확실한 유형으로 구분된다. 홍해의 최남단에 위치한 일련의 화산섬은 자발알타이르섬, 주바이르 군도, 자발주카르 군도, 하니쉬섬이다. 이곳들은 대개 화쇄암火碎岩, pyroclastic으로 구성되어 있으며, 자발알타이르섬의 경우 여전히 활화산이다. 추가적인 연구를 통해 홍해 축 해곡에 더 많은 소규모 분출 여지가 있다고 밝혀졌고, 추가적인 발산이 있을 경우 여러 화산 활동이 발생할 것으로 보인다.

이 섬들의 북쪽 지역 대륙붕에는 일련의 낮은 섬이 존재한다. 이 섬들은 해양 퇴적물, 증발 퇴적암, 그리고 산호초 석회암으로 구성되어 있으며, 단층 작용이 있지 않는 한 절대로 해수면에서 20m를 넘지 않는 크기다. 홍해 서쪽의 달락 군도와 동쪽의 파라산 군도는 부채꼴 모양의 해안선을 보유하고 있다. 이는 과거에 소금 퇴적층이 있었다가 해수에 의해 녹았다는 증거다. 즉, 홍해의 축 해곡에 위치한 화산섬들과 홍해 대륙붕에 위치한 탄산염 토대의 섬들 간에는 분명한 차이가 있다.

세 번째 유형의 대표적인 사례는 바로 자바르가드섬이다. 이 섬은 맨틀 및 내부 표층 변성암으로 구성돼 있으며, 해수면에서 235m 솟아 있다. 지질학적으로는 감람암peridotite과 각섬암

amphibolite으로 구성돼 있고, 제3기 지질시대 해양 퇴적물로 뒤덮여 있다. 지질학에서는 자바르가드섬이 홍해가 처음 만들어질 당시 신장단층伸張斷層, extentional faulting 형성 과정에서 부수적으로 지구의 핵core이 노출된 것을 보여준다고 간주한다.

3장

기후

중동 지역의 국가들은 서로 다른 기후 체제*를 공유하고 있다. 지형학적으로도 소위 '일반적'인 지형이 없었듯이, 기후 면에서도 기압, 기온, 습도 등의 요소가 획일적이지 않다. 더욱이 지역별로 기후가 상이할 뿐만 아니라 시간이 지남에 따라 대규모 기후 변화도 이루어져왔다. 최근 기후 변화에 대한 연구가 많은 관심을 받고 있지만, 여전히 주안점은 유럽이나 북미 지역에 놓여 있다.

중동 지역은 세계의 교차로에 위치하고 있기 때문에 중동의 지리학·지정학적 요소는 주변의 영향을 받을 수밖에 없다. 기후 역시 마찬가지다. 1930년대 쾨펜Köpen이 규정했듯이, 중동 지역은 건조 기후대와 온난, 온대, 다우多雨 기후대를 넘나든다. 현재까지 학계에서 표준으로 통하는 쾨펜의 분류에 따르면, 중동의 기후는 대략적인 식물 종류 분포에 상응하여 다섯 개의 기후 체제로 나뉜다. 이는 A, B, C, D, E의 코드*로 표기되며, 각 코드는 추

---

* 기후 체제는 다섯 개의 주요 요소로 구성된 고도로 복잡한 시스템이다. 다섯 요소는 대기권, 수권(hydrosphere), 빙권(Cryosphere), 육지면과 생물권, 그리고 각 요소 간의 상호 작용을 말한다. 시스템 자체의 내부 역학에 의한 영향이나 대기의 조성을 변화시키는 것, 또는 토지 이용도의 변화와 같은 인위적인 강제력과 화산폭발, 태양복사의 변화 같은 외부 강제력 때문에 기후시스템은 시간에 따라 계속 바뀐다.

가적으로 기온과 강우량에 따라 더 세부적으로 나뉜다.

리비아 동부와 이집트의 일부 해안가, 예멘의 일부 지역, 레반트 지역의 해안가, 이란의 동부 및 북동부 지역, 그리고 튀르키예는 온난·온대·다우 기후대로 분류된다. 그리고 더 광대한 나머지 지역은 건조 기후대로 분류된다. 쾨펜은 이러한 온난·온대·다우 기후대를 'C' 코드로 지정했고, 여기서는 세부적으로 세 가지 유형이 식별된다.

> Cw: 동계 건조 기후. 여름 중 비가 가장 많이 내리는 달에는, 겨울 중 가장 건조한 달에 비해 최소 10배 이상의 비가 내리는 지역
>
> Cs: 하계 건조 기후(지중해성 기후). 겨울 중 비가 가장 많이 내리는 달에는, 여름 중 가장 건조한 달에 비해 최소 3배 이상의 비가 내리며, 그때에도 강우량이 최대 30mm 이하인 지역
>
> Cf: 연중 습윤 기후. 연간 비가 고르게 내리는 지역

그리고 쾨펜은 이 분류에 소문자 코드를 추가해 더 세부적으로 분류했다.

> a: 무더운 여름. 가장 더운 달의 평균 기온이 섭씨 22℃ 이상이며, 평균 기온 10℃를 넘는 달이 4개월 이상인 경우
>
> b: 온화한 여름. 가장 더운 달의 평균 기온이 섭씨 22℃ 미만이지만, 평균 기온 10℃를 넘는 달이 4개월 이상인 경우

---

* 쾨펜은 열대 기후를 A, 건조 기후를 B, 온난 기후를 C, 대륙성 기후를 D, 한대 기후를 E로 분류했다.

전형적인 지중해성 기후(코드: Csa)는 키프로스, 튀르키예의 흑해 연안 등 지중해 연안 지역에서 나타난다. Csb 기후는 대개 이란 서부와 서북부에 해당하며, Cfb 기후는 튀르키예 내륙인 아나톨리아 고원에서 제한적으로 볼 수 있다.

건조 기후의 경우 다음과 같이 구분된다.

BS: 초원 기후

BW: 사막 기후

B(건조) 기후대의 특징은 적은 강수량과 큰 온도 차이다. BS와 BW를 구분하는 가장 효율적인 방법이 무엇인지에 대해 상당한 논란이 있었는데, 그 내용은 3장의 마지막에서 다루겠다. B 기후 역시 세부적으로 다음과 같이 나뉜다.

h: 덥고 건조한 기후. 연평균 기온이 18℃ 이상인 지역

k: 서늘하고 건조한 기후. 연평균 기온이 18℃ 미만인 지역

북위 30도 아래에 위치한 지역은 BWh(더운 사막 기후)로 분류된다. BSh(더운 초원 기후)는 리비아 북부와 이집트 북서부, 홍해 좌우의 내륙 산지, 오만 내륙 산지와 아랍에미리트 접경 지역, 이라크 대다수 지역, 그리고 대다수의 이란 동부 지역(해안 및 중동부 지역 제외)이 해당된다. BSk(추운 초원 기후)는 이란 북동부 지역이 유일하다.

하지만 이러한 다양성 속에서도, 지형학적 특성들과 마찬가지로, 중동 지역 특유의 기후를 꼽을 수는 있다. 가장 지배적인 기후 형태는 바로 초원 및 사막 기후이기 때문이다. 많은 사람이 중

동 지역을 건조하다고 여기며, 실제로 중동 지역 일부는 세상에서 가장 건조한 지역으로 간주된다.

과학적인 조사 측면에서, 쾨펜이 제시한 BW(사막)와 BS(초원) 기후는 각각 건조 기후와 반건조 기후로 지칭될 수 있다. 이 두 기후를 구분하기 위해 많은 노력이 있었다. 가장 두드러진 연구는 쾨펜(1931)의 기후지수에 기반을 둔 연구와 손드웨이트Thornthwaite(1948, 1954)의 습윤지수를 활용한 연구다. 이에 더해 UNESCO(1977)는 펜맨Penman(1948)의 증발산蒸發散, evapotranspiration* 방정식을 이용해 건조 기후대 지도를 해석하기도 했다. 이러한 세 연구의 방정식은 아래와 같다.

쾨펜의 방정식(Köpen, 1931)

- 건조대 경계: $P/T < 1$
- 반건조대 경계: $1 < P/T < 2$

  * P = 연간 평균 강수량(단위: cm)

  * T = 연간 평균 기온(단위: 섭씨)

손드웨이트의 방정식(Thornthwaite, 1948; 1954)

- 건조대 경계: $Im = < -66.7$
- 반건조대 경계: $-33.3 > Im > -66.7$

  * $Im = 100[(P/Pe) - 1]$

  * P = 연간 평균 강수량(단위: mm)

  * Pe = 연간 잠재 증발산의 평균치(단위: mm)

---

* 증발산은 증발과 증산이 하나로 이어진 작용으로, 땅에서 일어나는 증발과 식물체에서 일어나는 증산을 통해 수증기가 지구 표면에서 대기 중으로 이동하는 움직임을 말한다.

UNESCO의 해석법(UNESCO, 1977)

- 건조대 및 초-건조대 경계: P/ETp = 0.20 이하
- 반건조대 경계: P/ETp = 0.50 ~ 0.20

   * P = 연간 평균 강수량(단위: mm)

   * ETp = 연간 잠재 증발산의 평균치(단위: mm)

건조함과 초-건조함이 중동 지역의 특색인 가운데, 중동 지역 전체에 대한 더 간략하고 일반화된 기후 패턴이 등장하기도 했다. 미국의 지리학자 트레와르타Trewartha(1954)는 기후를 결정하는 4대 요소를 다음과 같이 정리했다.

1. 위도
2. 육지와 바다 분포 비율
3. 특정 기상 상황(저기압 또는 고층 대기의 통제)
4. 고도

일반적으로 기온과 건조지수는 북에서 남으로 갈수록 높아진다. 특히 이 패턴은 고도의 영향으로 더욱 심해지는데, 중동의 북쪽 지역은 대개 산악지대라 상대적으로 온도가 낮고 높은 강수량을 보이기 때문이다. 튀르키예와 이란에서는 겨울에 온도도 낮고 눈이 내리는 반면, 사우디아라비아는 그 반대다. 하지만 이 패턴은 해양성 영향으로 인해 변형되는데, 지중해가 그 대표적인 예이고, 홍해나 페르시아만(아라비아만)도 영향은 적지만 이에 해당한다. 해안선 주변은 고온이 완화되는 반면, 일반적으로 습도가 높다. 역으로, 높은 온도차를 야기하는 대륙권의 영향*은 리비아의 페잔,** 이집트 남부 지역, 그리고 아라비아반도 중부 지역 등에서

나타난다.

기상 상황에 의한 영향은 저기압과 고층 대기 제트류*** 이동 시 상호 작용에 의해 기후가 변화하는 것을 의미한다. 중동 지역의 겨울은 지중해성 저기압의 영향을 받으며, 변덕스러운 날씨가 빈번하다는 특징이 있다. 변덕스러운 날씨는 한대전선 제트류가 대규모로 진동을 야기할 때 차가운 공기가 위도상 이동을 하게 만듦으로써 발생한다. 또한 남쪽 구역에서 제트류가 생성될 경우 강한 비가 내린다. 봄철에는 아열대 제트류가 회귀선으로부터 북상하면서 강수량이 줄어든다. 즉, 5월부터는 지중해성 저기압이 고기압 전선에 의해 대체되고, 지중해 동부는 아열대 상층 대류권 고기압의 영향을 받는다. 동시에 인도 계절풍이 서서히 북상하면서 복합적인 제트류를 형성하고, 이는 아라비아반도 남부까지 확장된다. 이로 인해 소용돌이가 발생하고 인도양의 습한 공기를 끌어당기면서 에티오피아, 수단 남부, 그리고 예멘 산지에는 여름비가 내리게 된다.

네 번째 요소인 고도의 영향은 레바논과 예멘의 산지에서 가장 잘 드러난다. 두 지역 모두 건조하지만 상대적으로 많은 비가 내린다. 예멘의 경우 반영구적인 장마전선이 형성돼 있다.

이어지는 기후 요소에 대한 자세한 묘사는 피셔의 책에서 따왔다. 피셔는 숙련된 기상학자로, 기꺼운 마음으로 중동의 기후에 관해 서술했다. 따라서 앞으로 소개되는 내용을 통해 피셔 책의 정수를 맛볼 수 있다. 그럼에도 중동은 여전히 기후 데이터나

* 대륙 지표의 영향을 강하게 받는 기후로, 맑은 날이 많고, 강수량이 적으며 건조한 기후를 나타낸다. 기온의 일교차 및 연교차가 심한 것이 특징이다.
** 리비아의 남서쪽에 위치한 사막지대다.
*** 제트류는 대류권의 상부 또는 성층권의 하부 영역에서 좁고 수평으로 부는 강한 공기의 흐름을 일컬으며 '제트기류'라고도 표기한다.

연구가 부족한 지역이다. 예를 들어, 요르단 동부의 바디아 지역에는 단 한 개의 기상 관측소만 설치돼 있다. 그나마 수자원에 대한 관심이 늘어나고 방목장이 개발되면서 여러 연구 프로그램이 시작되었고, 휴대용 자동 기상관측 장비가 도입되면서 최근에는 많은 데이터가 보충되고 있다.

기압

하계

아시아 대륙 남부의 극심한 열기는 널리 알려진 저기압 장마전선인 인도 계절풍을 생성한다. 얕은 성질로 인해 대류권 위쪽으로는 확장하지 않는 이러한 저압대는 인도 북서부와 파키스탄 서부 지역에서부터 이란 남동부, 오만만에 이르는 지역에서 6월부터 9월까지 항상 발생한다. 특히 키프로스섬을 중심으로 작지만 강력한 저기압이 지속되면서 저압대는 페르시아만(아라비아만)에서 이라크 및 시리아까지 확장되고, 이에 따라 상승기류를 형성하는 강력한 바람이 생성되면서 남부 아시아뿐만 아니라 중동 대다수 지역에도 영향을 끼친다. 이러한 저기압은 여름 내내 유지되면서 중동 지역의 기압과 바람의 분포에 뚜렷한 영향을 끼친다. 또 다른 주요 요소는 아조레스 고기압*의 계절적 확장으로, 이것이 점차 강력해지면서 북동 방향까지 확장해 북서 아프리카를 비롯해

---

*   포르투갈 서쪽 북대서양에 있는 아조레스 제도에 중심을 둔 대규모의 아열대 고기압을 말한다. 이 고기압은 여름철에 가장 발달하는데, 그 덕분에 아조레스 고기압의 세력권에 있는 지중해 지역은 여름철 맑은 날씨가 계속되고 건조 기후를 보인다.

리비아, 이집트에까지 영향을 준다(그림 3.1). 또한 키프로스 저기압은 바다와 육지 간 온도 격차 및 집중적인 국지성 상승기류로 인해 생성된다. 작은 섬인 키프로스는 분지 지형이기 때문에 여름철 놀라울 정도의 고온을 기록한다.

이러한 기압 환경은 북부 및 동부의 공기를 남쪽 방향으로 끌어내려 중동 전역을 덮는 결과를 가져온다. 또한 소아시아와 카스피해의 아열대 제트류 역시 이러한 결과를 가져오는 데 어느 정도 기여한다. 나아가 수평 및 수직 방향의 소용돌이와 고기압성 순환이 형성되면서 북풍 패턴이 강화되고, 대기 안정성도 확보되면서 뚜렷한 기압 역전도 일어난다. 아열대 제트류의 북쪽에서는 사이클론 형태로 순환하는 소용돌이가 형성되는데, 이에 따라 여름 동안 흑해 동부 연안에 비가 내리게 된다.

충분히 형성된 북풍인 멜테미 또는 에테시아 바람*은 에게해

그림 3.1 하절기 기압 현황

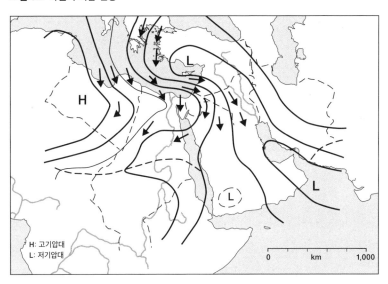

H: 고기압대
L: 저기압대

0   km   1,000

에서 지속적으로 생성되며, 낮 시간 동안 해풍의 영향을 받아 점차 강력해지면서 멀게는 리비아 및 이집트 해안까지 남쪽으로 확장한다. 하지만 더 동쪽 지역인 이스라엘, 레바논, 시리아에서는 남서풍이 더 지배적이며, 이 남서풍은 키프로스 저기압과 해풍의 영향을 받아 내륙 깊숙이 다마스쿠스, 암만, 심지어 시리아의 고대 도시인 팔미라까지 다다른다.

다시 돌아와서, 북풍인 멜테미는 대륙적 공기로, 유럽보다는 유라시아 내륙에서 유래하기 때문에 건조하다. 하지만 제트류의 하층부는 제트류가 남하하면서 점차 데워지고, 상층부의 경우 기압 역전에 의해 따뜻해진다. 따라서 흑해 북동부 해안 및 소아시아 남부 해안을 제외하고는 비가 전혀 내리지 않는다. 튀르키예의 안탈리아에서 안타키아로 이어지는 소아시아 남부 해안의 경우 키프로스 저기압과 수렴하며, 지형상으로는 해로가 존재하고 해안을 마주한 높은 산이 있기 때문에 한정적으로 해안가를 중심으로 약한 여름비가 내린다.

중동 남부 지역의 경우 기압 환경은 더욱 복잡하다. 남부 지역에는 상승기류인 아열대 제트류가 존재하는데, 6월부터 8월까지 형성되며 높이가 10~15km에 달하는 강력한 동풍이다. 아열대 제트류의 하층부에서는 적도의 남반구 무역풍이 북반부로 침투하면서 굴절이 발생하여 남서풍으로 변한다. 이는 우량적도雨量赤道, hyetal equator가 북진하면서 생기는 현상이며, 이에 상응하여 겨울철 이집트 북부에 위치했던 아열대 제트류가 이동한 셈이다. 그 결과 여름에는 기압대의 하층부에서 수렴풍收斂風, convergent wind이 형성된다. 건조한 북풍 및 북동풍이 인도양에서 생성된 습

*   여름에서 초가을에 걸쳐 에게해와 지중해 동부로 부는 건조한 계절풍으로, 멜테미(Meltemi) 또는 에테지안(Etesian)이라고도 불린다.

윤한 남서풍과 수렴하면서 소위 열대 수렴대(ITC)가 만들어지는 것이다. 기압대 상층부에서는 계절 동풍이 생성되는데, 이로 인해 상당한 난기류 및 소용돌이가 발생하면서 더 강화된 형태의 동풍인 인도양 북부 '몬순'이 등장하게 된다. 또한 에티오피아 고원이나 예멘, 사우디아라비아 남서부에서는 지형적 특성으로 인해 기계적인 상승기류가 생성된다. 이에 따라 습윤한 남부 해양풍이 건조한 북풍 기류와 만나 상당한 양의 여름비를 뿌린다. 이를 통해 홍해나 아덴만 해안에는 여름비가 거의 내리지 않거나 극히 드문 데 반해, 내륙 고산지대에서는 거의 1,000mm에 달하는 강우가 왜 내리는지가 설명된다. 그러나 중동 지역이 고층 대기권에 대한 연구가 가장 이루어지지 않고 있는 지역 중 하나라는 점을 잊어서는 안 된다.

논의된 복합적인 기압 환경은 6월에서 9월까지 거의 유지되는 속성이다. 상대적으로 미미한 형태의 기압 변화도 때때로 발생하며, 기압 환경에 대한 체계를 강화하거나 약화시키기도 한다. 하지만 일반적으로 기압 환경의 준(準)안정성은 항상 유지되기 때문에 바람 패턴 및 기상 상태의 규칙성은 어쩌면 가장 핵심적인 특질일 것이다.

동계

대기 하층부에서는 고기압이 아시아 내륙을 덮고 멀게는 이란까지 확장되어 있다. 또한 소아시아의 경우 고도 차이와 이에 따른 온도 차이 때문에 규모가 작고 간헐적인 고기압대가 형성될 수 있다. 하지만 대규모 시베리아 고기압대와 달리 이는 종종 사라지기도 한다.

중동 전역에는 아열대 제트류 서풍이 견고하게 형성되어 있다. 빠른 속도로 생성되며, 중심축은 지중해 남쪽에 형성되어 있어 대기 하층부에서 저기압이 형성되기 용이하다. 그렇기 때문에 겨울철에 일련의 변칙적인 사이클론이 발생하며, 종종 소아시아 및 서남아시아 본토에 일시적인 고기압대가 생겨난다. 동시에 7월에 중동 남부 지역에 자리 잡고 있던 열대 제트류 동풍이 더 이상 존재하지 않게 되면서, 수렴풍도 미약해지고 수단 남부나 사우디아라비아 남부 지역에는 극히 적은 양의 비만 내리게 된다.

잘 형성된 저기압이 대서양에서 북서부 유럽, 스페인, 북서 아프리카를 지나 지중해 서부 분지로 유입될 수 있다. 저기압은 바다의 수분에 의해 활력을 되찾거나 상승 제트류에 힘을 받아 지속적으로 지중해를 지나 멀리는 아르메니아, 이란, 그리고 페르시아만(아라비아만)을 넘어 파키스탄까지 확장될 수도 있다. 특히 홍해를 따라 조금 더 남하하면서 연안에 겨울비를 흩뿌리기도 한다.

또한 사이클론 활동과 동시에 새로운 저기압대가 평균적으로 더 자주 형성되고 있으며, 이는 지중해 분지에서 더욱 강력해진다. 특히 제트류는 주요 산맥 지역에서 저기압이 '무풍 저기압'으로 발전하는 데 많은 영향을 준다. 일례로, 아틀라스산맥이나 아펜니노산맥 같은 주요 언덕 단층 지괴massif의 무풍지대에서 소용돌이가 자주 발생한다. 또한 저기압은 시르테만이나 키프로스섬에서도 발생할 수 있는데, 이는 리비아, 이집트, 그리고 레반트 지역의 날씨에 큰 영향을 끼친다.

이는 지중해 지역이 겨울철에 독자적인 기후 체계를 가지고 있음을 의미한다. 종종 완전하게 형성된 저기압이 유럽이나 대서양에서 몰려올 수 있으나, 대개 기압의 변화나 새로운 기압 형성이 이루어진다.

더욱이 저기압과 관련된 지중해 지역의 기압 전선계前線系, frontal system는 유럽 북서부와는 다르다. 고위도에 위치한 온화한 구역의 경우 폭넓은 구름층이 형성되어 있고 높은 습도와 강수량을 보이는 데 반해, 지중해 지역은 거의 구름이 없고 건조한 편이다.

또 다른 차이는 지중해 지역의 저기압대가 규모가 더 작고 상대적으로 얇게 구성되어 있다는 점이다. 대서양 저기압대의 경우, 전체 대양의 절반을 덮기도 하고 기압은 960mbar(밀리바)에 달하는 데 반해, 지중해 지역의 저기압대는 이보다 훨씬 규모가 작고 기압 역시 거의 990mbar 이하로 떨어지지 않는다. 하지만 우리는 지중해 지역의 저기압이 더 약하다고만 볼 수는 없으며, 지중해 지역은 악천후 기간이 훨씬 더 짧고 보다 다양한 기상 환경이 나타난다고 볼 수 있다.

저기압대의 경우 이동에 있어 불규칙성을 지니고 있지만, 일반적으로 바다를 따라 이동하는 경향을 보인다. 이탈리아 북부에서 형성된 저기압은 종종 아드리아해를 지나 이오니아해로 이동한다. 여기서 소아시아의 대륙적 성질에 영향을 받아 진행 방향이 갈린다. 첫 번째 루트로, 대다수의 저기압은 지속적으로 동진하여 레반트 지역 및 이라크에 도달하거나, 일부는 북진하여 에게해나 흑해, 그리고 궁극적으로는 카스피해까지 이동한다. 두 번째 루트는 지중해 분지 남쪽으로 향한다. 이 경우 해로를 따라 레반트 지역 해안에 비를 뿌리고, 저기압은 종종 페르시아만(아라비아만)까지 도달하거나 심지어는 이란 내륙까지 향한다.

여름과 이른 가을에 중동 지역은 사이클론의 영향을 거의 받지 않는다. 저기압대는 더 북쪽 방향으로 진행하여 중부 유럽 및 발칸 북부 지역을 따라 흑해로 이동하고, 거기서 북풍 기류와 만나 세력이 약해지고 소아시아 북동부 해안에 비를 뿌리게 된다.

표 3.1 바투미 강우량(mm)

1월	2월	3월	4월	5월	6월	7월	8월	9월	10월	11월	12월	합계
258	153	153	128	71	150	154	209	305	226	309	254	2.473

〈표 3.1〉에 제시된 조지아의 도시 바투미 사례에서 이를 확인할 수 있다.

기단

중동 지역의 기상을 이해하기 위한 가장 적절한 방법은 바로 중동 지역을 잇달아 이동하는 다양한 기단(공기)의 성격을 살펴보는 것이다. 중동 지역의 기단은 준準계절적 주기성을 가지기도 하고, 일부는 다소 산발적 내지는 불규칙적으로 움직인다. 이를 연구하기 위한 특별한 장소가 있다. 아프리카와 아시아를 잇는 중동은 세계에서 가장 더운 두 지역인 사하라 지역과 북서부 인도에 인접해 있다. 그렇지만 동시에 겨울에는 가장 낮은 온도를 기록하는 아시아 대륙의 일부이기도 하다. 두 극단적인 지역의 중간에 위치한 중동은 단기간에 쉽사리 주변의 영향을 받을 수 있고, 가장 춥고 더운 지역과 상대적으로 가깝다는 점은 작은 공기가 그 지역에서 밖으로 흘러나올 때도 변화를 야기할 수 있다는 것을 의미한다. 아프리카의 공기는 타는 듯한 열기와 먼지 투성이로 인해 '사막의 숨결'이라고 느껴지고 보일 수 있는 것에 반해, 시베리아 인근의 냉기는 중동 북부와 동부의 강을 얼려버릴 수도 있다.

기단은 발원지에 따라 한대 기단과 열대 기단으로 나뉜다. 더 자세한 분류는 습도를 기준으로 세분화된다. 대륙성 공기의 경우 일반적으로 해양성 공기에 비해 더 건조하다. 이러한 사실은 기단을 네 가지, 즉 한대 해양 기단, 한대 대륙 기단, 해양성 열대 기단, 대륙성 열대 기단으로 구분할 수 있음을 시사한다. 하지만 중동을 분석하기 위해서는 이러한 분류가 충분치 않다. 기단 분석에 있어 해양의 영향은 크게 중요하지 않고, 대륙성일 경우에도 항상 간단하게 열대인지 한대인지 규정하기 어렵기 때문이다.

그렇기에 다음과 같이 중동의 기단을 분류하는 것이 더 유용하다고 판단된다.

1. 하계적 조건
2. 지중해를 통해 중동에 도달하는 대서양발 해양성 기단: 근원이 한대 혹은 열대일 수 있음
3. 대륙성 열대 기단
4. 한대 대륙 기단

하계적 조건

다양한 발원지에서 발산된 공기는 여름철 중동 지역으로 끌려 들어온다(그림 3.1). 이 가운데 일부는 인도의 저기압성 몬순과 연관된 '몬순 기단'이 마른 형태일 수도 있다. 이는 인도반도 북부에서 시작해 아주 먼 이동 경로를 따라 술라이만산맥과 힌두쿠시산맥을 넘어 이란에서 단열적 가열adiabatic warming을 거친 공기다. 이러한 기단의 경우 상당히 건조한 성격을 지니지만, 이력을 확인해보았을 때 만약 해로를 따라 이동했다면 수분을 흡수했을 수도 있다. 공기가 바다에서 육지로 부는 동지중해나 페르시아만(아라비아만), 또는 홍해 지역의 경우 이러한 가능성이 아주 높다.

즉, 비가 전혀 내리지 않더라도 습도가 매우 높을 수 있다는 것이다. 중동 북부 지역의 경우, 대다수의 대륙성 기단은 러시아로부터 유입된다. 이러한 경우 초기에 대기가 매우 불안정하고, 이동 중 저기압이나 유럽 기압 전선계의 영향을 받을 수도 있다. 혹은 흑해 남부나 카스피해 등의 해양 지역에서 공기가 뒤섞였을 수도 있다. 지대가 높다는 추가적인 요소를 고려했을 때, 대규모 상승기류와의 수렴이 이루어졌을 수도 있다. 그래서 주요 해수면과 산맥 지역이 교차하는 곳에서 높은 확률로 여름비가 내렸을 수도 있다. 이러한 사례는 이란의 엘부르즈산맥과 동부 캅카스산맥 사이의 카스피해 서해안, 그리고 튀르키예 북동부 지역에서 그대로 나타난다.

하지만 그 외 중동 대부분 지역의 기단은 건조하며 거의 비를 뿌리지 않는다. 서쪽 방향의 리비아, 이집트, 수단 북서부의 경우 대다수 북아프리카 지역의 특색처럼 아열대 고기압의 영향으로 인해 기단의 안정성이 높은 경향을 띤다.

중동 지역 전체를 보았을 때 남부 지역은 일반적으로 수개월 동안 맑은 하늘이 펼쳐진다. 해안선을 따라서는 하루 동안 규칙적인 일주변화diurnal variation*가 식별된다. 저녁에는 완전히 맑은 하늘과 소규모의 호천 적운好天積雲, fair weather cumulus이 나타나고, 가끔씩 낮에도 해안선 위로 호천 적운이 덮인다. 하지만 내륙의 구름양은 매우 적고, 수일 동안 구름 없는 날이 지속되면서 꾸준한 일사량과 고온이 거듭되며, 저녁에는 적정한 열복사로 인해 상대적으로 선선한 저녁이 유지된다.

그러나 9월 중순에 접어들면서 명백한 변화의 신호가 나타난

* 하루를 주기로 하여 나타나는 생물 활동 또는 날씨의 변화 현상을 말한다.

다. 지중해로부터 해양성 기단이 흘러들어오면서 여름의 패턴을 방해하고, 하층 대기의 기압 패턴 역시 변하기 시작하면서 10월 말부터는 완전히 다른 기단이 자리 잡는다.

해양성 기단

해양성 기단Maritime air은 일반적으로 높은 습도와 낮은 온도를 특징으로 한다. 해양성 기단은 주로 대서양에서 유래하여 유럽 북서부나 스페인, 또는 북서 아프리카를 거쳐 지중해로 지나간다. 특히 기단은 그 근원이 열대성인지 한대성인지에 따라 그 차이가 상당하다. 하지만 기단의 기온적 속성은 오랜 기간 육지와 해양을 거치면서 변화할지언정, 기단의 습도적 속성은 크게 변하지 않는다. 기단이 대개 해양 지역을 따라 움직이기 때문이다. 기단이 상승기류나 다른 기단과 혼합될 경우 기체가 응결되면서 강한 비가 내린다. 이러한 해양성 기단은 일반적으로 서풍의 형태로 중동 전역에 영향을 끼친다. 하지만 10월에서 5월 사이 중동 남부 지역은 예외적으로 이 영향을 받지 않는다. 이 기간 동안에는 아열대 제트류가 강력해지면서 여러 종류의 기단이 뒤섞이고 때때로 소용돌이도 발생한다. 그렇기 때문에 해양성 기단의 경우 대기 하층부에 여러 작은 저기압을 형성하는 속성을 가진다고 볼 수 있다(그림 3.2). 그리고 이러한 저기압대는 기단의 온도와 습도 간의 차이에 따라 강도가 결정된다.

해양성 기단은 중동 지역의 서부 경계에 가장 큰 영향을 끼치며, 저기압대의 경우 멀게는 이란까지 퍼진다. 중동 지역의 서풍은 대륙 내부로 진입하면서 점차 건조해지고, 해양성 기단이 야기하는 기상 악천후도 점차 미미해진다.

이러한 해양성 기단의 유입은 대개 10월에서 5월 사이에 이

그림 3.2 해양성 기단과 열대성·한대성 기단

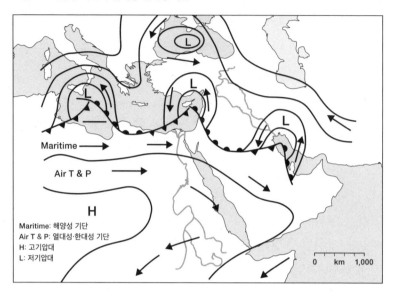

루어지는데, 종종 열대성 기단이나 한대성 기단의 유입으로 인해 방해받기도 한다.

대륙성 열대 기단

중동 지역은 광활한 사막과 인접해 있기 때문에 매우 뜨겁고 건조한 공기가 저기압대로 빨려 들어갈 수 있다. 만약 남풍 계열의 기압대 변화가 발생할 경우 북아프리카 및 아라비아반도의 공기가 대규모로 북상하여 매우 특별한 기후 환경을 형성한다(그림 3.3).

　　열기의 형태를 띤 다량의 에너지가 전환되면서 대규모 기압 변화를 야기하고, 종종 강풍 급의 강한 돌풍을 일으킨다. 또한 기온은 때때로 단기간에 16~20℃ 이상 상승하고, 상대습도는 10% 이하로 폭락한다. 이로 인해 작물이 하루 만에 시들어버리

그림 3.3 대륙성 열대 기단

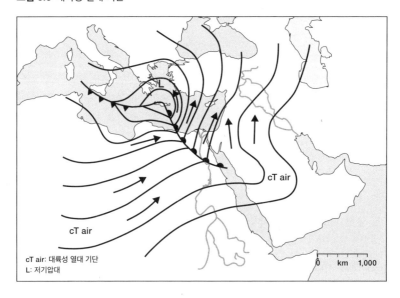

cT air: 대륙성 열대 기단
L: 저기압대

기도 하고, 가장 두드러지는 효과는 바로 모래폭풍으로, 모래와 먼지가 온 도로를 뒤덮고 집 안으로 침투한다. 이러한 영향은 너무 막대하기에 현지에서는 이 남풍에 이름을 붙였다. 이집트에서는 캄신khamsin, 리비아에서는 기블리ghibli, 그리고 레반트 지역에서는 실루크shlouq라고 부른다. 이란에서는 이러한 모래풍을 시뭄simoom이라 칭하는데, '독poison' 바람이란 뜻으로 상당히 적절한 표현이다. 특히 캄신의 경우 '6시간 이내에 최소 6℃ 이상 기온이 상승하는 현상'이라고 정의하고 있는데, 그 이상의 수치도 종종 기록된다.

캄신과 같은 종류의 바람은 열대성 기단이 해양성 기단에 의해 빠르게 형성된 저기압대로 유입될 때 가장 많이 발생한다. 이러한 저기압대는 가장 극단적인 기상 상태를 야기하지만 대개 오래 지속되지는 않는다. 사막 지역에서는 강력한 남풍에 의해 모래폭풍이 끊임없이 생성되는데, 종종 파괴적인 폭풍이 도심까지 도달하기도 한다.

가을과 봄, 특히 봄철의 경우 뜨거운 기단이 발생하는 주요 계절이다. 봄철에는 남부 지역의 사막이 빠르게 데워지는데, 중동의 여타 지역은 여전히 차가운 상태이기 때문에 다양한 기단이 뒤섞이기 좋은 환경이 조성된다. 하지만 극도로 건조한 사막의 바람 때문에, 두 종류의 기단이 섞일 때 주로 발생하는 강우는 매우 적게 내리거나 아예 내리지 않는다. 그러나 종종 차가운 공기가 유입되면서 아주 아름다운 적란운(積亂雲)이 형성되고, 엄청나게 강한 대류가 발생하면서 흙과 먼지가 흩날리게 된다.

한대 대륙 기단

겨울철과 봄에는 유라시아 내륙의 차가운 공기가 남쪽 및 서쪽 방향으로 퍼져나간다. 중남부 아시아에서 유래한 기단은 이란으로 흘러들어가고, 일시적으로 지중해까지 이른다. 시베리아 고기압대에서 발원한 이 공기는 차갑고 대기가 매우 안정적이라 맑고 화창한 날씨를 선사한다. 이란 고원과 아나톨리아 고원의 경우 매우 낮은 기온을 보이지만, 낮은 습도와 낮의 햇살이 부정적인 기후를 상쇄시킨다(그림 3.4).

더 서쪽으로는, 한대 대륙 기단이 자그로스산맥과 아나톨리아 고원의 외곽을 타고 시리아로 넘어가는 과정에서 단열적 가열을 거친다. 내륙 지역은 낮은 온도와 함께 좋은 날씨가 유지되고, 해안 지역은 상대적으로 따뜻한 날씨를 경험하게 된다. 하지만 공기가 매우 건조하기 때문에 종종 겨울 고기압과 동반되는 서유럽과 같은 안개는 발생하지 않는다. 중동 지역의 경우 고기압성 파동이 가을 및 이른 겨울에 자주 발생하지만, 연말 즈음에는 매우 다

그림 3.4 한대 대륙 기단

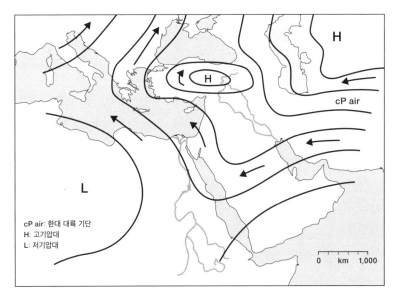

cP air: 한대 대륙 기단
H: 고기압대
L: 저기압대

그림 3.5 한대 해양 기단

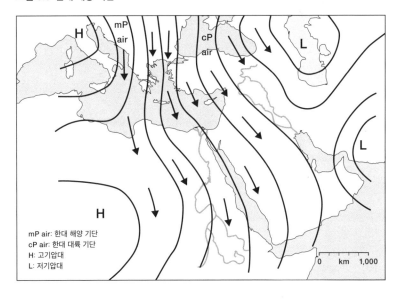

mP air: 한대 해양 기단
cP air: 한대 대륙 기단
H: 고기압대
L: 저기압대

른 성격의 대륙성 기단이 북서 방향에서 밀고 들어온다(그림 3.5).

이와 같은 고기압대는 중부 및 동부 유럽에서 1~3월 중 자주 형성된다. 그러나 차가운 공기는 쌓이지만, 아시아 내륙의 건조한 기단과 달리 이러한 중동부 유럽의 고기압대는 축축하다. 차갑지만 대서양에서 형성된 해양성 공기로 변형되었기 때문이다. 때때로 이러한 유럽발 기단이 저기압대의 후방으로 침투하여 지중해를 타고 동진하여 중동 지역에 이른다. 이러한 준대륙성 기단의 대기 하층부는 남진하는 과정에서 따뜻한 바다를 접촉하며 열기와 맞닥뜨리고 다량의 수분을 머금게 된다.

모든 대기층에 영향을 끼치는 아시아 대륙 기단의 단열적 가열과는 달리 유럽발 기단의 경우 대기 하층부만 가열시키기 때문에 대기 불안정성을 일으킨다. 이러한 불안정성은 높은 습도와 중첩되면서 소나기성 폭우를 야기한다. 사실상 중동 지역의 강설과 강우 대부분은 유럽 중동부의 차갑고 습한 공기가 발산되면서 생겨나는 셈이다. 그래서 늦겨울과 이른 봄에 춥고 많은 비가 내리는 불쾌한 날씨가 지속된다. 특히 이러한 기후가 장기간 유지될 때에는, 더욱 차가운 북극 기단이 중부 유럽으로 남하하면서 악천후가 더욱 심화될 수도 있다. 그렇게 된다면 멀리는 중동 남부의 사하라 사막, 이집트 중부, 그리고 페르시아만(아라비아만) 북부까지 며칠 동안 전반적으로 불안정하고 계절적으로는 이례적인 날씨가 이어질 수 있다.

기온

중동 지역의 기온은 여름에는 고온이며, 연간 및 일일 온도차가

그림 3.6 연간 평균 기온 분포

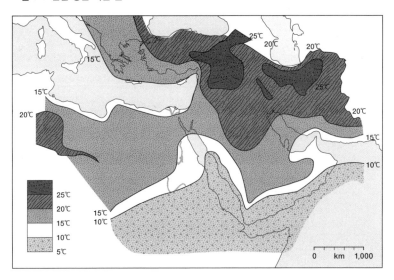

크다는 특성을 보인다(그림 3.6). 맑은 하늘이 이러한 기온적 특성에 가장 큰 영향을 끼치는데, 낮 동안 강력한 태양열이 지표면을 가열함으로써 온도가 상승하기 때문이다. 하지만 야간에는 지표면으로부터의 복사열이 제한되면서 해수의 온도를 제외하고는 기온이 상당히 많이 떨어진다. 그러나 중동 지역의 평균 온도는 적도 인근 국가보다 훨씬 높고, 일사량이 많으며 구름도 높이 떠 있다. 적도 지역 도시 네 곳과 중동 지역 도시 네 곳의 7월 평균 기온이 〈표 3.2〉에 비교되어 있다.

또 다른 주요 변수는 바로 고도이다. 일부 중동 국가들은 매우 낮은 지대에 위치해 있지만, 소아시아나 이란 지역은 해발 1,000m 이상인 지대에 있다. 그렇기 때문에 지표면이 직접적으로 가열되는 여름의 경우 최고 기온이 크게 줄어들지 않더라도, 겨울철에는 고도로 인해 온도가 낮을 수 있다. 또한 산이 많은 해

표 3.2 주요 도시 7월 평균 기온

중동 지역 도시	℃	적도 지역 도시	℃
카이로	28.3	콜론	26.6
베이루트	27.2	프리타운	25.5
바스라	36.1	몸바사	25.3
테헤란	29.4	싱가포르	27.2

안지대 역시 어느 정도는 지엽적인 영향을 줄 수 있다. 중동 지역 여러 산악-해안 지형의 경우, 바다가 물줄기에 주는 템퍼링 tempering 효과가 제한되고, 분지 형태의 내륙은 일사량을 집중시키며, 상대적으로 토양과 식물이 적기 때문에 집중적인 지표면 가열과 야간 복사夜間輻射, nocturnal radiation가 이루어진다.

중동 지역은 일일 및 계절별 기온 격차가 크기 때문에 단순히 평균을 내는 것은 오류를 야기할 수 있다. 보다 정확한 상황을 파악하기 위해서는 최고 기온 평균과 최저 기온 평균을 참고하는 것이 적절하다. 예를 들어, 〈표 3.2〉를 보면 베이루트와 카이로의 기온이 상당히 유사한 것처럼 보인다. 그러나 카이로의 경우 하절기 낮 기온이 40℃를 넘을 때도 있지만 야간에는 상당히 선선한 반면, 베이루트의 경우 35℃를 잘 넘지 않지만 낮과 저녁의 기온 차이가 6℃에 불과하다.

중동 지역은 기온 변화 역시 매우 규칙적이고 단순하다. 몇 가지 예외를 제외하고는, 내륙 지방의 경우 7월이 가장 더운 달이고, 해안가는 바다가 열기를 천천히 흡수하기 때문에 조금 더 늦은 8월이 가장 덥다. 이집트가 이러한 경향을 보이는 좋은 예이다. 이집트 나일강 유역의 경우 7월이 가장 덥고, 지중해와 홍해 지역은 8월이 가장 덥다. 더 남쪽으로 갈수록 가장 더운 달이 일찍부터 시작된다. 사우디아라비아 남부 및 이집트 남부의 경우 6월이 가장 덥고, 수단의 경우 하지와 동지가 교차하는 지점이기 때문에 대개 5월이 가장 덥다.

중동 지역은 1월이 가장 추운 달로, 2월 말이나 3월 초까지 기온 상승 요인이 거의 없다. 하지만 기온 상승이 시작되고 나면 상당히 빠른 속도로 따뜻해진다. 추위와 관련하여, 중동 북동부 지역과 중남부 지역 간에는 명백하게 큰 차이가 있다. 유라시아 내륙과 가까운 북동부의 경우 대륙성 기후의 영향이 크고, 지형적인 영향에 의해 이러한 경향은 더욱 심화된다. 그렇기 때문에 중동 내 여러 고지대는 겨울에 매우 춥고, 특히 위도 대비 다른 지역보다도 더 춥다. 소아시아, 아르메니아, 그리고 이란의 경우 겨울철에 매우 추우며, 자그로스산맥에 작은 만년설이 생성되는 것이 이를 방증한다. 튀르키예의 동부에 있는 에르주룸 역시 이를 증명하는데, 이곳은 1월 평균 기온이 영하 11℃이며, 낮 최고 기온의 평균은 영상 1℃에 불과하다. 야간 최저 기온의 평균은 영하 27℃, 그리고 그 최저치는 영하 40℃까지 이를 때도 있다.

튀르키예의 보스포루스 해협과 흑해는 가끔 바다 위를 떠다니는 총빙叢氷, pack-ice에 막히기도 하며, 내륙의 경우 눈보라로 인해 여러 지역이 고립된다. 이러한 현상이 멀게는 시리아 남부 및 요르단에서도 목격된다. 사우디아라비아 남부나 수단 전역을 제외하고는, 저지대의 경우 적은 양의 눈이 내리기도 한다. 결국 중동에서 눈이 전혀 내리지 않는 구역은 사실상 없는 셈이다. 나일강 계곡이나 예멘 고지대, 그리고 리비아 북부 고원의 경우에도 유럽의 차가운 공기가 남하할 때 소량의 눈이 내린다. 또한 예외적으로 트리폴리타니아산맥의 경우에도 눈이 1~1.5m까지 쌓이고, 예멘 남부나 오만의 아크다르산맥에도 눈이 내릴 때가 있다.

기온의 일주변화는 모든 계절에 중요하지만, 특별히 하절기에 더 의미를 지닌다. 해안 지역의 경우 해양성 기후의 영향이 기온차를 제한하지만, 조금만 내륙으로 들어가도 저녁에는 선선한 공기가 오후의 타는 듯한 열기를 대체한다. 이집트와 홍해 해안가에서는 이러한 선선한 공기가 이슬점 아래까지 내려가면서 이른 아침에 안개가 끼기도 한다. 주로 늦은 봄이나 이른 여름, 홍해 해안 지역, 나일강 계곡 하류, 그리고 심지어 이집트 및 리비아의 지중해 해안에서도 발생한다. 또한 지형이 역시나 중요한 변수로, 고지대의 경우 일교차는 크지 않지만 저녁 기온이 확실히 낮아진다. 예를 들어, 레바논의 경우 이러한 고도 차이로 인한 효과가 크게 나타난다. 레바논 산악지대에서는 오후 25~27℃였던 기온이 저녁에는 10~15℃ 이상 떨어진다. 해안 지역의 경우 5~6℃ 정도만 낮아지는 것과는 크게 상반된다.

습도

습도란 공기 중에 포함되어 있는 수증기의 양 또는 비율을 나타내는 단위이며, 기상학에서는 절대습도와 상대습도로 구분한다. 단위체적중량單位體積重量, weight per unit volume으로 표시되는 실제 습도의 양을 절대습도라 하며, 상대습도는 표준적인 기후측정지수로 증발, 증발산, 강수 등의 요소와 직접적으로 연관되어 있다. 열에 대한 인간 신체의 예민성도 크게 보면 상대습도와 관련이 있다. 같은 기온이라도 건조한 환경보다 습한 환경에서의 열이 기력을 더 떨어뜨리기 때문이다. 그래서 이 책에서나 일상에서 습도라고 표현하는 것은 상대습도를 말한다. 공기는 따뜻할수록 더 많은 수증기를 머금을 수 있다. 상대습도는 퍼센트(%)로 표기되며, 대기 중 수증기량과 특정 기온에서 포화상태로 품을 수 있는 최대의 수증기량을 비교한 수치다.

중동 지역의 경우 월간 상대습도 평균 격차가 상당히 크다. 가장 낮은 경우는 8월의 테헤란으로 24%이며, 가장 높은 수치는 1월 이스탄불의 80%이다.

다른 기후 요소들과 마찬가지로, 중동 지역은 습도에 있어서도 지역별로 차이가 크다. 일반적으로, 개방된 사막의 존재로 인해 중동의 습도는 평균적으로 낮지만, 일부 지역은 엄청나게 높은 습도를 보인다. 주요 내륙 수자원인 나일강이나 티그리스강, 유프라테스강, 사해 등의 증발은 현지의 습도를 높일 수는 있겠지만, 가장 높은 습도를 자랑하는 곳은 주로 특정 해안 쪽이다. 좁은 해안 평원 뒤에 산맥이 장벽처럼 드리운 곳에서는 해풍이 많은 양의 습기를 끌어오는데, 이러한 수분은 내륙 안쪽으로 퍼지기보다는 해안가 주변에 머무른다. 높은 습도와 고온이 만나면서 여름철에는 상당히 불쾌한 기후가 만들어진다. 페르시아만(아라비아만) 해안은 오랫동안 악명이 높았고, 홍해 및 지중해 해안들 역시 비슷한 양상을 보여왔다.

베이루트나 일부 오만 해안의 경우 비가 전혀 내리지 않음에도 여름철에 가장 높은 습도를 기록한다. 이 지역들은 1년에 200~250일 정도 맺히는 이슬이 전체 강우량의 1/5을 차지하기 때문이다(표 3.3).

표 3.3 이스라엘 하이파의 이슬이 맺히는 일수(15년 평균치)

1월	2월	3월	4월	5월	6월	7월	8월	9월	10월	11월	12월	합계
0	3	2	11	18	25	19	19	23	18	0	0	138

홍해 연안에 맺히는 많은 양의 이슬은 예멘 농업에 매우 중요한 도움을 준다. 과거 유목인들은 돌로 이정표를 만들고 그 아래 그릇을 받쳐 이를 활용했었다. 습도가 높은 시기에는 돌이 흙이나 모래보다 더 빨리 열을 방사하기 때문에 금방 차가워졌고, 유목민들은 여기에 맺힌 이슬방울을 모아 식수로 사용했다. 일부 지역에서는 식물이 필요로 하는 유효 수분의 25%를 이슬을 통해 보충한다고 알려져 있다.

내륙 지역은 일반적으로 습도가 낮지만, 겨울철 서풍이나 북풍이 불어올 경우 뚜렷한 증가세를 보인다. 이런 이유로 강 유역에서는 겨울철에 이슬이나 안개가 드물게 맺힌다. 다만 염수鹽水 늪지의 경우 적은 양의 이슬이 맺히기도 한다.

오만의 와히바 모래 바다 서쪽에서 이슬양을 직접 측정하는 연구가 수행되었는데, 습한 저녁에는 0.5mm의 비에 상응하는 양의 이슬이 맺혔다고 한다.

습도가 낮을 경우 인류는 높은 기온을 견뎌낼 수 있다. 그렇기에 여름철 중동 내륙의 열기도 해안 지역의 습한 환경보다는 이겨내기 더 쉬웠을 것이다. 여름철 최고기온 평균 30~32℃, 상대습도 70~75%를 기록하는 베이루트가, 최고기온 평균은 37~40℃이지만 상대습도가 30~34%에 불과한 다마스쿠스보다 견디기 힘들 것이다. 수은계가 사람의 체온인 38℃를 기록하는 지역에서는 일상적인 생활이 상당히 어려울 것이다. 하지만 에어컨이 개발되면서 이러한 중동의 전통적인 핸디캡은 많이 줄어들었다. 대부분의 도시, 특히 걸프 국가들의 경우, 에어컨 보급으로 인해 여름철 전기 사용량이 치솟고 있다.

강우

이란 북부 및 소아시아 북동부의 해안 지역, 예멘 고원, 그리고 사우디아라비아 남부와 수단 남부 등과 같은 기후적 특수 사례를 제외하고는, 중동은 전반적으로 '여름 가뭄'과 '겨울 강우'라는 지중해성 기후의 특성을 강력하게 보인다. 여름철에는 지중해 동부 및 북아프리카의 고기압대가 북대서양 및 키프로스 저기압의 영향력과 몬순 형태의 페르시아만(아라비아만) 및 중동부 아프리카의 저기압 영향을 상쇄시킨다. 즉, 서쪽 발쬑 해양성 기후의 영향력을 차단하는 것이다. 지중해 서부 및 리비아 서부에서는 아열대성 고기압의 북상이 건조한 기후를 형성하는 직접적인 원인으로 간주된다. 하지만 동지중해와 그 동쪽 지역은 겨울보다 여름에 실제로 기압이 더 낮다는 것을 기억해야 한다(표 3.4).

중동 지역은 건조한 여름 기단이 서쪽에서 유래한 습하고 불안정한 기류로 대체되는 초가을에야 처음으로 비가 온다. 9월에 간헐적인 소나기가 내리다가 10월부터 더 많은 비가 오랜 기간 내리고 대규모 천둥번개가 치면 여름이 끝났다는 신호다.

천둥번개는 대개 며칠이 지나면 끝나고, 이후 상대적으로 쾌청한 날씨가 12월까지 계속된다. 진정한 우기는 12월 중순 이후까지는 오지 않는다. 그리고 가끔은 새해 때까지 연기되기도 한다. 중동의 서부 지역은 1월이 비가 가장 많이 오는 달이고, 일부

표 3.4 대기압 (월간 평균 / 단위: mbar)

	벵가지	이스탄불	리마솔	바스라	무스카트
1월	1,010	1,019	1,017	1,019	1,019
7월	1,005	1,012	1,007	997	998

지역은 12월이 우기다. 동부 지역으로 갈수록 이러한 시기가 더 늦춰진다. 시리아의 경우 서쪽 지역은 1월에, 그리고 나머지 지역은 2월에 가장 많은 비가 내린다. 이라크 동부, 이란, 그리고 소아시아 일부 지역은 종종 3월이 가장 습한 달이다. 이들 지역에서는 강한 추위로 생성된 내륙성 겨울 고기압이 비를 머금은 저기압을 다른 지역으로 몰아냈기 때문에 우기가 늦게 온다. 해양성 기단이 내륙으로 밀고 들어오는 봄이 오기 전에는 고기압대가 무너지지 않기 때문에 그러한 양상이 유지되는 것이다.

이와 유사한 이유로, 카스피해 및 흑해 남부 해안의 경우 이중double 우기가 오기도 하는데, 봄에 작은 우기가 찾아오고, 본격적인 우기는 가을에 찾아온다. 가을 우기 때는 비가 내리지 않는 달이 없을 정도다.

6월 중순에 접어들면서 중동 대부분의 지역에서는 비가 그친다. 중동 북쪽 끝단이나 남쪽 끝단을 제외하고는, 대다수 지역에서 약 10~15주 동안 비가 거의 내리지 않는다.

중동 지역의 강우는 크게 두 가지 요소에 의해 좌우되는데, 하나는 지형이고 다른 하나는 습기를 머금은 바람이 땅과 바다 중 어디에 배치되는지의 여부다(그림 3.7). 중동의 대부분은 대륙적 기후이며, 특정 지역만 바다의 영향을 일부 받는다는 점을 기억해야 한다. 이런 연유로 서쪽 방향으로부터 중동 지역으로 유입되는 기단은, 해양성임에도 불구하고, 습기를 일부 상실하고 있으며, 해양으로부터 수분을 어느 정도 보충받는 경우에만 일정 수준의 강우가 형성된다.

그러므로 대다수 지역의 강우는 해안선의 길이와 비례해 발생하며, 특히 서쪽을 향하는 해안선의 경우 그 영향이 더 크다. 또한 지역별 격차도 상당히 크다. 서쪽을 향해 있는 시르테만의 해

그림 3.7 중동의 연간 평균 강우량

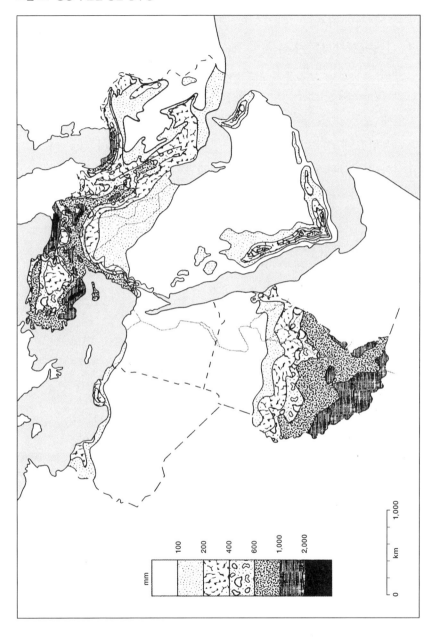

안은 키레나이카산맥의 강우에 현저한 영향을 미친다. 반면, 서부 쪽에 해안이 없는 이집트의 경우 극히 적은 강수량을 보인다. 키레나이카산맥의 서쪽 끝 도시인 리비아의 벵가지에는 연간 270mm 이상의 비가 내린다. 이집트 동부 운하 도시인 포트사이드의 77mm와는 대조된다. 광활한 지중해가 소아시아나 레반트 지역에 많은 비를 뿌리는 것과 달리, 홍해는 협소하기 때문에 아라비아반도에 적은 강우량을 제공한다. 자그로스산맥의 경우 페르시아만(아라비아만)과 근접하고 메소포타미아 지역 하류의 광활한 습윤지와도 가깝기 때문에 비가 내리기 좋은 환경이다.

습함과 건조함의 균형은 이렇게나 미묘하기 때문에, 지형이 필연적으로 막대한 영향을 끼친다. 중동 지역에서의 강우 대부분은 대기의 불안정성에서 기인한다고 상술한 바 있다. 특히 상승 기류가 산악지대를 넘어갈 때 이러한 불안정성이 극대화된다. 온난한 전선성 강우는 높게는 해발 7,500m에서도 유지된다. 그래서 대기 하층부 몇천m 정도 높이의 상승기류는 큰 영향이 없다. 이미 지표면 부근의 상황과는 별개로 공기의 상승이 시작되었고 높은 지대를 지나가면서 강우가 계속되기 때문이다. 반면, 차가운 전선의 경우 고지대 너머로 갑작스러운 상승기류가 지나가는 일종의 '촉발trigger 효과'가 일어나기 전까지는 비를 뿌리지 않는다. 해안가 산맥에서 내륙 평원으로 빠르게 내려오는 공기의 단열적 가열 역시 큰 영향을 준다. 즉, 지형의 영향력이 너무 강해 등강수량선等降水量線이 서쪽을 향하는 산맥이나 고원 끝자락의 등고선을 따라 내려오게 되고, 이로 인해 동쪽을 향하는 산맥이나 저지대에 강우가 쏟아진다. 특히 튀르키예 고원의 동남부 지역은 자그로스산맥 방향으로 구부러져 있기 때문에 등강수량선이 이곳에서 선회하는데, 그 덕분에 구세계의 동과 서를 잇는 아름다운 '비옥한 초승달 지대' 초원이 형성된다. 특히 이스라엘만큼이나 지형적 요소가 놀라운 수준으로 지역별 차이를 정교하게 야기하는 곳도 없을 것이다.

불안정한 대기로 인해 발생하는 중동 지역의 잦은 강우는 대개 폭우 형태로 내리지만, 오래 지속되지 않으며 발생 시기나 분포가 극도로 변덕스럽다. 연간 700mm 이상의 비가 내리는 레반트 지역 해안은 영국 일부 지역보다 더 많은 비가 내리지만, 이러한 강우는 6개월 정도 기간에만 집중되며 비가 가장 많이 내리는 달이라도 14~18일 정도만 비가 온다. 즉, 단기간에만 많은 비가 쏟아지고, 시간당 25mm 정도의 강우는 극도로 드물다. 연평균 240mm의 비가 내렸던 1945년 다마스쿠스는 어느 하루 오전에만 100mm의 비가 내렸고, 1969년 사우디아라비아 중부에서는 하룻밤 사이에 내린 비가 새로 건설된 400km 길이의 고속도로를 지워버린 적이 있다.

따라서 중동 지역 강우량의 평균을 측정하는 것은 정확하지 않을 수 있다. 고지대나 북부 지역을 제외하고는 사실상 규칙적인 강수량을 기대하기 어렵기 때문이다. 이집트 및 사우디아라비아 전역, 그리고 수단 북부는 몇 년 동안 비가 한 방울도 안 내릴 때가 있고, 리비아의 경우 매 10년에 한 번 2년 동안 가뭄이 발생할 것으로 예상된다. 즉, 몇 년에 한 번 내리는 한차례의 폭우가 기후 통계에는 연평균 수치로 기록될 수 있다는 것이다. 가끔 튀르키예나 이란의 여름비가 이러한 형태를 띤다. 예루살렘에서도 연속적으로 1,060mm와 307mm의 비가 내렸었고, 바그다드에서도 432mm와 56mm의 비가 내린 적이 있다.

증발산

중동 지역은 온도에 의해 강수의 효력이 심각하게 제한받는다. 만약 증발과 증발산의 비율이 높다면, 식물이 성장할 때 강우의 영향력은 거의 미미하게 된다. 우리가 증발산을 논하기 위해서는 실질 증발산 비율과 잠재 증발산 비율을 구분해야 한다. 워드 Ward(1975)는 잠재 증발산을 다음과 같이 정의한다.

> 충분한 수분을 머금고 있고, 토양을 덮고 있으며, 높이가 가지런한 식물의 표면에서 증발(수증기가 대기 중으로 발산되는 것)한 수분의 양.

증발에 의한 수분 소실 비율은 1차적으로 기상학적 요소인 에너지 균형, 기온, 풍속, 상대습도 등에 의해 좌우된다. 식물에 의한 영향은 잎 면적, 지표 식물, 그리고 공기역학적 저항 등이다. 만약 잠재 증발량이 실제 증발산량을 초과하거나 하회할 경우 이는 각각 토양수의 결핍 또는 과잉을 야기하며, 이러한 수분 불균형이 바로 건조지수를 제공한다.

증발산과 수분 균형이라는 개념을 활용하는 것은 중요하지만, 다음과 같은 몇 가지 난점이 있다.

1. 증발 및 증산의 실제 수치를 얻는 것은 매우 어렵다. 증발은 일정하지 않고, 증발의 숨은열 때문에 표면이 젖었는지 아니면 건조한지 간주하기도 쉽지 않다. 그래서 평균 토양의 건조함 정도와 깊이가 중요한 고려 요소가 된다.
2. 상대습도, 난류 혼합暖流混合, turbulent air mixing,[*] 그리고 상이한 높

이에서의 풍속 차이는 모두 증발에 영향을 미치는 요소다. 하지만 이를 정확하게 측정하는 일은 극도로 어렵다.

3. 식물로부터의 증산은 상당히 가변적인 요소다. 같은 종의 식물이라도 기후 조건, 번성한 정도, 그리고 성장 밀도에 따라 증산의 비율이 다르다.

이러한 난점을 정리한 손드웨이트는 잠재 증발산은 직접적으로 측정할 수 없기 때문에 일조량을 좌우하는 낮의 길이, 월별 기온의 평균, 그리고 습도 같은 일련의 변수들로부터 산출되어야 한다고 결론지었다. 펜맨이 고안한 또 다른 유명한 방정식은 실제 현장 측정치와 매우 유사한 결과를 제공하지만, 상대적으로 정교한 기상학적 데이터를 요구하기 때문에 몇 안 되는 기상관측소만 확보된 중동 지역에서는 뚜렷한 한계를 보인다.

측정의 문제를 지적했듯이, 중동 지역에 관한 평균 연간 잠재 증발산율에 대한 자료는 예상한 대로 매우 적다. 북위 30도 이남의 지역에서는 그 수치가 높게는 1,140mm로 측정되었다. 참고로, 북위 30도를 기준으로 삼은 이유는 북위 30도가 초원과 사막을 나누고, 다년생 하천과 간헐적 하천을 구분 짓는 기준선이기 때문이다. 더운 기후를 가진 그 외 중동 지역에서는 평균 연간 잠재 증발산율 수치가 절반으로 떨어졌다. 가장 낮은 수치는 제한적으로 튀르키예 및 이란의 고지대에서 측정되었다.

---

* 난류 혼합은 적도 부근의 저위도 지역에서 고위도 지역으로 흐르는 따뜻한 해류인 난류가 수평 또는 수직으로 혼합되는 것을 말하며, 이에 대한 연구는 바다를 중심으로 한 기후 변화 연구에서 중요한 역할을 하고 있다.

기후 변화

중동 지역의 환경 연구는 기후 변화 가능성에 대한 문제를 논의하지 않고는 진행하기 어렵다. 대규모의 기후 변화는 명백히 상이한 지질학적 시기에 나타난 요소라고 볼 수 있다. 몰타섬의 할파동굴에는 하마, 코뿔소뿐 아니라 북극곰, 북극여우 등 북극 동물의 사체가 토사와 진흙 속에 뒤섞여 있다. 지형학적 변화 때문에 약화된 오늘날의 부적합 천川은 과거가 더 습했다는 것을 암시한다. 무엇보다도 인류가 자연을 점유한 역설이 가장 눈에 띈다. 오늘날 건조 기후를 특징으로 하는 중동 지역을 생각했을 때, 위대한 과거의 역사와 오늘날의 적대적인 기후 환경을 조화시키기란 쉽지 않다. 어떻게 인류는 이런 지역에서 구석기 시대부터 신석기 시대까지 그토록 의미 있고 중요한 발전을 이루었을까? 또한 어떻게 전 세계 다른 지역보다 발전한 고대 문명을 건설했을까? 하지만 100년이 지나도록 중동 지역의 기후 변화 역사에 관심을 둔 연구자는 거의 없었다.

변화의 조짐이 부처Butzer(1975; 1978)의 연구에서 나타나기 시작했다. 그는 플라이스토세Pleistocene世* 후기에서 홀로세holocene 世** 중기 사이의 변화 흔적을 세 지역에서 분석했다.

1. 북부의 고지대

* 플라이스토세는 신생대 제4기의 첫 시기로, 이 시기에 인류가 발생하여 진화했으며, 매머드 같은 동물이 있었다. 홍적세(洪積世), 갱신세(更新世), 최신세(最新世)라고도 부른다.

** 홀로세는 신생대 제4기의 마지막 시기로, 약 1만 년 전부터 지금까지를 이르며, 인류는 이 시기 초기에 농경을 시작했다. 충적세(沖積世), 전신세(全新世), 완신세(完新世), 현세(現世)라고도 부른다.

2. 레반트 및 메소포타미아 지역의 언덕과 평원

3. 나일강 하류 분지

중동의 북부 고지대인 튀르키예, 이란, 그리고 인접 이라크 지역 및 레바논 고지대에는 광범위한 빙하 작용의 흔적이 남아 있다. 이는 뷔름 빙기Würm Full Glacial* 에 여름 기온이 지금보다는 6~7℃ 정도 더 낮았을 것이라는 의미다. 특히 이란의 저바 호수에서 발견되는 꽃가루 흔적은 뷔름 빙기 당시 이 지역에 초원 또는 산악 툰드라 식물이 자랐음을 시사한다. 알레뢰드기Alleröd期** 및 홀로세 초기부터는 날씨가 따뜻해지면서 강우량이 증가하고 고원지대에 점진적으로 숲이 생성되기 시작한 것으로 보인다. 이후 5만 년 동안 북부 고원지대는 비가 전혀 내리지 않았고, 빙하기와 만빙기晚氷期*** 때는 뚜렷하게 춥고 건조했다. 이처럼 홀로세 당시의 기후 환경은 큰 변동이 없었고, 인간의 영향이 배제된 오늘날의 기후와 비슷했을 것으로 보인다.

레반트와 메소포타미아 지역의 경우, 하곡에 퇴적된 충적토沖積土, alluvial soil를 통해 당시 지형학적 변화가 있었음을 알 수 있다. 오늘날 이 해석은 다소 이견이 있고 모호한 부분이 있다. 하지만 다마스쿠스 분지나 요르단 계곡에서는 플라이스토세 후기에서 홀로세 사이에 여러 차례 습윤기가 있었음이 식별된다. 여러 동굴의 존재는 뷔름 빙기 초기, 빙하기와 만빙기 일부 시기에

---

*   뷔름 빙기는 지질시대의 제4기 빙하시대에 있었던 최후의 빙하기를 일컬으며, 약 5만 3,000년 전부터 1만 년 전까지의 시기를 이른다. '제4빙기'라고도 부른다.

** 알레뢰드기는 고(古) 드리아스(Dryas)기에서 이어지고 신(新) 드리아스기에 선행하는 시기로, 약 1만 1,800~1만 1,000년 전의 만빙기 중 아주 따뜻한 온난기다.

*** 만빙기는 마지막 빙하기의 말기로, 약 1만 5,000년 전부터 1만 년 전까지의 시기를 일컫는다.

날씨가 충분히 추웠고 빙결 풍화 작용水結風化作用, frost weathering을 일으킬 정도로 습도가 있었다는 것을 증빙한다. 빙결 풍화로 인해 생성된 각진 미립자들은 수평선이 반사한 화학적 풍화의 영향을 받았고, 날씨가 따뜻해지면서 입자는 더 고운 퇴적물로 바뀌었다. 빙하기의 동물군을 통해 유추했을 때, 당시 기상 상황은 오늘날과 유사했던 것으로 보이나, 꽃가루 연구를 통해 빙하기 동안 숲이 사라졌다는 것을 확인할 수 있었다. 이러한 특색은 시리아 북부 및 레바논에서 더 잘 나타난다. 이 지역은 빙하기에 강우가 현저히 감소했는데, 이는 이스라엘, 그중에서도 특히 강우가 주목할 만큼 감소하지 않고 일정 수준의 수증기가 유지되어 숲이 형성되기 용이했던 네게브 지역과 비교된다. 그리고 대규모 습도의 증거가 적다는 점은 플라이스토세 이후로는 지질학적 요인에 의한 기후 변화가 많지 않았음을 의미한다.

극도로 건조한 기후의 이집트와 아라비아반도에서는 뷔름 빙기 후반부터 실질적인 강우 기후가 식별되지 않았다. 빙하기 당시 이집트는 오늘날과 같이 건조했다. 이집트 및 누비아의 와디에서는 2만 5,000 BP 이전에 증수增水가 있었다는 증거가 발견된다. 기원전 1만 5000~기원전 3000년 당시, 기원전 9500년, 기원전 5500년, 그리고 기원전 4500년의 예외적인 초 건조 막간기를 제외하면, 강우 활동은 오늘날보다 훨씬 더 빈번했다. 이 시기 동안 폭풍은 더 자주 있었고 아마 더 오래 지속되었던 것으로 보인다. 오늘날의 기상 환경은 아무래도 이 시기 형성된 것으로 보이며, 장기간의 건조기, 사구 활성의 증가, 그리고 비교적 낮은 빈도의 나일강 범람 등은 대략 기원전 2350년부터 시작되었다.

만빙기에는 특징적인 고대 기후가 세 지역에서 식별된다. 북부의 고원지대는 빙하기 동안 대개 매우 추웠고 건조했다. 레반트 지역은 전반적으로 덜 추웠고, 레반트 북부는 상대적으로 건조하고 선선했지만, 남부는 상대적으로 습했다. 이집트와 시나이반도, 그리고 아라비아반도는 뷔름 빙기의 절정기를 제외하고는 오랜 기간 강수의 증가가 지속되었다. 홀로세 중기 동안 이집트, 아라비아반도, 그리고 어쩌면 이스라엘까지 반복되는 강우를 체험했는데, 그보다 북쪽에서는 강우가 식별되지 않는다. 부처에 의하면, 기록된 모든 기후 변화는 상대적으로 짧게 유지되었고, 유럽 연대기상 표준으로 간주되는 플라이스토세 후기 100만 년 수준을 초과할 정도로 길었던 기후 변화 사례도 없었다. 하지만 유럽 연대기와 직접적인 상관관계를 찾기란 쉽지 않다. 이집트를 제외하고는 중동 지역에 습윤기가 있었다는 명확한 증거는 사실상 없다. 이러한 부처의 연대기를 보강하기 위해 마쿰버Macumber와 헤드Head(1991)가 나섰다. 두 학자는 요르단의 고대 계곡인 와디 알함메에서 리산 호수의 수위 상승과 관련된 것으로 보이는 60m 두께의 퇴적층을 증거로 제시했다. 리산 호수는 플라이스토세 후기 요르단강 계곡을 채웠던 수자원이다. 고고학적 증거와 탄소-14 방사성 동위원소에 의한 연대 고증에 따르면, 리산 호수의 수위는 대략 11,000 BP 때까지 지속적으로 상승했고, 오르내리는 변동은 있었지만 31,000~11,000 BP 시기에도 리산 호수의 수위가 감소했다는 증거는 없다. 하지만 11,000 BP 이후 호수의 수위가 점차 낮아지면서 하천 자국이 생기기 시작했다.

시나이 사막 및 네게브 사막과 관련하여, 이사르Issar와 브루인스Bruins(1983)는 1,000~10,000 BP 시기에 특이한 기후학적·수리학水理學적 상황이 있었다고 주장한다. 리산 호수의 사례에 더하여, 두 학자는 다음의 세 가지 증거를 제시했다.

1. 높은 강수량은 시나이 중부 노두가 포함된 누비아 사암 대수층을 물로 채웠고, 그 물이 대지구대大地溝帶, rift system*의 단층을 따라 존재하던 온천으로 흘러들어가게 만들었다. 이러한 물에서 특별한 동위 원소 구성 요소가 발견된다.
2. 비바람은 먼지투성이였기 때문에 두꺼운 층의 황토가 퇴적되게 만들었다. 이를 통해 당시의 강우량은 대략 오늘날의 2배라는 것을 알 수 있다.
3. 여름철 시나이 및 네게브 사막 북서부에 위치한 여러 와디의 배수 체계가 토사를 머금은 물을 흘려보내지 못하게 되면서 주변에 얕은 호수와 습지가 조성되었다.

그러나 로버츠Roberts(1982)는 호수 수위와 고대 기후 패턴을 연관 짓는 시도에 문제가 있다고 지적했다. 그는 30,000 BP 이후, 지역 내 물 수지收支, budget에 중요한 시공간적 변이가 있었다고 주장한다. 특히 그는 서풍이 남하하며 생성된 동계 유라시아 고기압대가 심화되면서 기후 순환 패턴을 조절했다고 결론 내렸다. 중동 북부 지역 빙하 기후의 변화는 이러한 두 기후대의 상대적인 영향력 변화를 통해 어느 정도 설명될 수 있다. 그리고 충적 호수의 존재는 대륙도大陸度, continentality**가 증가한 만큼의 강우량 증가가 이루어지지는 못했다는 것을 보여준다.

만약 과거의 변화에 대한 분석과 관련해 논란이 있다면, 미래에 있을 변화 가능성에 대한 연구 역시 상당히 억측일 수 있다.

---

* 대지구대는 대륙 지역에 발달한 큰 규모의 지구대로, 평행한 정단층 사이에 끼여 있는 침강 지대를 말한다.
** 대륙도는 대륙성 기후의 정도를 수량적으로 나타낸 지수로, 해안에서 먼 대륙의 내부일수록 그 값이 크다.

중동 지역의 기후 변화에 대한 증거는 미미하고 대다수 추측에 근거한다. 하지만 지중해 분지와 관련해서는 어떻게 변화할지 그 가능성을 논할 수 있다. 위글리Wigley(1992)는 1990년에서 2030년 사이 일시적인 지구 평균 기온 상승이 0.5~1.4℃일 것이라고 예측했다. 이는 과거 100년 동안 상승한 온도의 7배에 달하는 수치다. 위글리는 일반적인 해류의 대순환大循環 모델을 활용하면서 지중해와 관련하여 확신을 가지고 예측할 수 있는 단 하나의 결론은 바로 지중해 온도가 올라간다는 것이라고 주장했다. 중동 지역의 과도응답過度應答, transient response* 온난화 비율은 전 세계 평균과 비슷할 것으로 보이며, 온실효과와 관련된 변화는 향후 수십 년간은 자연적인 기후 가변성의 방해를 받을 것이다. 강수량과 관련하여, 중동 북부 분지의 경우 가을 강수량이 증가하고, 남부 분지의 경우 강수량이 감소했다는 결과가 있다. 하지만 그 변화의 시점이나 규모를 예측하는 것은 가능하지 않다.

위글리가 결론 지었듯이, 이러한 결과는 개연성이 아닌 가능성이며, 더 확실한 증거 확보는 일반적인 해류의 대순환 모델이 발전했을 때 가능해질 것이다. 하지만 온실효과는 인류에게 가장 부담이 되는 환경 문제이며, 미래의 기후 투사도를 개발하는 것은 큰 도전이라고 말할 수 있다.

---

* 과도응답은 입력 신호나 양이 바뀌었을 때 출력이 정상 상태가 되기까지의 응답을 일컫는다.

4장

토양과 식물

토양은 기후와 지구 표면 간의 상호 관계 속에서 생성된 가장 근본적인 산물이다. 동물과 식물은 궁극적으로 이러한 토양이 제공한 얇은 표면층에 의존하며 산다. 생물 지리학biogeography은 토양, 식물, 그리고 동물 모두를 연구 소재로 삼지만, 동물학적인 요소들은 대개 고도로 전문화된 학문에서 다룬다. 동물의 가장 일반적인 특질 중 하나는 바로 이동성이며, 그들은 폭넓은 환경에 내성을 가지며 살아간다. 그러나 중동 지역의 여러 동물군은 도시화와 산업화 과정에서 자신들이 살던 본래 환경에서 쫓겨났다. 그래서 아라비아 오릭스처럼 열악한 현지 환경을 이겨낼 수 있는 고유종이 남아 있다 하더라도, 그들이 토양이나 식물과 동일한 환경에 놓였다고는 볼 수 없다.

이러한 부분은 토양 및 식물의 발달을 좌우하는 요소가 무엇인지를 살펴보면 이해가 쉽다. 토양은 지형학 및 일련의 유기물에 의해 변형된 모암母巖이 기후와 오랜 기간 상호작용하여 생성된 결과물이다. 토양의 유형은 기후의 영향, 특히 토양 내 이동한 물의 양에 따라 결정된다. 토양 아래 위치한 모암은 흔히 암석으로 구성되어 있는데, 모래나 황토 같은 운적 모재運積母材, transported material 위에도 토양이 형성된다. 물이나 바람 같은 매개의 영향을 제외하면, 토양의 침식과 퇴적 같은 대규모 지형학적 변화는 주로 경사 때문에 발생한다. 경사면의 정상에서 기슭까지 지형의 변화에 따라 토양의 성격이 상이한 토양군을 카테나Catena 라고 지칭한다. 토양 변화와 관련된 유기적 요소는 다음과 같다. ① 부엽토처럼 주로 식물성인 사체들의 퇴적, ② 동물군 및 식물군의 영향, 그리고 무엇보다도 ③ 인간의 활동에 의한 영향이다.

또한 시간이 지남에 따라 초기에 형성된 신선한 모암 형태의 토양은 환경과 '균형'을 맞춰가며 극상식생極相植生, climax vegetation*과 유사한 형태의 토양으로 변화한다. 하지만 지질학적 측면에서 이러한 '균형'이 최근에도 달성될 수 있을 정도로 토양 환경이 안정적인지에 대해서는 의문이 제기되고 있다.

초목 개발은 자연과 동일한 요소들을 바탕으로 관리되고 있다. 다만 토양이 모암과 식물을 접속시키는 역할을 하므로, 대체로 토양적 요소가 모암을 대체할 수 있다. 식물과 관련한 유기적 요소는 다음과 같다. ① 식물종 간의 경쟁, ② 방목 가축의 영향, 그리고 가장 중요한 요소로 ③ 때로는 재앙적인 인간의 대규모 식물 파괴 행위다. 인간이 끼친 여러 형태의 파괴는 원시시대 농기구 사용에서부터 논이나 밭의 소각, 정교한 조경 기계의 사용까지 다양했다. 비록 형태는 조금씩 다르지만 결국 토양과 식물은 최근의 지질학적 변화와 환경에 대한 요약을 제공한다고 볼 수 있다.

앞선 장에서 보여주었듯이, 중동 지역은 복잡한 지질학·지형학적 요소와 다양한 기후 형태를 보유하고 있다. 여기에 기후 변화까지 동반된 상황을 감안한다면, 토양이나 식물의 종류가 간단

* 극상식생은 주어진 환경 조건에서 최고 한계까지 발달한 식물의 집단을 의미한다.

한 패턴을 가질 것이라고 예상할 수 없다. 반면에, 중동 지역을 지배하는 주요 속성은 바로 '건조함'이며, 대다수의 지역이 상대적으로 인간의 때가 묻지 않았다. 하지만 일부 지역은 주요 문명의 발상지로, 일부 지역은 전 세계 어디보다 인간의 손이 많이 닿았던 곳이기도 하다.

토양의 유형

토양을 측정하는 단위는 단면profile이다. 단면은 지표면에서부터 모암까지 수직으로 잘랐을 때 나타나는 이차원적 면을 의미한다. 각 단면은 어느 정도 고유성을 보이지만, 단면 내 공통된 패턴은 토양을 도식화해주는 기본 단위인 토양통土壤統, soil series*이 식별될 수 있게 해준다. 그리고 이러한 토양통 간의 유사한 특성을 바탕으로 토양 연접連接, association을 구축할 수 있다. 더 나아가 이러한 연접을 조합하여 토양속土壤屬, soil family, 토양군土壤群, soil group, 토양목土壤目, soil order 등과 같이 더욱 광범위한 분류가 가능해진다. 특히 그중 토양목은 전 세계적으로 비교 및 도식화에 활용하는 단위다.

토양 단면을 수평적으로 나눌 경우 이를 토양 층위horizon라고 하는데, 이는 토양의 특질 및 형성 과정에서의 차이들을 모아둔 것이다. 용탈층溶脫層, eluvial horizon은 용해성溶解性, soluble 화합물과 미세 분할된 비용해성 물질이 강우에서 비롯된 토양수 같은 부식성 요인에 의해 유실된 층을 의미한다. 그리고 집적층集積

---

*   토양통은 토양 분류의 기본이 되는 단위로, 표토를 제외한 심토의 특성이 유사한 집합을 모아 하나의 토양통으로 분류한다.

層, illuvial horizon은 용탈층으로부터 유입된 물질들이 흘러들어 침전된 층이다. 지표면으로부터 아래로 토양 층위에 알파벳 코드를 부여하는데, A는 용탈층, B는 집적층이며, C는 모암층이다.

습한 기후에서는 토양수가 일반적으로 아래로 흐르기 때문에 상부 토양은 용탈층, 하부 토양은 집적층인 경우가 많다. 건조한 기후에서는 적은 양의 비가 토양을 관통할 수는 있으나, 지표면이 달구어지면서 발생한 모세관 인력毛細管引力, capillary attraction*으로 인해 토양수는 금세 지표면으로 올라가버린다. 이에 따라 토양수는 최종적으로는 위로 이동하고, 지표면 또는 그 근처에는 무기염mineral salt이 퇴적된다.

토양수가 아래로 흐르는 경향이 강하면 토양의 상층부는 침출leached 또는 소위 포드졸화podsolized 되는데, 이러한 토양은 산성(pH 7 이하)을 띠게 된다. 이러한 현상은 기온이 낮고 낮은 증발산을 보이며 적당하거나 많은 비가 내리는 추운 지역에서 특징적으로 나타난다. 중동에서는 극히 제한적으로 고도가 높은 북부 산지 지역에서만 발생한다. 이러한 지역의 토양은 대개 포드졸 토양일 가능성이 높다. 하지만 대다수 지역은 강수량이 적고 평균 기온은 높기 때문에 반대되는 결과가 나타난다. 즉, 지표면에서 퇴적된 소금이 발견되고, 토양은 현저하게 알칼리성(pH 7 이상)을 띤다.

이러한 일반적인 유형 외에 나일강 같은 하천 계곡에서는 밀도 있는 충적토가 발견된다. 초기 문명이 토대를 삼은 바로 그 토양이다. 이러한 충적토는 중동에서 흔하게 나타나는 토양과는 다르다. 중동 지역은 바위, 자갈, 그리고 모래사막 등의 특성을 지

---

* '모세관 인력'은 고체에 접근한 액면의 분자를 고체가 끌어당기는 힘을 말한다.

닌, 미처 진정한 토양으로 풍화되지 못하고 돌 부스러기만 가득한, 소위 '뼈만 남은' 땅이 흔하기 때문이다.

토양수가 대체적으로 아래로 흐르고, 구성 물질들이 A(용탈층)에서 B(집적층)로 흘러 내려가는 토양은 온도에 따라 포드졸화되거나 라테라이트화laterization되는데, 이를 철·알루미나 토양pedalfer이라고 부른다. 반면, 토양수가 위로 흘러 소금이 퇴적되고 석회화가 이루어지는 토양은 석회토pedocal라고 지칭한다. 이러한 기본적인 '유전적 특징'은 기후에 의해 좌우되기 때문에, 결국 토양의 성질을 결정하는 핵심 요소는 바로 기후라고 볼 수 있다. 즉, 일부 예외를 제외하고는, 주어진 기후가 특정 형태의 토양을 생성할 것이며, 우리는 이를 성대성 토양成帶性 土壤, zonal soil이라고 분류한다.

그런데 성대성 토양은 기후적 요인을 압도할 다른 요인의 방해를 받아 간대토양間帶土壤, intrazonal soil으로 변하기도 한다. 이를 결정짓는 세 가지 요인은 ① 모암이 석회암인지의 여부, ② 습지 상태의 존재, 그리고 ③ 염류 축적 작용salinization이다. 탄산칼슘은 풍화 과정에서 융해되어 구성 물질 속에 남지 않게 되고, 이에 따라 토양에는 불순물만 남는다. 그렇기 때문에 순수한 석회암 기반의 토양은 대개 얇고, 그러한 석회토는 기후에 의해 생성된 성대성 토양보다는 여타 석회토와 더 많은 유사성을 띠게 된다. 반면, 습지 상태는 혐기 조건嫌氣條件, anaerobic condition*을 야기하고 유기물을 생성하여 소위 글레이 토양gley soil**을 만들어낼 수 있다. 또한 염류 축적 작용의 경우 일부 석회토에서 자연적으로

---

*　혐기 조건은 산소가 없는 상태의 조건을 일컫는다.

**　글레이 토양은 지하수위가 높은 지대에 분포하며, 간헐적 침수로 인해 만들어진 회색과 노란색으로 얼룩진 토양이다.

발생하기도 하지만, 일반적으로 봤을 때, 이는 전 세계적으로 규제받지 않은 관개灌漑, irrigation 때문에 더 많이 발생했다. 만약 땅이 침수되었는데 배수가 느리다면 증발 현상이 발생하여 토양에 소금이 퇴적될 것이며, 이는 솔론채크solonchak*를 형성할 것이다. 중동 지역에서는 세브카와 관련된 염류토saline soil가 자연적으로 발생하는데, 많은 경우 이란의 예처럼 대규모 관개 프로젝트에 의해 형성되기도 한다.

또 다른 형태는 아직은 미성숙한 비성대성 토양非成帶性, azonal soil이다. 일반적으로 토양은 새롭게 노출된 모암 위에서 형성되는데, 초기 단계에는 돌투성이에 비성대성 경향을 띤다. 부서진 모암 조각들이 가득하고, 유기물 또한 적거나 거의 존재하지 않을 것이다. 중동의 대다수 지역에는 식물이 적기 때문에 일반적으로 유기물 원천이 부족하고, 이로 인해 비성대성 토양이 흔하다. 이 세 분류는 상당히 서술적이고 근원적이며, 특히 지리학에 적합한 지식이다. 하지만 최근에는 이러한 정의에 대해 의문이 거세지고 있다. 특히 성대성 토양을 표기한 지도가 기후 지도와 잘 상응하지 않는 경향을 보인다. 이론적으로 보면 간대토양이 아닌 한 특정 기후대에서의 토양은 조건이 바뀌고 시간이 지나더라도 서로서로 비슷해야 한다. 그렇지만 토양 형성이 엄청나게 느린 과정이라는 것을 감안했을 때, 환경에 균형을 맞춘 토양이 형성되거나, 또한 이것이 기후 변화와 관련이 있다고 확인하기에는 아직 충분한 시간이 지나지 않았다고 볼 수 있다.

서유럽과 북미 지역에서는, 기후 변화 문제를 제외하면, 토양 관리 요소의 범주에 대한 연구가 강조되고 있다. 이러한 노력은

---

* 솔론채크는 염화나트륨이나 황산나트륨을 다량으로 함유한 보통 담색의 염류 토양을 말한다.

특정 조건에 맞춰 토양을 분류할 수 있다는 장점을 준다. 토지의 능력을 측정할 때는 토양의 성질과 배수에 초점을 둘 수 있고, 토목 공학의 경우 부피 밀도와 전단 시험剪斷試驗, shear test* 결과가 더 중요하게 작용할 것이다. 또한 토양 역시 개별적인 특질을 축으로 삼아 좌표를 기록함으로써 분류될 수 있을 것이다. 실제로 유럽 국가들은 조사를 통해 이러한 구상들을 도입했고, 컴퓨터 분석이 용이하게 되었다.

　중동 지역 연구를 위해서도 여러 방법론이 도입되었고, 대다수의 연구는 주요 토양군에 대해 분석했다. 이러한 연구들은 아래 세 가지 맥락을 통해 살펴보아야 한다.

1. 미국의 제7차 토양 관측 및 증보판 발간
2. FAO(유엔식량농업기구)·UNESCO 분류법
3. 토지 능력 측량

　제7차 토양 관측을 시행한 목적은 주요 토양군을 분류해 유사한 토양군 내의 관계, 상이한 토양군 간의 관계, 그리고 그러한 토양 환경을 파악하기 위함이었다. 토양을 구분하기 위해 활용한 대부분의 특질은 감식층위鑑識層位, diagnostic horizon 확인을 통해 분류했지만, 하부 층위의 분류는 환경적 특질에 의존하여 이루어졌다. 예를 들어, 정형 칼시오시드Typic calciorthids, 우스트올Ustollic 칼시오시드, 그리고 제롤Xerollic 칼시오시드의 경우 토양 온도를 통해 구분할 수 있지만, 토양 단면의 18~50cm 깊이 지점이 며칠 동

---

*　전단 시험은 토질역학 시험에서 흙 시료의 전단 강도, 즉 크기가 같고 방향이 서로 반대되는 힘들을 동시에 서로 작용시킬 때의 현상을 알아보기 위해 실시하는 시험을 일컫는다.

안이나 습했는지를 측정하여 더 확실한 결과를 얻었다. 제7차 토양 관측은 너무 포괄적인 연구를 진행해야 했기에 많은 어려움을 겪었지만, 하부 층위 내 토양들을 효과적으로 구분할 만큼 충분한 환경 데이터를 확보했다. 하지만 대다수의 중동 국가에서는 이 데이터를 아직 얻지 못하고 있다.

이러한 한계에도 불구하고 제7차 토양 관측 결과는 토지 능력 연구와 연계했을 때 상당히 가치가 있는 것으로 밝혀졌다. 주로 농업적인 목적을 위해 계발된 토지 능력 연구는 환경에 대해 훨씬 높은 인식을 가지고 이루어지고 있다. 반면, 토지 능력 연구는 특정 목적이 있을 때만 실시되기 때문에, 토양 분류 체계에 대해서는 종합적인 이해가 부족하다. 그러나 이들 연구진이 지닌 환경에 대한 정보는 제7차 토양 관측팀이 예측을 내리는 데에 매우 유용하다. 현지 토양에 대한 데이터가 부재한 경우 비슷한 토양 형태를 가진 다른 지역의 지식을 활용하여 예측할 수 있기 때문이다.

FAO·UNESCO 분류법은 지금까지 상이한 방법론을 활용함으로써 한 토양이 제각기 이름으로 알려지게 된 혼선을 바로잡고자 도입되었다. 이는 새로운 토양 명명법의 도입을 의미했다. FAO와 UNESCO는 1:500만 축적의 지도를 생산하여 토양의 패턴을 찾기 위해 노력했다.

지질학이나 지형학 연구의 맥락에서 이미 문제점을 지적했듯이, 토양 연구에서도 중동 지역은 상대적으로 자료가 부족하고 용어의 사용도 제각각이다. 따라서 여기서는 기본적인 유형 분류 체계를 제공하기 위해 피셔가 그의 책에 도입한 광범위한 분류법을 활용했다(그림 4.1).

그림 4.1 중동의 토양 패턴

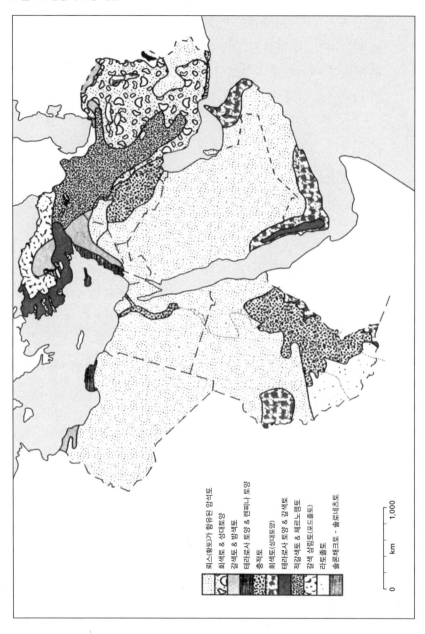

퇴스(황토)가 함유된 암석토

회색토 & 성대토양

갈색토 & 밤색토

테라로사 토양 & 렌제나 토양

충적토

회색토(성대토양)

테라로사 토양 & 갈색토

적갈색토 & 체르노젬토

갈색 삼림토(포드졸토)

라토졸토

솔로체크토 - 솔로네츠토

0   km   1,000

사막 지역(암석토)

사막 지역의 토양은 토양의 형성 단계에서 볼 때 아직은 초기 단계에 불과하다. 온도 변화와 습도가 야기한 풍화작용, 그리고 바람 및 드물지만 강력한 홍수로 인한 침식이 이 지역의 토양에 물리적 붕괴를 야기했다는 것이 특징이다. 또한 조립사粗粒砂, coarse sand와 자갈이 여러 크기의 돌멩이와 함께 흩어져 있고, 종종 사막 모래가 토양 안으로 스며들기도 했다. 토양 층위의 아랫부분에는 군데군데 사양토砂壤土, sandy loam와 소금 퇴적물이 식별된다. 그리고 토양의 여러 부분이 느슨하고 유동적인 모래로 차 있으며, 그 색상은 각각 상이하다. 또한 네브카nebkhas(식물이나 장애물 주위를 둘러싼 작은 사구 형태의 모래 무더기)와 바르칸barchan(유동적인 초승달 모양의 모래 언덕), 사이프sief(직선 모양의 이동 표면을 가진 사구) 등의 모래 집합군이 다양하게 식별된다.

사막 토양의 경우 소금 백태가 흔하게 나타나고, 토양 표면에 가볍지만 딱딱한 층이 형성되기도 한다. 또한 에나멜같이 딱딱한 코팅이 되어 있는 돌무더기도 발견된다. 광택이 있는 이런 암석은 사막 풍화 과정에서 철을 포함한 여러 미네랄 혼합물이 뒤섞인 결과물이다. 그리고 기계적인 마모에 의해 청색 녹이 슨 암석도 있다. 이러한 사막 토양 특색과 관련해 UNESCO는 두 개의 용어를 고안했다. ① 에르고솔ergosol은 사구의 형성을 의미하며, 만약 사구가 변형된다면 '동적dynamic', 완전히 또는 일부 고정되어 있으면 '정적static' 또는 '준정적semistatic'이라고 표현했다. ② 에르모리소솔ermolithosol은 사막에서 종종 발견되는 딱딱한 노면과 결석, 잔자갈, 아르질릭argillic*이 존재하는 구역을 의미한다.

*   아르질릭은 감식차 표층의 일종으로 층상규산염 집적 점토의 축척에 의해 특징 지어지는 무기질 토층이다. 침식이 일어나는 경우를 제외하고는 아질릭층 위에

사막 토양과 관련된 또 다른 특질은, 자연적으로 형성된 분지나 해안가에 카비르kavir,* 세브카sebkha 등과 같은 소금 퇴적층이 형성된다는 것이다. 일부 사막 지역에서는 강한 바람에 의해 형성된 황토 형태의 토양 역시 존재한다. 이러한 황토 퇴적물은 고운 모래와 토사, 진흙 등이 퇴적되어 생긴 것으로, 토양에 포함된 유기물은 적다. 황토는 상당히 빠르게 형성될 수 있으며, 리비아 서부나 네게브 사막과 시나이 사막 경계선에서는 이러한 황토 퇴적물이 점차 쌓이고 있다. 고고학적 조사 결과에 따르면, 이집트 가자 지구 인근에 대략 3m 규모의 황토가 지난 4,000년에 걸쳐 퇴적되었다고 한다.

건조한 초원 지역

건조한 초원 지역에서는 몇몇 형태의 토양이 식별된다. 매우 건조하기 때문에 미네랄 혼합과 유기물의 부엽토 전환은 제한적이며, 이로 인해 토양은 상당히 미숙한 편이다.

이러한 초원 토양은 기본적으로 모래가 섞여 있고 회색 또는 회갈색, 회적색을 띤다. 가끔 양질토loamy나 진흙, 종종 탄산염이나 석고가 집합되어 있다. 일부 연구자들은 토양이 붉은색을 띠고 있는 이유가 습한 기후 시기를 거쳤기 때문이라고 주장한다. 그리고 석회나 석고 때문에 침탄cementation이 발생한 흔적도 있다.

건조함이 상대적으로는 덜하기 때문에, 토양의 형성은 회색토灰色土, sierozem soil가 생성되면서 좀 더 높은 단계로 진전된 것처럼 보인다. 이 지역의 토양은 유기물 수치도 더 높고(하지만 사실상 미미한) 토양 단면에 더 많은 석회분이 균등하게 분포되어 있

용탈층이 덮여 있다.
* 카비르는 '소금사막'이란 뜻으로, 이란 고원 북부에 있는 사막을 일컫는다.

는 초원 토양보다 성숙하다. 염분계와 석고층이 형성되어 있다는 것이 또 다른 특징이지만, 회색토 내 염분 밀도는 지표면 또는 지표면 근처보다 얕은 깊이에서 더 높게 측정된다.

반건조 지역에서 습한 지역까지

반건조 지역으로 넘어오면서부터는 훨씬 덜 건조해지기 때문에 토양에서도 상당한 질적 차이가 나타난다. 기본적인 토양 유형과 위치의 맥락에서 주요 특징을 살펴보겠다.

갈색 또는 황갈색 토양은 광범위한 종류의 모암과 관련이 있고, 종류는 실트질質 점토silty clays에서 점질 양토clay loams까지 다양하다. 또한 지표면에서 토양 층위 깊은 곳까지 대개 돌투성이라는 점이 주요 특색 중 하나다. 토양의 색상은 흐릿한 갈색에서 적갈색 또는 황갈색으로 다양하며, 점토 성분은 25~45% 정도를 차지한다. 이러한 점토 성분이 광범위한 규모로 빈번하게 형성되는 요르단 고원 지역의 수소 이온 농도는 6.9~7.4pH로 측정된다.

테라로사 토양은 붉은 색상과 묵직한 토성土性, texture을 바탕으로 쉽게 구분할 수 있다. 이러한 특성은 점토 성분이 50~70%를 차지할 정도로 많은 반면, 모래 성분은 적기 때문에 나타난다. 또한 테라로사는 석회질 모암과 자주 접촉함에도 불구하고, 철분 성분의 삼이산화물三二酸化物, sesquioxide*과 이산화규소silica가 풍부하기 때문에 탈석회작용脫石灰作用, decalcification 흔적이 나타나며, 유리석회遊離石灰, free lime 성분 역시 희박하거나 전무하다. 수소 이온 농도는 7.0~8.0pH로 다양하며, 토양이 알칼리성을 띤다. 특히 테라로사는 다량의 수분을 머금을 수 있어 강우 시 많은 양의 토양

---

*   삼이산화물은 산화물 중 산소와 다른 원소의 원자비가 3 : 2인 것을 말한다.

수를 저장한다. 비록 침식 가능성은 있지만, 상대적인 비옥함 때문에 테라로사는 농업에 매우 유용한 토양이다.

중동 지역의 토양에서 발생하는 또 다른 매우 중요한 현상으로는 경반층硬盤層, hard pan 또는 염류피각鹽類皮殼, calcrete 현상을 들수 있는데, 이는 얇게는 몇 cm에서 두껍게는 몇 m에 이르는 딱딱한 콘크리트 같은 막이 생기는 것을 말한다. 이런 현상이 일어나는 원인에 대해서는 의견이 분분한데, 다음의 세 과정이 장기간에 걸쳐 복잡하게 진행된 결과라는 분석이 정설이다.

1. 칼슘 석고, 탄산염, 황산염 성분이 다량 함유된 토양의 침출
2. 토양 층위 하부에서 발생한 모세관 현상으로 토양 수분이 지표면으로 이동. 이러한 토양 수분은 측면침윤側面浸潤, lateral infiltration 또는 단편적이지만 강한 비를 통해 공급된 일시적인 급수 누적으로부터 비롯된 것으로 추정
3. 해조류의 영향

지형의 변화 역시 다양한 유형의 토양이 작은 범위로 펼쳐져 생성되게 한다. 이는 주로 입자의 퇴적과 세류洗流, downwash*로 인해 발생한다. 저지대나 간석지에 쌓인 토양은 입자의 원재료나 모암에 따라 좋은 경작지가 되기도 한다. 종종 붉거나 갈색을 띠는 이런 토양은 토사나 점토 성분이 높고, 가끔 부엽토가 포함되어 있기도 한다. 카타르 고원 저지대 인근의 푹 꺼진 지형이 그 대표적인 예다. 바위투성이인 중동 내 다른 지역들에 분포된 더 작고 분산된 분지토 지대 역시 인류가 정착한 중요한 터전이었다.

---

*   세류는 토사가 산에서 씻겨 내려가는 현상이다.

나일강의 사례처럼 충적토는 대형 하천의 계절적 홍수 같은 일시적인 습지 형성을 통해 형성된다. 이러한 토양은 유기물 성분이 풍족하고 매우 어두운 색상을 띤다. 하지만 부엽토 함량은 기본적으로 여전히 낮다. 종종 산화철로 인해 생겨난 적갈색 줄무늬가 식별되고 회색 또는 보라색 반점이 보이기도 하는데, 이는 글레이 토양임을 암시하는 증거다. 주로 나일강 유역이나 수단에서 볼 수 있으며, 비옥한 점토 퇴적물이 짙은 충적토 위에 주기적으로 쌓이면서 훌륭한 농업 환경을 조성한다. 만약 염분계 문제만 없다면 단연 최고의 토양인 셈이다. 높은 토성을 지닌 이러한 토양군을 그루모솔grumosol이라고 부르는데, 마치 플라스틱처럼 축축할 때는 몰랑몰랑하고 끈적거리는 반면, 건조할 때는 딱딱하고 부서지기 쉽다.

대다수 중동 지역의 토양에는 부엽토가 부족하다. 유기물의 원천이 매우 제한적이기 때문이다. 더욱이 대부분의 나무가 매해 낙엽이 지지 않기 때문에 토양 표면에 떨어지는 자연적인 유기물의 양도 적다. 또한 여름철 높은 기온은 대다수의 유기물을 태워 없애버린다.

이 지역은 고온인 데다 토양수 모세관 현상이 자주 발생하기 때문에 농업 시 유기물이나 인공 성분을 통한 비료 사용의 효과가 다른 선선하고 온난한 위도를 가진 다른 지역보다 떨어진다. 특히 몰라Molla와 풀포드Pulford(1995)는 '나세르Nasser 호수의 범람으로 인한 이집트 사막 토양 내 철분 유동성에 대한 연구'를 진행했는데, 이들은 이 지역에서 장기적으로 농업을 진행하기 위해서는 토양의 비옥화가 필요하다고 결론지었다.

중동의 토양을 중점적으로 분류한 연구들은 피셔가 그의 저서에서 제시한 토양 형태 패턴 기본 분류 방식에 일반적으로 동의한다. 총강수량이 250~350mm에 달하는 지중해 연안 초원 지역부터 초 건조 내륙까지는 갈색의 렌찌나Rendzinas 토양,* 회색토, 그리고 사막 암석토lithosol가 펼쳐진다. 사막 암석토의 경우 주로 하마다Hammada** 암석사막 또는 돌사막 표면에 생성되지만, 만약 자갈이나 조약돌이 뒤덮이면 렉reg(퇴적) 토양이 형성된다. 대부분의 사막 암석토는 토양의 단면이 발달하지 않지만, 렉 토양은 뚜렷한 층위를 보인다. 극소량의 모래가 모암의 역할을 하는 것으로 간주되고, 여기에 식물이 자라면 이를 레고솔regosol(퇴적토)이라 부른다. 반면, 염분을 띠는 토양은 사막 암석토나 레고솔을 함유하고 있을 수도 있고, 아니면 높은 지하수면이나 해안 범람에 의해 형성된 습윤토濕潤土, hydromorphic적 염분을 내포하고 있을 수도 있다.

파르샤Parsa(1978)는 이란의 식물군을 연구한 자신의 책에서 대략적으로 토양 지역을 다섯으로 분류했다.

1. 카스피해 서부 해안의 부르니솔brunisol 토양 지역
2. 카스피해 동부 해안의 지중해성 산악 육계肉桂 토양 지역
3. 이란 중부 및 남부의 광범위한 사막 토양 지역
4. 이란 북서부의 건조한 지중해 산악지대 토양 지역
5. 카스피해와 접한 덜 건조한 산악지대 토양 지역

*　렌찌나 토양은 토층이 얇고 돌이 많은 흙을 일컫는 토양명이었는데, 1988년 FAO 분류기준에서 삭제되었다.
**　하마다는 아프리카 북부, 사하라 사막 북쪽의 암석사막을 일컫는데, 지형학 분야에서는 토양층의 발달이 미약하고, 암석면이 지표에 넓게 드러난 고원을 지칭하는 용어로 사용된다.

각 지역마다 다양한 형태의 토양이 존재한다. 부르니솔 토양 지역은 주로 충적토로 구성되어 있다. 유기물은 풍성하지만 토탄土炭*질 토양은 아니며, 대체적으로 많은 염분(솔로네츠solonetz)을 함유하고 있다. 지중해 산악지대 및 카스피해와 접한 건조한 지중해 산악지대의 토양은 주로 신생 갈색토와 암석토이다. 사막 지역에서 가장 중요한 토양은 충적토, 신생 갈색토, 적갈색토, 건조한 갈색토, 그리고 여타 생토, 암석토, 염류토, 솔로네츠, 플라노졸planosol(점토반 토양)이다. 이란 서부 지중해 산악지대의 토양은 대다수 충적토, 신생 갈색토, 적갈색토, 건조한 갈색토, 그리고 생토, 암석토, 염류토, 솔로네츠, 플라노졸이다. 이러한 토양들은 모두 지질학적으로 최근에 형성된 모암 위에 생성되었고, 침출의 영향도 적게 받았다.

조하리Zohary(1962)는 팔레스타인과 관련된 자신의 지질·식물학적 토양 지도에서 이러한 분류를 조금 더 최신화된 용어를 통해 표현했다. 그는 토양을 아래와 같이 세부적으로 구분했다.

1. 테라로사 토양
2. 렌찌나 토양
3. 현무암Basalt 토양
4. 석회질 모래 토양
5. 충적토 토양
6. 회색 석회질 초원 토양
7. 과거 사해 인근에 존재했던 리산 호수의 이회암marls 토양
8. 황토질 토양

* 토탄은 완전히 탄화할 정도로 오래되지 않은 석탄으로 이탄이라고도 불린다.

9. 하마다 및 기타 사막 토양

10. 염분 토양

위와 같은 예시를 통해 알 수 있듯이, 중동 내 토양을 구분하는 것은 상당히 복잡하지만 그래도 기본적인 패턴이 깔려 있다. 가장 근원적인 속성은 바로 건조함이며, 이로 인해 중동 지역의 토양은 불안정한 상태다. 인간 활동의 영향 없이도 토양 침식은 자연적으로 발생할 수 있지만, 이러한 침식은 대개 토양의 지속적인 형성을 통해 만회될 수 있다. 하지만 최초 문명 시기부터 인간의 간섭은 계속 있어왔고, 특히 가파른 경사면과 관련될 때 토양 침식은 상당히 큰 문제가 된다. 인간이 야기한 식물의 파괴, 특히 삼림 파괴와 과도한 방목, 단일재배 등은 토양의 고갈을 야기했다. 이러한 현상은 대부분의 지역에서 이미 일반적인 것이 되어버렸다. 그런데 이러한 상황에서 만약 세계 기온이 3~4℃ 상승한다면 건조함이 증대될 것이고, 이는 다음과 같은 결과를 야기할 것이다.

1. 지구의 기온 증가, 그리고 유기물, 가용성 염류, 토양의 수분 균형 파괴 등에 따른 잠재적인 증발산 현상은 토지의 질적 저하를 강화할 것이다.
2. 수분 수용률 감소에 따라 토양 부식 가능성이 증가하고, 토양의 입단^{aggregate*} 역량이 감소할 것이다.
3. 경사면의 침식이 증가할 것이다.
4. 경사면 유거수에 퇴적물 누적이 심화될 것이다.

---

*   토양 입단은 토양입자가 결합하여 하나의 입자를 형성한 집합체를 말한다.

식물

토양과 식물의 상태를 좌우하는 기본적인 요소는 유사하지만, 중동 지역의 식물 분포와 특성을 지배하는 가장 뚜렷한 요소는 바로 기후다. 토양과 마찬가지로 수분함수량水分含水量, moisture content 이 결정적 요인이다. 하지만 식물과 관련한 수분 수치는 더 명확하게 구분되며, 연간 강수량과 관련해서 두 한곗값이 존재한다.

1. 상위 경계치: 300~350mm
2. 하위 경계치: 80~100mm

강우에 의존하는 식물은 하위 경계치 아래에서는 생존하기 쉽지 않다. 식물은 오랜 기간 지속되는 열과 가뭄에서 생존하기 위해 두 가지 기본적인 방법을 취한다. ① 선선하고 비가 많이 내리는 계절 내에 생장 사이클을 마무리하거나, ② 유해한 환경에 저항할 수 있는 특별한 구조적 적응adaptation을 감행한다.

첫 번째 방식을 택한 식물들은 일반적으로 늦가을 첫 폭우가 시작될 때 싹트고, 겨울 동안 급속도로 성장하여 늦은 봄이나 이른 여름에 성숙기에 도달한다. 그리고 여름이 다가오면 시들고 난 후 죽는다. 하지만 씨는 다음 계절에 다시 새로운 사이클을 반복하기 위해 생존한다. 이러한 부류에 속하는 식물은 볏과 식물과 곡물류다. 밀, 보리, 수수는 본래 중동 지역의 토착 식물로, 이후 다른 지역으로 퍼져나갔다.

부족한 강우에 대응하기 위한 구조적인 적응은 뿌리를 아주 깊고 광범위하게 넓히는 형태로 나타나며, 가장 좋은 예는 덩굴 식물이다. 일부 식물은 뿌리를 지표면 바로 아래까지만 내린 후 야간에 이슬을 대량으로 흡수하기도 하는데, 이러한 형태는 하절기 해안가 식물들이 보이는 특색이다. 또 다른 형태의 식물들은 건조한 계절에 자양분을 구근이나 덩이줄기 또는 뿌리줄기 형태에 저장하고 동면에 들어가며, 지표면 위로는 아예 아무것도 남기지 않는다. 이에 속하는 식물은 아네모네, 백합화, 아이리스, 백합, 튤립, 그리고 수선화다. 이들은 모두 지중해성 식물이며, 봄에 꽃을 피우고 여름이 시작되면 바로 죽는다.

또 다른 식물군의 경우 무더운 기간 동안 어느 정도 적극적으로 생장하지만, 수분 손실을 줄이기 위해 특별한 구조적 적응을 실시한다. 이 식물들은 외층을 두껍게 하는데, 코르크나무의 경우 줄기나 몸통을, 월계수와 털가시나무, 회양목은 잎사귀를 강화한다. 어떤 경우에는 잎의 표면과 크기를 축소시키는데, 올리브나무가 이러한 유형이다. 능수버들이나 가시나무덤불의 경우 여기서 더 나아가 잎을 비늘이나 가시 모양으로 축소한다. 일부 식물의 경우 여름이 시작되면 잎은 떨어지고, 줄기가 잎이 수행하던 역할을 담당하는데, 금작화나 아스파라거스가 여기에 해당한다. 또 다른 수분 유지 장치는 두터운 털 코팅막인데, 이는 식물의 내부 과육을 열기로부터 보호하는 역할을 한다. 이러한 구조적 적응이 이루어지는 식물로는 히솝풀이 있다.

실로 다양한 지리학적 특색을 가진 중동 지역은 식물지리학의 보고이기도 하다. 중동은 식물지리학적으로 총 네 개의 영역으로 구분된다.

1. 지중해 영역
2. 이란-투란^{Turan} 영역
3. 사하라-아라비아 영역

4. 수단 영역

여기에 더해, 예멘 식물의 대다수는 북동아프리카 영역으로 분류된다(그림 4.2).

지중해 영역의 기후는 덥고 건조한 여름과 따뜻하고 습한 겨울로 특징지을 수 있다. 이란-투란 영역의 경우 대륙성 기후로, 강수량은 대체적으로 낮고, 높은 여름 기온과 낮은 겨울 기온을 가진다. 사하라-아라비아 영역은 여름과 겨울 모두 덥고, 강수량은 더 낮아서 특정 해에는 비가 아예 오지 않기도 한다. 수단 영역은 완전히 다른 특성을 보이는데, 여름에 비가 내리고 겨울에 기온이 높다.

중동 지역의 식물은 각기 다를 뿐만 아니라 다채롭다. 사막 내부와 경계선에는 2,000종이 넘는 식물이 살고 있으며, 이중 다수가 중동 토착 식물이다. 특히 이란의 경우 1만 종이 넘는다. 중동 지역은 회랑과 같은 중요한 특성을 보이고 있다. 중동에는 지중해성 식물군뿐만 아니라 아시아성 식물과 아프리카성 식물이 공존한다. 더욱이 수단 남부, 소아시아 흑해 연안, 카스피해 남부 저지대의 경우 중동 내 다른 지역과는 또 다른 특유의 식물군을 보유하고 있다. 일부 지역에서는 플라이오세 또는 심지어는 마이오세 후기 시대의 식물들이 큰 변화 없이 존속되고 있다. 이러한 식물들은 소아시아 북부 지역에서 많이 발견된다. 제4기 지질시대에 기후가 많이 변화했음에도 불구하고, 설선雪線, snowline*의 남하가 중간 정도의 위도에서는 대규모 변화를 야기하기에 부족했던 것으로 보인다.

---

* 설선이란 높은 산에서 만년설이 시작되는 부분의 경계선을 일컫는다.

그림 4.2 중동의 식물 분포

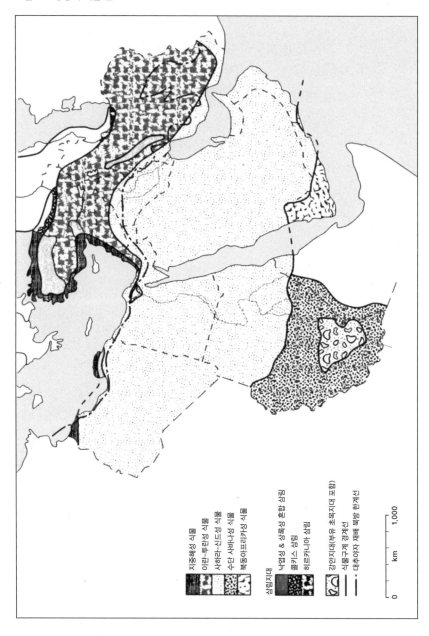

이처럼 식물도 토양과 마찬가지로 모자이크와도 같은 복잡한 유형을 보이고 있으며, 몇 가지 기본적인 유형을 식별할 수 있다. 피셔는 그의 책에서 식물의 유형을 다음의 여섯 가지로 구분했다.

지중해 식물

지중해성 식물의 경우 상대적으로 제한된 구역에 분포되어 있다. 대부분 습한 지중해 연안 쪽에 집중되어 있는데, 키프로스, 이스라엘, 레바논, 시리아, 튀르키예 등 좁은 해안 평원, 내륙과 인접한 산지의 아래쪽 측면, 또는 리비아 내 키레나이카 인근 제벨 아크다르 고지대의 북부 경사면이나 제파라Jefara 및 트리폴리타니아산맥 등지에 퍼져 있다. 덩굴식물이나 밀, 올리브, 과일나무 같은 지중해 특유의 식물에 더해, 이 영역에는 관목, 허브, 상록수 등도 얕은 토양 위에 번성해 있다. 호두나무와 포플러나무의 경우 가장 습한 구역에서 많이 자란다. 미국에서 수입되어 들판이나 집을 두르는 생울타리로 사용되던 선인장은 이제 레반트 지역까지 잠식해 들어갔고, 기존의 용법에서 벗어나 널리 활용되고 있다.

상술한 식물들 외에도 이 영역에는 굉장히 특이한 특성을 가진 식물군과 식물 집합체가 존재한다. 가장 잘 알려진 것이 마키maquis 또는 마키아macchia라고 불리는 건조내성 관목乾燥耐性灌木인데, 이는 지중해 분지 전역에 퍼져 있으며 주로 규산질 토양에서 자란다. 빽빽하게 펼쳐진 떡갈나무, 머틀myrtle, 로뎀나무, 그리고 두터운 가시와 관목으로 뒤덮인 덤불은 이따금 전쟁 시 피난처로 활용될 수 있을 만큼 충분히 광활하다. 그래서 단순히 식물학적 의미만 가졌던 '마키'라는 용어는 인간 또는 심지어 정치적 관계와 관련된 용어로 확장되었다.* 하지만 마키가 중동 전역에 널리 분포되어 있는 것은 아니다. 더 흔하게 보이는 식물은 마키가 퇴화된 형태인 내건성왜소식생耐乾性矮小植生으로, 흔히 가리그garrigue 라고 불린다.

'가리그'는 주로 석회질 노두 위에 쌓인 얇은 토양에서 자란다. 이 영역에도 건조함을 잘 견딜 수 있는 떡갈나무가 자라지만, 마키만큼 빽빽하게 분포되어 있지는 않다. 또한 긴 관목덤불은 흔하지 않고 난쟁이덤불이나 가시덤불이 이를 대체한다. 이러한 덤불들은 대개 2m 이하이기 때문에 좀 더 개방적인 자연환경이 조성되고, 그 아래에 다년생식물이 자랄 수 있다. 또한 봄비가 내린 후 몇 주 동안은 곳곳이 꽃과 아로마 허브로 뒤덮인다. 이러한 가리그는 종종 맨땅이나 흩어진 돌들 때문에 끊기기도 하며, 방목 가축이 높은 나무나 덤불이 다시 자라는 것을 방해할 경우 마키가 소멸되고 그 자리를 가리그가 대체하는 경우가 많다. 이러한 이유 때문에 중동의 지중해 영역에는 마키보다 가리그가 더 많다는 특징을 보인다.

초원 식물

계절마다 상이한 기온과 일반적으로 낮은 강수량을 특징으로 하는 초원성 기후의 영향으로, 초원 영역에는 특별한 종류의 식물이 형성되었다. 지질학적으로 이란-투란 영역이 이러한 초원성 기후에 속한다. 이란-투란성 식물은 중앙아시아 지역에서 가장 잘 자라지만, 서쪽으로 확장하여 소아시아나 이라크, 그리고 시리아 중부 지역에서까지 식별되고 있다.

---

* 마키는 제2차 세계대전 중 프랑스의 반(反) 독일 유격대의 명칭으로도 사용되었다.

초원 영역 외곽에 펼쳐진 산지의 아래쪽 경사면에는 마치 공원과도 같은 광경이 펼쳐진다. 캐롭나무, 노간주나무, 테레빈나무가 흩어져 있고, 갯대추나무, 야생자두나무, 향쑥도 자라고 있으며, 세이지, 타임, 작은 가시나무, 덩굴식물 등도 펼쳐져 있다. 사실 진정한 초원 영역에는 나무가 없고 다양한 종류의 목초만 자란다. 그리고 그러한 특성도 제한적으로 특정 계절에만 확연하게 드러난다. 여러 초목은 습기를 머금은 종자 덮개를 보유하는 등 반건조한 환경에 적응해 있는 것으로 보인다.

초원 식물의 절반 이상은 여름철에 사라진다. 그렇기 때문에 늦겨울에서 초봄의 모습과 그 외 계절의 모습이 확연히 다르다. 늦겨울에서 초봄까지는 다양한 종의 꽃과 풀이 급속도로 성장하지만, 그 외 계절에는 대부분의 식물이 시들어 있거나 아직 싹트지 않은 상태이다. 초원 식물들은 매해 몇 주 동안은 무성하다가 여름으로 접어들면 척박한 덤불이나 가시만을 지표면에 남긴다. 마침내 광범위한 맨땅만 드러나고 그 위에 시든 식물의 잔재들만 흩날린다.

사막 식물

생명체가 가장 건조한 사막 환경에 완벽하게 적응해 1년 내내 생명을 유지한다는 것은 극도로 드문 일이다. 뉴비긴Newbigin(1948)은 그러한 식물이 단 세 개 있다고 말했다. 그 이외의 식물은 고도의 구조적 적응을 통해 생존하거나, 겨울비가 내린 이후 짧은 몇 주 만에 생장 사이클을 완료하면서 극악한 기후를 피하는 방식을 택했고, 혹은 사막의 경계선에서만 생존했다. 그래서 건조한 기후의 주요 식물군에게 사하라-신디아Sahara-Sindian라는 이름이 주어졌다.

산지 식물

중동의 고산 지역에서는 크게 네 종류의 식물군이 식별된다. 그 중 셋은 숲에서 자라는 식물이고, 나머지 하나는 고산 목초지 및 황야의 식물군이다. 가장 광범위하게 형성된 삼림지대에는 여러 종류의 상록수, 침엽수, 낙엽수가 포진되어 있다. 떡갈나무는 일반적으로 해발 1,000m 이하인 산지 아래쪽 경사면에서 자라고, 주변에 캐럽나무와 소나무도 많이 자란다. 그보다 높은 고도에서는 삼나무, 단풍나무, 향나무, 전나무 등을 포함하여 두 종류의 중요한 나무가 자라는데, 그것은 바로 발로니아떡갈나무와 알레포소나무다. 레바논의 상징과도 같은 백향목의 경우 수백 년간의 착취로 인해 이제는 여기저기 무리 지어 흩어져 있다. 그중 가장 큰 무리는 트리폴리와 바알베크 지역 인근 해발 200m 산지에 약 400그루 정도 모여 있다. 중동 내 다른 지역에 격리된 수풀림처럼 이러한 레바논 백향목들도 준^準신성시되고 있다. 비슷한 형태의 삼림지대 중 가장 큰 규모는 소아시아에 위치하고 있다. 하지만 이러한 숲들은 자그로스산맥 산마루와 시리아 서부, 그리고 레바논보다 아래로는 확장하지 못했다. 튀르키예의 경우 국토의 약 1/8이 숲이라고 알려져 있다.

이란에 위치한 엘부르즈산맥의 해발 1,500~2,000m 이상, 그리고 이례적으로 2,200~2,500m 이상 높이에 형성된 삼림지대가 죽어가고 있으며, 이들은 관목이나 난쟁이 덩굴들에 의해 대체되고 있다. 아나톨리아 동부나 아제르바이잔의 경우, 중동 내 어느 지역보다 기온이 낮기 때문에 고산식물이 발견된다. 습한 구역에서는 초원이 생성될지 모르나, 대다수의 경우 너무 건조하기 때문에 여기서 자라는 식물은 대개 관목이나 덩굴 식물, 또는 방석식물方席植物, cushion plant로 제한된다.

두 번째 유형의 삼림지대는 엘부르즈산맥 북부의 경사면에서 카스피해로 이어지는 곳이다. 오크나무, 개암나무, 오리나무, 단풍나무, 서어나무, 산사나무, 야생자두나무, 야생배나무가 주로 자라며, 이 나무들 주변에 장식처럼 검은딸기나무, 담쟁이덩굴, 그리고 다른 덩굴식물들이 빽빽하게 자란다. 종종 개활지에는 회양목속, 가시덩굴, 석류나무, 그리고 모과나무가 식별된다. 1년 내내 풍족한 강수량과 온난한 기온 덕에 풍성한 식물들이 자랄 수 있는 좋은 환경을 가진 이러한 특수한 곳을 히르카니아Hyrcanian 삼림지대라고 부른다. 그런데 이 영역에서는 침엽수가 자라지 않는다는 점이 흥미롭다.

세 번째 유형의 삼림지대는 콜키스산맥 또는 폰투스산맥이라고 불리는데, 이곳은 캅카스 남쪽과 흑해 동부 지역의 온난하고 습윤한 기후의 영향을 많이 받았다. 토착 식물로는 너도밤나무, 오크나무, 개암나무, 호두나무, 단풍나무, 서어나무가 대표적이며, 이러한 나무들 아래 덩굴성 식물들이 빽빽하게 자라고 있고, 특히 진달래속 식물들도 식별된다. 이러한 콜키스 삼림은 캅카스 남부에서 가장 잘 형성되어 있는데, 아나톨리아 고원의 북동쪽 경계선과 시노프 항구 서쪽을 따라 느린 속도로 서쪽 방향으로 확장 중이다. 콜키스 삼림지대는, 이보다 동쪽에 위치한 히르카니아 삼림지대와 유사하게, 제3기 지질시대 및 제4기 지질시대 초반 중동 지역의 전형적이었던 식물군의 잔재다.

사바나(대초원) 식물

북위 15도 이남에 위치한 수단 영역은 확연하게 상이한 기후 환경과 토양 형태를 보유하고 있기 때문에 사바나(대초원)성 식물이 주로 식별된다. 비가 많이 내리기 때문에 풀밭과 나무들이 곳곳에 자라난다. 연간 강우량이 450mm 이하인 구역에서는 다양한 형태의 아카시아가 자라고, 그 이상인 구역에서는 잎이 넓은 낙엽성 교목도 뒤섞여 자란다. 후자의 경우 상대적으로 강우량이 풍부하기 때문에 초목들이 상당히 크고 풍성하다. 풀들은 끊임없이 자라며, 여러 나무의 가지들이 만나 토양이 완전히 그늘지더라도 잘 자란다.

　어느 구역에서는 키가 큰 나무와 풀들이 함께 자라는 반면, 또 다른 구역에서는 나무 없이 풀만 무성한 초원이 형성되는데, 그 이유에 대해서는 의견이 분분하다. 한 부류는 나무가 없는 풀밭이 토양 형태에 지배받는 극상식생極相植生, climax vegetation이라고 주장한다. 다른 학자들은 목축민들이 주기적으로 풀밭을 태우기 때문에 나무가 사라졌고, 그에 따라 풀이 더 빨리 영속적으로 자랄 수 있게 되었다고 주장한다. 화재 이후 풀은 빨리 재생되는 반면, 나무는 다시 자라는 데 오랜 시간이 걸리고 어린 묘목들은 특히나 화재와 가축에 취약하다. 이와 대조적으로, 수단 최남단 지역의 경우 나무가 빽빽한 대초원이 열대우림 영역까지 연결되어 있다.

하천 유역 식물

대규모 하천 주변의 광범위한 충적토 저지대에는 특색 있는 식물들이 자란다. 수생식물, 파피루스, 연蓮, lotus, 그리고 종종 8m 높이에 달하는 갈대가 주로 자라며, 이러한 식물들은 나일강 상류의 얕은 지류 지대나 티크리스강과 유프라테스강 하류 지대에서 두터운 덤불을 형성한다. 수단 남부 지역에서는 이러한 덤불이 지나치게 빽빽하여 물의 흐름을 방해하기도 한다. 이를 부유초목浮游草木, Suud이라고 부른다. 그 외의 영역에는 버드나무, 포플러나무, 오리나무 등이 펼쳐져 있지만, 가장 흔한 나무는 바로 대추야자나무다. 대추야자나무는 온도가 높게만 유지된다면 극단적인 과잉수excessive water도 잘 견뎌낸다. 그렇기 때문에 이집트 하천 저지대나 메소포타미아 남부 지역에서는 대추야자나무를 주로 경작한다.

자주 언급했듯이, 중동 지역의 토양 분류와 관련해 다양한 전문 용어가 사용되고 있다. 그중 가장 자세한 분류는 아마도 밀러Miller와 코프Cope(1996)가 실시한 '아라비아반도와 소코트라섬의 식물군'일 것이다. 밀러와 코프는 아라비아 지역의 식물지리학적 영역을 셋으로 분류했다.

1. 사하라-신디아 영역: 난쟁이 관목이 주로 생식함.
2. 소말리아-마사이 고유 영역: 아카시아 콤미포라acacia commiphora 속 식물과 덤불이 주로 생식하며, 고지대의 경우 상록 관목 및 덤불이 식별됨.
3. 아프로몬테인Afromontaine* 고유 영역: 군도처럼 펼쳐져 있으며, 동아프리카향나무, 준準상록관목 및 덤불이 주된 식물임.

식물군의 자세한 분류와 관련해서, 밀러와 코프는 이 영역을 세 개의 주 서식지로 구분했다.

1. 세브카를 포함한 사막 및 준사막 서식지
2. 소코트라섬을 포함한 아라비아반도 남부와 남서부의 산지 및 평원 서식지
3. 해안 식물 서식지

* 아프리카 산지와 아라비아반도 남부 영역으로, 아프로-트로피컬(Afro-Tropical)의 하위 영역이다.

이란의 식물군과 관련해 파르샤는 총 10개의 주요 식물 형태를 제시했다. 가닥식생strand vegetation식물, 사막 덤불식물, 사막 삼림식물, 사막 관목식물, 염분분지식물, 삼림식물, 계곡초원식물, 산지 및 절벽식물, 습지 및 수생식물, 그리고 광천식물이다. 비록 세부 사항에 있어 차이는 있으나, 이러한 분류는 지금까지 논의했던 분류와 상당히 유사한 패턴을 지니고 있다.

인간이 끼치는 피해는 토양보다 식물에 더 큰 영향을 주곤 했다. 사실 일부 주요 지역에서는 그 피해가 엄청나게 커서, 이제 진정한 의미의 '자연' 식물은 전혀 남아 있지 않다는 말이 신빙성을 얻기도 한다. 인간이 오랫동안 자연을 지배하면서 본래의 식물은 거의 다 사라졌다. 가장 충격적인 변화는 수많은 삼림지대와 숲이 관목이나 황야로 대체되었다는 점이다. 수단 중부나 남부 지역 여러 곳에서 매년 초목과 관목을 태우는 관행 때문에 이러한 현상이 지속되고 있다. 특히 삼림지대가 희박한 인접국 이집트에 반해 삼림지대 접근성이 좋은 레반트 지역에서는 오늘날 무분별한 삼림 벌채가 광범위하게 이루어지면서 넓은 지역이 벌거숭이가 되고 있다. 이와 유사하게, 엘부르즈 고원의 경우 숯을 시내(특히 테헤란)로 운반하여 판매하기 위한 자동차 사용이 늘어난 이후부터 기존의 빽빽한 삼림이 대부분 사라졌다.

삼림은 한 번 파괴되면 쉽게 재생되지 않는다. 일부 지역의 자연환경은 겨우내 생존을 보장할 정도로 한계에 다다랐기 때문이다. 한편으로 보면, 모든 숲은 아니더라도, 중동 지역의 일부 숲은 오래전 습윤했던 시기의 유산이라고 볼 수 있다. 만약 이러한 숲들이 사라진다면 새로운 숲의 형성을 위한 균형이 무너져버린다. 토양은 금세 부식되고 지하수면은 붕괴되면서 어린 묘목들은 덤불식물들과 경쟁하기에는 충분히 강하지 못하게 된다. 일부 지역에서는 여전히 숲의 재생이 가능하지만, 대신 물리적 또는 법적인 보호를 필요로 하고 있다.

삼림지대를 자연적 또는 인위적으로 재생할 때 가장 해로운 것은 규제되지 않은 방목으로, 묘목 생장의 최대 적은 바로 염소다. 다수의 전문가는 중동 지역에서 농업이 쇠퇴하는 가장 근본적인 원인은 무분별한 염소의 방목이라고 생각한다. 점진적인 삼림의 소멸은 통제할 수 없는 수준의 유거수 발생으로 이어지고, 이는 또다시 토양의 부식을 야기한다. 그리고 그 결과 토양 아래 지하수면이 유실되면서 토양은 경작하기에 충분한 수자원을 얻기 어려워진다.

이러한 인간의 행동으로 인한 여러 피해는 미래의 기후 변화와 중첩되어 중동 지역의 식물 패턴에 돌이킬 수 없는 지대한 변화를 야기할 것이다. 르 후에루Le Houérou(1992)는 지중해 유역의 토양 사용과 식물에 관한 연구에서, 지중해 지역의 아프리카-아시아 국가들은 2050년에 이르러 더 이상 도시 지역에 자연 식물을 유지할 수 없는 상황을 맞이하게 될 것이라고 주장한다.

지난 30년 동안 삼림과 관목지 식물은 연간 1~2%씩 감소한 반면, 방목장 주변 자연 초원지대의 식물들은 놀라운 속도로 파괴되며 연간 2%의 속도로 사막화되고 있다. 2050년이 되면 튀르키예, 이란, 모로코만이 삼림을 보유하게 될 것으로 보이며, 이러한 삼림도 튀르키예의 경우 비지중해 지역, 이란의 경우 히르카니아 삼림지대, 그리고 모로코에서는 아틀라스산맥의 중·고원 지역으로 한정될 것이다. 중동의 다른 지역들은 당연히 더 극단적인 환경을 맞이할 것으로 보이며, 취약한 식물들도 토양과 마찬가지로 점증하는 엄청난 압박에 놓여 있다.

5장

핵심 자원: 물과 석유

물리적, 경제적, 사회적, 그리고 특히 지정학적 측면에서 중동 지역은 물과 석유라는 두 '액체'의 지배를 받고 있다. 두 자원 모두 특정한 지질학적 구조 속에서 만들어지며, 각각 다른 의미에서 중동의 인간 사회 발전에 필수적인 존재다. 이 두 자원은 중동에서 자연지리와 인문지리를 적절하게 연결하는 역할을 하고 있는 셈이다. 물의 경우 중동에서 희귀하기 때문에 큰 중요도를 지니는 반면, 석유의 경우 중동 외부 지역에서의 심각한 결핍으로 인해 중요도가 크다. 그렇기 때문에 두 자원은 소위 '전략자원 strategic resources'으로 간주되며 지정학적 사건에 의해 공급이 방해를 받을 수도 있다. 이러한 이유로 두 자원은 중동의 구조적인 부분과 지정학적인 부분을 연결하는 핵심적인 고리다.

물

중동의 기후적 특징에 관해 서술한 각 장에서 이미 강조했듯이, '건조함'은 중동 지역의 지형, 토양, 식물에 매우 큰 영향을 끼친다. 건조함은 중동의 특색을 여러 방식으로 보여줄 수 있는 공통된 맥락을 만들어준다. 하지만 건조함의 영향은 쉽게 이해될지 몰라도 '건조함'에 대한 정의는 여전히 모호하다. 더욱이 건조함과 관련된 용어인 가뭄이나 사막에 대해서도 일반적인 합의가 없다. 3장에서 보여줬듯이, 중동의 기후는 건조함·가뭄·사막이라는 세 용어를 포괄하는 근본적인 특성을 지니지만, 만약 이러한 세 용어를 지도에 구현하려면 지형이나 토양, 또는 식물 등과 같은 다른 물리적인 변수를 반드시 활용해야 한다.

2장에서 건조한 지역의 지형적 특색을 정리하긴 했지만, 건조 지역과 사막의 경계 표시를 제시하기에는 솔직히 충분하지 않다. 아주 분명한 역설은 건조한 지역의 주요 지형 대다수가 물의 활동에 의해 형성되었다는 점이다. 4장에서 제시한 건조한 지역의 토양 특색에 대한 설명이 어느 정도 도움을 줄 수는 있지만, 중동의 광범위한 부분은 사실상 얇고 미성숙한 불모의 토양으로 덮여 있기 때문에 큰 의미가 없다. 드레그네Dregne(1976)에 따르면, 중동의 건조한 지역은 엔티솔entisol*과 미성숙한 토양이 전체의 41.5%, 그리고 자연 목장으로밖에 사용할 수 없는 건조토 및 적갈색 사막토가 35.9%를 차지하고 있다. 4장에서 언급한 것처럼 중동 지역의 식물은 건조함에 적응하는 여러 방식을 보여준다. 그러나 식물의 분포는 가장 두드러진 특질인 기후 외에도 다른 여러 변수의 영향을 받는다. 따라서 건조한 환경의 차이를 가지고 식물을 뚜렷하게 분류하는 것은 쉽지 않다. 드레그네는 이를 일반적인 측면에서 크게 다음의 세 가지로 분류했다. ① 반半건조 지역 식물(700만km²), ② 건조 지역 식물(334만km²), ③ 거의 식물이 자랄 수 없는 초超건조 지역 식물(630만km²).

---

*   엔티솔은 층위가 거의 없거나 전혀 볼 수 없는 토양을 말한다.

이처럼 중동에서 건조 지역의 특징을 아우르는 지형이나 토양, 식물에 관한 공통적인 요소는 존재할지 모르지만, 건조함의 정의나 건조한 지역을 도식화하기 위한 보편화된 기준 또는 정의는 아직 없다. 사막을 정의할 때도 동일한 문제가 나타난다. 하지만 사막에 대해 구디Goudie(1985)가 제시한 가장 기본적인 정의는 "지표면이 노출된, 식물이 거의 없거나 적게 뒤덮인 지역"이다.

겉으로 보기에는 가뭄이라는 용어가 더 정확한 정의를 제공할 여지가 있어 보이지만, 가뭄 역시 복합적이다. 만약 가장 단순한 정의로 '물의 부족'을 시사한다면, 물의 공급과 수요 측면을 모두 검토해야 한다. 또한 물의 부족은 강수량 부족이나 지하수 공급 감소에 의해서만 발생하는 것이 아니라 인구 증가나 농업 환경 변화 등에 의해서도 야기될 수 있다. 기상학적으로 가뭄은 '비가 오지 않은 날의 연속적인 수'로 정의할 수 있다. 하지만 이러한 정의는 계절이라는 요소로 인해 의미가 퇴색할 수 있다. 더욱이 중동 대부분의 건조 지역에는 데이터를 기록할 수 있는 기상 관측소가 적기 때문에 대다수 지역에 대한 평균 강수량으로부터의 편차 수치는 추측에 의존할 수밖에 없다. 농부 입장에서 가뭄은 재배하는 지역에 수자원이 부족하다는 것을 의미하는 반면, 정치인이나 경제학자에게는 국가의 경제나 안보에 위기가 닥치지 않는 한 가뭄이 큰 의미를 주지 않는다. 코판Copan(1983)이 언급했듯이, "가뭄은 누군가가 그러길 바랄 때에만 가뭄이 된다".

그럼에도 1년 내내 강이 흐르는 지역과 특정 계절이나 간헐적으로만 강이 흐르는 지역은 근본적으로 구분해야 한다. 중동 지역은 후자인 경우가 더 많은데, 이란 중부와 아라비아반도 전역, 시리아 중부 고원, 시나이반도, 그리고 마지막으로 나일강 유역을 제외한 북동 아프리카 전역이 그 사례에 부합한다.

간헐적으로만 물이 흐르는 지역은 주로 와디로 이루어져 있다. 와디는 평소에는 물이 없지만, 간헐적으로 많은 양의 물이 유입되고 퇴적이 이루어지는 수로를 의미한다. 와디는 깊게 침식된 협곡에서 평원에 펼쳐진 수로까지 다양한 형태를 띠는데, 그 차이는 퇴적물의 구조를 통해서만 구분할 수 있다. 와디의 형태에 관한 일반적인 표준은 없지만, 특징적인 과정이 존재하는데 그것은 바로 '갑작스러운 홍수'다. 이런 현상은 주로 국지성 대류에 의해 형성된 집중 호우가 몇 분 사이에 수위를 급속도로 높이고 물을 방출함으로써 발생한다.

이 경우 수위 기록계는 전형적으로 가파른 상승 곡선, 뾰족한 정점, 그리고 또다시 유사하게 가파른 하향 곡선을 띤다. 물의 방출은 시간당 수백에서 수천m³일 수도 있다. 이러한 급속도의 방출은 대규모의 침식과 침전물의 이동, 그리고 퇴적을 야기한다. 갑작스러운 홍수는 드물게 발생하며, 각 홍수 사이에 풍화작용이 발생하면서 굳지 않은 물질들이 생성된다. 하지만 중동 지역은 식물이나 유기물 같은 제약 요소가 일반적으로 적기 때문에, 이 물질들은 쉽게 유실된다. 건조 지역에 관한 대다수의 지형학, 지질학, 수문학 연구가 그러하듯이, 풍화작용에 관해서도 신뢰할 만한 정확한 데이터가 부족하다. 하지만 시크Schick(1985)가 수집한 데이터에 따르면, 시나이반도에서 50년 주기로 이러한 폭풍이 발생했고, 이로 인해 엘아리쉬 와디에서는 300~500m 규모의 퇴적층이 형성되었다고 한다.

와디는 장기간에 걸쳐 천천히 진행되는 풍화작용이 50~100년 주기로 발생하는 대재앙적인 홍수로 인해 중단되는 과정을 반복하며 형성된다. 지형학적인 형태는 짧게는 몇 시간 만에도 형성된다. 고원에서 식별되는 십자 형태의 와디는 가파른 경사면과 평평한 바닥을 가졌다는 것을 암시하며, 일자 형태의 긴 와디는 일반적으로 완만한 경사도를 보인다.

갑작스러운 홍수 외에도 중동 지역에는 다른 형태의 홍수 역시 식별된다. 단일 정점 홍수의 경우 대규모 저수지 위에 폭풍이 발생할 때 며칠 정도 지속되고, 복수 정점 홍수의 경우 더 오랜 기간의 강우를 동반한다. 하지만 가장 잘 알려진 홍수는 나일강 등에서 나타나는 계절성 홍수다. 계절성 홍수는 강 전역에서 발생하는데, 특히 나일강에서는 여러 기후대를 아우르는 규모로 나타난다. 계절성 홍수는 강우가 시작되고부터 물의 방출이 증가하는 시기까지 시차가 있을 뿐만 아니라 수위 기록계 역시 복잡하게 나타난다. 강의 각 지류가 각각 다른 홍수 패턴을 보여주기 때문이다.

중동 지역에서 1년 내내 지표면 유출流出이 유지되는 지역은 튀르키예 전역, 이란 서부 및 북부, 이라크 중부 및 동부, 레반트 지역 해안, 키프로스섬, 그리고 북아프리카 해안 가장자리 등으로 제한된다(그림 5.1). 세계적인 규모에 해당하는 강은 유프라테스강과 티그리스강 단 두 개이며, 두 강의 경우 오직 그 지역의 강우만으로 물이 찬다. 중동에서 세 번째로 큰 하천인 나일강은 에티오피아나 동아프리카 같은 외부 지역의 강우에 거의 전적으로 의존한다. 그 결과 중동 지역에서 상대적으로 수자원이 풍부한 국가는 이집트, 수단, 튀르키예, 이라크이며, 이들 국가의 연간 평균 지표면 유출량은 750~850억m^{3}에 이른다. 이란의 경우 그 절반, 시리아의 경우 그 1/3을 기록하고 있다. 레바논의 경우 대략 15억m^3, 이스라엘 및 요르단의 경우 비슷한 규모를 둘이 나누어 사용한다. 그 외 지역의 경우 지표면 유출이 간헐적이며, 거의 최소치를 기록한다. 하지만 이러한 지표면 유출 계산법은 강우량외 다른 수자원을 고려하지 않으며 단순히 총공급량만 제시하는 한계가 있다. 예를 들어 인구 및 농업의 중요성을 고려했을 때, 이라크 및 수단의 경우 상대적으로 수자원이 풍부하다고 볼 수 있지만, 인구가 많은 이집트의 경우 이를 동일하게 풍족하다고 볼 수는 없다.

중동의 물과 관련된 또 다른 특징은 광범위한 내부유역 endoreic*이 존재한다는 점이다. 물론 이를 야기하는 주요인은 낮은 강수량이지만, 구조 및 자연지리학physiography 역시 중요한 역할을 한다. 이따금 적은 양의 비만 내리고 높은 증발산 속도를 보이는 중동에서, 산지에 둘러싸여 바다로부터 단절된 내부분지 구조, 그리고 기존의 계곡과 구조분지構造盆地, tectonic basin 단층선을 따라 흐른 용암은 여러 웅덩이나 분지가 복합된 광범위한 내부유역을 형성했다.

이러한 내부유역 분지는 종종 전형적인 지형의 집합들을 보여준다. 고지대 가장자리의 폐합유역閉合流域들은 산지 경사면 바로 아래에 바위조각, 자갈, 토사 등으로 구성된 외연 퇴적물 지역 또는 충적 선상지를 보유하고 있다. 아래로 갈수록 지형은 더욱 평평한 형태를 띠고, 풍화작용에 의해 다시 퇴적된 고운 토사가 보인다.

반면, 잔존 해안선이나 평평한 암석상岩石床, pediment이 나타나기도 한다. 가장 낮은 구역에서 대개 광범위한 습지, 얕고 가변적인 소금사막(카비르) 등이 존재한다. 이란의 경우 가장 광범위한 규모의 내부유역을 보유하고 있는데, 어떠한 대규모의 강도 굽어진 습곡을 뚫고 지나가지 못했기 때문이다. 이러한 이유로 내부

---

* 내부유역은 바다로 흘러 들어가지 않은 강물이나 빗물이 쌓은 호수나 내해를 말한다.

그림 5.1 중동의 지표면 유출 현황

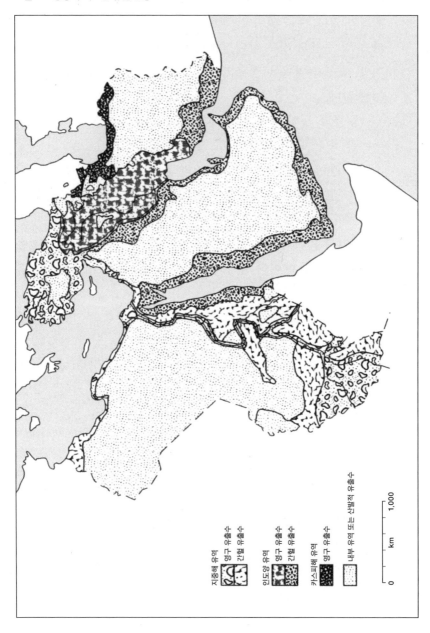

지역은 소금사막이나 내부유역으로 나눠질 수밖에 없는 셈이다. 이란 최북단이나 극 서부에 위치한 물줄기들만 어느 정도 충분하게 형성되어 산맥 깊이 뚫고 지나간다. 아라비아반도의 경우 사실상 내부유역이 존재하지 않고, 동쪽으로 기울어진 암석층으로 인해 소금사막이나 세브카는 주로 동쪽 끝인 사우디아라비아와 오만의 국경지대에 생성된다.

튀르키예의 경우 북부 및 서부 해안지역을 중심으로 내린 많은 비로 인해 강이 잘 발달되어 있는데, 이들 중 대다수는 해안 산지를 뚫고 내륙 평원의 분지에 다다르지만, 여전히 투즈Tuz 호수나 반Van 호수 등과 같은 폐합 유역이 여럿 존재한다.

가장 잘 알려졌지만 상대적으로 작은 규모를 가진 내부유역은 바로 사해로 흘러 들어가는 요르단강이다. 더 북쪽에 구조 골tectonic trough을 점유하고 있는 리타니강과 오론테스강은 모두 바다로 흘러가지만, 그 바로 동쪽에는 내부유역이 위치해 있고, 다마스쿠스와 알레포는 작은 폐합유역의 충적토 위에 위치해 있다. 북아프리카 지역에도 여러 배수 웅덩이가 존재하지만, 지류를 가진 웅덩이는 없다. 그 대신 카타라Qattara 저지에서처럼 하층수의 용승湧昇, upwelling이 발생한다.

일부 대규모 강을 제외하고는 중동 지역 내 대다수의 지표면 유출은 산기슭을 타고 흘러내리는 상대적으로 짧은 물줄기들로 구성되어 있고, 급경사를 띠고 갈라진 십자 모양을 주로 하고 있다. 아나톨리아 고원의 경우 이러한 형태의 강들로 둘러싸여 있고, 강물은 폭포나 협곡을 타고 떨어져 내린다. 이보다 잘 발달된 큰 강은 많지 않으며, 뷔유크 멘데레스강 정도가 큰 편이다. 비슷한 형세지만 훨씬 더 작은 규모를 보이는 곳이 바로 레바논이다. 무엇보다도 자그로스산맥 서부는 짧고 미성숙한 물줄기들을 보유하고 있는데, 이러한 물줄기들은 배사능背斜陵, anticlinal ridge* 너머까지 멋진 협곡을 형성한다. 또한 이러한 물줄기의 파괴력은 상당히 세기 때문에 다량의 퇴적물을 동반하고 있다.

따라서 건조한 지역과 달리 중동 국가들은 수자원을 지표면 저류보다는 지하의 대수층에 의존하게 된다. 당연히 나세르 호수나 키네렛 호수** 등과 같은 확실한 예외도 있겠지만, 중동 전역에 거쳐 물 추출과 관련한 가장 큰 고려 사항은 과연 이러한 대수층이 깊은지 아니면 얕은지의 여부다. 부르동은 중동 지역 내 주요 수리지질학적 환경에 대해 다음과 같이 연구했다. 중동 지역의 경우 연간 평균 강수량이 종종 150mm 이하인 반면, 동일한 시기 잠재적인 증발산량은 2,250mm를 상회하기 때문에, 극히 예외적인 경우를 제외하고는 물이 지표면에 스며들기 어렵다. 흔히 물이 지표면에 스며드는 경우는 홍수 때문인데, 홍수는 강한 폭풍이나 경사면 유거수의 농축으로 인해 야기된다. 또 다른 중요한 요소는 강우 발생 당시의 기온으로, 겨울철 중동 북부 지역의 경우 잠재적인 증발산량이 훨씬 낮다. 그 외에도 두 가지 국소적인 요인이 존재하는데, 하나는 적은 양의 수분이라도 모래 속으로 빠르게 스며든다는 점이고, 다른 하나는 이슬의 흡수다.

이러한 여러 이유로 중동 지역은 재생할 수 있는 지하수 원천이 상당히 제한적이다. 실제로 중동 지역 내에서 발원하는 지하수 대부분은 상당히 국한된 지역에서 생성된다. 강수량이 많은 지역, 아니면 대규모의 강이 존재하여 지속적으로 물이 유입되는 지역뿐이다.

* 　지층이 횡압력에 밀려 형성된 습곡에서 언덕 모양으로 솟은 부분.
** 　이스라엘 동북부에 위치한 호수로 갈릴리 호수의 다른 명칭이다. 호수 주변에 가버나움, 막달라 같은 주요 성지가 있다.

중동 지역에서는 두 가지 형태의 대수층이 식별된다. 첫 번째는 바로 얕은 충적 대수층으로, 일반적으로 규모가 작고 비피압수非被壓水, unconfined water*이며, 강수가 시작되면 빠르게 반응한다. 두 번째는 깊은 암반 대수층으로, 대개 사암이나 석회암층에 위치해 있으며 피압수被壓水, confined water다. 이를 더 자세히 구분하면 자연적으로 물이 재생되는 심층 대수층과 재생되지 않는 화석토 대수층으로 구분된다.

최근 연구에 따르면, 재생되지 않는 화석토 대수층과 자연 재생 대수층 사이의 주요 단층에서 물이 생성된다고 한다. 요르단 변환단층이 대표적인 예다. 이러한 수자원은 소위 대 분수계分水界, watershed라고 불리는 레바논 산지와 튀르키예 남부로부터 유입된 것이다.

중동의 건조한 지역으로 유입되는 물은 대개 강우량이 더 많은 북부나 남부 지역에서 유입된다. 이들 중 일부는 광범위한 대수층으로 흘러들어가고, 다른 일부는 눈의 형태로 주요 강과 접하고 있는 대수층의 표면에 쌓인다. 가장 대표적인 예가 나일강, 티그리스강, 유프라테스강이며, 대다수의 물은 지하나 지표면 바로 아래 저장된다. 일부 대규모 대수층의 경우 강수량이 많은 지역으로까지 확장되어 있다. 아라비아반도 남부의 룹알할리 사막 유역은 예멘이나 사우디아라비아 서남부(아시르 지역) 고원으로부터 물을 충전받고, 아랍에미리트의 대수층은 오만 북부의 산지로부터 충전된다.

대체로 중동 지역 주변부에 위치한 고지대의 경우 강수량이 높기 때문에 지하수가 풍부한데, 리비아 북부 산악지대, 레바

---

*   상부에 물이 투과하기 어려운 지층이 있거나 대기압의 영향을 받아 위로 솟구치지 못하는 지하수를 일컫는다.

논·요르단·시리아 산맥지대, 튀르키예 남부가 이에 해당한다. 보다 중부 지역인 아라비아반도의 경우에도 오만이나 예멘 산지로부터 물을 공급받는다. 다만 레바논 산지에서 생성되는 수자원의 경우 다년생 하천으로부터 비롯되는 반면, 예멘이나 오만 산지로부터 나오는 물은 계절성 유입이다.

강수량이 적은 지역에서도 특정 조건이 갖추어진다면 질 좋은 지하수가 생성될 수 있다. 리비아, 이집트의 지중해 연안 지역, 그리고 사우디아라비아 동부 지역에는 염분이 있는 토양 지하수층 위에 담수렌즈freshwater lense*가 떠 있다. 이러한 부차적인 담수렌즈 층은 사우디아라비아 해안에서부터 바레인, 카타르, 그리고 아랍에미리트 중부, 더 나아가 일부분은 쿠웨이트 북부 및 아랍에미리트 동부 지역에서까지 식별되고 있다. 특정 기후 조건에 의해 형성된 이러한 구역은 해안과 세브카(염분 집적 분지) 경계에서 형성된다. 또한 와디 구역 지표면 바로 아래에도 수류水流, water flow가 발생하면서 와디 바닥에 얕지만 매우 중요한 대수층 저장고를 만든다.

그 외에도 현재 리비아, 사우디아라비아 등 특정 지역에서 활용하는 중요한 수자원은 바로 화석수化石水, fossil ground water다. 소위 삼투천수渗透天水, infiltrated meteoric water라고도 불리는데, 과거 수천 년 동안 물의 보충이 거의 이루어지지 않은 심층 대수층을 의미한다. 물의 보충이 거의 이루어지지 않았기 때문에, 이러한 화석수를 추출하는 것은 거의 채굴과 비슷하다. 이전에 언급했듯이, 제4기 지질시대의 풍토적 동요에 대해 논란이 있기는 하나, 우기에 물이 심층 화석수 대수층에 유입되었다는 부분은 의심의

---

* 담수렌즈는 일반적으로 작은 산호나 석회암 섬 및 환초에서 발견되는 밀도가 높은 바닷물 위에 떠 있는 볼록한 형태의 신선한 지하수 층을 의미한다.

여지가 없다. 동위원소 분석을 통해 물의 기원까지 모두 확인했기 때문이다.

화석수의 경우 주로 해양 대수층 지역에서 발견되지만, 가장 명확하게 식별된 화석수는 대분지 인근 고생대 지상 사암에서 발견되었다. 일반적으로 화석수는 깊게는 5,000미터 아래에서 올라왔기 때문에 수온이 20~70℃로 높은 편이다. 사암 대수층의 물들은 대부분 무기물 함량이 적지만, 탄산염으로 구성된 대수층의 물들은 중간 수준의 화학적 구성물 함량을 띤다.

중동 지역에는 총 일곱의 지하수 유역이 존재하는데, 대부분 화석수를 함유하고 있다(그림 5.2). 그중 넷은 북아프리카에 위치해 있고, 명칭 및 규모는 다음과 같다. 차드(14,000km^3), 페잔(4,800km^3), 쿠프라(3,400km^3), 이집트 서부 사막(18,000km^3). 또한 쿠프라 북부 및 시르테 분지의 대수층은 대략 2,000km^3 규모

그림 5.2 중동 지역 주요 대수층의 대략적인 위치

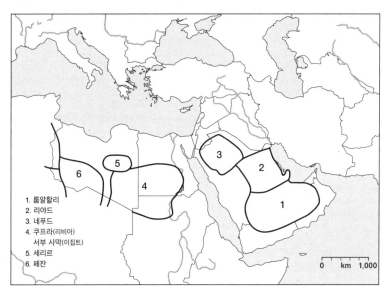

인 것으로 추산된다. 추가적으로 수단에도 화석수가 존재한다. 아라비아반도에는 세 개의 화석수 대수층이 존재하는데, 네푸드 (4,000km³), 리야드(1,500km³), 룹알할리(14,500km³) 대수층이다. 그 외에도 소규모의 대수층이 시나이반도와 요르단에 존재한다. 이 통계는 모두 가장 보수적으로 책정한 수치로, 중동 지역에는 대략 6만 5,000km³에 달하는 화석수가 존재한다고 볼 수 있다. 이러한 심층 대수층의 면적은 중동 전체 영토의 절반에 가까우며, 지하수 원천으로서 매우 높은 중요도를 지니고 있다.

비록 중동 지역의 전반적인 물관리는 지하수와 대수층에 기반을 두고 있지만, 주요 하천 유역과 같은 눈에 띄는 예외도 존재한다. 물의 분배를 조절하기 위해 지표면 저장수를 활용하는 것은 일반적으로 영속적인 지표면 유출이 부족하기 때문에 제한을 받는다. 또한 일부 지역의 경우 빠른 증발로 인해 제약이 존재한다. 나세르 호수와 타나 호수의 비교를 통해 이를 이해할 수 있다. 이집트와 수단 국경을 가로질러 나일강의 중류 저지대에 위치한 나세르 호수 지역은 1년 내내 덥거나 극도로 더우며, 상대적으로 습도가 매우 낮다. 에티오피아 고원에 위치하여 청나일강의 원천이 되는 타나 호수의 경우, 확연하게 선선한 산지 기후를 보이고 있으며 일반적으로 상대습도가 높다. 그래서 잠재적인 증발로 인한 수분 손실 측면에서 보았을 때, 타나 호수가 보다 효과적으로 나일강 수계river system를 통제할 수 있다. 그러나 정치적인 계산이 나세르 호수 활용 계획을 지배해버렸고, 그 결과 매년 100억m³ 규모의 증발 손실이 발생했다. 이는 전체 나일강 수량의 10% 정도이며, 만약 나일강의 유역을 수단의 수드 지역으로 변경했다면 확보할 수 있었던 수분 저장 가능량의 절반에 해당하는 양이다.

기후적인 요소 외에, 증발에 따른 수분 손실률을 결정하는 주요 요소는 '호수나 저수지에 저장된 물의 부피와 지표면 간의 관계'이다. 잠재적인 수분 손실을 측정하는 지표는 바로 부피 대 표면적 비율(V/A)이다. 콜라르스Kolars(1994)의 조사에 따르면, 유프라테스강을 조절하는 아타튀르크 댐이 있는 호수의 부피는 487억m³이며 표면적 크기는 8억 1,700만m²로, V/A 수치는 59.6이다. 이와 비교하여, 나세르 호수의 경우 부피는 785억m³, 표면적 크기는 35억m²로, V/A 수치는 22.4이다.

잠재적인 수분 손실과 관련된 지표면 저류 논의 외에도, 수분 저장 용량 증대를 위한 댐의 필요성에 대한 논의는 중동의 환경과 관련하여 또 다른 논쟁을 일으켰다. 만약 저수된 물이 상당히 높은 수위를 유지한다면, 빠른 방류가 필요한 시점에 효과적인 홍수 통제 시스템으로 기능하기 어려울 것이다. 중동 지역의 하천들은 빠르게 불어나는 속성을 가지고 있으며, 또한 대규모 침전물 이동이 이루어진다. 그렇기 때문에 저수지는 퇴적물 저장소로 전락하여 단기간의 급수에 취약하고, 그 기능을 금세 상실한다. 반면, 퇴적물을 제거할 경우에는 하류의 속성에 영향을 끼칠 수 있다. 하류 속성의 변화는 침식을 가속화할 수 있고, 또한 전통적인 관개를 위한 자양분이 유실되는 결과를 가져오기도 한다.

또한 댐은 토양수의 재충전을 향상하기 위해 건설될 수도 있다. 이러한 목적을 가진 댐의 예는 오만에서 발견할 수 있는데, 하나는 무스카트 광역시 인근인 와디 알카우드에, 다른 하나는 소하르 근처에 건설되었으며 각각 20km에 달한다. 하지만 이러한 재충전 방식이 가지는 문제점은 증발로 인한 수분 손실과 퇴적에 따른 토양 흡수 속도 저하이다. 그럼에도 불구하고 아라비아반도 전역에는 크고 작은 재충전 댐이 존재한다. 가장 효과적인 방법은 임시적인 형태로 돌망태gabion댐을 사용하는 것이다. '수자원

수확'을 위해 이보다 작은 규모의 비슷한 구조물들이 개발되기는 했으나, 토양수의 재충전은 표면산포表面散布, surface spreading나 우물을 사용하는 것이 더 효과적으로 보인다. 특히 지표면 유출이 발생하는 근처에 우물을 건설하는 것은 지하수면을 끌어내려 물이 대수층으로 전달되도록 유도할 수 있다.

특히나 인공 재충전이 유용한 이유는 자연적인 물의 여과가 발생하기 때문이다. 인공적인 물의 여과 또는 재활용은 물리적, 화학적, 그리고 생물학적 방법을 통해 수행될 수 있다. 현재 중동 지역에는 여러 개의 오수 재활용 처리 시설이 가동되고 있으며, 이러한 재활용 물은 대부분의 지역에서 도시용수나 개관에 활용되고 있다. 특히 이스라엘이 이러한 재활용에 많은 관심을 기울인 결과, 현재 거의 80%의 도시용수가 재활용되고 있다.

물의 공급을 증대시키는 또 다른 방법은 바로 담수화로, 이는 염분이 있는 물에서 필요한 농도까지 소금기를 제거하는 것이다. 추산에 따르면, 전 세계 담수화 시설의 2/3가 중동에 집중되어 있고, 대부분 산유국인 사우디아라비아, 쿠웨이트, 카타르, 바레인, 아랍에미리트, 리비아에 위치해 있다. 담수화 시설 건설과 관련하여 기초 자본은 어떤 형태의 동력을 사용하는지에 좌우되는 반면, 가동 비용은 기술에 달려 있다. 이를 비교하여 산출하기 위해 다양한 가정과 수치 계산이 필요한데, 결국 간단히 말하자면 이렇게 생산된 물은 상대적으로 비싸다. 이러한 이유로, 결국 담수 사업은 믿을 만한 식수의 공급이 이루어질 수 있도록 유지하는 데 집중한다. 담수화는 다음의 두 가지 주요 방식을 따른다. ① 정교한 정제 과정을 통한 담수화 작업, 또는 ② 막membrane을 활용한 담수화 작업. 가장 최신의 담수화 기법은 다단증발법(MSF)이라고 불리며, 막을 활용하는 기본 기법은 역삼투라고 지칭한다. 그 외에 증기압축이나 전해투석電解透析, electrodialysis 기법도 존재한다.

마무리를 위해 하나 더 소개하자면, 물의 공급을 위한 또 다른 대안은 초자연적인 강수로 분류되는 이슬, 박무(옅은 안개), 안개 등을 자연적으로 수집하거나 인위적으로 수확하는 것이다. 이러한 원천이 물의 공급을 획기적으로 늘려주지는 않겠지만, 각각 식물군이나 동물상을 위해서는 중요하다. 예를 들어, 오만 남부 도파르 지역은 인도 몬순과 겹치는 카리프Kharif* 수확기 동안 박무가 상대적으로 지속된다. 이러한 수분을 가로채고 저장하기 위해 현대적인 기기들이 동원되기도 하지만, 보다 전통적인 방법도 식별된다. 대다수의 경우 60m 높이에 지름이 그보다 큰 컨테이너를 나무 근처에 건설하여 나무의 줄기를 타고 흐르는 수분을 저장한다. 또한 옥화은沃化銀, silver iodide이나 드라이아이스를 이용한 비구름 파종을 통해 강수량을 늘리는 경우도 있다. 이러한 노력들의 결과를 평가하는 것은 대개 쉽지 않다. 자연적인 기상학적 현상들은 오직 추측할 수밖에 없기 때문이다. 하지만 인공 구름 생성을 위한 작업이 1948년 이스라엘에서 시작되었고 놀라운 결과가 발표되기도 했다.

이러한 다양한 수자원 확보 가능성에도 불구하고, 중동 지역 대부분은 여전히 수자원이 부족하다. 특히 이집트, 키프로스, 요르단, 팔레스타인, 이스라엘, 그리고 아라비아반도의 국가들은 현재의 속도로 물을 사용할 경우 물 부족 상태가 될 것이다. 하지만 중동 지역 전체를 보았을 때, 물의 약 70%가 농업에 사용되는데, 이후 식물들로부터 돌려받는 규모는 산업으로부터 얻을 수 있

---

*   카리프는 초여름에 씨를 뿌려 가을에 거둬들이는 농작물을 말한다.

는 양에 비해 훨씬 적다. 그 결과 수자원 보존과 관개 기법 향상에 대한 관심이 높아졌다. 다른 희소자원과 마찬가지로, 비용편익 분석의 필요성이 제기되고 자원 분배 역시 가격이나 정부 정책에 의해 이루어져야 한다는 논의가 전개되었다. 농업과 연계하여, 식량을 해외에서 수입한 경우 이를 '가상적인virtual 물'의 절약으로 간주하여 수자원 공급이 향상되었다고 인식하자는 움직임도 등장했다.

관개는 토양의 수분을 식물 생장에 최적인 적정치로 유지하기 위해, 통제된 방식으로 물을 토양에 공급하는 과정을 의미한다. 하지만 수많은 기법과 목적이 존재하기 때문에 이에 대한 하나의 정의를 내리기는 어렵다. 범람을 통해 물을 공급하는 전통적인 기법은 중동에서 수천 년 전부터 행해져 왔다. 히스코트Heathcote(1983)는 기원전 5500년 이란이나 기원전 2300년 메소포타미아의 관개 시설에 대해 기록한 바 있다. 물론 이집트는 자신들이 5,000년 전에 건설한 구조물이 가장 오래된 관개 댐이라고 주장한다. 20세기 기계들이 등장하기 전 자연적인 범람이 없을 때에는 인간이나 동물이 밧줄, 바가지, 나선펌프 등 다양한 도구를 활용하여 수로나 우물에서 물을 길었다. 아직까지도 여러 중동 국가에서는 저수지나 고랑을 건설하여 물을 대고 있다.

관개를 위한 물은 지표면이나 지표 아래의 수로를 통해 원천에서 목적지로 이동한다. 지표면 수로의 경우 수로피복水路被覆, channel lining을 통해 수자원 보존을 꾀할 수 있는 장점이 있는 반면, 지표면 아래 수로의 경우 증발을 제한할 수 있다는 장점이 있다. 카나트qanat(이란 명칭), 아플라즈aflaj(오만 명칭), 포가라foggara(북아프리카 명칭), 그리고 카레즈karez(중남부 아시아 명칭) 등으로 불리는 이 지하수로는 중동 여러 지역에서 발견되며, 윌킨

슨Wilkinson(1977)은 아라비아반도 남부의 사례를 기록했다. 아라비아 남부의 지하수로는 수 km에 달하며, 이란에서는 2만 개가 넘는 지하수로가 여전히 사용되고 있다. 카나트가 지표면과 만나는 지점에서부터 물은 먼저 생활용수로 활용되고, 그 후 지표면 관개를 위해 보다 정교한 방식으로 사용된다.

지표면 관개의 경우 전 세계 관개의 95%를 차지하는데, 중동 산유국을 중심으로 보다 전통적인 기법들이 많이 발견되고 있다. 스프레이를 통한 물 살포가 당연히 가장 빈번하고, 아라비아반도에서는 원형 회전식 공중 스프레이가 흔히 발견된다. 실제로 사우디아라비아는 밀 생산에 있어 이 기법에 전적으로 의존한다. 하지만 스프레이의 사용은 당연히 수분 손실을 야기하기 때문에 고급 작물을 대상으로 다양한 형태의 '드립drip 관개' 기법이 도입되었다. 이스라엘의 경우 컴퓨터화된 시스템을 통해 물을 공급하면서, 중동에서 가장 선도적인 모습을 보여주고 있다. 일부 사례에서는 관개를 통해 3배 이상의 곡물 수확을 냈다는 이야기도 있지만, 문제 또한 존재한다. 특히, 염류화가 발생하지 않으려면 배수 시설이 효율적이어야 한다. 물을 구입하는 중동 내 수요자 측면에서 이미 개관의 효과를 언급했지만, 환경적인 요인이나 건강에 유해한 측면을 고려한 관개의 적정한 수준에 대해서도 고려가 필요하다.

중동 지역 내 잠재적인 기후 변화 가능성, 그리고 이러한 변화가 야기할 강우량의 변화 가능성에 대해서는 이미 논의한 바 있다. 하지만 대수층에 영향을 줄 수 있는 또 따른 큰 변수는 바로 해수면 상승이다. 린드Lindh(1992)가 주장하듯이, 해수면 상승이 물의 순환이나 수자원 공급에 끼칠 사회적인 여파는 특히 더 심각할 것으로 예상된다. 또한 해수면 상승으로 인해 해수가 땅으로 유입될 경우 대수층의 염도는 높아질 것이다. 중동 국가 대부분이 이러한 대수층에 의존하고 있기 때문에, 이러한 현상은 특히나 재앙으로 다가올 것이다.

석유

중동 지역은 세계에서 가장 부유한 석유지대이며, 유전 규모도 독보적이다. 확인매장량에 따르면, 25개 유전이 50억 배럴 이상의 매장량을 기록해 초대형 유전으로 인정받았고, 69개 유전은 5억~50억 배럴의 매장량을 통해 대형 유전으로 인정되었다. 가장 큰 규모는 사우디아라비아의 가와르 유전이며, 확인매장량이 최소 830억 배럴에 달한다. 중동에서 가장 중요한 유전지대와 발견 일자는 〈표 5.1〉에서 확인할 수 있다. 전 세계 어디에도 중동 지역처럼 초대형 및 대형 유전이 몰려 있는 곳이 없다.

대부분의 석유 저장암reservoir은 쥐라기 중기에서 백악기 전기에 형성되었고, 그다음 세대에 형성된 저장암은 올리고세에서 마이오세에 만들어졌다. 대부분의 석유는 물리적·화학적으로 모두 큰 유사성을 보인다. 이는 대부분의 석유가 동일한 원천을 가지고 있다는 것을 의미하며, 백악기 중기에서 후기 시대의 백운암白雲巖, dolomites, 석회암, 그리고 셰일이 원료로 보인다. 지역적이나 층서학적層序學的, stratigraphically으로도, 일반적인 특질 몇 개가 명백하다. 유전들은 전형적으로 타원체이거나 기다란 형태를 가지고 있고, 두 가지 뚜렷한 방향성을 띤다. 사우디아라비아, 이라크, 그리고 일부 아랍에미리트의 유전은 북에서 남으로 연결되어 있고, 이란의 유전은 북서에서 남동으로 연결된다. 광활하게 연

표 5.1 중동 내 주요 유전지대

위치	발견 연도
이란	
아그하 자리	1938
가흐 사란	1928
마룬	1964
비비 하키메	1961
아흐와즈	1958
이라크	
키르쿠크	1929
루메일라	1953
쿠웨이트	
부르간	1931
사우디아라비아	
가와르	1948
사파니야	1951
아브까이크	1940
리비아	
사리르	1961

결된 아라비아반도 유전들은 극적인 구조적 형태를 띠는 자그로스 지역 유전과 극적으로 대비된다. 또 다른 특징으로, 핵심적인 저장암들은 남서에서 북동으로 갈수록 생성 시기가 더 늦다.

석유의 기원

석유가 만들어지는 과정은 사실 매우 복잡하며, 분명한 세부 사항에 대해서는 여전히 이견이 있다. 지금은 광범위한 맥락으로 무산소성 환경에서 유기물의 부분적인 분해에 의해 석유가 생성되었다고만 해도 충분할 것이다. 유기물의 경우 동물 및 식물성 미생물로 구성되며, 그 잔존물이 해저에 축적되었다. 이러한 유기물들 위에 두꺼운 퇴적물이 덮이면서 산소와 빛이 차단되었고, 이로 인해 무산소성 환경이 조성되었다. 이것이 기본적인 환경이며 석유가 상대적으로 희소하다는 것을 고려한다면, 유기물의 종류가 어느 것이었는지, 과정의 순서가 어떻게 되었는지, 퇴적의 속도는 어떠했는지 등의 조건이 보다 정확하고 구체적이었을 것이다.

이후 퇴적이 지속되면서 압착이 발생했고, 이로 인해 암석층이 형성되었다. 계속되는 압박은 굳어진 토사와 진흙으로부터 석유방울과 물, 그리고 천연가스를 짜냈고, 이런 성분들은 석회암이나 사암 같은 주변의 투과성 있는 암반 속에 자리 잡았다. 저장암에 자리를 잡은 석유, 가스, 그리고 물은 비중에 따라 각각 나뉘게 되었고, 세 물질은 위에서부터 가스, 석유, 염분이 있는 물의 순서로 층을 형성했다. 마지막 단계에서는 암석층에 일정 수준의 방해나 불규칙성이 발생한 것으로 보인다. 이로 인해서 석유가 빠져나와 특정한 분지에 갇혔기 때문이다. 또한 분지에 갇히는 단계가 없었다면 석유는 여러 돌들에 광범위하게 퍼졌을 것이며, 지금처럼 상업적 개발을 할 여지가 생기지 않았을 것이다. 반면, 방해가 과도했을 경우, 석유를 고정시키던 구조가 파괴되어 석유가 다른 곳으로 퍼지게 되었을 것이다. 그렇기 때문에 석유 매장지는 일반적으로 암석의 불규칙성이 제한된 습곡의 외곽 경계에서 생성되었을 것이다.

여러 퇴적층을 조사한 결과 석유가 갇혀 있는 구조를 크게 셋으로 분류할 수 있게 되었다.

1. 암염 통제 구조
2. 기반암 통제 구조

3. 습곡 구조

또한, 석유의 축적은 아래 네 요소의 결합에 의해 좌우된다고 결론지을 수 있다.

1. 석유 형성 물질의 풍부함
2. 투과성 단층의 형성
3. 석유가 물과 분리되도록 만드는 경동tilting 또는 단층의 변화, 그리고 충분한 양의 결집
4. 석유가 지표면으로 유출되지 않게끔 막는 불투과성 모자암 cap-rocks

그리고 석유가 중동 지역에 많이 분포되어 있는 이유는 다음과 같다.

1. 사우디아라비아 대륙붕에 펼쳐진 광범위하고 두꺼운 소금층의 존재
2. 구조지질학적으로 오랫동안 큰 변동이 없는 역사, 그리고 이로 인한 지속적인 퇴적 진행
3. 대규모의 탄산염 저장암을 포함한 다량의 해양 퇴적물 보유
4. 지형 형성 당시 해침과 해퇴*가 반복한 결과, 저장암과 기반암이 긴밀하게 연결된 점
5. 지역에 광범위하게 분포된 중생대 후기 및 신생대의 증발암을 통한 효과적인 밀봉 상태 유지

* 해침은 해수면이 높아지면서 해안선이 내륙으로 침입해 들어오는 현상을, 해퇴는 해수면이 낮아지면서 해안선이 외해로 후퇴하는 현상을 말한다.

6. 광범위하고 단순한 배사背斜 구조*의 존재
7. 지형 형성 당시에만 짧게 재활성화된 단순한 기반암 선형 구조의 존재

이 가운데 첫 번째 요소가 가장 근본적인 결정 요인으로 간주되며, 그 외 변수들은 소금의 존재 여부, 위치, 그리고 이동으로부터 야기되었다.

산유 지역

중동의 석유와 가스가 생산되는 지역의 지리학적 패턴은 다음과 같이 구별된다(그림 5.3).

1. 페르시아만(아라비아만) 주변에서부터 이라크, 시리아 북동부, 튀르키예 남동부까지 이어지는 지향사적 확장 지역
2. 홍해-아카바 지구대에서부터 북쪽으로는 이스라엘까지의 지역
3. 북동 아프리카 기반암의 북부 경계선 지역과 리비아 및 이집트 서부의 내사막 지역

페르시아만(아라비아만) 지역의 경우, 주요 유전은 이란, 이라크, 사우디아라비아, 쿠웨이트, 아랍에미리트, 카타르에 위치해 있다. 이란과 이라크의 석유는 자그로스산맥의 서부 측면을 따라 펼쳐진 푸슈티이쿠산맥 좌우에서 발견된다. 메소포타미아 평원 방향은 가파르게 하강하고, 이 산맥의 남동 및 북서 방향에는 넓은 저지대 만이 형성되어 있다. 여기서 자그로스산맥까지는 일

---

*   배사 구조는 지층이 퇴적된 후 지각변동이나 그 밖의 여러 가지 압력을 받아 생긴 배사습곡의 구조를 말한다.

그림 5.3 중동의 주요 석유 산업 인프라

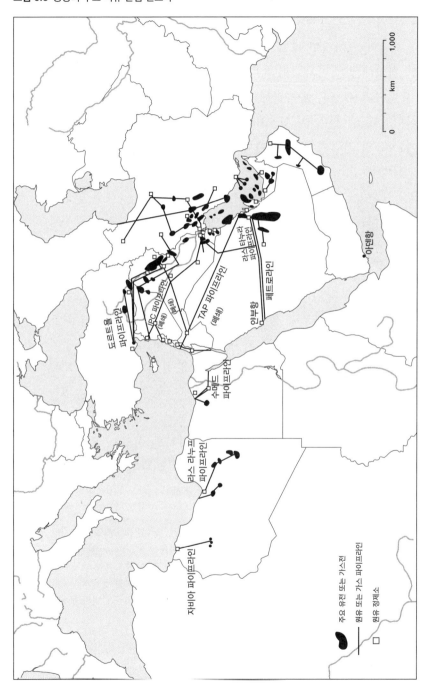

련의 고원을 따라 지대가 점진적으로 높아진다. 산맥 남부에 위치한 저지대로는 카룬강이 흘러들어가고, 이곳이 바로 이란의 대표적인 유전지대인 후제스탄 지역이다. 또한 산맥 북쪽에 위치한 저지대에는 이라크의 북부 및 북서 유전지대가 있다. 후지스탄 지역의 유전은 올리고세 및 마이오세 시대의 아스마리Asmari 석회암으로 이루어져 있으며, 두께가 300m에 이르는 이 석회암이 석유의 저장기 역할을 한다. 아스마리 석회암계 위에는 마이오세의 셰일, 소금, 경석고硬石膏, anhydrite가 뒤섞인 층이 형성되어 있는데, 이를 '하부 파르스계lower Fars series'라고 부른다. 단층에 의해 부서져 있는 부분을 제외하면, 이러한 복합 암석층이 불투과성 모자암의 역할을 한다. 그리고 석유는 30km 정도 길이의 배사구조(돔 모양의 아치형) 속에서 생성된다.

석유는 1908년 마지드이슐레이만 유전지대에서 처음 생산되었다. 이후 1918년부터 생산량이 꾸준히 증가했고, 1928년 하프트켈 유전이 개발되었다. 그 외 다른 유전은 제2차 세계대전 동안이나 그 이후에 개발되어 생산에 들어갔다. 또한 이란은 페르시아만(아라비아만)에 해저 유전을 보유하고 있는데, 그중 가장 유명한 것은 다리우스, 사이러스, 에스판디아르, 페리둔 해저 유전이다.

푸슈티이쿠산맥의 북쪽 저지대에 위치한 이라크 유전지대 역시 남쪽 저지대와 비슷한 지질학적 패턴을 보인다. 주 석회암이라 지칭되는 저류암reservoir rock*은 에오세Eocene世** 및 마이오세

---

* 저류암은 다공질의 암석으로 탄화수소(석유) 보존에 적합한 암석체를 가리킨다. 이러한 저류암들이 바로 위에서 언급한 전형적인 '석유 저장암(reservoir)'이다.

** 에오세는 시신세(始新世)라고도 하는데, 신생대 제3기를 다섯으로 나누었을 때 두 번째에 해당하는 시대로, 온난 습윤한 날씨로 산림이 우거져 많은 석탄층이 퇴적되어 있다. 시기로는 기원전 5600만 년부터 기원전 3390만 년까지에 해당한다.

의 암석이며, 아스마리 석회암과 비슷하지만 훨씬 더 두껍다. 주요 유전은 키르쿠크 지역에 위치해 있으며, 단일한 80~90km 길이의 좁은 배사 구조를 띠고 있다. 유전지대는 1927년 개발되었으며, 석유는 지중해 동부 연안에 건설된 터미널까지 파이프라인을 연결하여 수출된다. 그러나 레반트 해안 지역이 한차례 정치적 격동을 겪으면서 이스라엘 하이파 터미널은 1947년 폐쇄되었고, 그 외의 터미널은 1976년에 문을 닫았다. 이를 대체하기 위한 파이프라인이 1976~1977년에 건설되었다. 하나는 바스라로 향하는 전략적인 파이프라인이었고, 다른 하나는 튀르키예의 됴르트욜로 이어졌다. 하지만 1991년 걸프 전쟁 당시 됴르트욜 파이프라인도 폐쇄되었다.

1952년 모술 북부에 위치한 아인잘레 유전이 생산에 들어갔다. 이 지역의 석유는 백악기 석회암 형질을 함유하고 있다. 이라크 내 또 다른 주요 유전은 쿠웨이트와 접경한 이라크 북부의 주바이르와 루메일라 유전이며, 이 지역의 석유는 백악기 사암에서 형성되었다. 이 지역 유전의 지질학적 환경은 자그로스산맥의 유전과는 근본적으로 다르며, 오히려 쿠웨이트나 사우디아라비아 유전과 비슷하다. 루메일라 유전은 세계에서 가장 큰 유전지대 중 하나이며, 이라크-쿠웨이트 국경 분쟁의 주원인이었다. 이후 유엔의 국경 분쟁 조정 결과, 국경선이 유전지대 남부를 살짝 가로지르게 되면서 쿠웨이트도 몇 km 정도의 유전을 확보하게 되었다.

페르시아만(아라비아만)의 서쪽 면을 따라 형성된 사우디아라비아 유전의 경우, 자그로스산맥 지역의 유전과는 완전히 상이한 성질을 보인다. 이 지역의 유전은 넓은 개방형 배사 구조를 띠고 있으며, 저류암은 쥐라기에서 백악기까지로 다양하다. 더욱이 사우디아라비아의 석유는 사암이나 석회암에 더 빈번하게 갇혀 있다.

사우디아라비아 석유는 1948년 아인다르에서 최초로 발견되었고, 6개월 후 하라드에서도 발견되었다. 후에 밝혀졌지만, 두 유전 모두 가와르 유전지대의 일부분이었으며, 크기는 북에서 남까지 200km, 동에서 서까지는 25~30km에 달한다. 이 가와르 유전지대는 세계에서 가장 큰 단일 유전지대이다. 이보다 북쪽으로는 육상 및 해저 유전이 섞여 있다. 특히 세계에서 가장 큰 해저 유전인 사파니아 유전이 해안선에서 5km 떨어진 위치에 있다. 사우디아라비아는 과거에 쿠웨이트와 중립 유전지대를 공유하며 석유를 일부 생산했지만, 현재는 두 국가 간에 국경선이 그어져 있다. 그리고 해양 경계선 또한 확정 중에 있다. 하지만 사우디아라비아는 여전히 바레인과 해저 유전을 공유하고 있다. 주요 수출 터미널은 라스타누라에 건설되었고, 파이프라인 하나는 지중해 지역(TAP 라인)으로, 그리고 다른 하나는 홍해의 얀부항으로 이어져 있다. 하지만 상술한 푸슈티이쿠산맥의 북쪽 저지대 유전과 마찬가지로, 지중해로 향하는 TAP 라인의 경우 동지중해 분쟁으로 인해 폐쇄되었다.

쿠웨이트에는 백악기 시대 사암 형질의 저장암이 두 개 존재한다. 두께는 대략 300m이며, 지하 1,200m에 위치해 있다. 쿠웨이트의 석유 생산은 1946년 부르간에서 시작되었다. 상당한 규모 때문에 세계 주요 유전으로 간주되며, 상대적으로 얕은 지대에 매장되어 있어 높은 수익성을 보장한다.

카타르의 경우, 1947년 카타르반도의 서부인 두칸에서 처음 석유가 생산되었다. 저류암은 쥐라기 시대 석회암질이며, 지표면 아래 2,000m에 위치해 있다. 현재 이 유전지대 인근에 위치한 하와르섬을 둘러싸고 카타르와 바레인이 영유권 분쟁 중에 있다.

하지만 사실 카타르는 반도 북부에 위치한 해저 천연가스전으로 더 유명하며, 이를 통해 세계 주요 가스 생산국이 되었다.

아랍에미리트의 주요 유전지대는 아부다비이며, 1962년부터 석유 생산을 시작했다. 최초로 발견한 유전은 무르반 유전이었으며, 이후 여러 육상·해저 유전이 발견되었다. 아랍에미리트 또한 여러 해저 유전을 보유하고 있어 관심을 받고 있는데, 현재 샤르자주州는 이란과 아부무사섬을 둘러싸고 지정학적 분쟁을 겪고 있다.

페르시아만(아라비아만) 지역과 대조적으로, 수에즈-시나이반도의 유전지대는 지질학적으로 매우 복잡한 성격을 띤다. 선캄브리아대부터 최근의 시기까지 아우르는 다양한 형태의 암석이 깔려 있기 때문이다. 수에즈 및 아카바만을 비롯한 홍해 지역은 대표적인 단층 지형으로, 여러 구조지질학적 변화가 심각한 단층 이탈을 야기했기 때문에 대규모의 석유 축적을 돕는 환경이 조성되지는 못했다. 1913년부터 수에즈만 좌우 여러 곳에서 석유가 발견되기는 했지만, 이집트가 어느 정도 수준의 석유를 생산하게 된 시기는 1974년 이후부터다. 저류암은 2,000~3,500m 깊이에 위치한 누비아 사암질이며, 유전은 육상 및 해저 모두에서 발견된다. 이스라엘, 시리아, 튀르키예에서도 소규모 유전이 발견되긴 했으나, 거의 미미한 수준이다.

완전히 다른 유전 형태를 가진 곳은 바로 리비아 내부 사막이며, 리비아는 세계에서 가장 중요한 산유국 중 하나다. 리비아의 경우, 광범위한 저지대 만이 남부와 동부로 펼쳐져 있으며, 그중 시르테만 내륙지역에서 대규모의 석유가 발견되었다. 시리아에서 가장 큰 매장량을 가진 유전은 사리르 유전으로, 세계에서 가장 큰 유전지대 중 하나로 꼽힌다. 또한 가장 처음 개발된 유전은 석유와 가스를 모두 생산하는 젤텐 유전으로, 1954년에 완성되었다. 젤텐 유전은 1961년 석유, 1969년 가스 파이프라인을 통해 마르사엘브레가 터미널까지 연결되었다.

액화 천연가스 수송선의 개발로, 유전지대와 연관되거나 연관되지 않은 천연가스 수출이 급속도로 늘어났다. 이란은 러시아에 이어 세계에서 두 번째로 많은 천연가스를 생산하는 국가다. 유전과 연관되지 않은 주요 천연가스전은 부시르와 사라크 지역 인근에 위치해 있고, 유전과 연관된 천연가스 수출은 남부 지역 유전에서 주로 이루어지고 있다.

결론, 문제, 그리고 전망

중동 지역은 전 세계에서 가장 많은 석유자원을 보유하고 있으며, 주된 천연가스 생산지다. 더욱이 상당히 유리한 지질학적 환경을 보유하고 있기 때문에, 비록 기존의 발견량보다는 적을지 몰라도 아직 더 많은 자원이 발견될 것으로 보인다. 또한 세계 섬의 중심에서 세계의 각 대양으로 뻗어나가는 바다들이 연결된 중동의 전략적 위치는 국제시장으로의 진출을 용이하게 해준다. 또한 천연자원의 운송은 파이프라인 네트워크의 구축을 통해 개선되었고, 이러한 시설은 좁은 해협 통과나 전략적 요충지 봉쇄 등과 같은 지정학적 리스크에 대해 보험처럼 작용하고 있다. 그리고 유전지대 인근에 석유 정제 시설 및 가스 처리 공장을 건설함으로써 생산국들은 상당한 가치를 창출해냈다. 파이프라인과 정제소 등과 같은 기본적인 현황은 〈그림 5.3〉에 나와 있다. 경제적·지정학적 목적을 위해, 추가적인 파이프라인 및 정제소 건설이 예정되어 있다. 이는 책의 후반부에서 다룰 것이다.

석유 산업과 관련하여, 중동 국가들에게는 세 가지 과제가 있다.

1. 1인당 GDP가 세계 최대 수준인 사우디아라비아, 아랍에미리트, 그리고 쿠웨이트의 경우, 석유 산업을 통해 확보한 자금이 국민들에게 최대한 광범위하게 돌아가도록 보장하는 것
2. 석유를 통한 수입이 감소하는 시기를 대비하여 다른 경제성장 대비책을 마련하는 것
3. 산유국의 경제적 힘이 아랍·이슬람 세계는 물론 전 세계에 긍정적이고 건설적인 방법으로 사용되게끔 하는 방안을 강구하는 것

이러한 세 가지 과제는 중동 지역에 안정이 보장되지 않는 한 달성되기 어렵다.

이제 미래의 석유 탐사는 주로 이라크 서부, 룹알할리 유역, 예멘 북부 및 동부, 아랍에미리트 및 오만의 충상단층衝上斷層, overthrust 지역, 그리고 아랍에미리트 북부의 해저 지역에 집중될 것으로 보인다. 다만 이제는 훨씬 작은 규모의 유전에 초점이 맞춰질 것이다. 카스피해 유역에서의 석유 탐사·개발이 어떠한 결과를 가져올지라도, 중동 지역이 가진 무한한 잠재력은 중동이 21세기에도 계속해서 전 세계에서 가장 우세한 산유 지역이 될 것이라는 점을 보장할 것이다.

6장

역사지리학

사냥꾼이나 채집꾼으로 유랑생활하던 것을 청산하고, 땅을 소유하며 식물을 경작하기 시작하는 것은 문명이 태동하는 실질적인 첫 단계다. 이러한 결정적인 사건이 중동 지역 어디에선가 처음 시작되었다는 점은 대부분 인정하지만, 정확하게 어느 위치에서 언제 시작되었는지는 이견이 존재한다.

하지만 팔레스타인 서부의 나투프족이 가장 먼저 유목을 버리고 안정적이며 고정된 형태인 경작 및 동물 목축에 기초한 삶의 방식을 개발한 사람들 중 하나라는 점은 명백하다. 이 정착지는 마지막 빙하기가 끝난 직후인 12,000~10,500 BP경 개발된 것으로 보이며, 이후 8,000 BP경 소아시아의 차탈회위크와 팔레스타인의 예리코가 건설되었다. 급격한 생태계의 변화는 우선 따뜻하고 온화하며 숲이 살짝 우거진 환경을 만들었고, 이후 기후는 따뜻한 가운데 더 건조해졌다.

하지만 순수한 지역 기반이 아닌 다른 형태의 공동체가 형성되면서 다른 외생적 요소들이 가미되었다. 수공예 등과 같은 기술과 전문가를 충분히 뒷받침하기 위해서는 부의 잉여를 만들어낼 만큼 대규모의 경작이 이루어져야 했기 때문이다. 그래서 중동의 두 주요 젖줄인 티그리스-유프라테스강과 나일강 유역에서 처음으로 광범위한 정치 세력이 탄생했다. 두 사례 모두에서, 다음과 같은 주요 공통 요소가 식별된다. 가장 중요한 첫 번째 요소는 매년 강의 범람이 이루어지는 대규모 충적토 지역의 존재로, 매번 퇴적을 통해 토지가 재생된다. 두 번째는 지리적 입지로, 다른 세력들과 접촉할 수 있게 해준다. 역사 초기에는 중동 지역에 세 주요 인종 세력이 존재한 것으로 보인다. 아라비아반도와 연관된 셈족, 북아프리카계 함족, 그리고 북부 산지에 거주하는 여러 인도 유럽계 문화를 지닌 민족이다. 마지막 그룹의 민족으로는 기원전 4000년 이란으로 퍼져 들어간 아리아족, 기원전 2000년 소아시아로 들어간 히타이트족, 그리고 그 외 여러 코카서스 인종(백색인종)이 있다.

문명의 발전 과정에서 드러나는 마지막 요소는 다른 세력을 우선 흡수한 후 발전시키고, 다양한 수준에서 사회·정치적 협력을 추동할 수 있는 능력이다. 이러한 세 가지 환경을 모두 제공할 수 있는 도시가 개발되기 시작하면서 문명의 건설 과정은 더 큰 원동력을 얻었다.

신석기 시대의 속성을 띠면서 지방 영토와 준조직화된 도시 공동체가 융합된 형태를 가지는 이러한 '도시 수준', 또는 소위 '문명'의 기원에 대해서는 논쟁이 많다. 세계에서 가장 먼저 탄생한 문명은 일반적으로 메소포타미아와 이집트로 알려져 있다. 또한 가장 오래된 문화권은 기원전 3500년에 형성된 수메르 문화권이며, 그다음은 기원전 3100년에 탄생한 이집트 문화권이다. 두 문명 모두 선진적인 경작 기법을 보유하고 있었고, 이를 바탕으로 고도화된 사회생활이 발달하면서 조직화된 민간·종교 단체가 생겨났다. 또한 비록 제한적인 수준이지만 동과 청동이 사용되었고 무역이 시작되었다. 가장 큰 수혜를 본 것은 시리아로, 두 핵심 문명 사이에 위치한 시리아는 그들이 보유하지 않은 천연자원을 바탕으로 무역을 실시하면서 이집트와 수메르가 발전시킨 물질적·문화적 진보를 공유했다.

기원전 2000년대에 접어들면서 이집트와 메소포타미아 문명은 여러 차례 침략을 받아 성장이 침체되면서 상대적 쇠퇴의 길을 걷는다. 건조한 아라비아반도의 힉소스 민족은 이집트로 침공했고, 가나안, 이스라엘, 블레셋, 그리고 페니키아 민족이 물이 풍부한 레반트 지역에 정착했다. 또한 카시트 민족은 메소포타미아 남부를 침범했다. 주로 목축업에 종사하는 북쪽 지역으로부터는 미타니 및 히타이트 민족이 침범했고, 이들을 통해 말과 전차가 소개되었다. 히타이트 민족은 기원전 1300년경 철 제련법을 발명한 것으로 알려져 있다. 동시에 페니키아 민족이 티레, 시돈, 그리고 아라드·루아드 항을 중심으로 광범위한 무역 관계를 형성하면서 아람어Aram語가 중동 전역에 퍼지기 시작했고, 멀리는 유럽 및 이란까지 퍼졌다. 특히 페니키아인들은 알파벳을 사용하면서 기존의 이집트 상형문자나 메소포타미아 설형문자보다 발전한 언어를 보여주었다.

이후 티그리스강 상류 평원의 비옥한 토지를 가진 아시리아 왕조(기원전 1200~기원전 1000)가 상대적으로 짧은 전성기를 누린 후 페르시아 왕조가 떠오르기 시작했다. 기원전 5000년경 이란 내고원에 정착지가 형성되기 시작했고, 기원전 1000년부터 인도-아리아계 민족이 등장했다. 그 가운데 메디아 민족은 북서쪽에, 페르시아 민족은 훨씬 남쪽인 파르스 근처에 자리 잡았다. 이후 아케메네스 왕조의 군주인 키루스가 정복 전쟁을 통해 페르시아를 통일했다. 기원전 539년 메소포타미아 침공을 시작으로 시작된 정복 전쟁은 궁극적으로 힌두쿠시산맥에서 에게해, 그리고

그림 6.1 기원전 500년경 페르시아 제국

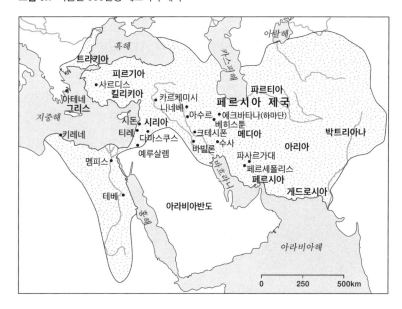

북아프리카까지 이어지는 하나의 통일된 통치 체제를 이루어냈
다(그림 6.1).

　우체국과 숙박 시설을 갖춘 전국적인 간선도로 시스템의 구
축, 금속 주화 주조와 중앙 행정기구의 운용, 그리고 공식어로 아
람어를 사용하면서 왕국 전체에 대대적인 변화가 야기되었다. 이
란은 서쪽에 더욱 가까워졌고, '서구의 정치'에 더 깊숙이 개입하
기 시작했다. 그리고 서구의 정치는 당시부터 지금까지 상당히
중요한 지정학적 중요성을 지니는 요소로 작용하고 있다. 또한
다른 구 문명인 이집트, 메소포타미아, 시리아의 문명과 나란히
아리아 특유의 문화가 발달하기 시작하면서 오늘날까지 상당한
의미를 주고 있다.

고전 시대

중동 지역에 큰 자취를 남긴 또 하나의 사건은 바로 기원전 331년 아르벨라에서 마케도니아의 알렉산드로스 대왕이 이란의 다리우스 황제를 물리치고 페르시아를 정복한 사건이다. 비록 알렉산드로스 대왕은 정복 이후 얼마 지나지 않아 사망했지만, 그의 후계자를 자청한 장군들에 의해 헬레니즘의 영향은 곳곳에서 지속되었다. 프톨레마이오스에 의해 시리아, 팔레스타인, 그리고 이집트가 정복되었고, 프톨레마이오스 왕조는 기원전 30년 로마가 이집트를 탈환할 때까지 이집트를 지배했다. 또 다른 장군이었던 셀레우코스는 이란, 메소포타미아 지역에 왕국을 세웠고, 후에 시리아를 정복했다.

광범위하게 기마병을 사용하는 등 강력한 군사적 전통을 이란과 공유했던 마케도니아인들은 혼인 관계를 맺어 페르시아-마케도니아 지배계급을 형성했다. 두 민족은 소수였기 때문에, 자신들의 영향력이 지방의 농부들이나 목동들에게는 미치지 못하고, 기껏해야 도시 사람들 정도에만 통할 것이라고 여겼다. 이러한 연유로 인해 도시에서는 헬레니즘 문화가 융성한 반면, 지방에서는 과거의 셈족 전통이 유지되었다.

이후 셀레우코스 왕조가 서서히 무너지면서 이란 토착의 파르티아 제국이 이를 계승했고, 서쪽에서는 로마 제국이 점차 압박해오기 시작했다. 하지만 몇백 년 동안 중동에는 파르티아와 로마가 지역을 양분하는 기본적인 지정학적 구도가 유지되었다. 로마의 국력이 막강했음에도 불구하고, 시리아 사막과 자그로스 산맥의 이중 보호를 받고 있는 파르티아 제국의 중심지는 대규모 침략을 하기에는 너무 멀었기 때문이다. 역으로, 파르티아 제국은 시리아 서부를 절대로 정복할 수 없었다. 로마의 강력한 함대가 이를 궁극적으로 저지했기 때문이다.

로마 제국의 통치 아래 아나톨리아 서부, 시리아, 팔레스타인, 북아프리카, 그리고 이집트는 유례없는 호황기에 접어들었다. 평온함은 농업과 무역의 팽창으로 이어졌고, 농지의 관개는 오늘날까지도 유례없을 정도로 광범위하게 이루어졌다. 로마 제국 후기 이탈리아반도의 농업이 쇠락하면서 중동산 밀 수요가 증가했다. 또한 늘어난 물질적 풍요는 공산품과 섬유제품의 수요를 자극했고, 풍부한 원재료와 천연염료를 확보한 중동의 모직, 리넨, 실크가 인기를 끌었다. 유리 공예와 금속 세공도 기술적인 진보를 이루었고, 삼림지대가 해안가에서 가까웠기 때문에 조선업의 원자재도 쉽게 확보되었다. 국제관계가 확장된 로마 제국기를 거치며 중동 지역은 전반적으로 큰 이득을 보았고, 이들은 로마나 파르티아 제국 외에도 고도로 발전된 인도 및 중국 문명과도 교류했다. 동방에서 수입한 물품들은 실크, 보석, 향신료, 의약품, 그리고 백단향이었다.

육상 및 해상 교역로가 모두 사용되었지만 비용은 비싸더라도 안정성 때문에 육상 교역로가 더 선호되었다. 북부 육상 교역로는 중앙아시아의 오아시스 도시인 코칸트, 부하라, 메르브를 거쳐 이란의 하마단까지 이어졌고, 이 지점에서 인도로부터 이란 남부를 지나 합류하는 교역로와 만났다. 이후 여전히 중요한 교통 중심지였던 바빌론까지 연결된 후, 북쪽으로 방향을 선회하여 유프라테스강 중부를 경유하고, 시리아 사막을 둘러 팔미라, 알레포, 안티오크* 또는 다마스쿠스로 이어졌다. 교역로는 여기서

* 안티오크는 오늘날 튀르키예 중부, 남쪽 끝에 있는 도시 '안타키아'의 옛 지명으로, 고대 시리아의 수도였으며 최초의 기독교 중심지 중 하나다.

부터 여러 시리아 항구로 연결되었다. 이보다 남쪽 방향의 교역로는 인도양과 홍해를 활용했는데, 수에즈만과 아카바만까지 이어졌다. 수에즈만으로 연결된 교역로는 육로를 따라 이집트의 알렉산드리아까지 이어졌고, 아카바만 교역로는 페트라, 제라시, 그리고 빌라델비아를 거쳐 시리아 남부 항구들로 연결됐다.

이와 유사하게, 동쪽에서는 파르티아 제국이 로마와의 무역과 더불어 중국, 인도, 아라비아, 시베리아 등과 연결된 교역로에서 이득을 취했다. 비록 남겨진 기록이 없지만, 파르티아 제국이 상대적으로 높은 수준의 문화발전을 이루었다는 점은 명백하다. 하지만 셀레우코스 시절 헬레니즘 문화의 영향력은 점차 토착 및 오리엔탈 문화에 자리를 내주었다.

서기 224년 사산 왕조가 파르티아 지역에서 권력을 잡기 시작했다. 비록 기존의 파르티아식 생활양식이 대다수 유지되었지만, 새롭게 등장한 이란 제국의 경우 좀 더 동양적인 생활양식을 띠었다. 외교관계에 있어서도 로마 제국의 국력이 점차 약해지고 있는 서쪽 국경에서 훨씬 더 공격적인 모습을 보였다. 국경 분쟁, 그리고 때때로 대규모 원정 등을 통해 장기간 지속되었던 로마 제국과 파르티아 제국 간의 간헐적인 전쟁은 두 제국이 모두 무너진 7세기까지 지속되었다. 로마 제국이 동서로 분리된 이후, 서기 373년부터는 비잔틴 제국이라 불리게 되는 동로마 제국이 이란의 저항에 맞섰다. 흑해에서 아라비아반도까지 이어진 중동 전역이 이러한 전쟁의 장이 되었고, 결정적인 결과 없이 오래 지속된 전쟁으로 결국에는 양측 모두 지치게 되었다. 이로 인한 물질적 소진, 이념적 편협성, 그리고 감당할 수 없는 과세 등은 7세기에 이슬람이 힘을 얻게 만든 중요한 기여 요인이라고 볼 수 있다.

아랍 시대

서기 630~640년 아랍인들의 중동 정복 전쟁은 활동적이고 정력이 넘치지만 다소 세련되지 못했던 사막 공동체가 부유하고 고도로 발전된 로마 및 이란 문명과 조우하게끔 해주었다. 무함마드(마호메트)의 후계자들은 대개 사막 유목민이었는데, 강압적이고 가부장적인 사회적 특성 외에는 전통이라고 할 것이 거의 없었다.

　이러한 유목민들이 기존의 중동 사회에 놀랍게도 빠른 속도로 흡수되고 여러 집단이 서로 융합하여 만들어낸 놀라운 문화적 발전은, 인간 사회의 발전에 있어서도 두드러지는 사건이라고 할 수 있다. 이러한 이슬람 국가는 초기에 실패 없는 정치적 성공을 거두었다. 서기 630년 메카 탈환을 시작으로, 이슬람 제국은 시리아(636), 이집트(641), 그리고 리비아(642)를 정복했다. 약 100년 사이 북아프리카 전역과 스페인 대부분이 이슬람 세력에 굴복했고, 프랑스와 이탈리아도 위협을 받기 시작했다. 또한 동쪽으로는 투르키스탄* 오아시스 도시들을 넘어 인도 및 중국까지 영토를 확장했다. 북쪽의 경우에만 쇠약해진 비잔틴 제국이 일시적으로 활력을 찾게 되면서 이슬람의 확장이 저지되었다(그림 6.2).

　물질적 측면에서는, 놀라운 수준을 자랑하던 로마 시대의 업적이 그대로 유지되었다. 이집트와 시리아는 비잔틴 시대보다 더 높은 농업 생산성을 유지하면서 과세는 낮아졌다. 높은 수준의 종교적 포용성은 다양한 종교 집단이 공존할 수 있게 했으며, 이로 인해 다양한 사상이 공유되었다. 또한 메소포타미아 지역에서는 여러 운하가 건설되면서 관개 기술의 발전이 극에 달했다. 더

---

*　여기서의 '투르키스탄'은 오늘날의 국가명이 아니라 중앙아시아의 광대한 지방을 묶어 표현한 개념이다.

그림 6.2 9세기 초 이슬람의 확산

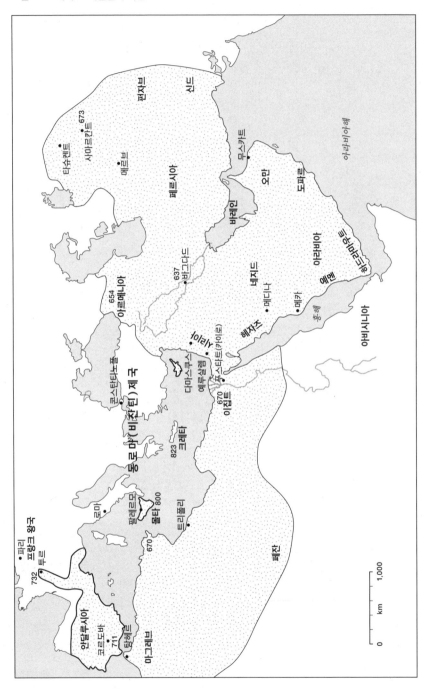

욱이 금속 세공, 가죽 및 직물 산업의 발전은 추가적인 부를 가져다주었고, 유럽과 극동을 연결하던 고대 교역로는 계속해서 물품들로 가득 차게 되었다.

지성과 관련하여, 당시 유럽은 교육이 사실상 중단된 상태였는데, 아랍인들이 이를 이어받아 고전철학을 확장시켰고, 의학과 과학을 발전시켰다. 특히 자신들이 계발한 사상에 이란 및 인도의 사상을 일부 접목함으로써 새로운 사상 체계가 형성되었다. 또한 아랍인들은 중국에서 발명된 종이를 가져오고, 오늘날의 수數 체계와 영zero 기호를 처음으로 사용했다. 따라서 르네상스가 시작되기 전까지 전통적인 구세계 고전문화의 주류는 유럽이 아닌 아랍이라고 말할 수 있다. 특히 아랍인이 집필한 고대 작품의 해설서나 소개서는 유럽의 여러 대학에서 17~18세기까지 교과서로 사용되었다.

이슬람 정치 지도자인 칼리프 지위는 무함마드 사후 (정통 칼리프 시대를 거쳐)* 다마스쿠스에 자리 잡은 우마이야 가문에게 부여되었다. 그리고 약 100년 후 우마이야 가문의 라이벌인 아바스 가문이 칼리프 지위를 이어받고 이슬람 제국의 정치 중심을 바그다드로 옮겼다. 이후 하룬 알 라시드(786~809) 칼리프 시기에 메소포타미아 지역의 경제적 번영은 정점을 찍었다.

이후 9세기 말에 접어들어 수니파**와 시아파*** 간 분열이 발

----

* 우마이야 가문이 칼리프 지위를 얻기 전에 소위 '정통 칼리프 시대'(632~661)가 존재했다. 무함마드(마호메트) 사후 4명의 칼리프가 제국을 통치했다. 이후 네 번째 칼리프인 알리가 우마이야 가문의 무아위야 1세에게 암살당했고, 칼리프 지위는 우마이야 가문으로 넘어갔다.

** 수니파는 이슬람의 가장 큰 분파로, '수나(무함마드의 모범, 관행)를 따르는 사람들'이라는 뜻을 지니고 있으며, 다수파 또는 정통이라는 의미를 지닌다.

*** 시아파는 수니파 다음으로 큰 분파로, 수니파(정통파)의 상대적인 개념으로 쓰인

생하면서 이슬람의 정치적 단합은 깨진다. 이슬람의 태동 이래로 소아시아 지역은 비잔틴 제국이 점유하고 있었는데, 이 땅은 기독교의 전진 기지로서 기능했다. 특히 서기 1079년 첫 번째 유럽 십자군이 작전을 수행하기 위해 이 지역을 활용했고, 이후 시리아 침공을 이어갔다.

십자군 시대

길리기아*에서 팔레스타인 중부까지 이르는 레반트 해안 지역이 단기간 내에 십자군의 손에 떨어졌다. 유럽 모델을 본떠 봉건적 공국이 성립되었고, 1099년 십자군은 예루살렘을 정복했다(이후 1187년 살라딘이 예루살렘을 수복했다). 하지만 십자군은 내륙 지역으로 진출하지는 않았다. 길리기아의 아르메니아 왕국이나 유대의 예루살렘 왕국의 경우 예외적이었지만, 대다수 십자군 공국의 영향력은 해안가에서 산지의 정상 이전까지만 미쳤고, 산지 너머 주요 도시인 알레포, 하마, 다마스쿠스는 여전히 무슬림들의 손에 남아 있었다.

그런데 모든 십자군이 온전한 종교적 동기를 지닌 것은 아니었다. 제노바공화국이나 베네치아공화국과의 무역이 큰 동기 중 하나였고, 이러한 자들은 막대한 규모의 상업적 계약을 대가로 십자군에게 해양 수송을 제공했다. 또한 수백 년간의 십자군 정

다. 예언자 무함마드의 사촌이자 4번째 칼리프인 알리와 그의 후손을 적통으로 간주하여 '따르는(Shīʿat)' 이슬람 분파다.
*　길리기아는 소아시아의 남동쪽 해안, 키프로스 북쪽의 해안지역을 이르는 고대의 지명으로, 고대에는 소아시아와 시리아를 잇는 유일한 통로였다. 길리기아의 수도인 다소는 사도 바울의 고향이기도 하다.

복 시기 동안에도 이들은 무슬림 국가들과 교역했다. 상당한 규모의 향신료, 고가의 석재, 실크, 귀금속이 거래되었고, 일부는 중국과 인도로부터의 교역을 중개하기도 했다. 십자군은 이슬람 세력으로부터 많은 것을 배웠는데, 이는 유럽이 암흑기에 빠졌을 때 중동이 얼마나 선진화되었는지를 여실히 보여준다.

13세기로 넘어오면서부터 아랍 세력이 힘을 회복했고, 십자군은 서서히 시리아에서 쫓겨나기 시작했다. 1299년에 이르러 기독교의 마지막 보루였던 아크레가 아랍 세력에게 넘어갔다. 남겨진 십자군 난민들은 레반트 본토에서 벗어나 키프로스섬에 정착했다. 키프로스섬은 십자군 원정 초 십자군 왕국의 토지에 속했다가 이후 베네치아공화국의 지배를 받았고, 1571년까지 유럽 세력의 영향권 아래 있었다. 뤼지냥 시기*가 키프로스 역사의 전성기였고, 키프로스섬은 유럽과 동방(중동)을 잇는 화물 집산지 역할을 수행했다.

십자군에 의해 건설된 아시아 대륙의 교역소들은 이슬람 세력이 재정복에 나선 후에도 계속해서 운영되었다. 또한 이탈리아 및 프랑스 국적이 주인 유럽 상인들도 라타키아, 트리폴리, 베이루트, 알렉산드리아에 저장 창고를 보유하고 있었다. 그리고 초기 무슬림들은 항해 전통이 없었기 때문에 대다수의 무역상은 상대적으로 안전한 키프로스를 활용했고, 이에 따라 키프로스는 자연스럽게 동지중해 무역의 중심지가 되었다. 하지만 16세기 오스만튀르크 세력이 해양 기술을 개발하여 키프로스섬을 침공한 후 무슬림의 손에 떨어졌다.

---

* 뤼지냥 시기는 기 드 뤼지냥(Gui de Lusignan)의 재위기를 말한다. 기 드 뤼지냥은 프랑스 프와투의 명문가 출신으로, 1180년 예루살렘의 왕인 아모리 1세의 딸 시빌라와 결혼하여 왕위에 올랐고, 예루살렘 왕 겸 키프로스 왕이었다.

이후 중앙아시아 초원의 몽골족이 반복적으로 침략하기 시작하면서 파괴와 손상이 발생했다. 몽골의 예봉이 이란에 당도했고, 칭기즈칸의 대군은 1220~1227년 수많은 도시를 약탈하고 산산조각 냈다. 수백 년 동안 유지되어오던 수많은 관개 시설이 황폐해졌고, 광활한 대지는 초원이나 사막으로 돌변했다. 1258년에 이르자 몽골의 공포는 메소포타미아 지역까지 당도했고, 바그다드는 파괴되고 아바스 왕조는 소멸했다.

약 100년 후, 또 다른 몽골 세력이 침범했다. 티무르의 군대가 시리아에 침입해 알레포, 홈스, 다마스쿠스를 불태우고 약탈했으며, 이란에서는 지성의 정수와도 같았던 네스토리우스파 기독교 공동체가 소수 집단으로 전락했다. 하지만 이러한 몽골의 침략은 오스만튀르크가 자리 잡은 소아시아에서 억지되었다.

오스만 제국 시대(1517~1923)

13세기 오스만 또는 오스만튀르크라고 알려진 어느 작은 튀르크 부족이 소아시아를 침공했고, 다소 입지가 불안정한 술탄으로부터 아나톨리아반도 북서쪽 땅을 부여받았다. 1400년까지 오스만 세력은 아나톨리아 고원 중부를 흡수하고, 서부 지역에서도 많은 땅을 확보했으며, 발칸 유럽의 영토도 상당히 점령했다. 또한 1453년 오스만튀르크는 몇 차례의 시도 끝에 비잔틴 제국의 수도인 콘스탄티노플*을 점령함으로써 비잔틴 제국이 막을 내렸다. 이후부터 오스만튀르크의 확장이 급속도로 이루어졌다. 1566년

---

*　튀르키예 서부에 위치한 이스탄불의 옛 이름으로, 동로마 제국과 오스만튀르크의 수도였다.

알제리를 포함한 북아프리카 연안 전역이 오스만의 수중에 들어 갔고, 이후 이집트, 시리아, 팔레스타인, 이라크, 아나톨리아 고원 전역이 오스만의 영토가 되었다. 더불어 크로아티아와 도나우강 (다뉴브강) 하류 사이의 유럽 동남부 전역이 오스만 제국에 점령 되었고, 오스트리아까지 위협을 받았다. 반면, 동부 전선의 경우 계속해서 소강상태였다. 아르메니아 동부, 캅카스 지역, 그리고 자그로스산맥 지역은 독립을 유지하며 오스만 제국과 이란 영토 의 경계가 되었다.

이렇게 빠른 오스만 제국의 확장은 행정적 개편 과정을 동반 했다. 오스만 제국의 정부 형태는 15~20세기까지 대대적인 변화 없이 유지될 수 있을 정도로 영속적이었다. 특히 새로운 제국의 지도층이 된 초기 오스만 부족민의 사회적인 배경이 튀르키에 정 치에 현저한 영향을 끼쳤다는 점은 상당히 흥미롭다.

오스만인들은 아시아 초원의 목축 유목인으로서 아나톨리 아 고원에 입성했다. 그렇기 때문에 제국을 운영할 때 동물 다루 는 기술을 여러모로 활용했다. 우선 '목동'이 양과 염소를 구분하 듯이, 오스만인들은 하나의 연합된 국가를 만들겠다는 시도를 하 지 않았다. 오히려 여러 종류의 인종, 종교, 그리고 세계관이 그대 로 유지되는 것에 만족했다. 처음에는 이러한 관용과 제국 내 각 사람의 차이를 허용하는 것이 단순한 무관심을 의미했지만, 이후 이러한 행태는 중요한 정책적 토대가 되었다. '분할통치 원칙'에 따라 무슬림들과 기독교인들이 나뉘고, 시아파와 수니파가 구별 되었으며, 쿠르드족은 아르메니아인들로부터, 그리고 그리스정 교는 로마가톨릭과 구분 지어졌다. 종파적인 감정이 점차 생겨났 고, 이러한 감정은 밀레트millet 제도*를 도입한 이후 더욱 심화되 었다. 그리고 17세기 이후, 여러 비非튀르크 국민들에게 치외법권성 특권을 부여하면서 제국 내 특정 공동체의 개별적 지위에 대한 인정이 확대되었다. 신민들이 술탄의 통치에 순응하고, 요구한 세금을 납부할 의사만 있다면, 그리고 특정한 경우 징병에 협조만 잘한다면, 여러 공동체들이 그들만의 방식으로 계속 공존할 수 있었다.

또한 오스만 제국은 치안을 위해 특정 신민으로 구성된 특수부대인 예니체리를 운영했다. 이웃 국가로부터 구입하거나 공물로 받은 노예, 대개 제국 내 기독교 가정의 아이들로 구성된 예니체리는 가족에게서 분리되어 양육되었기 때문에 가족 관계가 없었고 특정 지역에 대한 연고도 없었다. 어렸을 때부터 받은 교육을 통해 순종적이고 자비 없는, 그리고 광적인 무슬림이 된 예니체리들은 오스만 정부가 제국의 다양한 신민을 통제하는 도구로 활용되었다.

대개 목동이었던 오스만인들에게는 산업이나 상업적 전통이 없었기 때문에, 이러한 업종은 경멸을 받았고, 대부분 아르메니아계, 그리스계, 유대계, 또는 외국인이 그 일을 담당했다. 무역활동은 허용되었지만 정부가 나서서 장려하지는 않았다. 그렇기 때문에 대부분의 사업은 반* 비밀리에 진행되었고, 이러한 오랜 위장 사업의 전통은 아주 해로운 결과를 남겼다. 심지어 현재 중동 국가들에도 소상공인들을 중심으로 이러한 오래되지 않은 관습이 남아 있기 때문이다. 회계 제도는 흔치 않고, 은행들은 종종 신뢰를 받지 못하며, 상업 거래에 있어 선물은 종종 딸려오는 부산물이다. 또한 소매상에서도 고정 가격제는 거의 지켜지지 않는

---

* 밀레트 제도는 오스만 제국 고유의 행정제도로, 제국 내 거주하는 서로 다른 문화, 종교 정체성을 가진 신민이 각자의 공동체를 맡아 자치할 수 있게 허용한 제도다.

다. 현재 중동 국가 정부들도 이러한 상인들에게 세금을 부과하는 데 어려움을 겪고 있다. 상인들은 종종 공동체에서 부유한 부류에 속했지만, 재산을 숨기는 데 익숙했기 때문이다.

또한 오스만 제국은 주로 기독교 세력과의 오랜 전쟁을 통해 제국을 건설했다. 그래서 무함마드를 따르며 기독교와 유대교에 대한 관용을 가진 토종 이슬람과 달리 튀르크인들은 광적인 무슬림에 속하며 불신자 처단을 상당히 높이 산다. 이러한 종교적 편협성과 광신주의는 무슬림들의 시야를 축소시키는 결과를 야기했고, 이슬람은 몇백 년 동안 폐쇄적이고 경직되어 더 이상 발전하지 못하게 되었다.

1498년 포르투갈 항해자*가 인도로 가는 희망봉 항로를 발견하면서 중동에 큰 변화가 일어났다. 태곳적부터 유럽과 아시아를 연결하며 중동 국가들을 부유하게 만들었던 교역로는 이제 바다로 전환되었고, 이란, 시리아, 이집트를 거쳐 이동했던 육상 교역은 중단되기 시작됐다. 또한 포르투갈이 1514년 페르시아만(아라비아만) 초입 도시인 호르무즈에 요새를 건설하면서, 오스만 제국은 인도로 향하는 포르투갈의 교통로를 더 이상 방해할 수 없게 되었다. 중동은 쇠퇴기에 접어들었으며, 1869년 수에즈 운하가 개통되고 이후 자동차와 비행기가 개발될 때까지 고대와 같은 중요도를 회복하지 못했다. 16~17세기 말까지 중동은 세계 무역의 중심에서 점차 멀어지기만 했다.

정치적인 측면에서 오스만 제국은 오스트리아를 위협하고 빈을 포위한 17세기에 국력의 정점을 찍었다(그림 6.3). 하지만 이후 빈 시민들이 오스만 세력을 격퇴한 1683년을 기점으로 오스만

---

* 바스쿠 다가마(Vasco da Gama)를 말한다.

그림 6.3 17세기 오스만 제국

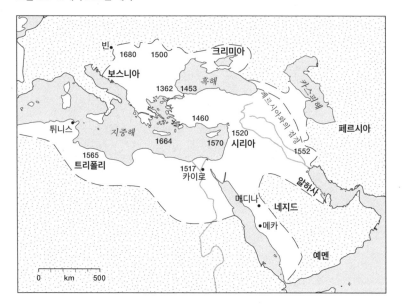

제국은 서서히 쇠퇴하기 시작했다. 오스만 제국이 쇠퇴한 첫 번째 요인은 러시아나 오스트리아-헝가리 제국 같은 신생국이 압박을 가했기 때문이다. 하지만 이보다 더 근본적인 요인은 기독교 공동체를 중심으로 한 제국 내 비非튀르크 신민들의 소요 때문이다. 오스만 제국이 계속 쇠퇴하고 있다는 증거는 바로 외곽 지역에서 자치권 요구가 증가했다는 것이었다. 외곽 지역의 주지사들은 계속해서 독자적인 정책을 펼치기 시작했고, 궁극적으로는 직위를 세습하기에 이르렀다. 술탄이 할 수 있는 조치란 새롭게 계승된 주지사의 임명을 공식적으로 승인하는 것뿐이었다. 이러한 현상이 알제리, 튀니지, 이집트, 아라비아반도의 중부 및 남부에서 발생했다. 이 지역들은 향후 19세기 들어 독립 국가를 선언하게 된다.

제국 내 아시아 및 아프리카 지역이 상업적인 쇠퇴에 직면하고, 이에 더해 특정 지역에서는 자치를 요구하는 목소리가 높아지자, 술탄은 제국 내 유럽 영토에 더 많은 노력을 기울일 수밖에 없었다. 하지만 19세기 후반에 이르러 발칸 지역에서 민족주의 정서가 팽배해지고, 외부 세력들 또한 공세적으로 접근하면서 오스만 제국의 유럽 영토는 줄어들기 시작했다. 이에 따라 술탄은 비유럽 지역에서 운영하던 기존 시스템을 수정해야 한다고 느꼈다. 그에 맞춰 튀르크 민족의 위대함을 다시금 천명하기 위한 '전진' 정책이 중동 지역에서 전개되었다. 이 구상의 주창자인 술탄 압둘 하미드 2세는 근래 완성한 수에즈 운하에 힘입어 오스만 병력을 더욱 수월하게 남쪽으로 이동시킬 수 있었다. 오스만군의 주둔지가 헤자즈(1869), 예멘(1872), 아라비아반도의 알하사(1871) 지역에 건설되었다.

중동 지역에서의 통제력을 강화하기 위한 다음 단계로, 술탄은 지방 도시들이 콘스탄티노플과 더 가깝게 닿을 수 있도록 철로를 건설했다. 독일의 지원을 받아 부설된 철로들은 아나톨리아 고원에서 알레포를 거쳐 남동쪽의 바그다드까지 연결되었고, 남쪽으로는 알레포에서 다마스쿠스를 거쳐 마안과 메디나까지 이어졌다.

그러나 이러한 술탄의 노력은 오스만 제국의 붕괴를 지연시켰을 뿐, 막지는 못했다. 민족주의적 정서는 지속적으로 강화되었다. 처음에는 발칸 지역 기독교 공동체에 국한되었던 이러한 움직임이 이제는 이슬람 공동체들까지도 뒤흔들어놓았다. 튀르크 민족과는 확연히 다른 '아랍 민족'의 정체성이 아라비아반도의 준準자치 지도자들에 의해 생성되었고, 시리아 등지에서는 비밀리에 반튀르크 정치 모임이 결성되었다. 20세기에 이르자 민족주의의 물결이 튀르크 민족에게까지 영향을 끼치기 시작했다. 1908년 혁명이 발발하면서 압둘 하미드는 폐위되었고, 더욱 강력한 민족주의적 자극이 정권에 부과되었다.

6년 후 오스만 제국은 독일 편에 서서 제1차 세계대전에 참전했는데, 1918년 패배한 이후 제국은 완전한 소멸에 가까워졌다. 하지만 튀르크 민족은 무스타파 케말(케말 아타튀르크)과 그의 국민당 통치를 통해 되살아나기 시작했고, 상황을 타개하며 새롭고 순수한 튀르크의 국가를 설립했다. 일정 기간 동안 실권이 없는 술탄 제도가 지속되었으나, 1923년 튀르키예공화국을 선포하면서 사라졌다. 그리고 1년 후, 술탄으로부터 비롯된 종교적 지위인 칼리프 제도 역시 소멸했다. 그날 이후부터 튀르키예는 민족국가이자 세속국가로 자리매김했다.

19세기 중동과 제1차 세계대전

지금까지 중동 지역을 지배한 강대국과 그들의 지정학적 유산을 역사지리학적 맥락에서 살펴보았다. 하지만 오랜 기간 동안 특정 지배국가가 존재하지 않았고, 중동이라는 지역 전체를 일부 강대국들이 좌지우지했다는 측면에서 역사적·지리학적 기록 모두 상당히 불완전하다고 볼 수 있다. 일극 체제의 중동 질서라는 단순한 그림은 제1차 세계대전이 발발하면서부터 산산조각 났고, 1914~1918년에는 거대한 역사적 분열을 낳았다. 오스만 제국의 최종적인 소멸은 근대 중동의 도래를 알렸으나, 제국의 최후 발악은 19세기 대부분의 시기까지 연장되었다.

오랜 기간에 걸쳐 진행된 오스만 제국의 쇠퇴 과정을 대변하는 또 다른 증거는 바로 외국인들에 의해 통제된 경제 시스템이었다. 19세기 말까지 소위 치외법권성 특권이라고 알려진 이권, 계약, 특권들이 외국인 무역상들에게 부여되었다. 오스트리아-헝가리 제국, 프랑스, 독일, 영국, 이탈리아, 러시아 국민들이 이 특권을 향유했는데, 이들은 세금 대부분을 면제받고 소유한 시설은 경찰 조사에서 제외되었다. 이 외국인들은 오스만 법원의 재판으로부터도 면제를 인정받음으로써, 각자 자국민을 위한 특별 법정에서 재판받았다.

또한 영업권 보유자들은 오스만 제국의 이익에 대한 고려 없이 여러 자원에 대한 이권을 보장받으면서 자원을 착취했고, 고이율로 차관을 제공함으로써 외국인들이 제국 내 모든 경제 시스템을 장악했다. 가스, 전기, 수자원 회사를 비롯해 철도 시스템 대다수도 외국인들이 소유하기 시작했다. 경제 활동에 따른 이윤은 모두 제국 밖으로 새어나갔고, 동시에 오스만 제국은 더 이상 법적 관할권을 행사하지 못하는 비튀르크계 공동체들을 직면하게 되었다. 결국 '국가 내 국가'가 형성된 셈이다.

더불어 외부 세력의 경제 장악을 보여주는 또 다른 사례로, 오스만 정부는 국가부채를 국제 위원회인 '오스만 제국 공공부채 관리위원회Council of Administration of the Ottoman Public Debt'의 관리를 받겠다고 강제 서명했다. 이 위원회는 프랑스와 영국이 번갈아가며 주재했으며, 오스트리아-헝가리 제국, 독일, 네덜란드, 이탈리아, 오스만 제국 대표로 구성되었다. 또한 외국인이 지분을 대다수 보유하고 있던 오스만 왕립은행 대표도 위원회에 포함되었다. 위원회는 차관의 이자를 상환하고, 오스만 제국의 일반적인 수익금을 통제했으며, 더 나아가 오스만 제국 영토에 대한 세금도 관리했다.

이러한 경제적 측면에서의 외세 침탈과 더불어 정치적인 압박 역시 동일하게 전개되었지만, 실질적인 제국 붕괴는 외세들 간의 상호 견제로 인해 지연되었다. 예를 들어, 1854년 영국과 프랑스는 흑해와 아나톨리아 고원 동부 지역을 차지하려는 러시아의 계획을 저지하기 위해 전쟁을 벌였다.

오스만 제국에게 19세기는 내부적 취약성과 외부적 압박으로 인해 붕괴가 가속화되는 시기였다. 또한 제국의 외곽 지역인 북서 아프리카의 경우 사실상 독립을 쟁취했다(비록 이후 프랑스, 스페인, 이탈리아에게 장악당했지만 말이다). 그리고 20세기에 접어들면서 심지어 이집트 지역 역시 오스만 제국 영토에서 이탈하려는 움직임을 보였다.

이집트와 수단

19세기 동안 오스만 제국의 쇠락 현상이 중동 정세의 전반적인 방향을 좌우했기 때문에, 제국 내 여러 지역에서 발생한 각 사건도 주목해야 한다. 제1차 세계대전 이후 역사지리학의 개요를 살펴보기 위해 피셔의 분석 틀과 용어들(소아시아, 레반트 등)을 활용해보겠다. 특히 피셔는 이 용어들을 보다 세련되게 정제한 바 있는데, 이는 오늘날 지정학적 패턴의 진전을 묘사하는 데에도 활용할 수 있다.

이집트에 상당한 영향력을 지닌 무함마드 알리는 시리아와 크레타섬에서 오스만 제국을 전복하려 시도했으나 이내 무산되었다. 그럼에도 그의 왕국은 1953년까지 지속되었고, 유산은 프랑스 점령기 이후에도 유지되었다. 특히 프랑스 외교관 드 레셉이 건설한 수에즈 운하가 완공되면서 이집트에 대한 영향력은 더욱 강화되었다. 하지만 지정학적 상황은 1874년 극적으로 변했다. 알리의 후계자인 케티브 이스마일이 수에즈 운하 주식을 매각하기로 결정했기 때문이다. 영국 정부가 적극적으로 나서 이를 구매하면서 영국은 수에즈 운하 주식회사의 대주주이자 이집트 정세의 주요 의사결정자로 등극했다. 이후 이집트 재무구조 개편 과정에서 프랑스가 이탈하면서 영국은 실질적으로 이집트의 국사를 좌지우지하게 되었다.

또한 알리는 수단에서도 많은 영향력을 가지고 있었다. 실제로 이집트는, 모호한 형태이기는 하지만, 1800년 이전까지 수단에 대한 종주권을 가지고 있었다. 알리는 수단을 재정복한 이후 수단 병력을 오스만 제국과의 전쟁에 동원했고, 수단 영토에 이집트군 주둔지를 유지했다. 하지만 이집트 중앙정부의 영향력이 약화하면서 이 주둔지 역시 실효성이 떨어졌고, 1881년 마흐디 Mahdi*를 자칭한 종교적 광신주의자가 주도한 폭동이 발생하면서 이집트군과 영국군이 패배했다. 하지만 수단 데르비쉬dervish** 세력은 1898년 옴두르만 전투에서 키치너 사령관을 필두로 한 영국-이집트 연합군에 패배했고, 이후 영국-이집트 공동 통치 시스템이 구축되었다.

비록 공동 통치 시스템을 영국이 좌우하기는 했지만, 이집트 입장에서 수단은 특별한 의미를 지녔다. 정치적으로, 이집트는 오랫동안 수단을 자국 영토의 일부로 간주해왔고, 경제적 번영의 핵심과도 같은 나일강의 통제 문제는 이집트-수단 관계의 핵심적인 요소로 남아 있다.

1914년 오스만 제국이 전쟁(제1차 세계대전)을 선포하자, 오스

---

*   마흐디는 '올바르게 인도된 자'라는 의미의 아랍어로, 이슬람 종말론에서 미래 심판의 날에 올 구세주를 뜻한다.
**   데르비쉬는 극도의 금욕 생활을 서약한 이슬람 신비주의의 수도자다.

만 제국의 주권 아래 있던 이집트는 독립을 선포했다. 하지만 사실상 이집트의 내치는 영국의 손에 대부분 달려 있었고, 영국군이 이집트에 주둔하고 있기도 했다. 동시에 엄밀히 따지면 오스만 제국의 영토였던 키프로스 역시 영국의 직할 식민지로 흡수되었다.

소아시아와 레반트 지역

오스만 제국의 '심장부'라 간주되던 소아시아와 레반트 지역은 19세기 내내 외세의 정치적 침투에서 벗어나 있었다. 이 지역은 경제적 및 문화적 영역에서만 외세의 간섭을 받았다. 특히 문화적 간섭의 경우 종파적 차이가 개입의 주요 요인이었다. 러시아는 소수 동방정교 공동체와 긴밀한 관계를 맺고 있었고, 프랑스는 합동 동방 가톨릭* 세력을 대변했으며, 영국은 이슬람 세력을 지지했다. 영국은 때로는 정통 이슬람을, 어떤 경우에는 이단으로 취급받는 이슬람 세력(1840년대 드루즈)을 비호했다. 그런데 1860년 드루즈 세력이 마론파 교도를 대량 학살하는 사건이 발생하자 프랑스가 개입했고, '유기적 레바논 산지 국가Organic State of Mount Lebanon'라는 형태의 제한적인 레바논 기독교 자치구가 설립되었다. 이러한 자치구는 레바논 북부 산지 지역으로 제한되었기 때문에 해안선에서 단절되었고 중요한 도시도 모두 제외되었다.

1914년에 이르러 다마스쿠스와 베이루트를 중심으로 아랍 민족주의적 목표를 달성하고자 하는 일련의 비밀 집단이 생겨났다. 그리고 오스만 제국이 서방 국가들과 전쟁을 시작하게 되자, 이러한 비밀 집단은 영국의 관심을 끄는 것과 동시에 시리아, 팔

* 교황의 수위권(首位權)을 인정하면서도 그리스정교 고유의 전례와 습관을 지키는 종파를 말한다.

레스타인, 트란스요르단,* 아라비아 지역에서 아랍 민족주의를
불러일으켰다. 영국은 이를 오스만 제국과의 전쟁에서 활용할 수
있는 훌륭한 정치적 무기로 간주했다. 영국은 중동 연합군에 로
런스T. E. Lawrence**를 필두로 한 작은 단체를 결성했고, 이 단체는
자금 지원과 소규모 군사 지원을 통해 오스만 제국을 상대로 아
랍 봉기를 일으키라는 임무를 부여받았다.

　이보다 더 중요한 사실은 바로 프랑스와 러시아가 이제 오스
만 제국의 파괴에 전념하기로 했다는 점이다. 반면, 이탈리아는
다소 혼란스러운 상황을 야기했다. 1910~1912년 발발한 오스만-
발칸 전쟁 당시 에게해의 도데카네스 제도와 리비아 해안 지역인
트리폴리타니아와 키레나이카를 확보한 이탈리아는 오스트리아,
독일과의 삼국동맹 회원이었다. 이에 대해 프랑스와 영국은 이탈
리아를 떼어내는 정책을 구상했고, 그것이 바로 미래의 중동 지
역 영토 분할을 제한하기로 한 사이크스-피코 협정(1916)이었다
(그림 6.4). 하지만 이 협정은 러시아 제국이 오스만 제국 패망 직
전 해인 1917년에 무너짐으로써 실제로 이루어지지 못했다.

　영국은 1914~1918년 오스만 제국과의 전쟁에 아랍인들을 징
집하기 위해서 이들에게 독립을 쟁취하면 오스만 제국으로부터
확보한 땅에서 그들의 주권을 보장해줄 것이라고 약속했다. 하지
만 영국은 유대인들과도 동일한 약속을 했기에, 이후 팔레스타인
에서는 불신의 문제가 될 수밖에 없었다. 이후 1918년 아랍 지도
자 파이살이 다마스쿠스로 진격하여 시리아를 정복했고, 그는 영

---

*　　트란스요르단(Transjordan)은 요르단 왕국의 옛 이름으로, 1921년 4월 영국의 보
　　호국으로 설립되었다.
**　소위 '아라비아의 로런스'라고 불린 영국의 고고학자이자 군인으로, 아랍 독립운
　　동을 지원하고 이끌었다.

그림 6.4 사이크스-피코 협정(1916), 영토 분할

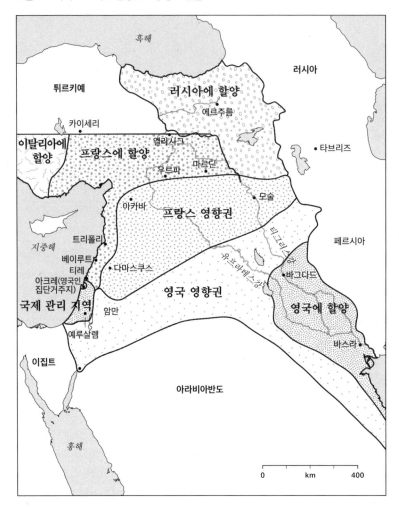

국의 인정 아래 시리아를 통치하게 되었다. 동시에 프랑스는 호시탐탐 다마스쿠스와 알레포를 노렸으며, 영국과 아랍인들 간의 협상에 구속되지 않는 다른 정책을 펼쳤다.

이란

이란은 18세기 국력의 정점을 찍은 이후 점차 쇠퇴했고, 러시아의 위협을 받기 시작했다. 이에 이란은 1814년 영국과 방위조약을 체결하면서, 만약 아프가니스탄에 문제가 생기면 이란은 영국을 지원하고 영국은 이란에 보조금을 지불하기로 약속했다.

영국과의 방위조약에도 불구하고, 이란은 1804~1828년 사이 러시아한테 많은 영토를 상실했다. 전쟁을 종결하는 1828년 튀르크만차이 조약에 따라 이란은 조지아, 예레반, 렌케란 지역을 빼앗겼고, 러시아에게 배상금을 지불했으며, 이란 내 러시아인들에게 치외법권성 특권을 제공할 수밖에 없었다. 이 조약이 바로 오늘날 흑해와 카스피해를 접경으로 하는 이란과 러시아의 국경을 획정지은 조약이다. 이렇게 영향력만 상실하고 러시아뿐 아니라 영국의 주권 침탈을 막는 데도 실패한 이란은 영국과 러시아를 이간질하는 외교로 목표를 수정했다.

이 양상이 바로 지금까지 이어져오는 이란 외교의 근본적인 특색으로, 한쪽이 때때로 잠정적인 무엇을 얻어가더라도 결국 중앙의 균형은 유지되고 있다. 특히 영국이 미국으로 대체되고, 러시아가 소련 및 러시아로 대체된 현재에 와서도, 이러한 불편한 공존은 여전히 유지되고 있다. 이후에도 이란은 동구와 서구 간의 분쟁 속에 중요한 정치적 행위자로 부각되고 있고, 경제력도 크게 성장하면서 역시나 '중립적인 위치'를 통한 정치적 이득을 맛보고 있다. 하지만 소련 붕괴 이후 러시아가 큰 힘을 발휘하지 못하면서 상황은 변화하고 있다.

카스피해 서부 해안을 장악한 러시아는 이제 자유롭게 눈을 동쪽으로 돌릴 수 있게 되었다. 러시아는 1840년 이후 여러 차례 공격을 통해 아랄해 인근에 사는 우즈베키스탄 계열의 투르크멘 사람들을 복속시킬 수 있었으며, 1846년에는 타슈켄트를 정복했고, 1868년 사마르칸트, 1873년 히바, 1876년 코칸트를 점령했다. 마지막 단계로 1880~1893년 코페트다그 산지 북부를 점령하고 메르브를 탈환하면서 마무리되었다. 이후 일련의 경계 획정 위원회를 통해 카스피해 동부의 러시아-이란 국경이 확정되었고, 그 결과 비옥한 코페트다그산맥의 완만한 지역이 러시아 소유가 되었다. 이란에게는 큰 손실이었다.

비슷한 시기에 영국인 관리 몇 명에 의해 이란과 아프가니스탄 간의 국경이 획정되었는데 이란은 이에 만족하지 못했고, 1934~1935년 오스만 제국의 중재에 의해 겨우 마무리되었다. 서부 지역의 경우, 오스만 제국과 이란 간의 막연한 고대 국경이 영국-러시아 공동위원회에 의해 명확하게 획정되었다. 이란의 국력이 얼마나 약했는지를 보여주는 증거로, 샤트알아랍 수로 우측 제방을 따라 오스만-이란 국경이 획정되면서, 수로 전체가 오스만(이후 이라크) 영토로 할당되었다. 이에 따라 이란은 단지 아바단, 호람샤르, 호르자바드에 대한 영유권을 가지게 되면서 샤트알아랍 수로 내에 항구를 가질 수 없게 되었다.

비록 북쪽 지역에서는 패배에 휩싸였어도, 이란은 남쪽 지역에서 몇 개의 섬을 차지할 만큼 강했다. 이란은 페르시아만(아라비아만)에서 키심, 호르무즈, 라라크, 그리고 헨잠 섬을 차지했다. 하지만 인도에 대규모 해군을 보유한 영국은 페르시아만(아라비아만)에서도 막강한 지위를 자랑했다. 특히 페르시아만(아라비아만) 남쪽 해안에 자리한 바레인, 쿠웨이트, 무스카드 등의 아랍 토후국들은 영국의 보호령이었다. 그럼에도 불구하고 이란은 만 남쪽에 계속 관여하면서 바레인을 포함한 여러 영토를 차지했다. 하지만 또 다른 경쟁자인 러시아가 얼지 않는 항구를 찾으며 19

세기 말부터 등장했다. 그러자 영국은 1902년 '만에 영향력을 확대하려는 어떠한 시도도 무력으로 저항하겠다'는 커즌Curzon 선언을 통해 러시아에게 경고했다.

러시아 입장에서는 북쪽의 상황이 훨씬 더 이상적이었다. 이란을 세 면에서 둘러쌀 수 있었기 때문이다. 그러나 오랜 기간에 걸쳐 이루어진 러시아의 팽창은 1904년 러일 전쟁을 통해 저지당했다. 그리고 1907년 이란의 지위에 관한 분할안이 제시되어 이란은 러시아 구역, 영국 구역, 중립 구역으로 나뉘었다. 러시아 구역은 이란의 대다수 도시와 비옥한 땅으로 이루어져 있었다. 하지만 이후 중립 구역에서 석유가 발견되고 영국 자본이 이를 개발하게 되면서, 이 구역 역시 사실상 영국의 몫이 되었다.

이란은 제1차 세계대전에서 중립을 선언했지만, 러시아와 오스만 제국이 이란 땅에서 전쟁을 벌이자 즉각 관여할 수밖에 없었다. 러시아와 오스만이 이란을 침범한 시기에 이란 남서부 지역에서는 게릴라전이 펼쳐졌다. 영국이 유전을 보호하기 위해 취한 전략이었다. 이후 1917년 러시아 제국이 무너지자, 영국군은 이란 북서부로 이동하여 캅카스 지역에서 독일군과 튀르키예군에 대항했다. 이렇게 제1차 세계대전이 끝날 무렵이 되자, 영국의 영향력은 엄청나게 증가한 상황이 되었다.

아라비아반도

아라비아반도는 극심한 환경과 자원의 부족 때문에 대개 제국주의 세력의 관심 밖에 놓여 있었다. 오직 해안 지역만 유럽의 지배를 받았을 뿐이다. 가장 중요한 곳은 아덴 구역으로, 영국은 1839년 이 지역을 인도로 향하는 항로 본부로 삼았다. 영국은 페르시아만(아라비아만) 연안 토후국들에게 보호를 제공하겠다며 몇 차례 협정을 맺었지만, 그 영향력이 내륙까지는 미치지 못했다. 또한 아라비아반도 내륙에서 오스만 제국의 영향력은 위태로웠고, 메카, 메디나, 사나 등의 오스만 주둔지 이외 지역에서는 부족 간 경쟁과 부족 정치가 유지되었다.

20세기 초 아라비아에서 가장 중요한 비튀르크계 지도자는 바로 후세인 왕이었다. 그는 메카의 총독이자 이슬람 성지의 수호자였으며, 선지자 무함마드의 직계 후손이었다. 제1차 세계대전이 시작되자, 후세인은 영국의 설득을 받아 아랍 민족주의 대의를 위해 앞장섰고, 그의 아들인 파이살은 아랍 군대를 이끌고 아라비아반도와 시리아에서 오스만군과 싸웠다. 하지만 20세기 초 더 중요한 한 아랍 지도자가 등장했는데, 바로 압둘 아지즈 이븐 사우드다. 오래전 영향력을 가졌던 가문의 후손인 이븐 사우드는 타고난 지도자이자 뛰어난 군사 전술가였으며, 능숙한 지정학 전문가였다.

성실함과 기술을 바탕으로, 이븐 사우드는 아라비아반도 문제에 앞장서는 지휘자의 지위를 얻었고, 제1차 세계대전 이후 후세인과 아라비아의 통제권을 두고 다투었다.

리비아

20세기 초 리비아는 튀르크 관료와 오스만군 주둔지가 존재하는 오스만 제국 통치령이었다. 하지만 경제적으로는 매우 후진적이었다. 오스만-발칸 전쟁이 발발한 1911~1912년, 이탈리아는 트리폴리를 점령했고, 제1차 세계대전이 시작되자 이 지역을 확실하게 장악하려고 노력했다. 이탈리아의 침공을 상대한 세력은 바로 '위대한 사누시'를 지도자로 세운 사누시 부족이었다. 사누시-오스만 연합군의 존재는 이집트에 주둔한 영국군에게도 얼마 동안 위협이 되었다. 그럼에도 불구하고, 1918년 이후 이탈리아군은 서서히 해안 지역을 굴복시켰고, 이후 내륙 지역도 점령했다.

중동 지역 내 오스만 제국의 패권이 감소하고 결국 붕괴되자, 영국을 필두로 한 유럽 국가들의 영향력이 증대했고 무함마드 알리나 이븐 사우드 같은 유명한 현지 지도자들도 부상하기 시작했다. 더 이상 중동은 단일한 세력에 의해 압도적으로 지배되지 못하게 되었다.

제1차 세계대전부터 20세기 말까지

이집트

1924년 영국과 이집트는 조약을 체결했다. 영국은 여러 정치적 권리를 이집트에게 양도하고, 그 대가로 수에즈 운하를 방어하기 위한 영국군 주둔지를 이집트에 유지한다는 것이 주요 골자였다. 하지만 제2차 세계대전 이후 정치적 상황이 변경되었다. 이탈리아가 몰락하고, 이집트의 부는 향상되었으며, 영국의 영향력이 감소했다. 이에 따라 완전한 독립에 대한 요구가 꾸준히 제기되었다. 영국 주둔군은 단계적으로 서서히 철수하기 시작했고, 1956년 수에즈 위기 사태 이후 마지막 남은 병력까지 모두 이집트를 떠났다. 이제 이집트는 완전히 독립하고 모든 땅을 수복했을 뿐만 아니라, 중동 내 아랍 민족주의의 공인된 지도자를 보유한 국가가 되었다.

1954년 이집트의 대통령에 취임한 가말 압둘 나세르는 1956년 수에즈 전쟁, 그리고 이를 통해 형성된 나세리즘Nasserism*의 최대 수혜자였다. 이는 범아랍주의pan-Arabism뿐만 아니라 비동맹주의와 반제국주의의 상징이기도 했다. 범아랍주의의 전성기는 아마도 1958~1961년까지 유지된 이집트와 시리아 간의 연합인 통일아랍공화국United Arab Republic 시기일 것이다. 하지만 1967년 이스라엘과 전쟁에서의 패배는 너무 치명적이어서 나세르의 지위는 산산조각이 나버렸다. 시나이반도를 빼앗기고 수에즈 운하는 폐쇄되면서, 후임인 사다트 대통령은 극도로 불운한 유산을 넘겨받았다. 그럼에도 불구하고, 사다트는 그의 권한을 강화하여 1972년 소련 군사 고문을 추방했고, 동시에 여러 무슬림형제단Muslim Brotherhood 단원들을 석방시켰다.

또한 사다트 대통령은 이스라엘을 대상으로 한 10월 전쟁(1973)을 지휘하기 좋은 위치에 있었다. 1967년의 패배에 대한 기억을 지우고, 중동 내 외교적 교착 상태를 돌파하기 좋은 기회였다. 비록 결과는 완전히 만족스럽지 못했지만, 사다트는 1977년과 1979년 이스라엘 의회가 미국이 중재한 평화 조약인 캠프 데이비드 협정에 서명하게끔 유도하는 데 성공했다. 이 조약은 이스라엘과 이집트 모두를 위한 안보 조치들을 제공하고 있지만, 아랍 세계는 이를 거부했고 이집트는 아랍연맹Arab League에서 제명되었다.

1981년 사다트 대통령의 피살 이후 권위주의적인 성향의 무바라크가 대통령에 당선되었다. 무바라크는 1990년 및 1995년 선거에서 과반수를 훌쩍 넘는 넉넉한 승리를 거두긴 했으나, 매우 엄격한 대테러 법안을 도입했음에도 불구하고 테러는 여전히 큰 문제로 남아 있다.

---

*   나세리즘은 나세르 대통령이 제창한 사상과 정책으로, 아랍 민족주의를 기초로 한 사회주의 체제이며 동시에 비동맹주의, 반제국주의적 성격도 띠었다.

수단

1924년 이집트가 독립한 이후, 수단은 영국의 직접 통치에서 간접 통치 내지는 '현지 관리체제(1924~1943)' 시기로 넘어갔다. 이와 동시에 수단 남부의 비무슬림 국민을 대상으로 '남방정책'이 시행되었다. 남부 지역 주민들은 향후 동아프리카 연방의 잠정적인 지지자로 간주됐기 때문이다. 남부 지역은 '폐쇄된 구역'이라는 미명 아래, 무슬림 인구는 남부 지역에서 강제로 추방되었다. 비무슬림 인구가 이 지역에서 이탈하는 것을 좌절시키겠다는 목적도 병존했다.

민족주의적 정서가 강하게 생성되었지만 수단 국민은 완전한 독립을 쟁취할 것인지, 아니면 이집트에 손을 벌릴 것인지에 대한 딜레마에 직면했다. 이집트의 나세르 정부는 수단 연합당이 수단과 이집트가 영속적인 연맹이 되는 구상에 동의할 것이라고 믿었기 때문에 연합당을 지원했고, 이에 힘입어 연합당 대표는 1955년 독립 수단의 대통령에 당선되었다. 하지만 그는 이집트와의 연맹보다는 완전한 독립 국가를 선포했다. 그 후 1960년대 들어 수단 남부 비무슬림 지역을 중심으로 여러 차례 반란과 분리주의 운동이 발생했다. 가혹하고 이해할 수 없는 중앙정부의 통치 때문이기도 했지만, 당시 중앙아프리카를 휩쓸고 있던 민족 해방에 대한 열망을 반영한 것이 다수였다. 정부는 남부 지역을 상대로 군사적 조치를 시행했고, 남부 주민들은 난민이 되어 인접국에서 대규모 반격에 나섰다. 이러한 노력이 실패한 이후 1965년 휴전이 선포되면서 상황은 개선되었다. 특히 니메이리 대통령은 남부 지역의 자치를 선포했다.

하지만 이슬람 법체계인 샤리아의 도입과 남부 재분리 정책이 지속되자, 수단인민해방운동(SPLM)과 수단인민해방군(SPLA)

은 1983년 반란을 일으켰다. 1985년에 이르러, 가뭄, 기아, 파산, 분쟁, 그리고 대규모 경제 위기는 니메이리 대통령을 물러나게 만들었다. 하지만 차기 선거에서 이슬람 헌법을 내세운 움마당 Umma Party의 사디크 알마흐디가 권좌에 올랐다. 이후 정치적인 소요가 지속되면서 정부군은 남부군에게 패배했고, 1989년 군부가 정권을 전복했다. 이러한 쿠데타를 튼타 무슬림형제단의 계파인 이슬람국민전선National Islamic Front이 권력을 잡았고, 이들은 더욱 이슬람주의적인 정책들을 펼치기 시작했다.

수단 정부는 남부를 대상으로 지하드jihad*를 선포하며 다른 무슬림 국가들의 지지를 얻고자 했다. 하지만 전쟁은 오늘날까지 지속 중이며 수단은 거듭되는 국가 위기 상태에 놓여 있다. 수단의 경제정책과 인권 유린에 대한 반발로 국제 구호도 감소했고, 높은 인플레이션으로 수단의 경제는 추락했으며 대규모 이주가 발생했다. 수단은 더 가난해졌을 뿐 아니라, 이라크 및 이란을 지원하고 1994년 미국 무역센터 테러에 연루되었다는 의혹을 받게 되면서 미국은 수단을 소위 '왕따 국가pariah state'로 지정했다.

소아시아

1918년 오스만 제국이 멸망하면서 튀르크 민족의 국가는 끝난 것처럼 보였다. 소아시아 지역의 정치적 조율을 제안한 1920년의 세브르 조약**은 사실상 오스만의 힘을 말살하는 결과를 가져올

---

* 지하드는 이슬람의 종교적, 도덕적 법칙과 대의를 지키기 위한 정신적·육체적 투쟁을 말한다.

** 세브르는 프랑스 센강 주변의 도시로, 제1차 세계대전이 끝난 후 1920년에 연합군과 패전국인 오스만 제국 사이에 조약을 맺은 곳이다. 이때 맺은 조약으로 인해 오스만 제국이 사라졌다.

것으로 여겨졌다. 또한 1914~1916년 영국, 프랑스, 이탈리아, 그리스가 보인 입장을 고려했을 때, 그들은 모두 계획했던 대로 오스만 영토를 얻으려 했다. 조약에서 새롭게 추가된 요소는 바로 과거 러시아에게 할양되었던 해협 구역*에 대한 것으로, 이제는 이를 국제 관리에 맡기기로 했다. 또한 미국의 이익이 반영되어, 과거 러시아 구역이었던 아나돌리아 고원 동부에 아르메니아를 설립하자는 의견이 제시되었다. 이러한 세브르 조약은 유럽 열강이 최고 수위로 중동에 개입하겠다는 것을 의미했다. 만약 이러한 조약이 실제로 발효되었다면, 이란과 아라비아반도 내륙을 제외한 중동 전역은 사실상 외부 세력의 영향권에 놓이게 되었을 것이기 때문이다.

정치적 집단으로서는 거의 멸종할 가능성에 직면한 상황에서, 튀르키예의 선조들은 단결했고 케말 파샤의 지도력 아래 예상 밖의 회생이 일어났다. 그 원인은 일부 연합군 내 이견 때문이기도 하고, 전쟁 피로감도 한몫했으며, 또한 일부 국민들의 용기때문이기도 했다. 몇 개월간 새로운 튀르크군과 전쟁을 치른 후, 프랑스는 세브르 조약에서 보장된 자신들의 영토(아나톨리아 고원 중 일부)를 포기하겠다고 선언했다. 1년 후 튀르크군은 그리스가 점령했던 도시 스미르나('이즈미르'의 옛 이름)를 기습 점령했다. 이로 인해 50만 명에 달하는 그리스인은 도주하거나 본국으로 추방되었다. 비록 이처럼 많은 고통과 경제적 피해가 뒤따랐지만, 소아시아 서부에서 엄청난 인종적·정치적 통일이 이루어졌다.

동부 지역에서는 아르메니아 문제가 어느 정도 해결되었다. 쿠르드족이 대규모의 아르메니아인들을 학살한 것을 '해결'이라

---

* 동지중해에서 흑해로 향하는 길목에 위치한 두 해협인 다르다넬스 해협과 보스포루스 해협을 말한다.

고 본다면 말이다. 그 지역에 독립된 아르메니아 국가를 설립하려 했다면 아무래도 외부 강대국의 군사적 지원이 필요했을 것이지만, 결국 아무도 나타나지 않았다. 이런 이유로, 새로운 튀르크 국가는 더 유리한 평화 협정을 협의할 수 있었다. 1923년 체결된 로산 조약*에 따라 소아시아 전역과 인접한 유럽 영토가 튀르키예의 손에 확실하게 존속되었다. 이후 튀르키예는 케말 파샤에 의해 세속주의적인 사회·경제 개혁을 거치면서 더욱 강력해졌으며, 케말 파샤는 아타튀르크**라는 호칭을 얻었다.

비록 튀르키예는 국토 면적이나 인구, 경제 잠재력이 강력했지만, 소련의 위협이 거대했기 때문에 서구 국가들과의 동맹을 모색했고, 1952년 북대서양조약기구(NATO)에 가입했다. 하지만 높은 경제적 잠재력에도 불구하고, 튀르키예의 국내 정치는 1983년까지 불안정했다. 선거를 통해 지속적으로 새로운 정부가 구성되었으나, 일부는 과반수를 차지하는 데 실패하기도 했고, 군부 쿠데타에 의해 종종 전복되었다. 1974년 그리스 군사 정부가 키프로스를 정복하려다가 실패하자, 튀르키예가 키프로스를 침공했다. 인구의 대이동이 발생했고, 키프로스섬은 튀르키예령 키프로스와 그리스령 키프로스로 분할되었다.

이후 1983년 조국당 소속의 외잘이 대통령에 당선되고 난 후부터 약 10년 동안 안정이 찾아왔고, 군부가 정치에 개입하지도 않았다. 특히 정부가 남동부 아나톨리아 프로젝트(GAP)를 시작하면서 튀르키예 경제가 힘을 얻기 시작했고, 국가 신용도 역시

* 로잔은 스위스의 대표적인 휴양도시로, 1923년 이곳에서 새롭게 구성된 튀르키예 정부와 제1차 세계대전 연합국이 새롭게 조약을 체결했다. 그 주요 내용은 세브르 조약을 파기하고 튀르키예를 완전한 독립국으로 인정하는 것이었다.
** 아타튀르크(Atatürk)는 '튀르크 민족의 아버지'라는 뜻의 터키어로, 튀르키예 국회에서 1934년 경칭으로 수여했다.

상향되었다. 1993년 외잘 대통령이 사망한 이후 발생한 주요 정치 사건은 바로 1996년 이슬람 정부의 등장이다. 이슬람 정부의 등장으로 세속 국가인 튀르키예 내에 다소 급진적인 이슬람 사상이 확산되었고, 정부는 유럽이나 미국과 긴밀한 관계를 맺는 것을 반대하기 시작했다. 하지만 세속주의자들과 이슬람주의자들이 균형을 찾기 위해 노력했다. 1990년대 이후 상황은 사뭇 복잡하게 흘러갔다. 동부 지역에서는 시리아의 지원을 받는 쿠르디스탄노동자당(PKK)의 투쟁이 지속되고 있고, 동시에 이 문제는 튀르키예의 인권 문제를 지속적으로 상기시키고 있다.

레반트 지역

1920년 프랑스는 시리아 위임통치령이라는 이름 아래, 여러 영토 단위를 연방 형태로 묶어 레반트 지역을 통치했다. 하지만 이러한 통치가 상당히 힘겹다는 것이 드러나고, 영국 식민정부가 이집트, 그리고 뒤이어 이라크에서 전복되는 것을 보면서 시리아 내에서 갈등이 증폭되었다. 그럼에도 시리아는 1939년까지 프랑스 해외 식민지의 일부로 유지되었고, 1941년에 이르러서야 실질적으로 식민지 상황이 종료됐다. 독일의 작전을 좌절시키기 위해 영국과 자유프랑스군*이 시리아를 침공하여 점령했기 때문이다. 제2차 세계대전 이후 프랑스는 다시 시리아를 차지하려 했으나, 시리아 및 레바논에서 대규모 봉기가 임박해지자 영국 정부가 다시 개입했다. 하지만 그 결과 영국 및 프랑스군 모두 1년 내 철수했고, 시리아 및 레바논은 완전한 독립을 확보하면서 각각 주권 공화국을 설립했다. 시리아와 레바논은 몇 년 동안 경제연맹을

*   자유프랑스군은 제2차 세계대전 당시 런던으로 망명한 샤를 드골 장군이 주도해 만든 반독일 프랑스 해방군이다.

유지하다가 1950년 해체했다. 시리아는 1958년 이집트와 함께 통일아랍공화국(UAR)을 설립했지만, 1961년 시리아가 탈퇴하면서 통일공화국도 사라졌다.

이라크의 사례와 유사하게, 시리아에서도 1963년 바트당* 쿠데타가 발생하면서 국가 구조가 바뀌게 된다. 이후 1970년까지 권력 투쟁이 지속되었고, 특히 군부 내부의 균열이 심각했다. 주요 요직은 종파주의 국가의 특성을 십분 활용한 비非수니파 소수 종파인 알라위, 드루즈, 이스마일 종파가 차지했다. 1966년과 1967년에 쿠데타가 뒤따랐고, 이어 아사드Hafez al-Assad가 정권을 차지했다. 아사드는 일련의 경제 자유화 정책을 시행했고, 그 결과 1970년대까지 시리아의 경제 붐이 지속되었다.

아사드의 등장 이후 바트당, 군부, 행정부의 지지를 받으며 권력이 대통령에게 극단적으로 집중되기 시작했다. 또한 1973년 시리아는 이집트와 손잡고 이스라엘과 전쟁을 치렀지만, 결국 패배하여 골란 고원을 빼앗긴 후 20세기 말까지도 수복하지 못했다. 다른 중요한 지정학적 사건으로, 시리아군은 1976년 레바논에 진군했는데 이 사건 이후 시리아는 레바논 문제에 더욱 긴밀히 개입하고 있다. 든든한 조력자였던 소련이 붕괴한 이후에도 시리아는 미국 및 걸프 국가들의 재정 지원을 통해 경제적 문제를 상쇄했다. 아사드가 이라크를 상대로 한 연합군에 합류하고 걸프 전쟁에 참전하기로 결정했기 때문이다. 마지막으로, 시리아는 가장 강력한 반 이스라엘 선봉으로서 여전히 핵심적인 존재다. 그렇기 때문에 중동 평화 협상의 주요 행위자이기도 하다.

---

* 　바트당(Ba'ath Party)은 아랍 사회주의 부흥당의 속칭으로, 아랍 사회주의, 아랍 민족주의, 세속주의 등의 가치를 내세웠다.

팔레스타인

프랑스가 시리아 위임통치령을 확보했을 당시 영국 역시 비슷한 형태로 팔레스타인 및 요르단강 동부 지역을 아우르는 위임통치령을 할양받았다. 팔레스타인 지역의 경우, 영국은 불가능한 임무에 직면했다. 그 지역에 사는 아랍인들의 권리를 침해하지 않으면서 유대인들을 위한 민족국가를 건설해주는 것은 사실상 불가능하기 때문이다. 아랍인들이 주로 거주하는 요르단강 동부 지역에서는 압둘라 왕(시리아 파이살 왕의 형)이 영국의 위임통치를 받는 트란스요르단의 통치자로 등극했다. 트란스요르단은 작고 가난한 국가지만, 수십 년간 상당히 안정적인 땅이라는 것이 증명되었다. 트란스요르단은 약 25년 동안 영국의 위임통치 속에 느리지만 지속적인 발전을 이루다가 1946년 완전한 독립을 인정받는다. 그리고 1949년부터 국명을 '요르단 하심 왕국Hashemite Kingdom of Jordan'으로 사용한다.

팔레스타인에서는 제1차 세계대전이 끝난 후 유대인들이 대규모로 연이어 이민을 오면서 당시까지 인구 측면에서 다수였던 아랍인들을 우려케 했다. 스스로를 난민이나 팔레스타인 내 집을 찾는 사람이라고 부르던 유대인들의 요구는 시간이 지나면서 점차 '유대인 주권 국가 건설'에 대한 요구로 변했다.

유대인의 '팔레스타인·이스라엘 영토 식민화'는 몇 차례에 걸쳐 진행되었다. 1880년대 후반, 약 44만에 달하는 아랍 인구 속으로 2만 5,000명의 유대인이 제정 러시아의 대학살을 피해 난민 형태로 팔레스타인에 유입되었다. 두 번째 이민 행렬은 20세기 첫해에 이루어졌는데, 이번 역시 러시아계 유대인이었지만 이번에는 사회주의·공산주의 교육을 받은 자들이었다. 키부츠kibbutz*를 구상한 것이 바로 이들이었다. 세 번째 이민 물결은 1918년 이

후 피폐해진 중부 유럽에서 흘러들어온 재산을 몰수당한 난민들
이었다. 이후 폴란드에서 발생한 반유대주의로 인해 상당수의 유
대인 이민자들이 1924년부터 1928년 사이 4차로 유입되었다. 이
후 히틀러의 탄압으로 인해 다섯 번째 이민 행렬이 이어졌는데,
대부분 독일계 유대인이었다.

이러한 대규모의 유대인 이주는 1929년, 그리고 1936~1939
년 아랍인들이 심각한 시위와 시민 불복종을 여러 차례 일으키는
결과를 낳았다. 이러한 소요는 어느 정도 성과를 보였다. 유대인
의 이민을 5년 동안 7만 5,000명으로 제한하는 법안이 제정되었
기 때문이다. 하지만 제2차 세계대전 기간 동안 아랍인과 유대인
은 많은 무기와 탄약을 축적할 수 있었고, 1945년 전쟁이 종결되
자 문제가 터졌다. 극단 시온주의자들은 무제한적인 유대인 이민
을 강제하고 겁박하기 위해 일련의 테러를 감행했다. 최종적으로
팔레스타인에 유대 국가를 건설하기 위해서는 유대인의 이주가
선행되어야 하기 때문이다.

팔레스타인 내 유대인 정착촌과 관련된 문제는 1947년 국제
연합(UN)에 상정되었고, 조사위원회가 다시 한번 상황을 조사하
기 위해 파견되었다(지금까지 25년 동안 조사가 이루어졌고, 이번이
19번째 파견이다). 위원회가 제시한 결론은 팔레스타인을 아랍 구
역과 유대인 구역으로 나누고, 예루살렘은 국제사회의 관리에 두
자는 것이었다. 하지만 시온주의자들의 테러가 더욱 빈번해지면
서 이러한 위원회 보고서는 실제로 이행되지 못했고, 1948년 5월
영국은 공식적으로 위임통치 종료를 선언해버렸다. 3개월 후 마
지막 영국군 부대가 철수하자 곧바로 시온주의자들과 아랍연맹

*   키부츠는 이스라엘의 집단 농업 공동체로, 사회주의와 시오니즘을 결합한 형태
    이며 독립적인 농업이 실질적으로 힘든 상황에서 공동생활 양태를 만들었다.

국가들 간 전쟁이 발발했다. 70만에서 100만 명에 달하는 팔레스타인 아랍인들은 주변 아랍 국가로 탈출하여 난민이 되었다.

이후 휴전이 선포되고, 휴전 당시의 전선을 중심으로 경계선이 획정되었다. 이에 따라, 이집트군이 점령하고 있었던 가자 지구는 이집트에게 귀속되었고, 압둘라 국왕의 군대가 점유하고 있던 유대 고원과 요르단강 계곡 지역은 트란스요르단으로 합병되었다. 이후 압둘라 국왕은 국명을 요르단으로 변경했다. 그리고 예루살렘 신도시(예루살렘 구도심지 제외)를 포함한 나머지 팔레스타인 지역은 유대 국가인 이스라엘의 영토가 되었다.

1949년부터 1951년 사이, 대규모 이민을 통해 이스라엘의 인구는 2배로 늘어났다. 이번 이민자의 경우 대부분 아랍 국가에서 들어왔다. 이들은 오랜 기간 아랍 국가에서 살았으나 더 이상 환영받지 못하게 되었기 때문이다. 1956년 후반 이스라엘은 프랑스·영국과의 비밀 협정에 힘입어 가자 지구, 시나이반도 전역, 수에즈 지역, 그리고 홍해의 아카바만까지 점령했다. 이후 이스라엘은 유엔의 권고로 이 지역에서 철수했으나, 1967년 이집트가 유엔 평화 유지군의 철수를 요구한 이후 '6일 전쟁'이 발발했다. 이 전쟁에서 이스라엘은 뛰어난 전술과 작전을 바탕으로 대승을 거두었다. 이스라엘은 시나이반도 전체와 수에즈 운하를 재점령했고, 예루살렘 구도심지를 포함한 서안 지구(웨스트뱅크)를 탈환했으며, 시리아와의 국경을 골란 고원 밖으로 밀어냈다. 이로 인해 110만이 넘는 아랍인이 소위 '이스라엘 점령 지역"에서 이스

<?> 여기서 언급된 이스라엘 점령(점유) 지역은 흔히 사용되는 '팔레스타인 자치 지구(OPT: Occupied Palestine Territories)'와는 다른 맥락으로 사용되었다. 문자 그대로 이스라엘이 6일 전쟁 이후 새롭게 점령한 영토를 의미하고 있다. 반면, OPT의 경우 1993년 오슬로 협정에 따라 공식적으로 팔레스타인 자치 정부가 다스

라엘의 통치를 받게 되었다(가자 지구 45만 명, 웨스트뱅크 65만 명). 초기에는 이미 유대인들의 자치구처럼 변질되어버린 예루살렘 구도심지를 제외하고는 점령 지역 내에 유대인 정착촌을 건설하는 것이 금지되어 있었다. 하지만 점차 곳곳에서 다양한 형태의 유대인 정착촌이 생겨나기 시작했다. 정착촌 건설의 불법성은 오늘날 국제정치적으로나 이스라엘 내부에서도 가장 중요한 문제 중 하나이며, 예루살렘은 이미 빠른 속도로 유대인에게 식민화되었다.

1948년과 1967년의 전쟁은 150만 명이 넘는 아랍 난민을 야기했다. 1948년 팔레스타인에서 탈출한 난민과 1967년 요르단과 시리아에서 탈출한 난민을 합친 숫자다. 이 가운데 대다수는 여전히 난민 캠프에 살고 있다. 하지만 교육 기회를 얻은 난민들은 여러 아랍 국가로 이주할 수 있었고, 특히 걸프 지역으로 이동한 경우 전문적인 직종을 확보하는 경우도 꽤 많다. 하지만 여전히 난민 캠프나 시골 지역에 남아 있는 난민들은 유엔팔레스타인난민구호기구(UNRWA)의 도움을 받고 있다. 이제 난민 캠프는 사실상 영구적인 시설이 되어버렸는데, 지역 경제를 보호하기 위해 이들을 노동자로 고용하는 것도 제한되고 있는 실정이다. 아랍인들의 시각에서 보면, 이들은 임박한 이스라엘군의 대학살 위협을 피해 집을 떠난 사람들이다. 그러나 이스라엘의 공식 입장은 이 난민들은 개인의 자유 의지로 집을 떠났거나, 아랍 지도자들이 이스라엘을 곤란하게 만들기 위해 일부러 이주시켰다는 것이다. 이스라엘 정부는 그들의 재수용을 꺼렸다. 반체제 소수 민족을 자국에 받아들이기 싫을뿐더러, 아랍인들의 높은 출산율을 고

리는 영토를 의미하는 용어다. 두 용어가 지칭하는 지역이 거의 동일하기 때문에 혼동하기 쉽다.

려했을 때, 중장기적으로 심각한 인구학적 위협이 될 수도 있기 때문이다.

여러 아랍 국가도 일정 수 이상의 난민을 수용하는 것에 격렬하게 반대하고 있다. 그 이유는 다음과 같다.

1. 다른 국가들이 많은 난민을 수용할 경우, 이는 영구적으로 아랍 팔레스타인의 상실을 묵인하는 것으로 간주할 수 있기 때문이다.
2. 많은 수를 수용할 경우 막대한 사회적·경제적 어려움이 야기될 수 있기 때문이다.
3. 난민들이 확실한 피해자로 남아 있어야 언젠가 그들이 집으로 돌아가거나 보상을 받을 수 있다는 희망이 사라지지 않기 때문이다.

아랍 게릴라 단체들은 이렇게 자포자기하고 적의를 품은, 그리고 강제적으로 유휴상태가 되어버린 사람들을 포섭하고 있다.

팔레스타인 전역이 이스라엘의 손에 넘어간 후 오늘날까지 중동 지역의 역사는 잃어버린 영토를 되찾고 국가로 승인받기 위한 팔레스타인의 노력으로 가득하다. 이와 대조적으로, 이스라엘은 팔레스타인이 합법적인 영토체로 승인되지 못하도록 최선의 노력을 다하는 중이다. 최우선적인 이유는 안보라고 하지만, 또 다른 중요한 요인은 수자원이기도 하다.

1964년 창설된 팔레스타인해방기구(PLO)는 실질적으로 파타Fatah가 이어받았다.* 야세르 아라파트가 이끄는 파타는 실질적

---

* 1959년 창설된 파타는 1967년 6일 전쟁 이후 두각을 드러내기 시작했고, 이에 힘입어 1967년 PLO에 합류했다. 초기에는 PLO 의회 내 105개 의석 중 33개를

으로는 게릴라 조직이었으나, 이후 국민 해방운동으로 변모했다. PLO는 1967년부터 1970년 사이 요르단에서 작전을 수행했는데, 주목표는 이스라엘과 시오니스트들을 상대로 혁명을 유도하는 것이었다. 하지만 요르단의 후세인 국왕은 이러한 PLO의 존재에 위협을 느꼈고, 1970년 PLO의 주요 시설을 모두 파괴했다. '검은 9월'이라고 불린 이 사건 이후 PLO는 본부를 레바논으로 이전했다. 그리고 PLO는 1982년 이스라엘이 레바논을 침공하자 본부를 또다시 튀니지 수도 튀니스로 옮겼다.

다른 팔레스타인의 해방기구들이 대개 테러 집단이나 자유 전사들로 구성된 반면, PLO는 점차 덜 극단적이고 더욱 민족주의적인 형태로 변해갔다. 1974년 이스라엘로부터 수복한 지역에 팔레스타인 자치 정부를 구성하겠다는 목표를 세운 것에서 이를 엿볼 수 있다. 이는 팔레스타인이 이스라엘의 존재를 인정하는 두 국가 방안을 암시하는 것이기도 했다. 이와 관련한 사항을 발표하기 위해 아라파트는 UN 총회에 초대받았다.

이러한 전반적인 변화는 이 문제에 대한 해결이 팔레스타인 내 존재하는 팔레스타인 조직뿐 아니라 팔레스타인 이외 지역에 기반을 둔 팔레스타인 조직들과도 동시에 추구되어야 함을 시사했다. 이러한 변화는 오늘날까지 계속되는 '정당성 문제'를 제기했다. 팔레스타인 내에서 가장 큰 분쟁을 야기하는 문제점은 서안 지구와 가자 지구의 대규모 땅을 이스라엘이 몰수했다는 사실과 40%에 달하는 팔레스타인 노동자가 이스라엘의 고용에 의존해야 한다는 사실이었다. 이 문제들은 팔레스타인의 취약성을 더욱 악화시켰다. 그럼에도 불구하고 토착 대학 시스템의 구축은

차지했으며, 1969년 파타의 수장인 아라파트가 PLO 의장에 당선된 이후부터 사실상 파타와 PLO는 동일시되었다.

팔레스타인인들에게 새롭고 긍정적인 측면을 제공하고 있다. 이렇게 교육받은 신생 엘리트들은 현존하는 강제적 구조에 맞서고, 이스라엘의 점령에 대항할 수 있는 내부 조직을 만들 수 있었다.

1979년 캠프 데이비드 협정의 체결은 큰 전환점이었다. 함께 이스라엘에 대항하는 파트너였던 이집트가 사실상 '중립화'되었기 때문이다. 이를 통해 팔레스타인인들은 결국 중장기적인 해결책이 필요하며, 또한 이를 스스로 이룩해야 함을 자각했다. 그 결과 서안 지구와 가자 지구에 거주하는 팔레스타인인들은 점령군에게 더욱 적극적으로 대응하기 시작했다. 1982년 이스라엘이 PLO 파괴를 공언하며 레바논을 침공하자 상황은 더욱 악화되었다. PLO가 튀니스로 본부를 이전하자, 이제 팔레스타인 문제는 외부에 기반을 둔 조직이 아닌 점령지 내부에 있는 정치 세력에 의해서만 해결할 수 있다는 것이 더욱 명백해졌다. 그럼에도 PLO는 여러 하위 파벌들을 통해 자신의 존재감을 점령지 내 신세대 엘리트들 마음속에 남겼다. 그러한 PLO 파벌들로는 파타, 팔레스타인해방인민전선(PFLP), 팔레스타인해방민주전선(DFLP), 팔레스타인 공산당 등이 있다.

1987년 12월, 이스라엘 점령에 대항하는 자발적 민중 봉기인 인티파다intifada가 시작되었다. 특별히 폭력적이지 않았고, 목적 또한 이스라엘로부터 민중을 해방하자는 정도였다. 이러한 운동이 가능했던 이유는 이전부터 신세대 엘리트들이 여러 기구를 조직하고 다양한 활동을 전개했었기 때문이다. 이를 기반으로 팔레스타인 민중들은 이스라엘 제품 불매운동, 세금 납부 거부 운동 등을 전개했다. 하지만 이스라엘은 평상시처럼 아주 강경하게 대응했고, 1,000명이 넘는 팔레스타인 시위대가 사망했다. 총 앞에 돌은 한없이 부족한 무기였다. 그래도 이러한 인티파다는 지대한 두 가지 함의를 남겼다. 우선 이러한 시위가 미국 텔레비전 등 국제적으로 방영되면서 이스라엘의 잔혹함이 명백히 드러났고, 이와 동시에 이스라엘이 취할 수 있는 압도적인 힘이 무엇인지 공개되었다. 더불어 하마스나 이슬람 지하드 같은 이슬람 극단주의 단체들은 더욱 단단한 입지를 다질 수 있게 되었다.

그러나 아랍 세계에서 형성된 팔레스타인에 대한 호의는 PLO가 1990년부터 1991년의 걸프 전쟁에서 이라크 편에 서면서부터 소멸하기 시작했다. 팔레스타인인들은 아랍 지도자로서는 처음으로 이스라엘과 그 수호자인 미국에 대항한 사담 후세인의 행동에 열광했다. 특히 후세인이 쿠웨이트로부터의 철군 조건으로 팔레스타인 지역에서 이스라엘의 철수를 결부시킨 부분이 상당히 유효했다. 이라크 지도자의 단순한 정치적 교묘함일지는 몰라도, 이라크와 이스라엘 모두 UN 안전보장이사회 결의안에 따를 것이 요구되었다. 이라크는 대략 몇 주 정도 위반한, 이스라엘은 20년 넘게 어겨온 결의안이었다. 그럼에도 결과적으로 쿠웨이트와 사우디아라비아는 팔레스타인에 대한 재정적 지원을 차단했고, PLO의 생존은 위태로워졌다.

다만 긍정적인 결과도 도출되었다. 중동 지역에서 중장기적 정책을 시행하기 위해서는 팔레스타인 문제가 해결되어야 한다는 것을 미국 행정부가 인식했기 때문이다. 그 결과 미국 주도의 마드리드 회담이 1991년 10월 개최되었다. 팔레스타인 입장에서는 엄청난 외교적 성과였다. 팔레스타인이 최초로 주요 평화 회담에 참석했기 때문이다. 하지만 특별한 협의는 이루어지지 않았고, 실질적인 변화는 이후 1993년 오슬로 협정을 통해 이루어졌다. 오슬로 협정은 이스라엘 노동당 총수인 라빈과 PLO의 노르웨이 비밀 회담을 통해 체결됐다. 그해 10월, PLO와 이스라엘은 분쟁 해결의 마지막 단계까지 양국 간의 긴장을 완화하기 위한 '원칙 선언'에 서명했다. 이는 두 단계로 이루어져 있는데, 우선 잠정 시기를 거쳐 5년 내 최종 해결 단계로 나아가자는 것이 주요 골자다. 특히 잠정 시기 동안 이스라엘은 일부 철군을 실시하고, 팔레스타인은 일부 지역에서 자치권을 획득하며 선거를 실시한다는 내용이 포함되었다. 하지만 가장 민감한 이슈인 예루살렘, 그리고 서안 지구 내 이스라엘 정착촌 건설과 관련한 이슈는 논의에서 배제되었다.

처음 제시한 시한은 어겨졌지만, 1994년 5월 '가자-에리코 협정'이 체결되었다. 협정에 따라 가자 지구에서 팔레스타인의 자치가 협의되었지만, 오슬로 협정에서 구상한 수준에는 못 미쳤다. 일부 팔레스타인인들은 이러한 조건이 전적으로 불충분하다고 여겼지만, 또 다른 사람들은 이제 팔레스타인도 영토를 가진 국가가 되었다는 것이 핵심이라고 주장했다. 이후 1995년 9월 이스라엘과 PLO는 온전한 '잠정 협의'에 서명했고, 이스라엘은 대부분의 병력을 팔레스타인 도시에서 철수하기로 약속했다.

하지만 이스라엘이 비타협적인 태도를 보이면서 진전은 더뎠다. 팔레스타인 자치 정부에도 내부 문제가 있었다. 팔레스타인 자치 정부의 권한은 대개 서안 지구나 가자 지구 외부의 구성원들이 가지고 있었고, 파타에 충성하는 세력도 많았기 때문이다. 1995년 문제가 더욱 심각해졌다. 이스라엘 라빈 총리가 피살되면서 후임으로 네타냐후가 당선되었는데, 그는 강경 보수 우파인 리쿠드당 총수였기 때문이다. 이스라엘군의 활동은 즉각 증가했고 이스라엘 정착촌 건설은 지속되었으며, 그 결과 팔레스타인인들의 보복 공격이 이내 증폭되었다.

이러한 리쿠드 정부의 강경 정책은 이스라엘 내 여론을 분열시켰고, 또한 하마스 같은 단체들은 팔레스타인을 지지하기 시작했다. 동시에 레바논 남부에서 보여준 이스라엘군의 만행 때문에, 이스라엘에 대한 국제적 비난 역시 증가했다. 그런 가운데 아라파트는 지속적으로 정통성의 한계를 드러냈다. 또한 협정 체결을 밀어붙이는 과정에서 자국민을 탄압하는 형색을 보임에 따라 팔레스타인 국민들 사이에서도 여론이 분열되었다. 1999년 새로 당선된 노동당 출신 바라크가 평화 협상을 완성하는 촉매를 찾을 수 있을지도 의문이었다.

이라크

오늘날과 같은 이라크의 정치적 형태는 1919년 베르사유 조약 체결 이후 만들어졌다. 조약 체결 당시 티그리스강과 유프라테스강의 저지대는 큰 이견 없이 영국의 손에 떨어졌다. 강의 항행 및 철도와 관련된 시스템은 오랫동안 모두 영국의 소유였고, 이란에서 유전 개발이 이루어지면서 샤트알아랍 수로 내 항구들의 가치는 상향되었으며, 페르시아만(아라비아만)에서도 영국의 영향력은 최고 수준이었기 때문이다.

1919년 영국은 북위 35도 이남에 위치한 이라크의 위임통치자로 결정되었고, 얼마 지나지 않아 파이살이 국민투표에 의해 거의 만장일치로 왕으로 선출되었다. 이를 통해 영국은 아랍 민족주의자들에게 했던 약속을 대다수 이행했다고 주장할 수 있었다. 아랍 혁명을 주도한 지도자였던 파이살과 압둘라가, 비록 일정 기간 위임통치를 받아야 하지만, 이제 실권을 잡았기 때문이다.

하지만 국경 인근에서 여러 문제가 발생했다. 북쪽에 위치한 모술주州에서는 유전 발견 가능성 때문에 영국, 프랑스, 튀르키예, 심지어 미국이 경합했다. 1926년 모술주는 이라크에게 할양되었다. 남서부 지역의 경우 대다수의 주민은 목동 위주의 유목민이 었기 때문에 사우디아라비아와 이라크, 쿠웨이트를 오갔다. 그래서 궁극적으로 이동을 용이하게 만들기 위해 '중립 영토'가 생성되었지만, 1970년대 들어와 유전의 존재 가능성 때문에 그 영토도 분할되었다. 이라크와 쿠웨이트의 국경은 오랫동안 논란이 많았고, 1961년과 1973년, 1976년에 대규모 분쟁이 발발했다. 특히 1961년에는 몇 달 동안 다른 아랍 국가들로 구성된 국제 평화유지군이 배치되기도 했다.

1932년 영국의 위임통치가 종식된 후 이라크가 모든 정치적 권한을 확보하게 되었지만, 이라크의 정치 발전은 그다지 순탄치 못했다. 대개 수니파 출신인 지도층과 시아파 소작농 중심의 대중 사이에 갈등이 증폭하면서, 1958년 혁명이 발발하여 하심 왕국이 전복되었다. 이후부터 이라크 역시, 비록 시리아와의 관계는 종종 험악했지만, 시리아와 비슷한 정치적 목표를 추구하게 된다. 또한 자그로스산맥 지역의 쿠르드족이 지속적으로 자치를 요구하면서 오랫동안 내부적 갈등의 요인으로 작용했다. 하지만 이 지역은 키르쿠크 유전지대를 포함하고 있기 때문에, 그러한 요구가 받아들여질 수 없었다.

이후 이라크 왕국은 군 장교인 카심에 의해 전복되었다. 정권을 잡은 직후, 카심은 과연 이집트와 시리아가 건국한 통일아랍공화국에 합류해야 할지 고민했다. 바트당은 합류에 찬성했으나 공산주의 세력은 반대했다. 카심은 합류하지 않기로 결정했고, 그 결과 그는 지지기반을 잃고 1963년 바트당 쿠데타에 의해 실각했다. 1968년 두 번째 바트당 쿠데타가 발생한 후 이라크 정부는 경제 개혁을 추진했다. 또한 외교정책의 경우 단호한 반제국주의·반시온주의 정책을 펼쳤다. 당시 바트당 정부의 부통령이 바로 후세인이었고, 그는 1970년대 꾸준히 권력을 강화하여 1979년 대통령에 취임했다.

같은 해인 1979년 이란 혁명이 발발했고, 1975년 체결된 알제리 협정*은 철폐되었다. 후세인은 강력한 시아파 신정 정부로 재탄생한 이란을 두려워했고, 이란의 군사력을 과소평가한 가운데 1980년 9월 이란을 침공했다. 전쟁의 직접적인 명분은 샤트알아랍 수로를 둘러싼 입장 차이, 그리고 이란 서남부의 후제스탄 주州의 지위에 관련한 이견이었다.

빠른 승리를 기대한 후세인의 생각과는 달리 전쟁은 사실 장기간의 교착 상태로 이어졌다. 쿠르드민주당(KDP)은 그 틈을 타서 이라크 내 자그로스산맥 지역을 차지했다. 그리고 이라크는 걸프 왕국들의 자금 지원에 의존할 수밖에 없는 처지가 되었다. 1987년에 이르자 전쟁은 페르시아만(아라비아만)까지 확전되었고, 양측은 서로의 석유 인프라까지 공격하기 시작했다. 이러한 상황이 전개되자, 이라크는 사우디아라비아, 쿠웨이트, 미국에 의지할 수 있게 되었다. 석유 공급을 유지하기 위해 미국은 적극적인 역할을 수행하기 시작했다. 미국은 소위 '유조선 전쟁Tanker War'**에서 이라크를 전적으로 지원했다.

1988년 봄, 이란은 두 쿠르드족 집단의 도움으로 이라크 북부에 있는 할라브자 지역을 점령했다. 이 지역을 되찾기 위해 이라크는 화학무기까지 동원했다. 결국 1988년 8월 20일 휴전이 선포되었고, 유엔 안보리 결의안 598호에 의해 전쟁은 종식되었다. 전쟁 결과 이라크는 4,500억 달러에 달하는 손실을 보았고, 40만

---

* 이란과 이라크 사이의 국경을 최종적으로 결정한 1975년 협정을 말한다.
** 유조선 전쟁은 1984년부터 1988년까지 페르시아만(아라비아만)에서 이란과 이라크가 서로의 상선을 상대로 장기간에 걸쳐 일으킨 무력 충돌을 의미한다.

명의 사상자와 75만 명의 부상자를 낳았다. 이라크의 대외 부채는 600~800억 달러에 달했다. 이란과 이라크 모두 별다른 소득 없이 경제적 피폐함만 얻게 되었다. 더욱이 전쟁 이후 이라크에는 100만 명의 군인이 남게 되었다. 강력하고 첨단 무기로 무장되어 있었기 때문에 주변국들뿐만 아니라 국제사회가 우려할 만한 사안이었다.

전쟁의 여파가 식지 않은 시점에 냉전이 끝났다. 여러 폭압적인 정권들이 무너졌고, 어쩌면 이러한 영향 때문에 후세인 정권 역시 보다 공세적으로 돌변했을지 모른다. 주요 문제 중 하나는 석유수출국기구(OPEC)와의 유가 조정이었다. 쿠웨이트와 아랍에미리트의 경우 할당량보다 더 많은 석유를 생산한 것으로 알려져 있었기 때문에 유가 하락이 불가피한 반면, 이라크는 유가 인상이 필사적으로 필요했다. 이와 별개로, 이라크는 다른 문제로도 쿠웨이트를 목표로 삼고 있었다. 이라크는 페르시아만(아라비아만)으로의 접근성을 확대하겠다는 명목으로 쿠웨이트 영토의 일부인 부비얀섬과 와르바섬을 이용하겠다고 주장했다. 이와 더불어 루메일라 초대형 유전 지역도 문제로 삼았다. 루메일라 유전의 경우 대다수 이라크 영토에 들어가 있지만, 이라크-쿠웨이트 국경 지역도 루메일라 유전이 겹쳐 있기 때문이다.

1990년 8월 2일, 이라크군은 요르단, 예멘, 알제리, 수단, 튀니지, 리비아, 그리고 팔레스타인의 암묵적인 동의하에 쿠웨이트를 침공했다. 5일 후 미국은 사우디아라비아로 병력을 급파하여 '사막의 방패 작전'을 개시했다. 전쟁이 지속되는 6개월 동안 열띤 협상이 전개되었고, 미국의 부시 대통령이 주도하고 국제사회가 만장일치로 동의하여 연합군이 결성되었다. 유엔 안보리 결의안 678호가 이를 승인했고, 미국을 필두로 1991년 1월 17일 '사막의 폭풍 작전'이 개시되면서 대규모 공습이 장기간 이어졌다. 이후 2월 23일 지상군이 투입되었고 100시간 후 정전이 선언되었다. 이라크의 피해는 또다시 막심했다. 10만 명 이상이 사망했고, 30만 명 이상이 부상을 당했으며, 250만 명이 집을 잃게 되었다.

유엔 안보리 결의안 688호에 따라 이라크는 국제 제재를 받기 시작했고, 요르단 외에는 사방이 적으로 둘러싸이게 된 이라크는 사실상 포위되고 말았다. 부과된 제재는 이라크 내 대량파괴무기가 모두 파괴되었다는 것을 유엔 감시관이 확증할 때까지 계속되기도 했다. 그러는 동안 유엔 안보리 결의안 986호와 후속 결의안에 따라 이라크는 석유를 매매하여 음식 및 다른 필수품을 구매할 수 있게 되었다.

이라크 국민들의 문제를 워낙 잘 알고 있는 아랍 국민들의 동정심이, 후세인까지는 아니더라도, 이라크를 상대로 점차 증가하고 있다. 기만적인 미국의 대이라크 정책으로 인해 이라크의 상황은 계속해서 악화되고 있다. 특히 안보리 결의안을 위반했다는 사실만을 가지고 이라크를 이스라엘과 비교했을 때, 전혀 균형이 맞지 않는 처우가 뒤따르고 있기 때문이다.

이란

제1차 세계대전 이후 이란 역시 튀르키예와 마찬가지로 부활하기 시작했다. 이를 지휘한 것은 전직 육군 장교 출신의 레자 샤 Reza Shah였다. 우선 러시아가 카스피해 어업권을 제외한 이란 내 모든 상업적·경제적 이권을 포기함에 따라, 이란은 상당히 유리한 조약에 서명했다. 이에 힘을 얻은 레자 칸은 처음으로 영국의 영향권을 감소하는 조치를 취했고, 더불어 오래전부터 거의 독자적으로 행동했던 부족 세력들을 하나씩 정리했다. 쿠르드족, 루르족, 카슈카이족, 바흐티아리족, 발루치족, 그리고 후제스탄 부족이 하나둘씩 이란군에 굴복했다. 1925년에 이르러 어느 정도 권력을 확보한 레자 칸은 통치자인 샤Shah를 폐위시키고 자신이 그 자리에 앉았다. 그는 곧바로 광범위한 근대화에 돌입했다. 근대 산업을 개발하고, 여성들을 해방했으며, 유목민들을 강제로 정착시켰다. 이로 인해 이란은 어느 정도의 부를 회복했다. 하지만 1941년 레자 샤는 영국 및 소련이 요청한 독일 첩보원의 추방을 거절했고, 그 결과 두 국가의 침략을 받았다. 레자 샤는 결국 퇴위당했고, 그의 아들이 권좌를 물려받았다.

제2차 세계대전 당시 이란은 중동 내 주요 보급기지였다. 이란은 페르시아만(아라비아만)에 건설한 시설을 통해 물자를 소련으로 운반했다. 하지만 전쟁 이후 이란 정부는 국내외적 압박을 받기 시작했다. 국내에서는 북서부 지역의 자치권 요구가 문제였고, 외부적으로는 소련이었다. 전쟁이 끝난 후 몇 년 동안 소련군은 타브리즈 지역에서 철군하지 않았다. 또한 좌파 성향의 투데당Tudeh Party이 소련의 암묵적인 지지에 힘입어 상당 기간 정부에 저항했다. 특히 바흐티아리족과 카슈카이족이 소요를 일으킴에 따라 산지 인근 지역은 준내전 상황에 치달았다.

하지만 1950년대 들어 경제적 상황이 점차 개선되면서 레자 샤는 개혁에 돌입할 수 있게 되었다. 레자 샤는 지주들의 반대를 무릅쓰고 '백색 혁명'을 통해 토지 개혁을 강제했다. 이는 성공적이었고, 더불어 석유 판매 수입이 급속도로 늘어나면서 이란의 경제 전망은 완전히 긍정적으로 바뀌었다. 일련의 5개년 경제계획을 도입하면서 인프라를 근본적으로 확대했고, 산업 분야에서의 경제 활동을 적극적으로 장려했다. 이러한 변화를 바탕으로, 이란은 중동을 선도하는 국가 중 하나가 되었고 OPEC에서도 영향력을 발휘할 수 있게 되었다.

레자 샤는 1970년대까지 자신의 권력을 더욱 공고화했지만, 경제 상황이 서서히 악화되기 시작했다. 사회적 소요가 증가하고 정치적 불화가 팽배해지면서 1979년 2월 혁명이 발발했다. 군부는 중립을 선언했고, 아야툴라 루홀라 호메이니가 정권을 잡고 이슬람 신정정치를 시작하게 되었다. 하지만 시작부터 큰 불화가 있었다. 헌법에 대한 의견 불일치가 컸고, 특히 종교 지도자와 정치 지도자의 역할에 대한 부분이 논란이었다. 일련의 선거 기구가 설립되었지만, 전반적인 정책은 공포에 의한 정치였다.

이후 18개월도 지나지 않아 이슬람공화국은 이라크의 공격을 받았다. 이라크가 서방 및 소련의 군사적 지원을 받았던 것과 대조적으로 이란은 지하 시장에 의존할 수밖에 없었다. 이러한 한계를 극복하기 위해 대규모의 국민이 군대에 자원했다. 그 결과 이란-이라크 전쟁은 엄청난 인적·경제적 손실을 안겨다주었다.

전쟁이 종식된 후 이란 정부는 망가진 경제를 복구하기 위해 배급 제도를 실시해야만 했다. 정치적인 측면에서 이란은 여러모로 중동 정치 및 걸프 정치에서 발을 빼야만 했다. 이란은 튀르키예와의 경쟁 속에서도 중앙아시아 지역과의 포괄적인 외교를 성사시켰지만, 여전히 대외정책을 추진하는 데 중동 국가들의 의심을 받고 있다.

또한 가장 핵심적인 문제는 바로 경제로, 미국이 1995년 대이란 금수조치를 발동함에 따라 이란 경제는 큰 위기에 빠졌고, 갚아야 할 국제 차관은 석유 수익의 절반이나 되는 규모다. 또한 국내 정치적으로도 구조적인 갈등 소지가 존재한다. 대통령은 세속적인 인물이고 이슬람공화국의 최고 지도자는 성직자이기 때문이다. 반면, 1999년 사우디아라비아와의 화해를 통해 걸프 지역의 안보는 향상될 것으로 보이며, 이란이 중동 정치의 주류에 다시금 복귀할 수 있을 것으로 보인다.

아라비아반도

1925년 이븐 사우드가 메카의 총독을 물리치면서 아라비아반도 내륙은 실질적으로 한 지도자 아래 통일되었다. 즉위 이후 압둘 아지즈 국왕이라는 칭호를 사용한 이븐 사우드는 엄격한 아랍 정치를 추구했고, 1945년부터 영국보다는 미국과 더욱 공조하는 모습을 보였다.

　　1950년대와 1960년대 사우디아라비아는 다른 산유 왕정 국가들과 마찬가지로, 이집트의 나세르 대통령을 필두로 한 급진적인 중동 국가들로부터 비난받고 거부당했다. 하지만 사우디아라비아는 막대한 부, 그리고 조심스러우면서도 현명하고 단호한 정책을 바탕으로 아랍 지역의 영도자이자 중재자이면서 아랍 여론과 정책의 후원자로 등극했다. 사우디아라비아를 비난했던 국가들은 적에서 의존 관계로 변했고, 사우디아라비아는 상당한 영향력을 가진 대외정책을 펼치면서 단순히 중동뿐만 아니라 인접한 아프리카에까지 영향을 끼쳤다.

　　사우디아라비아는 1953년 압둘 아지즈 국왕 사망 이후 그의 아들들이 왕위를 이어갔다. 그중 가장 기민한 국왕은 파이살 국왕으로, 그는 석유 수익을 바탕으로 근대 국가를 완성했다. 1970년대 '오일 붐'이 일면서 세계 유가는 1973년에서 1974년 사이 4배까지 치솟았고, 사우디아라비아의 석유 수익은 천문학적으로 높아졌다. 사우디아라비아의 초현대적인 인프라가 대부분 이 시기에 구축되었고, 1979년까지 큰 문제가 발생하지 않았다. 하지만 1979년 이란 혁명이 발발했고, 이어 메카 그랜드 모스크 점령 사건*까지 발생했다. 이는 어쩌면 뒤에 이어질 더 많은 사건의 전조였을지도 모른다. 레자 샤의 몰락은 단순히 이념적·안보적 위협을 제기했을 뿐 아니라 이란-이라크 전쟁으로 이어졌고, 이 전쟁이 걸프 지역의 향후 10년을 좌지우지했다.

미국은 영국으로부터 이 지역을 물려받은 이후 이란과 사우디아라비아 두 국가에 의존하는 소위 '양대 기둥 정책'을 펼쳐왔다. 한 기둥이 무너진 가운데, 다른 기둥도 1979~1981년 유가 변동으로 인한 재정 적자 때문에 문제에 직면했다. 이 시기는 1973~1974년 유가 폭등 이후 전 세계적인 유가 관리 조치 도입 효과가 서서히 발휘되기 시작한 시점으로, 사우디아라비아는 유가 폭락과 이라크에 빌려준 차관 때문에 경제적인 어려움을 겪기 시작했다. 그리고 걸프 전쟁 이후 1990년대는 불안정성이 더욱 증가했다. 사우디아라비아는 주변국들처럼 왕정의 붕괴를 수용하기보다 미국과의 안보적 고리를 활용하여 미군이 자국 영토에 주둔할 수 있게 허용했다. 하지만 이는 향후 여러 정치적인 여파를 가져온다. 외교정책 측면에서 사우디아라비아는 미국의 '중동 평화 프로세스'를 지지했고, 막대한 규모의 미국 군수품을 구입했다.

미군 주둔 허용은 전례 없는 논란을 일으키며 사우디아라비아의 정치구조 변화뿐 아니라 심지어 개혁 가능성에 대한 논의까지 만들어냈다. 파드 국왕은 세 개의 칙령을 통해 이에 대응했고, '정부 기초 제도'라는 입헌 문서를 제시했다. 칙령에 따라 자문위원회 성격의 '슈라위원회Majlis Al-Shura'가 설치되고, 지방 정부 제도가 실시되었다. 그럼에도 불구하고 정부가 미국과의 관계 때문

---

* 1979년 10월, 수백 명의 이슬람 극단주의자들이 사우드 가문의 퇴위를 요구하며 메카에 있는 가장 신성한 그랜드 모스크를 점거한 사건이다.

에 와하브 운동Wahhabism*을 방기했다는 핵심적인 비판은 여전히 사라지지 않았다. 결국 사우디아라비아는 긴축 경제를 관리하고, 반대하는 이슬람 세력을 관리하는 두 개의 실질적인 과제에 직면한 셈이다.

　아랍 토후국이라고 불렸던 페르시아-아라비아 '걸프' 국가들은 여러 정치적 변화를 겪었다. 쿠웨이트는 오스만 제국의 점령을 받지 않기 위해 1869년 영국의 보호령이 되기를 자처했고, 1971년 독립했다. 바레인의 경우, 이란이 1960년대 자신들을 이란의 주권 영토라고 주장하자 이를 유엔에 보고했고, 유엔은 독립을 제안했다. 그러자 이란은 연맹에 대한 구상을 포기했고, 1971년 바레인은 독립했다. 걸프 지역 소국들의 보호자를 자청했던 영국이 1971년에 걸프 지역에서 떠날 것이라는 계획을 발표하자, 아랍 토후국들은 이란, 이라크, 사우디아라비아 등 이웃 강대국들의 존재에 더욱 많은 위협을 느끼기 시작했다. 초기에는 보호 협약국가,** 바레인, 그리고 카타르가 아부다비 및 두바이를 중심으로 연맹을 맺었다. 하지만 이란이 바레인에 대한 영유권을 포기하자, 바레인과 카타르는 연맹 참여를 포기하고 1971년 독립을 선포했다. 이에 남겨진 여섯 토후가 1972년 아랍에미리트연방 (UAE)을 구성했고, 1972년 일곱 번째 토후국인 라스알카이마가 합류했다. 아랍에미리트는 석유가 풍부한 아부다비, 이보다는 덜 부유한 두바이와 샤르자, 그리고 아즈만, 움알콰인, 푸자이라, 라스알카이마로 구성되어 있다.

---

* 　와하브 운동은 이슬람의 타락과 형식주의를 비판하며 정화를 주장하는 운동으로, 이븐 압둘 와하브가 제창했다. 이븐 사우드는 사우디아라비아를 건국할 때 그의 가르침을 통치이념으로 삼겠다고 약속한 바 있다.

** 　현재 아랍에미리트의 옛 칭호로, 영국과 보호 협약을 맺은 토후(emir)들의 연합을 의미했다.

아라비아반도의 나머지 국가들인 예멘과 오만은 상대적으로 이러한 토후국들보다는 규모가 크다. 하지만 두 국가 모두 근대 시대 동안 국제사회에서 다소 고립되고 관심받지 못하는 추세였다. 하지만 북예멘 또는 예멘아랍공화국 이전의 '원조' 예멘의 경우 그 역사가 기원전 5000년 이전까지 되돌아간다.

1930년대에 이탈리아가 예멘을 점령하려고 시도했으나, 시아파 계열인 자이디Zaidi 이슬람 출신 폭군 이맘Imam의 통치하에 예멘은 독립을 유지했다. 1962년 이후에는 왕정파와 공화정파가 나뉘어 싸우며 예멘은 7년간 내전에 빠지기도 했다. 사우디아라비아는 왕정파를 후원한 반면, 이집트의 나세르는 군대를 파병하여 공화정파를 지원했다. 반면, 이집트와 사우디아라비아가 화해를 했던 시기에는 내전의 수위가 낮아졌다. 하지만 소련의 물품 지원, 그리고 이집트군이 철수하기 전까지 영국이 국가 승인을 거부하면서, 예멘은 점차 공화주의로 방향을 잡아갔다.

이후 통일아랍공화국(UAR)과 연방을 구성하려 했던 초기의 노력은 무위에 그쳤고, 이집트군이 철수하자 원만한 협상이 이루어져 1970년 분쟁이 해결되었다. 이후 남예멘(옛 아덴 보호령)과 2년간 전쟁을 거친 후, 북예멘은 남예멘과 통일을 결정했다. 하지만 실질적인 통일은 1990년에 이르러서야 실현된다.

아라비아반도의 남부 해안 지역은 영국과 조약을 맺은 여러 지방 유지가 다스리고 있었다. 아덴시는 1839년 영국 동인도회사 병력에 의해 점거당했다. 이어 1944년까지 영국령 인도의 통치를 받았으며, 연안을 따라 800~1,000km 떨어진 해안에는 23개의 아랍 토후국이 영국의 보호령으로 존재했었다. 결국 이 소규모 유지들이 합쳐져 탄생한 것이 바로 '남아라비아 연방South Arabian Federation'으로, 다양한 규모와 영향력을 가진 객체들의 느슨한 연합 구조였다. 이후 영국은 여러 행정적 실험을 했지만 특별히 의미 있는 결과가 나오지 않았고, 결국 1967년에 철수했다. 이에 따라 남예멘인민공화국이 탄생하여 모든 영토를 승계했고, 남예멘은 마르크스주의를 수용하면서 남예멘인민민주공화국으로 불리게 되었다. 즉, 1990년 통일된 예멘은 전통적인 이슬람 국가와 급진적인 마르크스주의 국가가 합쳐진 하이브리드 형태로, 여전히 정치적으로 불안정한 구조다.

1967년 석유 개발이 시작되기 전까지, 현재 오만으로 알려진 '술탄령 무스카트와 오만'은 중동의 정치·경제적 관심 밖이었다. 물론 근대 문물과의 접촉이나 계약 체결이 술탄에 의해 강력히 저지되고 있기도 했다. 국내적 상황은 부족 간 반목으로 인해 더 복잡했다. 특히 니즈와시^市의 이맘이 이를 더욱 악화시켰고, 1976년 이후에는 남예멘이 군대를 파병하며 이들을 지원하기도 했다. 이후 술탄은 자신의 아들에 의해 1970년 폐위되었고, 새로운 술탄은 걸프 왕정들 이상으로 권력을 고도로 집중시켰다. 하지만 남예멘과의 접경 지역인 도파르에서는 게릴라전이 계속되었고, 1976년에 이르러서야 종결되었다. 이후 상대적으로 정치적 안정기에 접어들었으나, 1990년대부터 이슬람 극단주의자들의 활동이 식별되고 있다. 경제적인 측면에서, 오만은 산유국으로서 숨가쁜 물질적 발전의 패턴을 따라가고 있다.

리비아

이탈리아와 리비아 간의 강화조약은 1934년까지 체결되지 못했다. 하지만 결국 무솔리니 시대에 와서 약 25만 명에 달하는 이탈리아 이주민이 정착했다. 제2차 세계대전 당시, 영국은 '위대한 사누시'와 협약을 맺었다. 이어 사누시는 망명 시기를 거친 후 우

선 키레나이카 지역의 통치자로 임명되었고, 후에는 통일 리비아
의 왕으로 추대받았다. 1951년 리비아는 완전한 독립을 얻었다.
독립 후에는 트리폴리타니아, 키레나이카, 페잔 세 지역을 묶은
자유 연방 체제를 설립했다. 매년 순서에 따라 각 지역의 수도가
돌아가면서 연방의 수도 역할을 맡기로 했다. 하지만 이 체제는
제대로 운영되지 못했고, 결국 1963년 연방이 해체되었다. 1969
년 카다피 대령이 무혈 쿠데타를 통해 사누시 왕정을 무너뜨리고
공화국을 세웠다. 이후 리비아는 좌파 성향이 강한 매우 특이한
정치 체제를 유지해왔다. 그렇기 때문에 소련과 강력하게 연결되
기도 했다. 리비아는 석유 수익을 중동 및 전 세계 각지의 반정부
단체나 혁명을 지원하는 데 사용했다.

1980년대 와서 리비아는 여러 테러 및 암살 사건의 배후로
지목되었고, 이를 응징하는 차원에서 미국은 1986년 리비아를 공
습했다. 또한 리비아는 차드와 국경 분쟁을 겪었는데, 아우조우
지역 전투에서 심각하게 패배한 후 이 문제를 국제사법재판소
(ICJ)에 상정했다. 하지만 1987년 ICJ는 차드의 손을 들어주었다.

점차 나이가 들어가면서 카다피 역시 보다 온건해지는 것으
로 보였다. 하지만 리비아는 로커비 사건으로 인해 다시금 유엔
의 제재를 받게 되었다. 로커비 사건은 미국 팬암 항공기가 1988
년 12월 스코틀랜드의 소도시인 로커비 상공에서 폭파된 사건으
로, 많은 생명을 앗아갔다. 비록 리비아의 소행이 아니라는 강력한
증거가 나오기도 했지만, 카다피 정부가 이 사건에 책임이 있다고
결론이 나왔다. 리비아는 계속 부인했으나, 결국 1999년 범인 재
판에 대한 조건이 합의되면서 유엔의 제재조치가 유보되었다.

비국가 행위자

중동 전역에는 에리스족이나 발루치족 같은 소수 민족도 있지만, 제2차 세계대전 이후 소위 '국가가 없는 민족'이라는 맥락에서 보면, 팔레스타인 민족, 아르메니아 민족, 그리고 쿠르드 민족이 이에 해당한다. 하지만 팔레스타인 민족의 경우, 비록 제한적이지만, 이제 영토를 보유하고 있다. 또한 아르메니아 민족의 경우 소련 시절 형성된 아르메니아공화국이 현재 독립 국가로 존재하고 있다. 결국 유일하게 쿠르드 민족만이 국가를 가지고 있지 않고, 심지어 현재 거주하는 국가들 내에서 자치권을 획득할 가능성도 작아 보인다.

쿠르드족의 인구는 최소 2,250만 명 정도로 추산되며, 세계

그림 6.5 쿠르드족의 분포와 인구수

에서 가장 큰 국가가 없는 민족이다. 현재 네 국가에 나뉘어 살고 있는데, 튀르키예에 1,080만, 이라크에 410만, 이란에 550만, 그리고 시리아에 100만 명 정도다. 또한 약 50만 명 정도가 러시아 연방 지역에 거주하고 있고, 75만 명 정도가 세계 각지에 흩어져 있다(그림 6.5). 이라크에서 쿠르드족의 비중은 대략 1/4, 튀르키예에서는 대략 1/5 정도다. 쿠르드족 문제가 야기되는 국가는 이란, 이라크, 튀르키예다.

이란-이라크 전쟁 당시, 이란 정부는 '이란쿠르드민주당(KDPI)'을 사실상 제거해버렸고, 그 과정에서 약 2만 5,500만 명이 사망했다. 이후 1989년 KDPI 지도자가 피살되었고, 그 뒤로는 더 이상 정부를 겨냥한 저항이 나타나지 않고 있다. KDPI가 기댈 수 있는 유일한 희망은 이란 정부가 상대적으로 진보적인 성향이라는 점이다.

이라크의 경우 이란이나 튀르키예보다 쿠르드족의 권리를 더 포괄적으로 보장했지만, 실제적인 대우는 더 강압적이었다. 이라크 내 쿠르드족이 보인 또 다른 주요 특징은 쿠르드 사회 내부에 끝없는 분열이 있었다는 점이다. 이는 이라크 쿠르드족의 국가 건설 열망에 심한 손상을 주는 요소였다. 1950년대 이후 약 30년 동안, 이라크 정부는 국력이 약할 때 쿠르드족의 자치권에 대한 협상을 진행했으나, 절대로 자치권을 부여하지는 않았다.

이라크 쿠르드족 사회는 1975년까지 쿠르드민주당(KDP)이 주도했다. KDP는 1946년 건국했으나 단명한 마하바드공화국에서 바르자니가 망명 중 창설한 당이다. 1977년에는 탈라바니가 KDP에 대항하기 위해 쿠르드애국동맹(PUK)을 창설했다.

이란-이라크 전쟁이 후반부로 넘어가면서, 이라크의 안팔 작전Operation Anfal이 개시되었다. 이라크군은 화학무기와 고폭탄을 동원한 일련의 공습을 통해 페슈메르가^{Peshmerga}(쿠르드 자유 전사)가 통제하고 있던 여러 쿠르드족 거주지를 초토화했다. 쿠르드족을 집단 학살한 이 작전으로 15~20만 명의 쿠르드족이 사망했고, 4,000개에 가까운 마을이 파괴되었으며, 최소 150만 명이 집을 잃었다. 1989년 7월에 이르자, 이라크 쿠르드족이 거주했던 7만 4,000km^2 크기의 영토 중 4만 5,000km^{2}에서 쿠르드족이 사라졌다.

쿠르드족은 반^{半}유목 형태의 산악인이지만, 현재는 주로 농사를 지으며 정착해 있다. 또한 이들은 고대 메디아의 후손임을 자처한다. 과거 대다수 쿠르드족은 반유목형 목축을 업으로 삼았다. 이동 방목을 통해 여름에는 고산지대에 머물고, 겨울철에는 계곡이나 저지대로 이동했다. 쿠르드어는 셈어족보다는 인도-유럽 어족에 해당하고, 페르시아어와 가깝다. 쿠르드족의 3/4은 수니파 무슬림이며, 나머지는 대개 시아파(특히 이란 거주 쿠르드족의 경우 대다수), 수니 신비주의(데르비쉬), 또는 심지어 조로아스터교의 분파인 야지디교를 믿는다.

쿠르드족은 독립을 얻은 기억이 거의 없고, 그들이 거주하는 땅은 튀르키예, 이라크, 이란, 시리아, 그리고 러시아 연방 영토로 찢어져 있다. 하지만 쿠르드족은 기원전 2400년 전부터 이 지역에 거주했기 때문에 혈통적 순수성과 문화의 연속성은 어느 유럽 국가보다 강하다. 쿠르드인의 3/4은 문맹이며, 일반 및 영아 사망률 또한 그들이 거주하는 국가 국민들의 평균에 비해 매우 높다. 쿠르드족은 그리스 크세노폰 시대에는 전투 민족으로 알려졌었고, 현재는 최소한 부분적으로 자유로운 민족이다. 결국 쿠르드족은 좋게 보면 나태한 중앙정부에 의해 방치되고 피해를 본 민족, 나쁘게 보면 지속적으로 탄압받은 민족인 셈이다.

1920년 세브르 조약에 의하면, 아르메니아와 더불어 독립 쿠르드 국가 건설이 예정되어 있었다. 하지만 튀르키예에서 아타튀르크가 등장하면서 이 계획은 무산되었다. 1946년 이란에 거주하던 쿠르드족들이 영토를 확보하겠다는 일념으로 마하바드공화국을 설립했지만, 몇 개월 후 몰락했다.

　　권위주의적인 정부의 힘이 강했던 튀르키예나 이란에서는 쿠르드족이 분리 독립 목표를 달성할 여지가 낮았지만, 정권의 통제력이 약한 이라크에서는 1958년 이후 지속적인 독립 쟁취 시도가 있었다. 1970년 쿠르드-이라크 전쟁 이후 협정에 따라 제한된 자치가 허용되었지만, 이내 조건이 수정되고 협정이 제대로 이행되지 않으면서 1974년 전쟁이 재차 발발했다. 하지만 이라크 쿠르드족의 암묵적인 후원자이자 이라크 정부를 싫어했던 이란의 레자 샤가 이라크와 샤트알아랍 유역에 관한 협정을 체결하면서 쿠르드족을 배신했고, 지원을 잃은 쿠르드족은 이라크군에게 압도당했다.

　　1990년 이라크의 쿠웨이트 침공 이후, 쿠르드족 거주 지역에서 산발적인 봉기가 발생했다. 그 결과 1991년 3월 19일 이후 대다수의 쿠르드 거주 지역이 사실상 쿠르드족의 손에 들어왔다. 그러자 9일 후 이라크 정부가 반격에 들어갔고, 유엔 안보리는 '적대 행위 중단을 촉구하는' 결의안 688호를 통과시켰다. 그럼에도 불구하고 1991년 4월 말에 이르자, 대규모 난민이 발생하여 약 40만 명의 난민은 튀르키예 국경 인근 캠프로, 100만 명이 넘는 난민은 이란으로 도망쳤으며, 매일 1,000여 명이 국경 인근에서 사망했다. 유엔은 이라크 북부에 피난처를 건설하도록 촉구했고, 그 결과 1991년 4월 27일 피난처가 설립되어 운영되기 시작했다.

　　거주 지역이 사실상 봉쇄된 가운데 1992년 5월 총선이 실시되었고, 결과는 KDP와 PUK의 박빙이었다. 하지만 이내 1994년 내전이 발발했고, 이후 1996년에도 분쟁이 격화되었다. 관건은 이라크가 석유를 팔아 물품을 구입할 수 있게 허용한 유엔 안보리 결의안 986호의 이행으로, 이를 통해 쿠르드족에 대한 인도적 지원이 가능할 것이다. 이처럼 이라크 쿠르드족 문제는 국내적으로나 국제적으로 엄청나게 복잡하다. 더욱이 이라크의 이웃 국가 중 어느 누구도 이라크 쿠르드족의 독립을 지지하지 않을 것이다.

1970년대 튀르키예 정치권은 누구도 과반수를 차지하지 못한 채, 10개에 달하는 정치 세력이 존재하고 있었다. 이러한 정치적 불안정성과 경제적 실패라는 환경을 십분 활용하여 쿠르드족은 '쿠르디스탄노동자당(PKK)'을 창설했다. 그러자 튀르키예 정부는 PKK가 국가의 통합에 있어 심각한 위협이라고 간주하여 이를 견제하기 시작했다. 쿠르드족이 거주하는 아나톨리아반도 동부 및 남부 전역이 군사화되었고, 튀르키예 육군 사령부 네 개 중 두 개가 이 지역에 배치되었다. 1990년에 이르러 쿠르드 지역에 배치된 튀르키예군의 규모는 15만 명을 넘었다.

PKK는 좌파 성향에 폭력을 옹호하기 때문에 튀르키예 내 쿠르드족 사이에서도 상반된 입장을 야기하고 있다. 튀르키예 정부는 매우 엄격한 통제를 가하고 있지만, 쿠르드족의 민족정신은 눌러지지 않고 있다.

지역기구

아랍국가연맹

완전한 또는 일부 독립을 쟁취한 7개의 아랍 국가는 1945년 흔히 아랍연맹이라 불리는 아랍국가연맹The League of Arab States을 창설했다. 창설 멤버는 이집트, 이라크, 레바논, 사우디아라비아, 시리아, 요르단(당시에는 트란스요르단), 그리고 예멘(당시 북예멘)이었다. 이후 독립을 쟁취한 다른 국가들도 가입하면서, 지부티가 가입한 1977년 회원국 수는 22개로 늘어났다가 북예멘·남예멘이 통일되면서 회원 수는 줄어들었다. 이 가운데 지부티, 모리타니, 소말리아만 아랍어를 사용하지 않는 회원국이다. 영토를 가지고 있지 않던 팔레스타인도 1976년 가입이 승인되었고, PLO가 이를 대표했다. 즉, 서쪽의 모리타니에서 동쪽의 소말리아까지 모든 아랍 국가가 연맹의 회원국이다.

연맹 창설의 초기 목표는 시온주의와 외세의 착취에 저항하는 것이었지만, 이후 연맹의 활동은 경제, 사회, 문화적 주제로까지 확대되었다. 이 방대한 임무를 수행하기 위해 아랍연맹은 아랍통화기금Arab Monetary Fund, 아랍기술지원기금Arab Fund for Technical Assistance, 아랍문화기구Arab Cultural Organization 같은 특별기구를 여럿 추가했다.

1979년 이집트가 이스라엘과 캠프 데이비드 협정을 체결하자, 연맹은 이집트를 추방했고 본부를 카이로에서 튀니스로 이전했다. 하지만 이집트가 1989년 연맹에 재가입한 이후 본부도 1991년 카이로로 복귀했다. 아랍연맹의 꾸준한 로비 덕분에, 아랍어가 1983년 1월 1일부터 유엔의 여섯 번째 공용어이자 실무 언어로 지정되었다.

석유수출국기구

중동 여러 국가 중 오직 이스라엘, 레바논, 요르단, 수단, 그리고 튀르키예만 유전이 없거나 적은 양의 원유를 생산한다. 반면, 나머지 아랍 국가는 경제적 또는 정치적으로 석유와 연관되어 있고, 합작 회사를 비롯해 여러 종류의 활동을 전개 중이다. 자국 석유자원에 대한 통제력을 확보하기 위해 대부분의 산유국이 모여 1960년 석유수출국기구(OPEC)를 창설했다. 창립 멤버는 이를 주동한 베네수엘라를 포함하여 쿠웨이트, 이란, 이라크, 사우디아라비아였고, 1961년 카타르가 추가로 합류했다. 이후 알제리, 에콰도르, 가봉, 인도네시아, 리비아, 나이지리아, 아랍에미리트가 추가되었다. 여기에 빠진 대규모 산유국은 미국과 러시아밖에 없다.

OPEC은 세계 원유 가격을 성공적으로 올리고, 회원국들이 금수조치를 시행하거나 공동의 집단행동을 취할 수 있게 지원했고, 또한 처음으로 석유세를 증가시키거나 서방 기업이 보유 및 운영 중인 석유 회사를 수용할 수 있게 조정해주는 기구로서 많은 기여를 했다. 이러한 OPEC의 힘은 '10월 전쟁' 이후인 1973년 명백하게 볼 수 있었다. 당시 걸프 6개국은 1973~1977년까지 원유를 감산하고 유가를 배럴당 2달러에서 12달러로 조정한 바 있다.

하지만 OPEC 회원국 간의 조율이 종종 쉽지 않았다. 다시 말해 원유 매장량이 많은 국가들은 증산을 통해 이득을 극대화하고자 한 반면, 매장량이 적은 국가들은 그보다는 유가를 높이고자 했다. 하여간 1980년대 들어 이란-이라크 전쟁에 따른 역내 불안정성 증가, 비OPEC 국가의 증산, 그리고 전 세계적인 연료 보존 기법 향상에 따라 결국 유가는 하락했다.

이와 유사한 기구로, 1968년 대다수의 아랍 산유국을 아우르는 '아랍석유수출국기구(OAPEC)'가 설립되었다. 그럼에도 이란-이라크 전쟁에 따른 역내 불안정성이 증폭됨에 따라 아랍 국가들의 안보와 석유 이권 보호를 위한 추가적인 기구가 필요하다는 목소리가 제기되었다. 그 결과 사우디아라비아, 쿠웨이트, 카타르, 아랍에미리트, 바레인, 오만의 통치자들은 1981년 걸프협력회의(GCC) 창설에 합의했다. GCC의 주 임무는 아랍 자유무역지대를 건설하고, 관세를 철폐하며, 여단 규모의 공동 방위군을 창설하는 것이었다. GCC 멤버 전원이 연합군을 지지했던 걸프 전쟁 이후, GCC는 시리아 및 이집트를 포함시켜 '아랍상호방위기구'도 설립했다. 비록 회원국들 간 분열은 존재하나, GCC는 분명한 협력 증진을 이루어내고 있다.

7장

사람과 인구

중동의 민족적 다양성을 능가하는 지역은 전 세계에 얼마 안 될 것이다. 먼 옛날부터 중동 지역은 여러 구세계로부터 사람들을 끌어들였고, 다양한 민족이 종종 더디거나 불완전한 융합을 이루어냈다. 중동 지역의 다양한 민족을 연구한 자료들은 대개 뚜렷한 인종적·문화적 대조가 존재한다고 언급했다. 각 집단이 자신들의 개별적 정체성을 강조한 사실은, 다양한 형태의 종족, 문화적 패턴, 그리고 사회조직이 존재함을 의미한다.

유대인과 기독교인, 신자와 불신자, 튀르크 민족과 아랍 민족, 셈족과 함족, 또는 산지 거주자와 평원 거주자, 아니면 유목민과 경작민 등과 같은 구분은 오랫동안 중동 지역의 지리에 영향을 끼쳤다. 또한 이러한 구별은 오늘날에도 중동의 인간관계에서 가장 중요한 요소로 작용하고 있다. 교통의 발전과 교육의 확산에도 불구하고 현재 중동뿐만 아니라 전 세계의 사회에서 민족과 문화의 구분 짓기가 더욱 확연하게 드러난다는 점은 상당히 안타깝다. 인종, 피부 색깔, 문화, 민족이라는 개념은, 구체적인 의미와 무관하게, 중요도를 더해가고 있다.

하지만 전 세계 사람들을 분류할 기준을 세우는 것은 결코 쉽지 않다고 판명되었다. 외모, 체격, 혈액, 성격, 언어, 종교, 민족

등과 같은 요소를 모두 고려해보았지만, 어느 한 요소도 분명한 기준으로 삼을 만큼 충분치 못했다. 특히 중동의 경우, 이러한 불충분성은 더 크다.

제2차 세계대전 이후 빠르게 확산된 정치적 자각으로써의 민족주의는 상당히 중요한 요소다. 이러한 민족주의 성향은 각 국가에서 명확히 드러나고 있으며, 비국가 민족 집단에서는 더욱 확연하게 나타나고 있다. 하지만 이러한 기준으로는 매우 작은 규모의 집단, 여러 민족이 혼재된 집단, 균등하게 정체성을 자각한 복합적 집단, 또는 외부적인 정치적 방해 등의 요소들을 설명하지 못한다. 그렇기 때문에 현재 부과된 국제적 경계선들은 결코 모든 민족 정체성을 반영한다고 볼 수 없다. 가장 대표적인 예가 바로 쿠르드족, 수단 남부 지역의 부족들, 그리고 1974년 이전 키프로스의 튀르크 민족 등이다.

더욱이 중동 지역은 다양한 정치 체제가 존재한다. 이집트, 시리아, 이라크 같은 사회주의 공화국에서부터 왕정, 소수 독재 정치, 그리고 신정정치까지 다양하다. 또한 범아랍주의, 범이란주의, 범튀르크주의, 범쿠르드주의 등과 같은 다양한 정치 운동이 전개되었지만, 현실적인 난제들로 인해 실제로는 구현되지 못했다. 중동의 문화, 정치, 사회적 구성과 관련된 복잡한 문제에 대한 실마리를 주기 위해 이 책에서는 다섯 가지 관점, 즉 인종, 언어, 종교(7장), 사회적 구성(8장), 민족적 자각(10장)에서 중동 지역의 사람들을 살펴보겠다.

이에 앞서 잠시 지리학적 요소의 영향에 대해 살펴보자. 지리학적 요소는 양면성을 지니고 있다. 중동 지역은 전 세계 여러 지역을 육지나 바다로 연결하는 광범위한 회랑이라는 속성을 가지고 있다. 반면, 접근이 용이한 지역에서는 이미 감춰져버린, 고유의 인종과 문화가 보존된 토착 환경도 존재한다.

일부 인류학자들은 특정 부류의 고대인 집단들이 이란 엘부르즈산맥의 남부 경사면을 따라 펼쳐진 연속적이지 않은 비옥한 초원과 오아시스 지대들 사이의 회랑을 활용하여 유라시아 서부에 정착했다고 주장한다. 이렇게 이어진 이동로는 서쪽에서 둘로 갈라지면서, 한 집단은 남서 방향으로 선회하여 이란 및 이라크에 정착하고, 다른 집단은 계속 서진하여 아제르바이잔과 소아시아에 다다랐다고 본다. 그리고 아나톨리아 내고원의 초원지대가 중앙아시아와 유럽을 연결하는 공간이라는 입장이다.

더 잘 알려진 이동로는 이란 서부, 이라크, 아나톨리아 남동부, 그리고 레반트 지역을 연결하는 비옥한 초승달 지대의 초원지역이다. 중동의 북부나 동부에 거주하던 여러 침략자들은 이 경로를 활용해 지중해 및 나일강 유역으로 진출했고, 역으로, 이 루트를 통해 이집트의 문화가 아시아로 전파되었다. 또한 지중해는 해안가 민족들 간의 교류를 막기보다는 활성화하는 역할을 했다. 섬으로 가득한 에게해의 경우 인류가 처음으로 항해를 배우는 교육의 장이었고, 소아시아 및 레반트 지역 모두와 인접한 키프로스에서 고대 문화가 발전했다는 사실은 놀랍지 않다. 또한 더 남부 지역에서는, 아라비아반도와 북아프리카의 물리적인 접촉 증가가 문화적 유사성으로 이어졌다. 시나이반도 역시 대규모 이동 경로 중 하나였고, 일부 학자들은 홍해의 바브엘만데브 해협 지역이 아라비아반도와 수단을 잇는 중요한 관문이었다고 강조한다.

이렇게 주요 관문이 여럿 존재했음에도 접근이 용이하지 않거나 자연환경이 척박한 곳들은 사람의 이동이 제한적이었다. 아라비아 사막 지역이 가장 대표적이고, 그 외에도 지중해 동부 해안에 위치한 고원지대가 이에 해당한다. 고원지대에 살았던 사마

리아 민족, 드루즈 민족, 마론파 기독교민, 메트왈리 민족, 시아파
이슬람 계열의 알라위 민족, 그리고 바흐타히 민족이나 타흐타지
민족 등과 같은 소아시아의 여타 종파는 그들 고유의 문화를 보
존했다.

이보다 동쪽인 아나톨리아반도와 자그로스산맥에서는 쿠르
드족이 고유의 개별 정체성을 유지했다. 그 외에도 이라크 북부
신자르산맥에서는 야지디 민족, 체르케스 민족, 투르크멘 민족
등과 같은 소규모 민족이 발견된다. 이렇듯 자그로스산맥에는 매
우 다양한 민족이 살고 있다.

하지만 오늘날 오랫동안 지속된 소수 공동체들 간의 구분과
특수성을 약화시키는 여러 요소가 작동하고 있다. 첫 번째 요소
는 교통과 소통의 발전으로 자동차, 라디오, 여러 형태의 미디어
가 확산되면서 과거에 고립되었던 집단들도 이제 접근과 이동이
용이해졌다는 것이다. 두 번째 요소는 바로 도시의 '흡인력'이다.
석유 개발로 인해 도시들이 번성하면서, 더 좋은 취업 기회와 생
활환경이 고립되었던 사람들을 끌어들이고 있다. 세 번째 요소는
의료 시설이 대개 주요 대도시에서만 제공된다는 점이다. 마지막
으로, 정부가 더욱 강력하게 장악력을 확보하게 된 사실도 영향
을 끼친다. 현대적인 교통·통신 수단을 통해 정부는 고립된 공동
체들을 대상으로 보다 지속적이고 효율적으로 중앙집권화된 권
력을 행사할 수 있게 되었다.

인종

인종을 구분하는 것은 인류학자들에게도 쉬운 주제가 아니다. 하

지만 최근 혈액형 검사나 여러 유전적 지배 요소 검사 등 인종의 다양성을 상당히 객관적으로 분석하는 기법이 도입되고 있다. 인간의 혈액에는 상당히 독특한 유전적 요소가 결부되어 있기 때문에 개별적인 분류가 가능하다. 가장 흔한 방식이 혈액형을 A, B, O로 나누는 시스템인데, 어떤 사람은 A 형태만, 어떤 사람은 B 형태만 가지고 있을 수 있고, 이를 둘 다 보유하거나 아니면 둘 다 없는 경우(O)도 있다. 그런데 이러한 혈액형 비율은 무작위로 나타나는 것이 아니고, 지역마다 눈에 띄는 패턴이 있기 때문에 지리학적 위치와 상관관계를 찾을 수 있다.

혈액형 물질을 통해 인종을 식별하는 것은 가장 측정하기 쉽고 객관적인 동시에 추가적인 연구를 가능하게 해준다. 이러한 유전적 정보에 기반을 둔 인종 구분은 지리학적·역사학적 연관성을 보여줄 수도 있다. 예를 들어 두 공동체가 있는데, 생활환경이 완전히 다름에도 비슷한 혈액 형태를 띠고 있다면, 그 두 공동체가 하나의 집단에서 분리되었음을 알 수 있다. 이러한 연구는 유럽이나 중동 지역의 집시 공동체를 연구할 때 이미 활용된 바 있다. 더욱이 유전적 요소 연구를 통해 지리학적 혼합이나 고립, 또는 사회적 장애물이나 근친교배 등과 같은 외부적인 영향을 추적할 수도 있다.

예전부터 유대인의 인종적 특질에 대한 관심이 적지 않았다. 인류학자들은 유대인의 고유 특질을 식별할 수 있는지, 그리고 만약 그것이 존재한다면 과연 유대인이 아랍인이나 아르메니아인들과 동일한 셈족 계통이 맞는지에 대해 오랫동안 논쟁했다. 혈액 검사 결과, 모두는 아니지만, 많은 유대인이 서로 상당한 유사성을 보였고, 주변 공동체와는 큰 유사성을 보이지 않았다. 유대인의 생물학적인 기초가 일정 수준 고유성을 보인다고 볼 수 있다.

다른 혈액적 요소인 효소결핍증이나 생물학적 특질들 역시 인종 집단 간 상이한 패턴을 보인다. 특정 환경에 각자 차별적인 반응을 보인다는 것을 의미한다. 각 인종별 공동체 간에 균일성보다는 식별 가능한 지역적 차이가 존재한다는 사실이 이를 대변한다.

인종 집단 간에는 분명한 차이가 존재하지만, 이러한 차이는 아주 명징한 상이함이라기보다는 단계적인 차이 정도다. 더욱이 상이한 특질은 피부 색깔이나 물리적인 외형에 국한되지 않는다. 아마도 이러한 부분은 개인 간 고도의 복합적인 생물학적 구분을 야기하는 요소 중 하나일 것이다. 어떤 민족이나 인종도 완벽하게 동일한 외형을 가지고 있지 않다. 그리고 동시에 피부 색깔이나 두발 형태, 혈액형 등의 유전적 차이는 계속해서 진행된다.

종종 감정에 호소하는 문제로 이용되는 이러한 인종적 요소는 상당히 모호하기도 하고, 사실 크게 의미가 있지도 않다. 이보다 더 중요한 것이 바로 '인종 집단' 개념이며, 특히 중동 지역의 경우 '인종적 정치 집단'이 더 큰 의미를 갖는다. 즉, 인종 그 자체보다는 '정치적' 집단이라는 측면이 더 중요하다는 것이다. 인종의 개념은 어쩌면 언어 집단과의 관계 속에서 더 확실하고 쉽게 이해될 수 있을 것이다.

언어

중동 지역의 경우, 언어의 지위는 매우 명확하다(그림 7.1). 모든 인종 집단이 각자 고유의 언어를 가지는 것은 어느 한 시점에 가

그림 7.1 중동 지역 주요 언어의 분포 현황

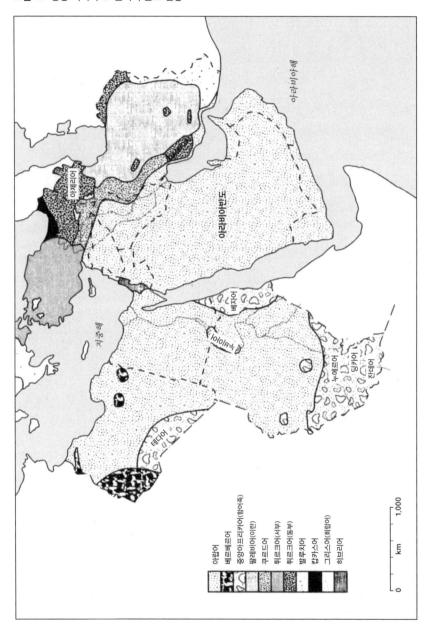

능할지라도, 상호 교류는 이내 언어적 차이를 희석시키고 점차 한 언어가 다른 언어를 지배하게 된다. 물리적인 특성은 생물학적인 유전을 통해 여러 세대에 거쳐 지속될 수 있는 반면, 언어 같은 문화적 요소는 종종 단기간에 변형되기도, 혹은 사라지기도 한다. 특히 문헌이 남아 있지 않을 경우 언어는 쉽게 소멸한다.

중동 북부에서는 튀르크어가 오스만 제국의 언어로서 소아시아를 지배했다. 하지만 아시아 유목민들만 사용한 튀르크어는 고유의 철자가 없어 아랍 철자를 차용했었다. 이러한 아랍 철자가 튀르크어의 발음을 잘 반영한 것은 아니었다. 이러한 이유로 튀르키예공화국은 1923년 칙령을 통해 아랍 철자를 로마 알파벳으로 대체했다.

하지만 그렇다고 해서 튀르크어가 소아시아 전역에서 보편적으로 사용된 것은 아니다. 동쪽에서는 더 오랜 고대부터 사용되고 독자적인 문자와 문헌을 가진 아르메니아어가 여전히 통용되고 있으며, 더 남쪽에서는 쿠르드어가 광범위하게 사용되고 있다. 접근이 쉽지 않은 러시아 접경 고산지대에서는 체르케스어, 라즈어, 그리고 민그렐어 등과 같은 여러 코카시안 언어가 남아 있다. 이들 중 일부는 고대 문화 및 인종 집단의 언어임을 증명하는 반면, 다른 일부는 핀·우그리아 어족의 일종으로 동부 침입자들에 의해 상대적으로 최근 유입된 언어이다. 한때는 그리스어가 아나톨리아 서부의 여러 소수민족에 의해 사용되었고, 키프로스에서는 여전히 대다수의 모국어로 남아 있다.

아라비아반도 내륙에서는 두 중요한 언어군인 북부 셈어와 남부 셈어가 식별된다. 북부 셈어족에 속하는 언어는 아람어 Aramean, 그리고 가나안 방언에 속하는 히브리어, 페니키아어, 그리고 사어死語가 된 팔미라어 등이다. 남부 셈어족에 속하는 대표적인 언어는 아람어다. 기원전 1, 2세기에 대규모 인구 이동으로 인해 북부 셈어가 메소포타미아, 시리아, 레반트 지역에 유입되었다. 시리아 사막 서부 접경에 주로 거주하는 아람인들의 언어는 금세 중동 전역에 널리 통용되었다. 아마도 아람인들이 광범위한 교역을 펼쳤기 때문이다. 아람어 방언은 예수님이 활동하던 시절 팔레스타인의 토착어였고, 그의 복음서들은 순수한 아람어 문헌으로 간주된다. 아람어는 이란 내 특정 언어에도 상당한 영향을 끼쳤고, 아직도 이란 북서부에는 아람어의 영향이 남아 있다. 현재 아람어는 다마스쿠스 및 모술 인근 촌락 몇 군데에 존속해 있고, 시리아 및 이라크 내 일부 기독교 종파에서 성어聖語, sacred language로 사용 중이다. 그리고 이스라엘의 경우, 고대 히브리어를 부활시켜 단순화한 후 공용어로 사용하고 있다.

아랍어는 원래 메카나 메디나 지역의 상인, 도시민, 사막 유목민들이 사용하던 언어였는데, 무함마드(마호메트)와 그의 초창기 추종자들이 사용했다. 7세기 이슬람이 태동하면서 리비아, 이집트, 레반트, 이라크에서는 기존 언어를 아랍어로 빠르게 대체했다. 아랍어는 쿠란에 쓰인 언어로, 비록 어휘나 발음이 지역에 따라 차이는 있지만, 이슬람 세계를 하나로 통합하는 엄청난 영향력을 지니고 있다. 표준적인 형태의 고대 아랍어는 교육받은 대다수 무슬림들이 이해할 수 있었기 때문이다.

하지만 아랍어가 중동 지역을 완전히 장악한 것은 아니었다. 중동의 동부나 북부 지역의 산지로는 여전히 아랍어가 침투하지 못했고, 수단 대부분의 지역에서도 다른 언어가 사용되었다. 예를 들어, 수단 북부의 누비아 민족, 홍해 산지의 베자 민족, 남쪽의 거주민들은 여전히 중앙아프리카어를 사용하고 있다. 그럼에도 아랍어는 여러 국가의 삶 속에 혼재되어 있다. 소아시아 지역의 일부 비非셈족은 아직까지 아랍어의 문자를 차용하여 사용 중이다. 이와 유사하게 이란어(페르시아어)의 경우 고대 토착 언어였던 팔레비어가 외부 영향에 의해 변형된 형태인데, 아랍어 철자를 사용한다. 이란어와 아랍어가 폭넓은 어휘와 사상을 공유한다는 것은 아랍어의 문화적 영향력이 매우 컸음을 의미한다. 하지만 토착 언어를 밀어낼 만큼 충분히 강하지는 못했던 것이다. 이란어 또한 여러 소수 방언이 자그로스산맥 주변의 튀르크, 아랍, 발루치, 쿠르드계 부족들을 통해 유지되고 있다. 아라비아 남부 지역에도 하드라마우트Hadhramaut라는 소수 방언이 존재한다. 어쩌면 중동 지역을 언어학적으로 분류하는 한 가지 방법은 아랍어 지역(아랍어가 우세해지면서 다른 언어는 사실상 소멸)과 혼성 언어 지역(다양한 언어가 여전히 유지)으로 나누는 것일 수 있다. 하지만 이보다는 중동 지역을 아랍어, 페르시아어, 튀르크어라는 세 핵심 지역으로 나누는 것이 더 정확해 보인다. 그리고 그 외의 지역은 세 언어가 혼합되거나 토착 언어가 사용되는 곳이다.

종교

중동 지역은 종교가 항상 결정적인 역할을 해왔다고 해도 과언이 아니다. 중동 지역은 세계 4대 종교의 발원지다. 모두 유일신교이며, 조로아스터교(배화교), 유대교, 기독교, 이슬람 순으로 창시되었다. 오늘날 중동 지역은 이슬람이 대부분 장악하고 있지만, 종교의 발전 양상을 더 쉽게 이해하기 위해 창시 순으로 네 종교를 살펴보겠다.

조로아스터교

이란 태생의 조로아스터(자라투스트라)는 기원전 700년에서 기원전 50년* 사이에 활동한 사람이다. 인간의 삶은 '선과 악의 전쟁'이라는 그의 가르침은 키루스와 그의 아들이 계승한 페르시아 제국의 공식 신념으로 채택되었다. 조로아스터교의 교리는 도덕과 윤리적 기준을 제시하면서, 오래된 무신론이나 다신론 신앙에서 발전된 모습을 보여주었다. 당시 대다수 토착 종교의 관습은 기본적인 인간 본성인 이기심과 음행으로 가득 차 있었다. 하지만 기존의 신들이 모두 방치된 것은 아니었다. 기존의 신들은 부수적인 차원에서 영향을 끼치는 악마나 '선과 빛의 신' 중 하나의 지위를 유지했다.

조로아스터교는 선신善神을 빛과 결부시켰는데, 이로 인해 불fire은 선신 숭배에서 매우 중요한 요소가 되었다. 하지만 조로아스터교가 널리 퍼진 후 새로운 신자들은 조로아스터의 추상적인 관념을 쉽사리 따라갈 수 없었다. 그래서 초창기 조로아스터교의 사상은 일부 폐기되고 더 간단한 형태의 신앙으로 변형되었다. 이는 기존의 토착 신앙들이 남긴 영향이기도 했다. 또한 불을 종교 의례의 주요 요소로 사용하기 시작했다. 이처럼 조로아스터교는 불을 숭상하는 형태로 변형되었고, 이슬람 태동 이전까지 이란의 대표적인 종교로 자리 잡았다. 가장 큰 조로아스터교 신전은 자그로스산맥에 위치한 '술레이만 사원'이었고, 이 지역은 자연적으로 석유가 침윤되는 곳이었다. 이슬람 전파 이후 오랜 박해로 인해 불 숭배자의 수는 대폭 감소했고, 현재 이란의 케르만

---

* 조로아스터의 생애와 출생 연대와 관련해서는 매우 엇갈린 기록이 전해진다. 기원전 6000년으로 보는 학자도 있고, 기원전 50년으로 보는 학자도 있다. 이 책의 저자는 기원전 700~기원전 50년 정도로 보고 있다.

이나 야즈드 지역에 소수가 남아 있다. 다수는 인도로 이주하여 파시Parsee 공동체를 꾸렸다.

유대교

유대인들은 기원전 2000년경 팔레스타인 땅으로 들어갔고, 유대 지방 고원에 작은 국가를 건설하는 데 성공했다. 유대교가 유대 인들의 종교로 발전한 것은 팔레스타인 이주 이후였다. 처음에는 단순히 부족 신을 숭배하는 형태였다가 유목 생활을 거치면서 현재와 같은 고결한 신앙으로 자리 잡았다. 기원전 722년 아시리아 왕국이 팔레스타인을 점령한 이후 많은 수의 유대인이 메소포타미아 지역으로 강제 이주를 당했는데, 그것이 바로 첫 유대인 디아스포라Diaspora였다. 이후 이주민들이 고국으로 귀환하면서 유대 국가가 회생했다. 하지만 서기 71년 로마군에 반란을 일으킨 혐의로 더욱 영구적인 두 번째 디아스포라가 발생했다. 이에 따라 유대인은 유럽과 아시아 전역에 퍼져 다른 문화를 받아들이게 되었고, 심지어 일부는 인종적 특성까지 변했다. 예멘계, 페르시아계, 투르크멘계, 그루지야계(조지아계), 그리고 심지어 아프리카의 아비시니아계 유대인이 현재 존재하며, 동양적인 문화와 인생관이 혼재된 이들은 유럽의 유대인 집단과 대조된다. 또한 일부 동양 유대인은 오스만 제국 시절 팔레스타인에 정착했는데, 이들은 20세기 시온주의 운동 당시 자신들의 정체성을 잘 드러내려고 하지 않았다. 하지만 1948년 이스라엘 건국 후 대규모 유대인이 아랍 국가들로부터 이주해 들어왔다.

　유럽으로 이주한 유대인의 경우 소수는 이베리아반도에 정착했고 대다수는 폴란드나 그 주변국에 자리 잡았다. 폴란드 주변으로 들어간 유대인이 바로 현대 시대 들어와 이스라엘로 대거 이주한 유럽 출신 유대인이다. 오늘날 중동이나 동양 출신 유대인은 세파르디Sephardic라고 부르며, 유럽에서 온 유대인은 아슈케나지Ashkenazi라고 칭한다.

기독교

서기 313년 로마 제국은 기독교를 공식 종교로 공인했다. 이로써 기독교는 미움받고 의심받던 광적인 소수 종교에서 정식으로 인정받은, 로마 제국에 없어서는 안 될 중요한 일부분으로 바뀌었다. 이렇게 발전하는 과정에서 기독교는 두 가지 변화를 추동했다. 우선 기독교계의 통일성을 보존하기 위해 일관된 교리와 의식 절차를 규정해야만 했다. 이 부분은 사실 지리학자들에게는 큰 함의가 없다. 하지만 두 번째로, 영토를 기반으로 교회의 행정적인 대교구를 만들어냈는데, 이것은 지리학적 의의가 크다.

로마 세계에서 가장 물질적·지성적으로 위대한 도시는 총 네 개였다. 오랜 기간 제국의 수도였던 로마가 그 첫 번째다. 하지만 로마 제국 후기로 넘어가면서 동지중해 지역의 정치·경제적 중요도가 날로 늘어나면서 서서히 영향력을 잃기 시작했다. 반사적으로 힘의 균형이 콘스탄티노플로 넘어갔는데, 마침내 330년 제국 수도로서의 지위를 이곳으로 넘겨주었다.

이보다 더 동쪽에 위치한 알렉산드리아와 안티오크는 둘 다 부유한 상업 중심지였고, 각각 특별한 지리적 이익을 바탕으로 독특한 전통을 만들어갔다. 그에 맞추어 초기 기독교 교회는 네 도시에 대주교를 파견함으로써 실질적으로 네 개의 대교구를 구성했다. 하지만 얼마 지나지 않아 기대했던 통일성이 확보되기보다는 각 대교구별로 강력한 지역 배타주의가 생겨났다. 콘스탄티노플 대교구의 경우 정치권력과 가장 가까웠기 때문에 사실상 황제의 권력과 동일시되었다.

특히 콘스탄티노플 대교구의 경우, 지리적인 요인으로 인해 고전주의적인 그리스 합리주의 사상의 영향을 많이 받았다. 또한 그 지역 토착 종교들과 유사하게 종교 의례에 벽화나 조각, 음악 등을 많이 활용했다.

반면, 서로마 제국에서는 로마 대주교가 고대 로마의 권위주의적인 전통을 더 많이 이어받아서, 콘스탄티노플이 새롭게 강자로 떠올랐음에도, 유럽 기독교인들에게 압도적인 영향력을 행사할 수 있었다. 또한 고대 그리스 사상의 영향을 덜 받은 로마 교회는 서유럽 스타일의 독자적인 전통을 만들어나갔다.

알렉산드리아 및 안티오크의 기독교는 일정 수준 동방의 신비주의와 사변주의의 영향을 받았다. 알렉산드리아 대교구의 교리와 종교 의례에는 고대 이집트 종교의 흔적이 많이 남아 있고, 안티오크 대교구의 경우에도 여러 다른 형태가 확연하게 드러난다. 상대적으로 짧은 시간 안에 교리와 의례에서 차이가 발생하자, 네 대교구는 점차 완전하게 분리되기 시작했다. 콘스탄티노플에서는 그리스정교회가 태어났고, 로마에서는 로마가톨릭교회, 알렉산드리아에서는 콥트교회, 안티오크에서는 시리아정교회가 생겨났다. 각 교회들은 완벽하게 독립된 조직을 갖추게 되었다.

다른 지역에서도 지역적 다양성을 반영한 기독교 분파들이 빠른 속도로 생겨났다. 4세기 들어 아르메니아교회가 설립되었고, 이라크와 이란, 그리고 이보다 동쪽 지역에서는 로마가톨릭교회에서 이단이라고까지 비난하는 네스토리우스의 가르침이 퍼져나갔다. 이후 7~11세기에는 시리아계 수도사인 마론을 추종하는 일군의 무리가 시리아 북서부에서 마론파 기독교를 만들었고,

이는 북부 레바논까지 확장되었다.

이후 유럽 및 서아시아에서 전개된 정치적 변화는 중동 지역 내 여러 종교 공동체에 큰 영향을 끼쳤다. 콘스탄티노플의 패권이 사라지고 실질적인 기독교의 리더십은 다시금 로마가톨릭이 차지했다. 특히 이슬람 제국의 팽창으로 콥트교회, 시리아정교회, 마론파 기독교, 네스토리우스파 기독교 등의 동방 기독교계는 소수 공동체로 전락했다. 반면, 로마가톨릭교회와 콘스탄티노플의 그리스정교회는 계속해서 번창했다. 이후 무슬림 세력이 더욱 확장하면서 그리스정교회 공동체 역시 영향력이 줄어들기 시작했다. 하지만 러시아가 이러한 쇠락을 어느 정도 상쇄시켰다. 러시아에서 로마가톨릭보다는 그리스정교회를 받아들였기 때문이다.

무슬림들의 박해가 시작되면서 동방 지역의 기독교 분파들은 로마가톨릭교회의 지원을 받았다. 하지만 그 대가는 로마가톨릭교회에 대한 복종이었다. 교황을 기독교 공동체의 수장으로 인정해야만 했고, 그 대신 각 지역의 교리와 의례를 지속할 수 있도록 허락받았다. 이런 이유로 일부 동방 기독교인들은 시리아 정교회나 네스토리아파 기독교 종파에서 이탈했고, 따로 '합동 동방 가톨릭교회Uniate churches(귀일교회歸一敎會)'를 세웠다. 이 교회는 교황의 수장권을 인정하기는 하지만 신앙의 실천 방식이 로마가톨릭교회와는 상당히 다르다. 이렇게 하여 아르메니아 가톨릭, 그리스 가톨릭, 시리아 가톨릭, 콥트 가톨릭, 그리고 네스토리아 가톨릭 교회가 존재하고 있다. 마론파 기독교의 경우 12세기에 로마가톨릭 대교구 아래로 통합되었다. 그런데 귀일교회의 성립이 과거의 소수 종파들을 소멸시키지는 않았다. 소수 기독교 공동체들은 위태로운 독립을 선호했기 때문이다. 이처럼 중동 지역에는 현재 합동 동방 가톨릭교회와 비합동 동방 기독교 종파들이 공존하고 있다.

이슬람

서기 600년대 초, 유력한 쿠라이시 가문의 가난한 구성원이었던 무함마드(마호메트)는 '신성한' 계시를 받아 교리를 설파하기 시작했다. 초기에 그의 설교는 큰 관심을 끌지 못했다. 이후 점차 적대적인 거부에 직면하자 무함마드는 622년 자신의 고향인 메카를 떠나 메디나로 이주한다. 비록 무함마드의 가르침이 한참 지난 후에야 메카에서 수용되었지만, 이슬람에서는 헤지라Hegira라고 부르는 이 이주가 일어난 해를 이슬람 시대의 원년으로 하고 있다. 무함마드가 가르친 대다수의 철학은 그의 생각에서 나온 것들이었다. 일부는 기독교나 유대교 신앙과 유사했지만, 그는 이를 잘 인지하지 못했다. 무역 도시인 메카의 상인 가족에서 태어난 무함마드는 유목민이 아닌 도시민이었다. 사회적 구속과 정신적인 요구를 강조하는 그의 사상은 상당히 도시에 적합한 것이었다. 특히 이슬람의 종교적 생활 리듬 역시 도시민들에게 더 잘 맞춰져 있다.

　무함마드는 유일신(알라)의 의지에 복종Islam하라고 가르쳤고, 자신은 신의 선택을 받은 선지자라 주장했다. 무슬림이 지킬 의무로는 ① 신앙 고백하기, ② 하루에 5번 기도하기, ③ 라마단* 기간에 금식하기, ④ 자선 베풀기, ⑤ 일생에 한 번 메카로 성지순례

---

*　라마단은 이슬람력의 아홉 번째 달로 '더운 달'이라는 의미다. 이 기간 동안 전 세계 무슬림은 새벽부터 일몰까지 금식을 지키고, 석양이 진 이후부터 이른 아침까지 음식을 섭취할 수 있다. 매년 약 11일씩 날짜가 앞당겨지는데, 2025년의 라마단 기간은 양력 기준 2월 28일부터 3월 29일까지다.

(하지Hajj) 가기 등이 있다. 여기에 더해 알코올과 돼지고기의 섭취 금지가 있다. 이슬람이 여타 종교들과 다른 신앙적·실천적 요소를 가지고 있지만 위의 다섯 가지는 소위 '5주(신앙의 다섯 기둥)'라고 불리며, 이슬람의 가장 차별화된 부분이다. 또한 이슬람은 서임敍任된 사제가 없고, 예배 인도자인 이맘imam만 존재하며, 가장 연장자인 셰이크sheikh가 설교를 하지만 그 역시 평신도다. 셰이크는 특별한 지위를 가지고 있지 않으며, 일반적으로 도덕성이나 지성적 측면에서 존경을 받을 뿐이다. 또한 기도는 어느 곳에서나 할수 있으며, 단지 금요일 정오에 모스크에서 함께 모이는 것만 어느 정도 강제된다. 하지만 일반 대중은 이슬람이 요구하는 기본적 의무를 준수하는 것으로는 충분치 않다고 생각하면서, 천사와 성인들을 숭배하기 시작했고, 이러한 현상은 급속도로 확산되었다. 이는 토착 신앙의 전통이 다소 결합된 결과다. 급속도로 대중의 종교적 삶에 중요한 부분으로 자리 잡은 이러한 혁신은 결국 정통 이슬람 관행으로 허용되었다.

신앙의 다섯 기둥은 이슬람 법체계인 샤리아Sharia를 구축하는 중심적 토대이기도 하다. 샤리아는 성스러운 영감으로 계시된 쿠란과 무함마드의 언행 및 행실을 기록하여 모아둔 하디스hadiths에 근거를 두고 있다. 무함마드의 종교적 유산을 해석하고 샤리아를 구축하는 임무는 이슬람 세계가 구축된 후 첫 3세기 동안 무슬림 신학자이자 법학자인 울라마에 의해 진행되었다. 여러 핵심적인 부분에서 의견의 일치가 이루어졌음에도 불구하고 비핵심적인 부분에서는 다양한 해석이 존재하며, 울라마들은 각 학파별로 '진리 해석에 있어 다양한 길Sharia'을 제시하고 있다. 이는 중도 진보에서 극도로 보수적인 원리주의 학파까지 다양하다.

오늘날에는 네 개의 이슬람 법학파가 있으며, 학파의 창시자

이름을 딴 명칭으로 불린다. ① 말리키Maliki 학파: 가장 오래되었으며, 북아프리카 및 수단에서 발견된다. ② 하나피Hanafi 학파: 가장 유연한 법리 해석을 제공하며, 아라비아반도를 제외한 대부분의 아랍 동부 국가들이 공식 학파로 채택했다. ③ 샤피이Shafi 학파: 이집트 북부에서 주로 활동한다. ④ 한발리Hanbali 학파: 사우디아라비아의 공식 법학파. 말리키와 하나피 학파는 다소 현대적이고 진보적인 반면, 샤피이와 한발리 학파는 보수적인 성향을 띤다. 이러한 차이에도 불구하고, 각 학파는 오래전부터 서로를 정통 이슬람 해석으로 인정했다. 또한 여러 중동 국가에서는 피고가 법정에 설 때 그 국가의 공식적인 학파와 다르더라도 자신이 믿는 이슬람 법학파를 선택해 재판을 받을 수 있다.

이슬람의 주요 속성 중 하나는 바로 종교와 시민 정부가 긴밀히 연결되어 있다는 점이다. 이슬람은 무슬림에게 삶의 모든 것을 제공해준다. 종교는 시민 생활뿐만 아니라 경제 활동과도 하나이며, 법 또한 종교에 기반을 두고 있다. 독실한 신자에게 있어 이슬람과 국가는 하나다. 과거에는 정치적 지도자와 종교적 지도자가 하나로, 신앙의 수호자 또는 인도자(칼리프Caliph)라고 불렸던 사실이 이를 입증한다. 이는 사회의 응집성을 상당히 높여주는 반면, 근대주의자들에게는 큰 도전이다.

건조한 아라비아반도에 사는 소수의 도시민이나 유목민들만 믿었던 다소 모호한 신앙인 이슬람은 얼마 지나지 않아 팔레스타인, 시리아, 이집트, 이라크, 이란으로 퍼졌다. 당시 중동 지역을 양분했던 비잔틴 제국과 페르시아 제국 사이에서, 몇 안 되는 무함마드의 추종자들이 빈약한 물질자원을 가지고 이 정도의 놀라운 정치적 성공을 거두었다는 사실은 가히 충격적이다. 양치기, 상인, 낙타꾼이 어떻게 단기간에 로마 제국과 사산조 페르시아 제국으로부터 중동 지역 대부분을 빼앗았는지를 설명하기 위해서는 몇 가지 요소를 고려해야 한다.

당시 서쪽의 비잔틴 제국과 동쪽의 사산조 페르시아 제국은 사실상 정치·군사적으로 탈진한 상태였다. 두 제국은 아르메니아, 시리아, 이라크, 팔레스타인을 전장으로 삼아 뚜렷한 성과 없이 장기간을 치고받고 싸운 상황이었다. 전면전을 통해 서로를 장악할 수 없을 정도로 두 제국은 너무 크고, 또 서로 너무 멀리 떨어져 있었기 때문이다. 또한 국경 지역에서의 약탈과 전투는 중동 중부 지역 대다수를 황폐화했고, 높은 세금은 사람들을 절망으로 몰아넣었기 때문에, 현지 백성들은 새로운 권력 변화를 받아들일 준비가 되어 있었다. 엄격한 사회 계급의 구분과 평민 대다수에 대한 정부의 무관심으로 인해, 어느 누구도 더 이상 비잔틴이나 사산조의 통치를 수용하고 싶지 않았다.

또한 종교적으로도 일반인들은 싫증이 난 상황이었다. 기독교의 끝없는 신학 논쟁, 신앙의 형태나 교리에 대한 복잡한 토론들은 종종 아나톨리아나 시리아 농민들의 평균적인 이해 수준을 넘어서는 것이었다. 하지만 부족한 이해 때문에 야기된 이단 혐의는 일반적으로 한 종파에서 다른 종파로 이어지는 끝없는 박해와 억압을 가져왔다. 이란에서는 과거에 간단명료했던 조로아스터교 교리들이 과거의 종교들에서 차용한 일련의 의례들과 섞이면서 일반 대중들이 이해하기에는 너무 모호해졌다.

이러한 상황에서 직관적이고 이해하기 쉬운, 특히 일상과 직결된 새로운 종교가 나타났고, 더불어 이슬람은 조로아스터교가 강조한 형식이나 비잔틴 사회의 엄격한 신분 구분이 아닌 형제애를 강조하다 보니 즉각적으로 큰 호응을 얻을 수밖에 없었다. 사실 이 모든 것을 능가하는 요소는 바로 개종 후 얻게 되는 물리적인 이득이었다. 중동 지역은 종파 간 분쟁이 너무 치열했기 때문에, 일부 사례에서는 박해받았던 소수 종파가 무슬림 침략자들에게 비잔틴 제국의 성문을 열어주기도 했다. 놀라운 속도로 진행된 이슬람의 발전과 확산, 그리고 중국에서 프랑스까지 이르는 광범위한 지역의 삶과 문화에 남긴 엄청난 여파는 아마 역사에서 가장 경이로운 단면이 아닐까 싶다.

이슬람 종파 간 분열

이슬람 창시 후 수 세기 동안 이슬람 내에서도 여러 차례 종파 간 분열이 있었다. 하지만 소수 종파의 경우 약 10%밖에 되지 않았고, 주로 수니파가 절대 다수였다. 예를 들어, 이슬람 4대 법학파 모두 수니파에 속한다. 무슬림 공동체의 분열은 이슬람의 태생적인 속성에서 비롯되었다. 이미 언급했듯이, 이슬람에서 가장 중요하게 여기는 요소 중 하나는 바로 종교와 국가의 합치다. 그렇기 때문에 이슬람 시대 초기 중앙 권력을 대상으로 발생한 여러 반란은 종종 종교적인 갈등을 수반했다. 실제로 정치와 종교는 불가분하게 뒤얽혀 있었기 때문에, 어찌 보면 종교적 형태로 불만을 표출한 셈이다. 즉, 종파 간 분쟁은 대다수 정치적인 목적에서 비롯된 것이고, 한참 뒤에야 교리나 세계관이 발전했다.

무함마드는 아들이 없었고 후계자를 지목하지도 않았기 때문에 632년 그의 사망은 정치적 혼돈을 야기했다. 7세기 들어 칼리프 지위 승계를 둘러싼 분쟁이 무함마드의 사위이자 조카인 알리와 무함마드 후손인 우마이야 가문 사이에서 발생했다. 이 과정에서 기존의 정치·사회적 질서를 거부하는, 종교적 용어로 표현하자면, 두 개의 '이단 집단'이 형성되었다. 첫 종파는 카와리지(분리된 자, 탈퇴자) 집단으로, 이들은 칼리프의 지위가 무함마드 가문뿐 아니라 모든 무슬림에게 개방되어야 한다고 주장했다. 카와리지파의 평등주의적 교리는 북아프리카 베르베르족의 이슬람화에 크게 기여했지만, 오늘날 중동에서는 리비아의 네푸사산맥이나 오만에서만 소규모 공동체로 남아 있다.

두 번째 반대 세력인 '알리를 따르는 자들(시아파)'의 경우 더 크고 중요한 의미를 지닌다. 알리가 우마이야 가문에게 패배한 후 그를 추종하던 사람들은 우마이야 가문에 복속되기를 거부했다. 661년 알리가 카와리지파에 의해 피살되자 그의 추종자들은 칼리프 지위를 알리 가문에게 복원해주자는 운동을 전개했고, 이러한 정치 세력은 주목할 만큼 특색 있는 종파로 빠르게 발전해 나갔다. 시아파 세력은 우마이야와 아바스 칼리프들이 알리의 후손들을 조직적으로 제거하려는 계획을 가지고 있다고 믿었다. 그리고 그러한 정치적인 투쟁 과정에서 희생된 사람들을 순교자로 반半신격화했고, 이를 '이맘'이라고 불렀다. 이러한 이맘의 해석에 대한 차이가 수니파와 시아파를 분열시키는 결정적인 요소로 작용했다.* 두 분파를 차별화하는 다른 요소도 많이 있지만, 그중에서도 특히 중요한 요소는 바로 극성스러운 감성 표출이다. 시아파는 이슬람력의 첫 번째 달인 무하람의 첫 10일 동안 수니파에 대한 뿌리 깊은 종교적 의심, 오랜 억압과 탄압에 대한 불관용을 어김없이 표출한다.** 또한 시아파는 자신들만의 성지를 가지고

---

* 이맘의 역할에 대해 수니파와 시아파는 확연히 다른 시각을 가지고 있다. 정통 이슬람(수니파)에서는 신(알라)과 인간 사이에 어떠한 중개자도 인정하지 않기 때문에 성직자가 없고, 모든 무슬림은 알라 앞에 평등하기 때문에 모두가 평신도이다. 그래서 수니파의 이맘은 예배 인도자(모범이 되는 자)에 불과하다. 반면, 시아파의 경우 이맘은 영적인 권능(신의 빛을 전하는 중재자)을 가진 자로, 가톨릭의 교황처럼 특별한 권위를 가졌다고 간주된다.

** 이란의 경우 이슬람력의 첫 번째 달(무하람) 10일에 대규모 아슈라(Ashura) 행사

있다. 이라크의 카르발라와 나자프에는 이맘들의 무덤이 있는데, 시아파에게 이 장소들은 메카나 메디나보다 더 중요한 순례지로 여겨지고 있다.

시아파의 대다수는 알리 이후 12명의 이맘이 존재한다고 믿는다. 이러한 시아파 세력을 '12이맘파'라고 부른다. 이들은 열두 번째 이맘이었던 무함마드 알마흐디가 죽지 않고 사라졌으며, 언젠가 메시아로 다시 돌아올 것이라고 생각한다. 이러한 12이맘파는 유일하게 시아 이슬람이 국교인 이란의 가장 대중적인 신앙이며, 이라크 인구의 절반도 이러한 12이맘파에 속한다. 또한 레바논 동남부 지역에서도 메트왈리라는 현지 이름의 공동체가 존재하는데, 이들 역시 12이맘파이다. 또한 바레인에서도 상당수가 12이맘파 신앙을 따른다.

하지만 모든 시아파가 12이맘파는 아니다. 자이드 시아파의 경우 최초 4명의 이맘만을 인정하고, 교리나 종교 행위에 있어 수니 이슬람과 특별히 다르지 않다. 9세기 말, 자이드파는 북예멘에 정착하여 권력을 잡았다. 비록 대다수의 국민은 수니파였으나, 자이드 이맘이 1962년 혁명(공화국을 세운) 때까지 백성을 이끌었다.

또 다른 시아 종파는 '7이맘파'라고도 불리는 이스마일 종파로, 그들은 여섯 번째 이맘의 아들인 이스마일이 12이맘파 세력들로부터 부당하게 기소(부적절한 행위를 한 혐의로)되었다고 주장한다. 이들은 이스마일의 혐의를 벗기고 정통 수니파 아바스 칼리프를 전복하기 위해 9세기 격렬한 전투를 전개하기도 했다. 비

를 40일간 개최한다. 시아파의 제3대 이맘인 후세인 이븐 알리가 이라크 카르발라에서 우미이야 군대에 의해 처참하게 살해당한 것을 애도하는 기간으로, 일반적으로 가두 행렬과 고행 의례가 행해진다. 이 기간에는 결혼식, 생일 파티, 음악회 등이 대개 제한된다. 반면, 수니파의 경우에는 이 행사와 전혀 관련 없으며, 단지 새해를 맞이하는 경건한 날 정도로만 기념한다.

록 혁명에 성공하지는 못했지만, 이스마일파 세력은 10세기 북아프리카에 자리를 잡았고, 카이로에 파티마 칼리프 왕조를 세워 12세기까지 통치했다. 하지만 파티마 왕조가 쇠퇴한 이후에도 이스마일파는 사라지지 않았다. 11세기 이스마일파 소속의 한 페르시아 지도자는 하샤신Hassassin이라고 불리는 극단주의 정치 집단을 만들었다. 그들은 정치 요인의 암살이 종교 의례적 살해라고 믿었다. 하샤신 집단은 본거지인 엘부르즈 및 시리아 산맥에서 생활하며 중동 전 지역을 두려움에 떨게 하다가 13세기 중반 이후 진압되었다. 하지만 그 잔존 세력이 아직도 시리아 북서부, 이란, 오만, 탄자니아의 잔지바르, 인도 등에 남아 있으며, 19~20세기 아가 칸의 지도 아래 어둠에서 다시 나타났다. 하지만 현재 이들은 자신들의 대의를 유지하기 위해 일반적인 경제 활동에 집중하고 있다.

이스마일파의 적극적인 포교 활동의 결과 다양한 소규모 분파가 생겨났다. 하지만 그 과정에서 지나치게 많은 비이슬람적 관행들이 결합되면서 이스마일 종파는 종종 다른 종교로 취급받기도 한다. 가장 단적인 예가 알라위 종파와 드루즈 종파다. 알라위 종파는 알리를 숭배하는데, 시아파 내에서 알리를 가장 극단적으로 신격화하고 있다. 이들은 토착 신앙의 숭배 의식과 유사한 성격도 지니고 있으며, 크리스마스나 부활절을 기념하는 등 기독교의 의례도 따른다. 이들은 오늘날 주로 시리아 북서부 안사리Ansarieh산맥 지역에 살고 있다.

드루즈 종파의 기원은 11세기 이스마일파 선교사인 다라지로 거슬러 올라간다. 다라지와 그의 추종자들은 파티마 왕조의 칼리프인 하킴이 숨겨진 이맘이라고 믿었다. 이러한 드루즈 종파의 교리와 종교적 관행은 정통 무슬림과는 확연하게 다르다. 이들은 환생을 믿으며, 라마단을 지키지도 않고, 메카 성지순례를 하지 않는다. 일부다처제도 금지되어 있다. 드루즈 종파는 수니파의 박해를 피해 레바논 남부 산지와 시리아 남부의 드루즈산맥으로 숨어들었다.

이스마일파 교리의 영향을 강하게 받은 또 하나의 이슬람 이단 운동은 바로 바하이Bahai 신앙이다. 바하이 신앙은 19세기 중반 이란에서 처음 시작되었고, 젊은 종교 지도자들은 스스로를 숨겨진 이맘이라고 선포했다. 물질주의, 부패, 이기주의에 대항하는 성격으로 인해 바하이 신앙은 이란에서 많은 지지를 받았고, 이에 정부는 이를 혹독하게 탄압했다. 이 탄압에서 생존한 자들은 창시자의 제자인 바하울라의 이름을 따서 바히스Bahis라고 부른다. 바하이 신앙은 사회 발전과 국제 평화에 대한 강한 헌신, 그리고 넓은 관용을 추구하는 것으로 잘 알려져 있다. 비록 이란 정부의 지속적인 탄압을 받았으나, 바하이 신앙은 중동 지역 전역에 퍼졌고, 오늘날 전 세계에 소규모 공동체로 흩어져 있다.

수피즘

수피즘Sufism은 소위 이슬람 신비주의를 의미한다. 이들은 신과 인간 영혼의 신비적인 합일을 추구하며, 신의 뜻과 안내는 어디에나 편재한다고 믿는다. 또한 인간은 여러 방면에서 신의 직접적인 지시에 따라 행동하기 때문에 완전히 자유로운 존재가 아니며, 운명이 예정되어 있다고 본다. 명상, 영적인 소유, 기도, 금욕주의는 수피가 살아가는 방식의 중심이며, 정해진 신의 의지에 맞춰 인간이 행동하게끔 한다. '수피'라는 용어는 아랍어 어휘인 수프suf(양모)에서 유래했으며, 초기 수피 고행자들이 입었던 허름한 양모 의복에서 이름을 따왔다. 이슬람 역사에 등장하는 주요 수피 종단만 해도 거의 200개에 달한다.* 각 종단은 대표(셰이크)와 그 제자들(데르비쉬), 그리고 이를 지지하는 평신도로 구성된다. 종단은 크게 도시 중심의 종단과 촌락 중심의 종단으로 나뉘어 발전했다. 카디리 교단과 나크시반디 교단 같은 도시 종단은 온건한 성향을 띠고, 정통 수니 이슬람과 긴밀히 연결되어 있다. 반면, 리파이야Rifaiya나 베크타쉬Bektashi 같은 촌락 종단은 대중의 전폭적인 지지를 받았다. 촌락 종단의 경우 종종 불 사이로 지나가거나 유리를 먹는다거나 아니면 고통 없이 자해를 하는 등 토착 신앙이나 시아파 이슬람, 기독교의 관행을 차용했기 때문에 정통 이슬람에서는 매도당했다.

수피 종단은 19세기 사누시 운동 같은 여러 새로운 저항 운동이 등장하면서 다시 활기를 찾았다. 사누시 운동은 알제리, 이집트, 사우디아라비아, 리비아에 큰 영향을 주었는데, 특히 오스만 제국이 물러난 1912~1918년 리비아에서 가장 뿌리 깊게 자리 잡았다. 아랍인들이 이탈리아의 점령에 저항하는 데 정신적 지주 역할을 했기 때문이다. 제2차 세계대전 이후 당시 망명 중이던 사누시의 지도자 이드리스는 리비아 민중의 지도자로 인정받았고, 1951년 독립 이후 1969년 혁명이 발발하기 전까지 리비아의 왕으로 군림했다.

20세기 초까지만 해도 수피 종단들은 민중 사이에서 여전히 강력한 영향력을 가지고 있었지만, 시간이 지나며 정부의 통제와 세속주의적 사상의 확산으로 인해 그 인기가 시들해졌다. 이러한 변화는 급격한 수피 종단 쇠퇴를 가져왔고, 일부는 소멸해버렸

* 수피즘은 수니파나 시아파처럼 이슬람 종파의 하나로 보면 안 된다. 수니파·시아파 모두 다양한 수피 종단을 가지고 있으며, 종파와 상관없이 율법적·의례적인 신앙에 대한 비판으로 등장한 실천적인 '영적 생활'이라 보면 된다.

다. 하지만 튀르키예의 코니아에서는 소위 그린 데르비쉬*로 알려진 종단이 여전히 정치적으로도 영향력을 가지고 있으며, 다마스쿠스에는 데르비쉬 모스크가 여전히 남아 있다.

와하비즘

와하비즘Wahhabism은 수피즘의 확산, 그리고 성인이나 천사에 심취한 행태에 대한 대응 차원에서 18세기 아라비아반도에서 시작되었다. 와하비 운동의 창시자인 압둘 와하브와 그의 추종자들은 이슬람의 정화, 그리고 무함마드가 설파한 순수한 신앙으로의 회귀를 촉구했다. 사회가 이슬람 이전의 구습으로 후퇴했다는 위기의식이 반영된 비판이었다. 이슬람의 여러 율법은 무시되고, 극심한 방종이 판을 쳤으며, 미신과 불필요한 의례들이 종교의식 속에 파고들었다. 그래서 알 와하브는 금욕과 소박한 삶으로 돌아오기를 설파했던 것이다.

와하브는 초창기부터 아라비아반도 중앙에 위치한 리야드 출신의 사우드 가문과 정치적인 동맹을 맺었다. 20세기 초 압둘 아지즈의 지휘 아래 사우드 가문이 이슬람 성지인 메카와 메디나를 정복하는 데 성공하기 시작하면서부터, 와하비즘은 유명세를 타기 시작했다. 이후부터 와하비즘 교리는, 비록 모두가 받아들인 것은 아니지만, 무슬림 세계 전체에 강요되기 시작했다. 압둘 아지즈가 세운 현재의 사우디아라비아는 이러한 와하비즘 교리와 이슬람 보수주의의 보루로 남아 있다.

---

*　튀르키예 코니아에 있는 메블라나(Mawlana) 종단의 전당 지붕이 녹색 돔으로 되어 있기 때문에 여기 소속의 데르비쉬들을 '그린 데르비쉬(Green Dervishes)'라고 불렀다.

토속 신앙

여러 대형 종교가 창시된 이후에도 중동 지역의 오랜 토착 신앙과 관행들은 사라지지 않았다. 또한 풍작 기원 의식이나 숭배 사상과 같은 더욱 원시적인 형태의 종교는 여전히 촌락 지역에 영향을 끼치며 여러 정통 종교와 공존했다. 특히 중동에서는 기독교와 조로아스터교의 종교적 관행을 본뜬 두 개의 특이한 공동체가 식별되고 있다.

이라크 북서부 신자르산맥 지역에서 식별되는 야지디교는 종종 사탄 숭배자라고 표현된다. 하지만 이들은 사탄 숭배자라기보다는 이원론 거부자들이다. 이들은 악, 죄, 그리고 사탄의 존재를 거부한다. 이러한 이유 때문에 그들은 사탄 숭배자라는 오해를 받는다. 이들은 수 세기 동안의 박해와 방해로부터 공동체를 지켜왔다. 쿠르드족과 아랍인들, 수니파와 시아파 세력들, 그리고 심지어 이들이 거주하는 자연환경 및 고독감과도 싸워왔다. 하지만 이라크의 근대화는 변화시키기 어려웠던 야지디교 공동체를 빠르게 와해했다. 20세기 초 야지디교 신자는 15만 명 이상이었는데, 오늘날 3만 명 정도만이 남아 있다.

만다야교(만다이즘) 또는 사비교 신자들은 대다수 메소포타미아 남부 습지대에 거주하고 있다. 약 20%는 이란의 아와즈와 호람샤르에 살고 있다. 이들의 신앙은 소멸해가던 토착 신앙과 번창해가고 있던 기독교적 요소, 거기에 조로아스터교의 요소가 가미된 그노시스파*에 기반을 두고 있다. 만다야교는 세례 요한의 가르침을 따르고 있으며, 엄격하게 물로 세례를 베풀고 있다

---

* 그노시스파(gnosis派)는 1, 2세기 무렵에 그리스와 로마 등지에서 기독교를 극복하려던 지적이고 신비주의적 사상을 바탕으로 방탕한 생활을 하며 그리스도의 역사성을 부정하던 사람들을 일컫는다.

는 점에서 기독교적 특색을 보인다. 야지디교와 달리 만다야교는 이웃 무슬림 국가들로부터 박해를 받지 않았다. 이들은 기독교 및 유대인들과 마찬가지로 쿠란에 '성서의 백성들'이라고 기록되어 있다. 이들은 토착 습지 지역에서 가장 유명한 조선공으로 알려져 있으며, 이라크의 아마라, 바그다드, 그리고 바스라 시장에서는 가장 훌륭한 은세공 상인들이다. 오늘날 만다야교 신자 수는 2만 명 정도에 불과하다.

종교와 근대 사회

많은 지면을 할애해 여러 종교 공동체의 기원과 특색을 살펴보았는데, 이는 현대 중동의 사회와 정치의 특색이 대개 종교적 요소에서 유래하기 때문이다. 15~16세기 중동 지역을 점령한 이후 오스만 제국은 밀레트 제도를 통해 제국의 민정을 관리했다. 하지만 이 제도는 그저 이슬람 시대에 존재했던 구조를 제도화하고 세련화한 것에 불과하다.

밀레트는 하나의 독립적인 종교 공동체로, 공동체의 지도자는 오스만 제국의 술탄으로부터 종교적·민생적 권한을 위임받았다. 밀레트 제도가 도입된 이유는 이슬람의 경우 종교적 신앙과 시민 통치가 하나인 반면, 비무슬림 공동체의 경우 이러한 원칙이 적용되기 모호해서 특별한 형태의 제도가 필요했기 때문이다. 각 밀레트의 지도자들은 각 지방 행정기구의 장으로서 술탄을 직접 알현할 수 있는 권리를 가지고 있었고, 이에 더해 일종의 자치 법원을 구성할 수 있었다. 자치 법원에게 부여된 권한은 결혼, 결혼 지참금, 재산 상속 등의 내용을 감독하는 것이다. 또한 이들에게 부여된 가장 중요한 권한 중 하나는, 간혹 오스만 제국의 공식 법체계와 성격이 다르다고 할지라도, 종종 자체적인 법률을 발동할 수 있었다는 점이다.

밀레트 제도가 가진 주요 특징 중 하나는 바로 각 정치 세력의 토대를 종교로 보았다는 점이다. 비록 1918년 오스만 제국의 붕괴로 이 제도도 종식되었지만, 정치를 종교와 결부시키는 습관은 여전히 중동 여러 국가에 남아 있다. 정치 집단의 토대로 종파를 강조하는 경향은 불화와 갈등의 분위기를 생성하고, 초조함을 야기했으며, 파벌의 형성과 극단적인 개인주의를 양산했다. 이런 풍토는 오늘날 중동 여러 국가의 정치가 협력을 이끌어내지 못하고 안정적인 정부 구성을 지연시키는 결과를 야기했다.

종교가 정치 조직 구성에 영향을 끼치는 문화도 여전히 남아 있다. 가장 극단적인 예시는 바로 레바논이다. 1975년까지 레바논의 정부 구조는 종교적 토대를 바탕으로 구성되었다. 대통령의 경우 마론파 기독교 출신이고, 총리는 대개 수니 무슬림이 차지하는 것이 상식이었고, 의회 의석이나 정부 기관의 장들도 종교 집단에 비례하여 배정되었다. 즉, 종교가 각 장관보다 위에 있었던 셈이다.

이스라엘에서도 비슷한 상황이 발생하고 있으며, 종교와 국가 간의 관계는 이슬람보다 더 복잡하다. 1948년 건국 이래로 가장 큰 종교 정당인 국민종교당은 이스라엘의 여당 연합 구성 시 단 한 번도 빠진 적이 없었다. 현대 유대인 국가에서 유대교가 어느 정도의 위치를 차지해야 하는지는 여전히 해결되지 않은 핵심적인 의문 중 하나다.

이 예시와 대조적으로 서구 제국주의와 민족주의의 발흥이 가져다준 영향으로 인해 오늘날 종교에 대한 재평가와 과도기적 변화가 도래하고 있다. 이제 종교와 국가 간의 관계를 다르게 보아야 한다는 시각이 대두되고 있다. 튀르키예와 이집트의 경우,

민족주의가 종교를 대체하여 최우선적인 사회 결집력을 발휘하고 있다. 종교 재단의 국유화를 포함한 가차 없는 서구화 개혁이 이루어졌고, 서구식의 현대 법체계와 교육 시스템이 도입되었다. 정체성의 규명과 충성의 대상은 점차 종교 집단이 아닌 국가로 바뀌었으며, 시민들의 비판이나 열망 역시 종교가 아닌 세속적인 형태로 표출되었다. 이와 달리 일부 국가에서는 여전히 종교적 요소가 통치의 주된 부분을 차지하고 있다. 사우디아라비아의 경우 통치자의 정치적인 권한이 전통적으로 그의 동맹인 와하비즘 세력에게서 나온다.

중동 지역에도 이제 개혁과 변화를 위한 시도가 널리 확산되고 있다. 일부는 오직 서구를 거부하고 이슬람의 근본으로 돌아가야 변화와 개혁이 달성될 수 있다고 주장한다. 또 다른 세력은 사회의 세속화가 유일한 대안이라고 주장한다. 중동에 어떠한 미래가 펼쳐질지 모르지만, 이슬람은 여전히 이곳에서 강력한 힘을 지니고 있다. 이슬람은 여전히 민중을 결집할 수 있는 강력한 슬로건이며, 신이나 이슬람에 대한 공격은 대중의 분노와 저항을 불러온다. 이슬람주의를 거부했던 무슬림들조차도 종종 이슬람적 관습이나 사고방식을 견지하면서 새로운 가치나 이데올로기는 한낱 인위적이고 피상적인 허식이라 치부한다. 더욱이 오늘날 세속적인 정부가 여러 한계를 드러내면서 종교, 특히 이슬람이 강력한 정치적 힘으로 다시금 발돋움할 가능성이 높아지고 있다. 오늘날 중동 사회와 사람들을 이해하기 위해서는 이슬람에 대한 인식이 여전히 매우 중요한 이유다.

인구 변동

인종의 차이와는 별개로, 중동은 인구 문제가 사실 대단히 중요한 지역이다. 극도로 높은 인구 밀도를 보이는 지역과 아직 개발되지 않은 지역 간의 격차가 상당하고, 일부 지역은 연간 인구 성장률이 3%가 넘을 정도로 눈에 띄기 때문이다. 더욱이 여러 상이한 인종과 문화 집단이 공존하고 있기 때문에 지역별 인구의 격차는 정치적인 의미도 지닌다. 이스라엘이나 이라크, 수단의 경우처럼 말이다. 아랍에미리트를 비롯한 걸프 국가들의 경우 이주 노동자의 수가 토착 인구를 넘어서고 있다.

또 다른 문제는 인구 조사의 한계로, 중동 지역 인구의 세부적인 수치는 쉽게 확보할 수 없다. 따라서 대부분의 세부적인 인구 수치는 추정치일 수밖에 없다.*

인구 분포

중동 지역에는 이란 중부 카비르 사막, 아라비아반도의 룹알할리 사막, 이집트·리비아·수단의 사하라 사막, 수단 중남부 지역 등 인구가 거의 없거나 극소수인 지역이 꽤 많다. 반면, 대규모의 수자원이 확보 가능한 충적 하천 유역의 인구 밀도는 상당히 높다. 아마 나일강 유역이 가장 높은 인구 밀도를 보일 것이다. 더욱이 사막 지역이더라도 오아시스 주변의 정착지는 인구 밀도가 높다. 농부들이 대거 거주하기도 하고, 종종 이들 사이에 석유 산업 노동자들이 섞여 있다. 이러한 지역 불균형은 중동 지역에 드러나는 가장 중요한 요소다. 예를 들어 이집트 인구의 99%는 전체 국

---

* 이 책이 집필된 2000년 이전 상황으로, 지금은 관련 데이터를 모두 얻을 수 있다.

토 면적의 4.5%밖에 안 되는 나일강 유역에 거주하고 있다. 요르단과 이라크에서는 절반 이상의 인구가 14~16%에 불과한 땅에 밀집해 거주하며, 이스라엘에서는 인구의 60%가 국토의 10%밖에 안 되는 규모의 땅에 산다. 충분한 강우량은 인구 밀도에 매우 중요한 요소이지만, 전부는 아니다. 소아시아나 이란의 카스피해 연안 사례가 이를 대변한다. 물론 그 반대 사례를 수단에서 볼 수 있는데, 남부 지역은 수자원이 풍부함에도 불구하고 상대적으로 인구 밀도가 낮다. 자연적인 강우와 더불어 관개용수 확보 가능성 역시 인구 밀도를 높이는 주요 변수가 될 수 있다.

인구적 요소

인구에 대해 논할 때 인구 밀도와 실제 인구 규모는 상당히 다르다. 중동을 기준으로 했을 때 이란 6,750만 명, 이집트 6,480만 명, 튀르키예 6,350만 명은 큰 규모다. 바레인 60만 명, 카타르 70만 명, 오만 220만 명, 쿠웨이트 200만 명, 아랍에미리트 220만 명의 경우, 어떤 기준으로 보아도 규모가 매우 작다.

1970년대 중동의 출생률은 1,000명당 39~50명이었다. 이 수치는 다른 개발도상국과 비교했을 때 상당히 높은 수치다. 1997년에 이르러 출생률은 1,000명당 20~45명으로 떨어졌다. 최고 수치는 예멘으로 1,000명당 44.8명, 그다음은 리비아 43.9명, 이라크 42.5명, 수단 40.5명이었다. 걸프 국가의 경우, 사우디아라비아와 오만의 출생률이 1,000명당 37.9명으로 가장 높은 수준이었다. 카타르는 1,000명당 17.3명, 아랍에미리트는 18.5명으로 중동에서 가장 낮았다. 이처럼 가장 중요한 인구지수인 출생률은 매우 명확하게 감소 중이다. 이집트, 튀르키예, 요르단의 경우 가족의 규모를 줄이는 정책을 시행 중이기 때문이다. 반면, 이라크, 리비아,

사우디아라비아 정부는 가족의 규모를 늘리라고 격려 중이다.

생식 패턴에 영향을 주는 다른 요소는, 거의 전 세계적으로 결혼을 강조하고 있다는 사실과 가족이 빠른 속도로 형성된다는 점이다. 이슬람이 산아 제한을 금지하는 것은 아니지만, 중동 사람들은 일반적으로 피임을 잘 하지 않으려는 경향이 있고, 서구 스타일의 산아 제한 프로그램은 미미한 수준이다. 예멘 같은 일부 지역에서는 많은 수의 남성이 해외에서 일하게 되면서 결혼 연령이 늦춰져 가족의 규모가 작아지기도 했다. 하지만 상대적으로 가난한 지역의 경우 아동 노동에 가족의 안녕을 의존하는 경우가 많기 때문에 아이를 많이 낳는 것이 매우 중요하다. 더욱이 중동 지역에는 여러 성인 자식이 어른을 보살피는 것을 매우 큰 미덕으로 여기는 문화까지 있다.

상대적으로 최근까지 중동 지역의 사망률은 상당히 높았다. 하지만 다른 지역들처럼 공공 보건 향상과 사회 환경 변화로 삶의 질이 향상되면서 영양 상태가 개선되었고, 의료 서비스가 나아지고 있다. 또한 일부 국가들에서는 국가가 많은 보조금을 제공하기도 했으며, 무엇보다도 공공 의료 정책이 개선되었다. 식수의 소독, 살충제를 통한 질병 매개체의 박멸, 항생제의 사용, 그리고 무엇보다도 개인적인 건강 및 위생 관리 확대와 교육 증가는 사망률 감소에 기여했다.

1980년대 중동의 사망률은 1,000명당 15~20명이었다. 1997년 가장 높은 사망률을 기록한 나라는 수단으로, 1,000명당 11.2명이었고, 그다음이 예멘 9.2명, 이집트 8.6명이었다.

가장 낮은 사망률 수치를 기록한 국가는 쿠웨이트로, 1,000명당 2.2명이었고, 그다음은 아랍에미리트 3.0명, 바레인 3.3명, 카타르 3.5명이었다. 이처럼 중동 내 여러 국가의 인구 패턴은 서유럽이 안정화된 것과 비슷한 경향성을 보였다. 하지만 여자 1명당 자녀수를 의미하는 총출산율은 여전히 서유럽 평균보다 높다. 중동에서 가장 높은 총출산율을 기록한 국가는 예멘으로, 여자 1인당 7.2명이었으며, 그다음이 사우디아라비아로 6.4명, 이라크 6.3명, 리비아 6.2명, 오만 6.0명이었다.

사망률과 총출산율 변화는 연간 인구 성장률에 고스란히 반영되었고, 그 결과 1970년대 중동 지역 인구 성장률은 연평균 2.9%를 기록했다. 30년도 안 되어 인구가 2배로 늘어났다는 것을 의미한다. 대다수 중동 국가의 경우 인구 성장률을 대폭 낮췄음에도 여전히 수치가 매우 높은 국가가 존재한다. 튀르키예(1.6%)와 이집트(1.9%)의 경우 가장 성공적으로 인구 성장률을 낮추었고, 레바논(1.6%)과 아랍에미리트(1.8%) 역시 마찬가지다. 하지만 쿠웨이트는 5.7%, 서안 지구는 4.3%, 카타르 4.0%, 예멘 3.6%, 사우디아라비아 3.4%를 기록했다.

인구와 관련된 또 다른 주요 요소 두 가지는 바로 유아 사망률과 기대 수명이다. 신생아 1,000명당 사망률을 의미하는 유아 사망률은 중동 지역 전반에서 상당히 많이 떨어졌다. 하지만 여전히 유아 사망률이 높은 국가도 있는데, 1970년대 기준으로 수단 74.3명, 이집트 71.0명, 예멘 68.1명, 리비아 57.7명, 이라크 57.5명이다. 이는 매우 낮은 수치를 기록하는 이스라엘(8.3명), 쿠웨이트(10.6명), 아랍에미리트(15.5명), 바레인(16.4명)과 대조된다.

기대 수명이 늘어나면서 전체 인구가 늘어날 뿐만 아니라 인구 구조 역시 변화했다. 태어난 해부터 사망할 해까지의 연수를 예측한 기대 수명은 대부분의 지역에서 늘어났다. 하지만 수단의 경우 기대 수명은 여전히 55.5세다. 그다음으로 낮은 수치는 예멘(60.3세)과 이집트(61.8세)다. 이와 달리 다른 국가들에서는 거의 서구 수준으로 높아졌다. 이스라엘의 경우 78.2세, 쿠웨이트는 76.2세이며, 아랍에미리트 74.6세, 바레인 74.6세, 카타르 73.6세다.

종합적으로 봤을 때 수단, 튀르키예, 예멘을 예외로 친다면, 중동의 인구 통계는 빠르게 서구의 비율과 유사해지고 있다. 만약 인구 전환이 일어난 것이 아니라면, 이는 아마 정부의 능동적인 정책 때문일 것이다. 아랍에미리트, 카타르, 쿠웨이트의 인구 증가는 근본적으로 이민 증가에 따라 야기된 것이다. 이처럼 자연적인 인구 성장과 이민을 통한 인구 증가는 구분해야 할 것이다.

중동 지역의 인구 통계에서 중요한 또 하나의 요소는 사회·경제적 측면과 결부된 14세 이하 인구의 비율이다. 팔레스타인을 포함한 18개의 중동 국가를 조사해본 결과, 그중 10개국은 14세 이하 인구 비율이 40% 이상이었다. 낮은 수치를 기록한 국가로는 이스라엘과 카타르 28%, 레바논 30%, 바레인 31%였다. 이처럼 중동 지역은 '젊은 층의 압박'이 존재하고 있으며, 그렇기 때문에 교육에 많은 투자가 필요하다. 그와 함께 적정한 수준의 일자리 창출 역시 필요하다. 농업 분야의 노동력 수요는 갈수록 줄어들고 있고, 산업화는 자체적인 문제를 야기했다. 현대적인 생산 기술의 발전은 공예 산업에 악영향을 끼쳤고, 많은 중동 국가에서 서비스 산업은 아직 개발이 필요한 분야다. 대다수 국가에서 관광업 증진이 답일 수 있으나, 경제 문제를 해결하는 대신 사회적 병폐가 심해질 수 있다. 고등교육과 관련해 일부 국가에서는 지나치게 많은 대졸 노동자가 쏟아져 나오면서 노동 시장이 이를 모두 수용할 수 없는 한계에 도달했다. 이 모든 문제는 향후 더 심각해질 것으로 보인다.

중동 지역은 65세 이상의 인구가 낮다. 서유럽에서는 심각한 문제인 고령화는 중동 지역에서는 아직 몇 세대 이후의 문제다.

서유럽의 인구 구조 피라미드와 가장 유사한 수치를 보이는 국가는 이스라엘로, 14세 이하 인구는 28%, 65세 이상의 인구는 10%를 차지하고 있다. 그 외 국가의 경우 65세 이상 인구의 비율은 평균 2~4% 정도이며, 레바논과 튀르키예만 예외적으로 6%를 기록하고 있다.

이주

촌락에서 도시로, 가난한 지역에서 부유한 영토로, 전쟁 지역에서 다른 곳으로 이동하는 것과 같은 내부적인 이주와 별개로, 중동 지역은 밖으로 나가는 이주 규모 역시 상당하다. 예멘의 경우 전통적인 노동력 공급 국가로, 사우디아라비아, 걸프 소국, 이라크, 요르단, 시리아, 에리트레아, 소말리아 같은 주변 중동 국가뿐 아니라 동인도나 동아프리카, 파키스탄, 인도까지 해외 노동자를 파견한다. 해외 노동자의 대부분은 일반 노동자, 무역상, 선원으로 일하며, 극히 소수는 공무원으로 근무한다. 레바논과 시리아 역시 전통적인 해외 노동력 공급 국가다. 하지만 걸프 전쟁으로 인해 100만 명에 달하는 예멘 해외 노동자가 사우디아라비아에서 철수해야 했고, 그 이후 계속된 지역 내 위기로 인해 이주 패턴이 상당히 많이 변했다.

또 다른 형태의 이주 노동은 교육받은 아랍인들이 다른 아랍 국가로 이주하여 전문직·기술직으로 일하는 것이다. 여러 이집트 교사가 리비아, 사우디아라비아, 걸프 국가 등의 학교에 취직했다. 석유 회사들은 중동 전역의 노동자를 채용하고, 시리아나 이집트 사업가들은 전 중동에 퍼져 있다. 팔레스타인 사람들 역시 전문직이나 행정직, 기술직 노동자로 다수의 아랍 국가에서 일하고 있다. 하지만 팔레스타인계 아랍인들은 1948년과 1967년 두 차례 쫓겨난 적이 있다. 반면, 이스라엘의 건국으로 상당수의 유대인이 이라크나 예멘 등지에서 이주해왔고, 그중 거의 90%가 중동 지역 출신 유대인이다. 이스라엘의 연간 이주민 수는 매년 상이했는데, 가장 많은 수가 들어온 해는 1949년으로, 1년에 총 23만 9,000명이 이주해왔다.

중동 일부 국가가 인력을 외부로 송출하는 데 특화되어 있는 것과 달리 사우디아라비아를 포함한 여러 걸프 국가는 노동력 부족에 따라 많은 외국인 노동자를 받아들였다. 그중 극소수만이 북미 지역이나 서유럽, 일본에서 이주해온 전문직 해외 노동자들이고, 일정 규모의 중간급 사무직을 제외하면 대다수는 육체노동자다. 육체노동자의 대부분은 팔레스타인, 필리핀, 인도반도 출신이다. 걸프 전쟁 이후에는 이주 노동자를 대개 인도반도 출신의 무슬림들로 충당했다. 그 결과 모든 걸프 국가는 인구 대비 상당히 높은 해외 노동자 비율을 보이고 있으며, 특히 아랍에미리트나 카타르의 경우 해외 노동자 비율이 토착 인구 비율보다 더 높다. 비록 해외 노동자들이 여러 중동 국가에서 인프라를 건설하는 데 도움을 주었지만, 높은 해외 노동자 비율은 잠재적으로 사회·경제적 문제를 야기하기 쉽다.

2000년 기준 인구 1,000명당 해외 노동자 유입 수는 쿠웨이트 42.3명, 카타르 26.6명, 서안 지구 10명, 아랍에미리트 2.5명, 사우디아라비아 1.5명이다. 반면 이란의 경우 -4.9명, 요르단 -6.1명이다. 흥미롭게도 이스라엘의 경우는 6.1명이다.

요약

앞서 살펴본 것처럼 중동 지역에 거주하는 여러 집단 간에는 비정상적인 수준의 인구 분포, 인구 밀도, 생활수준의 격차가 존재한다. 이러한 현상은 '그러면 어느 수준까지 인구를 분산시키고 편의 시설을 제공하는 것이 이상적이고 실현 가능한지'에 대한 의문을 자아낸다. 분명히 나일강 유역이나 소아시아 일부 지역처럼 높은 인구 밀도가 주는 압박이 큰 지역이 있고, 동시에 이라크 메소포타미아 저지대나 일부 이란 지역, 리비아의 해안 고지대처럼 개발이 더딘 지역이 존재한다. 또한 이미 고도로 도시화된 지역이 더 많은 인원을 종주 도시나 소규모 도심 센터로 끌어들이는 현상도 목도된다. 특히 그러한 급속도의 도시 성장 과정에서 도시의 인프라나 사회적 서비스 공급에 막대한 압박이 가해지고 있는 것이 현실이다. 더욱이 일부 중동 국가의 경우 인구 100만 명도 안 되는 현실에서 중동 지역 난민의 수가 250만 명을 넘는다는 사실은 모든 국가에 극도의 압박으로 작용할 수 있다. 특히 이러한 난민 문제가 중동의 정치적 맥락에서 시급하다는 점이 더욱 큰 부담이다.

대부분의 국가에서 석유 수익을 통해 축적된 부를 실제로 재분배한다고 가정하더라도 중동 지역의 인구 문제가 해결될 수 있을지는 의문이다. 도시화와 산업화를 통해 여러 변화가 나타나고는 있지만, 인구 성장률 문제가 만약 해결되더라도 젊은 층의 인구 압박 같은 다른 문제가 여전히 너무 많이 남아 있기 때문이다.

8장

사회

수 세기 동안 중동 지역의 사회 형태는 크게 세 공동체로 나뉘어 있었는데, 그것은 바로 유목민 공동체, 정주 경작 공동체, 도시 공동체다. 과거부터 많은 저자와 여행자들은 세 공동체에 드러나는 대조적인 삶의 방식과 사회 조직, 그리고 공동체 간의 관계를 감명 깊게 보아왔다. 이 세 공동체 모두 오랜 기간에 걸쳐 형성되었지만, 변화의 속도가 기하급수적으로 바뀐 것은 1960년대 석유의 시대가 열리고서부터다. 특히 석유가 안겨준 부는 단순히 산유국에만 영향을 준 것이 아니라 중동 전역에 여러 여파를 가져왔다.

중동 지역에 남아 있는 유목민의 수는 수단을 제외한 대부분의 국가에서 전체 인구의 최대 5% 정도 되는데(그림 8.1), 이는 석유 발견 이후 많은 수의 유목민이 유목 생활을 청산한 결과다. 정주 경작 공동체의 경우 지역 내 변화의 정도가 다소 미미했다. 하지만 걸프 지역 같은 산유국의 경우 시골 지역은 사실상 방치되었다. 식량은 대규모로 수입이 가능했기에 도시는 더 이상 시골에 의존하지 않게 되었다. 식량 안보에 대한 우려는 시골 지역의 재생보다는 식량 비즈니스의 성장으로만 이어졌다. 도시민들의 삶은 현대적인 서비스와 인프라가 갖춰지면서 여러 방면에서 헤아릴 수 없을 정도로 변화했다. 중동, 특히 걸프 국가들의 도시 대

그림 8.1 중동의 최근 유목민 거주 지역

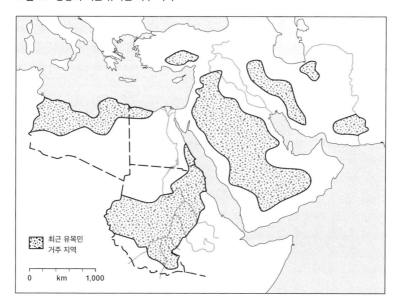

다수에서 광범위한 도시화가 이루어졌고, 여느 다른 지역들과 마찬가지로 이러한 도시화는 경제·사회적 압박을 동반했다.

하지만 변화가 급속도로 이루어졌듯이, 이러한 변화의 지속 또한 오래가지 못했다. 특히 오랜 기간에 걸쳐 형성되었던 세 가지 형태의 삶이 남긴 영향은 전혀 지워지지 않았다. 어쩌면 '아직까지는' 기존 삶의 패턴을 지우지 못했다. 그렇기 때문에 중동 지역 인간사회의 토대가 되는 세 형태의 공동체를 살펴볼 필요가 있다. 8장에서는 세 가지 전통적인 삶의 형태를 살펴보고, 마지막으로 근대적인 모습도 살짝 다루어보겠다. 특히 피셔의 저서에서 소개된 흥미로운 부분들도 여기서 함께 소개하겠다.

유목민

유목민 공동체의 가장 주된 특징은 가축들을 위한 초원을 찾기 위해 정기적으로 이동한다는 점이다. 주로 한 지역에서 다른 지역으로 이동하는 형태가 전형적인 유목 생활인데, 산지 지역의 경우 같은 지역 내에서 다른 고도로 오르내리는 이동 방목을 한다. 전형적인 유목은 사실상 수평적인 이동이고, 이동 방목의 경우에는 고도 간 이동인 셈이다. 아라비아반도의 유목민들이 전형적인 유목민에, 아나톨리아반도나 자그로스산맥 서부의 쿠르드족이 이동 방목형 유목민에 해당한다.

중동 지역의 경우 강우량이 적어 초원이 부족하고, 또한 해마다 그 격차도 천차만별이기 때문에 유목민들은 생존을 위해 '경험'이 가장 중요하다는 것을 깨달았다. 따라서 전체 공동체의 활동을 이끄는 결정은 원로들이 내리게 되었다. 특히 우물이 마르거나 외부의 공격 같은 급박한 위기가 닥쳤을 때는 전체 공동체가 아닌 최고 지도자 한 명이 빠른 결단을 내린다. 유목 목축 집단의 대표적인 특징이라고 할 수 있는 이러한 형태의 사회조직을 가부장제라 하며, 공동체의 삶은 선택을 받은 한 명에 의해 통치된다. 공동체의 족장(셰이크)은 막강한 권력을 보유하며, 그 권력은 오직 선례나 전체 공동체의 집단 경험, 또는 공동체 내 원로에 의해서만 조정될 수 있다. 공동체 안에는 개인주의나 혁신의 여지가 많지 않고, 여러 가부장적 공동체는 수백 년 동안 이러한 삶의 형태를 거의 바꾸지 않았다.

공동체의 규모는 천연자원의 한계에 맞춰 결정된다. 특정 지역의 자원은 상대적으로 소규모의 인원들만 감당할 수 있기 때문이다. 유목민의 구성단위는 부족으로, 이는 수적 우위를 얻을 수 있을 만큼의 크기인 동시에 사막 환경에서 살아남을 수 있는 크기이기도 하다. 혈연관계는 매우 강하며, 근친혼을 통해 이를 영속시킨다. 부족 내 단결성과 규율성이 눈에 띄는 특색이기는 하나 이것이 역사적으로는 유목 사회의 취약성으로 작용하기도 했다. 부족보다 큰 단위의 정치 체제는 단지 짧은 기간 동안만 유지되었기 때문이다.

뛰어난 지도자가 몇 개의 부족을 하나의 세력으로 묶더라도 이러한 연합은 일시적이었다. 대개 그 지도자가 사망한 이후 다시 작은 부족들로 찢어져버렸기 때문이다. 그렇기에 대규모 정치 조직은 유목민 사회에 설 자리가 없었고, 이에 따른 부족 간 반목과 정치적 불안정성은 사막이나 초원뿐만 아니라 건조한 지역에 정착한 부족민들의 삶에도 영향을 끼쳤다.

각 부족에게는 목축과 점령에 관한 특정 권한들이 있었다. 각 부족의 영토 경계는 세밀하게 책정되었고, 일반적으로 여름 야영지와 겨울 야영지로 구성되었다. 특히 영토의 정확한 크기는 주로 각 부족의 물리적 힘과 명성에 따라 달라졌다. 따라서 국경이 때때로 바뀌었고, 약한 부족들은 강한 부족들의 보호를 갈망했다.

사막 지역의 환경 여건은 시시각각 변했고 유목민들의 삶에 각각 다른 영향을 끼쳤다. 예를 들어 아라비아 사막 북부 지역의 경우 광활한 개방형 고원이 때때로 얕은 계곡이나 폐쇄형 분지로 나뉘어 있다. 반면, 남부 지역의 지형은 들쭉날쭉한 고지대, 용암평야, 심하게 침식된 분지나 계곡에서부터 동쪽 방향의 완만한 저지대까지 다양하다. 또한 기후, 특히 강우의 경우 상당한 차이를 보인다. 예를 들어 아라비아반도 서부의 경우 관개 없이도 산발적인 경작을 할 수 있을 정도로 충분한 비가 내린다.

환경에 대응하는 형태는 지역마다 다양하다. 유프라테스강 유역의 경우, 짧은 구간을 이동하며 양과 염소를 방목하는 형태가 가장 일반적이지만, 튀르키예-쿠르디스탄 경계의 산지에서는 전형적인 유목보다는 이동 방목이 이루어진다. 다마스쿠스, 바그다드, 요르단 사이에 위치한 남쪽 개활지의 경우 낙타를 활용한 보다 장거리 유목이 특징이다. 아라비아반도의 경우 낙타를 기반으로 넓은 지역을 이동하는 유형부터 경작과 준半정착 생활을 하는 부분적 유목 생활까지 모든 형태가 다 나타난다. 리비아 사막 유목민의 경우에도 비슷한 형태의 유목 생활을 하는 반면, 이란의 유목민들은 1년 동안 이란 내 사막과 엘부르즈 고원을 오가며 2,000km를 이동하기도 한다. 또한 리비아 키레나이카 지역에 위치한 제벨 아크다르 인근 유목민들은 매우 복잡한 1년 사이클을 가지고 있다. 그들은 계절별로 고원을 오르내리고 경작을 한다. 더 건조한 남쪽 지역의 유목민은 대부분 우물을 중심으로 이동하며, 오아시스가 있다면 완전한 정주 농업 공동체가 생기기도 한다.

물 없이 낙타는 최대 20일, 양은 4일, 소는 1~2일을 견딜 수 있기 때문에 어떠한 가축을 주로 목축하는지에 따라 다음처럼 구분이 가능하다. 장거리를 이동하는 낙타 유목민, 제한적인 영토를 이동하는 양치기 유목민, 그리고 주로 소를 치며 일정 수준 경작도 같이하는 준유목민 또는 이동 방목 유목민. 하지만 예상 밖의 기후 변화와 가축 수의 변화 때문에 이러한 패턴은 지속적으로 변하고 있다. 만약 유목민들이 국제적인 경계선을 넘어갈 경우 특별한 문제가 발생한다. 협약에 따라 유목민들에게 임시로 경유지의 국적을 부여하기도 하지만, 이러한 현상은 해당 정부에게 그다지 유쾌한 일은 아니다. 하지만 사우디아라비아와 오만의 경우 1990년 국경협약을 통해 양국 국경 지대에 각각 20km 규모의 방목지를 활용할 수 있게끔 소위 '투과성porous 국경'을 만들었다.

유목민의 경우 항상 이동하기 때문에 물질적인 문화는 상당히 제한적이다. 부족에게 가장 중요한 물품은 가축 다음으로 천막이다. 천막은 대개 검은색이거나 갈색이며 낙타 또는 염소 털로 짠다. 잘 정비된 천막은 방수가 되기도 한다. 기둥의 개수로 천막의 규모를 알 수 있는데, 이를 통해 소유자의 경제적 수준과 사회적 지위를 알 수 있다.

유목민의 복장 또한 매우 단순하다. 길고 두꺼운 로브가 주된 옷이며, 겨울에는 낙타털로 짠 방수 망토를 입는다. 끈이나 밴드로 고정한 아주 큰 터번을 머리에 착용하여 얼굴과 목을 보호하고, 뒤축이 없는 생가죽 샌들을 발에 착용한다.

물은 매우 귀하기 때문에 대개 씻는 데 사용하지 않는다. 실제로 이슬람 경전인 쿠란에서도 모든 무슬림의 의무인 세정 의식을 행할 때 모래 사용을 허용했다. 유목민의 음식은 매우 단조롭고 양이 적다. 가장 중요한 음식은 유제품으로, 응고한 우유, 버터밀크, 버터, 다양한 형태의 치즈를 먹으며, 가장 흔한 것은 크림치즈 형태인 라브네labne다. 여기에 더해 밀이나 보리, 때때로 쌀을 조금씩 먹는데, 이 곡물들은 농부에게 구입하거나 스스로 산발적으로 경작한 것들이다. 또한 소량의 말린 과일, 종종 대추야자를 먹는다. 가축은 사실상 고정된 자산으로 간주되기 때문에 육류 섭취는 엄청난 호사로 간주된다. 가축의 소유자는 가축 자체가 아닌 가축으로부터 산출한 상품으로 살아야 하는 것이 원칙이다. 따라서 대규모 축제를 위한 특별 도축을 제외하면 자연사한 경우에만 그 가축을 먹는다. 일반적으로 유목민들은 신장이 작고 체격이 빈약하며, 영양 상태가 나쁘다. 하지만 물리적인 힘과 지구력은 뛰어나다. 삶이 매우 고단하기 때문에 40살이 넘으면, 특히 여성의 경우, 노화가 시작된다. 유목민에게 50세는 장수와 다름없이 간주된다.

> 그 땅은 관대함이나 안락함이 없는 넓고 건조한 땅이지만, 인류
> 는 아주 옛날부터 거기서 살았다 … 그들은 거기 살았다. 그들이
> 태어난 세계가 바로 그곳이기 때문이다. 그들의 삶은 그들의 조
> 상들이 이미 헤쳐나간 삶이다. 그들은 역경과 궁핍함을 받아들
> 인다. 그 외의 방식은 모르기 때문이다. ─《아라비안 샌즈Arabian
> Sands》(윌프레드 세시저, 1959)

비록 최근에는 매우 드물지만, 건조한 지역에서 부족한 물품을
보충하는 수단 중 하나는 바로 약탈이다. 유목인들은 이런 행위
를 가주ghazu라 부르며 마치 스포츠로 간주하며 허용하고 있지만
실제 목적은 확실히 경제적인 데 있다. 사막 지역에서는 비가 내
리지 않아 발생한 손실을 경감하기 위해 종종 약탈한다. 유목민
들은 힘으로 다른 사람의 것을 빼앗을 것인가와 굶어 죽을 것인
가 사이에서 선택해야 한다. 약탈은, 비록 근본적으로는 악행이
지만, 일종의 규약과 규칙이 정해져 있기 때문에 '스포츠'라고 이
름 붙인다. 간계와 속임수를 통해 빠르고 들키지 않게 약탈에 성
공하는 것이 가장 선호된다. 또한 소유물과 여성, 아이들을 빼앗
기더라도, 피를 보는 것은 최대한 지양한다. 부족 약탈전을 성공
적으로 이끌면 개인적인 명예와 권력이 따라온다. 약탈은 다른
부족을 대상으로 실시할 수도 있는데, 대개 사막 경계에 위치한
농업 정착지를 약탈하는 것은 위험부담이 따른다. 농업 정착지의
경우 방어하기 훨씬 어렵고 유목 생활보다 잃을 것이 더 많기 때
문에 이들은 종종 특정 유목 부족에게 영구적으로 공물을 바치고
필요한 식량을 제공한다. 이러한 조공 관계를 카오아khaoua라고

부른다. 오늘날엔 지방 정부의 통제 덕분에 약탈이 대폭 줄어들었다. 이러한 정치적인 해결 말고도 유목민들에게 약탈의 대안으로 직업을 제공해 생계를 보장하는 경제적인 방법도 도입되고 있다.

엄격한 규율은 유목민들이 일상을 유지하고 공격의 취약성으로부터 방어하기 위한 필수적인 덕목이다. 이는 이들의 사고방식에도 큰 영향을 끼쳤다. 종교 생활에서도 타협이나 의심은 용납되지 않고, 완강하고 확고하며 편협한 신앙을 고수한다. 행동 규범도 역시 엄격하다. 정해진 경로나 투숙지가 없는 환경에서 손님을 환대하는 것은 매우 높이 평가받는 '선행'이다. 유목민들에게는 이러한 일반적인 사회적 덕목이 정교한 행동 방식이자 수칙이다. 또한, 괴팍한 유목민들의 생활양식을 고려했을 때 이들이 여러 미신과 숙명론을 믿는다는 사실은 그리 놀랍지 않다. 사람뿐 아니라 동물, 심지어 오토바이에도 부적을 넣고 다닌다. 여성은 물리적 힘이 약하고 가정사에 묶여 있기 때문에 상대적으로 지위가 낮다. 하지만 정착 지역의 여성들과 달리 히잡을 쓰지는 않는다.

유목 생활은 환경에 대응하는 특별한 방식이다. 이는 인간의 경계가 더욱 척박한 지역까지 확장되었다는 것을 의미한다. 과거에 유목 생활은 농업 생활이 불가능할 때 선택하는 불완전한 대안으로 여겨졌다. 원시시대의 인간은 처음 사냥과 채집을 하다가 목축으로 전환했고, 이후 환경이 허락할 경우 농업에 기반을 둔 완전한 발전을 이뤘다고 여겨졌기 때문이다. 이와 달리 세 공동체가 상호 의존적이며, 각 공동체는 다른 공동체의 존속을 위해 필요한 것들을 제공해준다는 시각이 존재한다. 하지만 이러한 상호의존적 구조에서 혜택은 불균형하게 분배되고 있다. 도시 공동체의 군림은 생태학적 측면에서 중심적인 화두다. 최근의 변화는 균형을 더욱 파괴하고 있고, 더 나아가 근대화의 물결은 새로운 패턴과 관계를 만들어내고 있다.

특정 사례들은 목축이 경작보다 더 발전된 형태임을 명확히 보여준다. 목축이 사냥과 채집에서 경작 단계로 넘어가는 중간 단계 내지는 퇴보라기보다는, 환경적·사회적 환경의 변화에 역동적으로 대응한 형태라는 증거들이 존재한다.

인류 역사의 특정 시기 또는 특정 지역에서 여러 환경적 압박 속에 유목 목축으로 전환하는 것을 식별할 수 있다. 하지만 현재 시점에서 그러한 경향성은 사실 강력하게 반대로 나타난다. 최근 중동 대다수 지역에서는 유목인들을 정착시키려는 움직임이 일고 있다. 도시들은 더 높은 삶의 수준과 취업 기회로 이들을 '끌어들이고' 있고, 자연적인 목초지의 감소는 유목민들을 '밀어내고' 있다. 각국 정부는 이와는 또 다른 목적에서 유목민들을 정착시키려 한다. 정부는 유목민들을 '만족하지 못하고 신뢰할 수 없는 시민'으로 여기기 때문이다. 멀지 않은 과거에 이란과 튀르키예는 유목 부족들을 강제로 정착시키는 조치를 취한 적이 있다. 하지만 이로 인해 가난과 질병이 증가했고, 상황이 심화되면서 특정 공동체가 사실상 멸종하는 결과를 가져왔다.

그렇기에 이러한 상당한 변화에도 불구하고, 비록 의미는 많이 퇴색되었지만, 목축 유목민들이 계속해서 자신들의 몫을 하게끔 허용해야 한다고 주장하고 싶다. 왜냐하면 아직 특정 지역에서는 목축이 그 토지를 '평가'할 수 있는 유일한 수단이기 때문이다. 유목민의 생활양식은 안정적인 토지 환경을 만드는 가장 효과적이고 효율적인 형태일 수 있다. 경작을 하게 될 때 토양의 부식으로 인한 토지의 황폐화가 토지의 방치로 이어진 경우가 많다. 만약 농사가 어렵거나 다른 자원이 존재하지 않는 반半건조

토양에서는 최소한 도시가 계속해서 요구하는 양모, 우유, 육류를 생산할 수 있다. 이를 실현하기 위해서는 다음과 같은 계몽정책이 필요하다. 지방 신용대출 제공, 가축 등급제도와 마케팅 계획 수립, 조합의 개발, 의료 교육 및 수의과 서비스 제공, 그리고 무엇보다 중앙 정부는 유목민들이 2등 시민이 아니며 잠재적인 위험 인자도 아니라는 점을 수용해야 한다.

전통적인 유목민 생활양식은 분명히 감소하고 있고, 교육 및 다른 서비스의 제공이 이러한 양상을 가속화할 것으로 보인다. 이는 분명 기본적인 이민 패턴을 변화시킬 것이다. 하지만 중동 지역 내 여러 국가에서는 유목 문화를 보존해야 할 필요성에 공감하고 있다. 유목민들은 스스로 척박한 환경과 맞서 역동적인 균형을 이루어낼 수 있는 능력을 갖추고 있기 때문이다. 더욱이 각국 정부는 기저에 유목 문화의 심리적 중요성을 인지하고 있다. 아라비아반도를 필두로 한 많은 중동 국가에서 유목민이 진정한 국가 정신의 유일한 전형이라고 보고 있다.

현재 중동 내 전체 유목민의 수는 400만 명 정도로 추산되며, 대개 튀르키예, 이란, 아라비아반도, 그리고 수단 정도에 살고 있다. 이들은 플라스틱 식기를 사용하고, 나일론 밧줄을 활용하며, 여러 다양한 가정용품을 사용하면서 사실상 현대 사회에 적응했다. 가장 근본적인 변화는 바로 오토바이를 사용한다는 것이다. 이제는 도요타 픽업트럭이 낙타보다 더 많이 활용되고 있으며, 심지어 여기에 낙타를 실어 목초지로 이동하고 있다. 이제 유목민의 천막은 텔레비전, 휴대전화 등의 전자기기로 가득 차 있다. 유목민들의 생활양식은 아직도 척박한 환경에서 삶을 지속하고 있을지라도, 현대 생활에 적합하게끔 변화했다.

촌락과 경작자

19세기 후반부터 계속된 중동 내 유목생활의 감소는 시골 정착촌의 인구 증가로 이어졌고, 비록 많은 사람이 촌락에서 도시로 이주했음에도 중동 인구의 거의 절반 이상이 오늘날 촌락 공동체에 거주하고 있다. 그리고 그들 중 과반은 경작자로 생활하고 있다.

태곳적부터 촌락은 중동 시골 정착지의 전형적인 형태였고, 외딴 농장이나 농가는 드물었다. 중동 지역에서 정착지가 흩어지지 않은 가장 중요한 이유는 물이 부족했기 때문이며, 물의 분배에 따라 사람과 촌락의 위치가 결정되었다. 공격으로부터 안전을 지키기 용이하고, 토지의 공동 소유가 흔한 관행이었기 때문에 전체 촌락의 명의로 토지를 등록하면서 사람들도 자연스럽게 뭉쳐서 살게 된 셈이다.

이러한 형태의 정착지가 지속된 데에는 다른 요인도 있다. 대형 지주와 그들의 대리인 입장에서 볼 때 응집된 촌락이 분산된 농장보다 소작인을 감독하고 통제하기 더 쉽고 효율적이었기 때문이다. 공동 농장 형태와 협동 생산 역시 중동 일부 지역에서 오랫동안 지속되었다. 특히 이란에서는 개방된 목초지를 운영했고, 지주들은 종종 소작지를 재분배해왔다. 정부는 각 개인이 아닌 촌락을 단위로 세금을 부과했다. 특히 이집트처럼 경작할 수 있는 땅이 적은 지역에서는 촌락의 수용 한계 이상으로 농장을 건설하는 것이 실제 금지되어 있었다. 이러한 패턴이 수백 년 동안 이어져 사회적 관습이 되면서 분산된 형태로의 변화를 막는 요인으로 작용했다.

대다수의 중동 촌락들은 규모가 작다. 평균 400~500명으로 구성되어 있다. 하지만 인구 밀도가 비정상적으로 높은 지역의 촌락은 더 크고 빽빽하다. 예를 들어, 이집트의 촌락은 다른 중동 국가들의 촌락보다 일반적으로 크고 인구도 300명에서 2만 명까지 다양하다. 이와 대조적으로 이란의 대다수 촌락은 평균 160명 정도밖에 되지 않는다.

평원이나 대규모 강 유역의 정착촌들은 대개 소규모 저층 주택들이 무리 지어 있다. 일반적으로 진흙 벽돌로 지어진 각각의 집들은 좁고 구불구불한 비포장도로로 나뉘었다. 보통 주거지는 귀중한 경작 토양을 낭비하지 않기 위해 가장 생산성이 떨어지는 돌이 많은 땅 혹은 사막과 농지의 경계선에 형성되었다. 중동의 전통 가옥은 대개 가족이 가축들과 함께 공유하는 개방형 뜰을 중앙에 설치하고, 이를 둘러 몇 개의 어두운 방을 만드는 형태다. 대부분의 집은 단층 구조로 가구가 없거나 변변찮고, 지푸라기나 담요를 바닥에 깔고 살며, 요리 도구와 식기류가 소유물의 전부다. 1960년대 후반부터 등유 난로가 광범위하게 확산되었으나, 매우 먼 거리에서 물을 길어와야 했기 때문에 자주 씻기는 어려웠다. 아직까지도 가축의 대변을 말려 요리를 위한 땔감으로 사용하기도 하며, 겨울철 난방을 위해 숯을 피우기도 한다. 산지에 위치한 촌락의 경우에는 대개 느슨하게 모여 있는 형태로, 진흙 벽돌보다는 돌을 주로 사용한다. 또한 집 지을 땅이 부족하기 때문에 뜰은 흔하지 않으며, 종종 이층집으로 지어진다.

생활 편의 시설은 주로 중앙 광장에 위치한 모스크, 목욕탕, 그리고 몇몇 상점이 전부다. 중앙 광장은 주민들의 회합 장소로 활용되며, 종종 7일장이 열린다. 일부 촌락에서는 남자들의 집합 장소로 활용되는 여관이 여럿 보인다. 단조로운 촌락 외형은 다양한 건축 자재, 외부 장식, 다른 형태의 지붕을 통해 타파된다.

하지만 만약 한 가지 재료로만 건물이 지어졌을 경우, 모든 마을이 다 똑같아 보인다.

30년 전까지만 해도 중동 내 촌락의 생활환경과 패턴은 수 세기 동안 변화가 거의 없었다. 열악한 보건 환경, 높은 영아 사망률, 높은 문맹률, 억압적인 지주 문화, 고리에 따른 주체할 수 없는 채무, 가난, 낮은 삶의 수준이 팽배했다. 대다수 촌민은 대지주의 지배 아래 무지와 고립, 배고픔과 굴종의 삶을 살았다.

토지 임대료와 세금은 종종 총산출 수입의 5/6를 차지했기에 소작농은 50~200%에 달하는 고리대금에 손을 벌릴 수밖에 없었다. 전통적으로 농업의 수익 배분은 총 다섯 가지 요소를 고려하여 계산했다. 땅, 물, 씨앗, 농기구(동물 포함), 노동력을 누가 제공했는지를 계산하는데, 각각의 기여도에 20%를 할당했다. 땅이 없는 소작농은 노동력만 제공했기 때문에 전체 수익의 20%만 가져갈 수 있었다. 교통이 원활하지 않아서 모든 생산물은 하나의 시장으로 흘러 들어갔다. 그래서 공급이 넘칠 때는 수익이 폭락했으며, 오직 농사에 실패했을 때만 가격이 올랐다. 특히 이러한 환경은 중간 상인이 독점 구조를 형성하기 아주 좋은 구조였다.

오늘날 많은 촌민이 여전히 최저 생활의 경계에 있기는 하나, 시골 지역에서는 빠르고 근본적인, 그리고 되돌릴 수 없는 변화들이 일어나고 있다. 모두 긍정적인 것은 아니지만 대개 좋은 방향으로의 변화다. 대규모 도로 건설 프로젝트가 시행되면서 여러 촌락, 주요 도시, 소규모 행정·시장 중심지 사이 소통이 향상되었다. 과거에는 열악한 도로 사정으로 몇 시간 또는 하루 종일 걸리거나, 심지어 일부 계절에는 이동 자체가 제한되었던 여정이 이제는 포장도로를 달리는 자동차와 택시 덕분에 획기적으로 단축되었다. 또한 많은 촌락이 상수도로 식수를 공급받고 전기를 보급받는다. 다양한 형태의 의료 센터가 시골 지역에도 건설되면서, 느린 속도지만 촌민들의 건강이 향상되고 있다. 제2차 세계대전 이래로 시골 지역에도 국립 초등학교가 여럿 건설되었다. 많은 발전이 이루어지고 있으며, 공교육에 대한 촌민들의 태도로 변하고 있다. 직업적 성취를 위해서는 정규 교육이 중요하다는 것을 서서히 깨달았기 때문이다.

라디오, 건전지로 작동하는 시계, 더 최근에는 텔레비전 같은 여러 매체의 영향으로, 촌민들 역시 삶의 지평이 작은 공동체 너머로 확장되기 시작했다. 이제는 촌락 전역에서 라디오를 발견할 수 있는데, 이는 문맹의 벽을 극복하는 핵심 도구로서의 의미를 지닌다. 라디오를 통해 촌민들은 시장 정보를 얻고, 도시의 삶에 대한 정보를 들으며, 다른 국가의 사건들을 접하게 되었다. 또한 정부 입장에서도 이 라디오를 통해 정치적·이데올로기적 소통을 시도할 뿐만 아니라, 산아 제한 같은 다양한 사회·복지 프로그램을 홍보할 수 있게 되었다. 더불어 라디오는 촌민들에게 새로운 아이디어를 안겨주고 정치의식을 심어주기도 했다. 이와 유사하게, 텔레비전 역시 중요한 역할을 담당하고 있다. 미래에는 이러한 매체의 영향이 촌민들의 사고방식과 생활양식에 더 크게 작용할 것으로 예상된다.

또한 새로운 작물, 향상된 농업 기술, 새로운 경작 기법의 도입으로 농업 환경 역시 변하고 있다. 대다수의 국가에서 실행한 크고 작은 토지 개간 및 관개 사업을 통해 경작지가 늘어나기 시작했고, 더욱더 집약적인 작물 생산이 가능해졌다. 이제 많은 지역에서 경작은 더 이상 생존을 위한 수단이 아니다. 대다수 농촌이 여전히 밀 또는 보리 같은 식품류를 주된 생산품으로 취급하고 있으나 최근에는 면화와 채소, 과일 같은 수출용 환금 작물의 재배가 엄청나게 늘어났다. 비료, 농약, 개선된 장비들이 도입되면서 촌민들은 더 높은 수확량을 확보할 수 있게 되었다. 대대적인 토지 개혁 프로그램과 복합 촌락 단지의 해체 덕분에 일부 경작자들은, 비록 작은 규모밖에 안 되지만, 태어나서 처음으로 지주가 되기도 했다. 조합이 설립되면서 신용대출을 해주거나 최신 기술을 소개하고, 농산품 마케팅을 주선하거나 농장 생산 관리를 지원했다.

하지만 어떤 경우에는 토지 개혁이 기존의 사회 분열을 심화하기도 했다. 시장 원칙과 자본 원칙이 도입되면서 농촌 사회에 새로운 갈등이 생겨나기 시작한 것이다. 사실 토지 개혁을 통해 땅을 얻은 소규모 지주들의 경우 일정 수준의 개선이 이루어진 것은 사실이다. 소작농 또한 일부 혜택을 보았다. 가장 불행한 부류는 땅이 없는 노동자들로, 토지 개혁 때문에 수입과 직장을 모두 잃은 사람들이다. 특히 가장 억압적인 계약조건으로 고용된 단기 임시직 노동자들의 고충이 가장 컸다.

이러한 변화들 속에서도 혈연관계와 종교의식은 여전히 경작자들에게 중요한 부분을 차지하고 있다. 가족의 범위는 부부와 기혼 또는 미혼의 아들딸들까지이며, 여전히 부족의 구조 속에 가족은 가장 기초적인 사회·경제 단위다. 아버지와 맏형, 부족장과 원로들에 대한 복종, 친척 같은 부족원들에 대한 충성은 여전히 가장 기초적인 사회생활의 원칙이다. 무슬림과 대다수 기독교계 종파 촌락에서는 부족 내 결혼이 대체로 선호되며, 한 촌락 안에 부족 간 전통적인 적대감이 남아 있는 곳도 아직 많다. 영토와 수자원, 촌락의 대표를 선정할 때 분쟁이 자주 발생하며, 종종 폭력이 난무하기도 한다. 실제로 부족 및 종파에 대한 충성심이 중동 촌락 공동체의 화합을 저해하는 요소로 작용하는 경우가 많다.

하지만 분명한 변화가 일어나고 있다. 새로운 사상과 외부의 자원이 기존 촌락 내 사회적 관계를 바꾸고 있다. 부족들이 함께 모여 사는 패턴은 아직 남아 있지만 더 이상 대세가 아니며, 핵가족도 늘어나는 추세다. 아버지들은 더 이상 아들들에게 강력한 통제력을 행사하지 못하게 되었고, 젊은이들은 일반적으로 촌락의 원로들에게 덜 공손하고 덜 순종적이며, 여성들 역시 남성에게 덜 순종적으로 되었다. 정당정치가 등장하면서 부족 단결성이나 부족 간 경쟁 체제도 줄어들었다. 이와 대조적으로 특정 지역에서는 결혼이나 출산, 종교적 측면에서의 변화를 강력히 거부하기도 한다.

경작자들의 삶이 실질적으로 많이 개선되었기는 하나, 시골 촌락과 도시 간의 격차는 여전히 엄청나다. 동시에 촌락에서도 전 세계의 소식을 접할 수 있게 되면서 경작자들의 야망과 기대치가 높아졌고, 촌락은 오로지 제한된 기회만을 제공할 수 있다는 인식이 팽배해졌다. 실제로 대다수 촌락의 사망률이 떨어지면서 부양할 가족의 수도 늘어나고, 자원을 배분할 대상도 늘어났으며, 일할 수 있는 노동력도 늘어났다. 그 결과 도시나 주변국, 심지어 서구 국가들로 이동하는 노동자가 급속도로 늘어났다. 이러한 현상은 중동 지역 촌락의 변화에 있어 가장 중요한 요소가 되어버렸다. 이 해외 노동자들이 집으로 보내는 해외 송금은 촌락에 남아 있는 가족들을 지원하는 가장 중요한 수단이 되었다. 일부 이주자들은 귀향하지만, 대부분은 도시에 남아 아내를 만나고, 아이를 낳은 후 영구적으로 정착한다. 자기 고향과의 연줄은 그대로 유지하면서 정기적으로 고향을 방문하는 것이 중동의 관례다. 촌민들은 그로 인해 도시 생활에 대한 정보와 경험을 더 많이 듣게 되어 결국엔 영구적인 이주가 더 늘어나는 상황으로 이어졌다.

여러 중동 국가에서 촌락에 가장 많은 영향을 끼친 요소는 바로 유전 발견과 석유 관련 산업이다. 더 야심차고 우수한 기술을 가진 촌락 구성원이 도시로 이주해서 수입을 얻고, 이를 집으로 송금함으로써 촌락이 이득을 보는 것은 사실이나, 동시에 잃는 것도 있다. 여러 걸프 지역 촌락의 경우, 대개 인도반도 출신의 외국인이 농사를 짓고 있다. 이러한 현상이 지속되면서, 촌락 사회가 사실상 소멸할 위험에 직면해 있다. 촌락에는 빠른 속도로 노인과 병약자들만 남고 있으며, 송금받은 돈으로 서구 스타일의 물건을 구입하면서 전통 공예는 시들해지고, 노인들은 경제 활동에서 배제되고 있다. 현대적인 생활용품을 도시 슈퍼마켓에서 구입하여 촌락에 가져오다 보니, 기존에 이 용품들을 제공해온 전통 공예 산업은 경쟁력을 잃을 수밖에 없게 되었다.

중동 지역의 촌락들은 여러 형태로 점차 정부의 국가관리 시스템과 국민사회 속으로 통합되어가고 있다. 최근 국가의 개입이 지속적으로 늘어나고 있으며, 중앙 정부의 역할이 커지면서 정부와 시골 촌락들 간의 관계도 변하고 있다. 만약 촌락 대표가 그 촌락에 거주하지 않게 되면 경찰이나 당원, 농업 관리, 은행이나 조합 공무원, 보건소 직원이 정기적으로 방문한다. 국책 정치·경제 기구들은 촌락에 지방 분원을 설립하기도 한다. 촌락 내 국립 초등학교 선생들은 국가의 교육 커리큘럼을 따르고 국가관을 가르친다. 또한 대부분의 중동 국가들에서는 모든 남성이 의무적으로 군 복무를 시행한다. 이처럼 강력한 외부의 힘에 의해 촌락의 변화가 추동되고 있으며, 그 결과 촌민의 적극적인 '참여'에 의한 발전보다는 촌락의 구성원을 '변화시키는' 발전이 더 많이 추진되고 있다. 특히 시골 지역의 불균형을 해소하고 도시와 촌락 간의 격차를 줄이기 위해 정부가 더욱 적극적으로 개입하면서 실제로 촌락 공동체 안에 새로운 갈등을 양산하기도 한다.

도시와 도시민

도시 문명은 중동 지역에서 시작되었고, 세계 어느 지역도 이와 같이 오래되고 공경할 만한 도시 전통을 가져보지 못했다. 이슬람 제국이 정점에 서 있었을 때 그 중심이었던 카이로, 바그다드, 다마스쿠스의 우수함과 지적·예술적 세련미에는 어느 유럽 국가도 대적할 수 없었다.

　도시화가 시작된 주요 원인은 일반적으로 상업의 발달과 결부된다. 상품을 거래할 수 있는 영구적인 정착지와 치안 확보에 대한 필요성이 대두되면서 도시가 생겨났다. 세 대륙의 교차로이자 바다와 사막 지역의 경계에 위치한 중동 지역은 내부적 교역뿐만 아니라 더 중요한 중국, 인도, 유럽, 아프리카까지 포괄하는 광범위한 교역망을 설립할 수 있었다. 아주 옛날부터 상업은 중동 국가들의 국정에 매우 중요한 요소였고, 특수한 관점과 이익 구조를 지닌 상인 공동체의 존재는 문화 발전에도 큰 영향을 끼쳤다. 특히 수 세기에 걸쳐 중동 여러 곳에 광범위한 규모의 상업 관계가 형성되면서 도시 생활 역시 놀랍도록 발전했고, 이로 인해 중동 지역에는 세계에서 가장 오래되고 가장 큰 도시들이 여전히 여럿 남아 있다.

　이렇게 대륙 간 활발한 교역을 통해 발전한 도시에서의 삶은 상대적으로 생활수준이 낮은 촌락의 상황과 매우 대조된다. 더욱이 무역은 다른 여러 공동체와 그들의 생활양식을 익히는 것과 연관되어 있다. 그렇기에 도시의 상인들은 새로운 아이디어에 개방적이고 융통성 있는 수용성을 보인다. 이러한 도시에서 부가 축적되고 물질적 발전이 이루어졌으며 상당한 문화적 발전이 이룩되었다.

상업적인 요소 외에도 또 다른 여러 요소가 중동 도시들을 놀랍도록 발전하게끔 기여했다. 첫 번째는 바로 부족한 수자원 또는 염도 높은 수자원이다. 부족한 수자원은 중동 사람들을 선택의 여지없이 물을 확보할 수 있는 일부 지역에 모이게 만들었다. 둘째로, 계속해서 반복된 중동의 역사에서 알 수 있듯이, 작지만 활기찬 소규모 공동체가 대규모 지역을 장악한 경우가 많았다. 이러할 경우 소규모 지배층은 수적 열세 때문에 광범위한 식민화를 추진하지 못했다. 그래서 주요 도시를 중심으로 권력을 집중하여 생경한 촌락들을 원격 통치했다. 고대 페르시아, 그리스, 로마 제국, 그리고 초기 아랍 제국이나 오스만 제국 모두 이러한 방식을 선택하면서 도시는 전통적으로 통치와 지배의 장으로 자리 잡았다.

세 번째는 종교적인 요소다. 중동의 주요 종교들은 처음에는 작게 시작했다. 이후 이러한 신앙과 새로운 교리는 외부 사상에 대한 수용성 높은 도시민들에게 가장 쉽게 전파될 수 있었다. 반면, 보수적이고 폐쇄적인 농부들에게는 새로운 교리의 전파가 더디게 이루어졌다. 심지어 오늘날에도 시골의 이슬람과 기독교는 도시와 사뭇 다른 모습이다. 이처럼 종교적 삶은 대부분 소도시나 대도시와 연관되어 있다. 가장 대표적인 사례가 예루살렘과 메카다. 종교적 전통의 성장은 결과적으로 순례라는 기제를 통해 상업 활동을 더욱 활성화시켰다.

교역 활동과 행정적 통치, 종교적 관련성이라는 요소에 기반을 둔 중동 지역의 도시 전통은 흥미롭게도 거의 7,000년 넘게 유지되었다. 물론, 개별 도시의 운명은 수 세기에 걸쳐 흥망성쇠를 거듭해왔다. 한때 150만 명의 인구를 자랑한 9세기 바그다드는 13세기 중반 몽골의 침입으로 초토화되었다. 수 세기 동안 몰락하던 이스탄불은 오스만 제국이 통치한 16세기 초 인구가 40만 명이 넘는 중동과 유럽에서 가장 큰 도시로 성장했다. 이러한 우여곡절을 겪으며 도시의 중요성과 깊게 뿌리박힌 도시 형태는 계속되었다. 여러 정치 세력들이 멸망했을지라도, 중동의 도시들은 제국보다 오래 살아남았다.

지난 20~30년 동안 중동 전역에서는 상대적·절대적인 도시 거주민 숫자가 놀랍도록 증가했다. 또한 최근 몇 년간 충격적으로 빠른 속도의 도시화가 이루어졌다. 19세기 말까지만 해도 중동 전체 인구의 10% 정도만이 도시에 거주했었다. 오늘날 예멘 같은 지역을 제외하면, 대다수의 중동 국가는 최소 전체 인구의 1/3이 도시에 거주하며, 일부 국가의 경우 비율이 2/3가 넘는다. 더욱이 도시민 대다수는 10만 명 이상의 인구를 기록하는 대도시에 거주하고 있다. 현재 카이로 광역시의 인구는 1,500만 명이며, 테헤란의 경우 1,000만 명이다. 이스탄불의 경우 700만 명, 앙카라와 바그다드는 각각 300만 명이 넘는다. 모두 광역 도시권에 해당한다.

앙카라, 바그다드, 카이로처럼 대도시가 성장할 수 있었던 것은 주변 지역의 촌락에서 대규모 인원이 이주해 들어왔기 때문이다. 또는 걸프 국가들처럼 다른 중동 국가로부터의 이민을 통해 대도시가 성장하기도 했다. 그렇지만 자연적인 인구 성장도 상당히 중요하며, 대개는 이러한 인구 성장이 한몫했다. 과거의 도시들은 질병과 높은 사망률의 중심지였지만 오늘날의 대도시들은 우월한 근무·주거 환경, 보건과 위생 환경의 획기적인 개선, 그리고 주요 의료 시설의 확충에 힘입어 사망률과 유아 사망률이 시골 지역보다 확연히 낮다. 동시에 일부에서는 출산율이 시골 지역보다 훨씬 높다.

촌락과 도시를 엄격히 구분해온 걸프 지역의 경우, 이러한 도시-촌락 간 격차가 최근 더욱 두드러지고 있다. 소도시와 대도시가 주로 근대적인 사회·경제발전의 주요 수혜자이기 때문이다. 도시민들은 훨씬 다양한 편의 시설, 교통 시설, 공공보건, 교육, 그리고 오락 시설을 향유하고 있으며, 전문직 종사자들은 대부분 도시를 떠나지 않는다. 도시는 부와 권력을 상징하는 반면, 시골 공동체는 사실상 박탈된 상태이며, 이러한 격차는 석유 시대가 도래한 이후 더욱 가속화되고 있다. 그 와중에 대규모 국제 무역의 중심이 아닌 여러 중동 도시 또한 각 지역에서 지속적으로 관심을 받으며 인구 유입의 장이 되고 있다. 물론 일부 중동 지역에서는 도시와 시골 간의 명확한 격차 확산보다 동반 성장하는 현상이 나타나기도 한다.

중동 도시들의 형태는 최근 몇십 년 동안 놀랍도록 변했다. 이러한 변화는 크게 두 가지 형태로 나타났는데, 하나는 산업화 시대 이전 도시 건축 양식을 차용한 전통적 형태(메디나), 또 다른 하나는 도심 외곽을 중심으로 현대적인 건물들을 가득 채운 서구 형태의 외형이다. 카이로의 경우 구시가지의 형태가 사실상 유지된 상태에서 새로움을 더한 반면, 예루살렘의 경우에는 구시가지와 신시가지를 확연하게 구분했다. 사우디아라비아의 리야드 같은 산유국의 현대 도시들은 전통적인 양식이 하나의 박물관 작품처럼 일부 남아 있다. 오만의 수도인 무스카트의 경우에는 엄청난 돈을 들여 구도심을 새로 단장했다.

전통적인 중동 도시의 물리적 형태는 사회적 공간을 어떠한 패턴으로 구성했는지를 통해 이해할 수 있다. 대다수의 도시는 상업적·공공 구역과 주거·사적 구역으로 나뉘어 있다. 상업 구역(바자르Bazaar)의 경우 개방형 또는 폐쇄형으로, 여러 좁은 골목이 서로 복잡하게 연결되어 있고 장인들의 공방, 물품 창고 및 상점, 그리고 물건을 전시하는 가판대와 받침대가 줄지어 있다. 특히 시장 구역은 각 물품별로 상인과 장인들이 몰려 있어 한 골목 전체가 동일한 물품을 파는 상점으로 가득 차 있다. 곡물, 구리 제품, 의류, 보석 골목이 각각 형성된 셈이다. 종교나 정치 생활과 관련된 공동체 시설들 역시 모두 상업 구역에 몰려 있다. 시장에는 모스크와 마드라사Madrasa(종교 학교)가 있고, 일부 도시의 경우 중앙 시장이 성채나 요새 주변에 위치해 있다.

이와 달리 사적인 영역은 명확하게 구분되어 있다. 주거 구역은 사생활과 치안이 가장 강조되었다. 미로와도 같은 구불구불한 골목길, 비탈길, 그리고 막다른 골목이 많고 집 주위로 높은 담벼락이 형성되어 있다. 거주민들은 거리에서 완벽하게 차단된 내부 뜰이나 정원에서 생활했다. 가옥은 최대한 외부로 개방되지 않은 형태이며, 장식이 전혀 없는 단단한 흰 벽으로 이루어져 있고, 무거운 문과 덧문이 달린 유리창이 설치되어 있다. 이러한 주거 구역은 경제적 수준보다는 대개 종교적 분파나 공동체별로 나누어져 있기 때문에 규모가 크지만 밋밋한 형태를 띤다.

도시 내 특정 구역을 점유하고 배타적인 테두리를 치는 것은 유대인, 아르메니아인, 그리스인, 그리고 유럽인들과 여러 무슬림 종파들에게는 익숙한 일이었다. 가장 대표적인 예로, 오늘날 안타키아(옛 안티오크)에서는 이와 같은 구역이 45개 발견된다. 이 형태는 오스만 제국의 밀레트 제도에서 왔을 수도 있고, 아니면 권위주의적인 통치자의 강압적인 식민화의 유산일 수도 있으며, 아니면 단순히 종파 내 단결과 보호의 필요성에 의한 것일 수도 있다. 도시들은 대다수의 길이 너무 좁기 때문에 자동차로 이동할 수 없고 도보만 가능하다. 2000년대 초반까지 식수는 구하기 쉽지 않았고 수돗물의 소독도 이루어지지 않았었다. 또한 도시민들의 의사를 표출할 수 있는 기구가 거의 없었고, 수십 년 전에야 시의회가 설립되었다. 시의회는 선출된 대표들이 도시 개발에 관한 일반적인 권한을 행사할 수 있는 정도다. 하지만 전근대 시기의 중동 도시들이 특색 없는 집들과 거리로 뒤죽박죽인 것은 아니었다. 확실하고 논리정연한 공간의 구성이 존재했다.

19세기 후반부터, 그리고 특히 제2차 세계대전 이후 동력을 받아, 여러 대도시의 전통적인 도시 환경은 재편되기 시작했다. 일부는 물리적인 확장을 통해 급진적인 변형을 가져왔고, 서구적 스타일의 도시 설계 및 건축·공사 기술이 도입되었으며, 새로운 도시적 가치관이 등장했다. 자동차가 다닐 수 있는 넓은 도로가 건설되어 자동차, 택시, 그리고 트럭이 엄청나게 늘어났다. 이러한 주요 도로 옆에는 정부 및 사기업을 위한 복합적인 회사 빌딩, 고층 아파트, 백화점, 호텔, 고급 레스토랑 및 카페, 영화관, 그리고 극장 같은 현대적인 건물이 들어섰다. 가로등도 설치되었고, 상수도관 및 하수관 시스템도 도입되었다. 토착 공동체 시설들이 없거나 적은 지역에서는 완전히 새로운 형태의 도시가 세워졌다. 사우디아라비아의 다란, 이란의 아바단이 그 예이며, 두 도시는 외국 석유 회사가 만들었다.

서구화의 영향으로 도시 생활의 구심점은 시장 구역에서 근대화된 비즈니스 구역으로 옮겨갔다. 그 과정에서 도시의 여러 기능 역시 함께 옮겨갔다. 우선 도시의 상류층들은 전통적인 구역에서 새로운 교외 구역으로 이동했다. 저택이나 빌라들이 훨씬 덜 북적이고, 도로 형태도 더 반듯하기 때문이다. 이에 따라 구도심지는 촌락에서 이주한 사람들 차지가 되었고, 그들은 대개 가난했기 때문에 제때 보수를 할 수 없어 많은 집이 급속도로 망가졌다. 특히 노동자들이 이곳으로 지속적으로 몰려들면서 수용 불가능한 포화상태가 되었고 교통체증은 심각하게 되었다. 그 결과 구도심은 사실상 현대 경제 활동의 주변부로 전락해버렸다.

　도심이 급속도로 성장하면서 주택의 공급이 수요를 따라가지 못하게 되었다. 평균 주거 밀도는 꾸준히 상승했고, 주요 도시의 외곽에는 불법 판자촌이 성행했다. 기초적인 재료로 지어진 이러한 무단 점유 정착지들은 종종 도심의 포화된 슬럼가에서 빠져나온 이주민들의 제2 정착지가 되었다. 이는 도시 계획자들에게 바람직하지 못한 상황이었기 때문에, 관계자들은 최소한의 주거지를 보장하여 새로운 이주민들이 스스로 주택 문제를 해결하도록 시도했다. 하지만 안타깝게도 이러한 정착지들은 종합적인 도시 확장 계획과는 어긋난 위치에 형성되어 있었고, 높은 인구 밀도와 기본 서비스 시설의 부재로, 이 지역에서는 심각한 건강 위협과 사회 문제가 나타나고 있다.

　급속한 도시 성장과 도시화 과정에서의 기능적·기술적 변화에도 개개 인종, 종교, 직업을 토대로 각자의 구역을 구분하고, 동시에 그러한 구역 간 '공동 실체corporate entity'로서 협력하는 중동 지역의 오랜 전통은 놀랍게도 깊게 남아 있다. 도시화가 진행되고 있는 무단 점유 정착지에서는 거주민들을 중심으로 친족, 종교 분파, 인종 정체성, 고향 같은 '사회적 친밀성'에 기반을 둔 구역 구분의 움직임이 식별된다. 하지만 현재 중동 지역에서는 도시 위계의 불균형성에 대한 우려가 매우 높은 실정이다. 소도시나 중소도시의 기능이 종주 도시나 도시의 산업, 서비스, 정부 센터로 몰리는 문제가 심각하다. 기존에는 존재하지 않던 도시 간의 격차가 이제 중동 지역에서도 발생하기 시작한 셈이다.

　일부 전문가들은 분권화 정책이 필요하다고 주장한다. 소도시의 성장을 장려하고, 적극적인 지방 개발 프로그램을 가동해 지금 같은 흐름을 끊자는 것이다. 이와 정반대되는 부류는 지금의 현상이 정상적이고 건강한 방향성을 지닌다고 주장한다. 도시의 구성원과 기능이 가장 큰 대도시(메트로폴리탄)를 중심으로 수렴하고 이것이 또 종주 도시의 형성으로 이어지는 현상은, 현대 사회의 규모가 충분히 확장되었고, 새로운 기술 환경에 더욱 적합해졌다는 것을 반영한다는 것이다. 어느 의견이 옳은지는 알수 없더라도, 우선 중동 지역에는 이미 카이로와 알렉산드리아나 바그다드와 바스라처럼 잠재적인 대도시 지역이 형성되고 있다.

　최근 중동 지역의 도시화 수준은 이미 경제 성장과 산업 개발 역량을 앞질러 가버렸기 때문에, 상당수의 도시민이 실직 중이거나 능력 이하의 일을 하고 있으며, 아니면 어쩔 수 없이 지하 경제로 흘러들어가고 있다.

　이렇게 전례 없는 도시화가 발생했고, 주요 도시들이 한계치를 넘었다는 것은 이제 돌이킬 수 없는 사실이다. 과거 있었던 '제2의 도시혁명'은 석유 경제가 추동했다. 하지만 최근의 4차 산업혁명과 세계화는 오히려 상황을 더욱 악화시키고 있는 것처럼 보인다. 이제 이러한 변화의 혜택을 보는 것이 개별 국가가 될지, 아니면 중동 전체가 될지는 매우 중요한 문제다. 중동 지역의 절반이 넘는 사람이 이제 곧 소도시나 도시에 살게 될 것이기 때문이다.

9장

경제

제2차 세계대전 이래로 중동 지역은 전례 없는 경제 성장을 이루어냈다. 일부 국가의 경우 사회 발전까지 함께 이루어냈지만, 전반적으로는 빈부격차가 증가했다. 석유 산업의 성장이라는 현상을 제외하면, 중동 지역의 경제 성장은 대개 막대한 양의 해외 원조를 통해 이루어졌다. 이를 바탕으로 중동 국가들은 빠른 속도로 국가 인프라를 건설하고 인적자원을 키워냈다. 대다수 중동 국가가 경제구조 개혁을 이루었지만, 경제발전의 속도와 패턴은 각 국가마다 확연히 다르다. 정치 구조 또한 나라마다 상이한데, 이러한 요소가 경제발전의 방향성에 큰 영향을 끼쳤다.

중동 지역에서 가장 중요한 자원은 석유와 농경지다. 중동의 12개국이 석유와 석유 제품을 수출하고 있다. 그중 10개국은 석유 제품이 주력 수출 상품이고, 7개국은 사실상 석유가 유일한 수출 상품이다. 산유국 중 오직 이란과 바레인만이 여러 종류의 수출 품목을 지니고 있다. 그렇지만 이란의 전체 수출 비중에서 석유 제품이 차지하는 비율은 85%가 넘는다. 모든 걸프 산유국이 경제 다변화 정책을 펴고 있지만, 눈에 띄게 수출 품목이 다변화된 국가는 바레인이 유일하다. 2000년대 초반을 기준으로 한 이 분석에서 유엔의 제재를 받아 모든 수출이 제한된 이라크는 제외되었다.

중동 국가들의 실질경제성장률은 -2%에서 7%로 다양하다. 팔레스타인 서안 지구와 가자 지구의 경우 -2~-1%를 기록하고 있고, 이라크는 0%, 사우디아라비아 6%, 오만 6.5%, 튀르키에 7%를 기록하고 있다. 중동 지역에서 북키프로스를 포함한 6개국만 3% 이하의 경제성장률을 기록하고 있는데, 이는 측정 당시 유가가 다소 낮거나 매우 낮은 시기였다는 점을 감안해야 한다.

이미 예상했듯이 중동 지역의 경우 경제 구조의 균형성이 국가마다 매우 상이하다. 국내총생산(GDP) 기여도 측면에서 바레인, 이스라엘, 요르단, 쿠웨이트, 리비아, 오만, 카타르, 사우디아라비아, 아랍에미리트는 모두 서유럽과 매우 유사한 패턴을 보여준다. 리비아, 오만, 사우디아라비아를 제외한 대다수 국가는 GDP 중 농업의 비중이 10% 미만이고, 서비스 분야가 지배적이다. 하지만 투입된 노동력 비중을 분석하면 사뭇 다른 패턴을 볼 수 있다. 예를 들어, 바레인의 경우 서비스업과 정부 분야에 종사하는 노동자는 8%에 불과하지만 이들이 GDP의 61%를 생산한다. 또 다른 부조화를 보이는 사례는 오만으로, GDP에서 농업이 차지하는 비율은 3%지만, 노동력의 37%가 농업에 종사하고 있다. 다수의 중동 국가는 여전히 농업 분야에 종사하는 노동자 비율이 높은데, 이집트 40%, 수단 80%, 튀르키에 47%, 예멘 50% 이상이다. 산업 및 상업 분야에 종사하는 노동자 비율도 상당히 높은데, 바레인의 경우 85%, 이스라엘 50% 이상, 아랍에미리트 56%, 팔레스타인 55%다. 다만 쿠웨이트, 오만, 카타르의 통계는 확보하지 못했다. 이 조사 결과로 수단(농업 종사 인구 80%, 산업 10%, 서비스 분야 6%)을 제외한 대다수의 중동 국가가 서양과 유사한 형태의 경제 구조 변화를 이루어냈음을 알 수 있다. 중동 지역의 또 다른 특징은 해외 노동자의 비율이 매우 높다는 점이며, 이는 걸프 산유국들의 경우 더욱 두드러진다. 15~64세 인구 중 해외 노동자 비율은 바레인이 44.5%, 쿠웨이트 72%, 카타르 83.5%, 사우디아라비아 40%, 아랍에미리트 76%다. 레바논에는 100만 명의 해외 노동자가 거주하고 있고, 이라크의 경우 1990년대 이전에 이미 160만 명의 노동자가 외국인이었다.

중동 국가들의 경제 구조 전환은 대개 정부의 정책에 의해 추동되었다. 특히 걸프협력회의(GCC) 국가들을 비롯한 대다수의 중동 국가는 공공 부문의 민영화를 적극적으로 추진했다. 사우디아라비아의 경우 GDP의 40%가 민간 부문에서 생산되며, 추가적인 민영화를 지속 중이다. 쿠웨이트는 1991년 걸프 전쟁 이후 세계은행World Bank의 권고 속에 민영화에 돌입했다. 또한 부유한 산유국들을 중심으로 석유 시장에 대한 의존도를 낮추기 위해 산업 다각화를 추진하는 움직임이 눈에 띈다. GCC 국가 중 다각화 수준이 가장 높은 바레인은 고도의 소통 체계를 개발한 것에 힘입어 여러 다국적 기업을 유치하는 데 성공했다. 또한 서비스업이나 은행업 외에도 석유화학 제품의 하부 공정 분야나 관광업에도 큰 노력을 기울이고 있다. 다만, 모든 GCC 국가가 석유화학 산업에 뛰어들었지만, 세계 비료 시장에 명함을 내미는 것은 쉽지 않았다. 1970년대 두 차례의 식료품 가격 폭등 사태가 발생했고, 이후부터 식량 안보에 대한 관심이 자급자족 경제 정책의 추진으로 이어졌다. 이러한 상황은 산유국들도 마찬가지였다. 이들 또한 자급자족 경제 활성화에 집중하면서 농업 생산량이 극적으로 향상되었다. 다만 장기적인 측면에서 수자원 부족이 생산량 증가에 한계로 작용할 것이다. 또한 고부가가치 작물 경작에 대한 관심 역시 상당히 늘어날 것으로 보인다.

비산유국의 경제 개발과 관련한 문제와 대책은 이집트 사례를 통해 쉽게 이해할 수 있다. 사실상 사회·경제적 위기에 직면했던 이집트는 1991년 거시경제 안정화 및 구조 조정 조치를 취했다. 국제통화기금(IMF)은 세 차례 구조 조정안을 제시했고, 이후 1991년 걸프 전쟁 시기를 지나서는 대규모의 빚을 탕감해주었다. 1986년에 이르자 이집트의 외채 및 재정적자는 상당 수준 감소했고, 외환보유고는 역대 최고 수준을 기록했다. 이후 이집트는 탈정부 시장경제 체제로 전환해가고 있다. 하지만 이러한 진전은 높은 인구 성장률에 의해 언제든지 발목 잡힐 수 있다.

　　중동 지역의 경제 성장은 고도의 정치·경제적 안정을 조건으로 한다. 유가의 변화는 무역 및 해외 송금에도 영향을 끼치기 때문에, 주요 산유국뿐 아니라 중동 전체에 영향을 끼친다. 지난 몇십 년 전부터 계속해서 레바논, 이란-이라크, 예멘 등지에서 분쟁이 반복되었다. 최근 어느 정도 수그러들었지만, 1991년 걸프 전쟁은 중동 전체에 매우 큰 영향을 끼쳤다. 걸프 전쟁은 이라크의 사회·경제적 발전에 제동을 걸었고, 요르단 경제에도 침체를 가져왔다. 주요 석유 생산국인 이라크가 석유 생산을 중단했지만, 다른 산유국이 증산하면서 공급량은 어느 정도 만회되었다. 하지만 유가는 1999년까지 거의 10년 동안 최저를 기록했다. 더욱이 쿠웨이트에서 외국인들이 철수하면서 요르단의 상황이 악화되었을 뿐만 아니라, 이는 전 세계 팔레스타인 공동체에도 막대한 영향을 끼쳤다. 오랜 기간 지속된 이스라엘-팔레스타인 평화 프로세스 역시 중동 경제발전에 부정적인 영향을 끼쳤다. 이라크와 이스라엘을 불공평하게 대우한 서구 세력의 태도와 더불어 미국 및 영국의 군사작전이 지속되면서 중동 지역의 긴장이 증대되었다. 미군의 반영구적인 사우디아라비아 주둔은 사회적으로 재앙

[*]을 가져왔으며, 계속된 미국·영국의 이라크 공습은 쿠웨이트 경제를 계속해서 어렵게 만들었다.

중동의 경제 성장을 방해한 또 다른 요인은 미국의 이란 제재와 유엔의 리비아 제재였다(1999년 해제). 사실 두 국가 모두 제재에 저항하기 좋은 위치에 있었고, 탄탄한 석유 수익을 기반으로 경제도 안정적이었다. 그렇기에 이 제재가 이라크를 궁핍하게 만들 가능성은 사실 낮다고 여겨졌다. 그럼에도 국제사회의 제재는 이라크의 경제·사회적 성장을 크게 저하시켰고, 중동 지역 경제 전반에도 왜곡을 가져왔다. 이란이 특히 우려했던 부분은 자국에 막대한 이익을 가져다주던 카스피해 유전 파이프라인의 우회였다.

경제 다변화에 영향을 끼친 또 다른 요인은 서구 국가들에 의해 이슬람 극단주의자로 지칭된 자유 전사 또는 테러 집단의 존재다. 이들의 테러 행위는 이미 이집트의 관광 산업을 초토화시킨 바 있고, 튀르키에 동부와 이란도 비슷한 경험을 했다. 특히 이라크의 경우 관광 산업이 사실상 사라졌다.

이러한 불안정성 속에서 중동 국가 간 대규모 협력 역시 사실상 성공적이지 못했다. 중동 12개국 및 PLO가 회원국으로 있는 서아시아경제사회위원회(ESCWA) 같은 유엔 기구 몇 개를 제외하고는 GCC 정도가 유일하게 제 기능을 하는 기구다. 하지만 1981년 5월 정치, 군사, 경제, 사회 전 분야에서 지역 협력을 도모하겠다는 목표를 가지고 창설된 GCC는 사실 큰 발전을 이루지 못했다. 여러 급의 정기 회담을 개최하면서 어느 정도 경제·사회

---

*   1979년 12월, 알 오타이비(al-Otaybi)는 미군의 사우디아라비아 주둔을 허용한 사우드 왕가를 전복하기 위해 극단주의 반군을 구성하여 메카 그랜드 모스크를 점거했다.

적인 협력을 끌어내기도 했지만, 회원국들의 잠재력을 고려했을 때 결과는 다소 실망스럽다. 여러 잠재적인 지정학적 문제에서 비롯된 중동 국가 간 의견 불일치는 주변국과의 관계에서나 공통의 이익을 논할 때 협력을 방해하는 기제로 작용하고 있다. 심지어 석유수출국기구(OPEC)에서도 중동 국가가 다수를 차지하지만 그 중요도가 현저하게 떨어지고 있다. 아랍석유수출국기구(OAPEC)의 경우에는 큰 관심을 받아본 적이 한 번도 없다. 그동안에도 거의 매일 이스라엘에서는 분쟁이 지속되고 있고, 튀르키에 동부와 수단에서도 마찬가지다.

요약하자면, 중동 지역은 제2차 세계대전 이래로 엄청난 경제적 변화를 겪어왔다. 하지만 이러한 경제적 발전은 산유국과 비산유국 간에 불균등하게 이루어져왔다. 발전은 여러 가지 갈등과 분쟁으로 인해 방해받았고, 오늘날에도 지속적으로 방해받고 있다. 중동 경제의 복잡함 속에서 일부 패턴을 찾기 위해 리처즈Richards와 워터베리Waterbury(1996)는 석유라는 변수를 이분법적으로 활용하여, 중동 국가를 5개 그룹으로 분류했다.

1. 석유가 풍부하고 인구가 적은 국가군: 리비아, 쿠웨이트, 오만, 아랍에미리트, 바레인, 카타르. 전적으로 석유 수익에 의존하고 있으며, 해외 투자도 큰 몫을 차지하고 있음.
2. 석유 산업화 국가군: 이라크, 이란, 사우디아라비아. 높은 수준의 석유 수출량과 충분한 규모의 인구를 보유하고 있으며, 기타 자원도 풍부해 산업화를 추진할 수도 있음.
3. 제한적인 자원과 첨단 기술을 가진 국가군: 이스라엘, 요르단, 시리아. 천연자원이 제한적이라 인간 자본 및 기술집약적 제조업에 초점을 맞춘 국가들임.

4. 신흥 산업국가군: 튀르키예, 이집트. 튀르키예는 석유자원이 없으며, 이집트는 유전을 보유하고 있지만 장기적인 경제성장을 이룰 만큼 충분치 않음. 하지만 둘 다 인구가 많고 상대적으로 우수한 농지를 보유하고 있으며, 산업화에 관한 오랜 경험을 지니고 있음.
5. 농업 중심의 가난한 국가군: 수단, 예멘. 중동에서 가장 저발전된 국가들로, 예멘의 경우 유전을 보유하고 있음에도 농업 기반의 경제 성장을 추구하고 있음.

그 외 중동 국가를 살펴보면, 키프로스의 경우 사실상 두 국가의 경제가 하나로 합쳐진 형태이며, 종합적인 협력의 부재로 발전이 정체되고 있다. 팔레스타인의 경우 이스라엘에 눌려 성장이 더디고, 레바논은 다시금 분쟁의 시기에 접어들었다. 하지만 수십 년 동안 지속된 분쟁과 종파 간 끊임없는 갈등에도 불구하고 레바논의 재건이 중동 지역의 한 가닥 희망이 될 수도 있다.

농업

피셔의 책에서는 농업 관련 장을 다음과 같이 시작한다. "농업은 중동에서 가장 중요한 경제 활동이다." 이 주장은 중동 지역 전반에서 농업의 중요성을 의미한 것으로, 걸프 산유국이나 이스라엘의 경우 수출 및 해외 송출이라는 다른 중요한 경제 활동이 있다. 그러한 주장의 근거가 되었던 통계자료는 1970년대 자료로, 그 이후 중동 지역에서는 상당한 변화가 있었다. 오직 수단만 농업에 전적으로 의존하는 국가다. CIA(1998) 자료에 의하면, 1970

표 9.1 농업에 종사하는 경제 인구

국가	농업에 종사하는 경제 인구(%)	
	1970	1997
키프로스	38.5	G 13; T 23
이집트	54.4	40
이란	46	33
이라크	46.1	33
이스라엘	9.7	3.5
요르단	33.7	7.4
레바논	19.6	12
리비아	32.1	18
수단	82	80
시리아	51.1	40
튀르키예	67.7	47
예멘	N 64.5; S 79.2	50+

G = 그리스계 키프로스인, T = 튀르키예계 키프로스인, N = 북예멘, S = 남예멘

년 중동 지역 경제 활동 인구의 82%는 농업에 종사하고 있었고, 그 수치는 1997년 미미하게 80%로 하락했다. 이집트, 이란, 이라 크, 리비아, 시리아, 튀르키예 모두 상당한 수치 하락이 있었다. 하지만 가장 큰 변화를 보인 국가는 요르단으로, 농업 종사 비율 이 1970년 33.7%에서 1997년 7.4%로 하락했다. 27년간 중동 지역 의 농업 인구 비중 변화는 〈표 9.1〉에 잘 나와 있다.

이러한 변화는 다른 개발도상국의 상황과 상당히 유사하다. 피셔는 중동 국가들의 수출 수익과 관련하여 아래와 같이 말했다.

걸프 산유국들과 이스라엘을 제외하면, 중동 국가 대부분의 외

화는 농업을 통해 확보되며, 이집트, 수단, 시리아, 튀르키예의
경우 수출액의 3/4가량이 농업에 의한 것이다.

오늘날 중동 국가들의 총 수출에서 식량과 식품이 차지하는 비율
은 획기적으로 감소했고, 이를 석유나 석유 제품, 또는 공산품이
대체했다. 키프로스, 수단, 팔레스타인의 경우에만 농산품이 수출
의 전량을 차지하고 있다. 튀르키예는 총 수출액 중 식품 비중이
20%밖에 안 되고, 시리아의 경우 식품 및 가축 수출 비중이 16%
정도다. 이집트에서는 여전히 면제품이 중요한 수출 품목이지만,
그보다 비중이 큰 것이 원유 및 석유 제품이다. 예멘의 경우 원유
가 가장 큰 수입을 주는 수출 품목이지만 면, 커피, 가죽, 채소, 생
선 같은 농수산품이 비중 측면에서는 가장 높다. 그리고 수단과
서안 지구를 제외한 대다수 중동 국가의 경우 전체 GDP 대비 농
업 비율은 30% 이하다. 수단과 서안 지구의 경우 그 비율이 33%
이며, 그다음으로 높은 국가는 시리아로 28%, 이란 21%다. 중동
17개국 중 10개국에서 농업이 GDP에 기여하는 비율은 10% 이하
다. 오늘날 GDP 중 농업이 가장 높은 기여도를 보이는 국가는 하
나도 없다. 물론 수단, 시리아, 서안 지구의 경우 농업의 기여 비중
이 산업 기여 비중보다 높기는 하다.

토지 개혁

튀르키예, 이라크, 시리아, 레바논, 요르단, 이스라엘, 키프로스 등
대다수 중동 국가의 토지 임대 제도는 기본적으로 오스만 토지
제도에 기반하고 있다. 이 제도의 영향은 1950년대 토지 개혁 전

까지 유지되었다. 비록 토지 제도가 토지의 종류와 관습에 따라 상당히 변했지만, 오스만 토지 제도의 주요 내용을 알아두는 것은 상당히 유용하다. 사실, 여러 형태의 토지 사용 권한을 정리하고 소유권의 등록 방법을 규정한 오스만 제국의 '1858년 토지법'은 대다수 지역의 현지 상황을 제대로 반영하지 못하는 문제가 있었다. 그럼에도 제국 붕괴 이후에도 행정 담당자들은 마치 이 토지법이 실제 상황을 반영한 것처럼 준용했다.

오스만 제국의 토지는 크게 뮐크mulk, 마트루카matruka, 와크프waqf, 미리miri 네 개로 나뉘는데, 그중 미리가 가장 중요하다. 뮐크는 사유지나 다름없었고 주로 건물이나 정원 등으로 제한되었다. 마트루카는 공공의 편의를 위해 구분된 토지로, 도로나 정부 건물들이 이에 해당했다. 와크프는 종교 또는 자선의 목적으로 구분된 땅이며, 일반적으로 국무부에서 관리했다. 미리는 나머지를 모두 포괄했다. 오스만 토지법의 기본 가정은 국가가 유일한 토지 소유주이며 국가만이 소유권을 가질 수 있다는 것이었다. 그렇기 때문에 개인에게 할양한 영토도 결국은 실질적인 소유권이라기보다는 토지 사용권을 부여한 셈이다. 비록 국가가 그러한 권한을 실질적으로 행사하지 않았지만 말이다. 국가는 이 이용권을 임차인에게 할양했는데, 이들은 주기적인 경매를 통해 이용권을 입찰했다. 입찰을 통해 임대한 영토가 바로 '진정한 의미의 미리'였고, 관세나 소비세를 제외하면 이 임차료가 오스만 제국의 주요 수입원이었다. 예를 들어, 현재 이라크 영토에 해당하는 오스만 제국의 3대 주州에서 걷은 임차료는 1991년 전체 수입의 42%를 차지했다. 이 제도는 과거 오스만 제국 군인들의 복무 대가로 토지 임대를 제공했던 티마르timar 제도를 현찰 지급 방식으로 변형한 것이었다.

하지만 이 토지법은 공동 소유를 근간으로 하는 대다수의 오스만 제국 영토에서 겉돌았다. 시리아의 무샤musha 제도나 이라크의 라즈마lazma 제도는 관습법적인 공동 소유권 형태였으며, 법적 실체나 법인 형태를 인정하지 않았기 때문에 이슬람법이나 오스만 제국의 법체계와는 맞지 않았다. 즉, 1858년 토지법은 이제 국가가 촌락이나 부족 단위가 아닌 개인에게도 임차권을 줄 수 있음을 의미했다. 더욱이 19세기 후반부터 중동의 대다수 국가는 영세 농업이나 영세 목축에 기반을 둔 경제 구조에서 점차 상업 작물을 경작하는 형식으로 변해가고 있었다. 농업을 통해 막대한 이윤을 얻을 수 있다는 사실은 많은 유목인에게 유목 생활을 포기하게끔 만들었다. 따라서 이제는 토지의 경계나 임차 방법, 임대 조건 등이 과거보다 더 중요한 문제로 떠올랐다. 이러한 양상은 제2차 세계대전 이후 관개 기계화에 따라 농업 역량이 새롭게 생겨난 신생 농업국들 입장에서는 더 크게 다가왔다.

외부적인 경제 압박에서 비롯된 이러한 변화들은 19세기 후반에서 20세기 중반 중동 토지 임대 구조 전반에 엄청난 변화를 야기했다. 이 기간 동안 자유로운 부족민으로 이루어졌던 기존 사회는 빚과 타성에 물든 채 땅에 매인 농도 집단의 사회로 전환되었다. 특히 전통적인 부족 지도자들과 신생 지주층은 농민들에 대한 전례 없는 법적·경제적 권한을 부여받았다. 공동 토지 소유권은 사라졌고, 부족장들과 도시에 거주하는 부재지주들은 광범위한 토지의 소유주가 되었다.

1950년대 초부터 중동 국가들은 대규모 토지 개혁 프로그램을 실시했다. 주목적은 경제적인 측면보다는 정치적인 것이었다. 하지만 사회·경제적인 여파 또한 무시할 수 없는 수준이었다. 이집트, 시리아, 이라크에서는 정치 혁명 직후 토지 개혁을 실시했는데, 주목적은 대규모 토지 이익을 누리고 있던 구적폐 세력들의 힘을 파쇄하는 것이었고, 중장기적으로는 촌락 지역의 경제·사회적 관계를 재구성하는 것이었다. 남예멘에서는 독립 이후 첫 번째 토지 개혁 조치가 시행되었는데, 주목적은 영국에 부역했던 지주들의 권력과 영향력을 빼앗기 위함이었다. 이와 대조적으로 이란의 토지 개혁(백색혁명)은 기존 정권의 힘을 강화하기 위해 실행되었다. 특히 농민들의 지지를 이끌어내 대중성 있는 정부를 만들고자 했다.

토지 개혁법의 핵심은 소유하는 토지의 크기를 제한하는 것이었다. 하지만 공식적인 상한선은 국가마다 달랐고, 강수량이 충분한 국가와 관개 농업을 시행하는 국가 간에도 달랐다. 토지 개혁의 영향은 광범위했지만, 성과가 있었는지는 어떤 시각에서 바라보는가에 따라 상이하다. 토지 개혁에 따른 경작지 비율 변화는 각 국가마다 큰 차이를 보이고 있으며, 모든 대지주가 사라진 것도 아니다. 특히 토지 재분배를 통한 기회가 제공되었는지 여부는 종합적으로 높은 점수를 주기 어렵다. 또한 향후 지속적인 촌락-도시 이주 증가 속에서도, 촌락 지역의 인구 압박 증대는 위장 실업을 포함한 촌락 지역의 실업 문제 등을 두드러지게 할 것이다. 결국 이 문제들은 추가적인 농업 일자리 기회 확충을 통해서만 해결될 것으로 보인다.

토지 활용

중동 지역은 경작 가능한 토지의 규모가 전 세계에서 가장 작다. 심지어 쿠웨이트, 오만, 아랍에미리트의 경우에는 경작지가 아예 없다. 중동의 토지 활용 현황은 〈표 9.2〉에 정리되어 있고, 〈그림 9.1〉에서도 확인할 수 있다. 오늘날 중동에서는 튀르키예, 팔레스타인, 시리아, 레바논 정도만 경작에 적합한 넉넉한 토지를 보유하고 있다. 매번 추수한 이후에 다시 생육시키지 않아도 되는 작물을 영구 작물Permanent crop이라 하는데, 대추야자, 레몬, 올리브 등이 이에 해당한다. 〈표 9.2〉에서 확연하게 드러나듯이, 이에 대한 해석은 분분하다. 표에서는 대추야자와 올리브가 영구 작물에서 빠져 있다. 반면, 리비아에서는 레몬이 경작되고 오만에서는 라임과 바나나가 자라는데, 두 국가 모두 영구 작물이 자랄 수 있는 지역이 아니다. 영구 작물이 자랄 수 있는 토지 비율이 가장 높은 지역은 39%를 기록한 가자 지구이며, 레몬 생산지로 유명하다. 그 외에는 레바논, 키프로스, 이스라엘, 시리아, 그리고 튀르키예 정도가 영구 작물 생산에 유의미한 토지를 가지고 있다.

이와 유사하게 영구 목초지permanent pasture는 영구적으로 다년초 사료가 유지되는 땅을 의미하는데, 이 정의 또한 문제가 있다. 이란의 온화하고 습윤한 구역에 영구 목초지가 있고 수단에도 이와 유사한 형태의 영구적인 초원이 존재한다. 하지만 사우디아라비아나 시리아, 서안 지구, 예멘 등이 주장하는 대규모의 영구 목초지는 이란이나 수단 기준에서는 개략적인 자연 목장 수준이다. 이해를 돕기 위해 설명하자면, 영국의 영구 목초지 비율은 46%이다. 더욱이 바레인, 쿠웨이트, 리비아, 오만, 카타르가 주장하는 영구 목초지는 알팔파alfalfa 같은 사료 작물이 자라는 땅이다. 영구 목초지 관련 일부 극단적인 수치를 제외하면 키프로스, 이란, 이라크, 이스라엘, 튀르키예 정도가 매우 우수한 환경을 지니고 있다. 이스라엘의 사례(관개 사업에 대규모 투자를 했다)를 제외하고는 영구 목초지를 결정짓는 주요 요인은 기후이며, 특히

표 9.2 토지 활용

국가	토지 활용 비율			
	경작지 비율	영구 농작지 비율	영구 목초지 비율	삼림 비율
바레인	1	1	6	0
키프로스	12	5	0	13
이집트	2	0	0	0
이란	10	1	27	7
이라크	12	0	9	0
이스라엘	17	4	7	6
요르단	4	1	9	1
쿠웨이트	0	0	8	0
레바논	21	9	1	8
리비아	1	0	8	0
오만	0	0	5	N/A
카타르	1	N/A	5	N/A
사우디아라비아	2	0	56	1
수단	5	0	46	19
시리아	28	4	43	3
튀르키예	32	4	16	26
아랍에미리트	0	0	2	0
예멘	3	0	30	4
팔레스타인				
서안 지구	27	0	32	1
가자 지구	24	39	0	11

출처: CIA, 1998.

그림 9.1 중동의 토지 활용 현황

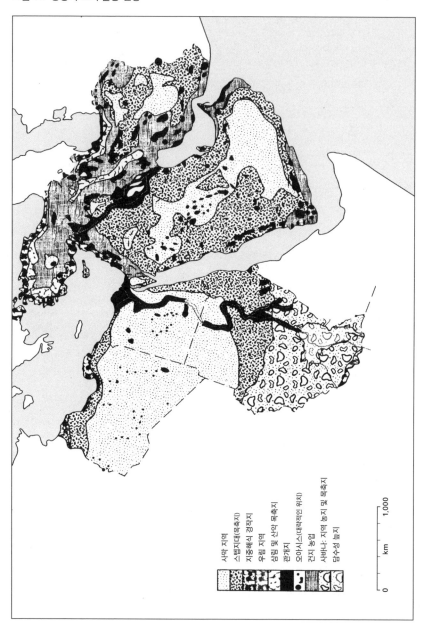

사막 지역
스텝지대(목축지)
지중해식 경작지
우림 지역
섬림 및 산악 목축지
관개지
오아시스(대략적인 위치)
건지 농업
사바나: 지역 농지 및 목축지
담수성 늪지

1,000

km

0

강수량이 핵심이다.

중동 지역의 숲과 삼림 비율은 대개 극도로 낮은 수준이며, 계속해서 감소 중이다. 특히 인구 압박이 커지면서 중동 국가들은 삼림을 대개 경작을 위한 땅으로 간주하는 경우가 잦아지고 있다. 더욱이 가난한 국가의 경우 삼림이 땔감으로 사용되고 있다. 사막이 대다수인 국가들의 경우 당연히 기후적인 요인으로 인해 삼림 지역이 극도로 제한적이다. 반면 키프로스나 튀르키예의 산맥지대, 수단의 습윤지대는 상대적으로 삼림이 풍성하다. 레바논의 역사적인 백향목숲도 현재 많이 줄어든 상태이며, 대다수의 국가에서 숲 가꾸기 운동을 추진 중이다. 예를 들어, 대부분의 국토가 사막인 오만은 프로소피스 시네라리아Prosopis cineraria 나무숲을 재생하기 위해 노력 중이다.

관개지는 '인공적으로 물을 공급한 땅'이라는 의미다. 이때 물의 공급이 방울 형식인지, 거품이나 수증기 형식인지, 아니면 범람 형식인지는 고려되지 않는다. 더욱이 강의 범람을 통해 자연적으로 관개가 이루어지는 지역은 통계에서 빠진다. 중동 지역 전반의 기후적 제약을 고려했을 때, 관개는 농업 발전에 있어 가장 핵심적인 요소다. 중동 지역에서 가장 넓은 지역을 관개한 국가는 이란으로, 그 규모가 대략 9만 4,000km²다. 이집트는 약 3만 2,000km², 튀르키예는 대략 3만 7,000km²다. 그 외에 이라크 2만 5,500km², 수단 1만 9,500km²다. 관개가 이루어진 토지 비율을 계산해보았을 때, 가자 지구의 경우 33%를 기록하며 가장 높은 비율을 보였다. 그다음으로는 이스라엘 9%, 레바논 8.5%, 이란과 이라크 6%, 시리아와 튀르키예 5%, 키프로스 4%, 이집트 3%다. 아랍에미리트에는 관개지가 사실상 없었고, 쿠웨이트의 경우 상당히 저조한 0.1%를 보였으며, 사우디아라비아 0.2%, 리비아와 오만은 0.3%를 나타냈다. 레바논, 이란, 이라크, 시리아, 튀르키예는 모두 대규모의 영구 하천permanent rivers 유역을 보유한 국가들이다. 이에 더해 레바논, 튀르키예, 이란은 전 국토에서 상당히 높은 강수량을 기록한다.

관개 비율이 높은 국가 중 이스라엘만 상대적으로 적은 강수량을 보이고 있으며, 대규모 저수지를 가지고 있지도 않다. 요르단강이 있지만 기껏해야 나일강이나 티그리스-유프라테스강의 2% 수준이며, 관개는 국립 송수용 용기의 건설과 지하수 활용을 통해 이루어지고 있다. 이스라엘에서는 농업이 전체 수자원의 70%를 소비하고 있다.

중동에서 가장 중요한, 그리고 전 세계에서 가장 큰 관개 프로젝트는 아마 튀르키예의 남동부 아나톨리아 프로젝트(GAP)일 것이다. 이 프로젝트는 18개의 주요 관개 시설과 수력발전소를 융합하여 티그리스강과 유프라테스강의 수자원을 활용한다. GAP 프로젝트의 핵심인 아타튀르크 댐 외에, 중동 지역에서 가장 논쟁이 많은 수력학 구조물은 이집트의 아스완 하이 댐이다. 이 댐은 여러 방면에서 이집트의 농업 특성에 지대한 영향을 끼쳤다. 이 댐에서 방류되는 물은 자연적인 범람을 통해 퇴적된 영양가 있는 점토가 함유되어 있지 않다. 그렇기 때문에 이전에 자급용 작물을 심었던 여러 지역에서는 더 이상 비료 없이는 농작이 어렵게 되었고, 그에 따라 농민들은 상업용 작물 생산으로 전환할 수밖에 없었다. 그 결과 이집트 남부 촌락 주민들의 영양 상태가 불량해졌다. 현재 이집트가 추진 중인 대규모 프로젝트는 나세르 호수부터 서부 사막지대까지 산재해 있는 여러 오아시스를 운하를 통해 연결하는 것이다. 이 프로젝트를 통해 이집트는 관개 농지를 대폭 확대할 계획이다.

지하 깊숙이 대수층 지대에 위치한 지하수를 활용하는 대규모 계획이 리비아에서 실행되었다. 리비아는 이를 인공하천처럼 활용해 시르테만 해안 지역을 관개하고 있다.

농산품

중동 지역의 주요 농산품을 정리한 목록에서 두드러지는 일련의 농산품군을 분류할 수 있다. 지중해식 복작^{複作, polyculture*}은 키프로스, 튀르키예 남부 해안 저지대, 레반트 지역 해안가, 리비아 같은 이상적인 지역에서만 온전하게 이루어지고 있는데, 이를 통해 키워낸 작물이 올리브다. 올리브는 키프로스, 레바논, 리비아, 튀르키예, 팔레스타인(서안 지구 및 가자 지구)의 대표적인 농산품이다. 올리브는 건조함을 잘 견디며, 관개만 잘 이루어진다면 사막 경계선에서도 잘 자란다. 포도도 비슷한 지역에서 잘 자라는데, 기후의 제약을 받기도 하고 술 섭취를 금지하는 이슬람의 문화적 속성으로 인해 제한을 받는다. 그럼에도 불구하고 포도를 후식이나 건포도로 먹고, 와인을 만들기도 한다. 포도는 주로 키프로스, 레바논, 이스라엘, 요르단, 튀르키예, 이란, 이집트 해안가에서 잘 자란다. 농작물들은 키프로스나 아나톨리아 고원 서부, 레반트 지역 등과 같이 대개 고지대에서 잘 자란다. 이에 해당하는 것이 무화과, 살구, 석류 등이다. 이란처럼 상대적으로 더 건조한 내륙 지역에는 아몬드, 피스타치오, 호두 같은 견과류가 많다. 또한 고산지대 경사면에서 자라는 사과 또한 매우 유명하다.

* 복작이란 같은 공간에 하나 이상의 작물 종을 동시에 재배하는 방식으로, 단일 재배와 반대되는 개념이다.

두 번째 농산품군은, 첫 번째 군과 다소 유사하지만, 관개를 통해 생산한 레몬이다. 이스라엘, 요르단, 레바논, 리비아, 오만, 사우디아라비아, 튀르키예, 팔레스타인이 레몬으로 유명하다. 그 다음 농산품군은 가장 건조한 지역의 국가들이 생산하는 상업적 대추야자다. 대추야자는 이라크, 리비아, 오만, 사우디아라비아, 아랍에미리트의 중요한 농산품이다. 이와 다른 성격을 지닌 수단은 오히려 아프리카 지역과 유사한 농산품 패턴을 지닌다. 수수, 땅콩, 기장 등 다른 중동 국가들과는 확연히 다른 상품들이 생산된다.

수단을 제외하면 대다수 중동 지역에서 밀과 보리 같은 일반적인 곡물들이 생산된다. 사우디아라비아의 경우 기업식 농업을 통해 밀을 생산하고 있다. 이러한 곡물 상품은 키프로스, 이란, 이라크, 요르단, 리비아, 사우디아라비아, 시리아, 예멘에게 상당히 중요하다.

또한 점차 주목받고 있는 농산품군으로 채소를 들 수 있다. 중동 내 대다수 국가가 채소를 생산하고 있다. 가장 대표적인 상품은 양파, 콩, 오레가노, 후추, 오이, 호박 등이며, 최근에는 토마토와 감자도 생산하고 있다. 레바논, 이스라엘, 이집트 등의 국가에서는 채소를 수출하기도 한다. 더욱이 농토가 상대적으로 제한된 바레인이나 카타르, 아랍에미리트도 채소 생산이 상당히 중요해지고 있다.

산업 작물의 재배는 상대적으로 제한적이기는 하나, 각 지역에서 매우 중요하다. 가장 중요한 상품은 이집트 북부 지역의 롱스테이플 코튼*이며, 수단, 튀르키예, 이란, 이라크, 시리아, 이스

* 롱 스테이플 코튼은 말 그대로 섬유의 길이가 긴 면화로, 알반 면화보다 섬유 장력이 높고 매끄럽다.

라엘에서도 면화를 생산한다. 담배 역시 중동 전역에서 내수용으로 광범위하게 생산되는 작물이며, 튀르키예산 고급 담배는 중요한 수출품이다. 사탕수수 역시 튀르키예와 이란의 온화한 지역에서 재배되며, 이집트 남부에서는 사탕수수가 기존의 자급용 작물들을 사실상 멸절시켰다.

특정 국가에서만 제한적으로 생산되는 다른 종류의 농산품은 튀르키예와 이란의 아편, 레바논의 대마, 예멘의 카트qat, 수단의 아라비아고무, 예멘의 커피다. 처음의 세 작물은 마약 성분이다. 아편의 경우 양귀비의 설익은 꼬투리에서 추출한 삼출물로, 의학적 용도의 모르핀과 진정제인 헤로인을 생산하는 데 사용된다. 대마는 대마초나 삼의 송진 삼출물이며, 카트는 카타 에둘리스Catha edulis의 이파리와 봉우리에서 추출한 흥분제다.

튀르키예에서는 아편 생산이 매우 엄격하게 통제되고 있으며, 의학적 목적으로 한정된다. 이와 대조적으로 '황금의 초승달 지대*'의 서쪽 끝은 이란으로까지 확장되는데, 여기서 불법 마약이 밀거래된다. 카트의 경우 씹거나 차로 달여 마시는데, 사실 예멘에서는 매우 흔하게 구할 수 있고 아프리카 북동부 지역에서도 추가적으로 생산된다. 카트의 수요가 엄청났기 때문에 예멘은 다른 작물들을 대체하여 대규모로 경작했고, 이로 인해 예멘은 식량을 대규모로 수입해야 하는 국가로 전락했다. 더욱이 면화나 과일, 채소 등의 수출 작물을 재배한 토지도 모두 카트 생산지로 전환했다. 하지만 다행히 세계에서 제일 유명한 예멘 모카커피는 여전히 중요한 수출품목이다.

---

* 황금의 초승달 지대는 이란·아프가니스탄·북부 파키스탄에 걸쳐 있는 초승달 모양을 한 마약 생산·거래 지대를 일컫는다.

가축 생산품

피셔는 그의 저서에서 다음과 같이 말했다.

중동 지역에서는 유목 목축과 축산 농업이라는 두 가지 형태의
가축 생산이 이루어진다. 전통적으로 축산을 이렇게 두 부류로
구분함으로써 두 방식 속에 내재된 차이 역시 더욱 두드러지게
되었다.

이 구분은 아직도 유효하지만, 생산 형태가 변하고 있다. 특히 일
반 목축의 경우는 거침없이 감소하는 추세다. 오늘날 사우디아라
비아에서 유목 목축을 하는 유목민은 5% 정도에 불과하다. 그리
고 기업식 농업의 발전으로 축산 농업에 큰 변화가 찾아왔다. 주
로 공장식 사육의 결과 대부분의 중동 국가는 가금류를 자급자족
중이며, 건조한 걸프 국가들도 소의 사육을 통해 낙농업의 발전
을 이루었다.
　중동 지역 전역에서 여전히 유목 목축이 이루어지고 있으며,
이는 광범위한 방목장을 가장 효율적으로 사용할 수 있는 방식이
다. 많은 국가에서 유목 생활이 주는 정신적·심리적 가치는 이를
통해 얻는 경제적인 이익을 훨씬 능가한다. 부족주의적인 사람들
에게 유목은 기본적인 사회적 가치의 보고寶庫와 다름없다. 아라
비아반도에서는 유목 문화를 최대한 보존하기 위해 특별한 보조
금을 지급하기까지 한다. 하지만 여러 생활양식 중 가장 엄격한
속성을 지니는 유목 문화는 최근 다른 요소들에 의해 도전받고
있다. 천하다고 취급받는 석유 산업 노동이 더 많은 돈을 보장하
고, 유목 목축을 통해 생산한 제품들은 질 좋은 수입품이나 기업

식 농장들과 경쟁하게 되었다. 집중적인 도시 농업의 생산 증가는 사실상 아라비아반도의 촌락 환경을 대다수 무용하게 만들어 버렸다.

축산 농업은 주로 한곳에 머물러 가축을 기르는 것이며, 강수량이나 목초지의 상태 같은 변수로부터 자유롭다. 대부분의 가축은 사육을 받거나, 아니면 제한된 구역에서 (관개를 통해 경작한 알팔파 같은 사료 작물을 먹으며) 방목을 통해 길러진다. 그렇기 때문에 축산 농업은 유목 목축과 대조적으로 많은 양의 물을 추가적으로 요구한다. 서유럽처럼 영구 목초지를 활용한 혼합 영농은 이스라엘, 이집트, 수단 등과 같이 온난한 기후를 가진 지역에서만 가능하다.

목축업의 패턴이 바뀌면서 가축의 수 역시 영향을 받았다. 중동 지역에서 양과 염소의 수가 가장 많은 가운데 소는 늘어난 반면 낙타와 물소의 수는 줄어들었다. 이집트, 이란, 이라크, 튀르키예, 예멘 총 5개국만이 각각 100만 마리 이상의 소, 양, 염소를 골고루 보유한 소위 균형 축산을 실시하고 있다. 튀르키예는 중동 지역에서 가장 많은 1,200만 마리의 소를 보유하고 있으며, 그다음을 수단, 이란, 이집트가 잇는다. 이란이 가장 많은 수의 양(약 5,000만 마리)을 보유하고 있으며, 튀르키예, 수단, 시리아 등 다른 국가들 역시 상당한 수의 양을 기른다. 염소의 숫자는 최근 많이 줄었으나, 이란은 대략 2,600만 마리를 보유 중이다. 그 외에도 튀르키예, 수단, 사우디아라비아, 예멘, 이집트, 시리아, 이라크에서 상당한 수의 염소를 기른다. 하지만 현재 튀르키예에는 소가 염소보다 많다.

가장 근대화된 가축 생산 경향을 보이는 국가는 이스라엘로, 중동 지역에서 유일하게 양보다 소를 더 많이 기르며, 상당수의 염소도 보유하고 있다. 반건조 기후에서 목축을 하는 데 가장 중요한 선행 조건이었던 '목초지 간 상당한 거리를 이동할 수 있는 가축의 능력'이 더 이상 중요하지 않게 되면서 모든 국가에서 소의 숫자가 늘어난 반면, 양과 염소의 수는 줄어들었다. 세 가축 모두 우유와 고기를 제공하지만, 양과 염소는 각각 양모와 염소 털을 제공하며, 이를 위한 전문적인 토착 시장이 존재한다. 더욱이 대다수 중동 소비자들은 여전히 소보다는 양고기와 염소 고기를 선호한다.

가금류는 중동 전역에서 생산되며, 대부분의 국가는 가금류 자급자족률이 상당히 높다. 돼지 사육은 이슬람 및 유대교에서 금지하기 때문에 상대적으로 낮으며, 이스라엘, 이란, 레바논, 튀르키예에서 소규모로 발견된다. 물소의 사육은 대부분 감소했고, 이집트만이 300만 마리 정도로 대규모 사육을 한다. 이란의 물소 사육량은 50만 마리 이하이며, 튀르키예와 이라크의 경우 그 수가 더 적다. 물소는 이집트 북부나 이라크의 습지, 아니면 이란의 카스피해 연안 또는 튀르키예의 충적토 해안가에서 많이 사육하는 여전히 중요한 자원이다.

또한 중동 지역에서는 많은 양의 당나귀가 발견된다. 특히 저개발 국가들의 경우 당나귀는 중요한 짐꾼이다. 하지만 근대화를 거치고 석유 경제가 활성화되면서 대부분의 지역에서 당나귀가 자동차(특히 도요타 픽업트럭)로 대체되고 있는 추세다. GCC 국가들에서는 현재 유기된 당나귀가 여러 목초지를 떠돌고 있다. 이와 대조적으로 예멘에서는 당나귀가 여전히 여러 촌락에서 쉽게 발견된다.

낙타 역시 중요도가 많이 떨어진 가축이며, 사우디아라비아나 수단에서만 많은 수가 발견된다. 이스라엘과 레바논에는 낙타가 없으며, 튀르키에의 경우 2,000마리 정도가 남아 있다. 하지만 낙타는 유목 생활양식과 더불어 과거 영광의 추억과도 같아서 오랜 기간 중동 지역에서 사라지지 않을 것으로 보인다. 낙타 고기가 여전히 주요 잔치에서 각광받고 있으며, 낙타 경주는 새로운 관람 스포츠로서 중요도를 더해가고 있다. 이란에서는 쌍봉낙타가 발견되지만, 중동 지역에서 발견되는 대부분의 낙타는 아라비아 단봉낙타다. 당나귀와 마찬가지로 낙타 역시 다른 이동 수단에 의해 대다수 대체되었다. 이와 유사하게 말 또한 매우 드물게 짐을 끄는 데 활용되고 있으며, 오락이나 경주에 주로 활용된다. 실제로 두바이는 관개를 통한 말 목축에 성공한 이후 세계 말 경주 산업의 중심이 되고 있다. 물론 서구의 순혈 종마 산업에 발전을 가져온 말은 바로 아라비아 종마다.

농업 요약

농업의 현황과 발전에 관해서는 다음과 같이 국가별로 요약해볼 수 있다. 다만, 석유 산업이 경제를 지배하는 국가들과 산업 다변화가 이루어진 국가들 간에는 큰 차이가 있다는 사실을 염두에 두어야 한다. GCC 국가들의 경우 경작 가능한 땅의 규모는 작으며, 그중 70% 이상이 지하수를 통해 관개를 실시하고 있다. 그렇기 때문에 전체 물 소비량에서 농업이 차지하는 비율이 상당히 높다. 예를 들어, 카타르의 경우 68%, 아랍에미리트의 경우 80%를 차지한다. 농산품이 GDP에 기여하는 비중은 모든 중동 국가에서 낮은 편이지만, 모든 국가가 농산품의 자급자족 비율을 높이고자 노력 중이다. 그럼에도 농산품 대다수에 대한 수입 의존도가 높으며, 일부 국가에서는 채소나 과일 정도만 자급자족에 성공하는 정도다.

사우디아라비아의 경우 정부의 전폭적인 지원에 힘입어 지난 10년간 놀라운 속도의 농업 성장을 이룩해냈다. 1984년에서 1992년 사이 사우디아라비아의 밀 생산량은 140만 톤에서 400만 톤으로 늘어나면서 잉여 생산을 수출할 수 있을 정도가 되었다. 하지만 사우디아라비아는 여전히 수자원을 어느 정도까지 농업에 배분해야 할지 고민해야 하며, 농업과 다른 산업 분야의 균형을 잡을 방법도 찾아야 한다. 현재 사우디아라비아는 수자원의 85~90%를 농업에 사용하고 있으며, 대부분의 물을 재생이 불가능한 대수층 지하수에 의존하고 있다.

바레인의 경우 농업 분야의 다변화에 어느 정도 성공했다. 현재 가금류의 수요는 50% 이상이 자급자족으로 채워지고 있다. 육류 및 대추야자 가공 공장이 건설되었고, 국립 유제품 저온살균 공장도 설립되었다. 대다수의 농업 산업은 정부의 지원금을 받고 있으며, 재활용한 물을 관개용수로 사용 중이다. 카타르의 경우 수자원이 극도로 부족하며, 농사를 지을 좋은 토양도 매우 적다. 카타르는 다양한 채소를 자급자족하는 데 성공했으나, 축산품을 비롯한 여러 식료품을 수입에 의존하고 있다. 쿠웨이트와 아랍에미리트의 농업 역시 비슷한 패턴을 보이고 있다. 쿠웨이트의 농업 생산량이 여전히 적은 데 비해, 아랍에미리트는 최근 상당한 발전을 보이고 있다. 오만의 경우 걸프 국가들에 비해 농업 경제 다변화가 더 많이 진전되었다. 오만은 주요 와디(우기 때 외에는 물이 없는 계곡 및 수로)를 중심으로 여러 경작지를 가지고 있고, 북부와 남부 산지에서 축산 농업을 실시하고 있다. 리비아 역시 자급자족 농업을 목표로 삼았지만 80% 이상의 식료품을 아직도 수입에 의존하고 있다. 시르테만 주위로 대규모 관개 시설을 건설 중이며, 이는 몇 년 후 농산품 생산량에 큰 변화를 가져다줄 것이다.

산업 다변화 수준이 높은 국가들 중 이집트는 눈에 띄는 농업 발전(매년 3~4% 성장)을 이룩한 대표적인 사례다. 농업 기법의 향상, 인프라의 개선, 토지 개간, 토지 개혁, 그리고 농민들의 교육 수준 향상이 이에 기여했다. 하지만 여전히 높은 수준의 인구 성장률, 토지 소유의 파편화, 비효율적인 마케팅 같은 문제가 남아 있다. 이집트는 신선한 채소와 과일을 잉여 생산하여 수출 중이며, 면화 역시 매우 중요한 외화벌이 수단이다. 관개 토양의 증가, 좋은 토양에 건물을 건설하는 것을 제한하는 정부의 규제 정책이 이집트 농업 발전에 낙관적인 전망을 가져다주고 있다.

이라크에서는 국제사회의 제재가 농업에 매우 심각한 악영향을 끼쳤다. 농기계, 비료, 부품 등의 수입이 극도로 제한되면서 농산품 생산은 양적으로나 질적으로 큰 하락을 보였다. 또한 관개 및 하수 시스템이 모두 파괴되면서 생산량 감소와 영양실조가 널리 확산되었다. 그 결과 주력 농산품은 상업 작물에서 자급용 작물로 대체되었고, 이에 따라 수출과 수입 역시 대폭 감소했다.

요르단은 충분한 물도, 좋은 토지도 갖추고 있지 못하지만, 놀랍게도 상당한 수준의 농업 생산 증가를 이루어냈다. 현대적인 농업 기술 시스템의 도입과 적극적인 투자가 농산품의 양과 질을 향상시켰기 때문이다. 그 핵심은 과일과 채소가 생산되는 요르단강 유역에 자본 집약적 다수확 관개 농장들을 건설했기 때문이다. 반면, 관개가 이루어지지 않은 고산지대 곡물 농업의 경우 큰 발전이 없었다. 요르단 농업 발전의 가장 큰 장애물은 바로 수자원 부족이다.

이와 대조적으로 레바논은 농업 개발에 물이 큰 문제가 되지 않는 중동 국가들 중 하나다. 레바논은 국토의 31%가 경작 중이며 8.5%가 관개되었다. 이 수치는 가자 지구를 제외하면 중동 전역에서 가장 높은 수치다. 또한 전체 수출액의 20%를 농산품이 차지하고 있다. 심지어 분쟁 기간 중에도 농산품 수출액이 증가했다. 레바논은 전통적으로 GCC 국가들에게 과일과 채소를 수출하는 국가다.

시리아의 경우 관개 시스템의 확대와 농업 정책 개혁에 힘입어 놀라운 발전을 이루어냈다. 1996년부터 밀 수입을 중단할 수 있었고, 전체 수출에서 농산품이 차지하는 비율이 20%까지 올라갔다. 팔레스타인의 경우 이스라엘의 점령으로 인해 농업 발전이 더뎠고, 생산량은 등락을 거듭했다. 더불어 내수와 수출 시장 모두 상당히 불안정하다. 농업 생산성이 일반적으로 이스라엘보다 떨어짐에도 주변 아랍 국가들과 경쟁할 만한 농업 수준을 지니고 있다. 팔레스타인 농업의 근간을 이루는 것은 올리브 경작으로, 전체 농업 수입의 1/4을 차지한다. 팔레스타인의 사례와는 대조적으로 이스라엘의 농업은 전적으로 농업 기술의 연구와 개발에 의존하고 있다(전 중동에서 가장 높은 의존도를 보인다). 하지만 이스라엘은 다른 산업이 더 중요해지면서 농업의 비중을 줄였다. 더욱이 이스라엘의 농업은 물 수급 문제와 시장 보호 때문에 지속적으로 정부의 지원에 의존하고 있다.

이란의 농업 산출량은 이라크와의 전쟁이 끝난 후에는 늘어났지만 무계획적으로 관리되고 있는 문제가 있고, 인프라의 개선 또한 필요한 실정이다. 이란 정부의 목표는 식료품 수출을 늘리고 농산품 처리 산업을 발전시키는 것이다. 전체 경제 인구의 40%가 농업에 종사하고 있는 튀르키예의 경우 경제에서 농업이 차지하는 비중이 상당하다. 튀르키예는 다양한 기후와 토양을 두

루 갖추고 있기 때문에 곡물뿐 아니라 감귤류, 포도, 견과류 등 다양한 작물이 자라며, 면화, 사탕무, 담배 같은 산업 작물 원재료도 다양하게 재배되고 있다. 남동부 아나톨리아 프로젝트가 마무리되면 튀르키예의 농업 환경은 극적으로 변화할 것이며, 중동 국가들의 식료품 원산지로서의 가치가 더욱 증대될 것이다.

수단의 농업 환경은 중동의 다른 국가들과 완전히 다르다. 우선 전체 국민의 80%가 농업에 종사하고 있다. 수단에서는 대규모 관개가 이루어지고 있으며, 정부는 나일강 수자원을 아직 최대치로 활용하고 있지 않다. 수단이 경작하고 있는 농업 분야는 중동 어느 국가보다 더 넓다. 첨단기술을 동원한 관개가 이루어지고 있는 남부 지역은 전형적인 아프리카 초원 농작물을 생산하고, 북부는 유목 목축업을 담당한다. 가장 주된 상업 작물은 여전히 면화지만, 기후 변화와 해충 문제로 심각한 타격을 입고 있다. 최근에는 참깨가 주요 수출 품목으로 등장했다. 축산업 역시 포괄적인 융자 제도와 수의학의 발전으로 놀라운 성과를 보이고 있다. 아직 많은 부분에서 현대화가 필요하지만, 수단은 튀르키예 및 이란과 더불어 중동의 주요 농산품 생산국 지위를 유지하고 있다.

수산업

중동에는 내륙 국가가 없다. 또한 여러 국가가 흑해, 지중해, 홍해, 페르시아만(아라비아만), 인도양으로 뻗어 있다. 하지만 수산 전통이 있는 지역을 제외하면 대다수 국가에서 수산업은 상대적으로 저개발되어 있다. 튀르키예가 50만 톤 정도를 어획하고 있으며, 이집트나 이란을 제외한 다른 국가들은 어획량이 거의 미

미한 수준이다. 수단, 이집트, 이라크, 이스라엘, 시리아의 경우
대다수의 어류를 바다가 아닌 민물에서 잡고 있다. 몇 가지 예외
를 제외하면 어업은 대부분 아이스박스 정도를 활용한 영세 어업
이다. 예를 들어, 오만 북동부 해안에서 잡은 어류들은 주로 아랍
에미리트로 수출되는데, 아이스박스에 넣어 도요타 픽업트럭으
로 운송하는 수준이다.

석유 산업

많은 사람이 중동과 석유를 동일시하고, 전 세계의 이익이 중동
으로 집중되는 것도 석유 때문이라고 가정하는 것은 상당히 일
리가 있다. 중동의 여러 국가가 사실상 석유의 발견 때문에 생성
되었고, 석유가 없었다면 중동 지역이 지정학적으로 세계의 주요
화약고가 될 일도 없었다.

> OPEC 회원국 중 중동·북아프리카 8개국이 세계 석유 확인매
> 장량의 2/3를 보유하고 있으며, 전 세계 천연가스 확인매장량의
> 1/3을 가지고 있다. 반면, 이들 8개국의 원유 생산량은 전 세계
> 1/3 수준이며, 천연가스는 세계 총생산량의 10%에 못 미친다. 이
> 러한 사실은 중동·북아프리카 8개국이 상당한 기회를 앞두고 있
> 다는 것을 의미하며, 중장기적으로 시장 점유율을 높일 수 있는
> 가능성이 매우 높다는 것을 뜻한다.

이는 릴와누 루크먼 OPEC 사무총장이 1998년 석유 산업의 기본
원칙을 언급하며 한 말이다. 비록 오만, 시리아, 예멘, 이집트 같

은 산유국들은 OPEC 회원국이 아니지만, 그는 중동 내 모든 주요 산유국을 포괄하여 이와 같은 주장을 펼쳤다. 더욱이 알제리는 OPEC의 북아프리카 회원국이지만 알제리가 생산하는 석유량은 세계 총생산량의 1.8%에 불과하고, 천연가스의 경우 3%밖에 안 된다.

석유 산업은 현재 전 세계 경제를 주름잡고 있지만, 그 거대한 구조가 형성된 것은 사실 최근의 일이다. 중동에서 석유가 처음 발견된 것은 20세기 초였는데, 1940년까지 중동에서 생산된 석유는 전 세계 생산량의 5%에 불과했다. 이러한 생산량 점유율 수치는 1950년대에 15%, 1960년에 25%, 1979년에는 가장 높은 수치인 39%를 기록했다. 석유 산업의 중요성과 중동 지역의 지정학적 민감성을 제대로 인지하게 된 것은 영국 왕립 해군의 연료가 석탄에서 석유로 바뀐 1911년부터였다. 이때부터 1970년대까지 모든 석유 산업은 처음에는 7개, 이후부터는 8개의 주요 국제 법인이 독점했다. 소위 7공주라고 불리는 석유 회사는 뉴저지스탠더드오일(Esso·Exxon의 전신), 로열더치쉘Shell, 영국석유회사BP, 걸프오일Gulf, 텍사스오일Texaco, 캘리포니아스탠더드오일Socal·Chevron, 모빌오일Mobil이다. 이후 프랑스석유회사CFP가 이른바 여덟 번째 '메이저' 회사 대열에 합류했다. 1950~1960년대 모두를 아우르는 메이저 석유 회사의 통제력은 소위 '독립 석유 회사'들의 등장으로 인해 다소 느슨해졌다. 독립 석유 회사는 대략 30개 정도로 상대적으로 소규모였으며, 일부는 국영이었고 일부는 사기업이었다. 그중 가장 잘 알려진 회사가 게티Getty와 ENI다. 이들은 산유국들에게 더 좋은 조건을 제시함으로써 메이저 회사들의 독주 체제를 서서히 무너뜨리기 시작했다. 그럼에도 석유 제국주의는 변경된 형태로 남아 있다.

중동 지역 석유 산업의 개발은 전적으로 메이저 석유 회사들에 의해 추진되었다. 특히 이러한 석유 회사들은 각기 정부(영국, 미국, 네덜란드, 프랑스)의 전폭적인 지원을 받았다. 산유국들은 정치적으로는 독립적이었을지 몰라도 경제적으로는 그러지 못했다. 석유의 생산부터 정제, 마케팅까지 전 과정이 메이저 회사들에 의해 통제되었고, 산유국들은 채굴 기술을 배우지도 못했고 주도권도 전혀 갖지 못했다. 특히 메이저 석유 회사들은 지배력을 행사하기 위해 의심쩍은 방법들을 동원하기도 했다. 이라크의 예시는 다음과 같다.

> 이라크 정부는 '튀르키예석유회사(이후 이라크석유회사IPC로 사명 변경)'에게 이권을 허락하지 않는다면 모술시를 빼앗기게 될 것이라고 협박받았다(알오타이바al-Otaiba, 1975).

이러한 음모는 중동 현지에서만 이루어진 것이 아니었다. 영국 정부는 미국이 중동에 손을 뻗치지 못하게 만들기 위해 많은 국제적 노력을 기울였다. 하지만 1930년 미국은 바레인에서 계약을 따냈고, 이후 아람코ARAMCO가 사우디아라비아 영토 전체의 유전을 차지하는 계약을 따내는 데 성공했다.

메이저 석유 회사의 제국주의적 행태가 가장 잘 드러난 부분이 바로 계약 협의 내용이다. 각 회사마다 조건은 상이했지만, 대다수 계약은 일반적으로 국토 전체나 절반을 포괄할 정도로 매우 광범위하게 이루어졌었다. 계약 조건은 고정 로열티 지급 방식(일반적으로 석유 1톤당 20~25센트)이거나 순매출액의 일정 비율에 해당하는 로열티를 가져가는 방식을 취했다. 계약 기간은 대개 75년으로 체결되었고, 석유와 석유 관련 제품 산업 전반에 대한 배타적인 권리를 보장하는 특혜가 제공되었다. 이는 최초 석유의 탐광 과정부터 정제된 제품의 수출까지 모든 것을 포괄했다. 이에 더해 석유 회사들은 산유국 정부의 통제로부터 자유로울 수 있는 특혜와 권리도 누렸다. 핵심적인 비판들을 정리하면 다음과 같다.

1. 거래의 재정적인 조건이 너무 낮았다.
2. 산유국 정부는 유전의 탐광이나 채굴 비율에 대한 통제권이 없었다. 또한 일부 유전은 향후 사용을 위해 남겨졌다.
3. 계약한 지역의 규모가 너무 광범위했고, 계약 기간도 너무 길다.
4. 석유 회사들은 해외 노동자를 대다수 고용하면서 '국가 안의 국가'로서 계약을 이행했다. 또한 수출은 회사 터미널을 통해 실시했고, 종종 관세를 내지 않고 수입품을 들여왔다.

이러한 상황은 제2차 세계대전이 시작되고 나서 1960년 OPEC이 창설될 때까지 조금씩 변하기 시작했다. 새로운 협상과 국유화를 실시한 결과, 메이저 석유 회사 및 그들 본국의 권력은 감소했다. 국유화 원칙은 이란이 전례를 만들었는데, 1951년 이란 정부가 영국-이란석유회사(AIOC)를 국유화하면서 시작되었다. 당시 영국도 한창 자국의 여러 산업을 국유화하는 중이었지만, 모순적이게도 영국 정부와 메이저 석유 회사들은 이란산 석유의 금수 조치를 선언했다. 1954년 미국-영국의 컨소시엄과 이란 정부가 각각 50:50의 점유율을 보유하는 것으로 협상이 타결되었지만, 국유화 원칙 자체는 유지되었다. 이후 독립 석유 회사들이 업계에 뛰어들면서 계약 조건이 차츰 개선되었다. 지리적인 범주가 축소되었고, 계약 규모도 훨씬 줄어들었다.

새로운 석유 계약 시스템을 만드는 데 가장 중요한 역할을 한 국가는 리비아로, 리비아에서는 1957년 처음 석유가 발견되었다. 리비아 정부는 유전 지역을 51개로 나누었고, 상대적으로 소규모인 17개의 석유 회사와 계약을 체결했다. 계약 기간도 상대적으로 짧았고, 만약 개발이 이루어지지 않으면 리비아 정부에 반납하는 것이 조건이었다. 이와 같이 석유 회사의 지위는 영업권 보유자에서 도급업자로 변경되었고, 석유 생산자에게 더욱 공평한 계약을 보장하자는 이러한 움직임은 1960년 OPEC 창설의 원동력이 되었다.

OPEC이 창설되면서 정치적으로만 독립했던 산유국들이 경제적으로도 독립을 획득했고, 이제는 스스로 석유 산업의 미래를 개척해나갈 수 있게 되었다. 1959년과 1960년에 메이저 석유 회사들이 유가를 1953년의 공시 가격보다 낮추자 주요 산유국인 사우디아라비아, 이라크, 이란, 쿠웨이트, 베네수엘라가 OPEC을 창설했다. 이후 아랍 국가들이 석유 업계를 점차 장악해 나가면서 아랍석유수출국기구(OAPEC)이 1968년 설립되었다.

한편, 1967년 아랍-이스라엘 전쟁은 수에즈 운하의 폐쇄를 야기하면서 석유 산업에 막대한 영향을 끼쳤고, OPEC의 힘이 여전히 제한적이라는 것을 보여줬다. 수에즈 운하 폐쇄에 따라 수에즈 운하를 사용하지 않는 서반구 산유국들이 가장 많은 이득을 보았고, 나이지리아나 리비아도 큰 이득을 보았다. 이후 나이지리아가 내전에 빠져들자 리비아가 가장 유리한 위치를 점하게 되었다.

1969년 리비아 정부는 유가를 인상했고, 석유 생산량을 감축하겠다고 협박했다. 이러한 추세는 이후 몇 년 동안 지속되었다.

제2차 세계대전 종결부터 1970년까지, 석유의 실질 가격은 전반적으로 안정적이었고 심지어 유가가 떨어질 때도 있었다. 하지만 1973년 아랍-이스라엘 전쟁 당시 OPEC은 유가를 70% 인상했고, 그해에 또다시 128% 인상했다. 그렇게 인상을 했음에도 유가는 배럴당 11.65달러에 불과했으며, 이는 석유 회사들이 취한 이득에 비하면 과하지 않은 수준이었다.

유가 인상은 중동 지역 전반에 극적인 영향을 끼쳤고, 대규모 부의 재분배가 이루어졌다. 하지만 중동 국가들은 막대한 부를 수용할 능력이 없었기 때문에 이 '오일 달러'를 서구 은행들에 투자했다. 이에 따라 중동의 부유한 산유국들은 세계 금융 시스템에서 상당한 영향력을 보유하게 되었지만, 중장기적으로는 석유를 무기화하기 어려워지는 문제도 생겼다. 만약 중동 산유국들이 서구 경제를 훼손하기 위해 유가를 조정한다면, 중동 주요 산유국들 역시 피해를 보게 되는 구조가 만들어진 셈이다.

유가 인상이 서구 세계에 남긴 영향도 상당히 막대했다. 유가는 이제 직접적이든 간접적이든 모든 사람에게 영향을 끼치기 시작했다. '자원 지정학resource geopolitics'이라는 용어가 태어난 것이다. 이에 대한 대응으로 석유자원의 보존을 위한 조치들이 시행되었고, 다른 석유 수입원을 찾기 위한 노력이 배가되었다. 이러한 노력은 1979년 이란 혁명 이후 더욱 중요하게 되었다. 이란 혁명으로 인해 이란의 석유 생산이 중단되면서 유가는 다시 오르기 시작하여 1980년 배럴당 43달러를 기록했다. 그런데 석유자원 보존 조치가 제정되고 새로운 석유 원천으로부터 석유 공급이 증가하게 되자, 이로 인한 세계적인 여파는 지난 1973~1974년 사건과는 비교할 수가 없게 되었다. 그래서 이후부터 OPEC의 태도가 다소 누그러지기 시작했다.

하지만 현물시장의 중요성 증가라는 또 다른 요소가 발동되기 시작했다. 유가는 점차 로테르담 거래 시장에서 결정되기 시작했다. 현물시장은 석유의 부족분과 초과분을 상쇄할 수 있게 만들어주었고, 이제 유가는 인수·인도가 이루어지는 그 시점에 형성되었다. 1979년 이란 석유가 시장에서 갑작스럽게 사라지면서 석유 초과분은 금세 사라져버렸고, 이로 인해 현물 거래가가 급등했다. 그 결과 중장기적으로 석유 회사들은 유가 조정 권한을 서서히 현물시장에 사실상 내주었고, 이에 대한 의존도가 높아졌다. 이러한 변화로 인해 월 스트리트 정유 사업가, 리스크 매니저 같은 새로운 직업이 생겨났다. 그리고 이제는 선물시장이나 옵션거래* 같은 고도화된 방식들이 등장하면서 유가 조정에서도 새로운 불안정성이 추가되었다. 이제 유가는 무역 거래 시스템을 통해 이루어지기 때문에 대다수 사람들은 이해할 수 없는 영역이 되어버렸다. 또한 유가는 석유를 확보할 수 있는지 여부에 달리지 않고 시장 심리에 의해 좌우되게끔 변했다. 결국 중동 국가들이 정치적으로나 경제적으로 발전하기 위해서는 안정성이 필요한데, 유가의 안정성 또한 그에 해당하는 중요한 부분이다. 다시 한번, 권력은 유전지대에서 멀리 떨어진 곳에 있다는 것을 느낄 수 있다.

석유 매장량, 석유 생산 및 소비

세계화가 끼친 여러 영향(자본을 전 세계로 움직이고 노동력을 선별

---

* 선물시장은 선물(先物) 거래가 이루어지는 시장으로, 계약 시점에 정한 가격으로 장래의 일정 시점에 석유를 인수·인도할 것을 약속하는 거래가 조직화된 곳을 의미한다. 현재의 가격으로 상품을 거래하는 현물시장과 상대되는 시장이다. 옵션이란 선물거래에서 일정 기간 내에 특정 가격으로 상품을 팔거나 또는 살 수 있는 권리를 의미한다.

표 9.3 석유 확인매장량(1997)

국가	세계 총 매장량 중 비율(%)	가채연수
미국	2.9	9.8
러시아	6.4	24.7
페르시아만	65.2	87.7
멕시코	3.8	33.6
베네수엘라	6.9	59.5
나이지리아	1.6	20.2
리비아	2.8	55.6

가채연수 = 매장량/생산량 비율

적으로 사용하는 등)에도 불구하고 자원은 국가 안에 위치해 있으며 국가의 관할 아래 있다. 그렇기 때문에 유가에 변동성이 존재함에도 중동의 산유국들은 장기적으로 석유 산업의 통제권을 유지할 것이다. 이와 관련한 통계 자료가 영국석유회사(BP)의 〈세계 에너지 통계 보고서〉(1998)에 잘 나와 있다. 특히 페르시아만(아라비아만) 산유국들이 발군이라는 점은 〈표 9.3〉을 통해 확인할 수 있다.

가채연수(R/P Ratio)는 매장량이 얼마나 남았는지를 의미하는 공식적인 측정 방식이다. 현재 생산 속도를 기준으로 향후 석유를 얼마나 더 생산할 수 있는지 남은 연수를 나타낸다. 이러한 수치는 변할 수 있다. 매장량이 재평가될 수 있고, 채굴 방식이 개선될 수도 있기 때문이다. 하지만 현재 여러 조건을 고려했을 때 미국과 러시아 연방의 매장량은 상당히 적게 남아 있다. 페르시아만(아라비아만)의 산유국들을 제외하면 중요한 잠재력을 갖춘 산유국으로 멕시코, 베네수엘라, 나이지리아, 리비아를 꼽을 수 있다. 멕시코와 베네수엘라는 상대적으로 많은 매장량을 가지고 있지만 둘 다 개발도상국이기 때문에 계속해서 자국의 석유 소비를 늘려야 할 것이다. 나이지리아 역시 개발도상국이며, 최근에는 정치적으로도 불안정하다. 리비아의 경우 지도자 때문에 다소 개성이 강한 국가로 분류되는데, 최근에서야 유엔 제재에서 풀렸다. 현재, 그 외에 중국 정도가 어느 정도의 석유를 보유하고 있는 국가지만, 중국은 다른 공급책을 찾는 데 혈안이 되어 있다. 그다음으로 매장량이 큰 국가는 노르웨이와 알제리다. 이와 같이 석유 공급 환경은 상당히 빡빡하며, 페르시아만(아라비아만) 외에는 별다른 옵션이 없는 상태다.

중동 지역에는 대규모의 매장량을 자랑하는 6개국이 있다(표 9.4).

사우디아라비아의 경우 전 세계 석유 확인매장량의 1/4을 보유하고 있으며, 이라크, 이란, 쿠웨이트, 아랍에미리트는 모두 9~11%를 차지하고 있다. 이란과 이라크는 최근 쿠웨이트의 매장량이 상대적으로 평가절하되면서 매장량 순위가 상승했다. 쿠웨이트의 경우 1987년까지만 해도 세계 2위의 매장량을 자랑했었다. 그 외 중동 국가들로, 오만은 세계 석유 확인매장량의 0.5%를 차지하고 있으며, 카타르, 예멘, 이집트, 시리아는 그것보다 더 적은 양을 보유하고 있다.

대다수 중동 국가는 매장량 대비 훨씬 적은 양을 생산하고 있다(표 9.5). 물론 이라크의 수치는 유엔의 제재로 인해 제한받은 결과다. 1989년 이라크는 세계 전체 석유 생산량의 4.5%를 차지했는데, 당시 이란은 4.6%였다. 〈표 9.5〉는 미국이 전 세계 석유 생산량의 10.9%, 러시아 연방이 10.5%를 차지한다는 것을 감안하며 봐야 할 것이다. 이처럼 이란과 이라크 두 국가 모두 매장량에 비해 극히 적은 양을 생산한다고 볼 수 있다. 반면, 〈표 9.6〉에서 나타나는 소비량 패턴은 상당히 대조적이다.

미국의 경우 전 세계 석유 생산량의 24.9%를 소비하고 있고,

표 9.4 석유 확인매장량

국가	세계 총 매장량 중 비율(%)	가채연수
이란	9.0	69
이라크	10.8	100+
쿠웨이트	9.3	100+
사우디아라비아	25.2	79.5
아랍에미리트	9.4	100+
리비아	2.8	55.6

표 9.5 석유 생산량

국가	세계 총 생산량 중 비율(%)	1996년 대비 변화량(%)
이란	5.3	0.2
이라크	1.7	94.3
쿠웨이트	3.0	0.3
사우디아라비아	12.9	3.5
아랍에미리트	3.5	2.9
리비아	2.0	1.6

표 9.6 석유 소비량

국가	세계 총 소비량 중 비율(%)	1996년 대비 변화량(%)
이란	1.8	2.3
쿠웨이트	0.2	10.4
사우디아라비아	1.6	3.8
아랍에미리트	0.5	-

러시아 연방의 경우 5.9%를 소비한다. 이와 대조적으로 중동 국가들은 매우 적은 양을 소비 중이다. 생산량과 소비량의 격차가 있다는 것은 누군가는 수입을 해야 한다는 것을 의미하며, 이는 결국 지정학적인 용어로 취약성이 존재한다는 뜻이다. 만약 취약성을 가채연수를 기준으로 삼아 평가한다면, 미국과 러시아 연방의 경우 다른 지역의 석유에 의존해야 하는데, 이는 결국 페르시아만(아라비아만)으로 귀결된다. 유럽 국가들의 상황은 더욱 암울하다. 유럽 국가들은 세계 석유 총 매장량의 1.9%를 차지하고 있으며, 9.4%를 생산하고 있지만, 전체 생산량의 22.1%를 소비한다. 이를 통해 중동의 석유 산업이 얼마나 중요한지 알 수 있고, 미래에 얼마나 더 중요해질 것인지 느낄 수 있다. 더욱이 GCC 국가에서 생산된 석유가 전 세계에서 가장 싸다.

석유 정제 능력

현재 중동의 여러 국가는 석유 정제 능력을 향상시키기 위해 노력하고 있다. 수출 상품을 단순한 원유에서 석유 제품으로 전환하기 위함이다. 1980년 이래로 중동 지역의 석유 정제 능력은 70% 가까이 발전했지만 세계 기준으로는 아직 저조한 수준이다. 현재 쿠웨이트는 자국이 생산하는 석유의 약 40%를 정제할 수 있고, 사우디아라비아의 경우 20%, 아랍에미리트의 경우 10% 이하만 가능하다. 1998년 BP의 〈세계 에너지 통계 보고서〉에 따르면, 중동 내 주요 산유국 중 5개국만 일정 수준 이상의 정제 능력을 보유하고 있다(표 9.7). 튀르키예의 경우 전 세계 정제량의 0.8%를 정제하고 있다(1일 67만 5,000배럴).

　따라서 중동 전체의 정제 능력은 대략 8% 정도에 불과하며, 이 수치는 아프리카 전체 3.7%, 유럽 21.1%, 북미 23.9%와 극적으

표 9.7 석유 정제 능력

국가	1일 정제량(단위: 1,000 배럴)	세계 총 정제량 중 비율(%)
바레인	250	0.3
이란	1,305	1.6
이라크	530	0.7
쿠웨이트	800	1.0
사우디아라비아	1,720	2.2

로 대비된다.

중동 지역이 전 세계 석유 매장량의 70%를 차지하는 것을 고려했을 때, 중동 국가들의 정제 능력은 지극히 낮은 수준이다. 생산과 정제 능력 사이의 간극을 좁히기 위한 일환으로 사우디아라비아, 쿠웨이트, 오만, 아랍에미리트는 합작투자회사들을 사 모으고 있다. 유가가 점차 회복함에 따라 중동 국가들의 생산(업스트림 분야) 및 정제(다운스트림 분야) 능력은 상당히 증대될 것으로 전망된다.

석유 거래

모든 국가가 석유 산업의 영향을 받고 있고, 오늘날 그 영향은 무척 크기 때문에 석유 산업의 상호관계 네트워크는 전 세계에 큰 영향을 준다. 그 결과 석유는 세계 무역 역시 장악하고 있다. 앞선 자료들에서 살펴보았듯이 주요 석유 '생산' 지역과 주요 석유 '소비' 지역은 상이하다. 일반적으로 선진국들이 지배적인 수요자인 반면, 상대적으로 적은 양을 생산 중이다.

지역 간 석유 거래의 초점은 중동에 맞춰져 있다. 〈표 9.8〉은 세계 지역별로 중동 및 북아프리카에서 수입하는 석유 비율뿐 아

표 9.8 지역 간 석유 거래

국가	중동에서 수입한 비율(%)	세계 총 수출량 중 중동 석유 수출 비율(%)	북아프리카에서 수입한 비율(%)	세계 총 수출량 중 북아프리카 석유 수출 비율(%)
미국	18	10	3	12
서유럽	40	21	21	72
중국	28	2	-	-
일본	77	24	0.4	1
기타 동아시아 및 동남아시아	79	33	1	3

출처: BP의 〈세계 에너지 통계 보고서〉 (1998) 중에서 중동 및 북아프리카를 별도로 구분하였고, 중동 국가들은 페르시아만(아라비아만) 국가로 한정함.

니라 중동 또는 북아프리카의 전체 석유 수출 비율도 표시되어 있다.

중동 지역은 단연코 일본의 최대 석유 공급 지역이고, 중국을 제외한 여러 아시아-태평양 신흥 산업 국가들에게도 최대 공급자다. 서유럽의 경우에도 중동 석유가 가장 높은 점유율을 보이고 있으며, 미국의 경우 중남미 다음으로 중동 석유가 두 번째로 많이 들어온다. 대다수가 리비아산인 북아프리카 석유는 대부분 서유럽으로 수출된다. 이처럼 세계 석유 무역 패턴 역시 현재 및 중장기적으로 중동 지역이 세계 석유 산업에서 얼마나 중요한지를 강조하고 있다.

국가별 석유 현황

사우디아라비아의 경제는 여타 GCC 국가들과 마찬가지로, 전적으로 석유 분야가 주도하고 있다. 석유 산업이 전체 정부 수입의 75%를 차지하고 있고, 수출의 90%를 차지한다. 사우디아라비아의 아람코는 전 세계에서 가장 큰 석유 회사이며, 사우디아라비아는 전 세계 석유 확인매장량의 25%를 차지하고 있고, OPEC 전체 매장량의 1/3 규모를 가지고 있다. 사우디아라비아의 석유 매장과 생산은 주로 동부 지역인 알하사주^州에 집중되어 있다. 이 지역에 가장 큰 유전 네 개가 위치해 있다. 가와르 유전은 전 세계에서 가장 큰 유전이며, 사파니야는 세계에서 가장 큰 해양 유전이다. 아브카이크와 베리를 포함한 이 네 유전이 사우디아라비아 전체 매장량의 45%, 생산량의 85%를 담당하고 있다.

사우디아라비아는 전 세계 석유 산업을 장악하고 있음에도 불구하고 지속적으로 유전 탐사를 진행 중이다. 리야드 남부에서 발견된 새로운 유전지대는 1994년 후반부터 고품질 경유를 생산하고 있다. 소위 '공백 지역Empty Quarter'이라 불리는 룹알할리 사막도 관심을 받고 있으며, 2000년대 초부터 샤이바 유전이 생산에 들어갔다. 공백 지역 남부의 개발은 예멘에 대한 사우디아라비아의 관심을 반영하기도 하며, 더 나아가 인도양 해안으로 직접 이어지는 석유 파이프라인 건설 가능성에 대한 함의도 지니고 있다. 이러한 파이프라인의 건설은 사우디아라비아가 호르무즈 해협, 바브엘만데브 해협, 수에즈 운하 등과 같은 지정학적 요충지를 거치지 않고 세계 시장에 진출할 수 있도록 도와줄 것이다. 현재 아브카이크에서 아라비아반도를 가로질러 얀부항까지 건설된 대규모 파이프라인은 일일 500만 배럴을 수송할 수 있다.

쿠웨이트의 경제는 사우디아라비아보다 더 심하게 석유 산업에 의존하고 있다. 쿠웨이트는 광범위한 해양 정제 시설과 석유 상품 출하 창구를 건설하는 일에 집중하고 있으며, 현재 총 수출의 40%가 이러한 시설들을 통해 이루어지고 있다. 1990년대에는 이라크의 침공으로 인해 정제 시설이 망가지면서 석유 산업이 침체되기도 했다.

아랍에미리트의 석유 산업은 90%가 아부다비에 집중되어 있다. 새로운 유전들은 대다수 해양에서 발견되고 있으며, 그 덕분에 확인매장량이 지속적으로 증가하고 있다. 아랍에미리트의 정제 능력과 석유 제품 산업도 눈에 띄게 성장하고 있지만, 아직은 저조한 수준이다.

리비아의 경우 석유가 전체 수출액의 95%, GDP의 30%를 차지하고 있다. 리비아의 석유 산업은 주로 동부 지역인 시르테만 주변 내륙에 집중되어 있다. 하지만 최근 튀니지 접경인 서부 지역 해안가에서도 여러 유전이 발견되고 있다. 또한, 비록 이라크 수준까지는 아니지만, 유엔의 제재로 인해 석유 산업이 상당한 타격을 입었다.

걸프 전쟁 이전에 이라크 수출의 95%는 석유가 차지했었다. 하지만 그 이후 제재 및 전쟁으로 인한 시설 파괴, 장비와 인프라의 노후로 인해 석유 생산이 급감했다. 이라크는 대외 투자를 모색하고 있으며, 이미 러시아 및 중국과 유전 개발 계약을 체결했고 프랑스 역시 이에 참여하고자 대기 중이다.

이라크와의 전쟁 이후 이란은 석유 산업을 회복하기 위해 활기차게 움직이고 있다. 현재 8개의 정제 시설을 보유하고 있으며, 계속해서 건설 중이다. 러시아와의 거래가 촉진되고 있지만, 여전히 미국의 제재를 받고 있다. 이러한 대규모 발전은 제한될 것으로 보이며, 카스피해 유역 개발에 따른 수익 역시 상당한 제약에 직면할 것으로 보인다.

다른 중동 산유국들에 비해 카타르와 오만은 상대적으로 영세한 산유국이며 매장량도 제한적이다. 카타르의 석유 개발은 주로 해양에서 이루어지고 있는데, 이는 바레인과의 하와르섬 분쟁으로 인해 지속적으로 방해받고 있다. 오만의 경우 주요 유전이 위치한 마르물 북부에 소규모 유전들을 보유하고 있지만, 상업적 가치를 지닌 석유는 대부분 남서부에서 생산된다. 정제 시설 한 개가 북부 해안 지역인 미나알파할에 위치하고 있으며, 남부 살랄라 지역에 추가적으로 건설 계획 중이다.

중동 산유국들 중 가장 흥미로운 사례는 예멘이다. 예멘은 아라비아반도에서 석유 붐의 혜택을 받지 못한 유일한 국가다. 북예멘과 남예멘으로 나뉘어 있던 예멘은 1987년부터 석유 생산에 들어갔지만, 현재는 주로 남동부 지역인 마실라와 샤브와에서 집중적으로 석유를 생산한다. 특히 홍해로 석유 파이프라인이 연결되어 있는 마리브 유역에 생산이 집중되어 있다. 그러나 사우디아라비아와의 국경 분쟁으로 인해 추가적인 유전 개발이 지연되고 있다.

천연가스

현재 중동 지역은 천연가스 생산에 사소한 기여를 하고 있지만, 엄청난 잠재력을 보유하고 있다. 가장 두드러지는 특징은 중동 지역 각 가정에서 천연가스 소비가 엄청나게 늘어났다는 점이다. 국내 천연가스 소비의 증가는 원유 수출의 증가를 돕는다. 하지만 저유가가 유지되던 시절에는 경제적인 효과가 미미했다. 더욱이 해외 소비자들의 경우 석유 수익에 대한 의존도를 줄이기 위해 최대한 천연가스를 사용하고 있다.

이집트, 리비아를 포함한 중동 지역은 전 세계 천연가스 확인매장량의 35.1%를 차지한다. 중동 지역에는 총 아홉 개의 초대형 천연가스전이 있으며, 확인매장량은 1,000bcm이 넘는다. 이 수치는 1987년 대비 2배가량 증가한 추정치다. 초대형 천연가스전은

표 9.9 천연가스 확인매장량

국가	세계 총 매장량 중 비율(%)	가채연수
이란	15.8	100+
이라크	2.2	100+
쿠웨이트	1.0	100+
카타르	5.9	100+
사우디아라비아	3.7	100+
아랍에미리트	4.0	100+

가채연수 = 매장량/생산량 비율

전 세계에 총 20개밖에 없기 때문에 그 의미는 더욱 크다. 주요 천연가스 확인매장량은 〈표 9.9〉에 나와 있다.

표를 보면 이란이 중동 지역에서 가장 많은 천연가스를 보유하고 있다는 사실과, 카타르의 경우 석유와는 다르게 상당히 중요한 천연가스의 생산국이라는 것을 확실히 알 수 있다. 표에 나온 6개국은 세계 천연가스 매장량의 1/3을 차지하고 있다. 하지만 천연가스 생산 비율은 제한적이며, 이는 가채연수를 통해 확연하게 드러난다. 북아프리카의 경우, 이집트가 전체의 0.5%, 리비아가 0.9%를 보유하고 있다. 전 세계의 석유 매장량과 가스 매장량이 대략 비슷하다는 사실은 중동 지역의 천연가스가 얼마나 과소평가되었는지를 쉽게 알려준다. 현재 중동 지역의 석유 매장량 대 가스 매장량 비율은 2:1에 이른다. 그렇기에 새로운 가스전의 발견 가능성은 상당히 높다고 볼 수 있다. 더욱이 전 세계적으로 원유 채굴 시 함께 생산되는 수반가스*와 비수반가스의 비율

* 유전에서 원유를 채굴할 때 부산물로 함께 딸려나오는 가스를 수반가스(associated gas)라 하고, 처음부터 가스전에서 천연가스 채굴을 목적으로 한 것을 비수반가

은 1:5.7이다. 그리고 중동 지역에서 이미 발견된 자원과 미발견 자원의 비율은 2:1이다. 즉, 상당한 양의 비수반가스가 여전히 발견될 수 있어 보인다.

천연가스에 대한 관심의 증대는 중동 지역 내 주요 변화를 시사한다. 예전의 탐사는 주로 석유 발견에 집중되어 있었기 때문이다. 1976년까지만 해도 중동 국가들은 생산된 천연가스의 80% 가량을 산화시켜서 버렸다. 이렇게 버려진 천연가스는 석유화학 산업의 주요 원료로 매우 중요했지만 말이다.

이제 세계 경제에서도 천연가스가 점차 중요성을 더해가고 있다. 특히 천연가스 외교는 석유 개발을 지속적으로 방해했던 냉전(동서 세계 간 분쟁)으로부터 대개 자유롭다. 천연가스 유전의 개발과 파이프라인의 건설, 액화 장비와 발전소의 건설은 서구 다국적 기업들의 지원을 받고 있다.

국가별 천연가스 현황

전 세계 천연가스 보유량이 제일 많은 국가는 러시아로, 중동 지역 전체 천연가스 확인매장량에 맞먹는 수준의 천연가스를 보유하고 있다. 그다음으로 이란이 세계에서 두 번째로 가장 많은 천연가스 매장량을 보유하고 있다. 수반가스와 비수반가스를 모두 생산하는 이란의 천연가스전은 육상과 해상 모두에 위치해 있다. 이란은 이미 러시아 남부 지역에 천연가스를 공급하는 계약을 맺었고, 인도반도 시장에서도 큰 잠재력을 보여주고 있다. 향후 미국과의 관계 개선을 위한 여러 요소 중 하나가 카스피해 유역 개발로, 이것이 이란 천연가스 산업의 미래를 좌우할 것이다. 이란

스(non-associated gas)라고 한다.

북쪽에 위치한 또 다른 주요 천연가스 공급국인 투르크메니스탄은 이미 이란과 파이프라인을 연결하기로 합의한 바 있다.

카타르는 천연가스 매장량이 세계 3위지만 발전이 더디다. 걸프 전쟁으로 인해 천연가스전 개발이 지체되었지만, 액화 공장 건설을 통해 산업을 확장해가는 중이다. 그 외의 국가들에서는 천연가스 매장량이 현재 미미하다. 하지만 이는 많은 경우 생산 잠재력을 측정하는 데 큰 노력을 기울이지 않았기 때문일 수 있다. 일반적으로 석유화학 제품 분야의 확장에 따라 천연가스에 대한 수요가 늘어나고 있다.

석유와 국가 발전

페르시아만(아라비아만) 국가들의 발전에서 석유는 절대적이다. 하지만 석유는 종종 축복이자 저주였다. 석유 시장의 변덕은 종종 대규모 경제 위기를 선사했다.

대체로 1970년대는 풍요의 시대였던 반면, 1980년대는 적자의 시기였고, 1990년대는 대략 복합적이었다. 특히 1970년대 사회 변화 속도는 놀라운 수준이었다. 한 세대 만에 여러 GCC 국가 국민은 낙타에서 벤츠로 갈아탔고, 이러한 격변은 쉽게 적응할 수 있는 수준이 아니었다. 사회 계층에 따라 이러한 변화는 물질주의·종교·민족주의의 과잉을 야기했다.

하지만 익히 알려진 부의 남용에도 불구하고, 대규모 경제발전은 실제로 일어났다. 특히 오래된 진흙 벽돌 건물들이 호화로운 현대 건물들로 대체되면서 도시 생활이 급증했다. 도로에서부터 공항까지 교통 인프라가 광범위하게 향상되었고, 동시에 대규모 자금이 교육과 사회복지에 투입되었다. 또한 정부는 농업과 여러 산업에 대규모 보조금을 지급했다. 이처럼 생활환경이 상당히 향상되면서 기저에 깔린 경제 문제들은 굳이 해결될 필요가 없었다.

1980년대에 들어오면서 석유 산업 수익이 줄어들자 전반적인 감축의 시대가 도래했다. 헌터Hunter(1986)는 '긍정적인 피드백 효과'가 발생했다고 표현했다. "감축의 시대가 찾아오면서 해외 노동자들이 대거 탈출했고, 이로 인해 경제적인 요구가 줄어들면서 임대료와 부동산 가치가 하락하여 상업 침체는 더욱 심화했다."

동시에 이란-이라크 전쟁에서 GCC 국가들은 이라크를 지지하면서 더욱 많은 자원을 소진했다. 경제 전망이 어두워지면서 사회적인 분열도 커졌다. 일반적으로 막대한 부의 획득은 부실 경영을 가렸고, 경제 원칙과 규범에 대한 무시를 야기했다. 결국 걸프 산유국들은 많은 교훈을 얻었고, 걸프 국가들은 1980년대와 1990년대 동안 정부 구조 조정을 실시했다. 이러한 노력은 경제 원칙의 도입을 통해 더욱 장기적이고 지속가능한 발전을 가능케 만들었다.

석유는 걸프 지역에 막대한 발전의 기회를 부여했지만, 아직까지 최대 잠재력을 발휘한 것은 아니다. 석유와 천연가스의 생산은 생산국들에게 어마어마한 수익을 가져다주었다. 하지만 이에 대한 지나친 의존은 이미 사회에 만연한 균열을 더욱 심화한 것으로 보인다.

광업

광업은 땅속에서 광물을 캐는 산업으로, 석유 산업도 이에 포함된다. 하지만 석유와 천연가스는 중동 지역에서 다른 광업 상품에 비해 너무나도 중요한 광물이기 때문에 별개로 취급된다. 따라서 여기서는 석유와 천연가스를 제외한 광물 산업만을 다루겠다.

미국광업부의 보고서에 따르면, 중동 지역의 광물은 금속과 공업용 광물로 나뉜다. 이를 보다 구체적인 '지질학'적 특성에 따라 분류하면(이러한 분류가 사용된다면, 더 광범위한 지질학적 구분 또한 가능해진다), 중동 지역에서는 주로 경암硬岩, hard rock과 증발암이 발견된다. 여러 지질학적 연대기를 아우르는 광물이 매장되어 있는 광활한 고지대를 보유한 국가는 중동 지역에서 단 두 국가 뿐인데, 바로 튀르키예와 이란이다. 사우디아라비아와 수단 남부에도 광활한 고지대가 존재하기는 하지만, 두 국가는 각자 다른 이유로 비연료 광물 산업을 발전시키지 못했다. 하지만 남아프리카의 랜드광업회사가 생기게끔 만든 광물성 덩어리들이 수단 남부에서도 발견되기 때문에, 이는 개발해볼 잠재력이 크다고 여겨진다. 그 외 국가들도 일부 고지대를 보유하고 있지만, 대다수 최근에 형성된 침전물로 뒤덮인 광활한 평지거나 낮은 고원지대다. 증발암이 발견되는 지역들은 대개 반건조 또는 건조한 저지대에 위치한 국가들이다.

세계적인 기준으로 봤을 때, 중동 지역에서 유일하게 수준급의 비연료 산업을 보유한 국가는 튀르키예다. 다양한 광물이 발견되며, 가장 유명한 광물은 보크사이트, 철광석, 구리, 크롬, 아연, 납광석, 그리고 수은이다. 이 가운데 가장 중요한 광물은 크롬이다. 전 세계적으로 흔하지 않은 광물이기 때문이며 실제로 가장 중요한 전략 광물로 간주된다. 그리고 튀르키예는 유럽 국가 중 유일한 크롬 생산국이다.

이란은 광업이 상대적으로 덜 개발되어 있지만, 총 43개의 광물을 보유한 국가이다. 그중 크롬, 구리, 금, 철광석이 가장 중요한 광물이다. 사우디아라비아의 경우 보크사이트, 철광석, 금, 은, 아연을 생산하며, 오만은 유서 깊은 구리 광업 국가다.

중동에서 주로 생산되는 증발암은 석고, 인산염, 소금이다. 비료의 주원료인 탄산칼륨과 인산염의 주요 생산 국가는 이스라엘과 요르단이다. 시리아의 경우 세계에서 세 번째로 많은 인산염 생산국이다. 가장 중요한 소금 생산 국가는 튀르키예와 이스라엘이며, 이란은 석고 생산을 주도하는 국가다.

아직까지 중동의 비연료 광물은 과소평가되어 있으며, 탐광도 대다수 지역에서 상대적으로 적게 이루어지고 있다. 쉽게 채굴할 수 있는 전 세계 광물이 줄어들면서, 튀르키예, 이란, 수단 등과 같은 중동 국가들의 광산에 많은 관심이 쏠리고 있다. 더욱이 산업 다변화 전략의 일환으로 중동 국가들은 광물 탐사를 더욱 늘릴 것으로 전망된다.

제조업

태곳적부터 공예품 산업은 중동 전역에 널리 퍼져 있었다. 특히 금속 공예는 국제적으로도 정평이 나 있었고, 고대의 전통은 현대 공방에까지 이어지고 있다. 중동 지역에서 관광업이 활성화됨에 따라, 전통 카펫 산업이 멈춘 오만과 같은 국가들에서도 공예품 산업이 부활할 것으로 보인다.

현대 사회와 공예품 산업을 연결한 상품은 단연코 섬유 산업이다. 면직물, 아마 섬유, 비단, 양모, 낙타 및 염소 털 등은 모두 중동에서 생산되고 있으며, 인공 섬유 역시 석유화학 산업의 일환으로 새롭게 개발되고 있다. 그중 가장 잘 알려진 섬유 산업은 튀르키예에서 앙고라 염소의 털로 만든 모헤어 천, 그리고 세계에서 가장 유명한 이란 및 튀르키예의 카펫 및 러그 산업이다. 최고 품질의 카펫은 수제 염료로 색조를 더한 제품들이며, 가치가 높기 때문에 투자 대상이 되고 있다. 중동 국가들 중에 중요한 산업 상품으로서 현대적 형태의 섬유 산업을 추진하지 않고 있는 국가는 GCC 국가들과 요르단이 유일하다. 사실 섬유는 공예에서부터 시작하여 초기 농산품 가공 처리를 거쳐 현대 경공업의 시작까지, 각 산업 발전 단계마다 대표적인 상품이었다. 이러한 섬유 산업과 공통점을 보이는 유일한 산업은 식료품 산업이다.

섬유 산업과 식료품 가공 산업은 중동 지역 국가들을 명확하게 두 부류로 나누는 기준이 된다. 하나는 ① 오랜 산업의 역사를 가진 국가들이고, 다른 하나는 ② 전적으로 석유 산업에 의존하는 국가들이다. 첫 번째 부류의 국가들도 여러 산업 상품 중 석유를 포함하고 있을지 모르나, 대개 다변화된 상품 목록을 가지고 있다. GCC 국가들은 사실상 석유 및 석유 제품, 증발암, 그리고 시멘트 산업에 제한되어 있다. 심지어 요르단은 증발암과 시멘트밖에 없다.

주요 산유국의 산업 다변화는 석유 제품으로부터 최대 이익을 확보하겠다는 열망에 따른 결과이다. 이러한 열망은 석유화학 제품 산업의 발전을 야기했고, 잉여 에너지를 다른 산업에 활용하게끔 만들었다. 바레인의 알루미늄 제련소가 그 대표적인 예다.

1970년대부터 GCC 국가들은 산업 기반을 확대하고, 석유로부터의 수익을 극대화하며, 더불어 잉여 수입을 투자하기 위해 석유화학 산업 개발에 돌입했다. 석유화학 산업이 발전하면서 기존에 산화되어 버려졌던 천연가스를 이제는 사용할 수 있게 되었다. 또한, 갈수록 세계 농업 시장이 낙관적인 전망을 보이고 있고,

더불어 비료 역시 추가적인 수요가 올라갈 것이라는 점을 고려했을 때, 이러한 석유화학 산업 발전은 타이밍도 절묘했다고 볼 수 있다.

뜻밖의 호재는 여러 메이저 석유 회사들이 합작 회사를 건설하고 싶어 했다는 점이다. 그 결과 사우디아라비아, 카타르, 쿠웨이트, 이라크, 아랍에미리트, 오만에 석유화학 단지가 건설되었다. 하지만 1970년대 후반 들어 세계 경제가 침체기로 접어들고 석유화학 제품도 잉여 생산되면서 석유화학 산업 역시 하락세를 보였다. 더욱 근본적인 문제는 걸프 지역에 석유화학 산업을 개발하는 비용이 막대했다는 점이다. 모든 주요 부품은 수입에 의존해야 했고, 여러 경우 인프라가 부실했으며, 고급 인력도 부족했다. 또한 놀랍게도, 종종 공급 원료가 부족하기도 했다. 특히 중동 지역의 천연가스는 석유와 연관되어 있었기 때문에 석유 감산은 천연가스가 줄어듦을 의미했다. 가장 심각한 문제는 중동의 석유 산업이 점차 하부 공정 단계로 가면서 선진국들과 경쟁하게 된 것이다. 걸프 국가들은 개발도상국들이 필요로 하는 덜 정교한 제품들을 제공할 수 없었고, GCC 국가들 간 협력 부재로 서로 간에도 경쟁해야 했다.

최근 중동 전역에서 시장 다변화를 통해 수출 지향적 산업 전략으로 새롭게 전환하고 새로운 프로젝트를 개발하며, 경제 규제 완화와 경제 개혁을 도입하는 움직임이 늘어나고 있다. 특히 세계 경제가 살아나면서 섬유 산업의 확산이 전망되며 중급 수준의 석유·가스 제품 생산 및 석유 정제, 석유화학 제품, 비료, 알루미늄 산업 역시 발전할 것으로 보인다. 전 세계가 시장경제 체제로 전환하면서 새로운 기회가 열렸다. 하지만 무역 장벽은 여전히 존재하고, 아시아 태평양 국가들과의 경쟁이 늘어나고 있다.

국가별 제조업 현황

오랜 제조업 역사를 가지고 산업 다변화에 성공한 국가들 중 튀르키예는 특별히 자신감에 차 있다. 튀르키예는 섬유 및 식품 산업이 건실한 가운데 전자 제품이나 자동차 생산 같은 첨단 기술 산업으로 전환하고 있다. 그러나 가장 큰 산업은 여전히 섬유 분야로, 국내 전체 생산량의 20%를 차지한다. 자동차 산업의 개발은 튀르키예에 특별히 더 중요하다. 인건비가 저렴하고 서유럽 시장으로의 접근이 용이하기 때문이다.

하지만 연구개발에 가장 많이 의존하고 첨단 기술을 운용하는 국가는 이스라엘이다. 이스라엘은 초기에는 고급 무기 산업을 개발했고, 그 후 틈새시장에 특화하기 시작했다. 현재 이스라엘의 연구개발은 주로 전자 제품과 컴퓨터에 집중되어 있으며, 전 세계 섬유 광학 분야 1위다. 그 결과 이스라엘은 중동 국가들 중 유일하게 선진국 대열에 올랐다. 이와 극적인 대조를 보이는 팔레스타인의 경우 이스라엘과의 정치적 문제, 국경 통제, 그리고 하도급의 감소 등으로 인해 제조업 분야가 심각하게 제한받고 있다.

레바논은 1995년 이후부터 질서가 회복되면서 인프라와 경제 활동이 활성화되었고, 그로 인해 제조업 성장도 가속화되었다. 시리아의 경우 걸프 전쟁 이후 투자 증가 덕분에 제조업이 급속도로 성장했지만, 산업 잠재력을 극대화하기 위해서는 근대화가 극도로 요구된다.

산업 재활성화와 근대화를 가장 필요로 하는 국가는 바로 이란, 이라크, 리비아다. 이란의 경우 이라크와의 오랜 전쟁으로 인해 투자가 대폭 감소하면서 발전이 저해되었다. 이라크와 리비아의 경우 국제사회의 제재로 인해 제조업은 거의 전적으로 제한을 받으면서 하락세를 걸었고 발전이 저해되었다.

예멘의 경우 산업 개발에서 걸음마 단계이며, 주요 산업은 농업, 수산업, 석유 산업이다. 이집트는 제조업을 다변화하는 데 성공했지만 생산력은 줄어들었다. 경제 구조 개혁 이후 이집트의 민간 분야는 폭발적으로 성장했고, 국제 프랜차이즈 기업들의 하청을 받아 제조업을 성장시키고 있다. 특히 주력 제조 산업은 식료품 가공, 섬유 산업, 화학 산업, 엔지니어링, 전기 제품 생산까지 다양하며, 자동차 조립 산업은 재활성화 되어가는 중이다. 이집트의 방위 산업 규모는 상당히 커졌지만, 동시에 방산 장비 조달은 하락세를 걷고 있다. 이와 대조적으로 요르단은 제조업 기반이 좁으며, 주로 화학제품과 비료 생산에 주력하고 있다. 자원이 매우 희소하기 때문에 요르단이 강력한 제조업 기반을 세우기는 심히 어려워 보인다.

GDP 대비 기여도나 경제 활동 인구의 집중도를 고려했을 때, 중동에서 가장 산업 비중이 낮은 국가는 수단이다. 천연자원이나 연료, 고급 인력, 투자 모두 부족하며, 인프라 역시 부실하다. 섬유 산업을 비롯한 대부분의 산업이 제 기능을 못하고 있다. 합작 회사의 운영이 하나의 대안이 될 수 있지만, 수단이 국제사회에서 경쟁하기는 어려워 보인다.

걸프 산유국들 중에서는 바레인과 쿠웨이트가 산업 다변화에 가장 성공했다. 바레인의 경우 알루미나alumina를 호주에서 수입하여 정제하고 있으며, 석유화학 산업 역시 주력 분야다. 쿠웨이트의 경우 생산 제품의 범주는 더 넓지만 제조업 토대가 상대적으로 영세하기 때문에 걸프 전쟁의 악영향을 더 크게 받았다. 식품 가공이나 섬유 산업, 목공 산업 등은 주로 팔레스타인 노동자들이나 고급 해외 인력들을 고용하여 운영했는데, 전쟁으로 인해 이들이 모두 떠나버렸다.

사우디아라비아의 경우 석유화학 산업의 확장을 통해 제조업을 성장시켰다. 사우디아라비아의 석유화학 및 철강 회사는 모두 사빅(SABIC)의 소유다. 엔지니어링, 금속 가공, 식품 가공, 화학 산업 등은 대개 민간 업체들이 소유하고 있고, 지속해서 산업 민영화를 추진하고 있다. 아랍에미리트의 경우 주로 화학 및 플라스틱 산업에 주력하고 있다는 공통점을 지닌다. 반면, 오만은 아직 산업 개발 초기 단계라는 차이를 보이며, 조선업이나 직물 산업 같은 전통 제조업 분야의 기반을 가지고 있다. 하지만 상대적으로 내수 시장이 작고, GCC 국가들과의 경쟁 때문에 산업 다변화는 쉽지 않다.

중동 지역은 제조업이 강점을 보이는 곳이 아니다. 공예 산업은 다우dhow(삼각형의 큰 돛을 단 아랍의 배) 건조 같은 전통적인 생산 형태로 살아남고 있다. 중동 대다수의 국가는 식품 가공이나 섬유 제조업 같은 경공업 형태 위주의 산업을 보유하고 있다. 다른 주력 산업은 석유에 관련된 석유화학 산업이지만, 전 세계에 강력한 경쟁자들을 두고 있다. 사실 모든 중동 국가가 경제 구조 개혁을 추진하고 있지만, 세계화 시대에 경쟁력을 확보하려면 더 큰 노력이 필요하다.

서비스업

중동 지역에서는 바레인, 아랍에미리트, 레바논 정도가 서비스 산업을 개발했다. 바레인은 170개 정도의 국내·국제 금융 기관을 보유하고 있으며, 석유자원이 고갈된 후에는 이러한 서비스업의 토대가 더 확장될 것으로 보인다. 특히 바레인은 걸프 지역의 유통 중심이 되기에 이상적인 지리적 위치를 보유하고 있으며, 레바논에서 분쟁이 지속될 때 베이루트의 훌륭한 대안이 될 수 있음을 증명해 보였다. 최근 키프로스와 두바이가 경쟁자로 등장했지만, 바레인은 사우디아라비아나 쿠웨이트와 지리적·정치적으로 긴밀하기 때문에 계속해서 강점을 지속할 것으로 전망된다. 아랍에미리트의 경우 두바이가 제벨 알리 자유항만 지구 개발을 통해 역내 무역 중심으로 성장했다. 특히 아랍에미리트는 재수출 무역 방식을 주로 활용 중이다. 레바논의 경우 지속되던 분쟁으로부터 서서히 회복하면서 베이루트를 재건 중이다. 분쟁 이전의 베이루트는 중동 최고의 금융 중심지였다. 그렇기에 이 분야를 회생하는 것이 레바논 정부의 최우선 순위다. 재건 과정에서 해외 은행들이 다시금 돌아오고 있고, 증권 거래소도 재개장했다.

관광업

서비스업 분야와 가장 긴밀한 산업은 관광업이다. 하지만 대다수의 중동 국가는 테러리즘과 여러 형태의 분쟁으로 인해 관광업이 무너졌었다. 이집트 입장에서 관광업은 핵심적인 산업인데, 1997년 룩소르 테러* 이후 관광업은 빠르게 하락했다. 비록 관광 시설이 상대적으로 부족하지만 요르단 역시 이스라엘과 평화 무드에 접어들면서 많은 혜택을 보았다. 특히 이스라엘과의 양자 협정을 통해 이득을 증대할 수 있을 것이다. 이스라엘의 경우 거의 끊임

---

* 1997년 11월 17일 룩소르에서 이슬람 테러 조직이 버스에 총기를 난사해 관광객 58명을 살해한 테러 사건을 말한다. 이후 2015년 6월에도 자살 폭탄테러가 일어나 사상자가 발생했다.

없는 분쟁으로 고통을 받았기 때문에 관광업 발전이 제한되었다. 하지만 평화 협정이 성공적으로 체결되면서 가장 많은 혜택을 보는 산업 분야는 관광업이 될 것이다. 이러한 상황은 정치적인 문제로 관광업의 발전이 제한되었던 팔레스타인에게도 똑같이 적용된다. 또한 한때 동지중해의 관광 명소였던 레바논은 지속적인 전쟁으로 사실상 관광 산업이 사라졌다.

시리아의 경우 관광업 잠재력이 매우 높지만, 이웃 국가들과 마찬가지로 평화가 담보되어야 하며, 주요 시설 및 인프라의 업그레이드가 필요하다. 리비아의 경우 국제사회의 제재로 인해 관광업이 줄어들었고, 수단의 경우 정치적 상황이 안정될 때까지 관광업의 발전을 기대할 수 없어 보인다.

차질이 있기도 했지만, 그래도 중동 지역에서 꾸준히 관광업을 발전시킨 국가는 바로 튀르키예다. 튀르키예는 훌륭한 지리학적 이점을 살려 동·서양 모두에서 관광객을 끌어들였고, 바다, 태양, 모래, 문화 모두를 묶는 종합적인 관광이 가능한 나라다.

아라비아반도에서는 여러 가지 이유로 관광업이 발전하지 못했다. 바레인이나 쿠웨이트의 경우 정치적인 요소가 발전을 저해했고, 사우디아라비아의 경우 연례 성지순례(하지)가 아니면 딱히 관광업을 장려하지 않았다. 걸프 산유국 중 관광업에 적극적으로 투자한 국가는 아랍에미리트, 특히 두바이다. 사막, 태양, 바다를 묶는 투어 프로그램을 개발했고, 상대적으로 자유로운 사회 분위기와 면세 쇼핑을 통해 관광업을 활성화시켰다. 더욱이 서비스업과 레저 시설 확충에 상당한 돈을 투자하고 있다.

이와 대조적으로 오만은 훌륭한 문화적 자산이 있음에도 불구하고 관광업 개발이 더디다. 산업 다변화 측면에서 오만 정부는 고급 관광 상품을 지속적으로 홍보 중이나 여전히 관광업은 미약하다. 오만과 마찬가지로 예멘 역시 막대한 잠재력을 지니고 있지만 시설이 제대로 개발되어 있지 않고 인프라는 낙후되어 있다. 가장 큰 문제는 치안으로, 정치적 안정이 장기적으로 보장된다면 예멘은 전 세계에서 가장 의미 있는 관광지가 될 수 있다.

10장

중동의 국가들

지정학의 실정

피셔의 책에는 각 국가를 개별적으로 다룬 장이 없었다. 대신 제 3부 '중동 지리학'에서 중동 지역의 지리학적 요소를 포괄적으로 다루었다. 광범위한 여러 지역은 근본적으로 거시적인 지형에 따른 공식적인 지역 분류를 통해 규정되었다. 이러한 방식은 각 지역을 특성에 따라 분류하는 지리학적 사고와 일치한다. 여러 시기를 전체적인 연대기로 다루는 역사학적 접근법과 동일하게, 지리학은 여러 지역적 공간들을 집계하여 '전체적인 그림'을 그린다.

1970년대 이래로 지역 지리학regional geography은 가장 주된 지리학적 방법론으로 간주되었다. 하지만 지역 지리학의 적용과 관련한 의문이 지속적으로 제기되자 공식적인 지역 분류를 사용하는 것은 여러 한계가 있다는 공감대가 형성되었다. 20세기 초반 끊임없는 가장 큰 논쟁거리이자, 단 두 명의 지리학자끼리도 동의하지 못했던 부분은 '가장 적절한 국경을 어떻게 정확하게 배열할 것인지'였다. 의견이 어느 정도 일치된 것이라고는 대분류상 '지역'을 어떻게 구분할지 정도였다. 특정 지역의 주요 특성을 압축한 '핵심core'을 규명하는 부분은 큰 문제가 없었다. 하지만 핵심 지역 두 개를 구분하는 선의 위치를 정확하게 획정하는 것은 사실상 불가능했다. 이로 인해 공식적인 지역 분류법을 사용하는 것은 지리학자들 간 여전히 논쟁거리로 남아 있고, 모든 사람에게 사실상 미스터리나 다름없다.

하지만 어떠한 방법으로든 일반적으로 그러한 경계를 획정해야만 한다. 경계가 정치적인 국경과 대다수 일치하지 않아서 신뢰할 만한 데이터를 얻는 것이 극도로 어렵기 때문이다. 이러한 문제를 부분적으로 해결하기 위해, '기능적 지역functional region'* 접근법이 도입되고 있다. 이는 지역 지리학을 대체할 체계적인 지리학 연구가 꾸준히 진행된 결과물이다. 이러한 기능적 지역에는 농장이나 도시, 또는 국가 같은 지리학적 독립체의 운용과 영향권에 관련한 사항 등이 포함되어 있다. 기능적 지역 분류법은 경계가 어디에 획정되어야 하는지에 대한 여러 객관적인 방안을 제시하고 있다. 예를 들어, 국가의 경우 정부의 통제력과 영토의 보존이 가장 중요한 요소다. 기능적 지역 분류를 활용한 피셔는 그의 저서에서 중동 지역을 총 아홉 지역으로 구분했는데, 그중 다섯(이란, 키프로스, 이집트, 리비아, 수단) 지역은 사실 국가였다. 이와 같이, 지역적 접근 방법론에서도 하이브리드 형태의 방법론이 필요하다.

지역 지리학의 기본적인 목표는 특정 지역의 주요 특성을 뽑아내고, 그것을 통해 합리적인 판단을 내리고, 더 나아가 그 지역의 미래를 예측하는 지위를 확보하는 것이다. 기능적 지역 접근법은 이와 동일한 목표를 달성할 뿐 아니라, 심지어 더욱 신뢰할 만하다. 만약 국가가 기능적 지역이라면 국가의 주요 요소를 식

---

* 기능적 지역은 중심지 기능이 미치는 공간적 범위를 말하며, 쉽게 얘기하면 영향권과 유사한 개념이다. 일상생활에서 사용하는 대표적인 예로는 상권, 역세권, 배달권 등이 있다.

별해낼 수 있으며, 그 국가의 지위에 대한 근거 있는 평가를 내릴 수 있고, 국제무대의 행위자로서 그 국가의 잠재적인 역할 상정이 가능할 것이다. 하지만 지리학은 국가의 단계와 영향력을 평가하는 도구로는 활용 가능하지만, '각본'을 제공해주지는 않는다.

각본을 제공하는 역할은 지정학의 영역이다. 지정학은 정치적인 의사결정을 내릴 때 현재의 환경이 지닌 잠재적인 영향력을 검토해준다. 즉, 지정학은 영향을 줄 수 있는 다양한 요소(정치, 경제, 사회, 역사, 문화, 환경적 요소)들 간의 상호 작용을 다룬다. 지금까지 이 책의 2장부터 9장까지 중동 전체의 맥락에서 이러한 모든 변수를 각각 살펴보았다. 10장에서는 지정학을 구성하는 이러한 개별 요소의 영향과 상호 작용을 국가별로 살펴볼 것이다. 이를 통해 각 국가의 지정학적 그림이 그려질 것이라고 본다. 특히 이러한 그림은 11장에서 중동에 영향을 끼치는 주요 지정학적 쟁점들을 다룰 때, 각 국가가 왜 그렇게 행동하는지 이해할 수 있도록 도와줄 것이다. 하지만 국제정치학적 측면에서는 이러한 지정학적 접근법이 완벽하지 못하다는 것을 인정할 수밖에 없다. 국가 외부의 요소들과 국가 내 각 개인이 의사결정과 결과에 영향을 끼칠 수 있기 때문이다. 이러한 요소들을 포괄하기 위해 이 책에서는 각 국가의 세부적인 묘사를 추가함으로써 중동 지역에서 발생하는 여러 사건에 대한 이해를 보충할 수 있었다. 하지만 언제나 예상치 못했던 사건을 맞이할 가능성이 있음을 잊지 말아야 한다. 그런 연유로 이번 장에서 도출될 결론은 예측이나 예견보다는 기대 수준이라 하겠다.

지정학적 요소

비록 국가는 국제무대에서 유일한 행위자는 아니지만 가장 중요한 행위자로 간주된다. 다국적 기업들처럼 강력한 기구가 여럿 존재하기는 하나, 이들에게는 정치적인 정통성이 없다. 정형화된 국가들의 양식pattern은 국제적인 상호관계가 이루어질 수 있는 상대적으로 안정된 '국가 체제state system'를 생성한다. 중동 지역은 항상 격동적인 모습을 보여왔지만, 국가의 틀framework 자체가 근본적으로 변화한 사례는 지난 20년 동안 세 차례 정도밖에 없다. 우선 이란이 1979년 혁명을 거치면서 신정神政 공화국으로 변모했다. 하지만 이러한 변화는 이란의 국가 양식을 바꿨다기보다는 운영 방식의 변화 정도에 불과하다. 혁명 이전의 이란이나 페르시아는 이미 고대부터 국가의 지위를 지녀왔기 때문이다. 그렇기 때문에 지정학적으로 가장 중요한 변화 두 가지는 아무래도 1990년 북예멘과 남예멘의 통일, 그리고 1994년 팔레스타인의 설립(독립적인 정치체로서) 정도일 것이다.

국가 체제의 역동성은 국가 간의 상호관계를 통해 형성된다. 이 상호관계는 무역이나 원조에서 첩보 활동 또는 마약 밀매까지 다양하다. 역동성은 종종 급진적 또는 점진적인 변화를 야기하며, 이때의 변화는 국가 체제의 안정성을 더하거나 해치는 결과를 가져온다. 그리고 국가 체제는 국제연합이나 국제사법재판소(ICJ), 또는 초강대국인 미국 등에 의해 통제된다.

국제 수준에서의 구조는 국가 수준과 지역local 수준에서도 똑같이 나타난다. 각 국가의 주요 행위자들은 상대적으로 불변하는 요소들을 제공하지만, 상호 교류 속에서 변화를 추동하는 역동성이 생성된다. 또한 국가 수준과 지역 수준에서는 정통성을 가진 통제 체제가 존재한다. 반면, 국제 수준에서는 그러한 질서가 존재하지 않는다. 더불어 지역 수준에서 발생한 상호 교류의 결과물이 국가 수준에 영향을 끼치기도 하고, 국가 수준의 변화가 국제 수준에도 영향을 줄 수 있다. 지역 또는 국가 수준에서의 '잔물결'이 국제적 수준에서도 여러 의미 있는 변화를 야기할 수 있는 셈이다. 그리고 지정학의 초점은 일반적으로 국가 또는 국가들의 집합을 주요 행위자로 상정하는 국제 수준에 맞춰져 있다.

중동에서는 19개의 국가가 안정적인 국가의 틀을 지니고 있다. 이 국가들 간의 무역, 인적 교류, 외교적 관계 등과 같은 '이동 flows'들이 변화를 야기하는 역동적 요소들을 이끌어내고 있다. 이 역동성이 1990년 두 예멘이 아라비아반도에서 통합되게끔 만들었고, 그 반대편에서는 이라크가 쿠웨이트를 침공하게 만들었다. 이라크 사례의 경우, 유엔을 필두로 한 미국이 통제권을 행사했고, 이후 유엔위원회가 관리권을 이어받아 이라크와 쿠웨이트 간 국경을 재조사하여 국경을 재획정했다.

결국 이번 10장의 목표는 각 국가와 관련한 핵심적인 사실들을 개괄적으로 제시하는 것이다. 특히 이러한 국가들이 중동 및 세계무대 속에서 활동할 때 그 행동 능력에 영향을 끼치는 실제적인 사실들을 살펴봄으로써, 11장에서 다뤄질 지정학적 쟁점들에 대한 초석으로 삼겠다. 즉, 10장에서 규명될 요인들은 광범위하게 규정된 권력power의 지표라고도 볼 수 있다. 이 장에서는 특히 여러 구성 요소보다 훨씬 중요한 사실들을 광범위하게 묘사하고 있다. 아주 정밀하다고는 볼 수 없지만, 각 국가들은 궁극적으로 하나의 지정학적 독립체로서 규명될 것이다.

지정학적 맥락에서 각 국가의 특징을 도출하기 위해 여러 차례 수정을 거친 8개의 요소를 선정했다. 이러한 작업의 목적이 중동의 맥락에서 각 국가들의 행동 능력을 규명하는 데 있기 때문에, 제시된 통계 자료들은 1인당 수치가 아닌 총량으로 제시되었고, 각 데이터는 지역적인 환경에 맞춰졌다. 분명한 점은, 중동 지역에서 발생한 여러 사건이 역내 행위자들에 의해 통제되지 않았기 때문에, 각 국가의 상대적인 국력에 대해서도 평가해보아야 한다. 강력한 영향력을 지닌 유엔, 미국, 유럽연합, 그리고 러시아 등과 같은 외부 행위자들의 잠재적인 통제력은 중동의 국제 관계에 막대한 영향을 끼쳐왔다. 이러한 영향들은 사실상 중동 국가들에게는 흔히 '주어진' 요소였다. 그렇다고 미국이 이라크와 이스라엘에 동일하게 통제력을 행사했다는 말은 아니다. 하지만 두 사례 모두 일정 수준 미국의 통제를 받는 상황에 놓인 점은 분명하다. 8개의 요소를 선정하고 묘사하기 위해 다양한 자료가 활용되었다.*

'세계무대에서 활동할 수 있을 정도의 국가 권력'을 규정하려면 어떤 요소가 가장 중요한가에 대한 논의는 최소한 1917년 젤렌Kjellen의 연구에서부터 시작되었다. 가장 기본적인 요소들은 다음과 같다. 다른 국가들과 비교한 자국의 상대적 지위, 국가 규모, 인구를 포함한 자원의 정도, 조직의 수준 등이다. 그 외에 경제력

---

* 저자는 다음의 자료들을 활용했다.

Bureau of Mines (1993). *Mineral Industries of the Middle East*. Washington DC: Department of the Interior, Bureau of Mines; Bureau of Mines (1993). *Mineral Industries of Africa*. Washington DC: Department of the Interior, Bureau of Mines; Central Intelligence Agency (1998). *The World Fact Book 1997*. Washington DC: CIA; Dostert, P. E. (1997). *Africa 1997*. Harper's Ferry, WV: Stryker-Post Publications; Russell, M. B. (1997). *The Middle East and South Asia 1997*. Harper's Ferry WV: Stryker-Post Publications; The International Institute for Strategic Studies (1998). *The Military Balance 1997/98*. London: Oxford University Press; Brough, S. (Ed.) (1989). *The Economist Atlas*. London: Hutchinson Business Books Ltd; Carpenter, C. (Ed.) (1991). *The Guinness World Data Book*. Enfield: Guinness Publishing; Dempsey, M. (1983). *The Daily Telegraph Atlas of the Arab World*. London: Nomad Publishers; Sluglett, P. & Farouk-Sluglett, M. (1996). *Guide to the Middle East*. London: Times Books.

과 군사력도 중요한 고려 요소다. 그런데 경제력과 밀접하게 연계된 군사력에 대해 여러 의문이 제기된다. 현재 일본은 매우 강력한 경제력을 보유하고 있지만, 군사력 수준은 전혀 그에 미치지 못한다. 러시아는 이와 대조적으로 경제는 혼돈에 빠져 있지만, 상당한 군사력을 보유하고 있다. 또한 국가 내 지도자 역시 중요한 변수다. 튀르키예는 아타튀르크 덕분에 제1차 세계대전의 잿더미에서 부활한 반면, 사담 후세인은 이라크 경제 대부분을 파괴하는 데 일조했다. 외부 세력의 지원 역시 핵심 요소다. 가장 대표적인 예가 미국에게 정치·경제적 지원을 받아온 이스라엘이다.

핵심 요인을 선정할 때, 힘의 투사에 관련된 각 국가의 주요 특징을 지표로 제공할 수 있는지의 여부도 중요하게 간주했다. 반면, 국내적 요소의 다양성을 고려하여, 깊이 있는 분석을 위해 최대한 확실하고 측정 가능한 변수에 방점을 두었다.[*]

1. 위치: 다른 국가 및 잠재적인 문제들로부터의 상대적인 지정학적 위치.
2. 최근의 역사: 상대적으로 오래 지속된 중요한 사건들.
3. 국토의 규모: 국토 면적(km^2) 및 중동 지역 전체 대비 국토의 비율(%). 여기에 국가 지형 등을 포함한 물리적인 변수들에 대한 묘사를 추가했음.
4. 인구: 중동 전체 인구 대비 인구의 비율(%). 여기에 문맹률 같은 다양한 요소를 고려해 추가로 측정했음.
5. 경제력: 각 국가의 GDP(단위: 달러)와 중동 전체 GDP 대비 GDP 비율(%). 여기에 토착자원 및 외채 등의 요소를 추가했음.

[*] 이러한 8가지 요소를 설명하는 각 수치와 데이터는 이 책이 집필된 2000년을 기준으로 작성된 것이다.

6. 군사력: 방위비 규모(단위: 달러) 및 중동 전체 방위비 대비 방
   위비 비율(%). 추가로 군대 규모와 질적 수준 등의 사항을 고
   려했음.
7. 외부적 지원: 주변국, 지역 및 세계의 다른 국가로부터의 잠재
   적인 지원.
8. 국가보다 더 큰 영향력을 가진 개인: 지난 세기부터 지금까지
   막강한 영향력을 행사하는 인물 또는 최근·현재 명성을 가진
   인물.

위의 틀을 기준으로 각 국가와 관련된 모든 지정학적 쟁점들을
간략히 평가할 것이다. 마지막으로, 특정 쟁점과 관련한 국가들
간의 연계 고리 역시 논의될 것이다.

지정학적 환경

중동의 정치 지형을 지정학적으로 조명하기 위해서는 우선 종합
적인 공간적 배열이 어떻게 이루어져 있는지를 살펴봐야 한다(그
림 10.1). 중동 지역의 중심부는 항상 전 세계의 교차로로, 아시아
와 유럽, 아프리카를 잇는 교량 지역이었다. 중동 지역 전체에 대
한 논의는 차치하고, 지정학적인 측면에서 이라크, 시리아, 요르
단, 레바논, 이스라엘, 팔레스타인을 아우르는 영토를 중동 지역
의 허브로 규정하는 것이 더 적절할 것이다. 국토 규모의 경우, 이
라크와 시리아는 상대적으로 광활한 반면, 팔레스타인은 잠재적
인 소국이다. 힘의 투사 측면을 보면, 이스라엘이 1948년부터 가
장 큰 영향력을 보유하고 있다. 이러한 허브를 중심으로, 나머지
중동 국가들은 네 방향에서 접근하는 축으로 상정할 수 있겠다.

1. 북서 방향: 튀르키예

2. 북동 방향: 이란 및 캅카스·중앙아시아 남부를 포괄하는 무슬림 국가들

3. 남동 방향: 아라비아반도

4. 남서 방향: 이집트, 수단, 마그레브 국가들

〈그림 10.1〉을 보면, 북서 방향과 남동 방향의 경우 중동 색채가 갑작스럽게 단절된다. 북서 방향의 경우 비무슬림 유럽 국가가 이어지고, 남동 방향에서는 인도양이 나타나기 때문이다. 반면, 북동 방향과 남서 방향의 경우 중동 색채가 서서히 희석되기 시작하면서 소위 '위기의 활꼴arc of crisis' 지대*가 등장한다. 북동 방향으로는 무슬림 색채가 짙어지고, 남서 방향은 무슬림과 아랍 특성이 식별된다.

　　이처럼 네 방향으로 뻗어나가는 축은 기본적으로 균형을 이루는 것처럼 보이지만, 확연하게 드러나는 불균형도 존재한다. 중동 국가들 간의 관계는 남서에서 북동 방향을 따라 더 광범위한 추세를 보인다. 하지만 그 내부에서도 각각 큰 차이가 식별된다. 이란을 지나 북동 방향의 국가들은 대개 이슬람을 바탕으로 중동 국가들과 긴밀한 관계를 맺고 있지만, 일반적으로는 중동 국가에 포함되지는 않는다. 남서 방향의 이집트, 리비아, 그리고 최소한 수단 북부 지역 너머까지는 중동 지역에 포함되며, 중동 지역의 서쪽 경계는 모리타니 정도이다.

---

*　'위기의 활꼴' 지대는 동쪽의 인도반도에서 시작해서 서쪽 아프리카의 뿔 지역으로 이어지는 지역을 지칭하며, 1978년 미국 카터 행정부의 외교·안보 보좌관인 즈비그뉴 브레진스키가 고안한 용어다. 당시 중동·북아프리카 지역을 중심으로 여러 안보 위기 및 분쟁이 발생했기 때문에 이러한 용어가 사용되었다.

그림 10.1 중동 지역 계통도

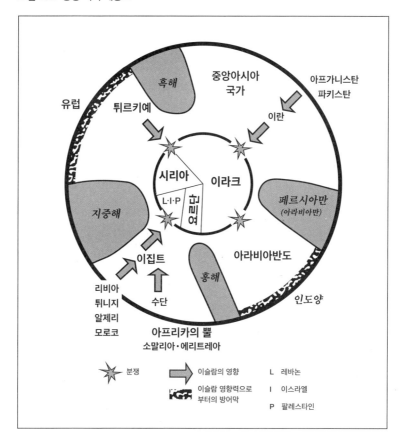

중동의 허브와 접해 있는 세 국가(튀르키예, 이란, 이집트)는 인구 규모나 잠재적인 영향력 측면에서 중요한 행위자라 볼 수 있다. 허브로부터 동남부 지역에 위치한 아라비아반도 국가들의 인구 총합은 위 세 국가 각자 인구의 절반 정도밖에 안 되며, 석유를 통한 막대한 부를 가지고 있음에도 확실한 힘의 불균형을 내재하고 있다. 더욱이, 중동 지역 질서를 결정짓는 영향력 측면에서 '아랍'이라는 요소가 '이슬람'보다 더 우세하지만, 실제로 영향력을 가진 아랍 국가는 이집트가 유일하다. 튀르키예의 경우 서유럽과 중동 지역을 모두 지향하고 있다. 튀르키예는 바그다드 협약 회원국이며, 이 협약은 이후 중앙조약기구(CENTO)로 변경되었다가 현재 북대서양조약 기구(NATO)로 확장되었다. 또한 튀르키예는 세속적인 무슬림 국가로, 러시아 연방에서 독립한 무슬림 공화국들의 귀감이 되고 있다. 그 반대 방향으로는 아라비아반도가 나오고, 그 너머 막다른 골목에서 중동 지역이 끝난다. 이 지역은 대체적으로 아랍인들이 거주하는 환경이지만 해외 노동자의 영향 또한 크다. 일부 국가의 경우 아랍계도 아니고 무슬림 국가 출신도 아닌 아시아와 동남아시아 노동자들이 눈에 잘 띈다. 여기에 서구적인 색채까지 덧입혀지면서 가장 본질적인 지역이 가장 덜 중동 지역 같아지기도 한다.

중동 허브 지역의 동쪽과 서쪽 경계에는 각각 페르시아만(아라비아만)과 동지중해가 위치한다. 북쪽 몇 개국을 제외하면, 두 해양의 연안 국가들은 모두 아랍 국가이고, 북쪽에 위치한 국가들(튀르키예, 이란)은 무슬림 국가지만 비아랍 민족이다. 튀르키예는 동지중해 북쪽 해안선을 따라 다른 비무슬림 국가들과도 접해 있다. 두 해안 지역 모두 섬을 둘러싼 분쟁이 벌어지고 있는데, 동지중해의 경우 키프로스, 걸프 지역의 경우 작은 도서들을 둘러싸고 분쟁 중이다.

허브 지역의 북쪽은 캅카스 지역이다. 이 지역 역시 카스피해와 흑해 연안 무슬림들로부터 많은 영향을 받았다. 허브 지역 남쪽의 경우 주로 홍해 연안이 중심인데, 에리트레아의 독립 이후 연안 국가 모두가 무슬림 국가로 구성되었다. 더 내려가 아프리카의 뿔 지역은, 캅카스 지역과 마찬가지로, 지속적인 분쟁의 장이다. 특히 다음의 예시에서 볼 수 있듯이, 현재 또는 잠재적인 분쟁은 각 축의 경계선을 따라 발생하고 있다.

1. 북서 방향: 튀르키예-그리스 분쟁
2. 북동 방향: 아프가니스탄 문제
3. 남동 방향: 예멘 분쟁
4. 남서 방향: 수단, 리비아, 차드, 알제리, 서사하라 분쟁

그런데 세계적으로 주목을 받는 문제는 에게해 분쟁이나 아프가니스탄 문제(1979년 소련의 침공 이후부터)이지만, 역내 핵심적인 분쟁들은 주로 허브 지역의 주변부에서 발생했다. 허브 지역 자체에서도 가장 큰 영토를 가진 세 국가(이라크, 시리아, 요르단)가 각각 대규모 분쟁을 겪은 바 있다. 하지만 가장 눈에 띄는 분쟁들은 주로 허브 지역 네 군데에서 발생했다.

1. 북서 방향: 튀르키예-시리아 간 하타이 지역 분쟁, 쿠르드족 문제
2. 북동 방향: 이란-이라크 전쟁
3. 남동 방향: 이라크-쿠웨이트 전쟁(걸프 전쟁)
4. 남서 방향: 이스라엘과 아랍 국가들(팔레스타인 포함) 간의 전쟁

이렇게 지리를 단순화하면, 중동 지역 지정학의 주요 요소들이 쉽게 강조될 수 있다.

특히 중동 지역을 6개국으로 이루어진 핵심 또는 허브 지역과의 관계를 중심으로 인식하면 상당히 유용하다. 이러한 허브 지역의 주변부가 주요 지정학적 화약고이고, 여기를 중심으로 중동 지역에 독특한 영향을 주는 네 개의 축이 뻗어나간다.

바레인

바레인(그림 10.2)은 걸프 지역 서부 해안 중앙에 위치한 몇 개의 섬으로 이루어져 있다. 바레인은 세계 석유 매장과 생산 측면에서 매우 중요한 지정학적 요충지다. 바레인의 주변국은 사우디아라비아, 쿠웨이트, 이라크, 이란이며, 모두 주요 산유국이다. 남쪽에는 카타르가 위치해 있으며, 카타르와 이란은 주요 천연가스 생산국이다. 주요 산유국 중 4개국의 유조선 항로가 바레인 인근을 지난다. 중동은 전 세계적으로 중요한 지역이기 때문에 석유가 혜택인 동시에 불이익으로 작용할 수 있다.

바레인은 사우디아라비아와의 근접성에서 분명 많은 혜택을 봤다. 특히 1986년 양국이 연륙교를 통해 연결되면서 그 혜택은 더욱 명확해졌다. 바레인의 인구는 40%가 수니파, 60%가 시아파이기 때문에, 비록 이란이 바레인 영토에 대한 공식적인 영유권 주장을 철회했음에도 여전히 이란에 대한 공포가 남아 있다. 또다른 잠재적인 문제는 바레인의 지정학적 위치다. 페르시아만(아라비아만)을 빠져나갈 수 있는 유일한 통로가 호르무즈 해협인데, 이는 정치적으로 불안한 지정학적 요충지다. 지역적인 측면에서 바레인은 해안가에서 떨어진 섬이라는 사실에서 많은 이익을 얻었다. 오래전부터 무역 토대를 설립했고, 이는 산업과 상업의 다변화를 가능하게 만들어주었다. 석유자원 감소를 고려했을 때 이는 중요한 부분이다. 바레인은 향후 싱가포르나 홍콩 같은 형태의 허브를 꿈꾸고 있다.

바레인에 영향을 끼친 가장 최근의 역사적인 사건은 걸프 전쟁과 국내적인 소요다. 바레인은 걸프 왕정 국가들 중 유일하게 일련의 심각한 시위로 골머리를 앓고 있다. 경제 상황이 일반적

그림 10.2 바레인

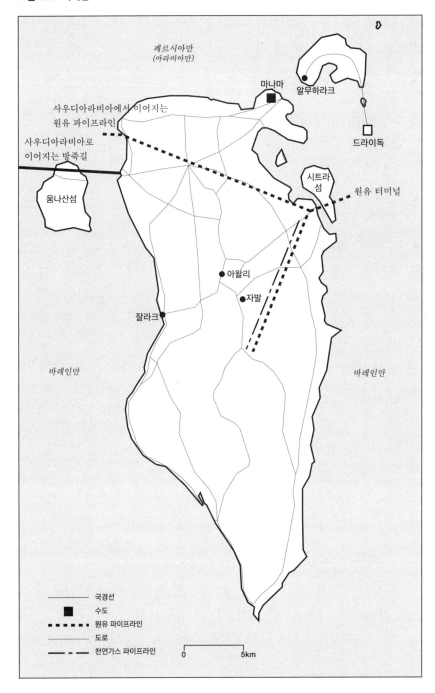

페르시아만
(아라비아만)

마나마

알무하라크

사우디아라비아에서 이어지는
원유 파이프라인

사우디아라비아로
이어지는 방죽길

드라이독

움나산섬

시트라
섬

원유 터미널

아왈리

자발

잘라크

바레인만

바레인만

───── 국경선
■ 수도
▪▪▪▪▪ 원유 파이프라인
───── 도로
─·─·─ 천연가스 파이프라인

0   5km

으로 침체되고 있고 인구는 더욱 늘어나면서 소요는 계속될 것으로 보인다. 바레인은 1971년 독립했고, 중동 지역에서 경제·사회적으로 가장 발전된 국가이다.

바레인의 국토 면적은 100km² 이하로, 중동 전체 면적의 0.006%에 해당한다. 바레인은 초소형 국가로, 국토가 대개 사막 저지대 평원으로 이루어져 있다. 인구 역시 초소형 국가답게 60만 명으로, 중동 전체의 0.8%다. 국민의 85%가 문해력을 지니고 있는데, 이는 중동에서 가장 높은 수치다. 그럼에도 경제 활동 인구의 45%가 외국인이다.

바레인의 경제력은 석유자원을 통해 다져졌는데, 석유자원을 일찍부터 소모했기 때문에 현재 부존량이 급격히 감소하고 있다. 하지만 산업 다변화에 성공했기 때문에 금융이나 관광업 같은 서비스 산업을 통해 손실을 보충 중이다. 바레인의 GDP는 50억 달러로, 중동 전체 GDP의 0.7%이다. 즉, 국가의 규모에 비하면 상당히 높은 경제력이다.

바레인의 육군, 해군, 공군 규모는 모두 상당히 작다. 육군 병력은 1만 1,000명에 불과하지만, 국방력은 초소형 국가치고는 효율적인 편이다. 하지만 긴급사태가 발생한다면 역내에서는 사우디아라비아, 외부에서는 미국이나 유럽연합의 도움을 받아야 하는 수준이다. 이전에는 영국이 바레인에 대규모 군사 지원을 했었지만, 이 역할은 이제 미국으로 넘어갔다. 바레인의 국방비 예산은 2억 6,000만 달러로, 중동 전체 국방비의 0.6%다. 현재 집권 중인 칼리파 가문은 오랜 기간 동안 바레인을 지배해왔다. 하지만 그 영향력은 국경 바깥으로는 전혀 미치지 못한다.

지정학적인 측면에서 바레인은 초소형 국가라는 고유의 문제를 지니고 있으나 탄탄한 경제력을 보여준다. 전략적으로 중요한 지리적 위치 때문에 세계에서 상당히 중요한 국가가 될 수 있었고, 이 덕분에 만약 문제가 생겼을 때 외부적인 지원이 보장된다. 이러한 지리적 위치는 주요 지정학적 문제와 연결된다. 만약 걸프 지역에 석유 관련 문제가 발생하면, 바레인은 항상 연루될 수밖에 없기 때문이다. 또한 이란의 공식적인 바레인 흡수 야욕이 사라졌다고 해도, 수니파-시아파 간 인구 비율은 지속적인 국내적 소요의 불씨로 남아 있다. 또한 바레인은 지속적으로 카타르와 하와르섬을 두고 국경 분쟁 중이다. 이 섬에 석유자원이 풍부하기 때문이다. 바레인은 역사적 측면에서 이 섬의 영유권을 주장해왔지만, 사실 하와르섬은 카타르 해안에 더 인접해 있다.

바레인이 직면하고 있는 또 다른 잠재적인 지정학적 취약성은 바로 사우디아라비아에 대한 높은 의존도다. 석유 정제를 사우디아라비아에 의존하고 있고, 특히 물과 해외 노동자도 사우디아라비아의 손을 빌리고 있다. 바레인과 사우디아라비아의 영토를 연결하는 27km 길이의 연륙교는 지정학적으로 매우 중요하다. 해저터널 건설이 영국과 유럽 본토 간 정치적·심리적 관계에 영향을 미쳤듯이, 이 다리 역시 바레인이 아라비아반도에서 더 이상 '절연'되지 않음을 의미한다. 이제는 양국이 어떠한 태도를 가지고 이를 활용하는지에 따라 장기적인 영향이 드러날 것으로 보인다. 만약 바레인도 다른 걸프 국가들과 마찬가지로 여러 형태의 불법 활동의 중심이 되어버린다면, 바레인과 사우디아라비아의 관계는 악화될 것이다.

키프로스

키프로스는 전략적인 위치 때문에 오랫동안 동지중해의 핵심 국가 중 하나로 간주되었다. 키프로스는 유일하게 아랍계도 아니고 이슬람계도 아닌 중동 국가다. 아시아에 위치해 있지만, 그리스와의 긴밀한 관계 때문에 사실상 유럽 국가로 본다(그림 10.3). 키프로스의 전략적 위치가 중요하다는 증거 중 하나는 바로 영국이 아직까지 이 섬의 두 지역을 국왕령으로 두고 있다는 사실이다. 현재 아크로티리와 데켈리아를 중심으로 255km²에 달하는 영토가 영국 소유다. 유럽과 아시아 사이, 특히 그리스와 튀르키예 사이의 줄다리기는 1974년 섬이 분단되면서 정점에 달했다.

최근 키프로스 역사에서 중요한 해는 다음과 같다. 1960년 소수 민족에 대한 안전보장을 조건으로 독립 획득, 1974년 분단, 1975년 튀르크계 다수 지역의 자치 선포, 1983년 북키프로스 튀르크공화국 건국 선포. 키프로스가 독립하기 이전에 78%에 달하는 그리스 공동체는 그리스에 합병되거나 연맹을 결성하자고 강력하게 압박하고 있었다. 18% 정도에 불과한 튀르크 공동체는 강력하게 저항했고, 오히려 분단을 주장했다. 이후 독립을 추진하는 기간 동안 그리스계 키프로스인으로 구성된 지하 단체인 키프로스국민투쟁연맹(EOKA)을 저지하기 위해 영국군이 파견되기도 했다.

키프로스 영토는 약 9,000km² 규모로, 중동 전체 영토의 0.08% 정도다. 바레인이나 팔레스타인 영토를 제외하면 중동에서 가장 작은 국가 중 하나다. 심지어 카타르나 레바논보다 작다. 지형은 북쪽과 남쪽이 산지로 구성되어 있고, 나머지 영토는 대다수 건조한 지중해성 기후를 가진 평원이다. 인구는 80만 명 이

그림 10.3 키프로스

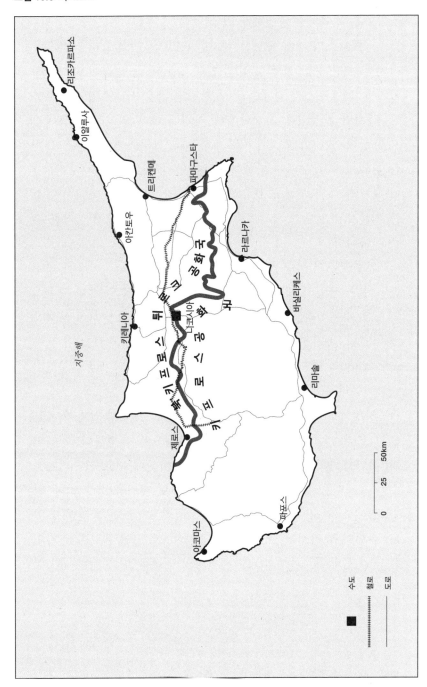

리조카르파소

이얄루사

트리켄메

파마구스타

아칸토우

라르나카

튀르크 공화국

니코시아

바실리케스

북키프로스

키프로스 공화국

카레니아

리마솔

제로스

아코마스

파포스

지중해

0   25   50km

수도

철로

도로

하로, 중동 전체 인구의 0.24% 정도이며, 문맹률은 6% 이하로, 이스라엘을 제외하면 중동에서 가장 낮다.

키프로스의 경제 규모는 작지만 GDP는 79억 달러로 부유한 편이며, 이는 중동 전체 GDP의 1.1% 정도다. 농업 분야도 상당히 크지만, 키프로스의 경제는 주로 관광업 같은 서비스업에 의존한다. 하지만 관광업은 지정학적인 위기에 매우 취약하다. 국내적으로 상대적인 GDP 격차가 존재하는데, 그리스계의 1인당 GDP는 튀르크계의 3.5배에 달한다. 반면, 남키프로스의 경우 18억 달러 규모의 대외 부채를 보유하고 있다. 작은 규모는 아니지만 중동 기준으로 보나 종합적인 GDP 수준으로 보나 그리 심각한 수준은 아니다.

키프로스의 국군은 대략 1만 명 수준이며, 90% 이상이 징병 군인이다. 국방비 예산은 3억 6,000만 달러로, 중동 전체 국방비의 0.7% 수준이다. 국제전략연구소(IISS)가 1998년 발간한 보고서에 따르면, 북키프로스 튀르크공화국이 별도로 보유하고 있는 국군은 4,000명 정도다. 양 국군 모두 작전 수행 능력이나 해군력이 제한적이다.

지정학적으로 중요한 위치에 자리 잡은 초소형 국가 키프로스는 그리스와 튀르키예 간의 오랜 분쟁으로 유명하다. 지리적 위치상으로는 튀르키예와 매우 가깝기 때문에 튀르크계 키프로스는 주기적으로 물을 공급받는 등 대규모 지원을 받고 있다. 반면, 그리스 역시 적극적으로 그리스계 키프로스를 지원하고 있고, 유럽연합 역시 키프로스공화국(남키프로스)의 유럽연합 가입을 독려 중이다.* 이는 튀르키예계와의 내분을 더욱 악화시킬 여

---

* 키프로스공화국(남키프로스)은 2004년 유럽연합에 가입했다.

지가 있다. 튀르키예는 지속적으로 유럽연합 가입을 거절당하고 있기 때문이다. 비록 제한적이기는 하나 영국 역시 지속적으로 자국령을 통해 키프로스공화국을 외부에서 지원 중이다.

키프로스에는 분단 이래로 몇몇 유명 인사가 있다. 다만 세계적 수준의 명성을 가진 인물은 마카리오스 대주교 정도다. 그는 초창기 그리스계 키프로스의 지도자였고, 독립 이후 분단될 때까지 대통령직을 수행했다. 1974년 분단 이후 공동체 간의 관계를 원만하게 조정한 공적이 높게 평가받고 있다.

키프로스는 규모도 작고 인구도 적지만, 지정학적 중요성이 이러한 한계를 뛰어넘는다. 북키프로스와 튀르키예의 관계가 지속적으로 긴밀해지고 있고, 그리스는 남키프로스에 미사일을 보내주면서, 계속해서 전 세계적인 화약고로 남을 것이다.

키프로스를 둘러싼 지정학적 쟁점은 사실상 두 개의 자치 지역으로 나뉜 분단에 초점 맞춰져 있다. 현재 전체 영토의 59%를 그리스계가 차지하고 있고, 나머지 37%가 튀르크계 차지다. 두 공동체는 유엔 완충지대Green Line(전체 국토의 4% 정도 규모) 내 소위 아틸라 선Atilla Line이라 불리는 경계를 통해 구분되어 있다. 1964년 이래로 키프로스유엔평화유지군(UNFICYP)이 주둔하며 분쟁을 줄이기 위해 노력 중이며, 휴전 협정을 조율하고 양측을 오가며 순찰을 돌고 있다. 영국령 영토 두 개의 존재는 아직 큰 의미가 없지만, 세계 경찰의 역할 측면에서 볼 때, 미국이 보유한 쿠바 내 관타나모 기지와 유사하다고 볼 수 있으며, 향후 분쟁의 씨앗이 될 소지가 있다.

키프로스를 둘러싼 또 다른 쟁점은 불법 마약 거래다. 레바논이나 튀르키예에서 유입된 헤로인, 대마초, 코카인 등이 키프로스를 경유하여 항공이나 컨테이너를 통해 유럽으로 유통되고 있다. 중동과 유럽 사이의 '심리적' 근접성, 그리고 긴 해안선에 비해 국군이 약하다는 한계는 키프로스가 불법 물건 거래의 장이 되는 것을 용이하게 한다.

그 외의 잠재적인 지정학적 문제는 바로 수자원 부족이다. 수자원 문제는 예전부터 지속되어 왔고, 특히 북부 지역의 경우 심각하다. 튀르키예의 메두사 작전* 이후 북키프로스의 튀르키예 의존도는 더욱 증가했다.

이집트

태곳적부터 현재 자리에 정착한 이후 항상 중동의 중심이었던 이집트는 중동의 접속점 같은 지위에 있다(그림 10.4). 이집트는 동쪽으로는 마슈리크(해가 뜨는 곳)부터 서쪽으로는 마그레브(해가 지는 곳)까지 연결고리 역할을 한다. 또한 중동과 아프리카를 연결하는 가교이며, 지중해를 거쳐 유럽과도 강력하게 연결되어 있다. 더욱이 이집트는 사하라 이북 아프리카에서 유일하게 커다란 강을 보유하고 있다. 나일강 유역은 아프리카로 진입하는 관문이며, 이집트는 오래전부터 나일강을 공유하는 에티오피아와 물 안보 문제로 다투어왔다. 이집트는 세계에서 가장 중요한 운하인 수에즈 운하와 그 지협, 그리고 수에즈에서 지중해로 연결되는 SUMED 파이프라인을 통제하고 있다. 더불어 지정학적으로 매우 중요한 시나이반도 역시 통제하고 있다. 시나이반도의 중요성

---

* 튀르키예의 수자원을 해외로 보내는 해양 운송 시스템으로, 풍선 모양의 거대한 기구에 물을 담아 예인선으로 끌어서 도착지로 보낸다. 사실상 긴급 구호용 물을 보내기 위한 방식이다.

그림 10.4 이집트

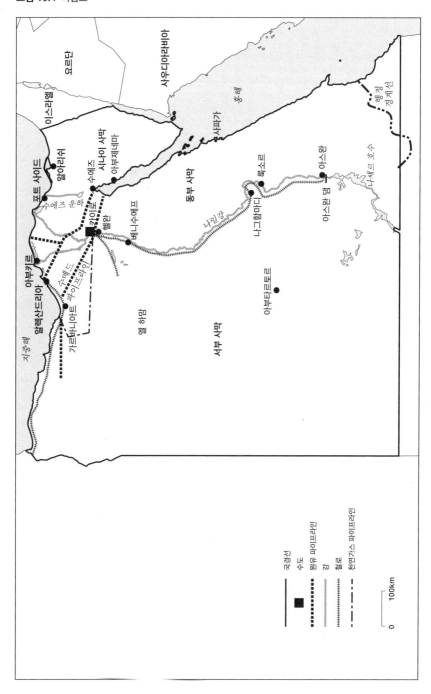

요르단

사우디아라비아

이스라엘

홍해

시파가

행정 경계선

엘아리쉬

시나이 사막

포트 사이드

수에즈

아카바제미아

동부 사막

룩소르

아스완

수에즈 운하

카이로

헬완

베니수에프

나그함마디

아스완 댐

나세르 호수

아부키르

수메드

나일강

알렉산드리아

지중해

가르바니아트 파이프라인

헬 하맘

서부 사막

아부타르토르

국경선

수도

원유 파이프라인

강

철도

천연가스 파이프라인

0   100km

은 이미 영국 보호령 시기와 이후 아랍-이스라엘 전쟁을 통해 증명된 바 있다.

이집트는 다른 중동 근대 국가들보다 훨씬 빠른 1922년에 독립했다. 하지만 진정한 의미에서의 독립은 1956년 나세르 대통령 (1954년에 당선)이 수에즈 운하를 국유화하면서부터다. 나세르는 제2차 세계대전 이후부터 범아랍주의의 주창자(비록 창시자는 아니지만)였다. 1958년 이집트와 시리아는 통일아랍공화국(UAR)을 설립했다. 하지만 1949년과 1956년 이스라엘과의 전쟁에서 패배한 이집트는 1967년 전쟁에서도 패배하며 재앙과도 같은 상태에 놓였다.

1973년 전쟁에서 패배한 후 사다트 대통령은 1979년 역사적인 캠프 데이비드 협정에 서명했다. 이집트는 이스라엘과 네 차례의 전쟁 끝에 사실상 전선에서 물러난 것이다. 이집트는 아랍 세계에서 중심적인 역할을 수행해오고 있었기 때문에, 이스라엘과의 협정 체결은 용납될 수 없었다. 이집트는 아랍연맹에서 추방되었고, 1989년에 이르러서야 복귀할 수 있었다. 또한 1980년대와 1990년대 이집트에서는 이슬람 극단주의 세력에 의한 테러가 증가했었다. 비슷한 시기에 총선 결과에 따라 무슬림형제단이 정치 제도권에 진입했다. 1991년 걸프 전쟁 당시 연합군 편에 선 이집트는 연합군에서 세 번째로 많은 병력을 파견했다. 이에 힘입어 걸프 전쟁 이후 미국 및 아랍 산유국들과의 관계가 눈에 띄게 좋아졌다. 반면, 이란-이라크 전쟁 당시 쌓았던 이라크와의 관계는 심각하게 악화되었다. 그 결과 아랍 세계에서 이집트와 이라크의 전통적인 라이벌 관계는 새로운 국면에 돌입했다.

이집트의 국토 면적은 99만 8,000km^{2}로, 중동 전체 면적의 8.6%다. 사막 고원 지역은 이집트 전체 면적의 2.5%이며, 경작이 가능한 지역은 나일강 유역, 나일강 하류 삼각주가 대표적이며, 또한 새롭게 개간된 나세르 호수 지역과 일부 오아시스들이 존재한다. 이집트 인구 대다수는 경작할 수 있는 지역 주변에 살고 있기 때문에 국토 면적이 넓음에도 거주 지역의 대다수가 극도의 과잉수용 상태다. 이집트의 인구는 6,480만 명 정도로, 이는 중동 전체 인구의 19.7%에 해당하며, 아랍 세계 전체 인구의 26% 정도다. 하지만 문해율은 51.4%에 불과하다는 점에서 잠재적인 한계가 있다.

이집트의 GDP는 560억 달러로 중동 전체 GDP의 8%이며, 중동에서 다섯 번째로 큰 경제 규모다. 중동 국가들의 경제 순위에서 이란 바로 아래이며, 튀르키예, 사우디아라비아, 이스라엘보다는 한참 아래다. 중동 지역에서 문맹률이 가장 높고 농업 분야에 특화되어 있음에도 불구하고 아랍 산유국에 전문 인력을 대규모로 송출하고 있다. 이집트의 경제 수입은 주로 관광, 수에즈 운하 통행료, 석유 및 석유화학 제품 수출, 그리고 해외 송금에서 나온다. 하지만 여러 사건으로 인해 이러한 수입에 많은 타격을 입었다. 수에즈 운하는 1956년과 1967년의 전쟁으로 봉쇄되었었고, 그 기간 동안 유전 지역도 잠정적으로 상실했었다. 또한 걸프 전쟁으로 인해 쿠웨이트에서 근무하던 이집트 해외 노동자들이 대규모 방출되었다. 그리고 관광업의 경우 국내 테러 증가로 인해 심각한 타격을 입었다. 이집트의 대외 부채는 310억 달러 정도이며, 이는 한해 GDP의 절반 이상이다. 이처럼 이집트는 여러 실질적·잠재적인 강점도 많이 가지고 있지만, 중동의 여러 지정학적 사건들로 인해 심각한 제한을 받아왔다.

이집트 국군의 규모는 44만 명으로, 중동 지역에서 가장 큰 규모 중 하나다. 이집트보다 군대 규모가 큰 국가는 이란이나 튀르키에 정도다. 육군은 규모도 크고 좋은 장비를 갖췄고, 해군은 크지는 않아도 현대화된 군함을 보유하고 있다. 공군 역시 상대적으로 규모가 크고 잘 무장되어 있다. 이집트의 국방비 예산 규모는 24억 달러로, 중동 전체 국방비의 5.1%에 해당한다. 사우디아라비아나 이스라엘의 국방 예산과 비교했을 때 이집트의 국방비는 중동 지역 평균보다 상대적으로 적을지 모르나, 군사력이 강한 국가로 평가받는다.

캠프 데이비드 협정 이래로 이집트는 미국으로부터 대규모의 지원을 받고 있다. 미국이 지원하고 있는 규모 중 이스라엘 바로 다음으로 많다. 이를 바탕으로 이집트는 캠프 데이비드 협정 서명 이후 중단된 아랍 산유국의 지원을 어느 정도 만회할 수 있었다. 또한 1991년 걸프 전쟁 이후부터 무바라크 대통령의 입지가 놀라보게 달라졌다. 우선 파리 클럽*의 부채 탕감 조치에 따라 이집트의 대외 부채가 감소했다. 이후 여러 대규모 프로젝트에 대한 경제적 지원이 이어졌다. 캠프 데이비드 협정 이후 아랍 세계에서 이집트의 영향력을 회복하는 데 일조한 무바라크 대통령 외에 이집트에서 큰 영향력을 가졌던 인물로는 두 명의 전직 대통령이 있다. 사다트 대통령의 경우 캠프 데이비드 협정을 체결하면서 아랍-이스라엘 분쟁의 차원을 영구히 변경했다. 나세르 대통령의 경우 수에즈 운하 국유화를 통해 아랍 세계에 리더십을 발휘했고, 근대 범아랍주의를 불러일으킨 것으로 유명하다.

이집트는 아랍 세계 및 중동의 정중앙에 위치해 있고, 대규모의 인구와 상대적으로 잘 무장된 군대를 보유하고 있다. 또한 수에즈 운하를 통제하고 있는 영향력 등을 감안했을 때, 의심할 여

* 전 세계 22개 채권국 국가의 비공식 그룹으로, 경제적 어려움을 겪고 있는 신흥 개발도상국을 지원하는 것이 주목적이다.

지없이 아랍 국가 중 가장 강력하며 중동의 3대 강대국 중 하나라고 할 수 있다. 이라크가 몰락하면서 이집트의 지위는 더욱 향상되었고, 걸프 전쟁 이후 국가의 지위도 회복되었다.

이집트가 직면한 가장 큰 지정학적 사안은 바로 물 문제다. 8개월마다 100만 명 정도씩 인구가 늘어나고 있는 이집트는 다른 여러 실질적·잠재적인 지정학적 쟁점에도 연루되어 있지만, 가장 심각한 사안은 바로 물이다. 급속도로 인구가 늘어나면서 농지 개간의 필요성은 지속적으로 늘어났고, 이집트는 나일강 수자원 분배 협약에 따라 배당받은 물을 이미 모두 소진했다. 게다가 아직 사용되지 않은 수단의 몫까지 이미 사용해버렸다. 이집트는 나일강으로 직접 유입되는 수자원을 보유하고 있지 않으며, 지정학적으로 상류를 통제하고 있지도 않다. 에티오피아 같은 상류 국가들도 개간의 필요성이 늘어나고 있음을 고려할 때, 나일강 배분에 관한 분쟁이 다시금 되살아날 것으로 보인다. 이 문제는 여러 방식으로 해결될 수 있지만, 이집트가 나일강 유역 국가들 중 군사적으로 가장 막강하다는 사실이 협상에 영향을 줄 수 있다. 물 안보 문제와 결부된 사안이 바로 식량 안보다. 농업 지역이 도시화, 염류화, 사막화에 직면하고 있기 때문이다.

이스라엘과 대척점에 있는 선봉으로서, 그리고 팔레스타인인들에 대한 이집트의 동정심을 고려하면, 이집트와 이스라엘은 분쟁까지는 아니더라도 여전히 잠재적인 갈등 여지를 지니고 있다. 하지만 최근 발생한 분쟁은 주로 국내에서 일어났는데, 정부 또는 관광객을 대상으로 한 테러 공격이 증가했다. 이집트는 단 4개국과 국경을 공유한다. 수단, 리비아, 이스라엘, 그리고 팔레스타인이다. 수단과는 홍해 연안의 할라이브 삼각지대를 두고 국제적인 경계선 분쟁이 지속되고 있으며, 해양 경계선 역시 아직 확정되지 않았다. 이집트는 인력 송출 국가로서 국민들의 국경 이동과 관련한 분쟁에도 자주 연루된다. 또한 쿠웨이트에서 철수한 인력들이 국내적인 문제를 일으키기도 한다. 그리고 이집트는 세계 주요 요충지인 수에즈 운하의 통제권자로서, 장래의 화약고로 남을 수 있는 이 지역에 지속적인 관심을 쏟고 있다.

비록 현재는 단순한 개념으로써 큰 의미를 상실했지만, 만약 범아랍주의가 잠재적으로 중요한 지정학적 요소라면, 이집트는 범아랍주의의 가장 중요한 원천이었고, 계속해서 그 영향력을 보유할 것이다. 또한 극단적인 이슬람 원리주의 세력과 관련된 테러리즘도 중요한 문제다. 다만 무슬림형제단의 경우 기본적으로 비폭력적인 성향을 지녔다는 것을 강조하고 싶다. 그 외의 거시 정치 쟁점 측면에서 이집트가 연루된 사안 중 하나가 바로 불법 마약 거래다. 이집트는 서남아시아와 동남아시아에서 유럽이나 미국으로 향하는 헤로인과 아편의 환승지다. 특히 나이지리아 운반원들이 애용하는 국가이며, 당연히 국내적으로도 대마초에 대한 수요가 많다.

이란

〈그림 10.5〉에서 보이듯이 이란의 동부 국경은 중동의 동쪽 끝 경계선이고, 이라크와 접경인 서쪽은 아랍 세계의 경계다. 이란은 어찌 보면 주변부 같지만, 중동 지역을 캅카스, 중앙아시아, 인도 반도와 연결하는 매우 중요한 국가다. 또한 중요한 중동 비아랍 국가인 튀르키예와도 국경이 맞닿아 있다. 또한 샤트알아랍 수로를 따라 이어지는 이라크와의 접경 지역은 지정학적으로 항상 중

그림 10.5 이란

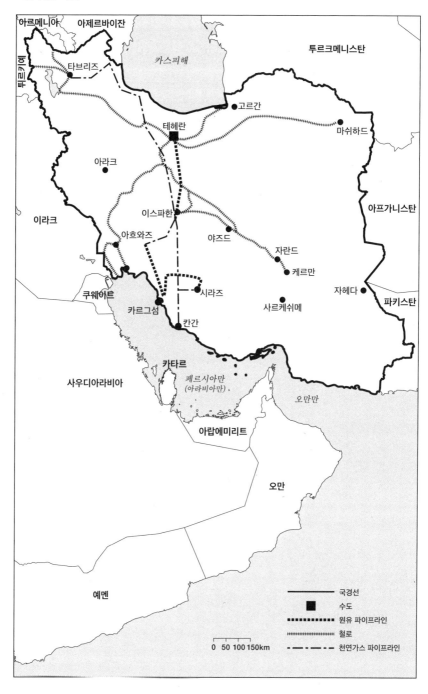

아르메니아
아제르바이잔
투르크메니스탄
카스피해
터키에
타브리즈
고르간
마쉬하드
테헤란
아라크
아프가니스탄
이스파한
이라크
아흐와즈
야즈드
자란드
케르만
시라즈
자헤다
쿠웨이트
카르그섬
사르케쉬메
파키스탄
칸간
카타르
페르시아만
(아라비아만)
사우디아라비아
오만만
아랍에미리트
오만
예멘

국경선
수도
원유 파이프라인
철로
천연가스 파이프라인

0 50 100 150km

요하다. 이 수로는 이라크의 가장 긴 국경선이며, 근래 이라크가 연루된 여러 분쟁에서 가장 중요한 쟁점이다. 이란은 7개국과 국경을 맞대고 있으며, 페르시아만(아라비아만) 건너편으로는 6개국의 이웃이 더 있다. 이란만큼 이웃 국가가 많은 중동 국가는 없다. 이러한 환경은 외교적 기회와 분쟁을 동시에 가져온다. 더 중요한 요소는 걸프 국가를 상대로 한 이란의 지정학적 위치다. 페르시아만(아라비아만)에서 이란만큼 걸프 지역의 해안선을 많이 보유한 국가도 없다. 이란은 페르시아만(아라비아만)의 전체를 해안 국경으로 두고 있다. 호르무즈 해협을 통제할 수 있는 영향력을 보유하고 있는 이란은 북쪽으로는 카스피해 연안을 이웃 국가들과 공유하면서 중앙아시아와 러시아 연방과도 관계를 맺고 있다. 이란의 북동부 지역에는 이란 쿠르드족이 거주하고 있는데, 일정 수준 문제가 되고 있다.

　　이란 역사에서 분수령이 된 사건은 1979년 이란 혁명이다. 혁명을 통해 이슬람공화국이 선포되면서 신정공화국이 설립되었다. 수많은 대제국의 후손인 이란은 1979년 공식적으로 독립했다고 볼 수 있다. 1980년 이라크와 전쟁을 시작하여 거의 8년 동안 사실상의 교착 상태를 지속한 바 있다. 1991년 걸프 전쟁 당시 이란은 공식적으로 연합군 편에 서서 유엔 결의안을 지지했다. 이란은 당시 군사적인 행동보다는 이라크 난민을 인도주의적으로 대우한 것으로 더 유명하다. 하지만 유엔과 서구 국가들과의 관계는 핵무기 생산 의혹을 받기 시작하면서 빠르게 퇴색하기 시작했다. 미국은 1995년 이란과의 무역을 금지했는데, 이는 도리어 이란을 자극하는 결과를 가져왔다. 이후 이란은 지속적으로 서구의 영향력 확장을 저지하는 선봉에 섰다. 다만 하타미 대통령이 1999년 3월 이탈리아를 방문하면서 해빙의 증거도 보이기 시작했다.

이란의 영토는 164만 8,000km²로, 중동 전체 면적의 14.2%를 차지하며, 이란보다 영토가 큰 중동 국가는 수단, 사우디아라비아, 리비아 정도다. 이란의 국토는 가장자리에 위치한 산맥이 중앙의 사막 고지대를 둘러싸고 있으며, 양 해안가 지역에는 작은 평원이 있다. 가장 좋은 기후를 보이는 지역은 북서부 쪽이다. 이란의 인구는 6,750만 명으로, 중동에서 가장 많은 인구를 보유하고 있다. 이는 중동 전체 인구의 20.5%에 해당하며, 문해율은 72.1%로, 중동 기준에서 중간 정도 수준이다. 국토 면적과 인구 측면에서 이란은 중동 지역의 초강대국이 될 수 있는 잠재력을 보유하고 있다.

잠재적인 아랍 초강대국 이집트와 마찬가지로 이란의 GDP 규모는 그 규모에 걸맞지 않게 625억 달러에 불과하다. 이는 중동 전체 GDP의 9%에 불과하다. 이란의 대외 부채는 300억 달러로, 이란 GDP의 절반에 달한다. 이란은 튼실한 농업 기반을 가지고 있지만, 산업이 더 중요하다. 특히 경제는 거의 전적으로 석유에 의존하고 있는데, 이란 전체 수출 수익의 85%가 석유에서 나온다. 이란 영토에는 중동 전체 12개의 초대형 유전 중 5개가 위치해 있다. 이란의 기술력 향상은 방위산업의 발전을 통해 식별할 수 있다.

이란의 국군 규모는 51만 3,000명으로, 이란보다 병력이 많은 중동 국가는 튀르키예뿐이다. 이란의 국방비 예산은 25억 달러로, 중동 전체 국방비의 5.3% 수준이다. 이는 사실상 이집트와 비슷한 수치이며 이라크보다 약간 적다. 반면, 사우디아라비아나 이스라엘에 비하면 극히 낮은 수준이다. 육군, 해군, 공군의 규모는 이집트와 거의 유사한 반면, 이란-이라크 전쟁에서의 재앙적인 패배 이후 질은 높지 않다. 이란에는 12만 명에 달하는 이란혁명수비대(IRGC)가 존재한다. 이는 육군, 해군, 해병대로 구성되어 있다. 중동 지역에서 이란 군사력의 수준은 지난 20년 동안 상당 수준 감소했음에도 남아 있는 병력은 여전히 강력하다.

하지만 국제무대 행위자로서 이란의 능력은 강력하고 지속적인 외부 지원의 부재로 인해 많이 제한되고 있다. 아랍 산유국들이 이란을 두려워했기 때문에 이란은 무기 구매나 석유 판매, 또는 단순한 정치적 지원 등, 형태와 상관없이 이스라엘이나 러시아, 중국 같은 예상 밖의 행위자들로부터 종종 지원을 받아야만 했다. 여러 행동과 상황들로 인해 이란은 미국과 멀어지면서 이집트가 누리고 있는 초강대국의 지원이 부족한 실정이다. 1970년대 후반부터 유명해진 이란 인물은 아야툴라 루홀라 호메이니로, 그의 영적 유산은 여전히 이란을 장악하고 있다.

경제 침체와 군사력 하락에도 불구하고 이란은 이란 혁명 이후에도 여전히 중동 3대 강국에 속한다. 이란 역시 지정학적으로 매우 중요한 위치에 놓여 있다. 중앙아시아, 남아시아, 튀르키예, 이라크, 예멘을 제외한 아라비아반도 걸프 국가들과 인접해 있다. 지리학적으로 주변부에 위치해 있는 것으로 보이나, 이란은 중동에서 발생한 주요 사건들에 대다수 결부되어 있다.

광범위한 영토와 여러 국경을 마주하고 있다는 사실 때문에 이란이 다양한 형태의 지정학적 쟁점에 연루되어 있다는 점은 놀랍지 않다. 가장 중요했던 분쟁은 이라크와의 전쟁이었다. 1980년에서 1991년 사이 약간의 공백을 제외하면 걸프 지역은 항상 이란과 결부된 갈등과 분쟁의 장이었다. 이러한 상황에서 관건은 이라크와 아랍 국가들과의 관계에 달려 있었다. 이란 북동부 지역에서는 산발적이긴 하지만 지속적으로 쿠르드족과 문제가 발생했고, 아프가니스탄 서부 지역은 1979년 이래 반영구적인 격동의 장이었다. 이란이 분쟁과 결부된 또 다른 분야는 바로 테러 지원 의혹으로, 이란은 중동 지역에 국한되지 않고 다양한 세력들과 연결되어 있다. 하지만 이란의 연루 문제는 어쩌면 미국에 의해 과장된 것일 수도 있다. 미국은 항상 왕따 국가Pariah state를 찾기 때문이다.

샤트알아랍 수로는 오랫동안 이란과 이라크 간 영토 분쟁의 장이었다. 하지만 적정 수준의 지원을 대가로 이란은 이라크로 하여금 수로의 중앙선을 국경으로 인정하게 만드는 데 성공했다. 이 문제는 이란-이라크 전쟁이 발생하게 된 주요 쟁점 중 하나였다. 하지만 여전히 카스피해 영유권 문제와 걸프 지역 내 섬(툰브섬, 소툰브섬, 아부무사섬)을 둘러싼 분쟁이 남아 있다. 이 세 개의 섬은 호르무즈 해협 초입에 위치하고 있어 전략적으로 매우 중요하며, 잠재적인 국제 화약고라고 볼 수 있다.

이란은 또한 거시정치적인 쟁점과 관련된 여러 초국경적 문제에 결부되어 있다. 오랜 기간 동안 합법적인 방법으로는 무기를 수입할 수 없었기 때문에 중국이나 러시아 연방에 의존했고, 콘트라 사건*에서 드러났듯이 미국으로부터도 무기를 지원받은 바 있다. 또한 이란은 불법 마약 거래에 깊숙이 연루되어 있으며, 아편 생산국이기도 하다. 이란은 서남아시아에서 유럽으로 향하는 헤로인의 주요 이송 교점이다. 다른 여러 중동 국가와 마찬가지로 난민 문제 역시 초국경 이동과 관련해서 중요한 의제다. 걸프 전쟁 당시 이라크 난민이 이란으로 흘러들어온 바 있고, 소련-

---

*   1986년 로널드 레이건 정권 당시 미국 CIA가 적성국이었던 이란에게 무기를 몰래 수출한 대금으로 니카라과의 우익성향 반군 콘트라를 지원하다 발각되어 큰 파장을 일으킨 사건을 말한다.

아프간 전쟁 당시에는 이란 접경지대에 난민촌이 설치되었다.

　이란의 경우 이집트나 이스라엘, 이라크 등과 같은 수자원 분쟁이 있지는 않다. 하지만 이란의 경우 티그리스강으로 유입되는 여러 지류를 보유하고 있기 때문에 티그리스강과 유프라테스강 유역 관리 계획의 당사자로 포함되어야 한다. 이란은 지금까지, 그리고 계속해서, 세계 석유 지정학의 중심적인 행위자로 기능할 것이다. 그렇기 때문에 이란이 초국경 분쟁에 연루될 경우 중앙아시아 유전지대와 연결된 파이프라인 운송에 차질이 생길 우려가 있다. 파이프라인 부설 거리와 토양을 고려했을 때, 튀르키예 해협의 경우 잠재적으로 정체될 수 있는 위험이 존재한다. 대개의 산유국은 러시아 연방 영토를 거치고 싶어 하지 않고, 미국의 금수조치 역시 회피하고 싶어 하기 때문에 문제가 매우 복잡하다. 더욱이 만약 파이프라인이 가장 이상적인 경로인 이란을 지날 경우, 운송 터미널은 페르시아만(아라비아만)에 설치될 것이다. 이 경우 호르무즈 해협과 걸프 해역의 취약성이 증대할 수밖에 없다.

　지정학적 요소로서 이슬람 원리주의는 이란과 가장 먼저, 그리고 가장 중요하게 결부되어 있다. 이란은 신정공화국 형태를 띠고 있기 때문이다. 이슬람 원리주의는 당연히 시아파에만, 그리고 이슬람에만 국한되어 있지 않다. 하지만 이슬람의 가장 근본적인 형태로 회귀하면서, 이란 정부는 많은 폭력을 야기했고 이슬람 혁명 정신을 국경 외부로까지 퍼뜨렸다. 다른 중동 지역에서도 이슬람주의 운동이 발생하지만, 이란의 사례 같은 경우는 한 번도 없었다.

이라크

이라크는 중동의 중앙에 위치해 있고, 비아랍 중동 강대국인 튀르키예와 이란과 국경을 맞대고 있다. 즉, 아랍 세계의 경계선이라고 보면 된다(그림 10.6). 요르단과 함께 이라크는 대다수의 영토가 육지로 둘러싸여 있다. 요르단은 해안선이 26km에 불과하고, 이라크는 58km 정도다. 하지만 이는 영토와 인구 간의 불일치를 고려하지 않은 것이다. 요르단의 경우 영토 면적이 3,431km^{2}이며 해안선 1km당 인구는 16만 6,332명이다. 반면, 이라크의 경우 전체 국토 면적 7,535km^{2}에 해안선 1km당 인구는 38만 3,091명이다. 이라크는 6개국과 국경을 맞대고 있으며, 걸프 전쟁 당시 요르단을 제외한 모든 이웃 나라와 적대적이었다. 이와 같이, 걸프 전쟁의 발발과 이후 이어진 국제사회의 제재 부과는 대개 지정학적 요소에 의해 촉진된 셈이다.

짧은 해안선 양 끝단에는 바다로 향하는 출구로서 이란과 쿠웨이트와의 관계에 영향을 받는 항구(코르 주바이르)와 수로(샤트 알아랍)가 있다. 이라크의 지리학적 위치와 관련된 또 다른 주요 요소는 이라크가 수자원 문화의 중심이었던 과거 메소포타미아 지역을 모두 보유하고 있다는 점이다. 따라서 중동의 기준으로 보면 이라크는 물이 충분하다. 하지만 이라크는 티그리스강과 유프라테스강의 상류 지역도 아니고, 주요 지류를 보유하고 있지도 않다. 중동의 또 다른 기본 자원인 석유도 매장량이 상당해서 이라크는 사우디아라비아 다음으로 풍부한 석유를 보유하고 있다.

1979년 사담 후세인이 정권을 잡은 이래로 이라크의 역사는 분쟁이 지배했다. 첫째는 장기간(1980~1988) 지속된 이란-이라크 전쟁이며, 이후 쿠웨이트를 침공하면서 1991년 걸프 전쟁이 발발

그림 10.6 이라크

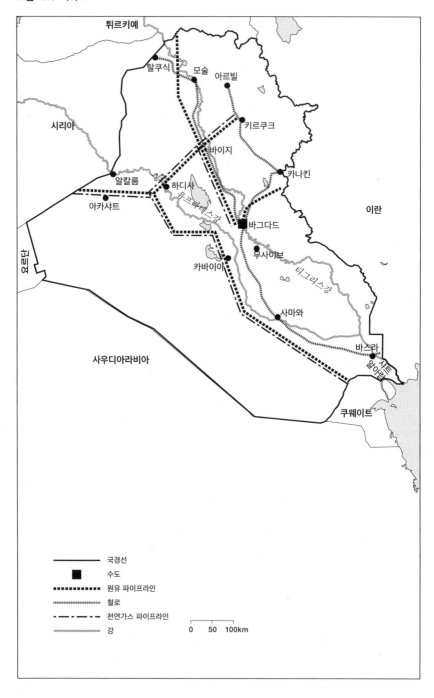

튀르키예

시리아

탈쿠식
모술
아르빌
키르쿠크
바이지
카나킨
알칼름
하디사
아카샤트
유프라테스강
바그다드
이란
무사이브
카바이아
티그리스강
요르단
사마와
바스라
사우디아라비아
샤트알아랍
쿠웨이트

국경선
수도
원유 파이프라인
철로
천연가스 파이프라인
강

0 50 100km

했다. 이라크는 사우디아라비아와 같은 해인 1932년 독립을 쟁취했다. 이집트나 튀르키예를 제외하면, 다른 중동 국가들보다 이른 편이다. 1979년 이전까지 이라크는 '가장 강력한 아랍 국가'의 지위를 두고 이집트와 다투는 수준이었다.

이라크의 국토 면적은 44만 2,000km^{2}로, 이집트의 절반 규모이며, 중동 전체의 3.8%에 해당하는 큰 국가다. 지형은 대개 하천을 끼고 있는 광활한 평지로 이루어져 있고, 이란과 튀르키예와의 국경 지역은 주로 산지다. 인구는 2,220만 명으로, 중동 전체 인구의 6.7%에 해당한다. 중동 국가들 중 다섯 번째로 많은 인구를 보유하고 있으며, 이라크보다 인구가 많은 국가는 이집트, 이란, 튀르키예, 수단뿐이다. 문해율은 58%로 이집트보다 높지만, 수단이나 예멘을 제외한 다른 중동 국가들보다는 낮다.

이라크는 두 개의 초대형 유전을 보유하고 있고 석유 매장량이 엄청나기 때문에 경제 잠재력이 상당히 높다. 하지만 전후 국가 재건과 유엔 제재로 인해 경제 기반 대다수가 무너졌다. GDP를 산정하기 어렵지만 대략 183억 달러로 추정되며, 이는 이란의 1/3 수준이며, 중동 전체 GDP의 2.6%밖에 안 되는 수치다. 1인당 GDP의 경우 수단과 예멘을 제외한 모든 중동 국가보다 낮다. 이라크는 상대적으로 큰 농업 분야를 가지고 있으며 산업 분야 역시 상당 수준 발전했었다. 하지만 현재는 그 수준을 가늠하기 어렵다. 또 다른 주요 사안인 대외 부채의 경우 420억 달러로 추정되며, 튀르키예를 제외하면 중동에서 가장 높은 수준이다.

현역 군인의 숫자로 판단했을 때, 이라크군은 대략 38만 3,000명이며, 이는 중동에서 다섯 번째로 큰 규모다. 이라크보다 군인 수가 많은 국가는 튀르키예, 이란, 이집트, 시리아뿐이다. 군의 규모는 상당히 크고 상대적으로 잘 정비되어 있으나, 해군력은 빈약하고, 중간 수준의 공군은 장비 부족에 허덕이고 있다. 이라크군은 잠재적으로 아랍 세계에서 가장 강력했고 이란을 상대할 아랍 세계의 보루와도 같았다. 하지만 공화국 수비대를 제외하면 국군은 핵심 부분이 거의 다 빠져버렸다. 이라크의 국방비 예산은 27억 달러로, 중동에서 다섯 번째 규모이며 중동 전체 국방비의 5.8% 수준이다. 특히 이란 및 이집트보다 살짝 더 높다.

이란-이라크 전쟁 기간 동안 이라크는 미국과 서구 국가들, 그리고 아랍 산유국들의 지원을 받았다. 이라크가 팔레스타인 테러 집단을 비호하고 쿠르드족에게 독가스 공격을 감행했음에도, 이러한 지원은 방해받지 않았다. 하지만 이라크가 쿠웨이트를 침공하면서 걸프 전쟁이 발발하자, 유엔은 제재를 가했고 외부적 지원도 모두 끊겼다. 이라크의 제재를 해제하기 위해 프랑스와 러시아가 지원 사격에 나섰고, 아랍 국가들은 이라크 국민들의 역경에 대한 동정심을 강조하고 있다. 하지만 공개적으로 변함없이 이라크 정부를 동정하는 국가는 요르단, 수단, 예멘뿐이다. 근래에 가장 영향력 있는 이라크 인물은 사담 후세인으로, 일부 아랍인들은 그가 '아랍인들의 지도자'였던 나세르의 후예라고 간주한다. 이라크를 집어삼킨 그의 개인적인 족적은 여러 사건에 잘 드러나 있다.

중동의 기준에서 봤을 때 이라크는 상대적으로 강력하고 발전된 국가였으나 약 20년에 걸친 전쟁과 제재로 인해 많이 약화되었다. 하지만 이라크의 자원과 지리적 위치를 고려했을 때, 이라크는 여전히 잠재적으로 매우 강력하다.

이란과 마찬가지로 이라크는 여러 지정학적 사안에 연루되어 있다. 가장 대표적인 사례는 두 차례의 전쟁이다. 이라크는 쿠르드족 문제와 국경 인근 테러 활동의 위협에도 직면해 있다. 전쟁 이후 이란 및 쿠웨이트와 대략적인 합의에 도달했지만, 여전히 장기적인 분쟁 해결은 더 기다려보아야 한다. 주요 영유권 분쟁은 이란과의 샤트알아랍 수로 갈등과 쿠웨이트와의 육상·해양 경계선 다툼이다. 쿠웨이트와의 분쟁은 유엔 중재안 덕에 어느 정도 정리되었다. 하지만 샤트알아랍 수로의 국경선 문제는 여전히 해결되지 못했다. 그러나 와르바섬과 부비얀섬을 둘러싼 쿠웨이트와의 분쟁은 다시 부각되지는 않을 것으로 보인다. 만 초입의 해양 경계선이 이미 확정되었기 때문이다.

국내적으로나 대외적으로 이라크는 지정학적인 요소가 매우 중요할 것으로 보인다. 우선 국내적으로는 '제3의 강 프로젝트(티그리스강과 유프라테스강 사이를 흐르는 소규모 운하 건설)'로 인해 습지에 사는 대규모 시아파 세력이 집을 잃게 되었다. 튀르키예의 티그리스강 상류 및 유프라테스강 상류의 개발은 여러 물 안보 문제를 야기했다. 그 외의 초국가적 쟁점은 난민의 이동과 개량 초장거리포의 수입이다. 또한 화학·생물·핵무기 등과 같은 대량파괴무기(WMD)의 원재료 수입 역시 쟁점 중 하나다.

최근 다른 중동 국가들보다 더 분명히 드러나는 이라크의 지정학적 문제는 바로 식량 안보 위기다. 1990년대 유엔 제재에 따른 식량 문제가 너무 심각해서 이라크 국민들의 영양실조와 영양 결핍이 팽배했다. 따라서 유엔 안보리는 결의안 986호와 후속 결의안을 통해 이라크가 석유를 판매하여 그 자금으로 식량과 인도주의적 물품을 구매할 수 있게 했다. 걸프 전쟁과 관련된 또 다른 지정학적 쟁점은 바로 범아랍주의다. 후세인은 쿠웨이트 침공을 합리화하기 위해 이 문제를 이스라엘의 팔레스타인 영토 점령과 결부시키려고 했다. 후세인은 이스라엘이 유엔 안보리 결의안을 23년간이나 어기며 팔레스타인을 무단 점령 중이라고 주장하며 아랍 국가들을 선동하고자 했다.

이스라엘

이스라엘은 특정 종교, 인종, 문화를 토대로 건국된 세계에서 가장 독특한 국가 중 하나이며, 키프로스를 제외하면 중동에서 유일한 비이슬람 국가다(그림 10.7). 1917년 밸푸어 선언*과 이후 1947년 유엔 총회 투표에서 적은 표 차이로 팔레스타인 분할안이 통과되면서 아랍 세계의 지정학적 연속성이 깨졌다. 유엔 분할안은 성경에 기록된 영토 대부분을 포함하고 있지만, 실제 그 지역에 거주하는 유대인 인구는 전체의 1/3 정도밖에 되지 않았다. 그리고 1948년 이래로 이스라엘의 영토는 골란 고원, 서안 지구, 구예루살렘 지역, 그리고 가자 지구까지 확장되었다. 또한 추가적으로 이스라엘이 레바논 남부 지역을 실효적으로 지배하기에 이르렀다. 이처럼 이스라엘은 최초의 의도보다 더 크게 확장되었고, 그 결과 주변 4개국인 레바논, 시리아, 요르단, 이집트는 각각의 영토를 상실했다. 하지만 가장 큰 손실을 입은 것은 바로 그 지역에 예전부터 살았던 다수의 팔레스타인 사람들이다.

이스라엘은 아시아와 아프리카를 연결하는 가교에 인접해 있으며, 지중해와 홍해 모두 접근할 수 있는 위치다. 특히 지중해 해안선 전체를 차지하면서 이스라엘 동쪽의 아랍 국가는 사실상 내륙에 갇히게 되었다. 하지만 이스라엘은 이러한 지정학적인 요

* 영국 외상 아서 밸푸어가 유대인 대표 격인 로스차일드에게, 팔레스타인 지역에 유대인 국가 수립을 지원하겠다는 내용의 편지를 보냈고, 이는 영국 정부가 아랍인들에게 약속한 내용과 상충하면서 향후 분쟁의 불씨가 되었다.

그림 10.7 이스라엘

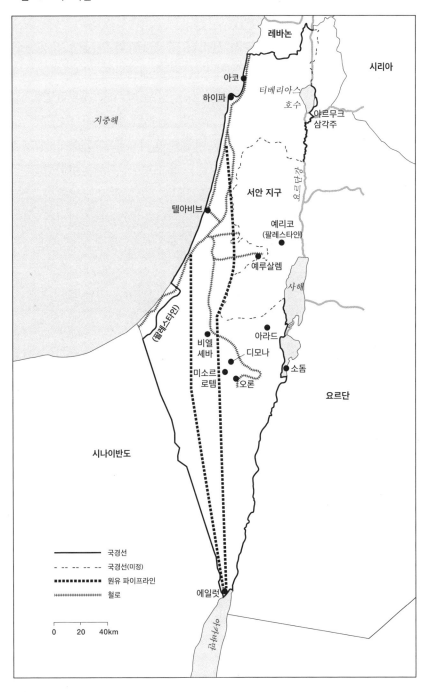

레바논

시리아

지중해

아코

하이파

티베리아스
호수

야르무크
삼각주

요르단강

서안 지구

텔아비브

예리코
(팔레스타인)

예루살렘

사해

(팔레스타인)

비엘
셰바

아라드

디모나

미소르
로템

오론

소돔

요르단

시나이반도

━━━━━ 국경선
– ·· – · – · – 국경선(미정)
▪▪▪▪▪▪ 원유 파이프라인
++++++++ 철로

0   20   40km

에일럿

아카바만

소보다 정치·경제·사회·문화적인 요인 때문에 제2차 세계대전 이후 전 세계의 주목을 받아왔다.

　1948년 독립된 정치체로서 설립된 이스라엘의 역사는 전쟁으로 가득 차 있다. 이스라엘은 사실상 아랍 세계와의 전쟁 과정에서 생성된 국가이며, 이러한 적대감은, 일부 예외를 제외하면, 현재까지도 지속되고 있다. 1948~1949년, 1956년, 1967년, 그리고 1973년 전쟁을 지속적으로 치른 후 이집트의 사다트 대통령이 이스라엘 크네세트(의회)에서 연설한 것은 분수령이 된 사건이었다. 우여곡절을 겪은 후 1978년 캠프 데이비드 협정이 체결되었고, 이집트와 이스라엘 간 공식적인 휴전 협정이 1979년 체결되었다. 이로써 이스라엘의 군사 안보 계산에서 이집트는 사실상 제외되었지만, 1982년 이스라엘의 레바논 침공은 장기적으로 재앙을 가져왔다. 팔레스타인과의 관계가 악화되면서 1987년 대규모 시위인 인티파다가 발생했기 때문이다. 이 대규모 사태를 통해 세계가 팔레스타인 주민들의 역경에 주목하기 시작했고, 심지어 미국에서조차도 이스라엘에 대한 지지도가 확연히 하락했다. 그렇기 때문에 이스라엘 내부에서도 평화를 보장받기 위해 점령 중인 영토에서 철수해야 할지에 대한 논란이 일었다. 특히 1988년 요르단의 후세인 국왕이 서안 지구에서 철수하면서 이스라엘 정부의 고민은 깊어졌다.

　1991년 걸프 전쟁은 이스라엘이 유엔 안보리 결의안 242호(점령 중인 영토에서 철수 결의)를 23년간 위반하고 있었음을 널리 알리는 계기가 되었다. 이스라엘은 스커드 미사일 공격을 받았음에도 전쟁에 참전하지 않았고, 이후 중동에서 이스라엘의 군사력에 대적할 수 있는 국가는 존재하지 않게 되었다. 이스라엘은 팔레스타인해방기구(PLO)와의 비밀 협상을 통해 1993년 오슬로 협정 체결에 성공했고, 향후 평화 정착을 위한 '원칙 선언'에도 합의했다. 1994년 가자 지구 예리코 협정이 체결되면서 가자 지구가 자치를 획득하게 되었고, 그로부터 1년 후, 이스라엘과 PLO는 잠정 협의안을 체결하면서 이스라엘 방위군이 대다수의 팔레스타인 도시에서 철수하기로 결정했다. 하지만 이러한 협의 과정 중에 이스라엘에서는 강경파인 네타냐후가 신임 총리에 선출되면서 팔레스타인 국가의 건설과 관련한 논의는 의도적으로 지체되기 시작했다. 다만 1999년 5월 바라크가 총리에 당선되면서, 과거 피살된 라빈 총리가 착수한 중장기적인 평화 협의안이 다시금 급물살을 타기 시작했다.

이스라엘은 영토 크기가 2만 2,000km²밖에 되지 않는 초소형 국가다. 중동 전체 면적의 0.2%밖에 되지 않으며, 이스라엘보다 작은 국가는 바레인, 키프로스, 카타르, 쿠웨이트뿐이다. 이스라엘의 지형은 남부의 사막, 저지대 평원으로 이어지는 해안가, 그리고 중부 지역의 고산지대로 구성되어 있다. 인구는 550만 명으로 중동 전체 인구의 1.7%다. 전체 수는 적지만 영토 크기에 비하면 많은 편이다. 문해율은 95%로, 키프로스와 레바논을 제외하면 여러 중동 국가보다 10%나 더 높은 수치다.

이스라엘의 GDP는 780억 달러로, 중동에서 튀르키예와 사우디아라비아 다음으로 3위 규모다. 이는 중동 전체 GDP의 11.2%에 해당하며, 국토 크기나 인구수를 고려했을 때 상당히 이례적이다. 이스라엘 GDP의 상당 부분은 해외 거주 유대인의 후원과 미국의 공적 원조 같은 외부적 수입을 통해 채워졌다. 1960년대 중반까지는 서독의 홀로코스트 배상금이 경제를 살리는 데 기여했다. 이스라엘은 농업 및 산업을 집중적으로 성장시켰고, 첨단 기술 개발에 주력하면서 자원이 부족함에도 불구하고 경제를 발전시킬 수 있었다. 더욱이 지속적인 이주민 유입을 통해 귀한 전문 인력이 지속적으로 확보되었다.

이스라엘은 경제력과 더불어 군사력 역시 강력하다. 국방비 예산은 72억 달러로, 중동 전체 국방비의 15.4%에 해당하는데, 사우디아라비아 다음으로 가장 높다. 이스라엘군은 총 7만 5,000명으로, 전체 규모는 작지만 예비군이 43만 명에 달한다. 육군은 상대적으로 많으며, 공군의 경우 중간 수준, 해군은 미약하다. 하지만 삼군 모두 가장 최신 장비로 무장되어 있다. 인력이나 군수품으로 보았을 때, 이스라엘군은 중동에서 가장 강력한 수준이다. 더욱이 이스라엘은 100개에 달하는 핵탄두를 보유한 핵보유국이다.

이스라엘의 경제·군사적인 발전에서 가장 핵심은 바로 외부적인 지원이었다. 유대 국가 대의를 지원하는 것은 정치적인 시온주의 이상理想에서 모든 유대인의 의무였다. 이에 더해 이스라엘은 서구 국가들, 그중에서도 특별히 미국의 광범위한 지원을 받았다. 이러한 외부적인 지원이 없었다면 초소형 국가인 이스라엘이 훨씬 크고 인구도 많은 이란, 튀르키예, 이집트를 물리치고 중동 지역의 최강자가 될 수는 없었을 것이다. 시온주의 운동의 창시자인 헤르츨 외에도 이스라엘 역사에 영향력 있던 인물이 다수 존재한다. 이스라엘의 인지도 덕분에 이스라엘의 지도자들은 대개 세계무대에서 두각을 나타냈다. 벤 구리온, 베긴, 페레스, 라빈 총리 등이 모두 유명하며, 네타냐후 역시 그의 비타협적 태도 덕분에 상당히 잘 알려져 있다.

작은 영토, 적은 인구, 자원 부족에도 불구하고 이스라엘은 미국을 포함한 전 세계적인 지원을 바탕으로 중동 지역에서 가장 강력한 국가로 발돋움했다. 또한 미국의 정치·경제적인 지지 속에, 이스라엘은 유엔 안보리 결의안을 무시할 수 있었고, 핵확산

금지조약(NPT)에도 서명하지 않고 넘어갔다. 또한 궁극적인 보호 장치로써, 이스라엘은 중동 지역에서 유일하게 핵무기를 보유하고 있다.

이스라엘이 직면하고 있는 가장 중요한 지정학적 문제는 아랍 국가들과의 지속적인 분쟁, 그리고 국·내외적인 테러리즘이다. 분쟁의 경우 전면전에서부터 인티파다 같은 저강도 분쟁까지 다양했다. 여러 이슬람 테러 단체는 이스라엘을 대상으로 테러를 감행했고, 이스라엘 역시 비밀 정보기관인 모사드Mossad를 중심으로 영토 밖에서 여러 테러 활동을 수행했다.

이스라엘의 역사는 한마디로 국경 분쟁의 역사다. 지금의 국경은 대개 휴전 협정 선이나 다름없다. 팔레스타인과의 국경은 여전히 서안 지구와 예루살렘 지구에서 협상이 필요하다. 이집트와의 국경은 1989년 타바 지역을 이집트에게 할양한 이후 계속해서 조정되어 왔다. 또한 수자원을 둘러싼 분쟁 역시 훌레 습지의 배수 공사와 국립 송수용 용기 건설 이후 반복되고 있다. 이러한 적대적인 환경에서 이스라엘의 수자원 문제를 식별하기는 쉽지 않다. 하지만 만약 평화를 담보로 영토를 내어준다면 수자원 문제도 함께 고려해봐야 한다.

수자원 외에 또 다른 초국경 쟁점은 바로 대규모 난민 문제다. 여기에는 팔레스타인에서 주변 아랍 국가로 이동한 대규모의 난민과, 대규모의 유대인들이 이스라엘로 이주하는 문제가 포함되어 있다. 특히 팔레스타인인들의 탈출을 상기시켜주는 난민촌이 여전히 곳곳에 존재한다. 이러한 대규모 이주가 남긴 유산은 마약 밀매나 매춘 등을 포함한 범죄의 증가다. 반면, 이스라엘이 감행한 비밀스러운 초국경 활동 중 하나는 무기 거래다. 이스라엘은 급증하는 방위산업 시장을 가진 남아프리카공화국과 긴밀히 협조하면서 핵무기 개발 능력을 보유할 수 있었다. 이러한 이스라엘의 비밀 활동은 아랍 국가들이 종종 석유를 포함한 여러 물품의 금수조치를 장기간 취하자 더욱 활발해졌다. 비밀 활동 중 지정학적 측면에서 가장 눈에 띄는 부분은 바로 이스라엘의 초국경 첩보 활동이다. 최근의 첩보는 튀르키예와 아제르바이잔, 아프가니스탄 간 군사 및 수자원 개발 협력 관련 사항이었다.

냉전 종식 이후부터 민족주의와 종교적 원리주의가 주요 지정학적 쟁점으로 떠오르기 시작했다. 이스라엘의 경우 대다수 중동 국가와 거의 모든 면에서 달랐기 때문에 극단적인 형태의 민족주의적 행보를 보였다. 또한 우리가 주로 종교적 원리주의에 대해 논할 때 이슬람의 맥락을 떠올리지만, 지난 100년간 중동 지역에서 가장 성공했던 종교적 원리주의는 바로 시온주의 운동이었다.

요르단

시리아, 사우디아라비아, 이라크, 이스라엘, 서안 지구와 접경하고 있는 요르단은 중동 지역의 조종석에 앉아 있다고 해도 과언이 아니다(그림 10.8). 또한 요르단은 사실상 중동 지역의 모든 지정학적 사건들로부터 영향을 받아왔다. 서안 지구의 국경은 이스라엘-팔레스타인 잠정 협정 이후 전개될 협상에 따라 확정될 것이다. 요르단은 해안선이 26km밖에 되지 않기 때문에 사실상 내륙 국가이며, 중동 국가들 중 가장 짧은 해안을 보유하고 있다. 하지만 요르단은 지중해 및 아카바만을 연결하는 중개 무역을 통해 많은 이득을 취해왔다. 사막과 해안 평원의 경계에 위치하고 있

그림 10.8 요르단

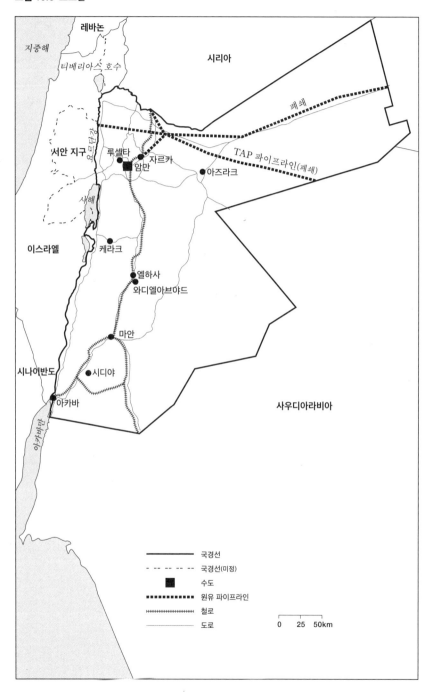

레바논

지중해

티베리아스 호수

시리아

폐쇄

서안 지구

루셀타

자르카

아즈라크

TAP 파이프라인(폐쇄)

암만

사해

이스라엘

케라크

엘하사

와디엘아브야드

마안

시나이반도

시디야

사우디아라비아

아카바

――――	국경선
– – – – –	국경선(미정)
■	수도
▪▪▪▪▪▪▪▪	원유 파이프라인
+++++++++	철로
―――	도로

0 25 50km

기 때문에 팔레스타인 문화와 유목민 문화가 뒤섞여 있고, 그 두 세력의 행보에 항상 휘말려든다. 특히, 요르단강 수자원 문제에서 요르단은 가장 중요한 위치에 있다.

정치체로서 요르단의 역사는 모두 현대의 역사다. 제1차 세계대전 이후 트란스요르단이 시리아에서 분리되었고, 1946년 공식적으로 독립했다. 트란스요르단의 통치자는 무함마드 가문의 후손임을 주장하며 스스로를 왕으로 옹립했다. 1948~1949년 이스라엘 독립전쟁 이후 트란스요르단은 서안 지구를 흡수하면서 '요르단 하심 왕국'을 선포했다. 헤자즈(메카와 메디나가 위치한 지역)의 성소를 통치하던 가문이 이제 예루살렘, 베들레헴, 헤브론의 성소까지 통치하게 되었다. 하지만 요르단이 서안 지구를 흡수하면서 요르단강 동편에 거주하는 자신들과는 뚜렷하게 다른, 정치적으로 적극적이고 상대적으로 복잡한 대규모의 사람들을 마주하게 되어버렸다.

1967년 전쟁 이후 이스라엘은 서안 지구를 점령했고, 요르단은 인구의 절반가량과 대부분의 경제력을 상실했다. 더욱이 40만 명이 넘는 팔레스타인 사람들이 요르단으로 피난 와서 이미 1949년에 형성되어 있었던 난민촌에 합류했다. 이 난민촌은 팔레스타인해방기구(PLO)와 연계된 반군 단체의 소굴이 되어버렸다. 1970년 대규모 소탕을 통해 요르단 내 반군 세력은 괴멸되었고 PLO 본부는 레바논으로 이전했다. 이후 요르단은 1973년 전쟁에서 이스라엘과 싸우는 것을 회피했다. 또한 캠프 데이비드 협정은 서안 지구의 재통합보다는 자치를 제안했기 때문에 요르단은 이에 반대했고, 계속해서 유엔 안보리 결의안 242호의 이행을 압박했다. 요르단은 1980년대에 사우디아라비아를 포함한 여러 걸프 산유국의 지원을 받았다. 1991년 걸프 전쟁 당시 요르단이 공식적으로 중립을 선언하고 후세인을 공개 지지하자, 이러한 지원이 끊겼다. 하지만 이후 사우디아라비아 및 쿠웨이트와의 관계는 회복되었다.

요르단의 영토는 8만 9,000km²로, 중동 전체 면적의 0.8%에 해당하며 이스라엘 영토의 4배 크기다. 지형은 요르단강 유역에서 동쪽으로 펼쳐지며, 강 유역을 제외하면 대개 사막 평원으로 구성되어 있다. 요르단의 인구는 430만 명으로 중동 전체 인구의 1.3%이다. 이스라엘보다는 적고, 보유한 자원에 비해서는 많은 편이다. 문해율은 86.6%로 다른 아랍 산유국들보다 높고, 이스라엘, 키프로스, 레바논보다는 조금 낮다.

요르단의 GDP는 66억 달러로, 중동 전체 GDP의 0.9%밖에 되지 않는다. 요르단보다 GDP가 낮은 중동 국가는 바레인과 팔레스타인뿐이다. 교육받은 인구가 많은 반면 천연자원 보유량이 매우 적다. 그렇기 때문에 해외 송금이나 중개 무역, 걸프 산유국의 지원에 의존하고 있다. 대외 부채는 73억 달러에 달하며, 이라크 및 수단과 함께 GDP보다 대외 부채가 많은 아랍 국가다.

요르단의 국군 수는 9만 9,000명이며 육군 위주로 편성되어 있고 상대적으로 잘 무장되어 있다. 국방 예산은 4억 4,000만 달러로 중동 전체 국방비의 0.9%다. 레바논과 비슷한 규모이며, 중동 국가들 중 6개국만이 요르단보다 적은 국방비를 책정하고 있다.

요르단은 교육받은 인구가 많지만 천연자원이 사실상 없기 때문에 환경적으로는 이스라엘과 비슷하다. 경제 대부분을 걸프 국가들과 유럽연합, 그리고 미국의 지원에 의존한다. 사실 요르단의 안정이 중동 평화에서 상당히 중요하기 때문에 이러한 외부적 지원은, 걸프 전쟁 기간을 제외하면, 계속해서 지속될 것으로 보인다. 이를 바탕으로 요르단은 경제를 개발할 뿐만 아니라 상대적으로 고급의 군대를 보유할 수 있게 되었다. 요르단의 역사는 가장 영향력 있던 후세인 국왕의 역사가 거의 전부며, 그는 매우 빈틈없는 정치력을 보여주었다. 1999년 그의 장례식에 이스라엘과 아랍 정상들뿐 아니라 중동에서 최초로 전 세계 정상들이 참석했다는 것을 통해 그의 명성을 알 수 있다.

요르단은 경작할 수 있는 땅이 매우 제한적이고 인구도 적은 초소형 국가 축에 속하지만, 핵심적인 지정학적 위치 덕분에 외부적 지원에 힘입어 경제적·군사적으로 발전할 수 있었다. 요르단은 강력한 국가라고 볼 수는 없지만, 후세인 국왕의 영도력을 바탕으로 상당한 영향력을 행사할 수 있었다.

요르단은 중심적인 지리적 위치에 놓여 있음에도 주변국들에 비해 여러 지정학적 쟁점에서 상대적으로 자유로울 수 있었다. 1967년 재앙적인 패배 이후 요르단은 분쟁과 테러를 회피하는 능숙한 모습을 보여주었다. 특별히 국경 분쟁도 없었고, 유일한 초국경 쟁점은 이스라엘-아랍 전쟁 이후 난민의 유입과 걸프 전쟁 당시 쿠웨이트에 송출된 노동자의 귀국 정도였다. 사실 여러 국경 문제가 여전히 남아 있기는 하나, 이러한 문제는 이스라엘과 팔레스타인 간의 협상에 대다수 달려 있다.

요르단이 직면한 가장 심각한 지정학적 쟁점은 바로 수자원 문제로, 요르단 서북부에 있는 야르무크강과 요르단강의 배분이 관건이다. 사실상 지표면 수자원이 요르단강 외에는 없기 때문에 이 두 강의 수자원이 요르단에게는 매우 핵심적인 원천이다. 요르단강 유역의 관개는 이스트 고르 운하에 의존하는데, 이곳은 지난 1969년 이스라엘의 포격을 받은 바 있다.

쿠웨이트

쿠웨이트는 페르시아만(아라비아만) 맨 위쪽에 위치해 있으며, 사우디아라비아와 이라크 사이에서 이란을 가까운 이웃으로 둔 전략적인 위치에 자리 잡고 있다(그림 10.9). 쿠웨이트는 막대한 석유 매장량을 가지고 있는 초소형 국가로, 매장량이 이라크와 아랍에미리트에 필적할 수준이다. 그렇기 때문에 석유 지정학의 족쇄에 단단히 묶여 있다. 쿠웨이트는 또한 이라크 움카스르 항구에 인접한 해안에 와르바섬과 부비얀섬을 보유하고 있다. 쿠웨이트의 해양 수송은 반드시 지정학적 요충지인 호르무즈 해협을 지나야 한다.

쿠웨이트는 1961년 독립 이후 지속적으로 이라크의 위협을 받아왔다. 은밀히 또는 공개적인 이라크의 압박은 꾸준히 지속되었고, 1990년 이라크의 침공이 절정이었다. 쿠웨이트는 걸프 전쟁 이전에는 이란-이라크 전쟁에서 이라크를 지지했다. 1991년 걸프 전쟁으로 쿠웨이트 유전지대가 불타면서 막대한 피해를 입었다. 또한 다수의 팔레스타인 노동자를 포함한 여러 해외 노동자들 역시 쿠웨이트에서 추방되면서 큰 피해를 봤다. 이 기간 동안 쿠웨이트는 가장 강력한 이웃 국가인 사우디아라비아와 긴밀한 관계를 유지했다.

쿠웨이트의 영토는 1만 8,000km²로 이스라엘과 비슷하고 다른 중동 5개국보다는 크지만, 여전히 중동 전체 면적의 0.15%밖에 안 되는 초소형 국가다. 쿠웨이트의 지형은 주로 사막 평원으로 둘러싸인 큰 만으로 구성되어 있다. 인구는 200만 명으로 중동 전체 인구의 0.6%이며, 전체 인구 중 45% 정도만 쿠웨이트 토박이다. 또한 인구의 30%는 시아파, 45%는 수니파 무슬림이다.

그림 10.9 쿠웨이트

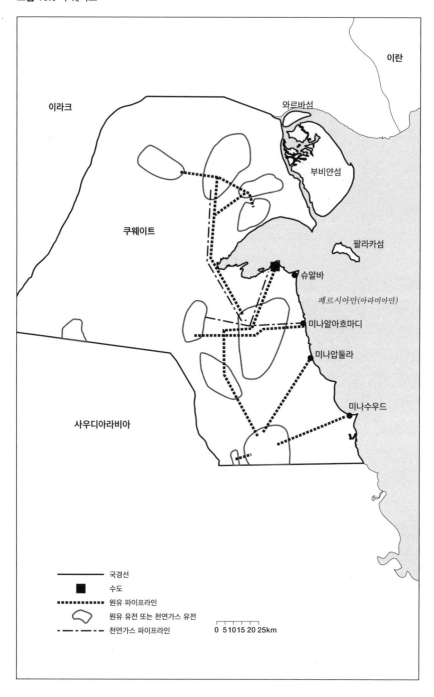

이란

이라크

와르바섬

쿠웨이트

부비얀섬

팔라카섬

슈알바

페르시아만(아라비아만)

미나알아흐마디

미나압둘라

미나수우드

사우디아라비아

국경선

수도

원유 파이프라인

원유 유전 또는 천연가스 유전

천연가스 파이프라인

0 5 10 15 20 25km

문해율은 78.6%로, 다른 걸프 왕정국가들과 비슷한 수준이다.

쿠웨이트의 GDP는 267억 달러로, 중동 전체 GDP의 3.8% 정도다. 즉, 쿠웨이트의 1인당 GDP를 산출할 경우, 이스라엘과 더불어 중동에서 아랍에미리트 다음으로 가장 높다. 이러한 높은 수치는 석유 수익 덕분이며, 해외 투자 및 산업 다변화의 실적이기도 하다. 대외 부채는 80억 달러로, 걸프 전쟁 이후 재건 과정에서 빌린 차관이다.

쿠웨이트의 국방비 예산은 31억 달러로, 중동 전체 국방비의 6.6%다. 이보다 높은 수치는 사우디아라비아, 이스라엘, 튀르키예뿐이다. 1인당 국방비를 산출할 경우, 쿠웨이트가 중동에서 가장 높다. 쿠웨이트의 병력은 1만 5,300명 정도밖에 되지 않고 육군 규모도 작지만, 매우 우수한 장비로 무장되어 있다. 쿠웨이트는 유엔 이라크·쿠웨이트 감시단(UNIKOM)의 지원을 받고 있으며, 사전 배치된 병력과 공군 장비를 제공받고 있다. 지속적으로 사우디아라비아로부터 외부적인 지원을 받고 있으며, 가장 큰 지원은 걸프 전쟁 당시 미국이 구성한 서구 국가들과 아랍 국가 중심의 다국적 연합군을 통해 받았다. 그 과정에서 일본과 독일로부터 대규모 재정적 지원을 받았다. 주요 인물과 관련해서, 쿠웨이트는 국가 초기부터 사바 가문이 통치했고, 어느 인물도 자국 영토를 넘어서는 큰 영향력을 보유하고 있지 못했다.

쿠웨이트는 막대한 석유 매장량을 가진 초소형 국가로서, 오랫동안 이라크의 질투를 받았으나 각종 트집에 겨우 대응할 수 있는 수준이었다. 근본적으로 강력한 경제력과 외부의 군사적 지원에 의존할 수밖에 없는 구조였다. 그렇기에 가장 중요한 지정학적 쟁점은 석유와 분쟁이었다. 사실 걸프 전쟁은 자원 지정학 시대의 첫 분쟁이었다. 주요 초국경 쟁점은 걸프 전쟁 당시 연합군의 주둔과 해외 노동자의 추방 사건 정도였다.

이라크와 해양 경계가 이미 획정되었지만, 와르바섬과 부비얀섬은 여전히 잠재적인 지정학적 화약고다. 육상 경계선도 이라크와 합의했지만, 루메일라 유전지대가 여전히 쿠웨이트 몫이기 때문에 중장기적인 갈등의 소지가 남아 있다. 아직 해결되지 못한 가장 중요한 경계선 이슈는 바로 사우디아라비아와의 해양 경계 획정 문제로, 이는 과거 중립 지역이 분리되면서 기인한 것이다.

레바논

레반트 지역의 중앙에 위치한 레바논은 레바논산맥에 기반을 둔 기독교 공동체와 무슬림 공동체가 혼재되어 있으며, 1926년 시리아로부터 분리되면서 안티레바논산맥* 지역까지 보유하게 되었다(그림 10.10). 1943년 공식적으로 독립한 이후부터 레바논의 역사는 이스라엘과 시리아라는 두 강력한 이웃 국가의 행보와 인구 구성 변화에 따른 각 공동체 간 권력 안배 조정 문제의 영향을 받았다. 레바논은 여러 고원과 평원이 대다수인 산악 지형이다. 또한 튀르키예와 일부 이란 지역과 더불어 중동 지역에서 충분한 강수량을 확보할 수 있는 국가다. 레바논은 시리아와 이스라엘 사이의 완충지대 역할을 수행하고 있지만, 요르단과 달리 지도력의 분열로 불리한 조건을 가지고 있다. 레바논의 종교 공동체는 인구의 70%가 다섯 종파로 이루어진 무슬림 공동체에 소속되어 있고, 나머지 30%는 11개의 공인된 기독교 종파 공동체로 구성되

---

*   아라비아반도 북서부, 시리아와 레바논 국경에 있는 산맥이다.

그림 10.10 레바논

범례:
- 국경선
- 국경선(미정)
- 수도
- 원유 파이프라인
- 철로
- 도로
- 천연가스 파이프라인

0 5 10 15km

지중해

트리폴리
체카
바블로스-암치트
베이루트
시돈
티레

바알베크
리야크

IPC 파이프라인(폐쇄)
TAP 파이프라인(폐쇄)

시리아

이스라엘

요르단

어 있다.

레바논의 최근 역사는 1975년부터 시작된 16년간의 내전으로 물들어 있다. 또한 이스라엘이 1978년과 1982년 레바논을 침공한 바 있고, 이스라엘의 첫 침공 이후 레바논임시주둔 유엔군(UNIFIL)이 주둔 중이다. 1987년에는 베이루트부터 이스라엘 국경 지역까지 분쟁이 발생했다. 당시 팔레스타인 세력 간에 내분이 발생했고, 시아파 민병대인 아말 세력과 극단주의 시아파 원리주의 세력인 헤즈볼라 간에도 마찰이 있었다. 1970~1982년 사이에는 PLO 본부의 레바논 이전과 난민의 대규모 유입으로, 아슬아슬했던 권력 안배 균형에 균열이 생겼다. 1990년 걸프 전쟁당시에 레바논 정부는 여러 분파를 제거하기 위한 구상을 이행했다. 당시 레바논군의 공격을 받지 않은 유일한 단체는 헤즈볼라였다. 레바논 정부는 헤즈볼라로 하여금 이스라엘 안전지대에서 이스라엘군과 남레바논군(이스라엘과 동맹 세력)을 공격하게 했다.

레바논의 국토는 1만 500km²로, 중동 전체 면적의 0.09%밖에 되지 않는 소규모 영토 국가다. 좁은 해안선을 따라 평원이 펼쳐져 있고, 베카 계곡을 중심으로 레바논산맥과 안티레바논산맥이 펼쳐진 산악지대가 구성되어 있다. 키프로스와 함께 레바논은 중동 국가 중 사막이 전혀 없는 국가다. 인구는 350만 명으로 중동 전체 인구의 1.1%에 해당하며, 문해율은 92.4%로, 근소하게 이스라엘이나 키프로스 다음으로 높은 비율을 보인다.

1975~1991년 사이 전개된 내전으로 인해 레바논의 정치·경제 체제는 대다수 무너졌다. 하지만 근래에 상당히 놀라운 수준의 발전이 이루어져 레바논의 GDP는 77억 달러로 성장했고, 이는 중동 전체 GDP의 1.1%에 해당한다. 이는 훨씬 적은 인구를 가진 키프로스 및 카타르와 비슷한 수준이다. 인프라가 재건될 경

우 레바논은 동지중해의 금융 허브라는 지위를 회복할 것으로 보인다. 대외 부채는 30억 달러로, 바레인과 비슷한 규모다.

병력은 4만 9,000명 정도로, 대다수 육군 병력이며, 내부적인 평화 유지를 위해 상대적으로 잘 무장되어 있다. 레바논의 국방비 예산은 4억 1,000만 달러로 요르단과 비슷한 수준이며, 중동 전체 국방비의 0.9% 정도다. 레바논과 요르단의 군사적 수준은 같은 이유로 비슷하다고 볼 수 있다.

외부적인 지원은 주로 시리아와 이스라엘로부터 이루어져왔고, 두 국가 모두 현재까지 실질적으로 레바논 영토 일부를 점령 중이다. 미국의 지원은 1980년대 미 해병대 인원 241명이 폭탄 테러로 사망하면서 갑작스럽게 중단되었다. 이스라엘은 1982년부터 이스라엘 북부 접경인 레바논 남부 지역에 20km에 달하는 안전지대를 설치한 후 대리 군사 조직인 남레바논군을 지원하기 위해 주둔하고 있다. 시리아의 경우 1976년부터 일부 병력을 레바논 남부에 주둔시키고 있고, 여전히 3만 명이 넘는 병력이 레바논 북부, 베카 계곡, 그리고 베이루트에 주둔 중이다. 아랍연맹이 이러한 주둔을 합법화했고, 이는 또한 타이프 협정* 결과이기도 하다. 레바논 내에 여러 종교 공동체별로 유명한 인물이 존재하기는 하지만, 가장 큰 기여를 한 인물은 바로 하리리 총리다. 그는 흐라위 대통령이 이루어낸 국가 토대를 전반적으로 재건한 인물이다.

레바논은 경제 붕괴 때문에 중동에서 가장 힘없는 국가 중 하나다. 하지만 금융 및 기업들의 허브로서 빠르게 회복 중이다. 레

---

* 1989년 10월 사우디아라비아의 타이프에서 체결된 협상으로, 수십 년간 지속된 레바논 내전을 종식시키기 위한 기반을 제공했다. 이를 통해 레바논 내 각 종교 공동체의 인구 비율에 따라 정치권력이 배분되었다.

바논의 안정은 중동의 영구적인 평화에 중요한 한 단계일 것이다.

지정학적으로, 레바논은 주로 분쟁에 연루되어왔다. 레바논은 중동 지역에서 가장 많은 분쟁이 지속된 국가다. 첨단 무기를 동원한 전쟁에서부터 저강도 분쟁까지 다양한 문제가 발생했었고, 분쟁의 당사자 역시 무장 단체에서 테러 단체까지 다양했다. 베이루트가 재건되어가는 중에도 산발적인 분쟁이 지속되고 있다. 1970~1980년대 레바논은 사실상 국가의 통제력이 상실되어 있었기 때문에 국경 통제 역시 제대로 이루어지지 않았다. 이로 인해 테러리스트, 무장 단체, 무기, 마약, 그리고 여러 난민이 불법적으로 국경을 넘나들었다. 레바논은 코카인 정제와 밀매의 온상이 되어버렸고, 대마초를 옮겨 싣는 주요 경유지가 되었다.

레바논은 아랍-이스라엘 전쟁에 직접적으로 개입하지 않았고, 수자원 분쟁과도 거리를 두고 있다. 다만 리타니강에 대한 주변국의 관심은 많으며, 이 지류를 요르단강으로 전환시키는 가능성을 논의 중이다. 리타니강은 레바논이 보유한 유일한 대규모 강이며, 하류는 이스라엘이 점령 중인 안전지대에 위치해 있다. 다만 요르단강으로 흘러 들어가는 세 지류 중 두 개인 오론테스강과 하스바니강이 레바논 산지에서 발원하기 때문에 레바논은 향후 수자원 문제에 연루될 가능성이 높다.

리비아

리비아는 이집트와 마그레브 지역 사이인 북아프리카 해안의 중앙에 위치해 있으며, 남쪽으로는 사하라 사막까지 이어져 있다 (그림 10.11). 중동 국가들 중 가장 긴 지중해 해안선을 보유하고

그림 10.11 리비아

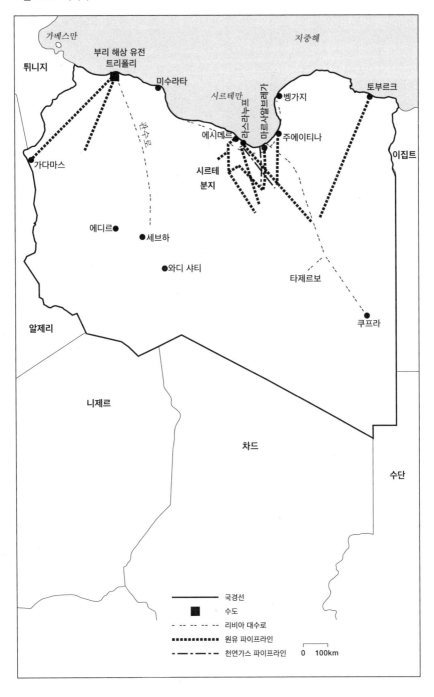

가베스만

지중해

부리 해상 유전
트리폴리

튀니지

미수라타

시르테만

에스이데르깁알가시르

벵가지

에시데르

주에이티나

이집트

시르테
분지

가다마스

관수로

에디르●

●세브하

●와디 샤티

타제르보

알제리

쿠프라

니제르

차드

수단

───── 국경선

■ 수도

– – – – 리비아 대수로

▪▪▪▪▪▪ 원유 파이프라인

▪—▪—▪ 천연가스 파이프라인

0   100km

있으며, 지중해 중부 교통에서 중요한 전략적 위치에 있다. 또한 중동과 아프리카를 연결하는 매개와도 같다. 리비아 서쪽의 마그레브 국가들은 대개 산맥들로 인해 아프리카와 다른 문화권에 속해 있고, 오히려 유럽과 더 긴밀한 관계를 맺고 있다.

리비아는 이탈리아의 식민지였으며, 1947년 이탈리아가 통치권을 포기한 후 영국과 프랑스의 신탁 통치에 들어갔다가 1951년 왕정으로 독립했다. 1969년에 카다피를 중심으로 한 하급 장교들의 쿠데타가 발생했다. 나세리즘과 민족주의의 영향을 받았던 카다피는 1976년 '그린북'이라는 저서를 집필하여 제3의 진로 이론*을 펼쳤다. 카다피의 외교 정책은 확고한 반이스라엘·반서구 정책의 지속을 중심으로 삼았다. 안보를 이유로, 리비아는 주변국을 모두 동맹으로 삼기를 원했고, 1989년부터 아랍-마그레브 연합의 회원국이 되었다. 또한 리비아는 시리아, 이라크, 알제리와 함께, 캠프 데이비드 협정에 반대하는 대항 전선을 꾸리기도 했다.

리비아는 지속적으로 테러 연루 의혹을 받아왔다. 1980년, 1982년, 1984년에 리비아는 여러 암살 및 암살 시도 혐의를 받았다. 또한 장기간 미국을 적시하면서 1986년 두 차례 공습을 받았다. 이후 리비아는 대외 정책을 완화했지만, 로커비 사건(1988년 미국 PA 103편 항공기가 스코틀랜드 로커비 인근에서 폭발한 사건)과 1989년 니제르에서 발생한 프랑스 UTA 772편 폭파 사건의 주동자라는 혐의를 받으면서 미국의 제재가 시작되었다. 미국의 제재는 1999년 중반 리비아가 로커비 사건과 연루된 두 명의 용의자

* 리비아식 사회주의 이론으로, 계급 철폐보다는 계급의 차이를 인정하면서 그 격차를 줄여나가자는 내용을 골자로 한다. 다소 공산주의와 자본주의의 이론을 혼용한 이론 체계라고 볼 수 있다.

를 넘기면서 해제되었다.

리비아의 국토 면적은 175만 9,500km²로, 중동 전체 면적의 15.1%에 달한다. 리비아보다 큰 중동 국가는 수단과 사우디아라비아밖에 없다. 리비아의 지형은 대개 사막 평원과 고원, 그리고 좁은 연안으로 이루어져 있다. 인구는 560만 명 정도에 불과하여 중동 전체 인구의 1.7% 정도며, 대다수는 해안 지역에 거주하고 있다. 문해율은 76.2%로 중동 전체의 평균 수준이다. 영토 규모로 보았을 때 리비아는 큰 국가지만, 인구수로 따지면 거의 소규모 국가다.

리비아의 GDP는 250억 달러로 중동 전체 GDP의 3.6%다. 쿠웨이트보다 조금 낮으며, 튀르키예, 사우디아라비아, 이스라엘, 이란, 이집트보다는 현저하게 낮은 수치다. 하지만 아프리카 국가들 중에서는 가장 높은 GDP 규모라고 볼 수 있다. 석유에 대한 의존도가 높기 때문에 미국의 제재를 받았을 때 경제가 심하게 출렁거렸다. 리비아의 대외 부채는 26억 달러에 불과하며, 이는 GDP 대비 중동에서 가장 낮은 수치다.

리비아군은 총 6만 5,000명으로, 육군의 경우 중동 기준에서 중간 규모이지만 무장이 형편없으며, 다른 국가들에 비해 빈약한 수준이다. 리비아의 국방 예산은 14억 달러로 중동 전체 국방비의 3% 수준이다. 중동 국가 중 국방비 지출이 상당히 높은 수준이다.

리비아는 지속적으로 중동 국가들로부터의 외부적인 지원을 갈구했으나, 러시아만이 리비아를 지원했다. 이웃 국가들로부터도 의심을 받았던 리비아는 미국에 의해 소위 왕따 국가 취급을 받았다. 하지만 의심받은 여러 사건에서 리비아가 책임이 없다는 증거가 상당히 많다. 대표적으로 로커비 사건도 반대되는 증거가 많다. 1969년 쿠데타로 정권을 잡은 이후 리비아는 카다피의 통치를 받았다. 그보다 오랫동안 권좌를 유지한 중동 지도자는 아무도 없다. 요르단의 후세인 국왕, 이라크의 후세인 대통령, 시리아의 아사드, 이란의 호메이니 정도가 자국의 발전에 막대한 영향력을 가진 지도자들이었다.

리비아는 막대한 석유자원 덕분에 경제적으로 강력해질 수 있는 잠재력을 보유하고 있지만, 적은 인구수와 국제사회로부터의 단절로 인해 사실상 많은 제약이 존재한다.

여전히 단언할 수는 없으나, 리비아가 테러 지원 및 불법 무기·대량파괴무기의 원재료 밀매와 같은 여러 지정학적 문제에 연루되었다는 증거가 많다. 또한 수에즈 운하의 서쪽에 위치한 중동 국가들 중에서는 가장 강력한 산유국으로서, 석유를 지정학적 무기로 활용할 수 있는 좋은 위치에 놓여 있다.

사우디아라비아를 제외하면 리비아는 중동 어느 국가들보다 많은 국경 분쟁에 연루되었다. 아우조우 지역과 관련하여 소규모 전쟁까지 갔고, 그 땅은 1987년 차드로 넘어갔다. 반면, 리비아는 국제사법재판소(ICJ)의 판결에 따라 튀니지(1982년) 및 몰타(1985년)와의 해양 경계 분쟁에서 좋은 결과를 얻었다. 하지만 여전히 튀니지 및 몰타와의 해양 경계 분쟁은 마무리되지 않았고, 니제르 및 알제리와도 내륙 분쟁 중이다. 장기적으로 지속 중인 또 다른 영토 분쟁은 시르테만에 관한 것으로, 리비아는 이 대규모 만을 자국의 내부 수역이라고 주장하고 있다.

리비아는 매우 건조한 국가이기 때문에 전 세계에서 가장 큰 규모의 대수로 프로젝트를 실시했다. 이를 통해 수자원을 동남부 폐잔 지역의 쿠프라 오아시스에서 해안 지역까지 운송하고 있다. 이러한 수자원은 내부적인 자원의 운송이기는 하지만, 엄밀히 따지면 이집트 및 수단 역시 공유하고 있는 매우 깊숙한 대수층의 물을 채굴하는 셈이다.

　카다피는 나세르의 제자로서 정권을 잡았고, 이후 아랍 민족주의의 길을 걸어왔다. 하지만 아랍-마그레브 연합 외에는 여러 연합 제안은 모두 거절당했다.

오만

오만은 페르시아만(아라비아만) 초입부인 호르무즈 해협의 동쪽에 위치해 있다(그림 10.12). 이러한 지리학적 위치 덕분에 오만은 아라비아반도 내 다른 국가들의 영향으로부터 상대적으로 자유로울 수 있었다. 오만만과 아라비아해를 아우르는 긴 해안선을 보유한 오만은 우수한 해양 전통을 발전시킬 수 있었고, 이에 힘입어 비유럽 국가로는 유일하게 아프리카 잔지바르에 식민지를 보유했었다. 또한 오만은 인도반도와도 긴밀한 관계를 맺을 수 있었다. 특히 오만 본토는 호르무즈 해협의 제약으로부터 자유로웠던 반면, 해협에 인접한 무산담반도는 오만 영토이기 때문에 이란과 함께 지정학적 요충지를 통제할 수 있었다. 독자성을 유지할 수 있었던 오만은 여러 아랍 문제에 연루되지 않는 모습을 보였고, 특히 이란과 지속적인 관계를 유지하는 가운데 미국의 신속 대응군US Rapid Deployment Force의 주둔을 유치하기도 했다. 반면, 이웃 국가들과 분쟁 역시 존재했는데, 도파르 지역을 두고 남예멘과 다투었고, 아랍에미리트와는 부라이미 오아시스 영유권을 두고 마찰이 있었다. 그렇기 때문에 오만은 지리적으로 매우 중요한 전략적 위치를 점유하고 있는 셈이다. 내부적으로, 오

그림 10.12 오만

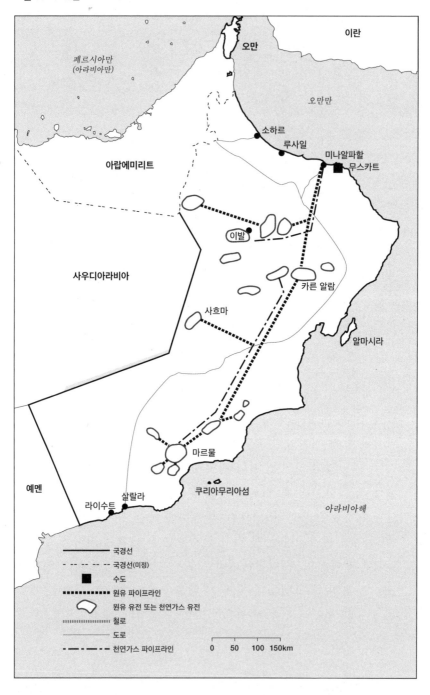

이란

페르시아만
(아라비아만)

오만

오만만

소하르

루사일

미나알파할

무스카트

아랍에미리트

이밥

카른 알람

사우디아라비아

사흐마

알마시라

마르물

예멘

살랄라

쿠리아무리아섬

아라비아해

라이수트

───── 국경선

----- 국경선(미정)

■ 수도

▪▪▪▪▪ 원유 파이프라인

⬡ 원유 유전 또는 천연가스 유전

|||||||||| 철로

───── 도로

─·─·─ 천연가스 파이프라인

0   50   100 150km

만은 지형을 기준으로 사실상 2~3개의 지역으로 나뉜다. 무스카트를 포함한 해안 지역은 높은 산맥을 통해 중부 지역인 니즈와와 분리되어 있고, 니즈와 지역은 사막을 통해 남쪽의 살랄라 및 도파르와 분리되어 있다.

오만은 유구한 역사를 지니고 있으며, 공식적인 독립은 1650년에 이루어졌다. 최근에는 세 차례 분쟁이 발생했었다. 처음 두 분쟁은 1952년 발생한 아랍에미리트와의 부라이미 오아시스 영유권 분쟁이었고, 나머지 하나는 1957~1959년 동안 니즈와의 이맘에 의해 전개된 분리 독립 시도였다. 이후 술탄 카부스는 쿠데타를 통해 집권했고, 사실상 중세 국가에 불과했던 오만을 즉각적으로 근대화하기 시작했다. 카부스는 국명을 '무스카트와 오만'에서 '오만'으로 변경했고, 1971년 유엔과 아랍연맹에 가입했다. 하지만 1976년까지 오만은 남예멘과의 분쟁에 계속해서 휘말렸다. 그 후 오만은 정치적인 안정을 회복하며 경제적으로 급성장했다.

오만의 국토 면적은 30만km^{2}로, 중동 전체 면적의 2.6% 해당하는 중소 국가다. 북부와 남부는 해안 평원으로 이루어져 있고, 내륙 지역은 높은 산맥과 사막으로 갈라져 있다. 오만의 인구는 220만 명으로, 중동 전체의 0.6%에 해당하는 초소형 국가 규모다. 문해율은 80%로, 상당히 높은 수준이다.

오만의 경제력은 석유 산업에 크게 의존하고 있으며, 석유 수출액이 전체 수익의 75%를 차지한다. 농업 분야는 영세하고 산업 분야는 개발 중이지만 다소 제한적이다. 오만의 GDP는 122억 달러로 중동 전체 GDP의 1.8% 정도다. 오만의 대외 부채는 27억 달러로 리비아와 비슷한 수준이지만, 경제 규모는 리비아의 절반 수준에 불과하다. 오만은 석유 매장량이 제한적이기 때문에, 가장 큰 취약점은 향후 석유 수출 수익 감소가 될 것이다.

오만군 병력은 4만 3,500명이며, 육군의 수는 상대적으로 적지만 매우 우수한 장비로 무장되어 있고 훌륭하게 훈련받았다. 국방비 예산은 18억 달러로 중동 전체 국방비의 3.8%다. 이는 아랍에미리트와 비슷한 수준으로, 쿠웨이트를 제외한다면 중동의 소규모 국가치고는 가장 높은 축에 든다.

오만은 아라비아반도의 문제로부터 다소 거리를 두고 있기 때문에, 중동 및 세계 여러 국가로부터 다양한 지원을 받을 수 있었다. 전통적으로 오만은 영국과 긴밀한 관계를 맺고 있었고, 영국은 오만군을 훈련시키는 데 일조했다. 또한 오만과 미국 간의 관계 역시 상당히 좋다. 사우디아라비아를 포함한 여러 GCC 국가와도 우호적인 관계를 맺음과 동시에 이란과도 긴밀한 관계다. 술탄 카부스는 상당한 영향력을 바탕으로 국가 발전을 이루어내면서 오만의 지정학적 가치를 보다 극대화할 수 있었다.

여러 이유 때문이기는 하지만, 특히 지정학적 위치와 외교력 덕분에 오만은 중동 지역에서 가장 중요한 행위자로 부상했다. 경제적으로는 특별히 강력하지 않지만, 군사적으로는 작지만 강력한 국가다.

오만이 아라비아반도 문제에 크게 연루되어 있지 않다는 증거 중 하나는 바로 오만이 주변국과 특별한 정치적 문제가 없다는 점이다. 아직까지 해결되지 않은 부라이미 오아시스 분쟁을 제외하면 모든 국경 분쟁이 오래전 해결되었다. 최근에 해결된 사안이 1992년 예멘과의 국경 획정, 1990년 사우디아라비아와의 국경 획정 정도다. 향후 잠재적인 갈등 여지가 있는 사안은 오만이 호르무즈 해협의 남쪽 해안을 통제하고 있다는 사실, 그리고 아랍에미리트와 대규모 대수층을 공유하고 있다는 사실 정도일 것이다.

팔레스타인

아직 정식 국가는 아니지만, 팔레스타인은 이스라엘 내부에 영토를 보유하고 있다(그림 10.7). 현재 영토는 해안선을 따라 위치한 가자 지구와 예리코 시를 중심으로 한 내륙 지역으로 구성되어 있다. 협상이 타결됨에 따라 서안 지구 역시 팔레스타인의 영유권으로 귀속될 것이다. 그렇게 될 경우, 가장 중요한 지정학적 쟁점은 어떻게 가자 지구와 서안 지구를 영구적으로 연결할지의 문제일 것이다. 팔레스타인은 이스라엘과 아랍 국가들이 치른 네 차례 전쟁의 이유이기 때문에, 전 세계에서 가장 중요한 지정학적 화약고라고 볼 수 있다.

초기 팔레스타인 국가의 역사는 이스라엘 역사와 평행하게 이어진다. 이스라엘은 1948년 독립을 선포한 이후 1949년부터 팔레스타인 영토를 차례로 점령하며 국가를 확장했고, 1967년에 이르러서는 서안 지구와 가자 지구까지 점령했다. 이에 1964년 팔레스타인해방기구(PLO)가 설립되었고, 여러 우여곡절을 겪은 후 야세르 아라파트의 지도력 속에 국가 설립을 위한 협상에 돌입했다. 1993년 PLO와 이스라엘은 임시자치정부 협정을 체결하고 이에 관한 원칙 선언을 선포함으로써, 5년간의 전환기 동안 팔레스타인 임시정부가 가자 지구와 서안 지구를 통치할 근거를 마련했다. 원칙 선언을 근거로 삼아 영구적인 지위와 관련한 협의가 1996년부터 시작되었고, 이스라엘은 팔레스타인 임시정부에 여러 권한을 이양하기로 합의했다. 참고로, 팔레스타인 임시정부는 1996년 서안 지구 및 가자 지구 조정의 일환으로 선출된 팔레스타인 입법부를 보유하고 있다. 1994년에는 가자 지구 및 예리코 지역에 관한 카이로 협정이 발효되면서 일정 수준의 권한과 책임이 팔레스타인으로 이양되었고, 팔레스타인은 국가를 구성하는 핵심 요소 중 하나인 영토를 확보하게 되었다. 더불어 서안 지구 일부 지역도 팔레스타인에 이양되었다. 하지만 전환기 동안 이스라엘군이 전반적인 내외 안보를 담당하고 있다.

서안 지구를 포함한 팔레스타인의 영토는 대략 6,200km^{2}로, 바레인을 제외하면 중동에서 가장 작은 국가다. 팔레스타인의 지형은 서안 지구의 경우 대개 건조한 고원지대이고, 나머지는 해안 지역이다. 인구는 대략 150만 명으로 중동 전체 인구의 0.46%를 차지한다. 팔레스타인의 문맹률 관련 데이터는 현재 존재하지 않는다. 하지만 과거 유대인 디아스포라 사례와 유사하게, 팔레스타인 이주자 집단 역시 교육에 상당히 투자하는 것으로 알려져 있다. 그렇기 때문에 팔레스타인으로 귀환한 사람들의 학력 수준과 문해율은 상당히 높을 것으로 추정된다.

대략적으로 추산한 팔레스타인의 GDP는 32억 달러로, 중동에서 가장 낮은 0.5% 수준이다. 새로 설립된 팔레스타인은 자원이 거의 없고, 대개 고급 기술을 가진 이주민들과 국제사회의 원조에 의존하고 있다. 대외 부채는 8억 달러로, 중동에서 가장 낮은 수준이다. 팔레스타인 보안군의 수는 1만 6,500명으로, 대개 예비군 수준이다. 팔레스타인국민해방군Palestine National Liberation Army처럼 PLO와 연계된 무장 단체가 상당히 많지만, 동시에 비슷한 수의 반PLO 반군 단체가 존재한다. 팔레스타인의 국방비 예산은 9,000만 달러로, 중동 전체 방위비의 0.2%에 불과하다.

1948년 이래로, 팔레스타인은 꾸준히 아랍 세계의 정신적인 지지를 받아왔지만, 물질적인 지원은 상황에 따라 달랐다. 예를 들어, 걸프 전쟁 당시 팔레스타인이 후세인을 지지하자, 아랍 세계의 지원이 끊긴 바 있다. 하지만 이스라엘과의 평화 회담이 진전되면서 유럽연합과 미국의 재정적 지원이 늘어났다. 팔레스타인 국가 건설에 있어 아랍 세계의 지원은 절대적이었다. 이러한 지원이 없었다면 국내외적으로 지지부진했던 PLO가 도저히 버티지 못했을 것이기 때문이다. 반면, 일부 테러 집단들로부터 원치 않는 지원 역시 들어오게 되면서 국가 건설에 차질을 빚기도 했다. 비록 부침은 겪었지만, 아라파트는 팔레스타인에서 가장 꾸준하게 영향력을 지닌 인물이며, 장기간의 협상 과정을 통해 현재의 명성을 얻었다.

향후 팔레스타인이 서안 지구 대다수를 확보하여 완전한 국가로 거듭난다면, 비록 자원은 적고 실질적인 군사력은 미미할지라도, 이스라엘과의 지리적 관계로 인해 지정학적으로는 상당한 영향력을 보유하게 될 것이다.

팔레스타인은 국가 건설 과정에서 다양한 지정학적 문제에 직면해왔다. 여러 분쟁과 테러 사건이 발생했었고, 초국경적·전 세계적인 난민 문제 역시 야기했다. 그 외의 초국경적인 쟁점은 무기 거래, 첩보 활동, 대외 원조 등이다.

서안 지구를 둘러싼 국경 문제는 아직 수면 위로 드러나지 않았지만, 향후 극단적으로 복잡해질 것으로 전망된다. 또한 주요 대수층이 존재하기 때문에 수자원과 관련한 문제 역시 상당할 것으로 보이며, 팔레스타인은 계속해서 수자원 분쟁에 연루될 것이다.

민족주의 역시 국가 발전에 있어서 큰 이슈라 볼 수 있다. 지난 50년간 팔레스타인인들은 국가가 없는 민족으로 살아왔다. 이제 중동 내부의 노력과 이주민들을 바탕으로 국가성이 조성되고 있다.

카타르

카타르는 호르무즈 해협과 쿠웨이트의 중간 지점에 위치한 반도 국가다(그림 10.13). 그렇기 때문에 바레인처럼 석유 지정학에 상당히 민감하다. 카타르가 국경을 맞대고 있는 국가는 사우디아라비아가 유일하다. 카타르의 북서쪽에는 사우디아라비아의 주요 석유 수출 터미널이 있는 라스타누라가 위치해 있다. 하지만 사우디아라비아는 카타르와 아랍에미리트 사이에 새로운 수출 창구 건설을 모색 중이다.

1968년 이후부터 카타르는 바레인, 현재의 아랍에미리트 토후국, 그리고 오만 토후 세력 등과 함께 연방을 구성하기 원했다. 하지만 만족스러운 결과를 얻지는 못했다. 이후 카타르는 1971년 독립했고 아랍연맹 및 유엔에 가입했다. 1986년 이래로 카타르는 바레인과 영토 분쟁이 있었고, 또한 다소 독립적인 외교 행보를 보여왔다. 특히, 카타르는 이라크 및 이란과 우호적인 관계를 유지하고자 했다.

카타르 영토의 면적은 1만 1,500km^{2}로, 중동 전체 면적의 0.1%밖에 안 되며, 레바논보다 조금 더 큰 규모다. 지형은 대개 평평한 사막 저지대로 이루어져 있다. 카타르의 인구는 70만 명으로, 중동 전체 인구의 0.21% 수준이다. 인구의 40%만 아랍인이고, 오히려 해외 노동자 비율이 토착 인구 비율보다 높다. 문해율은 79.4%로, 쿠웨이트, 오만, 아랍에미리트 등과 비슷한 수준이다.

카타르의 경제는 석유 산업에 달려 있다. 국가 수익의 80% 이상이 석유 수출에서 나오며, 천연가스 확인매장량은 전 세계 3위다. GDP는 74억 달러로, 중동 전체의 1.1%에 해당한다. 카타르의 대외 부채는 57억 달러로, 다른 아랍 산유국과 비교했을 때

그림 10.13 카타르

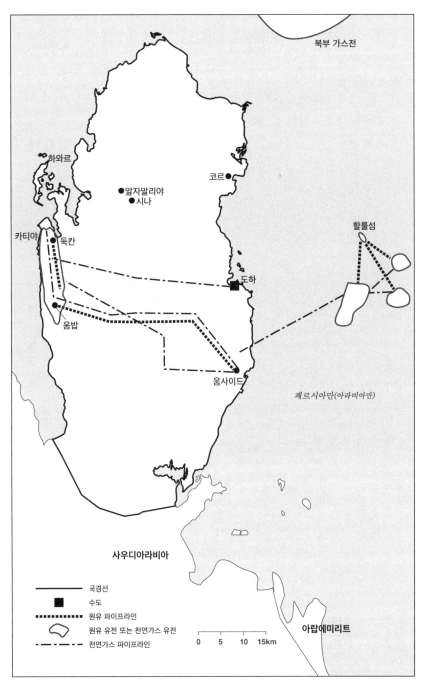

북부 가스전

하와르

알자말리야
시나

코르

카티야
둑칸

도하

움밥

할룰섬

움사이드

페르시아만(아라비아만)

사우디아라비아

국경선
수도
원유 파이프라인
원유 유전 또는 천연가스 유전
천연가스 파이프라인

0 5 10 15km

아랍에미리트

GDP 대비 대외 부채 비율이 상당히 높다.

카타르군의 병력은 1만 2,000명 정도로 매우 적으며, 바레인과 키프로스보다 조금 많은 수준이다. 국방비 예산은 3억 3,000만 달러로, 중동 전체 국방비의 0.7%이며, 수단보다 약간 적다. 하지만 카타르군은 적은 병력에 비해 상당히 근대화된 장비를 갖추고 있기 때문에 무시할 수 없다.

카타르는 경제적으로 강하고 한 번도 침략받은 적이 없기 때문에 외부적인 지원을 받을 필요성이 크지 않았다. 또한 이라크, 이란뿐 아니라 아랍 이웃들과도 모두 원만한 관계를 유지해왔다. 최근 GCC 국가들과 문제가 발생했지만, 일시적인 현상에 불과하다. 독립 이후부터 알 타니 가문이 통치하고 있으며, 대외적으로는 큰 영향력이 없다.

카타르는 매우 강력한 경제력을 보유하고 있으나, 쿠웨이트처럼 초소형 국가이기 때문에 특정 지정학적 사안을 주도하기보다는 이에 대응하는 수준을 넘어서지 못할 것으로 보인다. 유일한 지정학적 쟁점은 바레인과의 하와르섬 영유권 분쟁이며, 바레인과의 해양 경계 획정도 여전히 필요하다. 카타르는 1996년 사우디아라비아와 국경선 획정 협정을 통해 1992년 협의한 경계에 따라 국경을 확정지었다. 그 외 주목할 만한 지정학적 쟁점은 지나치게 높은 해외 노동자 비율, 제한적인 수자원 문제 정도다. 만약 이란으로부터 파이프라인을 통해 물을 공급받는 계획이 실제로 추진된다면, 핵심적인 자원을 해외에 의존하는 결과가 야기될 것이다.

사우디아라비아

사우디아라비아는 아라비아반도의 대다수를 차지하고 있다(그림 10.14). 하지만 사우디아라비아는 오만만이나 아라비아해로 직접 연결되지는 않는다. 영토 안에 메카와 메디나 두 이슬람 성지가 위치해 있기 때문에 사우디아라비아는 이슬람의 영적 심장과도 같다. 사우디아라비아가 보유한 페르시아만(아라비아만)과 홍해의 해안선을 모두 합치면 2,640km에 달한다. 이는 중동에서 가장 긴 해안선 규모다. 하지만 두 바다 모두 제약적인 요소가 많기 때문에 사우디아라비아가 실제로 점유하고 있는 해안 지역은 상당히 제한적이다. 유일하게 오만과 예멘 정도가 중동에서 온전히 최대 한도로 배타적 경제수역(EEZ)을 주장할 수 있다. 사우디아라비아는 전 세계 초대형 유전 중 세 개를 보유하고 있으며, 세계에서 가장 큰 석유 매장량을 가진 국가다(세계 전체 확인매장량의 26%). 하지만 대양에 직접 접근할 수 없기 때문에 호르무즈 해협이나 수에즈 운하, 또는 바브엘만데브 해협을 반드시 거쳐야만 한다. 사우디아라비아는 일곱 국가와 영토를 맞대고 있으며, 해양 경계의 경우 아직 다섯 국가와 협의가 더 필요하다.

사우디아라비아 왕국은 사우드 가문의 압둘 아지즈에 의해 통일되었고, 1932년 독립을 선포했다. 이후 1938년 사우디아라비아 동부 지역인 알하사에서 역사적인 석유 발견이 이루어졌다. 1953년 압둘 아지즈의 사망 이후 그의 네 아들이 왕위를 이었다. 그중 가장 유명한 왕은 파이살로, 그는 사우디아라비아를 근대 국가로 만드는 토대를 구축했다. 파이살이 통치한 사우디아라비아는 반공산주의 기조를 취했고, 팔레스타인 아랍인들을 전폭적으로 지원했다. 또한 이란, 예멘, 아랍에미리트 등과도 협정을 맺

그림 10.14 사우디아라비아

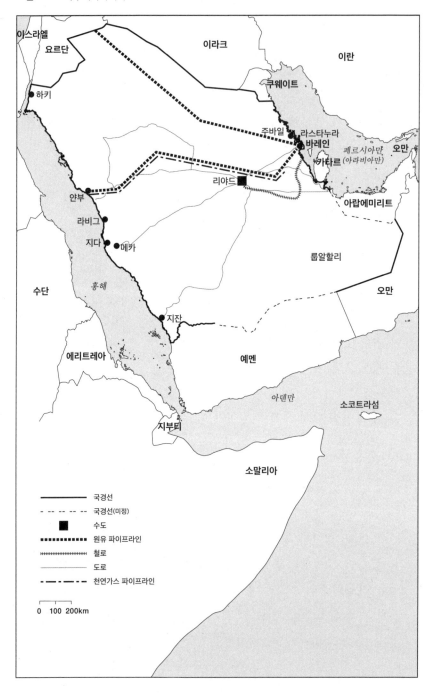

이스라엘
요르단
이라크
이란
쿠웨이트
하키
주바일
라스타누라
바레인
페르시아만
(아라비아만)
오만
카타르
얀부
리야드
아랍에미리트
라비그
지다
메카
수단
홍해
룹알할리
오만
에리트레아
지잔
예멘
아덴만
소코트라섬
지부티
소말리아

국경선
국경선(미정)
수도
원유 파이프라인
철로
도로
천연가스 파이프라인

0   100 200km

었다. 1973년 아랍-이스라엘 전쟁 당시 사우디아라비아는 미국을 대상으로 석유 수출 금지 조치를 취했고, 이어서 석유 수출량을 10% 감축했다. 이러한 사우디아라비아의 행보는 1973~1974년 석유수출국기구(OPEC)가 유가를 인상할 수 있는 계기를 만들었다.

하지만 이후부터는 미국에 긴밀하게 협조하기 시작했다. 또 다른 사건으로는 이란 혁명이 일어난 1979년의 메카 그랜드 모스크 점거 사건이 있는데, 사우디아라비아에게는 큰 충격을 선사했다. 이란-이라크 전쟁 당시 사우디아라비아는 대규모의 군사 장비를 미국, 프랑스, 영국으로부터 구입했고, 미국에 대한 군사적 의존도가 매우 높아졌다.

사우디아라비아는 중동 지역에서의 핵심적인 외교적 지위를 이용해 레바논 문제를 해결하는 데 기여했고, 이집트가 아랍연맹에 재가입할 수 있도록 조율했다. 1990년 이라크가 쿠웨이트를 침공하자 사우디아라비아는 이에 위협을 느끼고 미국에 지원을 요청했다. 이는 내부적으로 이슬람적 가치를 중시하는 세력과 대외관계를 중시하는 세력 간 분쟁이 발생하는 계기가 되었다. 1994년 예멘 내전 이후 사우디아라비아와 예멘의 관계는 대다수 복원되었지만, 국경 획정 관련 협의가 여전히 필요한 상황이다.

사우디아라비아의 영토는 215만km^{2}로 중동 전체 면적의 19.2%에 해당하며, 사우디아라비아보다 국토 면적이 큰 국가는 수단뿐이다. 세계에서 가장 큰 사막인 룹알할리를 포함하여 사우디아라비아 영토의 대부분은 사막이다. 사우디아라비아의 인구는 2,000만 명으로 중동 전체의 6.1%에 해당하며, 문해율은 62.8%밖에 되지 않는다.

사우디아라비아는 국가 재정 수입의 90% 이상을 석유 수출로 벌어들이기 때문에 경제적으로 매우 강력한 국가다. 사우디아라비아는 적당한 수준의 농업 분야를 가지고 있지만, 기업식 영농이 대다수며, 최첨단 사업을 개발 중이다. 사우디아라비아의 GDP는 1,250억 달러로, 중동 전체 GDP의 18%에 해당하며, 중동에서 튀르키에 다음으로 가장 높다. 사우디아라비아의 대외 부채는 166억 달러로, 수단보다 약간 높은 수준이다.

사우디아라비아군의 규모는 10만 5,500명으로, 육군과 공군이 강하며 해군은 여전히 발전 중이다. 삼군 모두 최신 장비로 무장되어 있다. 또한 아라비아반도 방어군 병력 7,000명이 미국, 프랑스, 영국의 지원을 받고 있다. 사우디아라비아가 언제쯤 강력한 군사력을 바탕으로 단독적으로 행동이 가능해질지, 아니면 서구의 지원을 계속해서 희망할지에 대한 의문이 제기되고 있다. 사우디아라비아의 국방비 예산은 132억 달러로, 중동 전체 방위비의 28%나 된다. 이는 중동 안에서 2위인 이스라엘의 2배에 해당한다.

지정학적인 이점, 그리고 이슬람 종주국이자 세계 최대 유전지대를 보유했다는 무기를 가진 사우디아라비아는 내외적으로 많은 지원을 받을 수 있었다. 국내 문제의 일부는 사실 미국의 공개적인 지원 때문에 발생하기도 했다. 사우디아라비아의 각 국왕 모두 세계무대에서 활동했지만, 사우디아라비아 역사에서 가장 큰 영향력을 지닌 인물은 의심할 여지없이 압둘 아지즈 국왕이었다. 그는 사우드 가문을 유산으로 남겼고, 국가를 건설한 영웅으로 그 명성이 지속되고 있다.

상대적으로 적은 인구수에도 불구하고 사우디아라비아는 경제적으로 매우 강력하고, 중동 기준에서는 군사적으로도 매우 강력하다. 이슬람 및 압둘 아지즈 국왕에 의해 부여된 정통성과 권위 덕분에 사우디아라비아는 항상 중동 여러 문제에서 핵심적인 국가로 기능했다.

사실 주변에서 고강도·저강도 분쟁이 지속되는 가운데서도, 사우디아라비아는 상대적으로 안정적인 평화를 누렸다. 그럼에도 사우디아라비아는 중재자이자 아랍 세계의 지지자로서 여러 지정학적 분쟁에 개입했다. 또한 더 중요한 것은, 사우디아라비아가 항상 자원 지정학과 연관될 것이고, 석유를 무기화하는 데 연루될 것이라는 점이다.

사우디아라비아가 직면한 여타 지정학적 쟁점은 바로 내륙 및 해양 경계선 분쟁이다. 사우디아라비아는 경계선 협상에서 지속적으로 유연한 협의를 추구했다. 공동 관리 내지는 투과성 높은 경계선을 선호했기 때문이다. 가장 진전이 더딘 분야는 해양 경계선 협의며, 예멘과의 육상 경계선 획정 역시 대다수 미해결 상황이다. 1934년 타이프 협정을 통해 예멘과 합의한 구역은 홍해 해안에서 산맥을 가로질러 내륙의 서부 경계까지 이어지는 곳뿐이다. 아랍에미리트와는 1974년 협정을 통해 사실상 경계 획정이 마무리되었고, 쿠웨이트와의 카루섬과 움알마라딤섬의 영유권 분쟁은 여전히 협의 중이다.

수단

수단은 이집트 남쪽에 위치해 있고, 수단과 국경을 접하고 있는 중동 국가는 이집트와 리비아다(그림 10.15). 수단은 지리적으로는 중동에 속해 있지만, 튀르키예나 키프로스처럼 다른 지역(아프리카)의 영향을 많이 받았다. 실제로 전체 국민의 70%는 무슬림이지만, 아랍인은 39%에 불과하다. 수단은 중동에서 가장 큰 국가

그림 10.15 수단(2011년 남수단 독립 전)

리비아

이집트

와디 할파 행정 경계선

할라이브 홍해

차드

동골라 나일강

포트 수단

아드다미르

하르툼 청나일강 카살라 에리트레아

알파시르 와드 메다니 에드두에임 마르브

엘오베이드 마르베

니얄라 카두글리 다마진

엘아랍강

중앙아프리카공화국 엘가잘강 말라카이 에티오피아

와우

룸벡 보르 백나일강

얌비오 주바

콩고민주공화국 케냐

우간다

― 국경선
■ 수도
▪▪▪▪▪▪▪ 원유 파이프라인
― 강
╫╫╫╫╫╫ 철로
― 도로

0 100 200 300 400km

며, 9개국과 국경을 접하고 있다.* 또한 여전히 사우디아라비아와 해양 경계가 확정되지 않은 상태다. 또한 수단은 아프리카 대륙에서 가장 큰 강인 나일강을 끼고 있다. 그렇기 때문에 이집트와의 관계가 매우 중요하고, 비록 정치적으로는 주변부일지라도 이란과 이라크 같은 중동 국가와 관계를 맺으며 중동 문제에도 많이 관여하고 있다.

수단은 무슬림 위주의 북쪽과 기독교 및 애니미즘 기반을 가진 남쪽 공동체로 나뉘어 있으며, 1983년 이래로 계속해서 분쟁이 있어왔다. 수단은 걸프 전쟁 당시 이라크의 편에 서면서 미국의 적성국 지정을 받은 바 있다. 또한 인권 유린 혐의로 유엔의 제재를 받기도 했다. 1956년 독립한 이래로, 수단 정권은 민간 정부와 군부 정권이 오갔다. 1972~1983년 사이, 수단 남부 지역은 자치를 확보했으나, 니메이리 대통령이 취임하면서 자치는 물 건너가고, 수단은 세 지역으로 재편성되었으며 이슬람법인 샤리아가 부과되었다. 이에 대항해 강력한 정치 군사 조직이었던 수단 인민해방운동·군(SPLM/SPLA)이 반란을 일으켰다. 문민 정권이 권력을 이어받은 후 다시금 군부 정권이 들어섰고, 이후 다시금 다른 군부 정권이 1989년 권좌에 올랐다. 이란을 포함한 여러 중동 국가의 지원에 힘입어 무슬림형제단의 교리에 바탕을 둔 새로운 군부 정권은 남부 지역의 반란을 진압할 수 있었다. 이어 군부 정권 내 분열이 발생하고 에티오피아도 지지를 철회했지만, 내전은 지속되고 있다.

수단은 걸프 전쟁 당시 이라크를 지원하고 이란에 협조하면서 여러 아랍 국가의 적대감을 유발했다. 또한 1994년 미국 무역

* 수단은 2011년 7월 남수단이 국민투표를 거쳐 독립해 나갔는데, 이 책은 그전 상황을 토대로 하고 있다.

센터 테러를 주동한 혐의로 미국의 미움을 받기 시작했다. 수단은 북쪽의 이집트, 남쪽의 케냐와 우간다와도 관계가 좋지 않다. 특히 수단 내 사회적·민족적·종교적 차이는 좁히기 어려워 보인다. 국토 면적은 250만 6,000km²로, 중동 전체 면적의 21.5%를 차지한다. 동부 및 서부 지역은 산지로 구성되어 있고, 그 나머지 대다수 국토는 평원이다. 인구는 3,260만 명으로, 중동 전체 인구의 9.9%를 차지하고 있다. 하지만 문해율은 46.1%밖에 되지 않는데, 이는 예멘을 제외하면 중동에서 가장 낮은 수치다.

수단은 지속적인 정치적 불안정성, 내전, 초인플레이션, 해외 송금 감소 등으로 인해 경제가 매우 위태로운 상황이다. 수단은 대규모 농업 산업을 보유하고 있고, 산업은 상대적으로 저개발되어 있다. 수단의 GDP는 91억 달러로, 중동 전체 GDP의 1.3%에 불과하다. 예멘과 비슷한 수치인데, 예멘 인구는 1,390만 명밖에 되지 않는다. 수단의 대외 부채는 185억 달러로, GDP의 2배에 달하며, 오직 이라크만이 이보다 상황이 좋지 않은 국가다.

수단군 병력은 총 8만 9,000명이며, 그중 96%는 육군이다. 무장 수준은 질적으로나 양적으로 매우 저조하며, 현대전을 고려했을 때 전혀 강하다고 볼 수 없다. 수단의 국방 예산은 3억 9,000만 달러로, 중동 전체 국방비의 0.8%에 해당한다. 이는 예멘이나 키프로스보다는 나은 수준이며, 요르단이나 레바논에 비하면 훨씬 낮은 수준에 해당한다.

독립 이후 계속된 정치적 역량 부족으로 인해 수단이 외부적인 지원을 사실상 전혀 받지 못하고 있다는 사실은 놀랍지 않다. 더욱이, 짧은 역사지만, 니메이리 대통령을 제외하면 영향력을 가진 인물이 한 명도 없다. 니메이리조차도 현재의 대혼란을 만든 내전이 발생하게 된 요인을 제공한 장본인이다.

국토의 크기와 인구수, 잠재적인 자원 보유량을 고려했을 때, 수단은 세계적인 강대국이 될 가능성이 있다. 더욱이 나일강의 대부분을 통제할 수 있는 위치를 선점하고 있기 때문에, 수자원 지정학 측면에서 강력한 행위자다. 하지만 오랜 기간 계속된 관리 실패, 내재된 국가 분열은 지속적인 내전 외에는 아무것도 남기지 못하고 있다.

수단이 연루된 가장 중요한 지정학적 쟁점은 바로 분쟁과 테러리즘이다. 이러한 환경 속에서 대규모 무기 밀매, 반군 단체의 이동, 난민의 이동 등을 야기하고 있다. 특히 남부 지역의 경우, 국경선이 사실상 의미가 없다. 수단은 케냐뿐 아니라 이집트와 국경 분쟁(할라이브 지역 분쟁)을 진행 중이다. 국내 분쟁은 주로 종교 차이에 집중되고 있으며, 식량 안보도 새롭게 부각되는 심각한 문제다. 그 외의 잠재적인 지정학적 우려는 수자원 문제다. 이집트가 이미 협정에 따라 수단 몫의 나일강 수자원을 사용하고 있기 때문이다.

시리아

중동의 정중앙에 위치한 시리아는 튀르키예, 요르단, 이라크, 이스라엘, 레바논과 국경을 맞대고 있어 중동 지역에서 발생하는 거의 대부분의 지정학적 쟁점과 결부되어 있다(그림 10.16). 요르단을 제외하면, 시리아의 모든 이웃 국가는 현재 각각 분쟁에 연루되어 있다. 시리아는 튀르키예 및 이라크와 쿠르드족 문제를 공유하고 있고, 이미 스스로 레바논을 점령하고 있으며, 일부 시리아 영토는 아직까지 이스라엘이 점령하고 있다. 시리아는 티

그림 10.16 시리아

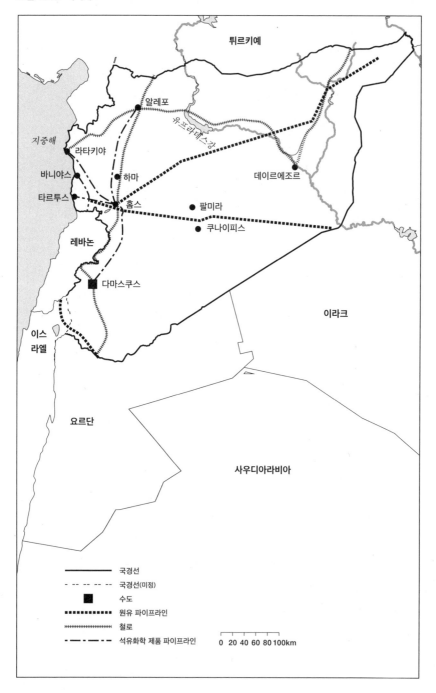

지중해

튀르키예

알레포

유프라테스강

라타키야

바니야스

하마

데이르에조르

타르투스

홈스

팔미라

쿠나이피스

레바논

다마쿠스

이라크

이스
라엘

요르단

사우디아라비아

—— 국경선
– – – 국경선(미정)
■ 수도
▪▪▪▪▪ 원유 파이프라인
++++++ 철로
–·–·– 석유화학 제품 파이프라인

0 20 40 60 80 100km

그리스강, 유프라테스강, 오론테스강, 요르단강 상류 일부를 보유하고 있다. 또한 지중해 연안을 보유하고 있고, 이라크와 바트주의 사상을 공유하고 있다. 튀르키예와의 국경선은 사실상 아랍 세계의 북부 경계선이고, 시리아는 중동의 주요 지형 세 가지를 보유하고 있다. 레반트 해안 평원, 메소포타미아 평원, 그리고 사막이다.

시리아는 1946년 독립을 쟁취했고, 유엔의 도움으로 미국, 소련, 영국, 프랑스군을 철수시켰다. 이후 21년 동안 수차례의 군부 쿠데타가 발생했다. 또한 1967년 전쟁에서 이스라엘에 패하면서 골란 고원을 상실했고, 이어서 하페즈 알아사드를 중심으로 한 새로운 바트당의 군부 정권이 권력을 잡았다. 아사드는 1971년 대통령에 당선되었고, 1973년 시리아는 다시 이스라엘과 싸워 일부 영토를 수복했다. 1975년 레바논 분쟁에 세계의 이목이 집중되자, 시리아는 자국의 안보를 위해 평화 유지군 역할을 수행했다. 아랍연맹은 주로 시리아군으로 구성된 아랍 억지군Deterrent Force을 창설하여 팔레스타인과 레바논 마론파 반군 단체를 억지했다. 이집트가 캠프 데이비드 협정 이후 중립화되자, 시리아는 이스라엘과의 항전에 앞장섰고, 이스라엘은 1981년 골란 고원을 공식적으로 합병했다.

시리아는 1987년 다시금 레바논에 개입했는데, 1989년 초부터는 테러 연루 혐의로 서구 세계의 지원이 끊기기 시작했다. 또한 독자적인 바트주의 사상, 캠프 데이비드 협정에 대한 이견으로 인해 중동에서도 소외되기 시작했다. 더불어 팔레스타인과 마찰이 생기고, 아랍연맹이 제안한 레바논 평화안에 관해서도 반대하면서 골이 깊어지기 시작했다. 하지만 아사드는 타이프 협정 타결에 성공했고, 이에 따라 시리아군은 레바논에 무기한 주둔할 수 있는 권한을 확보했다. 이후 소련이 붕괴하면서 시리아의 지위는 다소 약화되었지만, 걸프 전쟁 당시 연합군을 지원하면서 영향력을 회복했다. 그 결과, 유럽연합의 제재가 풀렸고, 아랍 산유국 및 유럽, 일본 등으로부터 재정적인 지원을 받을 수 있었다. 골란 고원과 관련한 이스라엘과의 협상이 1990년대 초부터 시작되었지만, 여전히 교착 상태다.

시리아의 영토 규모는 18만 5,000km²로, 중동 전체의 1.6% 정도다. 국토는 해안 평원, 사막 고원, 그리고 서쪽의 산지로 구성되어 있다. 시리아의 인구는 1,610만 명으로, 중동 전체 인구의 4.9% 정도며, 문해율은 70.8%로 중동 평균보다 살짝 아래다.

시리아의 경제는 상당히 균형 잡혀 있다. 농업 분야는 잘 개발되어 있고, 이제 곧 고갈되는 석유 산업도 나쁘지 않은 수준이다. 하지만 대외 부채는 220억 달러 규모로 상당히 크다. 시리아의 GDP는 300억 달러로, 중동 전체 GDP의 4.3% 규모이며 중동 전체 평균보다 살짝 높다. 중동 인구 순위에서 7위인 점과 다소 일치한다.

시리아군은 총 42만 1,000명의 병사로 이루어져 있으며, 육군, 공군 모두 상당히 대규모고, 해군의 경우 상대적으로 약하다. 삼군 모두 잘 무장되어 있고, 공군과 해군은 주로 러시아 연방의 무기를 장착하고 있다. 국방 예산은 20억 달러로, 중동 전체 국방비의 4.3%에 해당하며, 중동에서 여덟 번째로 높다.

시리아는 1989년까지 소련의 지원에 기대고 있었고, 그 외의 국가로부터는 외면받았다. 중동 국가들은 시리아와 이념적인 차이로 인해 거리를 두었고, 서구 국가들은 시리아의 테러 연루 혐의로 인해 외면했다. 걸프 전쟁이 발발한 이후에야 시리아는 서구 국가들로부터 정치·경제적 지원을 받을 수 있게 되었다. 장기간의 재앙과도 같은 관리 실패 이후, 아사드는 뛰어난 외교력을 발휘하며 시리아를 중동 무대에서 중요한 국가로 만들었다.

국토 면적, 인구수, GDP, 그리고 국방비 지출 등을 고려할 때, 시리아는 중동 국가들 중 중상위권에 해당한다. 경제력은 다소 불안정하지만 균형이 잘 잡혀 있고, 군사적으로는 상대적으로 강한 국가다. 중동 지역 내 최강자가 되기는 어렵겠지만, 시리아는 계속해서 상대적으로 중요하고 강력한 국가로 남을 것이다.

시리아는 주변 국가들에 비해 상대적으로 적은 수의 지정학적 쟁점들에 연루되어 있다. 시리아는 아랍-이스라엘 전쟁 당시 상당히 적극적이었고, 1967년 골란 고원을 상실한 바 있다. 또한 시리아는 테러 단체들과 연루되어 있다는 의혹을 대내외적으로 받고 있었지만, 그 악명이 이란 및 리비아로 넘어갔다. 또한 유프라테스강과 관련한 수자원 분쟁에 깊숙이 연관되어 있고, 오론테스강 관련 문제는 튀르키예와의 하타이 지역 영유권 분쟁과 얽혀 있다. 골란 고원은 여전히 이스라엘군에 의해 점령당해 있고, 시리아군은 1976년 이래로 레바논 북부, 중부, 동부에 포진되어 있다.

초국경 활동과 관련하여, 시리아는 서구 시장으로 향하는 코카인, 헤로인, 대마초 등의 환적지다. 바트주의 채택 이후 시리아는 오랜 기간 범아랍주의를 신봉해왔다. 그 결과 1958~1961년 3년 동안 이집트와 연합하여 통일아랍공화국을 설립했던 바 있다.

튀르키예

중동의 북서부에 자리 잡은 튀르키예는 어떤 의미에서 중동의 북동부에 위치한 이란과 평형을 이루고 있다(그림 10.17). 두 국가 모두 위대한 제국의 유산을 보유하고 있고, 이슬람 문화권이지만 아랍 민족은 아니다. 가장 큰 차이점은 이란은 신정 체제인 반면, 튀르키예는 세속주의 체제라는 것이다. 일부 영토가 유럽 대륙에 놓여 있기 때문에, 튀르키예는 중동과 유럽을 잇는 매우 이상적인 가교 구실을 한다. 오랫동안 북대서양조약기구(NATO)의 회원국으로, 중동 국가들보다는 오히려 서구 국가들과 더 긴밀한 군사적 관계를 맺고 있다. 하지만 계속해서 유럽연합 가입을 거부당하고 있다.

튀르키예는 이란과 마찬가지로 캅카스 지역, 카스피해 유역, 중앙아시아 국가들과도 연결되어 있다. 소련 붕괴 이후 중앙아시아가 열리게 되면서 튀르키예와 이란은 중앙아시아에서 영향력 다툼을 진행할 것으로 보인다.

튀르키예는 아마도 중동 전체에서 가장 전략적인 위치를 선점하고 있다. 튀르키예는 흑해로 향하는 길목인 튀르키예 해협을 모두 통제하고 있다. 또한 카스피해 석유의 출구로서 파이프라인 지정학에 있어서도 중요한 위치에 있다. 더욱이 튀르키예는 티그리스강과 유프라테스강의 상류를 모두 통제하고 있기 때문에 그 지정학적 중요성이 더해진다. 풍부한 수자원을 바탕으로 튀르키예는 이스라엘을 거쳐 아라비아반도까지 이어지는 소위 수자원 '평화 파이프라인' 구상을 제안할 수 있었고, 더불어 이와 연계된 메두사 작전 역시 이행했다.

걸프 전쟁 당시에는 파이프라인을 봉쇄하여 이라크의 석유 수출을 끊을 수 있는 매우 중요한 위치에 있었다. 더불어 NATO군은 사막의 폭풍 작전을 위해 튀르키예 공군 기지를 사용했다. 튀르키예는 역사적인 문제와 키프로스 분쟁, 그리고 장기간 지속

그림 10.17 튀르키예

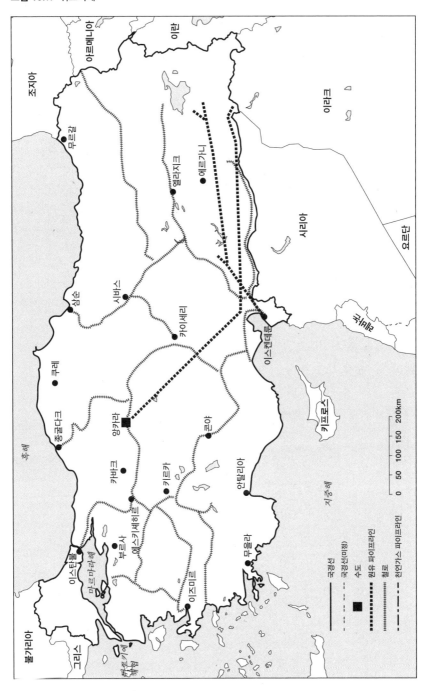

조지아

아르메니아

이란

이라크

불가리아

그리스

흑해

지중해

키프로스

요르단

시리아

이스켄데룬

국경선
국경선(미정)
수도
원유 파이프라인
철도
천연가스 파이프라인

0 50 100 150 200km

무르강

헬러지크

에르가니

삼순

시바스

카이세리

퀴레

초룰다그

앙카라

코냐

카바크

키르카

안탈리아

무을라

이스탄불

부르사

에스키셰히르

이즈미르

마르마라해

튀른키예 해협

마르마라해

중인 에게해 해양 경계 획정 문제로 인해 바로 서쪽에 위치한 그리스와 관계가 좋지 않다. 튀르키예 영토의 95%는 아시아에 위치하여 다섯 국가와 국경을 맞대고 있고, 5%는 유럽에 위치해 불가리아와 그리스를 맞대고 있다.

제1차 세계대전에서 패배한 오스만 제국의 후신인 튀르키예는 이후 아타튀르크(국부)라고 불리게 된 무스타파 케말에 의해 재건되었고, 로잔 조약에 따라 1923년 독립했다. 서구식 모델을 기준으로, 아타튀르크는 세속적이고 근대화된 국가를 건설했고, 그는 1938년 서거했을 때 국가의 영웅으로 칭송받았다. 제2차 세계대전 당시 소련을 잠재적으로 두려워했던 서구 국가들은 중립이었던 튀르키예를 끌어당겼고, 튀르키예는 1951년 NATO에 합류하게 되었다. 그 이후부터 튀르키예는 민정과 군부 통치가 병행되었다.

1974년 튀르키예는 그리스의 도발에 대한 대응으로 키프로스를 침공했다. 이란-이라크 전쟁 당시, 튀르키예는 중립을 선언했고 양 국가 모두와 무역을 지속했다. 1987년 총리에 선출된 외잘은 정치·경제적 혼란을 정리했다. 튀르키예는 걸프 전쟁에 직접 참전하지는 않았지만, 연합군의 핵심적인 멤버였다. 1990년대 동안 동부 지역에서 쿠르드노동자당(PKK) 세력과 치열한 전투를 벌였고, 분쟁은 현재까지 지속 중이다. 쿠르드 세력과의 분쟁 외에도 이슬람 극단주의 세력 역시, 비록 튀르키예 정부가 어느 정도 통제하고 있지만, 튀르키예의 안정을 위협하는 요소다.

튀르키예 영토의 면적은 77만 9,500km^{2}로, 중동 전체 면적의 7.7%에 해당한다. 상당히 큰 규모지만, 수단이나 사우디아라비아, 이란보다는 작다. 중부 지역에는 고원이 펼쳐져 있으며, 가느다란 해안 평원이 그 외부에 둘러 있다. 인구는 6,350만 명으로 중동 전체 인구의 19.3%에 달하며, 이는 중동에서 가장 인구가 많은 이란, 이집트 다음가는 규모다. 그다음으로 인구가 많은 국가는 수단인데, 세 국가의 절반 수준이다. 문해율은 82.3%로 상당히 높으며, 바레인을 제외한 모든 걸프 국가보다 높다.

튀르키예의 경제는 실로 역동적이다. 전통적인 제조업과 더불어 현대적인 산업과 상업이 종합적으로 섞여 있다. 대규모 농업 기반을 가지고 있으며, 150만 명에 달하는 해외 노동자의 송금 또한 큰 부분을 차지한다. GDP는 1,670억 달러로, 중동 전체 GDP의 24%를 차지하며 중동에서 가장 높은 규모다. 하지만 758억 달러에 달하는 대외 부채 역시 가지고 있다. 이는 이라크를 제외하면 다른 중동 국가들의 2배에 해당하는 수치다.

튀르키예군 병력은 63만 9,000명 규모로, 중동에서 가장 큰 규모의 군대를 보유하고 있다. 삼군 모두 상당히 크고 현대적인 무기로 잘 무장되어 있다. 튀르키예에는 NATO 동남부 유럽 연합 육군 사령부가 위치해 있으며, 프랑스, 영국, 미국, 그리고 이스라엘이 지원하는 대이라크 작전의 본부 역시 튀르키예에 있다. 튀르키예와 이스라엘 간의 이러한 군사적 연계는 중동 내 아랍 국가들의 심기를 불편하게 만들었다. 이와 같이, 튀르키예의 군사력은 상당히 우수하며, 당연히 중동 지역에서 가장 강력하고 전 세계 기준에서도 상당히 높은 수준이다. 튀르키예의 국방비 예산은 60억 달러로, 중동 전체 국방비의 12.8%에 해당한다. 이는 사우디아라비아, 이스라엘 다음으로 높은 수치다.

튀르키예는 러시아와 전략적으로 국경을 맞대고 있는 중요한 국가였기 때문에 냉전 기간 동안 서구 국가들의 전폭적인 지원을 받았다. 하지만 이 지원은 분명하지 못했기 때문에 그리스와의 관계에서 문제가 발생했다. 중동과 유럽을 연계시킬 수 있는 튀르키예의 능력은 양 세력으로부터 지원을 끌어낼 때 주요했고, 튀르키예는 걸프 전쟁 당시 연합국에 참여하면서 지속적으로 미국과 유럽연합의 지원을 받았다. 하지만 튀르키예가 이스라엘과 관계를 발전시키자 아랍 세계로부터 외면받기 시작했고, 쿠르드족 억압 맥락에서 발생한 인권 문제 역시 비판받기 시작했다. 사우디아라비아의 압둘 아지즈처럼, 아타튀르크는 현재 튀르키예의 정통성과 권위를 만들어낸 영웅이다. 아타튀르크의 유산을 제거하려는 정부 세력은 모두 군부에 의해 저지당했다. 그 외에 외잘 정도가 가장 유명한 인물이다. 외잘은 정치·경제적인 질서를 지속적으로 확보했다는 점에서 높게 평가받고 있다.

튀르키예는 잘 교육받은 대규모 인구를 보유하고 있으며, 서구와 강력하게 연결된 역사를 지니고 있고, 지속적으로 서구와 중동의 지원을 받고 있는 경제·군사적으로 강력한 국가다. 여러 측면에서 튀르키예는 중동 지역의 초강대국이고, 중동 지역에서 발생하는 주요 지정학적 사건들은 튀르키예의 손을 거쳐야만 한다.

튀르키예는 전략적으로 중동에서 가장 중요한 위치에 놓여 있기 때문에, 다양한 지정학적 쟁점에 연루될 것으로 보인다. 아무래도 초점은 경계선 분쟁에 맞춰질 것으로 보이며, 특히 에게 해와 키프로스를 둘러싼 그리스와의 복합적인 해양·영공·영토 분쟁이 가장 두드러질 것이다. 또한 튀르키예는 동남부 하타이 지역과 관련하여 시리아와 분쟁 중에 있고, 이는 오론테스강의 수자원과도 연계되어 있다. 하지만 수자원 분쟁의 경우 티그리스-유프라테스강이 더 큰 문제다. 1990년 1월 유프라테스강이 약 한 달간 흐르지 않았을 때, 시리아와 이라크는 이를 매우 심각한 지정학적 위기로 인식했다. 티그리스-유프라테스강 유역 관리에 관한 협의는 여전히 진행 중이다.

냉전 및 걸프 전쟁 시기 동안, 튀르키예의 지정학적 위치는 매우 중요했다. 그럼에도 불구하고, 튀르키예군이 직접적으로 개입한 분쟁은 튀르키예 내부 및 이라크 북부에서 발생한 PKK와의 전투 정도였다. 쿠르드족과의 분쟁 결과, 여러 난민이 국경을 넘어 이주했다. 또 다른 형태의 국경 이동은 서유럽을 대상으로 한 해외 노동자의 송출이었다. 또한 튀르키예 역시 서남아시아에서 서구로 향하는 헤로인, 대마초의 육상·해상·항공 중계지다. 튀르키예, 이란, 그리고 여러 국제적인 마약 밀매 조직이 이스탄불에서 활동 중인 것으로 알려져 있으며, 튀르키예에 헤로인 생산 연구실도 존재한다고 한다.

향후 국경 문제 외에 중요한 지정학적 쟁점은 튀르키예 해협의 사용과 카스피해 유전지대로부터 이어지는 파이프라인 개발과 관련되어 있다. 튀르키예는 산유국은 아니지만 석유 지정학에 깊이 연루될 것으로 보인다. 이 두 쟁점이 향후 상당히 중요해질 것으로 전망된다. 두 가지 모두 튀르키예의 관리 능력을 요구할 것이며, 튀르키예 정부 입장에서는 중요한 수송 수수료 원천이 될 것이다.

오스만 제국의 붕괴 이후 재건 과정을 거치면서 튀르키예에 형성된 민족주의 정서는 여전히 유지되고 있다. 이러한 경향은 같은 언어를 사용하는 중앙아시아 튀르크 국가들과의 긴밀한 관계를 바탕으로 더욱 강화되고 있다. 튀르키예 정부의 북키프로스에 대한 지원을 통해 튀르키예의 민족주의 정서가 강하게 드러났고, 키프로스섬에 수자원을 제공하면서도 이러한 경향이 더욱 짙어졌다.

아랍에미리트(UAE)

아랍에미리트는 페르시아만(아라비아만)과 오만만을 가르는 호르무즈 해협을 끼고 있는 아라비아반도의 아주 작은 국가다(그림 10.18). 특히 영토 동쪽에 위치한 작은 반도의 북동부 끝은 오만의 영토다. 아랍에미리트는 일곱 개의 토후국 연합으로 구성되어 있으며, 아부다비 토후국이 다른 여섯 토후국을 합친 영토보다 3배 더 크다. 푸자이라, 아이만 및 샤르자의 일부 영토는 오만만의 해안을 경계로 두고 있고, 아이만 및 샤르자의 대다수 영토와 라스알카이마, 움알콰인, 두바이, 그리고 아부다비는 소위 '걸프만'이라고 불리는 페르시아만(아라비아만) 해안에 위치해 있다. 페르시아만(아라비아만) 해안에 위치한 영토는 동쪽의 호르무즈 해협과 오만 영토에서 시작하여, 서쪽으로 사우디아라비아 해안 및 카타르반도 바로 앞까지 이어진다. 그렇기 때문에 아랍에미리트는 지리학적으로 걸프 지역의 경계선과 같은 역할을 하는 '걸프 국가'임과 동시에 '오만만' 국가다. 아랍에미리트는 이러한 훌륭한 교역 입지를 십분 활용하기 위해 두바이의 제벨 알리 지역과 푸자이라 지역에 자유무역지대를 개발했다. 아랍에미리트의 결절성結節性(연결망의 교차점 정도)을 증명하는 또 다른 증거는 바로 100km 내에 국제공항이 총 세 개 건설되어 있다는 점이다. 또한 이란과 매우 근접하기 때문에, 비록 세 개의 섬을 둘러싼 분쟁이 있지만, 긴밀한 관계를 맺을 수 있었다. 아랍에미리트의 위치와 관련한 또 다른 이점은 그 영토가 대규모 유전지대에 포함된다는 점이다. 이러한 대규모 유전지대는 이라크에서부터 출발하여 이란, 쿠웨이트를 지나 사우디아라비아의 알하사 지역까지 모두 연결된다. 아부다비가 보유한 석유 매장량은 거의 쿠웨이트에 필적하며, 두바

그림 10.18 아랍에미리트

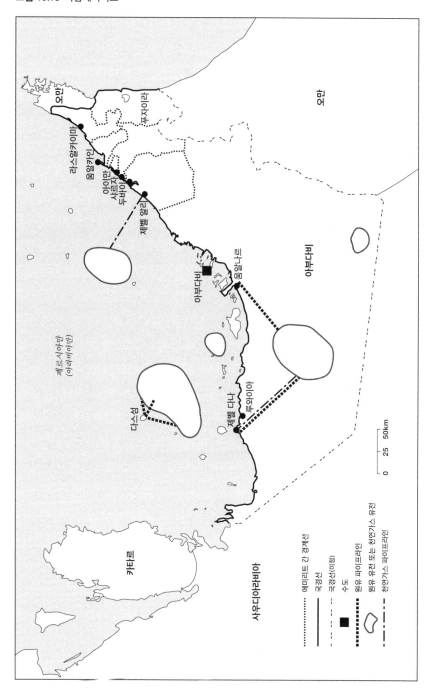

오만

라스알카이마

움알카이와인

아지만

샤르자

두바이

제벨 알리

아부다비

움할나르

아부다비

다스 섬

제벨 다나

루와이아

알아라비아 반(만)
(아라비아 반)

카타르

사우디아라비아

에미리트 간 경계선
국경선
국경선(미정)
수도
원유 파이프라인
원유 유전 또는 천연가스 유전
천연가스 파이프라인

0   25   50km

이와 샤르자 역시 석유를 보유하고 있지만 그 양은 상당히 적다.

아부다비에서는 석유 생산을 1962년 처음 시작하였고, 1971년 영국이 걸프 지역에서 철수하자 여섯 토후국이 아랍에미리트 연방을 결성했다. 이후 1972년 라스알카이마가 합류했다. 각 토후국의 내정은 각 토후국의 족장(에미르emir)이 관할하고, 연방 수준의 결정은 일곱 토후국의 족장들로 구성된 최고지도자위원회에서 이루어진다. 또한 대규모 석유자원을 통해 국가 재정의 대부분을 담당하고 있는 아부다비가 가장 강력한 토후 세력으로서 대통령직을 수행하고, 그다음으로 영향력이 큰 두바이가 총리이자 부통령직을 가져간다. 아랍에미리트는 1980년대에, 쿠웨이트와 마찬가지로, 이란-이라크 전쟁 및 유가 하락으로 인해 경제가 타격을 입자 OPEC 할당량 이상의 석유를 팔았다. 이라크는 1990년 이를 비난했고, 걸프 전쟁이 시작되자 아랍에미리트는 이내 연합군에 합류했다. 아랍에미리트는 1992년에 호르무즈 해협 인근의 세 섬인 툰브섬, 소툰브섬, 아부무사섬을 두고 이란과 다시금 분쟁에 휘말렸다.

아랍에미리트 국토의 면적은 7만 8,000km^{2}로, 중동 전체 면적의 0.67%에 해당하는 소형 국가다. 영토 동쪽에서 서쪽 방향으로 산맥이 형성되어 있고, 내륙의 사막과 해안선으로 구성되어 있다. 아랍에미리트의 인구는 220만 명으로, 중동 전체 인구의 0.67%인 초소형 국가 규모다. 또한 전체 인구 중 약 20%만이 아랍에미리트 시민이다. 문해율은 79.2%로, 다른 걸프 국가들과 비슷한 수준이다.

아랍에미리트는 대규모 석유 수익을 통해 매우 강력한 경제력을 보유할 수 있었고, 석유의 대부분은 아부다비에서 나온다. 현재의 석유 채굴 속도로 보면, 아랍에미리트의 석유는 100년 후 고갈될 것으로 보인다. 또한 아랍에미리트는 가스전도 여럿 보유하고 있다. 석유 수익을 바탕으로, 아랍에미리트는 산업 및 서비스업 다각화에도 성공했다. 제벨 알리 지역을 중심으로, 아랍에미리트는 중동 지역의 주요 무역 센터로 자리매김했다. 아랍에미리트의 GDP는 390억 달러로, 중동 전체 GDP의 5.6%에 해당한다. 사우디아라비아, 이스라엘, 튀르키예, 이란, 이집트 정도만 이보다 높은 규모를 자랑한다. 아랍에미리트의 대외 부채는 140억 달러로, 중동 기준으로 보면 GDP 대비 상대적으로 낮은 수치다.

아랍에미리트군 병력은 총 6만 4,500명이며, 그중 30%는 해외 용병이다. 대부분 육군 중심이며, 삼군 모두 효율적인 최신 무기로 무장되어 있다. 아랍에미리트의 국방비 예산은 19억 달러로, 중동 전체 국방비의 4%이며, 이는 시리아보다 조금 낮은 수준이다.

아랍에미리트는 사우디아라비아나 다른 걸프 왕정과 마찬가지로 서구 국가의 지원을 받았다. 반면, GCC의 핵심 멤버 중 하나이면서도 이란과 좋은 관계를 유지하고 있다. 아랍에미리트에서 가장 유명한 인물은 독립 이후부터 대통령직을 수행하며 아랍에미리트를 설계한 자이드 왕자다.

아랍에미리트는 인구나 영토 크기 측면에서 소국이지만, 막대한 부와 작지만 강한 군대를 보유하고 있다. 또한 높은 효율성을 가진 아랍에미리트 지도자는 중동 문제에 큰 영향력을 행사하고 있다. 아랍에미리트가 연루된 주요 지정학적 쟁점은 섬 영유권과 관련한 분쟁뿐이다. 현재 이란이 툰브섬과 소툰브섬을 점유하고 있고, 아부무사섬의 경우 아랍에미리트와 이란이 공동 관리 중이다. 1992년 이래로, 이란은 아부무사섬에 대한 독점적 영유권을 보유하고자 시도했지만, 아랍에미리트가 저지하면서 양국은 여전히 세 섬 모두를 두고 분쟁 중이다. 이 세 섬은 걸프 초입인 호르무즈 해협에 위치하고 있어 매우 높은 전략적 가치를 지닌다. 비록 무산담반도가 오만 영토이지만, 그 양옆의 해안을 아랍에미리트가 보유하고 있기 때문에 호르무즈 해협은 아랍에미리트에게도 매우 중요한 전략 지역이다.

사우디아라비아와의 국경선은 1974년 협정에 의해 사실상 마무리되었다고 볼 수 있고, 오만과는 북쪽의 행정 경계선 외에 공식적인 국경선이 없다고 봐도 무방하다. 하지만 카타르반도 바로 동쪽에 위치한 사우디아라비아 회랑과 관련해서는 육상 및 해양 경계선 획정이 필요하다.

아랍에미리트는 서아시아 국가 및 이란과 긴밀한 관계를 맺고 있고, 홍콩과 같은 스타일의 무역 허브 개발을 추진하고 있기 때문에, 헤로인 환적과 자금 세탁의 중심이 되고 있다.

예멘

예멘은 홍해 초입에 위치한 국가로, 오만만 입구에 자리 잡은 오만과 비슷한 특징을 지녔다(그림 10.19). 두 국가 모두 인도양 해안선이 매우 긴 반면, 예멘의 홍해 해안선과 오만의 오만만 해안선은 상대적으로 짧다. 이에 더해, 두 국가 모두 매우 중요한 해협을 통제하고 있다. 예멘의 경우 바브엘만데브 해협과 페림섬을 영유하고 있다. 오만의 경우, 이란과 함께 호르무즈 해협을 관할하고 있다. 또한 예멘은 지정학적 가치가 높은 또 다른 영토를 보유하고 있는데, 이는 인도양에 위치한 소코트라섬이다. 아덴만 초입에 위치해 있는 이 섬은 걸프 지역에서 아프리카의 희망봉으로

그림 10.19 예멘

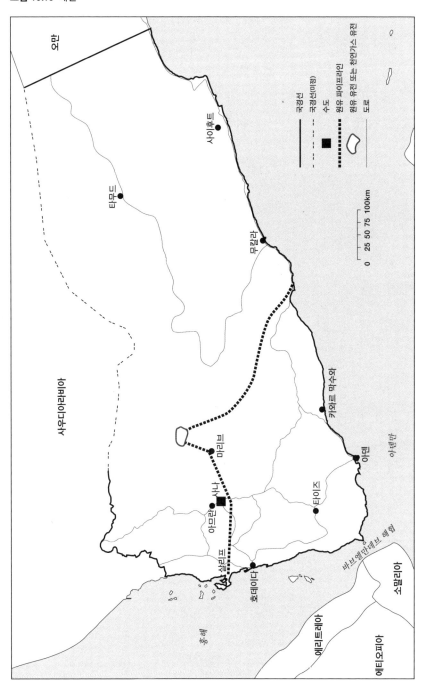

이어지는 유조선 항로의 중간 지점이다. 1980년대 초반에 수에즈 운하를 통과할 수 없는 대규모 유조선이 이러한 희망봉 항로를 활용했었다. 또한 소코트라는 소련의 인도양 함대 본부이기도 했다. 당시 소코트라는 세계 석유 시장의 잠재적인 화약고가 될 것이라고 예견되곤 했다. 오만과 유사하게 예멘은 2~3개의 특징적인 지역으로 구분된다. 우선 북예멘과 남예멘으로 나뉠 수 있고, 남예멘은 또다시 각각의 특징을 지닌 아덴 지역과 하드라마우트 지역으로 구분된다. 홍해와 관련한 예멘의 전략적인 지위는 에리트레아와의 분쟁을 통해 더 부각되었다. 양국은 홍해 중간선에 위치한 하니쉬섬을 두고 경쟁했는데, 최근 예멘에게 유리한 중재안이 도출된 바 있다.

북예멘은 고대에 '풍요로운 아라비아'라고 불리던 바로 그 지역이며, 1918년 오스만 제국으로부터 독립했다. 남예멘의 경우 1967년 남아라비아 연방을 결성하면서 영국으로부터 독립했다. 이후 두 예멘은 1990년 예멘공화국으로 통일되었다.

북예멘의 경우 1962년 이맘 제도를 폐지하며 공화국을 선포했다. 이후 내전이 발생했고, 그 과정에서 이집트가 북예멘공화국을 지원했었다. 하지만 1967년 이슬람 종교 지도자인 자이디가 권력을 잡았고, 이후 1970년 내전이 종식되었다. 남예멘의 경우, 영국은 아덴을 식민지로 삼다가 1966년 모든 지역 호족들을 설득하여 남아라비아 연방을 설립했다. 그럼에도 불구하고 역내 분쟁이 지속되면서 연방은 붕괴했고, 1967년 영국은 아덴을 포기하면서 권력을 민족해방전선에 넘겨주었다. 2년 후 마르크스주의 정부가 정권을 이어받았고, 1972년 남예멘은 북예멘과 전쟁에 돌입했다.

북예멘에서는 살레가 1978년 정권을 잡은 이후 1980년대 내

내 안정적인 국정을 운영했다. 남예멘의 경우 소련 붕괴 이후 지원을 받지 못하게 되면서 1990년 북예멘과의 통일에 동의했다. 걸프 전쟁 당시 예멘은 유일한 유엔 안보리 회원국이었으며, 대이라크 제재 결의안에 기권하면서 암묵적으로 이라크를 지원했다. 그 결과 100만 명에 달하는 예멘 해외 노동자가 사우디아라비아에서 추방되면서 예멘 경제는 혼란에 빠졌다.

1992년에는 대규모 석유 탐사가 이루어졌고, 최초로 총선이 실시되기도 했다. 하지만 북예멘과 남예멘 간의 적대감이 지속되면서 1994년 내전이 다시 시작되었다. 이후 평화가 찾아오자, 이제는 사우디아라비아와의 국경 분쟁이 다시금 찾아왔다. 1995년에는 에리트레아군이 하니쉬섬을 점령했다. 에리트레아는 1923년 이후 한 번도 이 섬에 대한 영유권을 주장한 적이 없었다. 이후 양국은 1996년 예멘에 유리한 중재 결과를 수용했다.

예멘의 국토 면적은 53만 2,000km^{2}로, 중동 전체 면적의 4.5%를 차지한다. 이는 오만 영토의 2배 규모며, 중동 국가들 중 일곱 번째로 크다. 국토는 가느다란 해안 평원과 산맥 고원으로 이어지며, 내륙은 사막으로 구성되어 있다. 인구는 대략 1,390만 명으로, 중동 전체 인구의 4.2%를 차지한다. 일부 자료는 1,660만 명으로 추산하기도 한다. 이러한 인구수는 아라비아반도 내 오만이나 걸프 왕정들과는 차원이 다른 숫자며, 거의 사우디아라비아에 필적하는 수준이다. 하지만 문해율은 38%에 불과하며, 8% 차이로 중동에서 가장 낮은 수치다.

아덴은 예멘의 경제·상업적 중심지이며, 아덴항을 미 해군 기지이자 상업항으로도 활용할 수 있게끔 개발하는 구상이 진행 중이다. 예멘의 주요 수익은 석유 수출과 해외 송금으로부터 나오며, 해외 송금은 걸프 전쟁 이후 재앙적인 수준으로 줄어들었다.

농업 산업은 스스로 유지될 수 없는 지경이고, 카트qat 생산으로 대체되는 추세다. 예멘의 GDP는 90억 달러로, 중동 전체 GDP의 1.3%에 불과하다. 이는 수단과 동일한 규모며, 카타르보다 약간 적은 수준이다. 대외 부채는 80억 달러로, GDP보다 약간 적다.

예멘군의 규모는 4만 2,000명으로 다소 적으며, 육군이 다수를 차지한다. 삼군 모두 서구 및 동구권 무기로 무장되어 있고, 대부분 구식이다. 예멘의 국방비 예산은 3억 5,000만 달러로, 중동 전체 국방비의 0.7% 수준이며, 카타르 및 키프로스와 비슷한 규모다.

북예멘과 남예멘은 여러 정치·경제적 우여곡절 가운데 다양한 국가의 지원을 각각 받아왔다. 북예멘의 경우 이집트 및 사우디아라비아의 후원을 받았고, 남예멘은 주로 러시아의 지원을 받았다. 하지만 예멘은 걸프 전쟁 이후 대외적 지원 대부분이 끊겼다. 최근까지 가장 영향력 있는 인물은 살레 정도며, 살레는 여러 문제를 일으키긴 했지만 확실하게 예멘에 안정을 가져온 인물이다.

유구한 역사와 지정학적인 위치를 토대로, 예멘은 중동에서 중요한 행위자가 될 잠재력이 많은 국가다. 하지만 관리 실패와 내전은 정치·경제적인 혼란을 가져왔고, 통합한 지 얼마 되지 않은 국가는 이제 겨우 회복 중이다. 최근 예멘이 직면한 주요 지정학적 쟁점은 내부적인 분쟁과 테러리즘이다. 잠재적으로 가장 중요한 쟁점은 아덴만과 바브엘만데브 해협의 통제권으로, 예멘은 전략적으로 우월한 위치와 소코트라섬 영유를 통해 이를 충분히 관리할 수 있다. 그럼에도 불구하고, 예멘은 여전히 사우디아라비아와 해양 및 내륙 경계선 획정을 마무리지어야 한다. 예멘-사우디아라비아 국경 분쟁은 아마도 의심의 여지없이 세상에서 가장 복잡한 문제일 것이다.

11장

지정학

서론

중동 지역 내 지리와 정치 간의 관계는 각 국가마다 상이하다. 개별 국가의 위치, 그리고 그 정도는 덜하지만, 정치 체제 역시 각각 다르기 때문이다. 또한 이러한 각 국가별 차이, 그리고 이로 인한 갈등 가능성에 더해, 한 국가뿐만 아니라 초국경적으로 영향을 줄 수 있는 여러 이슈들이 존재한다. 이러한 초국가적 이슈는 안보, 정치, 경제, 사회적 문제를 모두 포함한다. 특히 이러한 문제들은 각각 그 중요도에 차이를 보이며, 일부는 초국경적 성향을 띄고, 일부는 잠재적으로 초국경적 속성을 내포하고 있다.

가장 심각한 문제는 대량파괴무기(WMD)의 확산이며, 그 뒤를 마약 밀매, 재래식 무기 밀매, 그리고 테러리즘이 잇는다. 이 모든 문제는 국제적인 수준의 문제며, 모두 국제 체제의 안정성에 위협을 가한다. 또한, 대규모 난민의 이동 역시 중동에서 중요한 사회적 문제 중 하나다. 식량 안보 문제 역시 GCC(걸프협력회의) 국가들을 포함한 여러 중동 국가들의 우려 사항이며, 초국경적인 성격이 수반되어 있다. 석유와 수자원 역시 중요한 초국경적 이슈로, 모두 자원 지정학의 핵심 요소들이다. 범아랍주의와 이슬람 원리주의 또한 국가 간 관계에 문제를 일으키는 요소인데, 실제로 국제적 수준에서 영향을 끼치는 것은 후자뿐이다. 국경과 관련한 분쟁은 대략 중동 전체 분쟁의 70%를 차지한다. 국경 문제는 분쟁의 씨앗이 되기도 하고, 역으로 심각한 이견의 결과로 발생한 것이기도 하다. 이러한 이슈들 중 일부는 다른 이슈들에 비해 더 큰 영향력을 가질 수 있다. 하지만 분쟁을 야기할 수 있는 잠재력은 모두가 지니고 있다.

이러한 모든 초국경적 쟁점 속에는 전 세계 경제를 하나로 묶으려는 세계화의 물결이 스며들어 있다. 동부 유럽, 러시아 연방, 그리고 중국이 국제 시장에 편입되고 난 이후부터, 세계 경제 체제에서 전적으로 고립된 국가는 사실상 존재하지 않는다. 특히 정보통신의 발달로 전 세계는 경제적으로 서로 상호의존적이 되었다. 이는 약 1세기 전 지구 전체에 대한 탐사가 마무리되었던 수준의 역사적 변화다. 그러한 배경 속에 1904년 매킨더Mackinder가 지정학geopolitics의 선구자로 등장했다.

세계화 시대의 도래로 이제는 전 세계 국가들 간의 관계를 확인하는 것이 가능해졌다. 또한 어떤 국가도 세계 경제의 흐름으로부터 완전히 벗어날 수 없게 되었다. 이제 어느 한 지역의 변화는 전체 시스템에 반향을 일으킬 수 있게 되었다. 더욱이 정보통신 기술이 발전됨에 따라 특정 국가의 변화를 전 세계에서 거의 동시에 알 수 있는 시대가 되었다.

일부 경제학자들은 세계화가 모든 국가에 유익을 가져올 것이라고 믿고 있다. 하지만 유익을 가져올 동일한 동력이 역으로 세계 경제 위기를 가져올 수도 있고, 심지어 경제의 붕괴를 야기할 가능성도 있다. 또한 경제적인 혼돈이 국경을 넘나들 수 있고, 대단히 파괴적이고 제한되지 않은 초국경적 자본 이동을 야기할 수도 있다. 자본 이동성의 증가는 경제 위기 '가능성'이 자기 충족적 예언에 의해 '현실화'하게 만들 수도 있다.

시장경제는 각 개인의 경제적 판단 총합에 의해 움직인다. 하지만 합리적으로 보이는 각 개인의 판단이 합쳐졌을 때, 그 집단적 판단이 종종 비합리적인 결과를 가져올 때도 있다. 이론적으로 보았을 때, 개별 정부는 이러한 문제를 해결할 수 있는 능력을 보유하고 있지만, 이러한 문제들이 세계 경제 수준에서 나타났을 때, 이는 개별 국가의 범주를 넘어선 문제가 된다. 결국, 분명하고도 역설적인 사실은 자본주의가 생존하기 위해서는 자유 시장을 관리할 정부의 개입이 반드시 있어야 한다는 점이다.

중동 지역에서는 그다지 활발하지 않았지만, 국제통화기금(IMF)의 역할은 자원 및 신뢰의 부족으로 인해 국제적인 수준에서 상당히 제한적이다.

> 보수적인 정치 성향을 가진 사람들은 IMF의 긴급 구제가 시장의 기능을 왜곡하고 수여국 경제에 비효율성을 야기한다고 비판한다. 반면, 진보적인 성향을 가진 사람들은 IMF의 개입이 수여국보다는 세계 경제의 이익에 초점 맞춰 있으며, IMF는 미국과 같은 경제 대국의 수하에 불과하다고 불평한다(Anderson et al. 1999).

국민총생산(GNP)이 높은 중동 국가들은 석유에 대한 의존도가 매우 높거나, 아니면 사실상 석유 수익을 통해 창조된 국가다. 그런데 유가의 변동은 이들 국가들이 경제적 현실을 깨닫게 해주었다. 유가 변동이 주요 산유국들에까지 재정 적자와 자금 유동성 문제를 가져왔기 때문이다. 그럼에도 불구하고 이러한 산유국들의 경제는 중동 지역 내에서 상대적으로 탄탄한 수준이다. 중동 국가들의 경제 취약성이 증가하고 있다는 사실은 중동 국가들이 초국가적 경제 변화에 특별히 더 민감하다는 것을 의미한다.

국제 경계선

전 영국 외무장관이었던 커즌 경Lord Curzon은 1907년 로마네스 강좌*에서 다음과 같이 말했다. "국경선은 근대의 전쟁과 평화 문제에 달린 면도날과 같다." 약 100년 후 두 차례의 세계대전과 장기간의 냉전을 거치면서, 국경선은 국제관계에 있어 여전히 중요한 문젯거리다. 하지만 그동안 주안점이 변했다는 것을 식별할 수 있다. 20세기 초반에는 국경 문제가 다소 다윈의 진화론 입장에서 인식되었다. 강하고 큰 국가들이 작은 이웃 국가들을 희생하면서, 주권, 정통성, 그리고 궁극적으로는 생존의 맥락에서 내부적으로 승인한 국경을 형성하는 데 초점이 맞춰졌었다. 하지만 20세기 후반 국제연합 또는 국제사법재판소(ICJ) 등과 같은 기구를 통해 국제 규범이 형성되자, 약한 국가가 강한 국가에 의해 강제로 병합되는 위험이 낮아졌다. 비록 원활한 석유 공급을 보장하기 위한 목적이 있었기는 하지만, 1991년 걸프 전쟁 당시에도 국제연합군은 소규모 국가의 존립을 보호한 전례를 남겼다.

하지만 영토 보전은 명확하게 규정된 경계선을 가지고 있는지 여부에 전적으로 달려 있다. 그렇기 때문에 경계선과 안보는 긴밀히 연결되어 있다. 사실 영토성이라는 개념 속에는 '경계라는

---

* 옥스퍼드에서 매년 열리는 권위 있는 세미나 형식의 무료 강좌다.

것이 존재한다'는 사실이 이미 상정되어 있다. 세계 시장의 형성을 통해 일면 국경이 이제는 무의미해지고 있지만, 다른 면에서 보면 하나의 독립체로서 국가의 기능은 여전히 경계선 내에 담겨 있다. 국가의 지위와 관련한 자원 기반, 국내법, 안보, 도해법 같은 요소들도 모두 국가 경계선 안에서 의미를 가진다. 만약 국민 주권의 보장을 위해서는 영토가 필수적이라는 점에 의문을 가진 사람이 있다면, 팔레스타인의 사례를 통해 그 의혹을 떨쳐버릴 수 있을 것이다. 팔레스타인은 최소한도로 가자 지구와 예리코 주변 지역을 국가의 기반으로 받으면서 자신의 영토를 확보하는 것이 얼마나 중요한지 보여주었다.

국제적인 수준에서, 지금까지 국가의 분열과 결합 과정이 병행하여 나타났다. 서유럽 국가들은 지속적으로 통합되어간 반면, 러시아 및 유고슬라비아 연방은 각 구성체별로 쪼개졌다. 중동에서는 이러한 현상이 덜했지만, 팔레스타인·이스라엘이 분열되었고, 예멘은 결합된 바 있다.

냉전 종식 이후에는 국경선이 주요 분쟁의 대상으로 주목받았다. 최소한 전 세계 육상 경계선의 1/4이 불안정해졌고, 해양 경계선의 2/3가 여전히 해결되지 않고 있다. 예를 들어 중동의 경우, 아라비아반도의 국경선 대다수가 여전히 확정되지 않았고, 홍해 같은 경우 해양 경계선이 전혀 합의되지 않았다. 하니쉬섬과 그 주변 군도를 둘러싼 에리트레아와 예멘 간의 영유권 분쟁은 1998년 예멘에 유리하게끔 조정되었지만, 여전히 확정되었다고는 볼 수 없다.

'경계선'이라는 용어는 '한계'라는 의미를 내포하기 때문에 국가들의 관할권을 구분하는 선으로서 가장 적절한 용어다. '국경'이나 '접경'이라는 용어는 일정한 폭이라는 의미까지 내포하고 있다. 접경의 경우 대개 영역 내지는 구역이라는 의미가 들어 있으며, 최근 학술적인 연구의 대상이 되고 있다. 실제로 접경에 사는 국민들은 종종 자국민들보다는 국경 너머의 사람들과 더 유사한 생활양식을 가지고 있다.

이러한 논의는 주로 마르티네즈Martinez(1994)에 의해 전개되었고, 그는 접경지대에서의 상호작용을 크게 네 가지 형태로 분류했다. '생경한 접경alienated borderlands'에서는 경계가 굳게 닫혀 있고, 국경을 넘는 상호작용이 미미한 수준이다. 이러한 경우, 접경 양편에 사는 국민들은 상호작용이 부족하기 때문에 유사한 부분이 상대적으로 적다. 하지만 아주 제한적으로라도 초국경 활동이 생성된다면, 아주 좁지만 식별 가능한 '공존하는 상호작용의 접경지대'가 형성된다. 이후 상호작용이 확대되어감에 따라 처음에는 '상호의존적인 접경지대'가 생성되고, 이후 경계를 넘나드는 이동이 제한받지 않게 된다면 접경지대가 더욱 확대되어 결국 두 국가의 접경지대가 '통합'된다. 중동 지역에서는 제2차 세계대전 이후 각각의 시기에 위 네 가지 형태의 접경지대가 서로 다른 이유로 생성되었다. 대부분의 시기에 이스라엘과 그 주변국들 간의 경계는 생경한 접경이거나 공존하는 접경지대 형태를 띠었다. 특히 이스라엘과 레바논의 국경은 상호의존적인 접경이거나 사실상 통합된 국경지대라고 볼 수 있다.

경계선을 '자연적'인 것과 '인위적'인 것으로 구분한 커즌 경의 정의에 따르면, 경계선은 아래와 같이 4가지 형태로 나눌 수 있다.

1. 지형학적 경계선
2. 기하학적 경계선

3. 의인화된 경계선

4. 복합적인 경계선

지형학적 경계선은 앞에서 언급한 '자연적'인 경계선으로, 강, 분수령,* 해안선, 사막, 습지, 숲 등 다양한 지형이 이에 해당된다. 과거에는 섬을 보유하고 있지 않는 한 해안선이 대부분 국가의 당연한 경계선이 되었었다. 하지만 3마일 영해선이나 이후 더 광범위한 영해선 책정 등과 같은 해양 영유권 주장이 전개되면서, 바다는 더 이상 국가의 경계선이 될 수 없었다. 반면, 일직선 형태를 가진 강들은 지도에서 가장 이상적인 경계선 역할을 해왔다. 하지만 강은 사람들이 거주하는 기본적인 지형 단위인 유역 분지를 갈라놓기도 한다. 사막은 이동을 제한하는 장벽의 기능을 제공하지만, 대부분 명확한 경계선이 되지 못한다. 그래서 중동에서 가장 명확하게 드러나는 지형학적 경계선은 와디와 분수령일 것이다.

기하학적 경계선은 일반적으로 위도와 경도를 통해 '만들어진' 선이다. 쿠웨이트의 사례가 가장 대표적일 것이다. 중동 지역에서는 적절한 지형적 특성이 드러나지 않을 경우 기하학적 경계선을 사용했다. 하지만 만약 지형적인 요소가 존재한다면, 그러한 지형학적 경계선이 보다 선호된다.

부족이나 여타 전통적인 영토 분류를 사용하는 것을 의인화된 경계선이라 지칭하며, 중동에서는 이러한 경우가 흔하다. 예를 들어, 타이프 협정에 의해 획정된 사우디아라비아와 예멘의

---

* 우리가 흔히 관용적으로 사용하는 분수령이라는 용어는 실제로 강물이 갈라져 경계가 되는 분수계(分水界)를 의미한다. 즉, 저자는 강물이 갈라지는 지류 등과 같은 수로를 지칭하고 있다고 보면 된다.

동부 국경은 부족 거주지를 바탕으로 구분되었다. 복합적인 경계선의 경우 위 세 가지를 종합한 경계선이다. 쿠웨이트의 서부 국경은 바틴 와디를 통해 구분되는데, 이는 부족 간 영토의 경계이자 지형적 경계를 혼합한 형태인 복합적 경계선의 좋은 예다.

경계선은 그 경계를 획정한 시점이 그 지역에 정착하고 개발하기 전에 이루어졌는지의 여부에 따라 분류되기도 한다. 중동지역의 경우 경계선이 종종 제국주의 세력들에 의해 획정되었고, 그 지역의 개발 역시 외부 강대국들에 의해 이루어졌다. 더욱이, 대다수의 경계선은 땅 아래에 깔린 석유나 천연가스, 수자원 등에 대한 이해 없이 단순히 기하학적으로 그어졌다. 이라크와 쿠웨이트의 경계선과 같이, 이러한 방식의 경계선 획정은 여러 사례에서 자원 분쟁을 야기했다.

지형은 종종 기존 또는 잔존하는 경계선의 흔적을 담고 있다. 예를 들어, 북예멘과 남예멘 사이의 기존 국경선은 현재 예멘공화국 내 여러 지형 속에 잔재처럼 남아 있다.

국제법상 국가는 영토에 대한 배타적인 주권적 관할권을 보유하고 있기 때문에, 국가의 통제권은 사실상 영토에 대한 통제를 의미한다. 하지만 이슬람 헌법에서는 이슬람 세계와 관련하여 색다른 국가의 형태를 규정하고 있다. 정부의 최우선적인 목적은 국가가 아닌 신앙을 수호하고 지키는 것이기 때문에, 이슬람 국가의 토대는 영토적이나 정치적, 민족적이기보다는 다소 종교 이념적이다. 더욱이, 이슬람 헌법은 이슬람 세계 전체가 이슬람법인 샤리아를 통해 통치되는 하나의 단일한 단위인 움마Umma(이슬람 공동체)로 통합되는 것을 구상하고 있다. 이와 같이, 이슬람 국가는 영토보다는 공동체에 더 관심이 많기 때문에, 점령하지 않은 땅에 대한 주권은 고려 대상이 아니었다. 그렇기 때문에 여러 중동 국가가 서구 정치 모델을 수용하고 이슬람 사회의 토대로 삼았음에도, 경계선에 대해서는 상대적으로 고려가 적었을 수밖에 없었다. 블레이크Blake(1992)에 따르면, 중동에서는 경계선이 국제적인 분쟁의 대상이 되는 경우가 일반적으로 드물며, 육상 경계와 관련한 정식 조약이 이미 80% 이상 체결되었다고 한다. 어떻게 보면, 경계선이나 국경 분쟁은 중동 국가들에게 생경한 주제일 수도 있는 셈이다.

중동 지역은 지난 몇 천 년 동안, 전반적으로 이질적인 제국과 국가들이 각기의 정치적인 영향력을 행사하며 흥망성쇠를 이루는 모습을 보여왔다. 특히 현재 발생하는 문제들의 맥락에서, 중동에 가장 큰 영향력을 행사한 세력은 제1차 세계대전 이전에는 오스만 제국, 그리고 그 이후에는 프랑스 및 영국이었다. 1916년 사이크스-피코 협정 및 이후 이어진 협정을 토대로 프랑스와 영국은 정치 지도를 다시 그렸다. 이들은 새로운 경계선을 그었고, 새로운 국가들이 형성되면서 기존의 사회·경제적인 토대가 잘려 나가게 되었다(그림 6.4). 그렇기 때문에 이러한 경계선의 정통성과 그 경계선에 '동봉된' 국가의 성격에 대한 의문들이 제기되기 시작했다. 이러한 구분은 사실상 강대국들의 편의에 의해 만들어진 것이며, 강대국과 연합한 토착 세력들의 통치 체제를 만들어주고 지지하기 위해 이러한 경계가 계속해서 유지되었다. 조페Joffé(1994)는 아래와 같은 예시를 제공했다.

걸프 지역 아랍 국가들의 근대적인 주권 정치 체제는 사실상 석유 이권과 상업적 통제력이라는 원동력을 통해 형성된 영국의 제국주의 정책을 대변하는 것이었다.

제2차 세계대전 이후 제국주의 국가들의 영향력이 감소함에 따라, 우수한 지정학적 위치와 풍부한 자원을 가진 중동 지역은 두 초강대국을 중심으로 양극으로 갈렸다. 이라크와 이집트는 사실상 서구 세력 쪽으로 전향했고, 시리아와 남예멘은 소련의 동맹이 되었다. 영국이 1970년대에 걸프 지역에서 철수하면서, 미국은 이란과 사우디아라비아 두 국가를 전폭적으로 지원하는 양대 기둥 전략을 취했다. 하지만 1979년 이란 혁명이 발발하면서 이러한 전략은 폐기되었고, 이후부터 미국은 더욱 실용적인 전략을 취하게 되었다.

냉전이 종식된 이후부터, 국제정치 지형은 다소 '부드러워'졌고, 그러한 반향이 오늘날 중동 지역에서도 느껴진다. 1991년 북예멘과 남예멘이 통일했고, 팔레스타인은 1995년에 이르러 드디어 하나의 개별 독립체가 될 수 있었다. 반면, 레바논의 미래에 관해서는 여전히 의문이 남아 있다.

법적인 관점에서, 점유물 유보의 원칙은 상당히 흥미 있는 안건이다. 이러한 원칙은 1964년 아프리카통일기구(OAU)가 아프리카 구 식민지의 국경에 적용하기 위해 '카이로 선언'을 통해 정립한 개념이다.* 중동의 아시아권 지역에도 식민주의 시대의 경계선이 남아 있다. 하지만 이를 수용할지의 여부는 협상에서 중재까지 이르는 여러 외교적·법적 절차들에 달려 있다.

중동은 전 세계에서 가장 건조한 지역이기 때문에, 중동 국가들의 경계선과 관련한 문제들은 세계 다른 지역의 분쟁들과는 다른 몇 가지 사항을 가지고 있다. 중동 대다수 국가들의 경우, 인

---

* 아프리카 국가 지도자들은 식민지 세력이 남긴 어떠한 형태의 경계도 그대로 유지하고 싶지 않다고 주장했다. 유럽 식민주의 세력들은 인종이나 부족에 대한 고려 없이 자신들의 이익에 의해 불합리하게 경계선을 획정했기 때문이다.

구의 분포가 심각하게 불균형하다. 대다수의 인구는 해안선 또는 내륙의 경우 수자원 근처에만 살고 있기 때문이다. 그 결과 대다수 국가들의 대규모 영토는 비어 있거나, 아니면 유목민들만 일시적으로 거주하고 있다. 그렇기 때문에, 대부분의 시간 동안 경계선은 그 사람들의 삶과 큰 관계가 없는 요소였다. 그 결과, 경계선을 관리하거나 통제함에 있어 문제가 발생했다.

중동과 관련한 또 다른 전형적인 특징은 바로 지하자원이 핵심적인 요소라는 점이다. 대다수 중동 국가의 수자원은 대수층과 연관되어 있고, 일부의 경우 심해 대수층을 관리해야 한다. 또한 중동 지역의 핵심 자원은 석유와 천연가스인데, 둘 다 지하 유전에서 발견된다. 즉, 세 자원 모두 그 원천의 위치가 명확하게 구분되기 어려우며, 정치적인 경계선들은 대개 지하자원의 존재가 알려지기 전에 이미 획정된 것들이다. 그렇기 때문에 국가의 경계와 지하자원의 분포 지역 간에는 영구적으로 괴리가 존재한다. 이러한 괴리가 분쟁으로 이어진 대표적인 사례들로 부라이미 오아시스의 수자원 분쟁, 이라크-쿠웨이트 국경선 인근의 루메일라 유전 분쟁 등이 있다.

국제적인 경계선이 형성되는 과정은 총 네 단계로 이루어진다.

1. 경계의 배분allocation: 경계선의 필요성과 기본적인 경로에 대해 협의
2. 경계 범위delimitation의 책정: 경계가 되는 선을 합의하고 지도에 기록
3. 경계선 획정demarcation: 경계선을 식별할 수 있게 경계 표지를 배치
4. 경계선의 관리management: 경계선의 형태와 기능을 유지

하지만 각 단계별로 각각의 문제가 나타난다. 중동 지역에서 육상 경계선을 결정할 때 가장 문제 되는 것은 우선 적절한 지도 확보가 제한적이고, 지형학적으로나 의인화적으로 활용할 만한 '선형linear features'이 일반적으로 부족하다는 점이다.

이러한 한계 속에서 경계선을 설정하기 위해서는 여러 변수를 적용해보아야 한다. 역사적으로 보았을 때 이러한 경우에는 주권, 국민적 충성심, 거주민 여부 등이 고려되었다. 하지만 모든 경계선은 결국 오늘날의 상황에 적합해야 하기 때문에 현재의 인류학, 인문지리를 포함한 지리학, 지질학, 안보적 쟁점 등이 모두 고려되어야 한다. 또한 가능하다면 경계선은 여러 다른 지역적, 정치적, 경제적, 사회적 객체들을 가로지르기보다는 분리시키는 것이어야 한다. 석유나 광물의 양보 역시 고려해야 하며, 만약 지형학적 요소들이 있을 경우, 이는 상당히 안정적인 경계선 역할을 해준다.

현대적인 경계 범위 책정은 주로 항공사진이나 위성 이미지를 활용하여 이루어진다. 그럼에도 가장 정확하고 정밀하며 공평한 획정을 위해서는 현지 조사가 여전히 필요하다. 만약 확실한 지형학적인 요소가 없는 상황에서 협의가 이루어졌다면, 경계선을 획정하는 것이 필수적이다. 1934년 사우디아라비아와 예멘의 경계선을 획정한 타이프 협정은 돌무더기나 나무 둥치 등과 같이 쉽게 소멸되는 표지를 통해 국경을 획정했었다. 쿠웨이트-이라크 경계선의 예시에서 볼 수 있듯이, 오늘날에는 철근 콘크리트 기둥 위에 반사경을 설치한 건축물을 경계표지로 활용한다. 항공사진이나 위성 이미지를 통해 경계선을 쉽게 식별할 수 있기 때문이다.

해양 경계선의 경우에도 여러 난제가 존재한다. 중동 지역이 직면하고 있는 가장 큰 문제는 대부분의 바다가 내해 내지는 반-내해 형태라는 점이며, 200해리의 배타적 경제수역(EEZ)을 전부 누리는 국가는 극소수다. 그래서 중동 지역에서의 해양 경계선 획정은 대개 각자의 해안선을 기준으로 삼아 협의해왔다. 더욱이 1994년 11월 60번째 국가의 비준이 이루어진 이후 발효된 유엔해양법협약(UNCLOS) 역시 경계선 규정과 관련하여 일반적인 지침만 제공하고 있다. 예를 들어, UNCLOS는 자원에 대한 영유권 주장이 중첩될 경우 평등의 원칙을 권고하고 있지만, 소위 '평등'한 것이 어떤 것인지에 대해서는 정의가 없다. 중동 지역의 경우, 전략적인 섬들이 많고, 해양 석유·천연가스 유전 또한 많기 때문에 더 복잡하다.

오늘날 중동 지역에는 아직까지 해결되지 않은 여러 육상 경계 분쟁이 존재한다(그림 11.1). 가장 큰 문제는 이스라엘과 관련한 경계선 분쟁으로, 대상은 레바논, 시리아, 요르단, 그리고 단연 팔레스타인이다. 다만, 이스라엘은 요르단과 어느 정도 경계선 문제를 해결했고, 여전히 이스라엘이 레바논 및 시리아의 영토를 실제로 점령하고 있지만, 이는 사실 이후에도 조정이 될 가능성은 작다. 하지만 가장 최종적인 형태의 경계선은 1991년 마드리드 회담부터 시작된 팔레스타인과의 협의 결과에 달려 있다.

800km에 달하는 사우디아라비아와 예멘의 육상 경계선은, 1934년 타이프 협정에 따라 획정된 서부 지역을 제외하면, 아직 협의 중이다. 하지만 낙관적으로 보았을 때 양국은 현재 경계를 배분하는 단계에 돌입했다. 양국 간의 잠재적인 경계선은 예멘이 주장하는 선과 대개 일치하며, 또한 대다수의 지도에 그렇게 표시되어 있다. 하지만 이 지역은 여전히 전 세계 육상 경계선 논의 내에서 가장 큰 격차를 보이는 곳이다.

그림 11.1 중동 지역의 국경선 분쟁

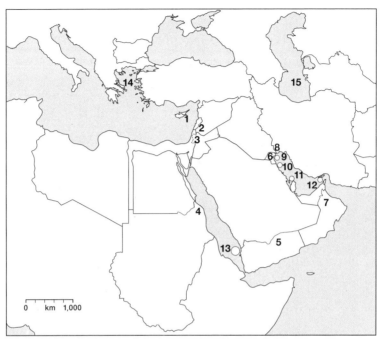

1. 키프로스: 튀르키예 vs 그리스
2. 골란 고원: 이스라엘 vs 시리아
3. 서안 지구: 이스라엘 vs 팔레스타인
4. 이집트 vs 수단
5. 사우디아라비아 vs 예멘(국경 분쟁)
6. 이라크 vs 쿠웨이트
7. 사우디아라비아 vs 아랍에미리트
8. 샤트알아랍 수로: 이라크 vs 이란
9. 도서 분쟁: 이라크 vs 쿠웨이트
10. 도서 분쟁: 사우디아라비아 vs 쿠웨이트
11. 도서 분쟁: 바레인 vs 카타르
12. 도서 분쟁: 이란 vs 아랍에미리트
13. 도서 분쟁: 사우디아라비아 vs 예멘(해양 분쟁)
14. 튀르키예 vs 그리스
15. 카스피해

이집트와 수단 간의 경계선 관련 이견은 나일강 유역 내 수자원 사용에 영향을 줄 수 있다는 측면에서 중장기적으로 어려운 문제로 간주되는데, 잠재적으로는 분쟁으로 이어질 가능성이 높다. 영국-이집트 협정(1899)에 따라 기하학적인 경계선인 북위 22도 선을 경계선으로 획정했지만, 그해 말, 할파라는 소규모 와디 지역이 수단에게 이양되었다. 이후 역내 유목 부족들의 관리를 본격화하기 위해 1902년 이 지역과 홍해 해안의 중간 지점에 새로운 일직선의 경계선이 추가되었다. 하지만 이집트는 이 조정을 통해 야기된 영토의 상실을 수용하지 않고 있다. 더욱이 육상 경계선의 종착점인 홍해 해안선은 이후에 전개될 양국 간의 해양 경계선 협의에서도 분명히 매우 큰 영향을 끼칠 것이다.

가장 큰 갈등이 지속될 경계선은 아마도 1991년 걸프 전쟁 이후 협의되어 획정된 이라크와 쿠웨이트 간의 경계선일 것이다. 1991년 4월 통과된 유엔 안보리 결의안 687호에 포함되어 있던 경계선의 획정과 관련한 사항은 1992년 초 이행되었다. 하지만 이 경계선을 평가해봤을 때 여전히 잠재적인 갈등 요소가 남아 있음이 식별된다. 루메일라 유전지대 중 2km 정도가 여전히 쿠웨이트 영토로 귀속되어 있기 때문이다. 양 국가의 경계선은 물리적이자 인종적 배경에 기반을 둔 경계인 알바틴 와디 계곡을 경계로 삼아 시작되어, 사프완 남쪽을 기준으로 삼은 기하학적 경계로 이어지며, 이후 코르 주바이르까지 일직선으로 연결된다. 해양 경계선은 코르 주바이르의 봄철 간조 시점의 해안선을 시작으로, 와르바섬과 이라크 본토의 중간선을 따라 코르 압둘라까지 이어진다. 이와 같이 이라크는 중간선을 따랐던 기준의 경계선과 달리 새로운 경계선을 통해 움카스르 항구에 대한 접근성을 더 높일 수 있게 되었다(그림 11.2). 하지만 루메일라 유전지대에 대한 갈등은 역시나 사라지지 않았다. 실제로 1999년 초, 이라크는 다시금 경계선의 북부 지역 전체에 대한 논쟁을 시작했다. 그 외에 중요한 중동 지역 내 경계선 분쟁은 일레미 삼각지대라고 불리는 수단과 케냐 간의 영토 경계 분쟁이다.

중동 지역의 육상 경계 분쟁 중 두 건은 세간의 이목을 끌며 국제법적 중재를 거쳐 해결된 바 있다. 아우조우 지역을 둘러싼 리비아와 차드 간의 분쟁에서는 국제사법재판소가 점유물 유보

그림 11.2 이라크-쿠웨이트 접경: 움카스르

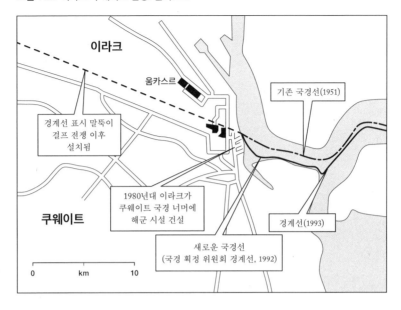

이라크

움카스르

기존 국경선(1951)

경계선 표시 말뚝이
걸프 전쟁 이후
설치됨

쿠웨이트

1980년대 이라크가
쿠웨이트 국경 너머에
해군 시설 건설

경계선(1993)

새로운 국경선
(국경 획정 위원회 경계선, 1992)

0   km   10

의 원칙uti possidetis을 준용하여 차드의 손을 들어주었다. 아카바만을 둘러싼 이스라엘과 이집트 간의 경계선 분쟁 역시 국제법적인 중재를 거쳤다. 타바 판례Taba Case라고 불리는 이 사건은 이집트가 역사적인 연원을 제시함에 따라 이집트에게 유리하게 판결 내려졌다.

중동 및 그 주변의 해양 분쟁은 대개 카스피해, 지중해, 홍해, 그리고 페르시아만(아라비아만)을 중심으로 이루어졌다. 카스피해에서는 경계 범위delimitation의 책정이 석유 채굴에 큰 영향을 끼칠 것으로 보이며, 이란과 그 이웃 국가들 간의 경계선이 아직 해결되지 않고 있다. 지중해 해역의 경우, 아직 일부 경계가 확정되지 않았는데, 그중 가장 까다로운 부분은 그리스와 튀르키예 간의 에게해 분쟁이다. 만약 영유권 주장에 있어 주권이 유일한 기준이라면, 그리스는 에게해 전체에 대한 영유권을 주장할 수 있다. 하지만 공평한 해역 사용이라는 점을 고려한다면, 협의에 나서기 전에 주권의 문제는 내려놓고 와야 한다. 좋은 전례가 바로 포클랜드 섬·말비나스 제도를 둘러싼 영국과 아르헨티나의 협의 과정이다.

해양 경계선 합의는 상대적으로 페르시아만(아라비아만)에서 더 원활하게 이루어졌지만, 바레인과 카타르 간의 분쟁은 상당히 까다로웠다. 표면상의 문제는 하와르섬의 영유권 분쟁인데, 사실 분쟁의 초점은 해저에 깔린 천연자원이었다. 홍해의 경우 지금까지 해양 경계 범위 책정이 없었다. 하니쉬섬의 영유권을 둘러싼 분쟁은 1998년 예멘에게 유리하게 중재된 이후 경계 범위 책정이 필요한 상황이다. 그 외의 사례로, 사우디아라비아와 수단 간에는 공동 자원 관리 구역이 존재한다.

현재 중동 지역에는 육상 경계선 분쟁 사례가 많지 않지만, 아직 남아 있는 분쟁들의 경우 전 세계에서 가장 고질적인 문제들이다. 더욱이, 경계선의 위치와 직접적으로 관련된 분쟁이 실제로 최근에도 발생했다. 가장 대표적인 사례가 1991년 걸프 전쟁으로, 전후 유엔의 중재를 통해 쿠웨이트와 이라크의 경계가 획정되었다. 1980~1988년 이란-이라크 전쟁의 가장 핵심적인 개전 사유도 샤트알아랍 수로를 둘러싼 경계선 문제였다. 리비아와 차드 간의 경계선 문제 역시 짧은 분쟁 후 중재를 거쳐 1987년 차드에게 유리하게 해결되었다.

접속 수역의 경계 범위 책정 역시, 홍해를 제외하면, 뒤처지지 않는 이슈다. 실제로, 국제사법재판소는 리비아와 튀니지, 그리고 리비아와 몰타 간의 사례를 통해 전례를 남기고 있다.

대량파괴무기(WMD)

핵, 화학, 생물학 무기는 모두 대량파괴무기로 분류되며, 중동 지역에는 세 가지 무기가 모두 대량으로 비축되어 있다. 화학무기와 생물학무기는 국제법에 의해 금지되어 있고, 핵무기의 경우 1968년 비준된 핵확산금지조약(NPT)의 규제를 받는다. 그렇기 때문에 대량파괴무기의 개발과 입수는 극비리에 이루어지며, 이러한 이유로 이에 관한 정확한 데이터를 확보하는 것은 거의 불가능하다. 다만, 핵무기의 경우 최첨단 기술과 희소한 핵물질, 정교한 부품 등이 요구되기 때문에 개발을 어느 정도 감시할 수 있다. 오히려 화학무기나 생물학무기는 재료가 상대적으로 소량이고 쉽게 구할 수 있는 물질이기 때문에 식별이 어렵다. 더욱이, 핵무기의 경우 미사일 추진 체계 역시 매우 정교한 수준의 기술이 요구되기 때문에, 핵무기 보유국이라는 지위를 얻기 위해서는 핵무기뿐만 아니라 발사 능력까지 필요하다.

중동 지역에서는 핵무기와 화학무기가 모두 사용된 바 있다. 1991년 걸프 전쟁 당시 미국이 주도한 연합군 세력들은 열화 우라늄을 사용했고, 이에 따라 이라크의 암 발병률은 재앙적인 수준으로 높아졌다. 또한 1988년 이란-이라크 전쟁 당시 이란이 쿠르드족의 도움을 받아 할라브자를 점령하자, 이라크는 다음날 할라브자에 생화학 가스를 사용하여 5,000명 이상을 살해했다. 1988년 말에는 이라크군이 이란으로부터 파오와 메흐란을 탈환하기 위해 다시금 화학무기를 사용했다. 두 사례 모두 상대적으로는 적은 양의 생화학무기를 사용한 것이지만, 대량파괴무기의 파괴력을 여지없이 보여주었다.

중동 국가들이 보유한 화학 및 생물학 무기에 대한 정보가 워낙 적기 때문에, 이번 장에서는 주로 핵무기 개발 능력 내지는 핵 개발 의혹에 집중하겠다. 스펙터Spector(1995)가 진행한 카네기 재단의 핵 비확산 프로젝트에 따르면, 이스라엘은 비공식적인 핵무기 보유 국가다. 또한 이란과 리비아는 핵무기 개발을 추진하는 것으로 의심받고 있고, 이라크는 최근 핵무기 개발을 포기한 국가다(그림 11.3). 심도 있게 진행되던 이라크의 핵무기 개발 프로젝트는 걸프 전쟁 이후 유엔 조사관에 의해 파기되었고, 이라크는 아직까지 유엔 대표단의 감시를 받고 있다.

이스라엘은 사실상 핵무기 보유국이고, 이스라엘의 핵무기 생산 및 미사일 발사 능력에 대한 정보는 1997~1998년 밀리터리 밸런스 보고서에 잘 나와 있다. 하지만 이스라엘은 공식적으로 핵무기를 보유하고 있지 않다고 주장하고 있으며, NPT에 가입하지 않았다. 처음에는 이스라엘의 핵무기 능력을 전직 원자력 기술자인 모르데차이 바누누Mordechai Vanunu가 제시한 증거를 분석하여 추정했었다(《선데이타임즈》 1986년 10월 5일). 하지만 나중에 측정한 추정치는 200개에서 100개로 줄어들었다. 이스라엘이 핵실험을 감행했는지는 확실치 않다. 하지만 1979년 9월 22일 미국의 벨라 감시 위성이 남대서양에서 신호를 탐지한 바 있다. 위력이 적은 핵무기 실험으로 해석된다. 확실한 것은, 이스라엘이 예리코-I과 예리코-II라는 두 종류의 핵탄두 미사일 시스템을 보유하고 있다는 점이다. 예리코-II의 경우 사거리가 1,500km에 달한다. 더욱이, 이스라엘의 미사일 발사대는 대륙간탄도미사일(ICBM)로 변형될 수 있는 형태로 알려져 있다.

이와 같이, 이스라엘은 고도화된 미사일 발사 시스템을 갖추고 있으며, 핵무기 역시 보유하고 있다는 확실한 증거가 존재한다. 헤르시Hersh(1991)는 현재 이스라엘의 핵무기 능력이 매우 과

그림 11.3 중동의 주요 핵 인프라 시설 현황

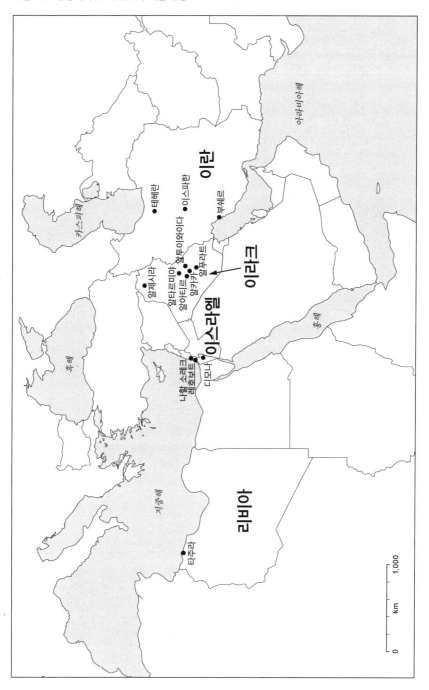

소평가되고 있으며, 이스라엘은 더욱 고도화된 핵무기를 훨씬 많이 보유하고 있다고 주장한다. 어찌 되었든, 핵무기 생산 능력을 갖춘 이스라엘은 중동 지역의 초강대국이라고 볼 수 있다. 가장 적게 추산하여도, 이스라엘은 전 세계에서 여섯 번째로 많은 양의 핵무기를 보유하고 있기 때문이다.

이스라엘의 핵무기 개발 프로그램의 중심인 디모나는 중동 지역에서 가장 민감한 지정학적 화약고다. 디모나에는 플루토늄 생산 시설, 플루토늄 추출 공장, 우라늄 정화 전환 시설, 연료 가공 시설을 포함하여 실험용 레이저 및 원심분리 농축 시설 등이 설비되어 있다. 또 다른 핵무기 개발 시설인 나할 소렉에는 연구용 원자로와 실험용 플루토늄 추출 시설이 건설되어 있다. 이 두 장소에서 이스라엘의 핵무기 개발이 이루어졌다고 추측된다. 이러한 사실은 휴Hough의 보고서(1994)를 통해 드러났고, 그의 보고서에는 핵미사일 발사기지, 핵무기 중력탄 창고, 핵무기 보관 창고 등과 같은 이스라엘의 핵무기 조립 시설 위치도 적시되어 있다. 스펙터가 식별한 레흐봇 시설에는 실험용 중수 생산 공장이 설비되어 있다.

이스라엘이 자신의 핵무기 능력을 숨기는 이유는 몇 가지가 있다. 우선 미국 법령에 따르면, 미국은 핵무기 능력을 개발하는 국가를 지원할 수 없게 되어 있다. 이스라엘은 미국으로부터 대규모 군사·경제적 원조를 받고 있기 때문에 핵무기 개발 사실을 숨길 수밖에 없는 것이다. 전략적인 측면에서도 모호성을 유지하는 것이 더 큰 억지력을 발휘할 수 있다. 또한 이스라엘은 자신의 능력을 숨김으로써 핵무기를 개발하려는 다른 중동 국가들을 비난할 수 있게 된다. 그리고 사실 이스라엘은 중동 국가들에게 핵무기 기술의 이전을 거부하기보다는 도리어 무력을 사용하여 다른 국가의 핵무기 개발을 사전에 차단했다. 이스라엘은 1981년 이라크의 오스리크 핵 개발 시설을 파괴한 바 있다.

중동 지역의 유일한 핵무기 보유국인 이스라엘은 이러한 지위를 협상 카드로 사용할 수 있었다. 1973년에, 그리고 걸프 전쟁 당시에도, 이스라엘은 핵무기를 전진 배치했었다.

핵무기 개발 계획을 가지고 있거나 추진 중인 것으로 의심받고 있는 중동의 세 국가는 모두 NPT 가입국이다. 이란의 핵무기 개발 프로그램은 핵무기를 실제로 생산하기까지 최소한 5년 정도가 필요할 것으로 추정되며, 핵무기 개발 시점은 중국으로부터 언제 핵무기 관련 기술을 이전받을지에 달려 있다. 최근 이란은 핵물질과 기술을 확보하기 위해 러시아와 접촉한 것으로 알려져 있다.

하지만 이란은 NPT가 요구하는 국제원자력기구(IAEA)의 시찰을 꼼꼼하게 받아왔다. 1992년 및 1993년에 IAEA의 시찰이 있었고, 이란은 NPT를 위반하지 않았다고 평가받는다. 주요 핵 시설은 테헤란 대학교 및 샤리프 공대가 소재한 테헤란, 그리고 원자력연구센터가 위치한 이스파한에 있다. 페르시아만(아라비아만) 연안의 부셰르에는 러시아와 중국의 지원을 통해 건설 중인 핵발전소가 위치해 있다.

이라크의 경우, 걸프 전쟁 이후 유엔 안보리 결의안 687호에 의거하여 핵무기 개발 잠재력이 사실상 모두 제거되었다. 더욱이 핵무기 시설 재건을 방지하기 위한 유엔의 감시가 지속 중이다. 그런데 유엔이라크특별위원회(UNSCOM)의 지시를 받은 IAEA가 시찰한 결과, 이라크가 NPT를 위반한 사실이 여럿 드러났다. 이라크는 우라늄 농축과 관련한 안전하지 않은 핵물질을 상당량 보유하고 있었고, 알타르미야에 신고 없이 우라늄 농축 시설을 건축했으며, 알투와이다에서는 조사핵연료照射核燃料, irradiated fuel로 부터 소량의 플루토늄을 추출하고 있었다.

IAEA는 1994년까지 핵무기 개발에 사용될 수 있는 이라크 내 모든 시설과 기구들을 완벽하게 제거 및 파괴했다. 또한 지속적인 감시를 위한 조사단이 같은 해에 설립되어 1998년까지 지속되었다. 이후 미국과 영국이 공중 및 해상 폭격을 통해 핵무기 개발 의심 시설을 파괴하자, 특별위원회의 임무는 종결되었다. 이후 유엔이, 미국과 영국의 강력한 압박에 부응하여, 이라크에 대한 경제 제재 해제를 거부하고 제재 종식 시점에 대해 어떠한 암시도 주지 않자, 이라크의 불만이 극에 달했다.

이라크는 걸프 전쟁 이전에 이미 사거리가 300km인 스커드-B 미사일, 그 파생 형태인 알후세인 미사일(사거리 600km), 알히자라·아바스 미사일(사거리 750km) 등과 같은 탄도 미사일 생산 능력을 보유하고 있었다. 하지만 걸프 전쟁 이후 유엔 안보리 결의안 687호에 따라 사거리가 150km를 초과하는 모든 탄도 미사일이 분해되었다.

이라크 내에서 식별된 여러 핵무기 개발과 관련한 장소들 중에, 비록 대부분 파괴되었지만, 여섯 장소가 가장 돋보인다. 알투와이다 핵무기 연구센터는 이라크 핵 개발의 가장 핵심적인 시설이다. 핵무기의 개발과 실험은 알아티르에서 실시했고, 알카카에 건설된 고성능 폭약 및 추진 장치 생산 시설은 현재 IAEA의 시찰을 받고 있다. 현재는 대다수 파괴된 핵농축 및 처리 관련 시설들이 알타르미야, 알푸라트, 그리고 알제시라에 위치해 있다.

이란과 유사하게 리비아 역시 오랜 기간 동안 핵무기 개발 의혹을 받아왔는데, 현재 남아 있는 시설은 타주라의 소형 연구용 원자로가 전부다. 하지만 리비아는 상당 규모의 화학무기를 보유하고 있다고 알려져 있다. 미사일 발사 능력과 관련하여, 리비아는 300km의 사거리를 가진 스커드 미사일을 배치할 수 있고, 사거리가 950km에 달하는 알파타 미사일을 개발 중이다.

다른 중동 국가들 역시 핵무기를 보유하고 있지 않다. 하지만 이집트의 경우 상당히 우수한 미사일 발사 능력을 보유하고 있고, 원자력 에너지 개발 계획을 가지고 있다. 시리아 역시 핵무기나 원자로를 보유하고 있지 않지만, 스커드 미사일과 MiG-29 전투기와 같은 미사일 발사 시스템을 보유하고 있다. 리비아와 마찬가지로, 시리아 역시 다량의 화학무기를 보유하고 있는 것으로 알려져 있다. 튀르키예 역시 핵무기를 보유하고 있지 않지만, 아크쿠유에 실험용 원자로를 가동 중이며, 핵발전소 건설 계획을 가지고 있다. 또한 튀르키예 역시 핵무기 발사가 가능한 여러 미사일 발사 체계를 보유 중이다.

중동에서 NPT에 가입하지 않은 국가는 이스라엘, 아랍에미리트, 오만뿐이다. 지정학적으로, 대량파괴무기가 없는 중동을 만들기 위한 계획의 성사 여부는 이스라엘에 달려 있다. 중동 지역 내 유일한 핵무기 보유 국가로서, 이스라엘은 독보적인 안보적 우위를 차지하고 있다. 더욱이 이라크의 핵무기 개발 능력을 제거하기 위해 끊임없이 노력하는 미국의 행태는 이스라엘의 핵무기 앞에 사실 위선적으로 보일 수밖에 없다. 결국 핵무기가 주는 압도적인 군사력, 그리고 미국의 전폭적인 지지를 바탕으로, 이스라엘은 중동 지역의 안정에 영구적인 위협을 가하고 있는 셈이다. 1999년 파키스탄이 핵무기 개발에 성공하면서 잠재적으로 '이슬람 핵폭탄'을 만들 가능성이 점쳐지고 있는데, 그 책임은 어쩌면 모두 이스라엘에 있다.

재래식 무기

페레스Peres(1993)는 중동 지역에서 분쟁과 군비 경쟁, 그리고 경제적 문제 간에 직접적인 상관관계가 있다고 주장한다. 무기의 구입이 경제에 영향을 끼치는 것뿐만 아니라, 군비 경쟁과 분쟁 간에 상관관계가 있는지의 여부는 국제관계학에서도 역시나 중요한 이슈 중 하나다. 냉전기 양극 세력 간의 군비 경쟁은 사실 재앙적인 결과를 가져오지 않았다. 만약 사용할 경우 전 세계적인 재앙을 야기할 수 있는 비재래식 무기를 토대로 군비 경쟁이 이루어졌었기 때문이다. 1991년 걸프 전쟁 당시 걸프 지역의 무기 비축 규모가 백일하에 드러났고, 더 이상의 군비 경쟁을 방지하기 위한 정치적인 노력이 전쟁 직후부터 시작되었다.

미국은 중동 지역에서 무기를 판매함에 있어 지속적인 딜레마에 직면했다. 미국과 이스라엘 간의 긴밀한 관계 때문에 미국은 많은 중동 국가에게 무기를 팔지 못하게 되었기 때문이다. 미국 의회가 이스라엘의 안보를 위해하거나 위협하는 국가들에게는 무기를 판매할 수 없게끔 법령을 제정한 것도 한몫했다. 이에 따라, 주요 산유국들이나 전략적으로 중요한 위치에 있는 국가들은 다른 곳에서 무기를 구입하고 군사적인 지원을 받아야만 했다.

미국이 사실상 경쟁에서 제외되면서, 영국, 프랑스, 독일, 그리고 이탈리아가 중동 군수 시장에 뛰어들었다. 하지만 실제로 서유럽 국가들이 중동 지역에 판매한 무기 규모는 미국의 1/4 정도밖에 되지 않는다. 이러한 상황이 가져오는 부작용은 GCC 국가들에서 자주 나타나는데, 무기를 종종 다양한 곳에서 섞어서 구매하다 보니 장비들 간의 호환성이 떨어져버렸다. 현재 무기 구매 현황을 보면, 쿠웨이트는 미국의 무기를 선호했고, 아랍에미리트는 프랑스제를 주로 구입했으며, 오만은 여전히 영국산 무기를 공급받았다. 또한 서유럽 국가들은 미국과 긴밀히 공조하는 것을 꺼려했다. 미국과 공조하는 것이 이스라엘을 지지하는 것으로 비칠 수 있어 무역이나 석유 공급에 차질이 생길 수 있기 때문이다.

중동의 군비 경쟁에 대해 논할 때, 양적인 측면과 질적인 측면을 모두 고려해야 한다. 1967년 이래로, 잠재적인 갈등을 가진 국가들의 탱크 및 전투기 수가 기하급수적으로 늘어났다. 또한 무기의 질적 향상 역시 놀라운 수준이다. 중동 지역에도 초음속 전투기와 미사일이 배치되었고, 전자전의 시대가 도래하면서 북대서양조약기구(NATO) 국가들과 중동 국가들 간의 무기 기술 격차가 놀랍도록 줄어들었다. 이제 중동 국가들의 무기 체계 수준은 초강대국들과 비슷해졌다. 또한 일부 사례에서는 중동 국가들이 자금을 제공하여 자신의 선호와 구상에 맞춰 무기 체계를 재조정하거나 실제로 성능을 더 발전시키기도 했다. 대표적인 예가 사우디아라비아의 재정적 지원을 통해 등장한 프랑스의 미라주 전투기와 사우디아라비아 버전의 매버릭 미사일이다.

점차 중동 주요 국가들이 최첨단 무기로 무장하게 되면서 몇 가지 문제가 발생하고 있다. 구매자 입장에서, 더욱 정교한 무기를 구매하기 위해서는 구입비용이 올라가고, 그렇게 되면 더 적은 양의 무기만을 살 수 있게 된다. 그런데 주요 무기 수입국들의 경우, 여러 잠재적인 분쟁에서 상대적으로 기초적인 수준의 장비로 무장된 적들과 마주하게 되기 때문에 굳이 정교한 무기를 앞다투어 사야 하는지에 대해 의문이 제기된다. 특히 그러한 정교한 무기가 사용되어야 할 정도의 분쟁이 발생한다면, 아마 서구 동맹국들이 적절하게 개입해줄 것이기 때문이다. 더욱이, 이러한 무기

체계를 사용하기 위해서는 고급 훈련과 지원이 필요하기 때문에 결국 서구에 대한 의존도가 높아지는 결과가 도출된다.

가장 극단적인 예시 중 하나는 바로 쿠웨이트가 구입한 미국 주력 전차인 애브람스다. 이 탱크는 현장에서 정비할 수 없으며, 고장이 난 경우 미국 방위산업 단지에서 직접 부품을 갈아야 한다. 이와 관련한 또 다른 문제는 냉전 종식 이후 서유럽 국가들의 방위산업 기반이 점차 하향세라는 점이다. 그렇기 때문에 탄약이나 미사일 같은 소모품이든, 아니면 주요 부품이나 전체 장비든, 재보급이나 수리가 적절한 시간 내에 이루어질 것이라는 보장이 없다. 결론적으로 중동 국가들은 최신 첨단 무기를 구매할 것인지, 아니면 서구 동맹 국가들에게 기존처럼 더욱 의존할 것인지 간에 선택하는 상황에 직면하게 된 셈이다.

가장 최근의 분쟁이었던 걸프 전쟁 이후 군비 경쟁과 안보 간의 관계에 대한 심각한 고민들이 있었다. 1991년 5월 29일, 당시 미국 조지 부시 대통령은 중동 지역 내 군비 통제를 도모하자는 구상을 발표했었다. 여러 구상 중에는 주요 무기 수출국가들 간에 협의를 통해 중동 지역에서 무기 거래를 줄이자는 구상도 있었다.

중동 지역 대다수 국가는 이러한 구상을 환영했지만, 수요자나 공급자나 실질적인 움직임을 보이지는 않았다. 또한 중동에서의 다자주의적 군축 협의는 이스라엘과 아랍 국가들 간의 평화 협상에 밀리며 사실상 교착 상태에 빠졌다. 방위산업 업계의 5대 큰손인 미국, 영국, 프랑스, 러시아 연방, 그리고 중국이 세 차례 회동했지만 실질적인 합의는 없었다. 그 결과, 의제는 군비 통제에서 애매모호한 '세력 균형'으로 전환되어버렸다.

분명 중동 지역에서는, 잠재적인 분쟁 가능성에 대한 인식이나 피해망상이 아닌, 실질적인 분쟁이 군비 경쟁을 추동했다. 그렇기 때문에 적대감의 중첩과 강화가 반복되는 중동 지역은 다른 지역에서 성공적이었던 군비 통제 방안이 작동하기 어려울 것이라고 결론지을 수 있다. 중동 지역은 확실한 국가 간 세력 구성 blocs도 없고, 군사적 동등성에 대한 욕구도 없는 것으로 보이며, 또한 외교적 관계도 다소 불규칙한 경향을 보이기 때문이다.

군비 경쟁은 대개 몇 가지 요소가 동기가 되어 발생하는데, 중동 지역의 경우 그 모든 요소를 갖추고 있다. 가장 중요한 동기는 잠재적 또는 상상된 위협을 인식함에 따른 불안감이다. 국제적인 위상 확보에 대한 갈망 또한 한몫한다. 많은 국가는 다량의 무기 보유를 강력한 군사력과 동일시하고, 더 나아가 이를 국가적 자주권의 상징으로 여긴다. 하지만 군사력은 단순히 무기의 규모로 결정되지 않는다. 많은 중동 국가가 정교한 무기를 다량으로 보유하고 있지만, 그들의 군사력이 강하다고 인식되지는 않는다. 만약 정교한 무기가 효과적으로 사용될 수 있다면, 이는 단지 외교력을 추진함에 있어 국가의 영향력을 올려주는 데 사용할 수 있을 것이다. 하지만 중동 지역에서는 이러한 영향력이 지역 분쟁 수준에서만 의미를 가진다. 주요 외교 분쟁이나 정책의 경우 사실상 강력한 외부 세력들에 의해 조율되기 때문이다. 이러한 현상은 냉전의 종식과 소련의 붕괴 이후 역내 국가들의 지위 변화를 통해 잘 드러난다.

외부적인 압박 외에도, 지역 내부적으로 군비 경쟁을 부추기는 요소들이 존재한다. 중동 국가들의 경우 대개 정부의 권력을 강화해야 할 필요성을 느낀다. 더욱이 정치적으로 정권이 안정되지 않은 국가들의 경우 강력한 군사력이 반대 집단을 압박하는 효과를 줄 수 있다. 하지만 그 부작용으로 무기 구매를 통한 국내적인 군사력 강화 움직임이 주변국에게는 위협으로 인식되어 군비 경쟁을 부추길 수 있다.

그런데 광범위한 시각에서 보았을 때, 냉전 시기 두 초강대국은 중동의 산유국들이 자신들의 전략적 영향권 내에 있다고 인식했었고, 그렇기 때문에 당시 중동 고객들은 상당히 유리한 가격 조건으로 무기를 구매할 수 있었다. 걸프 전쟁 당시 소련이 이라크를 지원한 것 역시 이러한 맥락에서였다고 볼 수 있다.

무기 판매국들의 경우 정치·경제적인 목표를 모두 가지고 있다. 우선 정치적으로 보았을 때, 주요 무기 판매국들은 무기 거래를 통해 구매 국가들에게 영향력을 행사할 수 있다. 그 결과, 판매국들은 더 광범위한 차원의 국익을 추구할 수 있게 된다. 더욱이 구매국들의 경우 생산국의 방위산업 시장에 묶일 수밖에 없게 되면서 판매국들은 구매국들의 군사력에 일정 수준 통제력을 확보하게 된다. 특히 현대적인 무기체계는 상당히 정교하기 때문에 중동 국가들이 이를 완벽하게 운용할 수 없으며, 그렇기 때문에 계속해서 판매국의 훈련과 다른 형태의 지원에 얽매이게 된다.

무기 생산국인 서구 국가들의 경우에도, 방위산업 기반을 유지하는 경제적인 문제가 계속해서 증가하고 있다. 새로운 무기를 개발하는 비용은 역외 판매를 통해서만 겨우 충당할 수 있을 수준이기 때문이다. 또한 무기 생산국이 보유한 군대의 규모도 막대하기 때문에 연구개발을 위해서도 막대한 비용이 필요하다. 특히 무기의 고도화 수준이 엄청나게 높아지면서 주요 부품의 비용도 막대해졌고, 이로 인해 무기 생산국들 입장에서도 고민이 많아졌다. 반면, 최신식 장비의 중요도를 고려했을 때, 생산국 정부들은 수출을 어느 정도 통제하려고 한다. 하지만 걸프 전쟁 이전에 이라크에 무기를 판매했던 사례에서 알 수 있듯이, 정부의 규제는 우회가 가능하고, 국제적으로 유명한 방위산업 회사들조차 도 일부 불법 무기 거래에 연루되어 있다.

이와 대조적으로, 정부와 정부 간 비재래식 무기를 거래하는 경우는 매우 이례적이다. 하지만 서구의 방위산업 업체나 개인들 은 중동 국가들이 화학무기 및 핵무기를 개발하는 데 많은 부분 기여했다. 엄밀히 따져보면, 중동 국가들은 비재래식 무기를 생산할 기술이나 전문성을 보유하고 있지 않다. 그렇기 때문에 일정 수준 외부 세력의 지원과 도움이 없이는 대다수의 비재래식 무기 개발 프로젝트가 불가능하다고 보는 것도 과언이 아니다. 소련 연방 해제 이후 재래식 및 비재래식 무기 거래와 관련하여 새롭게 추가된 현상은 바로 소련제 무기를 상대적으로 저렴한 가격에 구매할 수 있게 되었다는 점이다. 또한 새로운 무기 거래처로서 동유럽, 중국, 북한, 그리고 많지는 않으나 브라질, 아르헨티나, 남아프리카공화국 등으로부터도 무기 수입이 가능해졌다. 중동 지역 내부적으로는 이스라엘 정도가 유일하게 토착 군수 산업을 꾸려나가고 있다. 아랍 국가들 역시 서구 방산 업체들과 여러 합작 사업을 시도하고 있지만, 미미한 수준이다.

여러 분쟁이 지속되고 있다는 점을 고려했을 때, 중동 지역이 여전히 전 세계에서 가장 큰 무기 거래 시장이라는 사실은 놀랍지 않다. 지난 수십 년 동안, 사우디아라비아는 전 세계에서 제일 가는 무기 수입국이었다(1994년, 1995년 모두 81억 달러 규모 수입). 그다음으로 이집트 19억 달러, 쿠웨이트가 10억 달러 정도다. 이집트와 이스라엘은 미국의 연간 해외군사원조(FMF) 금액의 대다수를 사실상 차지하고 있으며, 요르단 역시 미국의 해외군사지원(FMA)을 받고 있다. 이란은 여전히 러시아가 수출하는 무기의 단골손님이며, 동아시아 국가들로부터도 역시 무기를 수입하고 있다.

중동 지역에서는 군비 경쟁이 지속 중이다. 중동 지역 국가들에 대한 무기 수출을 조절하자는 무기 생산국가들 간의 협의는 여러 면에서 사실상 비현실적이다. 현대 무기 산업 시장의 발전은 중동처럼 수요와 구매력을 가진 검증된 수출 시장에 전적으로 의존하고 있다. 더욱이, 생산을 통제한다고 해서 수요가 줄어들지는 않는다. 또한 서구 무기 수출국들이 공급을 줄이기로 합의한다면 이는 단순히 무기 가격의 상승을 초래하고, 중동 지역에 무기를 수출하는 국가의 수만 늘어나게 될 뿐이다. 오히려 무기 수입국들이 경제적 문제에 직면하여 수입을 줄이는 것이 더 현실적일 것이다. 이를 통해 국방비 예산 감축에 대한 압박이 늘어난다면, 또한 이러한 감축 노력이 중동 지역에 확산되고 다른 지역으로도 이어질 수 있다면, 안보가 위협받을 가능성이 작아질 것이다. 그렇게 된다면 군비 통제는 군사 안보를 보장하는 전략의 하나로 간주할 수 있을 것이다.

이주와 난민

20세기 말 동안 발생한 세계 이주의 대다수는 사실상 난민의 이동이었다. 유엔이 추산한 전체 난민의 수는 최소 2,000만 명이 넘는다. 정치학자들은 이 정도 규모의 이동이라면 어떠한 강대국도 감당할 수 없는 수준이라고 입을 모은다. 이러한 난민의 이동은 무기 밀매 및 마약 밀매와 더불어 주요 거시정치 쟁점 중 하나다.

하지만 통계를 산출함에 있어, 자국 내에서 집을 잃은 국내 실향민과 해외로 탈출한 난민을 명확하게 구분할 필요가 있다.

내전이나 자연재해로 일시적인 난민이 된 사람들은 상황이 정상화되면 다시금 집으로 돌아갈 생각을 가지고 있기 때문이다. 사실 이러한 경우 1951년 발효된 제네바 협약의 난민 정의와는 부합하지 않는다. 하지만 제네바 협약이 제2차 세계대전 직후 유럽의 상황을 고려하여 만들어졌다는 것을 잊어서는 안 된다.

1951년 발효된 유엔난민협약은 1967년 뉴욕 의정서를 통해 수정이 가해졌는데, 이에 따른 난민의 정의는 아래와 같다.

> 인종, 종교, 국적 또는 특정 사회 집단의 구성원 신분 또는 정치적 의견 때문에 박해를 받을 우려가 있다는 공포로 인하여 자신의 국가 밖에 있는 자

하지만 이러한 정의에 대한 해석은 분분하다. 특정 사람을 난민으로 수용할지의 여부는 수용국이 결정하기 때문이다. 블랙Black(1993)은 1967년 아프리카통일기구(OAU)의 난민협약에 동의한 아프리카 국가들이나, 미주기구(OAS)의 1985년 카르타헤나 선언에 서명한 중남미 국가들은 다른 정의를 사용한다고 지적했다. OAU의 경우 외부적인 억압이나 침략, 점령 때문에 국가를 떠난 사람도 난민으로 인정하고 있고, OAS의 경우 내전이나 대규모 인권 유린 역시 난민 인정 사유로 보고 있다.

또한 난민에 관한 접근법 역시 개발도상국과 선진국(특히 서유럽 국가들) 간 큰 차이를 보인다. 개발도상국들은 동일한 이유 때문에 고국을 떠난 망명 집단이 있다면 관행적으로 그 집단 모두에게 동일한 난민 지위를 부여하는 반면, 선진국의 경우 각 개인별로 지위를 검증하기 때문에 각각 자신이 받은 박해를 증명해야 한다.

중동 국가들의 경우 1951년 제네바 협약에 따라 난민으로 인정하지 않는 두 부류가 있는데, 첫째는 자국을 떠나지 않은 망명 집단이고, 다른 하나는 정치적인 박해가 아닌 경제적인 이유에 의한 난민이다. 제2차 세계대전 이후 중동 지역은 세계 난민 문제의 중심이 되어왔고, 난민의 지위 구분을 차치하고라도, 우선 이주민과 난민 사이의 구분도 사실상 희미해졌다.

코헨Cohen(1995)이 지적하듯이, 중동 지역에서 가장 대규모 이주에 해당하는 19세기 말~20세기 초 유대인들의 팔레스타인 이주는 시각에 따라 크게 두 가지로 해석된다. 전통적인 시온주의자들은 이러한 이주를 과거 망명했던 자들의 귀환으로 해석한다. 반면, 일부 이스라엘 역사학자들은 이러한 이주가 당시 일반적인 유럽 식민주의 점령과 유사하다고 주장한다. 이렇게 볼 경우, 78만 명에 달하는 팔레스타인 인구의 추방은 제국주의 시절 식민주의의 폐해로, 단순히 토착민에 대한 부당한 처우로 해석되어버린다.

알델만Aldelman(1995)의 조사에 따르면, 1992년까지 발생한 팔레스타인 난민의 수는 550만 명에 달한다. 코헨은 위에 두 가지 해석에 더해, 세 번째 요소인 인종적 동질성이 추가적으로 중요하다고 보았다. 많은 중동 국가가 국가 건설 과정에서 이를 강조했기 때문이며, 이와 유사한 대표적 사례가 1948년 인도와 파키스탄 분리 당시 발생했다.

1970년대 초 유가의 급증 이후, 걸프 산유국들의 경제 붐이 많은 팔레스타인 사람을 끌어들였다. 또한 여기에 350만 명에 달하는 아시아 이주 노동자들과 다른 중동 국가의 노동자들까지 추가되었다. 하지만 1990년 걸프 전쟁이 발발하면서 45만 명에 달하는 아시아 노동자들이 본국으로 송환되었다. 이로 인해 노동자를 파견했던 방글라데시, 파키스탄, 필리핀, 스리랑카, 태국 등이 심각한 경제 위기에 직면했다. 동시에, 예멘 정부가 이라크의 쿠웨이트 침공을 공개적으로 지지하자, 사우디아라비아는 75만에 달하는 예멘 해외 노동자들을 추방해버렸다. 또한 대부분의 팔레스타인인도 전쟁 때문에 요르단으로 이동했다. 이로 인해 요르단은 이미 서안 지구에서 온 난민 30만 명에 이어, 추가적으로 대규모 팔레스타인 난민을 수용해야만 했다. 하지만 반 헤어Van Hear(1995)에 따르면, 비록 유엔의 이라크 제재로 인해 경제적인 어려움이 야기되었지만, 이러한 난민들이 고급 기술과 자본을 요르단으로 가져오면서 요르단에 경제 붐이 일었다고 한다.

피커트Pikkert(1993)는 이러한 변화를 사회적 현실의 세 단계라는 맥락을 통해 설명한다. 가장 아래 단계는 지리적·기후적 변화와 같은 비활성 구조다. 그 바로 위에 층을 이루는 요소는 인구적, 경제적, 그리고 사회적 변화다. 마지막으로 가장 표면적인 층에는 매일매일 발전된 변화들이 존재한다. 걸프 전쟁을 통해 야기된 변화는 피커트가 제시한 가장 마지막 단계의 변화로, 장기적인 관점에서 고려될 요소로 볼 수 있다.

그런데 분명히 짚고 넘어가야 하는 부분은 이러한 많은 수의 난민을 3% 수준인 중동 지역의 연간 인구 성장률 및 역내 이주라는 맥락에서 봐야 한다는 점이다. 예를 들어, 하루에 1,000명의 사람이 카이로로 이주하는데, 2000년 카이로의 인구는 거의 1,800만 명에 달했다.

1991년 걸프 전쟁 및 여러 분쟁으로 인해 야기된 중동에서의 대규모 이주 발생은 국가와 사람들 간의 관계에 관한 두 가지 핵심적인 요소를 드러내준다. 우선 많은 중동 국가는 경제발전을 위해 해외 노동자들을 활용하는데, 대개 해외 노동자의 수가 자국민 수를 넘어선다. 여기에 더 중요한 두 번째 요소인 난민의 맥락을 더하면, 중동 국가들의 국가 통합은 매우 취약한 수준이 되어버린다. 그렇기 때문에 외국인들에게 시민권을 부여하는 것이 매우 엄격하게 통제되며, 아무리 오랜 기간 동안 거주할지라도 쉽사리 시민권을 얻기 어렵다.

이러한 두 가지 요소 때문에 중동 지역에서 분쟁이 발생했을 때 전 세계 어느 지역보다 많은 수의 난민 이동이 이루어졌다. 1991년 말에 이르면 중동 지역에서 야기된 난민의 수가 전 세계 난민의 2/3에 해당하는 1,670만 명에 이르게 되었다.

국경 통제가 더욱 엄격해지면서 난민 이동이 다시금 불법 이주로 분류될 위험성이 높아졌다. 앞선 역사에서 아랍 세계는 상대적으로 국경선에 있어서 자유로웠다. 국민국가 시스템 속에 국경이 생기고, 이에 따라 국가 없는 난민이 발생한 것은 거의 최근 일이다. 하지만 국적을 상실하고 재산이 몰수되었다고 해서 난민들이 노동 시장에서 배제되고 있는 것은 아니다. 하지만 정치적·법적 권리가 없기 때문에 그들이 거주하는 사회 내에서 상당히 취약한 위치에 있을 수밖에 없다. 난민들은 아무 때든 쫓겨날 수 있기 때문이며, 실제로 개발도상국들은 막기 어려운 대규모 이주에 두려움을 느끼고 있다. 이러한 정서를 반영한 한 가지 변화로, 유엔이 '국제 규칙'의 변화를 추진했다. 미국 및 유럽 같은 북반구 국가들은 이제 남반구 국가들이 자국민들을 국경 밖으로 내보내지 못하게끔 그들의 내정에 법적으로 개입할 수 있게 되었다. 소말리아나 이라크 사례에서 실제로 그러했다.

이와 같은 노동 시장의 세계화가 지속되면서 중동 국가들은 주요 노동력 송출 및 수입국으로 주목받고 있다. 특히 노동력 수입국들의 이익에 따라 이러한 계약 이민자들의 사회적 조건이 설정되었다. 그 결과 해외 노동자들은 이제 지위가 불안정해졌을 뿐만 아니라 어떤 면에서는 임시 계약자로 전락했다. 따라서 대규모의 인구 이동과 난민 발생 등의 이슈는 중동 지역에서 상당 기간 지속되는 문제가 될 것으로 보인다.

마약과 마약 밀매

마약 밀매 문제는 거시정치 쟁점의 주요 요소 중 하나다. 마약 산업은 생산에서부터 길거리 판매까지 그 모든 과정이 사실상 다국적 산업이다. 마약 산업이 가져다주는 수익은 경이로운 수준이기 때문에, 마약 거래는 게릴라전, 테러리즘, 범죄, 부패와 긴밀히 연결된다.

중동 지역은 가장 강력하고 치명적인 헤로인에서부터 상대적으로 약한 카트qat까지 다양한 마약과 연관되어 있다. 카트는 신선한 순이나 이파리에 정신 활성 물질이 포함되어 있어 씹거나 차에 타서 마실 경우 암페타민과 유사한 각성 효과가 나타난다. 또한 카트는 매우 드물게 독성 정신병이나 공격적인 행동을 야기한다. 예멘 북부에서는 과거 면화나 과일, 채소 같은 수출용 작물을 재배하던 땅에서 이제는 카트를 생산하는 사례가 늘어나고 있다.

중동 지역은 아편이나 헤로인 등의 초국경 마약 거래에 더 연루되어 있다. 우선 중동 지역에서는 아편이 생산되어 처리를 거쳐 운송되고 있다. 이는 잘 알려진 사실이지만, 거래 자체는 사실상 포착하기 거의 불가능하다. 마약 밀매는 불법 활동이기 때문에 대다수 은밀히 거래되고 있으며, 해당 국가의 정부는 당연히 세간의 주목을 받기 꺼린다. 그러므로 여기서 제시되는 데이터는 대부분 확실하다고 볼 수 없다.

코카인보다 더 중독성이 강하고 몸에 해로운 헤로인은 양귀비꽃의 꼬투리에서 채취하여 처리한 성분이다. 생산된 아편 성분은 주로 두 지역에서 농축된다. 첫 번째는 황금 삼각지라고 불리는 미얀마, 라오스, 태국이고, 두 번째 장소는 황금의 초승달 지대라고 지칭되는 파키스탄, 아프가니스탄, 이란 지역이다. 이 두 지역은 아편 생산의 최대 산지로 매년 3,000톤 이상이 생산된다. 여기에 레바논 및 남미의 생산량을 합치면 전 세계에서 생산되는 아편은 대략 4,000~5,000톤으로 추산된다.

중동 지역에서는 이란, 레바논, 튀르키예가 주요 아편 생산국이다. 이란은 국내 및 국제 아편 유통의 주요 불법 생산자이며, 레바논의 경우 영세한 규모의 대마초와 헤로인 불법 생산국이다. 튀르키예의 경우 정부가 엄격하게 아편의 재배부터 농축까지 통제하고 있다.

아편의 처리 과정은 처음에는 생산지에서 아편을 모르핀으로 전환시키고, 이어 상대적으로 정밀한 작업장에서 모르핀을 헤로인으로 전환하는 작업이 수반된다. 정밀 작업실은 이스탄불 인근 및 튀르키예 곳곳에 산재해 있다. 하지만 중동 지역은 생산보다는 오히려 주요 환적지로서 세계 마약 인프라의 핵심으로 간주된다.

중동 내 주요 마약 생산국 말고도 이집트, 시리아, 키프로스, 아랍에미리트 정도가 마약 산업에 추가적으로 연루되어 있다. 이집트의 경우 서남아시아와 동남아시아에서 생산되어 서양으로 향하는 헤로인과 아편의 환적지다. 또한 나이지리아 등과 같은 서아프리카의 마약도 이집트를 지나 운송된다. 이란 역시 중요한 마약 환적지이며, 레바논의 경우 이러한 헤로인 및 아편 환적과 더불어 코카인을 처리 및 밀매한다. 시리아도 정제된 코카인과 헤로인, 그리고 대마초를 유럽 시장에 보내는 환승지다. 키프로스의 경우 항공 및 해운 컨테이너를 통해 헤로인, 대마초, 코카인을 유럽으로 보내고 있고, 아랍에미리트는 떠오르는 헤로인 환적 및 자금 세탁 센터다.

현재 마약 거래의 다양한 요소가 중동 지역을 중심으로 현지화되어가고 있다. 중동 지역이 지리적으로 마약의 주요 생산지와 주요 시장(서유럽 및 미국)을 연결해주는 위치이기 때문에, 중동의 마약 문제는 더욱 악화할 것으로 보인다. 따라서 중동 국가 정부들은 내부적인 마약 소비에 더 많은 관심을 기울이고 있으며, 특히 사우디아라비아는 마약 밀매 시 사형을 선고하는 등의 조치를 통해 문제 해결에 앞장서고 있다.

석유

에너지 지정학 또는 자원 지정학이라는 개념은 석유 시대의 도래 이후 생겨났다. 석탄이 유일한 산업 에너지자원이었던 시절에는 이러한 개념이 없었다. 대부분의 국가에서는 산업화를 이루기 위해 자국 또는 주변국의 석탄자원을 활용했었다. 세계 무역은 대다수 해상 운송을 통해 이루어졌고, 선박들은 석탄으로 가득 차 있었다. 아덴 등과 같은 연료 탑재항들이 주요 뱃길에 건설되었고, 연료 부족이 큰 문제로 인식되지 않던 시절이었다. 더욱이 세계 질서는 초강대국들에 의해 훨씬 더 강력하게 유지되고, 석탄의 전 세계적 배분은 현재의 석유 배분보다 더욱 공평하게 이루어지고 있었다.

　20세기 초반 들어, 선박에서 시작하여 이후에는 산업 분야에서 석유에 대한 의존도가 늘어나면서 에너지 상황은 극적으로 달라졌다. 석유의 주요 생산지는 항상 상대적으로 적었기 때문에 석유 교역로는 대개 고정되었다. 세계 석유 운송 네트워크의 핵심인 파이프라인의 경우에도 그러한 경향이 짙어졌다. 석유를 보유한 주요 국가들은 대다수 개발도상국인데, 대부분 정치적으로 매우 불안한 국가들이다. 어쩌면 그러한 불안정성은 종종 석유를 소유하고 있기 때문에 기인한 것이다. 그렇기 때문에 석유는 그 원천에서 파이프라인까지 모두 상당한 취약성을 지니고 있으며, 뱃길 및 이와 관련한 전략적 요충지 또한 매우 불안정하다.

　이러한 복잡한 석유 지정학의 중심이 바로 중동이며, 특히 페르시아만(아라비아만)이 핵심이다. 이러한 중심 지역과 더불어, 서쪽의 리비아와 알제리, 그리고 북쪽의 중앙아시아 산유국들 또한 많은 석유 매장량을 기록하고 있다. 1997년 기준, 아랍 세계가 전체 석유 확인매장량의 60%를 차지하고 있으며, 무슬림 세계라는 맥락에서 보았을 때 이는 74%에 해당한다. 전 세계에서 13개 국가만이 1% 이상의 석유 확인매장량을 보유하고 있으며, 그중 다섯 국가가 페르시아만(아라비아만)에 위치해 있다. 여기에 리비아를 더하면, 1% 이상의 석유 확인매장량을 보유한 국가의 절반이 중동 국가다.

　석유의 수요는 대개 세계 경제의 핵심인 북미, 유럽, 그리고 아시아태평양에 집중되어 있으며, 중국 및 일본이 이에 포함된다. 그러한 세 지역의 석유 확인매장량은 〈표 11.1〉에 나타나 있다.

　이 세 지역은 전 세계 무역의 80%를 주도하고 있다. 러시아 연방의 경우 대개 내수 경제를 중심으로 경제를 발전시켜왔지만,

표 11.1 석유 확인매장량(1997)

	세계 총 매장량 중 비율 (%)	가채연수
북미 지역	7.4	16.0
유럽 전체	1.9	8.2
아시아태평양 지역	3.5	15.5

가채연수 = 매장량/생산량 비율 (현재 생산 속도를 기준으로 매장량이 고갈될 때까지 남은 햇수)

점진적으로 세계 경제에 통합되고 있다. 러시아 연방의 경우 세계 석유 확인매장량의 6.4%를 차지하고 있고, 매장량을 몇 년 더 채굴하여 사용할 수 있는지를 측정한 가채연수는 24.7년이다. 하지만 이러한 가채연수는 새로운 유전 발견과 채굴 기술의 발전으로 많이 상향되는 추세다.

이러한 상황과 대조적으로, 페르시아만(아라비아만)은 전 세계 석유 확인매장량의 65.2%를 차지하고 있으며, 가채연수는 87.7년이다. 그중 사우디아라비아가 가장 많은 25.2%의 석유를 보유하고 있고, 가채연수는 79.5년이다. 10.8%를 차지하는 이라크, 9.3%를 차지하는 쿠웨이트, 그리고 9.4%를 차지하는 아랍에미리트의 경우, 모두 100년 이상의 가채연수가 예상된다. 그다음으로 많은 이란이 세계 매장량의 2%를 차지하며 가채연수 69년을 기록하고 있다. 이러한 수치를 보았을 때, 중동 지역이 극단적인 수준으로 석유를 장악하고 있으며, 전 세계 석유 분포가 매우 불균형하다는 것을 알 수 있다. 더욱이, 중동 지역에는 그 외에도 전 세계 매장량의 2.8%를 차지하고 가채연수가 55.6년인 리비아도 있다. 사실상 중동 지역을 대체할 석유 생산국은 많지 않다. 여타 산유국에 대한 정보는 〈표 11.2〉에 나와 있다.

표에 나오는 세 국가들 역시 모두 개발도상국이며, 이들은 자국의 산업화를 위해 많은 양의 석유를 사용해야 할 것이다. 그 외

표 11.2 중동 지역 외 주요 대안 석유의 확인매장량

	세계 총 매장량 중 비율 (%)	가채연수
멕시코	3.8	33.6
베네수엘라	6.9	59.5
나이지리아	1.6	20.2

가채연수 = 매장량/생산량 비율

에 의미 있는 수준의 석유 보유량을 지닌 국가는 중국 및 노르웨이 정도다. 중국의 경우 전체 매장량의 2.3%를 차지하며 가채연수 20.5년을 기록하고 있고, 노르웨이는 1%의 매장량과 8.6년의 가채연수를 가지고 있다.

만약 특정 자원에 대한 대체재가 존재한다면, 이를 통해 취약성을 극복할 수 있을 것이다. 하지만 석유는 쉽게 수송 가능한 액체 형태의 에너지로, 현재까지는 대체가 불가능한 몇 가지 최종 용도로 쓰이고 있다. 예를 들어, 비행기를 포함한 운송 수단에 있어 현재 석유를 대체할 자원이 없다. 다만 산업이나 전기 생산에 있어서는 천연가스가 석유를 대체할 수 있다. 하지만 전체 천연가스 생산량을 석유와 등가하여 측정했을 때, 석유 생산량의 58% 정도밖에 되지 않는다. 더욱이, 페르시아만(아라비아만)이 역시나 전 세계 천연가스 매장량의 33.7%를 차지하고 있고, 가채연수는 100년 정도다. 여기에 더해, 알제리(매장량 2.6%, 가채연수 54.8년), 이집트(매장량 0.5%, 가채연수 66.5년), 그리고 리비아(매장량 0.9%, 가채연수 100년)가 천연가스를 보유하고 있다. 이와 같이, 중동 지역이 전 세계 천연가스 매장량의 1/3을 차지하고 있다. 그 외에 중앙아시아 국가들이 매장량 39.2%, 가채연수 86.2년을 기록하고 있다. 가장 높은 천연가스 매장량을 자랑하는 두 국가는 러시아 및 이란으로, 러시아의 경우 전체의 33.2%를 차지하며 가채연수 85.9년을 기록하고 있다. 이란의 경우 매장량 15.8%, 가채연수 100년 이상이다. 그 외에 카타르가 전 세계 매장량의 5.9%, 아랍에미리트가 4%, 사우디아라비아가 3.7%를 기록하고 있으며, 세 국가 모두 가채연수 100년 이상이다. 이와 같이, 천연가스의 경우 석유보다 더 심하게 특정 지역에 집중되어 있고, 천연가스의 활용이 석유의 취약성을 크게 낮추지는 못할 것으로 보인다.

석유와 천연가스 외에 또 다른 주요 에너지원은 바로 원자력인데, 여러 이유로 인해 개발이 다소 더디다. 초반에는 많은 국가가 원자력 발전에 박차를 가했지만, 체르노빌 원자력 시설 폭발 사건 이후 원자력 에너지에 대한 대중의 신뢰가 떨어지고 경각심이 높아졌다. 원자력 에너지 사용률은 미국이 27.7%, 프랑스 16.5%, 일본 13.5%며, 그 외에 원자력 에너지를 활용하는 국가는 독일(7.1%), 러시아 연방(4.5%), 영국(4.1%), 우크라이나(3.3%), 그리고 한국(3.2%) 정도다. 소비량을 석유와 등가하여 측정했을 때, 석유 소비량의 18% 정도에 불과하다.

그 외에 활용되는 주요 에너지원은 석탄으로, 석유 소비량 대비 31% 수준이며, 수력발전 에너지의 경우 석유 사용 대비 7%에 불과하다. 이처럼 세계 에너지원에 대해 간략하게 살펴보니 석유가 얼마나 압도적으로 중요한 자원인지 잘 알 수 있다. 더욱이 석유 확인매장량을 확인하고 분석할수록 전 세계 석유 매장량의 2/3를 차지하는 페르시아만(아라비아만)이 더욱 부각된다. 개발도상국들의 석유 수요가 막대하다는 점과 개발도상국에 대량의 석유가 매장되어 있다는 것을 고려했을 때, 석유는 실로 가장 중요한 전략제임을 알 수 있다. 이러한 이유로, 석유는 지정학적으로 활용될 수 있는 잠재력이 막대하다. 석유자원에 접근할 수 있는 권한의 통제는 통상적인 거래보다는 정치적인 요인에 달려 있다.

공급과 수요의 법칙을 고려했을 때, 페르시아만(아라비아만) 국가들은 국제적으로 매우 큰 영향력을 보유했다고 볼 수 있으며, 실제로 석유를 '무기화'하는 것도 가능해 보인다. 현대 사회에서 석유는 사활적인 자원이며, 국제 거래가 이루어지는 주요 물품으로서 진정한 세계적 소비재다. 하지만 우리는 잠재적인 무기를 보유하고 있는 것과 이를 사용하는 것을 구분해야 한다.

1979년 제2차 오일 쇼크 이래로, 1973~1974년 제1차 오일 쇼크 당시의 여파를 고려한 자원 보존 노력의 결실이 나타나고 있다. 또한 여러 새로운 석유 공급원이 석유 시장에 등장했다. 비록 대체 생산국 대다수가 상대적으로 적은 매장량을 보유하고 있지만, 단기적으로는 그 중요성을 간과할 수 없다. 만약 주요 산유국들이 실제로 석유를 무기로 활용하고 싶다면 그들은 카르텔을 형성해야 할 것이다. 석유수출국기구(OPEC)가 그러한 카르텔 역할을 할 수 있지만, 중요한 산유국 중 일부가 회원국이 아니라는 한계가 있다. 결국 OPEC의 잠재력은 지난 20년간 계속해서 약화했고, 그 결과 유가는 한때 배럴당 12달러까지 떨어지면서 생산 단가와 큰 차이를 보이지 않기도 했다.

결국 여러 이유로 인해, 석유 지정학은 현실에서 이론보다는 큰 효과를 보지 못했다. 그럼에도 불구하고 석유 지정학의 심리적인 요소는 아직도 큰 영향력을 지닌다. 1991년 걸프 전쟁이 시작되었을 때 유가는 엄청난 속도로 폭등했다. 수요가 급등한 것도 아니고, 공급이 줄어든 것도 아니었다. 하지만 월스트리트가 '패닉'했기 때문이다. 전문가들은 석유 판매를 위해 개발된 정교한 금융 시스템이 위험해졌다고 인식했고, 석유 생산이 사실상 줄어들지 않았음에도 세계 시장은 적잖은 충격을 입었다. 이로 인해, 서구 국가들은 이라크의 쿠웨이트 국경 침범보다 석유 공급의 안정을 더 중시한다는 음모론이 더욱 강화되었다.

석유 지정학의 잠재성이 더욱 확연해지는 반면, 현실에서는 그것이 잘 나타나지 않는다. 갑작스러운 유가 상승은 세계 경제를 심각하게 뒤흔들고, 이는 다시금 산유국들에게 반향을 일으킨다. 특히 주요 GCC 산유국들은 서유럽과 북미 지역에 막대한 투자를 해둔 상태다. 만약 그러한 지역들의 경제가 폭락한다면 그여파는 고스란히 아라비아반도로 이어진다. 이제 세계화의 진전으로 작은 변화 하나가 전 세계적으로 큰 반향을 일으킬 수 있게되었기 때문이다. 이를 인식하는 한 석유를 무기로 사용하려는 유혹이 크게 줄어들 수밖에 없다.

수자원

국제적인 시각에서 바라봤을 때 '중동 지역의 자원 지정학'이라는 개념은 일반적으로 석유에 대한 접근권 제한 등과 같은 부분과 결부되는 경향이 있다. 하지만 중동 국가들 간의 관계에서 가장 큰 영향력을 끼치는 액체는 의심할 여지없이 물이다. 매우 중요하지만 취약성을 지닌 자원을 뜻하는 전략자원이라는 개념은 인류의 역사 속에 항상 내재되어 있었다. 하지만 이러한 개념이 실제로 상위 정치high politics*의 영역으로 옮겨간 것은 오래되지 않았다. 1973~1974년 및 1979년 유가 상승, 그리고 1979년 자이르 (콩고민주공화국의 옛 이름) 내전 당시 샤바 지역 분쟁으로 코발트

---

* 국가의 주권이나 안보 등과 같이 국가의 생존에 있어 핵심적인 주제들을 의미하며, 이에 반대되는 개념인 하위 정치(low politics)는 경제, 사회, 문화 등 국가의 안보와는 직접적으로 연결되지 않는 낮은 차원의 이슈들을 의미한다.

의 가격이 5배로 급등하고 나서야 전략자원의 개념이 안보적으로 매우 중요하게 인식되기 시작했다. 1980년대 중반 들어 석유를 비롯한 대다수 전략 광물의 가격이 상대적으로 낮아지자, 국제사회의 관심은 이제 수자원, 특히 중동의 수자원으로 옮겨갔다. 이제 수자원은 당연히 주어진 것이 아닌 하나의 자원으로 간주되기 시작했고, 가격을 매기고 규제를 가하기 위해 그 가치를 계량화해야 한다는 인식이 생겨났다.

이러한 상업적인 고려를 넘어, 수자원이 상위 정치의 요소로 부각되자 그 중요도가 더욱 높아졌다. 이에 따라, 자체적인 용어인 수자원 정치hydropolitics라는 개념도 도입되었다. 더욱이, 이러한 용어 속에는 수자원과 관련한 딜레마가 내재되어 있다. '수자원'이라는 개념은 수문학 등과 같이 계량화에 기반을 둔 여러 과학 주제와의 연계성을 암시한다. 이와 대조적으로, '정치'라는 개념은 사실에 대한 논의와 의사 결정을 동반하기는 하지만, 사실상 통찰력에 기반을 두고 있다. 그 결과, 수자원과 관련한 초국경 문제가 발생하여 협의가 필요할 때가 되면, 수문학자들과 정치학자들은 서로 쉽사리 공감하지 못한다. 하지만 수자원이 부족한 지역에서는 수자원 확보 계획과 정책을 발전시키기 위해 수문학 및 지정학적 고려를 모두 해야 하며, 그러기 위해서는 과학자들과 정치인들이 서로 협력해야 한다. 그런데 이러한 합의 실패가 1990년 1월 13일 튀르키예 사례에서 잘 나타나 있다. 튀르키예는 토양을 응결시키기 위해 아타튀르크 댐 하류의 가배수로를 폐쇄했는데, 그 결과 유프라테스강이 사실상 한 달가량 흐름을 멈추게 되었다. 튀르키예, 시리아, 이라크 삼국의 과학자들은 이러한 조치가 필요하다며 수긍했다. 하지만 지정학적인 상징성이 너무 컸기 때문에 이라크와 시리아 정부는 즉각적으로 반발했다. 실제로 라이벌rival이라는 영문 단어는 라틴어 어휘인 리푸스ripus에서 파생되었는데, 그 뜻은 바로 '물줄기'다.

중동 지역, 특히 아라비아반도와 이집트, 그리고 레바논을 제외한 레반트 해안 지역은 전 세계에서 수자원이 가장 부족하고 또한 잠재적으로도 계속해서 부족한 곳이다. 그렇기 때문에 중동과 관련하여 수자원 외교, 수자원 음모론, 수자원 전쟁 등과 같은 용어들이 사용되는 것은 놀랍지 않다. 레바논 북부의 산악지대를 제외하면, 중동 지역은 강수량이 극도로 낮고 잠재적인 증발산량도 매우 높다. 실제로, 강수량과 증발산의 계절적 차이, 더불어 극단적인 강수량의 변동성만이 지표수 발생과 수분 재충전을 허락한다. 중동 지역 대부분은 영구적인 지표수가 없고, 나일강 유역을 제외하면, 모든 영구적인 하천이 북위 30도보다 위에 존재한다. 그리고 나일강조차도 대부분의 물을 중동 지역 밖의 강우를 통해 충전한다.

이렇게 수자원 공급이 제한적인 가운데, 극도로 높은 인구 성장률은 중동 지역의 수자원 상황을 더욱 악화시킨다. 특히 중동 지역의 인구는 다음 25년 동안 2배나 성장할 것으로 보인다. 이러한 인구 성장에 도시로의 이주 역시 동반되고 있는데, 대다수 중동 국가들의 도시 인구 집중도는 75%를 넘는다. 문제는 도시화가 확대되면 물의 사용이 사실상 기하급수적으로 늘어난다는 점이다. 유목민 가정의 경우, 하루에 1인당 10~30리터의 물을 사용한다면, 도시에서는 그보다 10~20배 이상을 쓴다. 또한 인구 증가로 인해 경제·사회적인 활동이 늘어나면서 더 많은 환경 문제 역시 야기되고 있다. 하지만 더 심각한 문제는 식량이 더 많이 필요해졌다는 점이며, 이는 또한 관개용수가 더 필요하다는 것을 의미한다. 비록 일부 발전된 중동 국가들에서는 고도화된 기술을 통해 수자원을 절약할 수 있지만, 중동 지역에서는 여전히 농업용수의 낭비가 많다. 그리고 대다수의 중동 국가는 실제로 전체 수자원 이용의 60~70%를 농업에 사용하고 있다.

일반적으로 사람은 1년 동안 1인당 최소 1,000m³의 물이 필요하다고 하며, 이보다 적은 양의 물이 확보될 경우 우리는 이를 '물 부족' 국가라고 부른다. 중동 지역에서는 이스라엘, 요르단, 팔레스타인, 시리아, 그리고 아라비아반도 국가 전체가 이미 물 부족 상황이다. 이스라엘, 요르단, 그리고 팔레스타인의 경우 상황이 더욱 심각하며, 절대적인 물 부족 국가라고 불리기도 한다.

다른 전략자원과 마찬가지로, 수자원 역시 수요가 현지 공급을 초과하면 다음과 같은 선택지 중 하나를 선택하게 된다.

1. 수자원의 비축
2. 대체재 확보를 위한 연구개발 진행, 수자원 재활용 방안 모색, 절약 및 보존
3. 다른 지역으로부터 수자원 확보

중동의 주요 하천 유역에서 흘러나온 물은 자연적으로 만들어지거나 인공적으로 만든 호수에 저장되며, 각국은 이러한 저장고를 통해 물의 흐름을 통제한다. 요르단강의 경우 키네렛 호수가 자연적인 조절 장치 역할을 하고, 나일강은 이집트가 인공적으로 건설한 나세르 호수를 통해 물의 공급을 통제한다. 하지만 지표 유출地表流出, surface flow이 미미한 중동 지역 대부분은 수자원이 대수층에 저장된다. 수자원의 자연적인 저장은 충적 댐의 건설을 통해서도 증강될 수 있으며, 사우디아라비아만 해도 6개 이상의 댐을 보유하고 있다. 하지만 이러한 충적 댐의 고질적인 문제점

은 우선 깊은 곳에 있는 대수층에 대한 자세한 지질학적 정보가 없다는 것이고, 물의 흐름이 돌들 사이로 느리게 진행되기 때문에 하류에 건설한 인공 댐이 얼마나 효율적인지에 대해 평가하기가 거의 불가능하다.

반면, 현재까지 수자원과 관련한 중동의 연구개발은 대개 담수화에 집중되었고, 전 세계에서 중동 지역보다 큰 규모의 담수화 설비 투자가 이루어진 곳도 없다. 특히 전 세계 담수화 설비의 60%가 페르시아만(아라비아만)에 집중되어 있다. 증기를 순간적으로 방출하여 해수를 응축 후 담수를 생산하는 다단증발법(MSF)이 가장 일반적인 담수화 방식이지만, 그 외에도 역삼투(RO), 전기투석(ED), 또는 증기압축담수화(VCD) 방식이 각각 또는 조합되어 사용된다. 그런데 이러한 담수화의 가장 큰 결점은 바로 막대한 비용, 그리고 결정적으로 물의 염도다. 우선 이스라엘 사례에서 보듯이 요르단강의 연간 유량 절반 또는 나일강 유량의 1%를 확보하기 위한 담수화 비용은 1년에 12억~18억 달러에 달한다. 걸프 소국들의 경우에는 주요 담수화 시설 1~2개에 의존하고 있는데, 이들은 공급 취약성 문제까지 고려해야 한다.

수자원 공급 향상을 위한 두 번째 방안은 하수 처리를 통해 버려진 물을 재활용하는 것이다. 중동 내 소수의 도시들만 충분한 하수 처리 시스템을 구비하고 있지만 수자원의 재활용에 대한 관심은 나날이 늘고 있다. 이스라엘, 요르단, 카타르, 쿠웨이트, 그리고 사우디아라비아 모두 충분한 잠재력을 갖추고 있다. 가장 초기에 진행된 대규모 구상은 단Dan 하수 개간 프로젝트로, 텔아비브시市의 하수를 활용했다. 1997년 유엔 서아시아경제사회위원회 국가들 중 담수화를 통해 가장 많은 수자원을 확보한 국가는 사우디아라비아로, 총 795bcm 규모의 물을 생산했고, 가장 많은 양의 물을 재활용한 국가는 시리아로, 총 1.45bcm의 물을 생산했다.

수자원의 절약과 보존은 수자원의 공급 체계와 관련되어 있다. 특히 강우를 효과적으로 수집하여 가장 효율적으로 관개에 사용하는 것이 핵심이다. 중동의 촌락 지역에는 다양한 수자원 채집 기술이 개발되어 있고, 특히 이란의 경우 카나트qanat(지하수를 얻기 위한 지하수로)가 우수한 시설로 인정받는다. 하지만 중동에서 가장 심각한 문제는 바로 수자원의 유출로, 전체 수자원 공급의 30~50%가 유실되고 있다. 아무튼, 최근 수자원 보존과 관련한 초점은 대개 수자원의 할당으로 옮겨가고 있다. 할당의 경우, 수자원의 사용 후 가장 많은 양을 재활용할 수 있는 쪽으로 수자원을 제한하는 방식이다. 하지만 이러한 경우 재활용한 물 중 식수의 비율은 10%를 넘지 못하게 되며, 대다수 질이 낮은 물이 생산된다. 또 다른 방식의 보존은, 식량 안보의 개념과는 배치되지만, 값싼 식량을 수입함으로써 자국의 수자원을 보존하는 것이다. 식량 확보를 위해 수출국의 수자원을 대신 활용한다는 인식으로, '가상 수자원virtual water'이라고도 불린다.

다른 지역에서 물을 끌어오는 것은 자국 내 수자원 또는 외부 수자원을 활용하는 방식이다. 가장 대표적인 내부 수자원 집수catchment 사례는 리비아가 건설한 대수로 프로젝트다. 리비아는 이를 통해 1만 8,000헥타르의 땅을 관개할 수 있으며, 매년 5억 달러의 비용이 발생한다. 깊은 대수층에서 퍼 올린 심층수는 폐잔 남부인 쿠프라에서 1만 5,000km 떨어진 해안 지역까지 운송되어 시르테만의 발전에 기여한다. 수자원과 관련한 가장 엄청난 국제적 프로젝트는 1986년 튀르키예가 제안한 '평화 파이프라인'이다. 튀르키예는 매일 600만m^{3}의 물을 세이한강과 제이

한강에서 집수하여 아라비아반도의 양 측면으로 이송할 수 있다고 주장했다. 서부 파이프라인의 경우 매일 350만m³의 물을 시리아, 요르단, 팔레스타인, 사우디아라비아로 보낼 수 있고, 동부 파이프라인은 매일 250만m³의 물을 쿠웨이트, 바레인, 카타르, 아랍에미리트, 오만, 그리고 나머지 사우디아라비아 지역으로 보낼 수 있다. 하지만 실현 가능한 루트가 이미 조사되었지만, 파이프라인 부설에 대한 최종 결정이 나오지 않고 있다. 아무래도 비용과 취약성 문제가 존재하기 때문이다. 담수화의 비용이 줄어들고 있고, 걸프 전쟁 이후 이라크의 석유 수출에 부과된 제약에서 이미 학습한 파이프라인의 정치적 취약성이 걸림돌이 되고 있다. 그리고 예상한 규모보다 더 많은 양의 물을 공급할 경우 그 비용 증가분이 너무 크기도 하다.

튀르키예가 선구적으로 추진한 다른 방식은 메두사 작전으로 알려져 있으며, 이는 수자원을 집수하여 해양 운송을 통해 보내는 방법이다. 이미 키프로스로 운송에 성공한 바 있으며, 또 다른 수혜국은 이스라엘이었다. 거대한 풍선 모양의 기구에 물을 채워서 예인선을 활용하여 도착지로 배송하는 방식이다. 가장 큰 장점은 해안가의 특정 지역에 필요한 물을 공급해줄 수 있다는 점이다. 하지만 비용이 너무 많이 들기 때문에 긴급 구호의 용도 외에는 활용되기 어렵다.

중동은 세계에서 가장 물이 부족한 지역이며, 상황은 갈수록 악화하고 있다. 중동 대다수 지역의 경우 강우량이 적을 뿐만 아니라 변동성 역시 심하다. 또한 잠재적인 증발산 비율도 전반적으로 높다. 중동 지역의 여러 국가들, 특히 걸프 국가들의 경우 인구 성장률이 전 세계에서 가장 높은 수준이며, 도시화의 확대는 물 문제를 더욱 악화하고 있다. 또한 대다수의 국가는 농업 중심

국가인데, 관개 기술이 부족하여 낭비되는 물의 양도 많다. 공급량을 늘리는 것은 상당히 비싸며, 물을 저장하는 것도 잠재적으로 효율이 떨어진다. 또한 담수화나 물을 끌어오는 것 역시 비용이 막대하다. 그렇기 때문에 중동 지역의 물 안보는 매우 취약하다고 볼 수 있으며, 수자원 정치가 전개될 가능성도 전 세계에서 가장 높다.

수자원 정치는 특정한 범위가 정해져 있지 않다. 수자원과 관련한 문제는 지역적일 수도 있고, 아니면 국제적 수준으로 확장될 수도 있는 셈이다. 더욱이 수자원과 관련한 문제는 대기 중의 수증기 때문에 발생할 수도 있고, 지표수나 지하수, 그리고 심지어 임시적인 수자원 때문에 야기될 수도 있다. 하지만 수자원 분쟁에 있어 가장 큰 함의를 가지는 요소는 바로 국제적인 수로를 공유하는 국가들 간의 분쟁이다. 국제 하천 유역은 두 개 이상의 국가가 공유하며, 그러한 하천 유역에 전 세계 인구의 40% 이상이 거주하고 있다. 수자원의 중요성, 그리고 잠재적인 활용도를 고려했을 때, 수자원 공유가 지닌 잠재적인 분쟁 가능성은 막대하다. 나일강, 티그리스-유프라테스강, 요르단강의 경우, 비록 중동 지역에 존재하는 강의 전부는 아니지만, 향후 가장 높은 수자원 분쟁 가능성을 지니고 있는 유역이다(그림 11.4).

나일강으로 집수된 수자원은 아프리카의 10%나 되는 영토를 따라 흐르고, 어떠한 강들보다 더 복잡한 수문학 체계를 보유하고 있다. 나일강은 백나일강과 두 지류인 청나일강 및 아트바라강으로 이루어져 있다. 특히 백나일강과 아트바라강이 분리되는 기점부터 하류인 지중해에 이르기까지, 나일강으로는 어떤 다른 영구 지류도 집수되지 않는다. 나일강의 전체 유량은 78~85bcm 사이로, 때때로 큰 차이를 보이기 때문에 가장 현실적인 지표는

그림 11.4 중동의 주요 배수 유역 현황

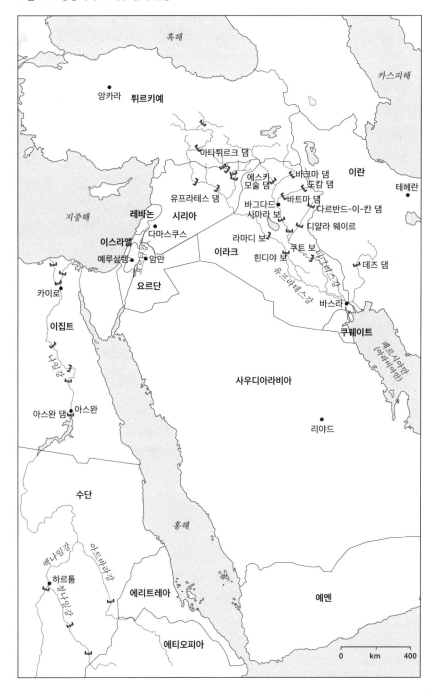

흑해

카스피해

앙카라 · **튀르키예**

아타튀르크 댐

에스카
모술 댐
바쿠마 댐 **이란**
도캄 댐
테헤란 ·

유프라테스 댐

레바논

시리아

바그다드 · 바트마 댐
사마라 보
다르반드-이-칸 댐
디얄라 웨이르

지중해

이스라엘

다마스쿠스 ·

라마디 보

예루살렘 · · 암만

이라크

힌디야 보
쿠트 보

데즈 댐

요르단

카이로

이집트

아스완 댐 · 아스완

유프라테스강

유프라테스강

바스라 ·

쿠웨이트

페르시아만
(아라비아만)

사우디아라비아

나일강

리야드 ·

수단

홍해

배나일강
하르툼 ·
앤나일강

에리트레아

우트바라강

예멘

에티오피아

0   km   400

최소치로 보는 것이 낫다. 가장 분명한 사실은 청나일강이 가장 중요한 하천이며, 에티오피아가 전체 나일강의 80%를 공급하고 있다는 점이다.

1997년 기준, 인구수가 6,500만 명에 달하는 이집트는 나일강의 주요 사용자이자 나일강 유역 내 가장 강력한 국가다. 수단 역시 빠른 속도로 인구가 증가하면서 현재 3,500만 명의 인구를 가지고 있다. 현재 수단은 나일강 수자원을 전적으로 사용하지 않고 있으며, 잔여량을 이집트가 사용 중이다. 1929년 이집트와 수단은 나일강 수자원 협정을 맺었고, 이집트가 48bcm, 수단이 4bcm을 사용하기로 합의했다. 이후 아스완 하이 댐 건설이 시작되면서 1950년대에 양국 간 갈등이 증폭되었고, 1958년에는 군사적 대치까지 갔다. 하지만 1959년 나일강 수자원의 완전한 활용에 관한 협정Agreement for the Full Utilization of the Nile Waters이 체결되면서 현재까지 유지되고 있다. 1959년 합의는 1929년의 합의를 비준하고, 추가적으로 나세르 호수의 수자원을 수단과 이집트가 2:1의 비율로 공유하기로 했다.

나일강을 둘러싼 분쟁은 수단과 이집트 사이보다는 에티오피아와 이집트 사이에서 발생할 가능성이 높다. 에티오피아가 청나일강의 개발과 관련한 계획을 수립하자, 이집트는 1979년 군사적으로 개입하겠다고 협박했고, 이후 상황은 크게 달라지지 않고 있다.

티그리스-유프라테스강 유역은 현재로서는 수자원이 풍부하다. 하지만 튀르키예의 남동부 아나톨리아 프로젝트(GAP)가 완료된다면, 이라크는 수자원의 양과 질적인 측면에서 문제에 직면할 것으로 보인다. 통계마다 다르긴 하지만, 티그리스강의 유량은 49bcm 정도로 줄고, 유프라테스강의 경우 35bcm을 기록할 것으로 보인다. 이를 합치면 대략 나일강의 유량보다 조금 많은 수준이다. 튀르키예는 매년 유프라테스에 유입되는 유량의 89%, 티그리스강에 유입되는 물의 51%를 제공하고 있다. 나일강 유역과 마찬가지로, 이곳 역시 비아랍 국가가 상류에서 하천의 유량을 통제하고 있다. 하지만 티그리스-유프라테스강 유역의 경우 튀르키예가 가장 강력한 국가지만, 에티오피아는 이집트에 비해 군사력이 빈약하다.

지정학적으로 가장 주목받고 있는 것은 바로 아타튀르크 댐과 튀르키예의 남동부 아나톨리아 프로젝트다. 프로젝트가 완료될 경우 튀르키예는 영토의 절반 이상을 관개할 수 있게 되며, 튀르키예 전체 전력의 50%를 이곳에서 생산하게 된다. 아타튀르크 댐의 저수를 통해 관개될 농토는 대략 700만 헥타르로 추정되며, 이를 관개하기 위해서는 매년 10bcm의 물이 필요하게 될 것이다. 여기에 시리아의 몫과 증발량을 더했을 경우, 이라크로 흘러들어오는 유프라테스강의 유량은 적게는 11bcm까지 줄어들 수 있다. 이는 이라크가 필요로 하는 수자원량에 20% 부족한 수치다.

유프라테스강을 둘러싼 지정학적 분쟁이 1974년 발생했다. 유프라테스강 상류에 두 개의 댐이 건설되고 물이 채워지면서 유프라테스강의 유량이 현저하게 줄어들었기 때문이다. 그 결과, 시리아와 이라크는 갈등을 빚었다. 이후 1990년에 튀르키예가 아타튀르크 댐을 건설하면서 또다시 유프라테스강의 유량이 현저하게 줄어들었다. 이번에는 시리아와 이라크가 동시에 위기의식을 느끼게 되었다.

요르단강에 집수되는 물의 양은 세 강들 중 가장 적다. 하지만 정치적으로 추동된 수자원 분쟁이 실제로 일어난 유일한 곳이다. 1948년 이래로, 요르단강 유역 국가들 간의 관계는 상당히 험악했고, 그로 인해 수자원 공급과 관련한 협력 논의가 전혀 이루어지지 않았다. 더 심각한 문제는 요르단강의 유량이 나일강의 2%밖에 안 되는 1.55bcm 수준이라는 점이다. 또한 팔레스타인이 독립적인 정치체로 국제사회의 승인을 받게 되면서, 이제 요르단강을 둘러싼 유역 국가는 다섯으로 늘어나며 상황이 더욱 복잡해졌다.

정치적인 복잡성은 요르단강 상류의 지리적인 위치를 통해 나타난다. 요르단강은 상류가 총 세 개다. 하나는 시리아와 레바논에서 발원하는 하스바니강이며, 다른 하나는 시리아에서 나오는 바니아스강이다. 그리고 마지막인 단강Dan River은 이스라엘에서 흘러들어온다. 또 하나의 거대한 지류인 야르무크강은 요르단과 시리아, 그리고 요르단과 이스라엘 간의 국경선 역할을 한다. 그리고 요르단강 자체도 이스라엘과 요르단 사이의 국경 역할을 하며, 더 남쪽으로 내려가면 서안 지구와 요르단 간의 국경을 나눈다. 중동 지역의 지정학적 중요성을 감안하고 보았을 때, 요르단강 유역은 시리아와 레바논이 이스라엘의 상류 국가고, 이스라엘은 요르단과 팔레스타인의 상류 국가다.

왜곡되지 않은 수문학 데이터를 확보하는 것은 매우 어렵다. 하지만 이스라엘은 1967년 이전 국경에서 요르단강 유역의 3% 정도만 보유하고 있었다고 말할 수는 있을 것이다. 분명 이스라엘이 서안 지구를 점령한 데는 수자원적인 고려가 있었다고 본다. 이 지역이 현재 이스라엘 수자원의 80%를 담당하고 있기 때문이다. 또한 골란 고원에서도 추가적으로 수자원이 확보되었고, 이스라엘은 레바논 남부 지역을 점령함으로써 리타니강에 대한 접근권을 얻었다.

이스라엘이 아랍 국가들과 전쟁을 한 동기가 수자원 때문이었다는 확실한 증거는 없다. 하지만 장기간의 분쟁 속에 중요한 한 부분인 것은 분명하다. 이스라엘이 키네렛 호수에 국립 송수용 용기National Water Carrier를 건설하자 아랍 국가들은 힘을 모아 반대했다. 그리고 팔레스타인 민족해방전선인 파타는 이에 반대하며 최초로 군사작전을 감행했다. 아랍 국가들은 1964년 아랍 정상회담을 개최하여 요르단강의 상류를 우회시키자고 결의했고, 실제로 1965년부터 공사에 착수했다. 하지만 이스라엘군이 시리아 건설 현장을 파괴했고, 이어진 분쟁이 1967년 전쟁으로 치달았다. 이스라엘은 승리를 통해 요르단강으로 집수되는 핵심적인 지정학적 요충지를 통제할 수 있게 되었다.

비록 수자원을 둘러싼 노골적인 전쟁은 없었지만, 세 강의 유역을 둘러싼 갈등과 분쟁은 모두 존재했다. 또한 향후 잠재적인 갈등 가능성도 여전히 높다(그림 11.5). 연구에 따르면, 분쟁의 가능성을 평가하는 세 가지 요소가 있다. 만약 특정 통계에 대한 이견이 존재하고, 권력의 비대칭이 명확하며, 분명한 이념적 차이가 존재한다면, 분쟁 가능성이 커진다. 세 강의 유역을 둘러싼 상황은 이 세 가지가 모두 해당한다. 여기에 더해, 지정학적 위치 역시 매우 중요한 요소며, 수자원에 대해 얼마나 관심을 가지고 있는지, 그리고 잠재적으로 얼마나 많은 영향력(내외적·외부적)을 행사하기 원하는지 역시 고려해야 한다. 수자원에 대한 관심은 티그리스-유프라테스강 및 요르단강 유역 국가들 모두 상당했고, 나일강 유역 국가들의 대다수도 많은 관심을 보였다. 하지만 각 유역별로 유역 국가들의 국력 차이는 상당하고, 각 유역의 최강자는 튀르키예, 이스라엘, 그리고 이집트다.

만약 협상에 실패한다면, 무력에 의존하기 전에 먼저 국제법에 호소할 수 있다. 수자원과 관련한 국가의 주권과 관련하여 총

그림 11.5 중동의 수자원 정치

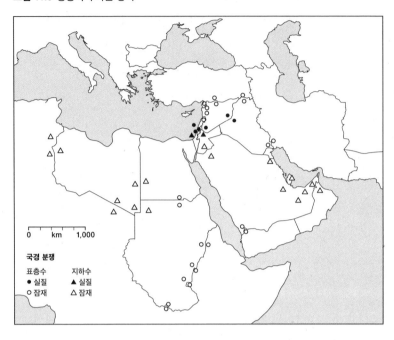

네 가지 다른 원칙이 존재한다. 우선 상류 국가는 절대적인 영토 주권의 원칙에 호소할 수 있고, 하류 국가는 절대적인 영토 보전 의 원칙을 내세울 수 있다. 공동체주의나 공평한 이용의 원칙, 또 는 제한된 영토 주권의 원칙은 협력을 요구하는 원칙이다. 마지 막 원칙에 따르면, 한 국가는 다른 유역국의 수자원 이용을 방해 하지 않는 범위 내에서 수자원을 자유롭게 사용할 수 있다. 이러 한 원칙을 바탕으로 국제법협회(ILA)는 '헬싱키 규칙'을 개발했 다. 뒤이어 1992년 유엔 국제법위원회는 23개의 조항을 추가한 새로운 원칙을 제시했다.

많은 경우, 가장 효과적인 강제 수단은 금융적인 조치였다. 대다수의 대규모 프로젝트가 세계은행 등과 같은 국제적 지원을

통해 이루어지기 때문이다. 만약 특정 프로젝트와 관련하여 분쟁
적인 요소가 보이면, 세계은행은 지원을 거부할 수 있다는 정책
을 도입해왔다. 중동 지역에서 이러한 정책이 이행된 사례는 야
르무크강의 유니티 댐 프로젝트와 유프라테스강의 아타튀르크
댐 프로젝트였다.

식량 안보

석유, 물, 특정 광물, 그리고 식량은 인간의 생활에 꼭 필요하고
공급의 취약성이 존재하기 때문에 모두 전략자원으로 간주된다.
식량 역시 다른 자원들과 마찬가지로 공급의 안전장치로서 비축,
연구개발, 그리고 수입을 할 수 있다. 식량과 관련한 연구개발은
다수확 작물의 종류를 개발하는 것이 대표적인 예다. 다만 다른
자원과의 분명한 차이는, 식량은 잠재적인 대체재가 많다는 점이
다. 다른 전략자원과 비교할 때 식량은 거의 무한하게 대체할 수
있다. 최소로 요구되는 칼로리와 영양 균형은 여러 다양한 식량
자원을 통해 확보할 수 있다. 그렇기 때문에 정치적인 목적을 위
해 식량 공급에 개입하는 식량 지정학은 다른 전략자원 통제에
비해 성공할 가능성이 높지 않다. 하지만 최후의 수단으로써 식
량은 광물이나 석유보다 훨씬 더 직접적으로 생명과 연결되어 있
다. 그렇기 때문에 식량 공급에 대한 위협은 특별히 심리적인 타
격을 주는 요소로 볼 수 있다.

　　여러 중동 국가를 포함한 대다수의 국가에게, 식량 안보는 각
주민이 섭취하는 식량의 양과 질을 유지하는 것을 의미한다. 만
약 공급이 유지되지 않는다면 영양 불균형과 영양실조, 아사가

발생한다. 중동 국가들 중 거대한 인구에 비해 상대적으로 적은 경작지를 보유한 이집트는 식량 안보 위험이 높다. 이집트는 식량 공급이 충분치 못하고, 국내적으로나 지역적, 또는 국제적으로도 구매력이 떨어지기 때문에 부족분을 메우기 쉽지 않다. 하지만 굶주린 국민들이 외국으로 이주한다고 해서 국가의 안보에 위해가 가해지는 것은 아니며, 단지 국가 통합에 위협이 된다. 대신 이들은 이주한 국가의 시장에 부담을 주고, 토착민들과 갈등을 빚을 수 있을 것이다. 그렇다고 해도 대규모 분쟁이 발생하지는 않는다.

이집트는 식량 안보를 향상시키기 위해 여러 조치들을 취하고 있으며, 더불어 해수 관개 등과 같은 매우 창의적인 접근을 시도 중이다. 특히 카이로와 나일강 삼각주 지대가 확장되자, 나일강 유역의 비옥한 토양을 보존하기 위해 모든 노력을 기울이고 있다. 하지만 최대한도로 작물을 심는다 해도 식량 부족이 해소되지 않으리라는 것을 이집트 정부 역시 인지하고 있다. 그렇기 때문에 나세르 호수와 서부 사막지대에 위치한 여러 오아시스를 연결하는 관개 수로를 만들기 위해 노력 중이다. 이러한 이집트 구상의 핵심은 단연 나일강이며, 이러한 의존도 때문에 이집트는 에티오피아 등과 같은 상류 연안국들과 수자원 분쟁에 연루될 가능성이 커졌다. 나일강 유량의 80% 이상이 에티오피아 고원 지역에서 발원하기 때문에, 에티오피아는 더욱 광범위한 관개 시설을 개발하기에 유리하다.

기아가 분쟁을 야기하기보다는, 사실 분쟁이 기아를 야기한다. 중동에서 발생한 대규모 기아 사태는 기원전 42년 및 서기 1064~1070년 이집트 사례밖에 없다. 결국 수단이나 이라크에서는 분쟁이 기아와 영양실조를 일으킨 셈이다. 1991년 이라크에서의 사막의 폭풍 작전, 그리고 연이은 유엔의 제재가 이라크 국민들에게 남긴 장기적인 부작용은 바로 심각한 영양 불균형이었다. 이라크는 일반적인 무역조차 제한되었고, 유엔 안보리 결의안 986호에 따라 유일한 통로는 석유를 팔아 식량을 구매하는 것이었다. 이러한 결의안을 통해 알 수 있는 사실은 세계 공동체가 식량 안보는 반드시 보장되어야 한다는 것을 일반적으로 인지하고 있다는 점이다.

필드Field(1993)는 영양 문제가 네 가지 이유 때문에 크게 주목받지 못하는 미약한 정치적 쟁점이라고 주장했다. 우선 영양 문제는 쉽게 부각되지 않고, 정부 수준에서 영양 문제를 활성화시키거나 유지하기도 쉽지 않다. 또한 영양 문제에 대한 지지도 빈약하며, 영양과 관련한 정책을 규정하기도 매우 어렵다.

넷째로, 영양 문제는 미사여구나 형식주의에 상당히 취약하기 때문에, 사실상 진지한 정치적 책무로서 범위를 결정하기 매우 어렵다. 그렇지만 걸프 국가들의 경우, 특정 상황에서 이러한 식량 안보 문제에 큰 관심을 보였다.

1973년 첫 유가 상승 시기 이후에, 헨리 키신저Henry Kissinger는 여러 인터뷰에서 식량 지정학의 위협을 여론화했다. 그런데 걸프 국가들은 이러한 식량 안보 위협에 매우 취약하다. 물질적으로 선진화된 사회지만, 식량은 거의 전적으로 수입에 의존하기 때문이다. 실제로, 걸프 산유국들이 석유 무역에 상대적으로 많은 제약을 가하지 않은 이유 중 하나가, 그들이 서구 식량 시장에 의존해야 하기 때문이라는 주장이 있다. 식량은 어디서든 구할 수 있겠지만, 그 범위는 다소 제한될 수 있기 때문이다.

이와 관련하여, 사우디아라비아 정부는 식량 공급 안보가 국가 자주권의 근간이라고 공식적으로 공표했다. 이후 사우디아라비아 정부는 기본적인 식품의 자급자족을 달성하기 위해 농업 발전에 막대한 자금을 투자했다. 그 결과, 농업은 석유 산업 다음가는 사우디아리비아의 제2 산업으로 등극했고, 사우디아라비아는 밀, 감자, 대추야자, 계란, 그리고 유제품의 자급자족에 성공했다. 특히 밀 생산이 상당히 성공적이어서 사우디아라비아는 잉여 생산물을 수출하기도 했다. 1978년 3,300톤에 불과했던 밀 생산이 1985년에는 170만 톤으로 증가했기 때문이다. 다만 그 부작용은 농산물 생산에 상당한 보조금이 들어갔다는 점과 상당한 양의 수자원을 소비한다는 것이었다.

식량 안보 개념은 여러 다양한 주제와 결부된다는 것을 알 수 있다. 비록 다른 주제들에 비해 덜 부각되고 지정학적으로도 직관적이지 않지만, 식량 안보 문제는 충분히 감정을 자극하기 때문에 종종 정치적으로 현실보다 우선될 수 있다. 또한 식량 안보는 전략 광물과도 직접 연계된다. 원래 전략 광물은 일반적으로 강철과 연관되지만, 식량 생산의 경우 대개 비료와 관련된다. 매우 건조한 중동 지역은 탄산칼륨 같은 증발암이 풍부하며, 석유화학 제품 역시 보유하고 있다. 하지만 가장 많은 양을 보유하고 있는 것은 인산염으로, 모로코가 세계에서 인산염 생산 1위다.

식량 안보의 개념은 다양하게 해석될 수 있겠지만, 식량 공급을 보장하기 위한 노력이 개발도상국뿐만 아니라 선진국에게도 심각한 환경 문제를 야기한다는 사실은 상당히 흥미롭다. 리스Rees(1990)는 유동자원·결핍에 관한 논의에서, 기술적인 진보와 자유 시장 원리가 신재생자원에 대한 압박을 늦추지 않았다고 주장한다. 선진국에서는 멋진 경치에 대한 요구가 늘어나면서 농업 환경에 많은 변화가 야기되었고, 이는 환경에 나쁘지 않은 영향을 끼쳤다. 또한 생산을 강화하기 위한 압박들은 일부 국가들에서 의문을 받고 있다. 반면, 개발도상국의 경우 기술 발전 실패와 시장 경쟁력 약화가 더욱 두드러지고 있고, 농업은 외곽 지역으로 밀려나면서 생산량이 불안정해지고, 잠재적인 생산성이 감소했다. 또한 중동 지역에서는 사막화가 막대한 피해를 가져왔다. 사막을 다시금 개간하려는 여러 국가들의 노력은 경제력이 좋지 않은 이집트나, 상대적으로 경제력이 강한 걸프 국가들에서도 모두 마찬가지로 단기 및 장기적으로 문제를 야기했다.

알람기르Alamgir와 아로라Arora(1991)는 식량 안보와 관련한 심도 있는 분석에서, 식량 안보에 관한 개념을 한 가구에서 국가 수준까지, 그리고 거기서 최종적으로는 전 세계 수준까지 추적해 보았다. 특히 그들은 식량 안보가 생산과 공급뿐만 아니라 구매력과도 긴밀히 연결되어 있다고 주장한다. 결국 장기적인 식량 안보 문제의 해결은 사회·경제적인 요인, 환경적인 요인, 그리고 정치적인 요인까지도 모두 결부된 셈이다. 이와 같이, 식량 안보 개념은 세계자원의 수준, 운송 인프라, 그리고 자원 관리 및 계획 수립 등 다양한 요소들을 고려해야 한다. 식량 현황을 확인할 수 있는 주요 지표로 식량안보지수가 있다. 이 지수는 식량 비축량과 잠재적인 유휴 경작지를 측정하고, 이를 조합하여 잠정적인 식량 소비 가능 일자를 산출한다. 식량 비축은 일반적으로 곡물 수출국인 미국, 케나다, 호주, 아르헨티나, 프랑스 등이 대량 보유하고 있다. 그리고 유휴 경작지의 경우 미국 및 유럽연합이 정책적으로 관리해왔다. 만약 곡물 비축량과 미국의 유휴 경작지 비율이 줄어들어 식량안보지수가 50일 아래로 떨어지면, 곡물의 가격이 상승하고 식량 안보가 불안정해진다. 즉, 이러한 만일의 사태를 대비하기 위해, 사우디아라비아 정부는 곡물을 자급자족하는 정책을 개발한 셈이다.

하지만 식량 안보의 개념을 어떻게 해석하든지, 중동 지역은 식량 공급의 지정학적인 측면을 여러 면에서 보여준다. 대체재의 존재, 수입 및 운송 가능성, 그리고 영양 불균형에 대한 전 세계적인 우려 등을 고려할 때, 식량은 수자원에 비길 것은 아니지만, 중요한 잠재적 지정학 주제로 남을 것이다.

범아랍주의

범아랍주의 또는 아랍 민족주의는 이슬람 원리주의에 의해 중동 지정학의 중심에서 밀려났다. 특히 각 국가에서 민족주의가 쇠퇴함에 따라 이슬람 원리주의가 점차 융성하기 시작했다. 하지만 미래에 아랍 민족주의나 범아랍주의가 다시금 발호하기 좋은 환경이 조성될 수는 있다. 모든 아랍인을 하나로 연합하겠다는 이상을 가진 운동인 범아랍주의는 중요한 거시정치적 쟁점이 될 잠재력이 높다.

아랍 국가 국민들이 거주하고 있는 아랍 세계는 물리적, 사회·경제적, 지정학적으로 매우 독특한 특성을 지니고 있다. 아랍 국가들의 영토는 거대한 자연 장벽으로 둘러싸여 있으며, 균일한 기후대에 묶여 있다. 이러한 연속성을 해치는 유일한 존재는 당연히 이스라엘로, 아시아와 아프리카를 잇는 교차로의 중앙을 차지하고 있다. 아랍 세계는 중동 지역을 넘어 모리타니와 마그레브 지역까지 포괄하고 있다.

역사적으로, 아랍인들은 아라비아반도에서 발원한 동일한 조상을 가진 것으로 알려져 있으며, 이들이 중동 전역으로 이주했다. 이들은 동일한 종교와 언어를 가진 것으로 알려졌고, 635년 이후로 아랍 지역이 이슬람과 아랍어를 공통적으로 수용한 것을 설명하는 근거가 된다. 또한 아랍 문화의 강력한 힘을 바탕으로, 대다수 레반트 지역은 400년 넘게 오스만 제국으로부터 아랍 문화를 지킬 수 있었고, 마그레브 지역의 경우 150년 넘게 프랑스의 영향력 속에서도 살아남았다.

'민족nation'은 상대적으로 오랜 기간 유지된 공인받은 안정적인 공동체를 의미하며, 언어, 경제생활, 문화 등의 공동체적 특질과 영토를 공유한다.

아랍 세계는 공동의 언어, 영토, 문화를 보유하고 있기 때문에 이러한 정의를 대다수 충족시키는 하나의 민족이라고 볼 수 있다. 다만 아직까지 드러나지 않는 부분은 공동의 경제생활이다. 공동의 경제생활은 대다수 구성원이 상호 의존적으로 공동의 경제 체제에 포괄되는 것을 의미한다. 결국 정의에 따르면, 민족이라는 개념은 사실상 근대에 들어와야 등장할 수 있는 개념이다. 개인의 경제적 노력이 국가적 구조 속에 결합될 수 있는 것은 근대적인 경제적 조건이 마련돼야 가능하기 때문이다. 아랍 세계에서도 아랍연맹이나 GCC(걸프협력회의) 등과 같은 기구가 등장하긴 했지만, 범국가적 경제를 운영하기에는 부족한 수준이다.

아랍 민족주의를 논함에 있어 가장 중요한 요소는, 의심할 여지없이, 공동의 언어다. 일부 소수 공동체를 제외하면 모든 아랍 국가의 국민들은 아랍어를 사용한다. 동쪽의 마슈리크 지역은 아랍어가 1,300년 동안 모국어였고, 중부 지역인 이집트, 리비아는 최소 천 년 이상 아랍어를 사용했다. 또한 서부의 마그레브 지역은 800년 전부터 아랍어를 사용 중이다. 물론 아랍어에는 많은 방언이 존재한다. 하지만 이러한 방언이 정치적인 국경의 구분과 일치하지 않기 때문에, 민족국가가 국경 획정을 통해 부과한 분절을 심화하지 않는다. 이러한 강력한 범아랍주의적 유대감에 더해, 아랍어 문자는 시공간적으로 더 강력한 일체감을 선사한다. 이는 아랍어를 통해 계시된 쿠란의 영향이 크다. 아랍어는 이슬람에서 특권을 지닌 소통 방식으로 인정되기 때문이다.

아랍 세계가 공유하는 또 다른 주요 문화적 요소는 대다수의 아랍인이 믿고 있는 이슬람이다. 그렇기 때문에, 우리는 '이슬람-아랍 문명'이라는 용어를 사용할 수 있다. 아랍인들의 유동성에 힘입어, 이러한 문화적 동질성은 국경선의 제약이 생긴 오늘날 이전까지 놀랍도록 증가했다. 영토성은 충성의 기준이 아니었기 때문에 기존의 국경은 사실상 투과성이 높았고, 그 결과 아랍인들은 전 세계에서 가장 위대한 이동객이 되었다.

범아랍주의와 관련한 또 다른 주요 요소는 바로 영토성이다. 이스라엘이라는 예외를 제외하면, 아랍 세계는 동서남북 모두 하나로 연결되어 있다. 더욱이 지리학적으로 명확하게 동질성을 지니며, 기본적으로 유사한 기후와 지형을 보여주고 있다. 가장 기본적인 지형적 요소는 바로 평평한 사막지대와 수자원의 분산이다. 다른 지역에서 물을 끌어오는 나일강 및 티그리스-유프라테스 유역을 제외하면, 아랍 지역은 사실상 지표수가 존재하지 않으며, 대다수의 수자원은 지하 대수층에서 나온다. 아랍 세계 여러 국가들은 이러한 극악한 환경에 비슷한 방식으로 대응했다. 이와 같이, 현대적인 발전의 차이를 제외하면, 각 아랍 국가들은 아랍 세계 전체의 축소판을 보여주고 있다.

석유 시대의 도래 이후 현대로 넘어오면서, 오랫동안 광범위하게 지속되었던 경제 개발 패턴은 석유자원을 보유하고 있는지의 여부에 따라 크게 달라지기 시작했다. 그 결과, 경제적인 측면에서 근대 아랍 세계는 산유국과 비산유국으로 양극화되었다. 특히 GCC 국가들이 보여주는 근대화 수준은 다른 지역과는 비교할 수 없는 정도다. 이와 같이, 경제발전은 범아랍주의를 방해하는 요소로 작용한 셈이다.

하지만 다양한 동질적 요소들을 보유했음에도, 아랍 세계를 하나로 만드는 데 실패하게 만든 주요 요소 중 하나는 바로 우여곡절 많은 역사이기도 하다. 슈라이디Shuraydi(1987)는 현대 아랍 역사에서 범아랍주의에 큰 영향을 끼친 근본적인 분수령은 네 차례 있었다고 주장한다. 첫 번째로, 분열되었던 아랍 세계는 이슬람 제국이라는 기치 아래 통합되었다. 하지만 이후 두 번째 분수령인 오스만 제국이 등장하여 400년간 통치하면서 아랍 세계는 다시금 분열했다. 세 번째 분수령은 제1차 세계대전 및 오스만 제국의 붕괴로, 아랍 세계는 대체적으로 영국과 미국의 세력권으로 분리되었다. 그리고 마지막 분수령은 이스라엘의 건국에 따른 변화였다. 이러한 네 사건을 통해, 일견 아랍 세계의 지속적인 분열이 외부적인 요인에 의해 야기되었다고 해석할 수 있다. 하지만 슈라이디는 중요한 내부적 요인도 존재했다고 판단했다. 범아랍주의와 범이슬람주의 간의 갈등 역시 명백하게 아랍 세계의 세속화에 영향을 끼쳤다. 실제로, 오스만 제국 시절 아랍 민족주의를 열렬하게 지지했던 세력은 서구에서 교육받은 기독교 집단이었다. 더욱이, 아랍 민족주의를 주도한 국가는 이집트였지만, 동시에 이집트는 아랍 국가들 중 가장 국수주의적인 국가이기도 했다.

제2차 세계대전 이래로, 범아랍주의의 초기 단계는 세 사건에 의해 산산조각이 났다. 1948년 아랍 국가들이 이스라엘에 패배하면서 팔레스타인 영토를 상실했다. 이후 1958년 2월 이집트와 시리아는 통일아랍공화국을 설립하면서 반격을 노렸다. 하지만 3년 반 후 시리아가 이탈했다. 이후 1967년 아랍 군대가 다시금 대패하면서 아랍 세계가 군사적으로 매우 약하다는 것이 명백히 드러났다. 이러한 대재앙을 맞이한 후 일부 아랍 국가들은 기존 아랍 생활양식의 폐단을 송두리째 바꿔야 한다고 인식했다. "현재를 해방하기 위해, 우리는 과거를 도륙해야 한다"(Ajami, 1981)는 것이 핵심 메시지였다.

제2차 세계대전 이후 한동안 가장 영향력 있는 인물은 가말 압둘 나세르였다. 그는 평생 범아랍주의와 연관된 인물이고, 그에 대한 평가는 아랍 세계에서 상반되었다. 파루크 국왕이 폐위되고 1953년 6월 이집트공화국이 선포된 이후, 나세르는 1954년 대통령에 당선되며 중요한 인물로 떠올랐다. 그는 아랍 세계에서 상당한 권력을 확보하고 대단한 카리스마를 가진 인물이자, 나세리즘으로 알려진 구상을 개발한 사람이었다. 그는 기본적인 범아랍주의 사상에 공화주의, 사회주의, 비동맹주의, 그리고 단호한 반제국주의 사상을 더했다. 나세르 본인과 그의 사상이 시의적절하게 빛을 보게 된 사건은 바로 1956년의 수에즈 위기로, 전 세계는 오랜 식민주의 세력인 영국과 프랑스에 대항하는 신생 이집트를 지지했다. 희열감이 강력하게 형성되면서, 아랍 세계가 재구성될 수 있다는 희망이 가득 차게 되었다. 하지만 유일한 성과는 단명한 통일아랍공화국의 결성 정도였다. 1967년 재앙적인 군사적 패배로 인해 나세르의 권위는 완전히 무너졌고, 1970년 그가 사망한 이후 이집트는 정치, 경제, 사회적인 혼란을 유산으로 물려받았다.

그렇지만 범아랍주의적인 정서가 아랍 학자들뿐만 아니라 중동 전반에 여전히 남아 있기 때문에, 범아랍주의라는 신화는 소멸하기에 너무 강하다. 또한 팔레스타인 문제는 지속적으로 아랍 세계를 하나로 만드는 역할을 하고 있다. 하지만 아랍 단체가 아닌 이슬람 단체들이 정치적으로 성공하면서, 범아랍주의는 최소한 중기적으로 매혹적이고 설득력 있는 비전으로 남을 수 있을지라도, 하나의 운동으로서는 단지 심리적인 가치를 가질 것이다.

원리주의

서구의 일반인들은 대개 중동의 '원리주의'를 '이슬람 원리주의'와 동의어로 인식한다. 하지만 원리주의라는 용어는 모든 종교에 적용될 수 있고, 단순히 각 종교의 가장 근본적인 교리로 회귀하자는 의미를 가진다. 중동 지역은 기독교, 유대교, 이슬람과 같은 여러 종교의 탄생지이기 때문에, 이슬람만이 원리주의라는 개념을 독점하는 것은 논리적이지 못하다. 실제로 기독교 근본주의 단체도 많으며, 유대교 원리주의 사상인 시온주의는 지난 세기에 어느 무슬림 단체들보다 정치적으로 훨씬 성공적이었다. 이스라엘의 역사는 시온주의와 불가분하게 뒤얽혀 있고, 지난 세기 중동에서 가장 큰 정치적 여파를 남긴 사건은 석유의 발견이 아니라 이스라엘의 건국이었다.

이러한 사실에도 불구하고, 서구 사회의 잘못된 인식이 너무 강하기 때문에, 중동의 지정학적 위협은 결국 이슬람 원리주의에 초점 맞춰진다. 냉전 종식 이후 후쿠야마Fukuyama가 1989년 '역사의 종언The End of History'을 언급했을 때, 그는 이제 세계의 주적이 드디어 소멸했고 자유민주주의가 번창할 것이라고 말했다. 하지만 그는 자신의 이론을 방어하기 위해, 그래도 여전히 새로운 다른 위협들이 존재할 것이라 첨언했다. 공산주의 세력의 공백을 여러 형태의 문제가 대체할 것이며, 그 근원은 원리주의나 민족주의가 될 것이라는 의미였다. 이러한 논의를 함에 있어, 그는 분명하게 원리주의를 '이슬람 원리주의'로 인식했다. 소련이 붕괴한 상황에서 이러한 그의 주장은 상당히 시의성을 가졌다. 파프Pfaff는 1991년 1월 28일자 《더 뉴요커》 잡지에서, 새로운 시대에 나타날 양극 체제를 다음과 같이 표현했다. "상당히 많은 사람은 이제 공산주의와 서구 간의 전쟁이 서구와 무슬림들 간의 전쟁으로 전환될 것으로 생각한다." 이러한 주장은 무슬림 세계로부터 느끼는 잠재적인 위협의 정도가 매우 크다는 것을 잘 드러내준다. 이슬람은 12억 이상의 신자로 구성된 다국적 종교며, 서아프리카에서 동남아시아까지 이르는 45개국에서 다수인 종교다. 또한 서유럽이나 미국, 러시아, 중국에서도 소수 종교로 빠르게 성장하고 있는 중요한 세력이다. 민주주의 국가 중 인구가 가장 많은 인도에서 무슬림은 소수지만, 그 숫자는 거의 파키스탄의 인구와 맞먹으며, 이는 인도네시아의 무슬림 인구 다음으로 가장 많은 숫자다.

지리학적인 배분을 고려했을 때, 전 세계의 무슬림과 비무슬림을 구분하는 것이 동양과 서양을 구분하는 것보다 훨씬 더 복잡할 것이다. 전 세계적인 동-서 구분은 대개 강제에 의해 이루어진 반면, 종교에 따른 구분은 문화적으로 상이한 사람들을 나누는 것이기 때문이다. 그래서 냉전이 또 한 차례 발발한다면, 그때는 확연하게 다른 형태로 종식이 될 것으로 보인다. 결국 이제 화두는 원리주의에 의한 위협이 과연 얼마나 클 것인지의 여부다. 다만 종교적·이념적 도전만으로는 대규모 지정학적 위협이 구성되기는 어려울 것이다.

단순하게 표현하면, 이슬람 원리주의는 쿠란에 언급되고 선지자 무함마드에 의해 행해진 이슬람 계율과 율법(수나, 무함마드의 언행과 행동 규범)을 믿는 것을 의미한다. 즉, 가장 순수한 형태로 돌아가고, 불순함과 수정주의로부터 이슬람을 정화하자는 운동인 셈이다. 그렇기 때문에 원리주의는 쿠란이 문자 그대로 신의 명령이며, 무함마드의 행실이 무슬림들에게 삶의 모델이 된다고 믿고 있는 모든 무슬림의 신앙 실천을 의미하는 개념이다.

원리주의자는 다른 세계 종교에서도 존재하는데, 여기서 원리주의라는 용어는 종종 이슬람의 맥락과는 전혀 다르게 경멸적인 의미로 사용된다. 실제로 서구 기독교에서는 원리주의를 어리석고 반동적인 행동을 하는 신자를 지칭하는 비판적인 의미로 사용한다. 반면, 중동의 여러 원리주의 지도자는 가장 교육을 잘 받은 사람들이고, 여러 문명의 이기를 잘 활용하고 있다.

원리주의라는 용어와 관련한 더 심각한 문제는 서구 미디어에서 이를 테러리즘이나 광신주의와 동일시한다는 점이다. 특정 테러 단체가 이슬람 원리주의 사상을 공개적으로 표방하는 것은 사실이다. 하지만 이러한 단체를 무슬림 세계 전체로 치환하는 것은 상당히 비합리적이다. 이를 실증하기 위해, 에스포지토 Esposito(1992)는 원리주의라는 용어가 상당히 이질적인 리비아, 사우디아라비아, 파키스탄, 그리고 이란 네 국가에게 어떻게 적용되었는지 조사했다. 그런데 사우디아라비아와 리비아가 대외정책에서 원리주의를 활용하는 정도의 차이는 그리 크지 않았다. 대신, 네 국가 모두 공통점을 보이는 사실은 이들이 모두 정부의 정통성을 이슬람에서 찾고 있다는 점이다.

이와 같이, 누군가를 원리주의적이라 '지칭'하는 것은 사실상 의미가 없다. 결국 이슬람 원리주의는 서구 미디어에 의해 악마화된 것이고, 그 편견이 누적된 셈이다. 동시에, 특정 아랍 부흥주의 운동 역시 그러한 편견으로 바라보게 된다. 그 결과, 이슬람 원리주의의 위협은 구별 없이 획일적으로 모든 무슬림 국가로부터 실제 또는 잠재적으로 발산되는 것이 되어버렸다. 사실 이러한 운동을 표현하는 더 정확하고 옳은 용어는 이슬람 부흥주의 Islamic Revivalism다. 에스포지토가 제시한 키워드는 부흥주의와 행동주의다.

이슬람 국가의 이상적인 정통성은 민주주의에 있지 않고, 오히려 움마를 보호하고 샤리아(이슬람 법체계)를 제도화할 수 있는 능력에 달려 있었다. 무슬림들의 모든 생활양식을 포괄하기 위해 샤리아가 도입되었고, 수백 년에 걸쳐 강화되면서 전 세계 무슬림 사회는 놀라운 수준의 동질성을 보인다. 하지만 아무리 샤리아가 탄력적이라고 해도, 시간이 지나면서 사회의 변화를 반영한 상법, 과세법, 공법, 형법 등을 보강해야만 했다. 루스벤Ruthven(1992)은 18세기 이후 국가의 권한이 더욱 강력해지면서, 종교와 정치 간의 구별이 점차 선명해졌다고 주장한다. 특히 서구 세력의 정치적 위협에 대항하기 위해, 이러한 종교와 정치 간의 구분을 심화하는 변화들도 불가피하다고 여겨지기 시작했다. 그런데 여기서 딜레마가 발생한다. 무슬림 문명은 서구로부터 비롯된 변화에 적응하거나, 아니면 이러한 변화에 저항하면서 생존한다.

이슬람 가치를 서구적으로 변형한 민족주의 지도자들은 독립을 쟁취한 이후에도 '새로운 이슬람 황금기'를 보장하지 못하게 되자, 심각한 비난을 받았다. 직면한 문제들을 해결하기 위해 이슬람적인 해결책이 개발되기 시작했고, 종교적 성향을 띤 무슬림형제단 등과 같은 단체들이 설립되었다. 제2차 세계대전이 끝난 후 제국주의 세력들은 중동에서 물러났고, 이집트와 시리아는 범아랍주의에 기반한 아랍 민족주의를 공표했다. 아랍 및 이슬람 세계는 낙관주의로 가득 찼지만, 이러한 기쁨은 1967년 전쟁의 재앙적인 패배로 인해 갑작스럽게 소멸했다. 이후 범아랍주의는 아직까지 회복되지 못하고 있다. 이후 예루살렘을 빼앗긴 충격에 사로잡힌 무슬림 세계에 이내 새로운 세대가 등장했고, 이들은 이슬람을 통해 문제를 해결하고자 했다.

이슬람 부흥주의는 조직 구성이나 정치적 목표 설정에 있어 각 국가마다 상이하다. 다만 이념적, 사회·경제적, 그리고 문화적으로 공통되는 특징들을 가지고 있다. 하지만 대체적으로, 무슬림 공동체를 타락시킨 세속적이고 물질주의적인 서구 문화의 영향력 증대에 대항한다는 성격을 띤다. 그런데 이슬람 가치를 회복하자는 전통주의적 접근법은 근대 사회에 대한 요구와 뒤섞이게 되었다. 그 결과, 이슬람적인 이상향은 여전히 단순한 가능성으로만 남게 되었다. 여러 노력에도 불구하고, 이슬람 금융에는 이자 개념의 부재나 쿠란에 의해 승인되지 않는 문물의 이용, 이슬람 금융에 관한 개념 논란 등 여전히 여러 모순이 존재한다. 특히 지정학적으로 중요한 의미를 가진 부분은 바로 샤리아를 공동체가 아닌 영토에 적용하자는 요구였다. 최근까지만 해도 영토성이라는 개념은 이슬람이나 아랍 사회에서 생소한 것이었다. 전통적으로 충성은 사람이나 단체에게 하는 것이었기 때문이다. 수단 분쟁이 발발한 핵심적인 원인은 수단 정부가 무슬림 다수인 북부 지역뿐만 아니라 비무슬림 지역인 남쪽에까지 샤리아를 적용하려고 고집했기 때문이다.

그런데 샤리아 및 여러 이슬람 문명의 보루가 활력을 찾아가면서, 국가성에 대한 환멸이 늘어났다. 이전까지 대부분의 무슬림 사회에서는 국가와 사회 간의 전통적인 균형이 국가에 유리한 방향으로 전개되어 왔었다. 또한 여러 제도와 기구들은 쿠란을 기반으로 형성되었지만, 대부분 세속적이라 여겨져 정통성을 얻지 못했다. 그리고 종합적으로, 민족주의가 제대로 발전하지 못하거나, 아니면 인기를 잃어갔다.

중동 지역에서 '근대화'는 광범위하게 수용됐지만, '서구화'는 그러지 못했다. 실제로 이슬람 부흥주의는 서구가 통제하는 세계 질서에 의존하고 있는 무슬림 국가들에서 대체로 나타나는데, 이는 내부적으로 국가가 가장 기본적인 문제인 빈부격차를 해소하지 못한 무능함을 보였기 때문이기도 하다. 이렇게 이슬람 부흥주의는 정치적, 경제적, 사회적 요구를 해결하는 도구의 맥락에서 볼 수도 있는 셈이다. 특히 환멸을 느끼는 대중들은 정권에 의문을 제기하기 시작하고, 이때 원리주의자들은 이슬람이 훌륭한 대안이 될 것이라고 제안한다.

일부 중동 국가들이 자신들의 정통성을 이슬람에서 찾는 가운데, 이란은 1979년 혁명을 통해 유일한 신정국가가 되었고, 실제로 이슬람 정부를 수립했다. 새로운 헌법에는 눈에 띄는 세 개의 기구가 추가되었다. 우선 이란 헌법수호위원회는 이슬람법에 따라 의회의 법안을 검토한다. 또한 국가지도자 운영회의는 헌법의 해석을 제공하기 위해 설치되었고, 이슬람공화국 국정조정 위원회는 입법·행정 결정을 최종 승인하는 역할을 한다.

1989년 아야툴라 호메이니의 사망 이후 이란은 실용주의적인 방향으로 궤도를 수정했다. 특히 이란은 걸프 전쟁 당시 중립을 선포하면서 서구 국가들과의 관계 개선을 이루어냈다. 높은 인구 성장에 따라 경제 위기에 직면해 있던 이란은 국가 발전을 위해 이러한 외교적 변화가 필수적이라는 것에 공감한 셈이다. 하지만 미국의 제재 대상인 점을 고려했을 때, 중앙아시아 국가들과 에너지자원 개발을 공유하는 것은 상당히 제한적일 것으로 보인다.

중동 지역에서 원리주의 운동이 다시금 등장하게 만든 근본
적인 원인을 몇 개 꼽을 수 있을 것이다. 대다수 국민에게 충분한
자원을 제공하지 못한 정부의 무능, 반대 세력에 대한 억압의 증
가, 전통문화를 대체하는 서구적 가치 추구 등이 모두 원리주의
운동을 자극하고 있다. 이러한 운동은 단순히 정부의 정책에 의
문을 제기하는 것이 아니라 정부의 정통성을 공격하고 있다. 장
기적으로 보면, 이슬람 세계의 평화와 안정을 유지하는 능력을
보여줘야만 정부가 지지를 받게 될 것이다.

하지만 이슬람의 영향력은 절대 과소평가될 수 없고, 이슬람
정통성 없이는 어떠한 정부도 안보를 보장할 수 없다. 하지만 역
으로 원리주의가 효과적이기 위해서도 강력하고 일관성 있는 국
가 구조와 리더십이 요구된다. 이렇게 형성된 구조는 잘 완성된
민주적 민족주의 운동에 의해서만 타격을 받을 것이다. 이는 서
구에서 인식하는 형태의 다원주의와 민주주의를 의미하는 것일
수도 있고, 아니면 아직 나타나지 않는 토착 형태의 구조일 수도
있겠다.

테러리즘

테러리즘은 국가나 특정 정권, 또는 극단적인 경우 국가의 이념
에 타격을 주기 위해 국가, 국가의 일부, 심지어는 국민 개인을 공
포에 사로잡히게 만드는 것을 의미한다. 그 대상이 다양하기 때
문에 테러리즘의 목표와 형태 또한 다양하다.

특정한 행동의 이유가 단순히 대중의 시선을 끌기 위해서라

면 그 자체로서는 불법이 아니며 결국 방식이 문제다. 인티파다 당시 팔레스타인 국민들은 가자 지구에 사는 비참한 처지를 국제적으로 알리기 위해 '테러라고 정의된' 행동을 감행했다. 목표나 방식 또한 더욱 극단적이 될 수 있는데, 특정 정치체나 전체 민족 집단을 몰아내거나 제거하기 위한 것일 때도 있었다. 이스라엘의 유대인, 시리아의 알라위 종파, 그리고 이라크의 수니 무슬림 등이 그 대상이었다. 이목을 끄는 공인을 공격하거나 납치함으로써, 테러리스트들은 특정 국가의 공권력이 무능하다는 것을 드러내려고 할 때도 있다. 하지만 이러한 테러가 성공하기 위해서는 최소한의 유리한 환경이 조성되어야만 한다. 예를 들어, 테러 행위의 대의에 대한 공감대가 있거나, 아니면 정부나 정권이 국민들의 지지를 많이 받지 못하는 상황이어야 한다. 만약 그러한 유리한 환경이 아닌데 테러를 감행한다면, 이는 집권 세력이 과도한 공권력을 동원하게 만들기 위함이다. 공권력이 과도하게 사용될 경우 정권은 정통성을 잃게 되어 대중들의 지지가 떨어질 것이고, 이로 인해 정권은 정책을 변경할 수밖에 없어진다. 이러한 가능성을 차단하기 위해, 민주적인 국가들은 테러리즘에 과잉 대응하지 않는다.

테러의 목적만큼이나 테러의 대상도 다양하다. 테러의 대상은 직접적으로 해외 표적일 수도 있고, 전적으로 국내 표적일 수도 있다. 또한 가끔은 한쪽에서 다른 쪽으로 확산될 수도 있다. 이스라엘-아랍 분쟁에서는 이 세 가지 사례가 모두 식별되었다. 반면, 테러는 국가의 지원을 받는 경우도 있고, 테러 집단이 단독적으로 테러를 감행하는 경우도 있다. 그런데 특정 정부가 공개적으로 테러 집단을 지원하지 않는 한, 이를 명확하게 알기는 어렵다. 하지만 리비아나 이란과 같이, 여러 중동 국가는 정부가 직접 테러 행위를 합리화하거나 경고하는 선동적인 성명을 발표하기도 한다. 특히 이스라엘의 모사드처럼 정부의 지시를 받은 비밀정보부가 테러를 감행하는 경우도 있다. 단독적인 테러 집단이 독립을 쟁취하려고 할 때, 이는 가장 큰 문제를 야기한다. 이러한 테러 집단들은 주로 비밀리에 작전을 수행하기 때문이다. 중동의 맥락에서, 테러 집단을 분류하는 것은 그들이 특정 정부와 재정적으로 연결되어 있는지를 밝히기만큼이나 어렵다.

국내적인 테러의 경우, 비록 그 경계가 모호하지만, 주로 독립운동과 반란으로 나뉜다. 많은 사람은 쿠르드족이 이라크 북부에서 야기하는 테러를 쿠르드 국가 건설을 위한 민족주의적 열망에 의한 것으로 간주한다. 반면, 바그다드에서는 동일한 테러 활동을 중앙정부에 대항하는 반란으로 본다.

이와 같이, 테러의 여러 형태를 물리적으로 구분할 수는 있지만, 각 형태는 사실 긴밀히 얽혀 있다. 지리학적으로 가장 중요한 부분은 테러 행위의 장소가 국가 내부인지 아니면 외부인지의 여부다. 국가 내부에서 발생한 테러의 경우 대개 해당국 정부의 문제다. 하지만 외부에서 발생한 테러의 경우 대개 초국경적인 활동에 해당하는데, 이는 거시정치적인 쟁점의 일부로서 전 세계적인 문제가 된다.

테러리즘과 일반적인 범죄는 기본적인 정치적 요소를 기준으로 구분하는데, 테러리즘은 정치적인 폭력과 달리 불법적이다. 하지만 테러리스트들의 정치적인 목표나 특정 활동에 동조하는 사람들에게 테러 활동의 정당성을 부여하는 것 역시 정치적인 요소다. 어떤 사람에게는 테러리스트가 다른 사람에게는 자유 전사인 것이다. 하지만 클러터벅Clutterbuck(1994)은 테러 전술이 어떠한 경우에도 정당화될 수 없다고 반박했다. 그는 테러리즘이 모든 세력에 의해 감행될 수 있고 그 대의는 정당화될 수 있을지라도, 테러 기법 자체는 절대로 정당화될 수 없다고 강조했다. 그럼에도 일부 국민이 적극적으로나 암암리에 지원을 제공하고 있는데, 이는 테러 집단에게 사실상 정통성을 부여하는 격이다. 테러 사건의 배경을 살펴보면, 테러 행위가 사회·경제적인 박탈에 따른 불가피한 결과물인 경우가 상당히 많다. 이와 대조적인 입장을 가진 루빈Rubin(1989)은 테러가 정부나 다른 강력한 배후 세력이 정교하게 구상한 전략의 산물이라고 주장하며 증거를 제시한다.

테러 집단은 다른 대체 정부를 제공하지 않기 때문에 합법적인 정치 기구라고 볼 수 없다. 이러한 성격 때문에 테러 집단은 국민 해방군이나 단체, 또는 전형적인 게릴라군과도 구별된다. 실제로 테러의 목적은 정부의 토대를 약화시키고 무너뜨림으로써, 정부의 불안정성을 이용하고 향후 자신들의 대의를 이루기 위함이다. 하지만 이러한 테러리스트들이 기본적으로 대중의 지지를 얻는 것에 관심이 있는지 의문이다. 그렇기 때문에, 테러 집단들이 자신들의 목표를 분명하게 공표한 경우에도 그 테러 집단들이 실제로 그 목표를 이루었는지 평가하는 것은 사실상 불가능하다.

테러는 세계 어디에서나 발생할 수 있지만, 일반 대중들은 테러가 중동과 강하게 연관되어 있다고 생각한다. 클러터벅은 테러가 자주 발생하는 지역을 다음과 같이 정리했다. 아랍-이스라엘 분쟁에 연루된 국가들, 키프로스, 튀르키예, 이집트, 요르단, 리비아, 수단, 이란, 이라크, 그리고 걸프 왕정 국가들. 특히 클러터벅은 중동 지역에서 이슬람 원리주의가 마르크스주의를 능가하는 이념적인 원동력이며, 국제 테러를 야기하는 기제라고 주장한다. 또한 테러리즘과 중동 간의 관계는 당연히 우연적인 요소가 아니다. 중동 지역의 오랜 정치적 상황을 반영하고 있기 때문이다. 실제로, 테러의 기원은 서기 66~73년 팔레스타인의 시카리오*까지 거슬러 올라간다. 이후에 중동 지역에서는 영국 식민주의 세력을 쫓아내기 위해 종종 폭력이 사용되었다. 특히 영국의 위임통치령 말기에는 키프로스나 팔레스타인에서 테러리즘이 횡행했다. 또한 중동 지역에서는 1960년대 이후부터 도심 테러가 일반적으로 증가했다. 하지만 이라크나 리비아 같은 국가들의 경우 국내적으로나 국제적으로 자국민들에게까지도 테러를 감행했다는 것을 잊지 말아야 한다.

그렇더라도 '중동 지역은 테러리즘이 발호하기에 이상적인 환경을 가지고 있다'는 주장은 여전히 근거가 불확실하다. 서구의 기준에서 보았을 때, 중동 지역에 민주주의 체제를 가진 국가가 적은 것은 사실이다. 하지만 민주적인 국가라고 해서 테러가 발생하지 않는 것은 아니다. 루빈이 최근 검증한 통계에 따르면, 테러에 의해 사망한 사람의 수는 전 세계 인구 대비 매우 적은 편이다. 1986년 기준, 테러로 사망한 인원은 398명, 부상자는 574명이었고, 이러한 적은 숫자 중 중동과 관련한 사례는 1/4 정도에 불과하다. 그렇기 때문에 테러가 선사하는 충격은 살상력을 가진 전쟁이라기보다는 심리적인 측면인 셈이다. 루빈은 다음과 같이 주장한다. "테러리즘은 우리 시대에 가장 과대평가 된 정치 현상이다." 결국 중동 지역은 가장 많은 관심과 조명을 받는 지역이기 때문에, 어쩌면 테러 행위가 지나치게 부각되는 셈이다.

중동 지역은 세계의 교차로에 위치해 있기 때문에 수 세기 동안 다양한 이주가 이루어지면서 세계 어느 지역보다 다양한 사람들이 살고 있다. 수많은 인종, 종교, 언어, 그리고 문화 집단들

---

* 유대 지방에서 로마인들을 쫓아내기 위해 숨겨진 단검으로 테러를 감행한 유대인 집단을 일컫는다.

이 뒤섞여 있기 때문에 갈등이 생성될 여지도 많다. 하지만 이러한 갈등이 테러 문제로 발전하는 것은 또 다른 문제다. 또 다른 쟁점은 바로 극심한 빈부격차로, 이는 개인뿐만 아니라 국가 간에도 해당된다. 특히 적은 인구를 가진 부유한 산유국들과 엄청난 인구를 가진 개발도상국 간의 격차가 쉽게 식별된다. 하지만 이러한 현상은 다른 지역에서도 나타나기 때문에 중동만의 특징은 아니다. 이러한 변수가 중동 지역이 테러에 취약하게 만드는 요인 중 하나가 될 수는 있겠지만, 아래 두 가지 요소 또한 추가적으로 고려해야 한다.

1. 이스라엘의 건국과 미국의 꾸준한 지원
2. 막대한 규모의 석유자원 보유

테러의 주목적인 관심 유도를 위해, 아니면 힘을 과시하거나 특정 집단을 공포에 사로잡히게 만들기 위해, 테러리스트들은 다양한 테러 전술을 개발했다. 유명 인사의 암살, 피격, 폭탄 테러, 인질 납치, 공중납치. 이러한 전술들 대다수는 단기적인 목표를 위한 것이지만, 인질 납치의 경우 소수의 인질을 조금씩 해방시켜주면서 이득을 취하는 장기전으로 갈 수도 있다. 테러리스트들의 시각에서 봤을 때, 비행기 공중납치는 상당히 효과적이다. 종종 전 세계적인 미디어의 주목을 받을 수 있기 때문이다. 특히 대규모 비행기의 경우 다양한 국적의 손님을 태우기 때문에 더 큰 관심을 유발할 수 있다. 가장 대표적인 예가 1985년 시아파 이슬람 원리주의자들이 아테네에서 베이루트로 향하는 TWA 147편을 납치한 것과, 1988년 쿠웨이트 항공 납치 사건이다. 1988년 로커비 항공기 폭발 사건은 아직까지도 미디어에 회자되며, 용의자의 재판이 시작되고 난 후 더욱 주목받았다.

비행기 공중납치를 제외하면 대부분의 테러는 여러 가지 이유로 주로 도심 지역에 집중되었다. 도심 지역의 경우 사람과 건물들이 집중되어 있기 때문에 적은 노력으로도 막대한 피해를 입힐 수 있고, 더욱 효과적이고 빠르게 공포심을 유발할 수 있다. 또한 더 많은 시선을 끌 수 있으며, 종종 안보 조치의 강화로 이어져 장기적인 측면에서의 효과도 누릴 수 있다. 더욱이 도심 지역에서는 테러를 감행한 이후 도주하기도 상대적으로 용이하다. 특히 개발도상국의 도시들에는 여러 빈민가가 존재하며, 테러리스트들은 공권력을 피해 여기에 숨어들 수 있다. 서구 도시들의 경우 고급 표적들이 다수라는 장점이 있고, 빠른 기동이 보장된다.

또한 테러 행위는 지리학적 요인이 상당히 강하게 작용한다. 효과를 극대화할 수 있는 위치를 면밀하게 고려하여 선택하기 때문이다. 더욱이 정치, 사회, 경제적인 문제들은 테러 발생을 더욱 증가시킬 수 있다. 하지만 테러 행위의 실질적인 효과성은 '인식'에 의해 크게 좌우된다. 상대적으로 작은 테러 공격도 대규모의 정치적 여파를 양산할 수 있기 때문이다. 이와 같이 지리와 정치의 상관관계 속에서 테러는 전통적으로 지정학적인 활동으로 간주되며, 국제적인 확산을 통해 그러한 측면이 더욱 강화된다.

소위 '테러'라고 지칭할 수 있는 활동은 중동 지역 내 모든 국가에서 발생했다. 테러 집단 내지는 자유 전사들이 실질적으로 정치적인 권력을 거머쥔 유일한 두 지역은 팔레스타인과 레바논뿐이다. 1987년 말 가자 지구에서 시작된 인티파다는 팔레스타인해방기구(PLO)와 팔레스타인공산당(PCP)이 시도한 '감성과 지성 접근법'에 의해서만 가능했다. 특히 PLO가 팔레스타인 지역 외에서 활동했음에도, 인티파다는 점령된 팔레스타인 영토에서 꿋

꿋하게 실행되었다. 그런데 이슬람 지하드 등과 같은 집단들은 현지 지도자들과 협력하여 운동을 전개한 반면, 이슬람주의 단체인 하마스는 균열만 야기했다. 하마스는 학생들 사이에서 많은 인기를 끌었고, 팔레스타인 문제가 계속해서 해결되지 않는 한, 더 확산될 것으로 보인다. PLO의 대항마로 인식되는 하마스의 공격성은 이스라엘 정부의 주요 골칫거리가 되고 말았다.

1980년대 레바논 분쟁은 이슬람 원리주의 집단들의 영향을 많이 받았다. 무슬림형제단 구성원들은 시리아에서 테러 작전을 수행한 이후 1982년에 레바논의 도시인 트리폴리와 시돈으로 도망쳤다. 시아파 아말 집단이 바알베크 지역에서 결성되었고, 이후 베카 계곡 및 베이루트를 중심으로 헤즈볼라 역시 설립되었다. 무슬림형제단의 경우 수니 이슬람 원리주의 세력인 반면, 아말과 헤즈볼라는 시아파 원리주의 집단으로 분류된다. 그리고 헤즈볼라는 특히나 극단주의적인 단체로 인식된다. 레바논의 이슬람 원리주의는 이란 혁명을 원동력으로 삼아 꽃피웠다. 이란은 직접적으로 헤즈볼라를 지원했고, 헤즈볼라는 시리아의 지원을 받은 아말 세력과 경쟁했다. 이러한 경향이 남긴 중요한 여파는, 이때부터 서구와 이스라엘이 원리주의를 테러리즘과 동일시했다는 것이다.

분쟁

앞에서 논의한 여러 지정학적 쟁점들은 모두 분쟁으로 귀결된다. 테러리즘, 무기 밀매, 마약 밀매, 그리고 대규모 난민의 이동과 같은 거시정치적 쟁점들의 기저에는 이미 저강도 분쟁 요소가 깔려 있다. 그리고 이러한 지정학적 쟁점들과 관련해서는 경찰이나 세관과 같은 민간 조직과 군대 간의 차이가 사실상 모호해진다.

더욱이, 살몬Salmon(1992)이 주장하듯이, "정치의 본질에는 분쟁이 깔려 있다는 것을 인식하는 것이 중요하다". 의견 불일치나 분쟁은 권력의 사용에 의해 해결되고, 그 결과, 사회의 가치가 배분된다. 국가 내부적으로는 이러한 권력의 사용이 정부나 레짐에 의해 조절된다. 하지만 이와 반대로, 국제적인 수준에서는 세계 정부가 존재하지 않고, 국제법을 강제할 시스템도 없으며, 도덕적인 합의의 원칙도 없기 때문에, 국제관계는 부서지기 쉬운 '강대 강power to power'의 구조에 의해 조정된다.

그러나 새로운 세계 질서가 수립되고 국가들이 점차 상호의존적으로 되어가면서, 국제무대에서 힘의 사용은 단순한 군사적 힘의 사용 그 이상이 되었다. 안보의 개념 역시 단순히 국가의 생존이나 영토 보존이 아니라, 가치, 사회적 관계의 패턴, 생활양식, 그리고 국가적 특징의 여러 요소들을 보존하는 의미로 확장되었다. 국가의 실제 행태를 분석한 학자들은 국가의 목표가 헤게모니를 장악하는 것보다는 안보를 보장하는 것이고, 사회에 부과된 여러 경쟁적인 요구를 실현하는 것이라고 식별해냈다.

이러한 근본적인 복잡성은 1989년에 발생한 전 세계적인 지정학적 변화에 의해 더욱 심화했다. 이러한 논의를 단순화하는 방안 중 하나는 중동 지역의 분쟁을 '분쟁의 수준이나 규모'로 나누어 분석하는 것이다. 앞에서 논의했듯이, 잠재적으로 분쟁의 촉매가 될 수 있는 여러 지정학적 쟁점은 하나의 수준 이상에 영향을 끼칠 수도 있고, 각 사례에서 각각 다른 규모를 가진 분쟁으로 나타날 수도 있을 것이다. 예를 들어, 수자원 분쟁은 국가 간 수준이 될 수도 있고, 국내적 수준이 될 수도 있다. 하지만 지표수든 지하수든, 결국 갈등을 야기할 가능성이 높은 수준은 아무래도 국가 간의 문제일 소지가 있다.

1989년 베를린 장벽이 무너지고 1991년 소련 연방이 해체되면서, NATO와 바르샤바조약기구(1955년 소련 및 동구권 8개국이 결성한 방위 기구) 간의 대결도 종식되었다. 하지만 유럽 대륙과는 달리, 중동 지역에서는 동서 간 경계가 불분명하고 일부 사례에서만 경계가 변경되었기 때문에 냉전 종식의 영향은 그리 크지 않았다. 예를 들어, 냉전 기간 동안에도 이스라엘과 아랍 국가들 간의 분쟁이 다른 모든 쟁점보다 우선했다. 더욱이, 국제 체제가 양극 구조로 편성되면서 다른 수준의 분쟁은 사실상 가려졌다. 그런데 양극 구조가 제거되자 안보적 셈법이 변경되었다. 과거의 균형상태가 뒤집어졌고, 새로운 질서는 아직 등장하지 않았다. 동서 간의 갈등이 종식되면서 새로운 국제 협력의 기회가 제공되고 사실상 국제적 수준의 분쟁 가능성이 사라진 반면, 지역별 또는 소규모 분쟁 가능성은 오히려 증가했다. 무엇보다도, 잠재적으로 불안정한 지정학적 요소들이 집중된 중동 지역의 경우 그러한 가능성이 더욱 컸다.

1948년 이래로 중동 내에서 유엔의 활동이 지속되었다는 사실이 이를 실증한다. 팔레스타인(UNTSO, 1948~현재까지), 레바논(UNOGIL, 1958년), 예멘(UNYOM, 1963~1964년), 이란·이라크(UNIMOG, 1988~1990년), 그리고 이라크·쿠웨이트(UNIKOM, 1991~2003)에 유엔 감시단이 파견되었다. 또한 이집트·이스라엘(UNEFI, 1956~1967년), 키프로스(UNFICYP, 1964~현재), 이집트·이스라엘(UNEFII, 1973~1979년), 시리아·이스라엘(UNDOF, 1974~현재), 그리고 레바논(UNIFIL, 1978~현재)에는 유엔평화유지군이 파견되었다.

현재 공인된 유일 초강대국인 미국과 유엔의 역할은 거의 대체 불가한 것이 되었다. 미국은 신 세계 질서라는 구상을 내놓은 이후, 미국의 국가 안보 이익을 세계 경제 성장에 있어 가장 중요한 네 지역(북미, 서유럽, 동북아시아, 걸프 지역)의 맥락에서 재구성했다. 특히 페르시아만(아라비아만)에서 미국 이익의 중요성은 재빠르게 사막의 폭풍 작전으로 대응한 걸프 전쟁 사례를 통해 충분히 증명되었다.

그런데 걸프 국가의 석유가 미국 안보 우선순위에서 명백하게 높은 위치를 차지하는 반면, 다른 중동 지역이 동일한 관심을 받을 가능성은 높지 않다. 또한 현재로서는 특정 강대국이 중동 내에서 분쟁을 야기할 가능성도 높지 않아 보인다. NATO군이 유엔군의 역할을 자임할 것으로 보이며, 중동이나 다른 어떤 지역에서도 미국에 대적할 만한 적이 존재하지 않는다. 다만 유럽 연합이 자체적인 군사력 증강에 나서거나 러시아 연방이 안정을 찾는다면 상황이 변할 수는 있을 것이다.

그러한 가운데, 후쿠야마(1989)는 미국의 패권에 도전할 유일한 세력은 민족주의나 원리주의에 기반을 둘 것이라고 상정했다. 실제로 양극 체제가 무너지면서 국제 수준에서의 위협이 사실상 사라진 반면, 그보다 낮은 수준에서의 통제력은 필연적으로 상당히 감소했다. 그렇기 때문에, 지역적 또는 국가 간 수준이나 국가 내 수준에서는 분쟁 가능성이 커졌다. 주요 안보 문제는 의심할 여지없이 국경 밖으로 확산되어 지역적인 수준의 우려를 야기하게 되었다. 또한 분쟁의 증폭 가능성은 중동 지역 내 대규모 재래식 무기의 축적으로 인해 더욱 높아졌다. 서구 강대국들은 사막의 폭풍 작전을 통해 '경건한 의도pious intents'를 보여줬지만, 걸프 전쟁이 종식되자마자 군비 증강은 놀라운 속도로 가속화되었다.

이에 더해, 이스라엘은 핵무기 보유국이 되었고, 핵무기의 확산 가능성이 리비아, 이라크, 이란에서도 나타나고 있다. 더욱이, 중동 지역은 전 세계에서 화학무기가 가장 많은 곳으로, 시리아, 이라크, 이란, 이스라엘, 이집트, 리비아가 이를 선도한다. 또한 생물학무기도 꽤 많이 존재할 것으로 추정된다.

일부 분쟁의 경우 이미 국경선을 넘어 확산되어버렸다. 쿠르드족을 상대로 한 군사작전은 튀르키예, 이라크, 이란의 국경을 넘나들고 있다. 이스라엘, 팔레스타인, 레바논, 시리아는 모두 지속되는 분쟁에 휘말려 있다. 중동에 인접한 아프리카의 뿔 지역에서도 분쟁이 발생하고 있고, 캅카스 지역이나 타지키스탄 등을 포함한 중앙아시아 국가들의 분쟁 역시 중동으로 확산될 수 있다. 그리고 가장 불안정한 국가 중 하나는 단연 아프가니스탄이다. 더욱이 러시아 연방 국가들이 석유 파이프라인이나 환적 노선을 통해 경제력을 확보하려고 경쟁을 심화하게 되면서 잠재적인 갈등 요소가 늘어났다. 여기에 더해, 튀르키예와 이란이 역내 영향력 경쟁에 나서면서 중장기적인 걱정은 더욱 많아지고 있다.

국가 간 수준에서, 제2차 세계대전 이후 대다수의 갈등은 역내 환경 변화에 기인한다. 일부 국가는 전통적인 정부형태와 비전을 유지하고 있는 반면, 일부 국가들은 민족주의적인 성향이 강해지거나 심지어 혁명적인 변화를 일으켰다. 특히 변화를 보인 국가들의 지도자들이 종교·정치적인 성향을 보이면서, 역내 환경은 더욱 복잡해졌다. 더욱이, 서구 국가와 연합한 역내 지도자들은 정통성의 위기를 겪기 시작했다. 이집트의 나세르와 이란의 모사데크는 반서구주의적인 입장을 취하면서 영웅으로 대접받은 반면, 사다트는 아랍의 대의를 배신한 인물로 낙인찍혔다. 또한 이념적인 차이가 실제로 갈등을 야기할 수도 있지만, 분쟁을 촉발시키는 요인은 아무래도 앞서 논의했던 테러리즘, 무기 밀매, 마약 밀매, 국경 문제, 난민 문제, 수자원 문제 등일 것이다.

국내적 수준에서 갈등을 야기하는 배경이 되는 주요 요소는 아무래도 발전 속도일 것이다. 근대적인 발전은 종종 전통적인 관습과 충돌했다. 교육 수준이 높아지면서 정치 참여에 대한 요구도 증가했다. 또한 빠른 속도로 관점이 변하면서 지배 엘리트, 정부 및 사회 기구, 그리고 기존 규범의 급진적인 재조정이 강제되었다. 또한 일부 사례에서는 종교적 차이와 노동자의 이동 등을 통해 이러한 갈등이 증폭되었다. 수니 또는 시아 인구의 비율이나 노동자 중 외국인의 비율 등이 핵심적인 영향을 끼쳤다.

또한 앞에서 언급한 모든 지정학적 요소 속에서 몇 가지 잠재적인 위기 신호가 감지된다. 정치적으로, 여러 섬(아부무사, 툰브, 와르바, 하니쉬)의 영유권을 둘러싼 각국의 분쟁은 관심의 중심이 되고 있다. 레반트 및 이란 여러 지역에 분산되어 있는 난민 수용소와 정착촌은 대다수 폭발 직전이다. 나일강, 티그리스-유프라테스강, 그리고 요르단강 유역에서는 수자원 문제가 불거지고 있다. 국경선 분쟁이 아라비아반도에서 심화되고 있고, 이스라엘과 그 이웃 국가 간의 분쟁은 여전히 눈에 띈다.

이러한 분쟁들 중 일부는 이미 해결되었다. 1998년 후반, 홍해 남부에 위치한 하니쉬 군도를 둘러싼 예멘과 에리트레아 간의 분쟁은 중재 절차에 들어갔고, 주권 보장 차원에서 섬의 영유권은 예멘에게 돌아갔다. 아랍 세계에서 많은 논란이 있었지만, 요르단은 서안 지구에 대한 영유권을 포기하면서 이스라엘과의 국경 문제를 해결했다. 하지만 한 지역에서 문제가 해결될 때, 다른 지역에서는 다른 잠재적인 문제가 발생했다. 청나일강 상류에 관개 시설을 설치하려 한 에티오피아의 의도는 이집트의 호전적인 응대를 받았다. 또한 1991년 걸프 전쟁 이후 유엔의 지지를 통해 설정된 비행금지구역은 많은 관심을 받았다. 하지만 이는 미국과 영국이 자유롭게 이라크를 폭격할 수 있는 근거만 마련해주었다.

일부 잠재적인 분쟁은 여전히 다루기 매우 힘들 것으로 보인다. 58km에 불과한 해안선을 보유한 이라크는 대외무역을 코르 주바이르·코르 압둘라 및 샤트알아랍이라는 두 개의 수로에 의존하고 있는데, 두 개 모두 이웃 국가와 공유하고 있다. 그리고 이러한 두 수로를 둘러싼 국경선 문제는 반복적으로 분쟁을 일으켰다. 하와르섬의 경우 해저 에너지자원에 대한 바레인의 접근성 차원에서 매우 중요한 섬이다. 영국의 호의 아래 바레인이 역사적인 종주권을 보유하고 있지만, 사실 지리학적으로 보았을 때 이 섬은 오히려 카타르 영토의 연장선으로 보는 것이 더욱 적합하다.

중동을 둘러싼 여러 잠재적인 분쟁 요소는 위치와 관련한 맥락에서 인식해야 한다. 세계의 교차로에 위치하고, 세계에서 가장 많은 석유 매장량을 가진 중동은 항로의 맥락에서도 매우 주목받는다. 만약 항로가 제한된다면 선박들이 정체될 것이고, 이는 잠재적인 안보 문제로까지 이어질 것이다. 중동 지역에서는 두 튀르키예 해협, 호르무즈 해협, 바브엘만데브 해협이 대표적인 세 전략적 요충지다. 이에 더해, 수에즈 운하 역시 인간이 창조한 요충지다. 중동에서는 조금 멀지만, 세계 석유 교역에 있어 중요한 역할을 하는 추가적인 요충지는 바로 유럽의 지브롤터 해협과 동남아의 말라카 해협이다. 한 국가가 관할권을 독점적으로 보유하고 있는 튀르키예 해협이나 수에즈 운하와는 달리, 나머지 요충지들은 한 국가 이상이 해협에 대한 영유권을 보유하고 있다. 양 해안선을 사이에 둔 해협의 위치는 고정되어 있고, 해양 운송이 세계 무역의 주요 수단으로 계속해서 남을 것이라는 점을 감안한다면, 이러한 해협들은 잠재적으로 영구적인 요충지라고 볼 수 있다.

비록 이스라엘을 둘러싼 분쟁이 반복되었고, 그 외의 중동 지역에서도 계속해서 분쟁과 갈등이 이어졌지만, 소위 '지역 전쟁'으로 분류될 수 있는 분쟁은 1990년대 걸프 전쟁뿐이다. 1980년대 이라크-이란 분쟁의 연장선상에서 발생한 걸프 전쟁은 1991년 약 6개월간의 갈등 증폭 과정을 거친 후 발발했다.

냉전 종식 직후, 국제사회는 '이제 문제들은 전쟁이 아닌 협의에 의해 처리될 것'이라는 믿음을 가지고 있었다. 하지만 걸프 전쟁 앞에 국제사회는 큰 충격을 받았다. 걸프 전쟁의 연표는 앤더슨Anderson과 라쉬디안Rashidian(1991)의 저서에 잘 나와 있지만, 전쟁 당사자들의 종합적인 동기에 관해서는 아직까지 명확하게 합의가 이루어지지 않고 있다. 1982~1989년 사이, 미국과 이라크 간의 연간 무역 규모는 사실상 0에서 36억 달러로 급증했다. 다른 유럽 국가들도 앞다투어 이라크 시장에 진출했고, 영국의 대이라크 무역 규모도 1989년 4억 5,000만 파운드에 달했다. 또한 이라크는 세계에서 가장 많은 빚을 지고 있는 국가였다. 유럽 국가들에게 800억 달러의 빚을 지고 있었고, 이란-이라크 전쟁 당시 걸프 국가들로부터 빌린 자금까지 포함하면 차관 규모는 총 1,600억이었다. 이에 더해, 미국 상무부는 1985년부터 7억 5,000만 달러에 달하는 방산 수출을 허용했다. 하지만 안타깝게도 대다수의 물품은 이라크가 핵무기, 화학무기, 미사일을 개발하는 데 전용되고 말았다. 또한 독일 기업들 역시 이라크가 화학·생물학 무기를 개발할 수 있도록 장비를 제공했고, 프랑스는 핵기술을 공급했었다. 이라크가 심지어 신경화학무기를 사용했을 때도 서구 국가들은 입을 다물고 있었다. 특히 미국은 이라크가 쿠웨이트를 침공하기 이틀 전이 돼서야 공식적으로 이라크에 대한 무기 및 기술 수출을 금지했다. 이와 같이, 이라크는 군비 증강을 독려받고 있었고, 중동 전체까지는 아니더라도 아랍 지역의 패권 국가로 성장하도록 지원받고 있었다고 해도 과언이 아니다.

이란과의 전쟁이 끝난 후 이라크는 엄청난 빚을 갚고 경제 및 인프라를 재건하기 위해 많은 자금이 필요했다. 그래서 이라크는 합리적인 가격(배럴당 18달러)에 석유를 판매하여 이를 충당할 계획을 가지고 있었다. 하지만 쿠웨이트와 아랍에미리트가 OPEC의 할당량 이상으로 석유를 생산하면서 유가는 배럴당 12달러까지 떨어졌다. 이와 같이, 전쟁 이전에 이미 이라크는 쿠웨이트에 악감정을 가질 수밖에 없었고, 각자 자신에게 유리한 과거 역사적인 영유권 주장에 대한 부분도 가미하면서 침공이 시작된 것이다.

에필로그

중동 지역의 지형과 생태계는 너무 풍부하고 다양해서 책 한 권으로는 단지 기본적인 내용들만 다룰 수 있을 뿐이다. 중동 지역의 복잡성은 아무래도 일련의 역설적인 상황들에 대한 소개를 통해 가장 잘 요약되었을 것이다. 무엇보다도, 중동 지역은 명백한 동질성과 더불어, 여러 다양성 역시 존재한다. 문화, 종교, 언어, 기후, 사막 지형, 수자원과 관련한 역학, 석유자원의 존재 등은 중동 지역에서 공통적으로 드러나는 요소들이다. 반면, 완벽하게 동질적이거나 획일적인 것 또한 존재하지 않는다. 차분히 관찰해 보면 실로 다양한 면모들이 식별된다.

그런데 중동 지역의 복잡성 속에서도 종종 놀랄 만큼의 단순함이 나타난다. 서예에서 화려한 글자들이 매우 복잡하게 배열되어 있는 것처럼 보여도, 그 흐름 속에는 맥락이 압축되어 있다. 마치 모래 바다의 뒤섞인 물결이 단일 사구의 단순함에 감춰지듯이 말이다. 또한 복잡한 도심의 생활도 사실상 하나의 단일한 자원인 물에 의존하고 있다.

중동과 관련한 지정학적 쟁점은 주로 석유, 그리고 석유의 무기화에 초점이 맞춰진다. 하지만 시간이 지나면서 더 중요성을 더해가는 자원은 오히려 물이다. 석유 파이프라인은 자원을 국경 너머로 운송한다. 하지만 동일한 국경 너머로 물을 운송하는 '평화 파이프라인' 구상은 단순한 자원 이송을 넘어 지정학적·심리적 의미를 지닌다. 만약 서안 지구에 석유가 있었다면, 평화 구축의 노력이 지금보다는 더 원활하게 이루어졌을 수도 있다.

중동 지역에서는 고대 문화적인 요소와 호화로운 근대성이 공존하는 모습을 자주 볼 수 있다. 쿠웨이트시의 마천루 그림자 뒤에 유목민 야영지가 보이고, 픽업트럭 뒤에는 낙타를 태워 방목지로 이동한다. 물리적인 지형은 극악한 건조함이 지배하지만, 세계에서 가장 정밀한 관개 체계가 형성되어 있기도 하다. 더불어, 컴퓨터로 통제되는 관개 시스템과 태곳적부터 존재하던 두레박이 함께 공존하고 있다. 실로 개발과 미개발, 부와 빈곤이 나란히 공존하는 지역이 바로 중동인 셈이다.

중동 지역에서 지속되는 것 중 하나는 바로 '중심성'과 '전환'의 양분성이다. 여러 방면에서, 중동 지역은 세상의 중심임과 동시에 여전히 전환이 이루어지고 있는 지역이다. 중동만큼이나 남북 간 변화의 격차가 큰 곳도 없다. 예를 들어, 북쪽의 쿠웨이트나 바레인의 발전성은 남쪽의 수단이 보여주는 저개발 수준과 극적으로 대비된다.

이와 같이, 비록 삶의 틀에서는 유사성이 많다고 하지만, 중동 지역은 다양성이 더 인상적인 곳이다. 비슷한 규모를 가진 지역 중에 중동만큼이나 인간 생활의 다양성을 보이는 곳도 없다.

문명이 탄생한 이후부터 항상 관심의 중심이 되어온 중동 지역은 향후 국제관계에서 꾸준히 주목받을 것이다. 단순히 지리적인 위치 하나만으로도 중요성을 유지할 수 있는 지역이기 때문이다. 특히 여기에 세계에서 가장 중요한 석유라는 요소도 깔려 있다. 실제로, 21세기에 접어들면서 개발도상국들은 계속해서 중동 지역의 석유에 대한 의존도를 높여갈 수밖에 없었다. 사실 수자원 문제가 생각보다 더 크게 다가올 수도 있고, 더욱 효과적인 수자원 할당 필요성에 대한 논의를 불러일으킬 것이다. 또한 중동 지역은 식품 수입 의존도가 높아질 가능성이 크다. 세계화 시대에, 금융 자본처럼 전 세계를 자유롭게 이동할 수 없는 석유와 같은 자원은 안보를 제공한다. 하지만 종종 자원 지정학적 상황에서는 원치 않는 관심을 끌어내기도 한다.

'중동의 지리와 지정학'이라는 포괄적인 주제에 대해 결론을 내리는 것은 사실상 불가능하다. 다만, 중동 지역은 국제적인 중요성을 계속해서 유지할 것이고, 계속해서 중동의 문화를 이해하고 습득하고자 하는 식견 있는 사람들의 평생 관심 사안이 될 것이라는 정도로 마무리할 수 있을 것이다.

해제

오늘날에도 유용한 지리적 정보가 가득한
중동 지정학 교과서

인남식(국립외교원 교수)

1997년 영국 더럼 대학교 중동이슬람센터CMEIS: Centre for Middle Eastern & Islamic Studies에서 박사과정을 시작했다. 중동 이슬람권 지역학 관련 학제간 연구 및 교육을 주관하던 CMEIS가 개설한 세미나 중 가장 생경했던 수업이 이완 앤더슨 교수의 중동 지정학 세미나였다. 국내 중고교 교육과정에서 배웠던 인문지리와는 내용과 범주가 다소 달랐기 때문이었다. 지질, 토양, 기후 등 생소한 개념들을 먼저 다루었는데, 그 내용을 좇아가기 버거웠다. 익숙하게 따라가며 활발한 토론을 전개하던 영국 학생들이 신기할 정도였다.

지역학을 공부하기 위해서는 세 가지 필수 요목이 있는데, 바로 지리, 역사, 언어다. 더듬더듬 언어는 따라갈 수 있었고, 역사는 서적으로 익히면 되었지만 지리는 난감했다. 지도를 아무리 열심히 들여다보아도 한계가 있었다. 학부 때부터 현지에 체류하며 체득했던 영국 학생들의 경험치를 따라가기란 애초부터 불가능했다. 그때서야 현장에 서기 전에는 도저히 알 수 없는 것들이

558   지리학과 지정학으로 읽는 중동 사전

있다는 것을 깨달았다.

그렇다. 한 지역을 이해하는 데 가장 선행하며 갖추어야 할 요건은 지리에 대한 이해였다. 지리는 역사를 만든다. 역사는 현재 시제의 정치와 사회를 구성한다. 그리고 생산양식도 규정한다. 그러므로 지형과 환경을 이해한 후 인종, 부족, 정체성과 문화 등 사람의 요소를 반영하고, 여기에 국가와 사회가 구성하는 정치적 역학관계의 그림을 덧댈 때 비로소 중동의 정세를 입체적으로 간파할 수 있었다. 지리에 관한 이해가 자연스럽게 지정학의 시선으로 전이되는 경험을 하게 하는 곳이다.

오늘날 인구에 자주 회자되는 지정학 개념은 사실 정치학과 크게 구별되지 않고 사용되고 있다. 그러나 엄밀히 말하면 지정학은 지리라는 불변의 조건을 독립변수로 놓고 그 위에서 벌어지는 정치적 현상들을 종속변수로 파악하는 학문이다. 여기에 각 국가들의 이해관계가 얽힌다. 특히 강대국의 패권전략이나 중견국의 확장전략, 그리고 약소국의 생존전략이 어우러지면서 만들어내는 역학관계가 지정학의 변주다.

정치 현상에만 집중하면 쉽고 이해가 빠르지만, 시간이 지날수록 지리라는 기저에서 만들어내는 현상에 대한 깊은 천착이 어려워진다. 현상에 매몰되다 구조를 놓치고 길을 잃게 된다. 지정학은 너무도 당연하게 지리의 이해로부터 시작해야 하며, 정치 체제의 특성, 그리고 리더들의 심리까지 종합해야 하는 입체적 학문이다.

* * *

앤더슨 교수의 이 책은 중동에 관한 교과서라 해도 과언이 아니다. 간결하면서도 건조하고 다소 무뚝뚝하다. 중동 지역에 스며들어 있는 천일야화류의 흥미로운 이야기나 손에 땀을 쥐게 하는 권력의 쟁투, 또는 비극적인 현장의 묘사 등은 전혀 등장하지 않는다. 굳이 비견하자면 시중에 출간된 중동 관련 서적의 대부분이 맛있게 조리된 화식火食이라면, 이 책은 요리사의 손을 거의 타지 않고 식탁에 올려진 생식生食에 가깝다. 그러나 한 지역을 이해하는 데 있어 필요한 필수적인 영양의 요소가 모두 반영되어 있다.

이 책은 크게 자연지리 환경, 역사적 궤적, 그리고 인문지리와 사회과학 측면 등 크게 세 부분으로 나뉜다. 2장부터 5장까지는 자연과 관련된 지리 환경을 세밀하게 기술한다. 이 부분엔 어렵고 생경한 개념들이 다소 포진되어 있다. 6장은 고대 제국시대부터 중세 아랍, 십자군 시대를 거쳐 현대 중동 국가의 탄생까지의 역사를 다룬다. 7장부터 11장은 사람과 공동체 그리고 국가의 이야기를 담았다. 사회과학적 접근이며 구체적인 정세와 연결되는 설명이 제시된다.

물리적 환경의 다양성을 담은 중동의 자연지리

먼저 자연지리와 관련해서 저자는 2장에서 중동의 지형, 즉 '땅의 구조와 형태'를 다루고, 이어서 3장은 '기후', 4장에서는 '토양과 식물' 등 식생을 정리해놓았다. 솔직히 이야기하면 문과계 독자들에게는 다소 어렵다. 문장 자체는 크게 거슬리지 않지만, 자연과학의 전문용어들이 다수 등장하다 보니 개념 하나하나를 익혀나가는 데 품이 든다. 그럼에도 곱씹을수록 매력적이다. 바람의 흐름, 즉 기단을 다루면서 사막이 품은 숨결의 배경을 제시한다. 열대성 기단이 해양성 기단에 의해 형성된 저기압대로 유입될 때 만들어지는 모래폭풍을 말한다. 건조하게 서술된 이 문장 속에서 눈을 뜨지 못한 채 한 치 앞도 안 보이는 길을 걸었던 이집트의 모래폭풍 캄신을 회상한다. 극도의 건조한 사막에 차가운 공기가 갑자기 들이치면서 만들어지는 아름다운 적란운 설명을 읽으면서 구약성서에 나오는 구름기둥을 연상하기도 한다.

중동의 지형과 기후, 식생을 찬찬히 읽다보면 기존의 통념과 다른 부분들을 발견하며 놀라게 된다. 대개 중동은 동질적인 homogeneous 곳으로 인식된다. 특히 모래만 가득한 사막, 아열대 건조 기후, 그리고 열사熱沙에서만 자라는 잡풀과 고사목 등의 이미지들이 대부분일 것이다. 그러나 실상은 다채롭다.

중동에 익숙하지 않은 독자들은 아라비아반도 내륙 고산지대의 1,000mm 강우량에 놀랄 것이다. 나일 상류 계곡과 예멘 고원지대, 오만의 아크다르산맥이나 이란의 자그로스산맥과 엘부르즈산맥, 리비아의 트리폴리타니아 지역에 1m가 넘는 눈이 내리는지는 아마 모를 것이다. 그만큼 중동은 비슷해 보이나 다양한 양태를 내보이고 있다. 이처럼 이 책의 전반부는 물리적 환경의 다양성을 차근차근 기술하고 있다.

5장 '핵심 자원: 물과 석유'는 익숙하면서도 몰랐던 부분을 알게 하는 흥미로움을 선사한다. 건천 와디에서 급류가 형성되며 만들어내는 홍수의 배경, 나일강과 메소포타미아(유프라테스강과 티그리스강 유역) 유량이 갖는 정치적 함의, 오아시스의 연원 등 물 문제 이야기를 통해 현대 중동의 깊은 고민까지도 미루어 짐작할 수 있다. 이집트의 아랍 민족주의 지도자 나세르의 아스완 하이 댐과 인공호수가 가져온 심각한 부작용은 인간의 개입이 만들어내는 상상 외의 아픔을 되새기게 한다. 치수를 통해 농작물 작황을 개선하려 했지만 결론적으로는 매년 100억m³ 규모의 증발 손실이 야기되었다는 설명을 보며 숙연해진다. 더불어 중동과 직결되는 핵심 이미지인 석유 이야기는 따로 해제에 적지 않아도 될 정도로 세밀하면서도 쉽게 설명하고 있다. 다만 2000년 최종 판 집필 후 개정판이 나오지 않았다는 점 때문에 기후 변화와 탄 소 중립 시대의 변수가 깊이 있게 제시되지 못한 아쉬움이 있다.

간결하면서도 핵심적인 역사지리학

두 번째 파트인 6장 '역사지리학'은 하나의 장 안에 중동의 역사 를 간결하게, 그러면서도 꼼꼼하게 정리해놓았다. 수메르와 이집 트 등 고대 문명의 기원으로부터 시작해서 최근 이스라엘과 팔레 스타인의 분쟁까지 시계열로 이어진다. 중동 지역의 역사를 통시 적으로 설명해놓은 자료는 셀 수 없이 많다. 그러나 6장에서 다루 는 역사는 독특한 요소를 반영하고 있다. 대개 특정한 왕조, 인물, 사건 중심의 역사 기술이 주류라면, 이 책은 지리적 배경을 바탕 으로 하는 역사 서술을 시도하고 있다.

예를 들어 별다른 자연지리적 이점이 없었던 고대 시리아가 메소포타미아와 나일 사이에서 두 문명의 물목 교역이라는 강점 을 활용하며 번성했다든지, 이슬람의 전교 후 아랍 제국이 빠른 속도로 확장될 수 있었던 배경으로 로마가 깔아놓은 인프라 활 용, 메소포타미아 지역에 운하 다수 건설 등이 있었다는 점 등을 기술한다. 이는 아랍 제국의 확장을 설명할 때 이슬람의 평등주 의나 리더십의 특성 등의 원인에만 익숙해 있던 연구자들에게는 새로운 논거를 제공한다.

오스만의 쇠퇴를 포르투갈의 1514년 호르무즈 요새 건설과 연결시킨다든지, 제1차 세계대전 어간의 강대국 관여를 지리적 이해관계로 설명하는 시도는 역사와 지리를 함께 묶어 시공간 속 에서 지역을 넓게 이해하는 영감을 준다. 6장은 단 67쪽에 불과하지만 중동의 역사를 효과적으로 정확하게 이해하는 훌륭한 자료로서 손색이 없다.

다만 앞서 언급한 대로 이 책의 가장 큰 아쉬움은 개정판의 부재다. 중동의 정치 지형을 송두리째 바꾸어놓은 9·11과 미국의 대테러전을 담지 못했고, 특히 이라크 전쟁과 아프가니스탄 전쟁 이전에 집필된 터라 2002년 불거진 이란의 비밀 핵 개발 의혹도 다루지 못했다. 무엇보다 2011년 폭풍처럼 휘몰아쳤던 아랍 정치 변동, 즉 아랍의 봄이 빠져 있다. 그 후 이어진 테러리즘과 난민 이슈 등은 국제정치 질서를 바꾸어놓았다. 따라서 2000년 이후의 역사가 기술되지 않은 채 현재 상황을 설명하기엔 한계가 명확하다.

특히 미국의 대 중동정책 변화는 중동 지정학에 있어서 가장 중요한 변화의 요인이다. 간략히 살펴보면 다음과 같다. 냉전이 종식된 지 약 10년 동안 미국은 소위 팍스아메리카나를 구가했다. 후세인Saddam Hussein의 쿠웨이트 침공을 응징하는 걸프전을 통해 필적할 만한 적이 없는 화력을 세계에 과시했다. 미국의 전략가들은 미국이 구현한 자유주의와 민주주의의 가치가 중동에도 편만하게 적용되는 세상을 운위하기 시작했다. 미국이 중재하고 주도하는 일련의 평화회담이 이어졌다. 1991년 마드리드 평화회의, 1993년 1차 오슬로 협정, 1994년 이스라엘-요르단 평화협정, 1995년 2차 오슬로 협정, 그리고 2000년 캠프 데이비드 회의가 숨 가쁘게 개최되었다. 중동에서 미국의 리더십에 저항하는 국가들을 찾아보기란 어려웠다. 심지어 핵심 반미국가인 이란에서도 당시 모하메드 하타미 대통령 정부는 미국과의 관계 개선을 시도했다.

그러나 돌발변수가 발생했다. 2001년 9·11테러였다. 미국은 제2차 세계대전에서 극우 파시스트 국가들과 싸워 이겼다. 반세기 냉전을 통해 소련 제국을 붕괴시켰다. 그런데 자국 내 핵심 도시인 뉴욕 한복판에서 비국가 테러 단체인 알카에다의 테러범들에 의해 전시에 준하는 공포를 경험하게 된다. 당시 뉴욕만 목표로 한 게 아니었다. 미 백악관과 국방부로도 테러범이 납치한 항공기가 날고 있었다. 이런 가공할 만한 짓은 과거 나치도, 소련도 감히 시도하지 못한 일이었다. 이슬람 극단주의에 경도된 소수의 무리들이 미국 전역을 도발한 것이다.

미국은 이듬해 테러와의 전쟁을 선포하고 주적인 악의 축Axis of Evil 세 나라를 적시했다. 이란, 이라크, 그리고 북한이었다. 이들을 응징하고 정권을 교체함으로써 미국이 주도하는 강력한 힘에 의한 평화를 구축하려 했다. 이 맥락에서 2003년 3월 20일 이라크 전쟁이 시작된다. 개전 당시에 논란이 많았다. 전쟁 명분이 확보되지 않은 차에 신속히 개전 준비에 들어가면서 고전적인 미국의 동맹국인 프랑스와 독일이 반대했고, 캐나다 등도 동참을 거부했다. 미국은 우려와 비난을 감수하며 영국, 네덜란드 등 일부 동맹국과 함께 이라크 전쟁에 나섰다.

전쟁 자체는 미국이 신속하게 승리했으나, 이후 이라크 안정화에서는 곤욕을 치르게 된다. 미국이 들어가 새로운 이라크 민주정부를 세웠으나 무능하고 경험이 부족했다. 노회한 후세인의 잔당들이 준동하고, 혼란을 틈타 극단주의 세력들이 발호했다. 결국 미국은 2008년 말 이라크 철군까지 5,000명에 육박하는 장병들의 목숨을 잃었고, 1조 달러에 달하는 전비를 사용했다. 그러나 그 이라크는 여전히 혼돈 국면이다. 미국이 해방시킨 시아파 정부의 좌고우면이 지속되고 있다. 오히려 시아파 종주국을 자임하는 옆나라 이란의 영향력이 서서히 침투해 들어가는 공간을 열어준 셈이 되었다.

테러와의 전쟁 차원은 아니었지만 아프가니스탄에서의 경험도 뼈아팠다. 9·11 직후인 2001년 10월 7일 오사마 빈라덴을 위시한 알카에다 핵심 멤버들의 신병을 확보하고 있는 아프가니스탄 탈레반에 대한 공격으로 시작된 전쟁이었다. 당시 탈레반은 알카에다 요원들의 신병 인도를 거부했고, 미국은 핵심 수괴 검속이라는 자위권 차원에서의 전쟁을 시작했다. 그러나 지난 20년 동안 결국 탈레반 궤멸에 실패했다. 2021년 8월 미군은 급히 카불에서 철군했고, 카불은 다시 탈레반 치하로 넘어갔다. 미국 국민은 물론 국제사회는 미국이 그 막대한 희생을 감수하면서 중동과 서아시아 지역에서 두 개의 전쟁을 수행한 까닭을 납득하지 못했다.

미국은 이제 더 이상 중동에 깊숙이 관여하며 직접 통제할 의지도 능력도 없음을 밝힌 셈이다. 오히려 인태 전략(인도-태평양 전략)을 통해 중국 견제로 전략 중점을 옮기기 시작했다. 이는 중동에서의 지정학적 형질 변경을 의미한다. 특히 미국에게 안보를 절대적으로 의존해온 걸프 왕정의 불만과 불안이 점증했다. 2022년 사우디아라비아의 무함마드 빈살만 왕세자는 미국의 조 바이든 대통령과 충돌함으로써 더 이상 이전의 미-사우디아라비아 관계가 아님을 입증했다.

중동에서 미국이 관여를 축소한다는 것은 새로운 역외 행위자의 등장을 의미한다. 소위 '현상변경세력revisionist powers'으로 지칭하는 러시아와 중국이 주목받고 있다. 러시아의 진입은 아랍의 봄 이후 내전을 겪고 있는 시리아의 비극에 일조했다. 중국은 조심스럽게 그러나 대규모로 중동 경제에 이어 정무적 개입도 시도하고 있는 중이다.

역사지리학을 다룬 6장은 이러한 내용을 포함해서 향후 누구에 의해서든 (한국 전문가에 의해서라도) 업데이트되어야 할 것이다.

끊임없이 변화 중인 중동의 지정학

역사 이해를 바탕으로 이어지는 세 번째 파트는 인문지리와 사회과학의 영역이다. 7장 '사람과 인구'는 중동 내 다양한 인종, 언어, 종교 특히 이슬람 교파를 상술하고 있어 누가 중동의 핵심 거류민인가를 판단하는 데 큰 도움을 준다. 8장 '사회'에서는 유목 문화의 본질과 성격을 무척 흥미롭게 서술하고 있다. 역경과 궁핍을 기본값으로 하는 사막 유목민 베두인들의 생생한 일상을 들여다보면, 중동을 살아가는 이들의 치열함과 삶의 진정성을 느낄 수 있다. 유목민들의 자유로운 이동을 위해 국가 간 합의로 국경에 숭숭 구멍을 뚫어놓은 '투과 국경porous border'은 얼마나 낭만적인가.

한 지역을 이해하는 데 생산양식과 삶의 물질적 수단, 즉 경제를 빼놓을 수 없을 것이다. 9장 '경제' 챕터는 석유에만 의존하는 수입 구조를 갖는 산유국의 지대추구경제rent-seeking economy를 분석하면서 이야기를 풀어낸다. 그리고 석유 등 수입 기반에 따라 중동 국가들의 경제 구조를 크게 다섯 그룹으로 나누어 분석한다. 지대 국가(걸프 군소 산유국), 석유 산업화 국가(이라크, 이란, 사우디아라비아), 기술 및 저자원 보유국가(이스라엘, 시리아, 요르단), 신흥 산업국가(이집트, 튀르키예), 농업 빈국(수단, 예멘) 등이다. 이 분류를 보면 역시 경제 산업 구조 면에서도 중동은 결코 동질성을 갖는 지역으로 보기 어렵다는 것을 알 수 있다. 한 가지 특징은 이 책이 농업 구조의 변화, 토지 활용, 경작 현황, 농산품, 축산품 등을 다루며 석유에만 집중했던 기존의 중동 경제 분석과는 다소 다른 시각을 보여준다는 점이다. 물론 석유 산업도 구체적으로 다루면서 역사적 맥락을 잘 제시해준다.

그래도 지정학의 핵심 단위이자 행위자는 국가다. 10장은 중동 각국의 지정학적 상황과 입장을 세밀하게 다루고 있다. 무엇보다 이들 국가들이 만들어내는 지정학의 역학 관계를 도식화한 '중동 지역 계통도'(그림 10.1)는 아무리 보아도 탁월하다. 샴 지방(레반트)을 중동의 중심 권역으로 설정한 후 이를 둘러싼 강국의 영향력 경쟁을 구체적으로 형상화(남동부 사우디아라비아, 북동부 이란, 북서부 튀르키예, 남서부 이집트+마그레브)하고 있다. 이를 조금 더 상세히 들여다보면 사우디아라비아의 이슬람 전통 왕정, 이란의 이슬람 혁명 공화정, 튀르키예의 세속 공화정, 이집트 및 마그레브의 아랍 권위주의 공화정의 소프트파워 싸움도 읽힌다. 이어지는 11장 '지정학'은 일종의 총론이자 결론이다. 국경의 획정과 국가의 전략적 행보 구분은 지금도 내 강의실에서 늘 인용하는 분류의 파라미터parameter다. 11장에서 저자는 짧고 굵게 중동 내 정체성 요인도 슬쩍 다룬다. 국가로 분리되어 살아온 현지 대중들의 박탈감을 해소하기 위한 일종의 통합 운동의 배경이기도 하다. 아랍 민족주의와 이슬람 부흥운동이 과연 중동 정치 통합 또는 새로운 무브먼트로 이어질 수 있을지 화두로 남겨놓은 듯하다.

* * *

이 책은 발랄하거나 유려한 문체로 술술 읽히는 책이 아니다. 앞서 말했듯 굵직한 사건 이전에 집필된 상태로 더 이상 업데이트가 되지 않아 현실 상황을 들여다보기엔 한계가 명확하다. 대부분의 수치도 1990년대 말에 머물러 있다. 관심 있는 독자들은 일일이 해당 통계 항목을 검색해서 확인하는 품을 들여야 한다. 이런 약점과 불편에도 불구하고 이 책의 가치는 최근 발간된 중동 지정학에 관한 그 어떤 책보다 떨어지지 않는다. 뿌리를 다루고 있기 때문이다. 인식의 토대를 탄탄히 다져놓으면 이후 발생하는 정치 지형이나 정세의 변화를 추적하며 파악하는 데 큰 어려움이 없다.

이 책이 집필되던 시기에는 요즈음 한참 세계인의 이목을 끄는 사우디아라비아 서북부 타북지방의 네옴Neom 신도시 프로젝트는 존재하지 않았다. 그러나 이 책에 나오는 홍해, 사막 지형, 연안 기후, 인종, 역사, 종교 등을 반추하면서 네옴 신도시를 지도에서 찾으면 완연히 새롭게 읽힌다. 비록 사업 타당성에는 논란이 많지만, 그 지정학적 위치가 갖는 함의가 무척 크다. 왕국의 발전 비전의 핵심 프로젝트이면서도, 홍해의 자유항행을 두고 전통적 사우디아라비아의 우방국인 미국과 새롭게 사우디아라비아와 가까워지는 중국이 경합을 벌일 수 있는 국제정치 지정학의 요지이기도 하기 때문이다.

한마디로 평하면 이 책은 책꽂이에 꽂아두고, 지역 이해의 영감이 필요할 때마다 꺼내어 펼쳐들고 한 장씩 곱씹을 만한 책이다. 첫 장부터 마지막 장까지 여러 차례 숙독하면서, 26년 전 북동부 잉글랜드 대학의 고색창연한 도서관 한구석이 떠올랐다. 늘 앉던 자리에서 앤더슨 교수의 중동 지정학 세미나를 준비하며 읽던 논문들과 지도 도록들도 생각난다. 마치 다락 한구석 상자에서 꺼내든 고문서처럼 한 페이지씩 기억 속에 펼쳐지고 있다.

약어 및 줄임말

AE(actual rates of evapotranspiration) 실제 증발산 비율
AIOC(Anglo-Iranian Oil Company) 영국-이란석유회사
ARAMCO(Arabian-America Oil Company) 아람코(아라비아·미국석유회사)
bcm(billion cubic metres) 10억 세제곱미터(m^3)
BP(before the present era) 방사성 탄소에 의한 연대측정
BP(British Petroleum) 영국석유회사
CENTO(Central Treaty Organization) 중앙조약기구
CFP(Compagnie Française des Pétroles) 프랑스석유회사
CIA(Central Intelligence Agency) 미국중앙정보국
DFLP(Democratic Front for the Liberation of Palestine) 팔레스타인해방민주전선
ED(electro-dialysis) 전기투석
EEZ(Exclusive Economic Zone) 배타적 경제수역
ENI(Ente Nazionale Idrocarbui) 에니(이탈리아 에너지 회사)
EOKA(Ethniki Organosis Kipriakou Agonos) 키프로스국민투쟁연맹
ESCWA(Economic and Social Commission for Western Asia) 서아시아경제사회위
원회
FAO(Food and Agriculture Organization of the United Nations) 유엔식량농업기구
FMA(Foreign Military Assistance) 해외군사지원
FMF(Foreign Military Financing) 대외 군사 차관 사업
GAP(Güneydoğu Anadolu Projesi) 남동부 아나톨리아 프로젝트(South-East
Anatolian Project)
GCC(Gulf Co-operation Council) 걸프협력회의
GDP(gross domestic product) 국내총생산
GIS(geographical information systems) 지리정보체계
GNP(gross national product) 국민총생산
IAEA(International Atomic Energy Agency) 국제원자력기구
ICBM(intercontinental ballistic missile) 대륙간탄도미사일
ICJ(International Court of Justice) 국제사법재판소
IISS(International Institute for Strategic Studies) 국제전략연구소
ILA(International Law Association) 국제법협회
IMF(International Monetary Fund) 국제통화기금

IPC(Iraq Petroleum Company) 이라크석유회사

IRGC(Iranian Revolutionary Guard Corps) 이란혁명수비대

ITC(Intertropical Convergence Zone) 열대 수렴대

KDP(Kurdish Democratic Party) 쿠르드민주당(이라크)

KDPI(Kurdish Democratic Party Iran) 이란쿠르드민주당

MSF(Multiple Stage Flash) 다단증발법

NATO(North Atlantic Treaty Organization) 북대서양조약기구

NPT(Nuclear Non-Proliferation Treaty) 핵확산금지조약

OAPEC(Organization of Arab Petroleum Exporting Countries) 아랍석유수출국기구

OAS(Organization of American States) 미주 기구

OAU(Organization of African Unity) 아프리카통일기구

OPEC(Organization of Petroleum Exporting Countries) 석유수출국기구

PCP(Palestine Communist Party) 팔레스타인공산당

PFLP(Popular Front for the Liberation of Palestine) 팔레스타인해방인민전선

PKK(Partiya Karkerên Kurdistan) 쿠르디스탄노동자당

PLO(Palestine Liberation Organization) 팔레스타인해방기구

PUK(Patriotic Union of Kurdistan) 쿠르드애국동맹

RO(reverse osmosis) 역삼투

R/P(reserves to production) 가채연수(원유)

SABIC(Saudi Basic Industries Corporation) 사빅(사우디아라비아 기본 산업 주식회사)

SPLA(Sudan People's Liberation Army) 수단인민해방군

SPLM(Sudan People's Liberation Movement) 수단인민해방운동

SUMED(Suez-Mediterranean oil pipeline) 수에즈-지중해 송유관

TAP Line(Middle East-Mediterranean oil pipeline) 중동-지중해 송유관

UAR(United Arab Republic) 통일아랍공화국

UNCLOS(UN Conference on the Law of the Sea) 유엔해양법협약

UNDOF(UN Peacekeeping Forces in Syria/Israel) 시리아·이스라엘유엔평화유지군

UNEFI(UN Peacekeeping Forces in Egypt/Israel 1956-67) 이집트·이스라엘유엔평화
유지군(1956-1967)

UNEFII(UN Peacekeeping Forces in Egypt/Israel 1973-79) 이집트·이스라엘유엔평
화유지군(1973-1979)

UNESCO(UN Educational, Scientific, and Cultural Organization) 유네스코(유엔 교
육과학문화기구)

UNFICYP(UN Peacekeeping Forces in Cyprus) 키프로스유엔평화유지군

UNIFIL(UN Peacekeeping Forces in Lebanon) 레바논유엔평화유지군

UNIKOM(UN Observer Mission in Iraq/Kuwait) 유엔 이라크·쿠웨이트 감시단

UNIMOG(UN Observer Mission in Iran/Iraq) 유엔 이란·이라크 감시단

UNOGIL(UN Observer Mission in Lebanon) 유엔레바논감시단

UNRWA(UN Refugee and Works Agency) 유엔팔레스타인난민구호기구

UNSCOM(UN Special Commission to Iraq) 유엔이라크특별위원회

UNTSO(UN Observer Mission in Palestine) 유엔팔레스타인감시단

UNYOM(UN Observer Mission in Yemen) 유엔예멘감시단

V/A(volume to area ratio) 용적률

VCD(vapour compression desalination) 증기압축담수화

참고문헌

Abella, M. I. (1995) Asian migrant and contract workers in the Middle East. In Cohen, R. (Ed.) *The Cambridge Survey of World Migration.* Cambridge: Cambridge University Press.

Abi-Aad, N. (1998) In Natural Gas in the Middle East: Status and Future Prospects. *OPEC Bulletin,* June.

Agnew, C. (1988) Soil hydrology in the Wahiba Sands. In Dutton, R.W. (Ed.) *The Scientific Results of The Royal Geographical Society's Oman Wahiba Sands Project 1985–1987,* Special Report No. 3. Muscat, Oman: Journal of Oman Studies.

Agnew, C. and Anderson, E. (1988) Dewfall and atmospheric conditions. In Dutton, R. W. (Ed.) *The Scientific Results of The Royal Geographical Society's Oman Wahiba Sands Project 1985–1987.* Special Report No. 3. Muscat, Oman: Journal of Oman Studies.

Agnew, C. and Anderson, E. (1992) *Water Resources in the Arid Realm.* London: Routledge.

Ajami, F. (1981) *The Arab Predicament: Arab Political Thought and Practice Since 1967.* New York: Cambridge University Press.

Alamgir, M. and Arora, P. (1991) *Providing Food Security for All.* London: Intermediate Technology Publications (International Fund for Agricultural Development (IFAD)).

Aldelman, H. (1995) The Palestinian Diaspora. In Cohen, R. (Ed.) *The Cambridge Survey of World Migration.* Cambridge: Cambridge University Press.

al-Otaiba, S. (1975) *OPEC and the Petroleum Industry.* New York: Wiley.

Amjad, R. (1989) *To the Gulf and Back.* New Delhi: ARTEP International Labour Organization.

Anderson, E. W. (1988) Preliminary dew measurements in the Eastern Prosopis Belt of the Wahiba Sands. In Dutton, R. W. (Ed.) *The Scientific Results of The Royal Geographical Society's Oman Wahiba Sands Project 1985-1987,* Special Report No. 3. Muscat, Oman: Journal of Oman Studies.

Anderson, E. W. (1992) Water conflict in the Middle East a new initiative. *Jane's Intelligence Review* 4, 5, pp. 227-230.

Anderson, E. W. (1993) *An Atlas of World Political Flashpoints*. London: Pinter Reference.

Anderson, E. W. (1997) The *wied*: a representative Mediterranean landform. *GeoJournal* 41, 2, pp. 111-114.

Anderson, E. W. and Anderson L. D. (1998) *Strategic Minerals: Resource Geopolitics and Global Geo-Economics*. Chichester: Wiley.

Anderson, E. W. and Curry, W. (1987) *A View of Wadi Dayqah Gorge, Oman*. Muscat, Oman: Council for Conservation of Environment and Water Resources.

Anderson, E. W. and Fenech, D. (1994) New dimensions in Mediterranean security. In Gillespie, R. (Ed.) *Mediterranean Politics*, Vol. 1, pp. 9-21. London: Pinter.

Anderson, E. W., Gutmanis, I. and Anderson, L. D. (1999) *Economic Power in a Changing World*. London: Cassell.

Anderson, E. W. and Rashidian, K. H. (1991) *Iraq and the Continuing Middle East Crisis*. London: Pinter.

Anderson, R. S. Sorensen, M. and Willetts, B. B. (1991) A review of recent progress in our understanding of aeolian sediment transport. *Acta Mechanica Supplement* 1, pp. 1-19.

Aronson, G. (1992) Hidden agenda: US-Israeli relations and the nuclear question. *Middle East Journal* 46, 4, pp. 617-630.

Beaumont, P., Blake, G. H. and Wagstaff, J. M. (1988) *The Middle East* (2nd edition). London: David Fulton Publishers.

Beydoun, Z. R. (1970) Southern Arabia and northern Somalia: comparative geology. *Philosophical Transactions Royal Society London* A267, pp. 267-292.

Beydoun, Z. R. (1982) The Gulf of Aden and NW Arabian Sea. In Nairn, A. E. M. and Stehli, F. G. (Eds) *The Ocean Basins and Margins 6: The Indian Ocean*. New York: Plenum.

Black, R. (1993) Geography and refugees: current issues. In Black, R. and Robinson, V. (Eds) *Geography and Refugees: Patterns and Processes of Change*. London: Belhaven Press.

Blake, G. H. (1992) International boundaries and territorial stability in the Middle East: an assessment. *GeoJournal* 28, 3. pp. 365-373.

Blake, G. H., Dewdney, J. and Mitchell, J. (1987) *The Cambridge Atlas of the Middle East and North Africa*. Cambridge: Cambridge University Press.

British Petroleum (1998) *BP Statistical Review of World Energy.*

Brough, S. (Ed.) (1989) *The Economist Atlas.* London: Hutchinson Business Books Ltd.

Brown, G. F. (1970) Eastern margin of the Red Sea and the coastal structures in Saudi Arabia. *Philosophical Transactions of the Royal Society* A267, pp. 75-87.

Brown, L. R. (1984) Securing food supplies in state of the world food. In Starke, L. (Ed.) *State of the World 1984.* New York: W. W. Norton and Company.

Bunting, B. T. (1965) *The Geography of Soil.* London: Hutchison University Library.

Burdon, D. J. (1977) Flow of fossil groundwater. *Quarterly Journal Engineering Geology* 10, pp. 97-124.

Burdon, D. J. (1982) Hydrogeological conditions in the Middle East. *Quarterly Journal Engineering Geology* 15, pp. 71-82.

Bureau of Mines (1993) *Mineral Industries of the Middle East.* Washington DC: Department of the Interior, Bureau of Mines.

Bureau of Mines (1993) *Mineral Industries of Africa.* Washington DC: Department of the Interior, Bureau of Mines.

Butzer, K. W. (1975) Patterns of environmental change in the Near East during Late Pleistocene and Early Holocene times. In Wendorf, F. and Marks, A. E. (Eds) *Problems in Prehistory: North Africa and Levant.* Dallas: SMU Press.

Butzer, K. W. (1978) The Late Prehistoric environmental history of the Near East. In Brice, W. C. (Ed.) *The Environmental History of the Near and Middle East Since the Last Ice Age.* London: Academic Press.

Carpenter, C. (Ed.) (1991) *The Guinness World Data Book.* Enfield: Guinness Publishing.

Central Intelligence Agency (1998) *The World Fact Book 1997.* Washington DC:CIA.

Clutterbuck, R. (1994) *Terrorism in an Unstable World.* London: Routledge.

Cohen, R. (Ed.) (1995) *The Cambridge Survey of World Migration.* Cambridge: Cambridge University Press.

Coleman, R. G. (1993) *Geological Evolution of the Red Sea.* Oxford: Clarendon Press.

Cooke, R., Warren, A. and Goudie, A. (1993) *Desert Geomorphology.* London, UCL Press.

Copan, S.J. (1983) The Sahelian drought: social sciences and the political economy for underdevelopment. In Hewitt, K. (Ed.) *Interpretations of Calamity.* London: Allen and Unwin.

Cordesman, A. H. (1993) *After the Storm. The Changing Military Balance in the Middle East.* Boulder, Co: Westview Press.

Cottam, R. W. (1989) Levels of conflict in the Middle East. In Coffey, J. I. and Bonvicini, G. (Eds) *The Atlantic Alliance and the Middle East.* Pittsburgh: University of Pittsburgh Press.

Crossley, R., Watkins, C., Rave, M., Cripps, D., Carnell, A. and Williams, D. (1992) The sedimentary evolution of the Red Sea and Gulf of Aden. *Journal of Petroleum Geology* 15, 2, pp. 157-172.

Curzon, Lord (1907) *Frontiers: Romanes Lecture.* Oxford: Clarendon Press.

Dan, J., Yaalon, D. H., Koyumdjisky, H. and Raz, Z. (1976) *The Soils of Israel (with Map 1:500,000).* The Volcani Centre, Bet Dugan Pamphlet No. 159.

Dempsey, M. (1983) *The Daily Telegraph Atlas of the Arab World.* London: Nomad Publishers.

Dostert, P. E. (1997) *Africa 1997.* Harper's Ferry, WV: Stryker-Post Publications.

Dregne, H. E. (1976) *Soils of Arid Regions.* Oxford: Elsevier.

Easton, D. (1953) *The Political System.* New York: Knopf.

Eisma, D. (1978) Stream deposition and erosion by the eastern shore of the Aegean. In Brice, W. C. (Ed.) *The Environmental History of the Near and Middle East Since the Last Ice Age.* London: Academic Press.

Esposito, J. L. (1992) *The Islamic Threat. Myth or Reality?* Oxford: Oxford University Press.

Field, J. O. (1993) From nutrition planning to nutrition management: the politics of action. In Pinstrup-Andersen, P. (Ed.) *The Political Economy of Food and Nutrition Policies.* Baltimore, MD: John Hopkins University Press.

Fisher, W. B. (1978) *The Middle East* (7th edition). London: Methuen.

FitzPatrick, E. A. (1986) *An Introduction to Soil Science* (2nd edition). Harlow: Longman Scientific and Technical.

Food and Agriculture Organization (1975) *FAO Production Yearbook 29.* Rome: FAO.

Fox, W. T. R. (1985) E. H. Carr and political realism: vision and revision. *Review of International Studies* 1, 1, pp. 1-16.

Frelick, B. (1992) Call them what they are: refugees. *World Refugee Survey.* Washington DC: US Committee for Refugees.

Fukuyama, F. (1989) The end of history? *National Interest* Summer, pp. 3-18.

Gal-Or, N. (1985) *International Cooperation to Suppress Terrorism.* New York: St Martin's Press.

Goldreich, Y. (1988) Temporal changes in the spatial distribution of rainfall in the central coastal plain of Israel. In Gregory, S. (Ed.) *Recent Climatic Change.* London: Belhaven Press.

Goudie, A. (Ed.) (1985) *Encyclopaedic Dictionary of Physical Geography.* Oxford: Blackwell.

Goudie, A. and Wilkinson, J. (1977) *The Warm Desert Environment.* London: Cambridge University Press.

Graf, W. L. (1988) *Fluvial Processes in Dryland Rivers.* London: Springer-Verlag.

Heathcote, R. L. (1983) *The Arid Lands: Their Use and Abuse.* London: Longman.

Hempton, M. R. (1987) Constraints on Arabian plate motion and extensional history of the Red Sea. *Tectonics* 6, p. 687.

Hersh, S. M. (1991) *The Samson Option.* New York: Random House.

Hewedy, A. (1989) *Militarization and Security in the Middle East: its Impact on Development and Democracy.* Tokyo: The UN University.

Hough, H. (1994) Israel's nuclear infra-structure. *Jane's Intelligence Review* 6, 11, pp. 508-511.

Howard, M. (1970) Military power and international order. In Garnett, J. (Ed.) *Theories of Peace and Security.* London: Macmillan.

Humphrey, M. (1993) Migrants, workers and refugees. The political economy of population movements in the Middle East. *Middle East Report* March-April.

Hunter, S. (1986) The Gulf economic crisis and its social and political consequences. *Middle East Journal* 40, 4, pp. 593-613.

Imeson, A. C. and Emmer, I. M. (1992) Implications of climatic change on land degradation in the Mediterranean. In Jeftic, L., Milliman, J. D. and Sestini, G. (Eds) *Climatic Change and the Mediterranean: Environmental and Societal Impacts of Climate Change and Sea-level Rise in the Mediterranean Region.* London: Routledge.

Inciardi, J. A. (1992) *The War on Drugs II. The Continuing Epic of Heroin, Cocaine, Crack, Crime, AIDS, and Public Policy.* London: Mayfield Publishing Company.

Issar, A. S. and Bruins, H. J. (1983) Special climatological conditions in the deserts of Sinai and the Negev during the Latest Pleistocene. *Palaeogeography, Palaeoclimatology, Palaeoecology* 43, pp. 63-72.

Jenny, H. (1941) *Factors of Soil Formation*. New York: McGraw-Hill.

Joffé, G. (1994) Territory, state and nation in the Middle East and North Africa. In Schofield, C. H. and Schofield, R. N. (Eds) *World Boundaries, Volume II, The Middle East and North Africa*. London: Routledge.

Jones, D. K. C., Cooke, R. U. and Warren, A. (1988) A terrain classification of the Wahiba Sands of Oman. In Dutton, R. W. (Ed.) *The Scientific Results of The Geographical Society's Oman Wahiba Sands Project 1985-1987*, Special Report No. 3. Muscat, Oman: Journal of Oman Studies.

Kay, M. (1986) *Surface Irrigation, Systems and Practice*. Cranfield: Cranfield Press.

Khoury, P. S. (1983) Islamic revivalism and the crisis of the secular state in the Arab world: an historical appraisal. In Ibrahim, I. (Ed.) *Arab Resources: The Transformation of a Society*. London: Croom Helm.

Kjellen, R. (1917) *Der Staat als Lebensform*. Berlin: K. Vowinckel.

Kolars, J. (1994) Problems of international river management: the case of the Euphrates. In Biswas, A. K. (Ed.) *International Waters of the Middle East from Euphrates-Tigris to Nile*. Oxford: Oxford University Press.

Köppen, W. (1931) *Die Klimate der Erde*. Berlin.

Lancaster, N. (1992) Arid geomorphology. *Progress in Physical Geography* 16, 4, pp. 489-495.

Le Houérou, H. N. (1992) Vegetation and land-use in the Mediterranean Basin by the year 2050: a prospective study. In Jeftic, L., Milliman, J. D. and Sestini, C (Eds) *Climatic Change and the Mediterranean: Environmental and Societal Impacts of Climate Change and Sea-level Rise in the Mediterranean Region*. London: Routlege.

Lewis, B. (1997) *Middle East*. London: Phoenix.

Lindh, G. (1992) Hydrological and water resources. Impact of climatic change. In Jeftic, L., Milliman, J. D. and Sestini, C. (Eds) *Climatic Change and the Mediterranean: Environmental and Societal Impacts of Climate Change and Sea-level Rise in the Mediterranean Region*. London: Routledge.

Lukman, R. (1998) Exploiting oil and gas opportunities in the OPEC member coun- tries. *OPEC Bulletin* March.

Mackinder, H. J. (1904) The geographical pivot of history. *Geographical Journal* 23, pp. 412-437.

Macumber, P. G. and Head, M. J. (1991) Implications of the Wadi al-Hammeh sequences for the terminal drying of Lake Lisan, Jordan. *Palaeogeography,*

Paleoclimatology, Palaeoecology 84, pp. 163-173.

Mansour, F. (1992) *The Arab World. Nation, State and Democracy.* Tokyo/London: UN University Press/Zed Books Limited.

Martinez, O. J. (1994) The dynamics of border interaction: new approaches to border analysis. In Schofield, C. H. (Ed.) *Global Boundaries, World Boundaries, Volume I.* London: Routledge.

Mather, J. R. (1974) *Climatology: Fundamentals and Applications.* New York: McGraw-Hill.

Maull, H. (1990) The arms trade with the Middle East and North Africa. In *The Middle East and North Africa* (37th edition). London: Europa Publications Limited.

Miller, A. G. and Cope, T. A. (1996) *Flora of the Arabian Peninsula and Socotra.* Edinburgh: Edinburgh University Press.

Moalla, S. N. and Pulford, I. D. (1995) Mobility of metals in Egyptian desert soils subject to inundation by Lake Nasser. *Soil Use and Management* 11, pp. 94-98.

Navias, M. S. (1993) Arms trade and arms control in the Middle East and North Africa since Operation Desert Storm. In *The Middle East and North Africa 1994* (40th edition). London: Europa Publications.

Newbigin, M. I. (1948) *Plant and Animal Geography.* New York: Dutton.

New York Protocol on Refugees 1967 (Amendment of UN Convention on Refugees 1951). *New Yorker, The.* Pfaff. January 28, 1991. Organization of African Unity Convention on Refugees 1967. Organization of American States: Cartagena Declaration 1985.

Parsa, A. (1978) *Flora of Iran.* Ministry of Science and Higher Education of Iran.

Penman, H. L. (1948) Natural evaporation from open water, bare soil and grass. *Proceedings of the Royal Society Series* A 193, pp. 120-145.

Peres, S. (1993) *The New Middle East.* New York: Henry Holt.

Peretz, D. (1978) *The Middle East Today* (3rd edition). New York: Holt, Rhinehart and Winston.

Pikkert, P. (1993) The longue durée: here today, here tomorrow. *Middle East International* 448, pp. 19-20.

Pye, K. and Tsoar, H. (1990) *Aeolian Sand and Sand Dunes.* London: Unwin Hyman.

Rashidian, K. (1991) *Fundamental Islam and Islamic States Stability.* University of

Durham: unpublished paper.

Rees, J. (1990) *Natural Resources: Allocation, Economics and Policy* (2nd edition). London: Routledge.

Richards, A. and Waterbury, J. (1996) *A Political Economy of the Middle East. Boulder,* CO: Westview.

Roberts, N. (1982) Lake levels as an indicator of Near Eastern Palaeo-Climates: a preliminary appraisal. In Bintloff, D. L. and Van Zest, W. (Eds) *Paleoclimates, Paleoenvironments and Human Community in the Late Quaternary.* BAR: International Series 133.

Rubin, B. (1989) The political uses of terrorism in the Middle East. In Rubin, B. (Ed.) *The Politics Uses of Terrorism:Terror as a State and Revolutionary Strategy.* Washington DC: The John Hopkins University Press.

Russell, M. B. (1997) *The Middle East and South Asia 1997.* Harper's Ferry, WV: Stryker-Post Publications.

Ruthven, M. (1992) Islamic politics in the Middle East and North Africa. In *The Middle East and North Africa Regional Survey I.* London: Europa Publications Limited.

Sadowski, Y. M. (1993) *Scuds or Butter? The Political Economy of Arms Control in the Middle East.* Washington DC: The Brookings Institution.

Said, R. (1990) Geomorphology. In Said, R. (Ed.) *The Geology of Egypt.* Rotterdam: A. A. Balkema.

Salmon, T. C. (1992) The nature of international security. In Carey, R. and Salmon, T. C. (Eds) *International Security in the Modern World.* New York: St Martin's Press.

Sasson, A. (1990) *Feeding Tomorrow's World.* Paris: UNESCO/CTA.

Schelling, T. C. (1966) *Arms and Influence. New Haven,* CT: Yale University Press.

Schick, A. P. (1985) Water in arid lands. In Last, F. T., Hotz, M.C.B. and Bell, B.G. (Eds) *Land and its Uses - Actual and Potential.* London: Plenum Press.

Serjeant, R. P. (1994) The religions of the Middle East and North Africa. In *The Middle East and North Africa 1995.* London: Europa Publications Limited.

Shannon, P. M. and Naylor, D. (1989) *Petroleum Basin Studies.* London: Graham and Trotman.

Shuraydi, M. A. (1987) Pan-Arabism: a theory in practice. In Faris, H. A. (Ed.) *Arab Nationalism and the Future of the Arab World.* Massachusetts: Association of Arab- American University Graduates Monograph Series: No. 22.

Shuval, H. I. (1980) *Water Quality and Management Under Conditions of Scarcity.* New York: Academic Press.

Simmons, I. G. (1991) *Earth, Air and Water.* London: Edward Arnold.

Sluglett, P. and Farouk-Sluglett, M. (1996) *Guide to the Middle East.* London: Times Books.

Spector, L. S., McDonough, M. G. and Medeiros, E. S. (1995) *Tracking Nuclear Proliferation.* Carnegie Endowment for International Peace.

Sunday Times, The (1986) Reveal: The Secrets of Israel's Nuclear Arsenal, 5 October.

The International Institute for Strategic Studies (1997) *The Military Balance 1996/97.* London: Oxford University Press.

The International Institute for Strategic Studies (1998) *The Military Balance 1997/98.* London: Oxford University Press.

Thesiger, W. (1959) *Arabian Sands. London: Longmans, Green.*

Thornbury, W. D. (1954) Principles of Geomorphology. New York: Wiley.

Thornthwaite, C. W. (1948) An approach towards a rational classification of climate. *Geographical Review* 38, pp. 55-94.

Thornthwaite, C. W. (1954) The determination of potential evapotranspiration. *Publications in Climatology* 7, 1.

Tibi, B. (1981) *Arab Nationalism: A Critical Enquiry.* Edited and translated by Farouk-Sluglett, M. and Sluglett, P. New York: St Martin's Press.

Trewartha, G. T. (1964) *An Introduction to Climate.* New York: McGraw-Hill.

Tsoar, H. (1983) Dynamic processes acting on a longitudinal (seif) dune. *Sedimentology* 30, pp. 567-578.

UNESCO, Mallet, J. and Ghirardi, R. (1977) Map of the world distribution of arid regions. *MAB Technical Note 7.* Paris: UNESCO.

United Nations (1951) *Review of Economic Conditions in the Middle East.* New York: UN.

UN Convention on Refugees 1951. New York: UN.

Van Hear, N. (1995) Displaced people after the Gulf crisis. In Cohen, R. (Ed.) *The Cambridge Survey of World Migration.* Cambridge: Cambridge University Press.

Vita-Finzi, C. (1969) Late Quaternary continental deposits of central and western Turkey. *Man* 4, pp. 605-619.

Vita-Finzi, C. (1973) Supply of fluvial sediment to the Mediterranean during the last 20,000 years. In Stanley, D.J. (Ed.) *The Mediterranean Sea*. Cambridge: Cambridge University Press.

Ward, R.C. (1975) *Principles of Hydrology* (2nd edition). London: McGraw-Hill.

Warren, A. (1988) The dunes of the Wahiba Sands. In Dutton, R. W. (Ed.) *The Scientific Results of The Royal Geographical Society's Oman Wahiba Sands Project 1985-1987* Special Report No. 3. Muscat, Oman: Journal of Oman Studies.

Waterman, S. (1994) Boundaries and the changing world political order. In Schofield, C. H. and Schofield, R. N. (Eds) *World Boundaries, Volume II, The Middle East and North Africa*. London: Routledge.

Watson, A. (1990) The control of blowing sand and mobile desert dunes. In Goudie, A. (Ed.) *Techniques for Desert Reclamation*. Chichester: John Wiley & Sons Ltd.

Welty, G. A. (1987) Progressive versus reactive nationalism: the case of the Arab nation. In Faris, H. A. (Ed.) *Arab Nationalism and the Future of the Arab World*. Massachusetts: Association of Arab-American University Graduates Monograph Series: No. 22.

Wigley, T. M. I. (1992) Future climate of the Mediterranean Basin with particular emphasis on changes in precipitation. In Jeftic, L., Milliman, J. D. and Sestini, G. (Eds) *Climatic Change and the Mediterranean: Environmental and Societal Impacts of Climate Change and Sea-level Rise in the Mediterranean Region*. London: Routledge.

Wilkinson, J. C. (1977) *Water and Tribal Settlement in South-East Arabia: A Study of the Aflaj of Oman*. Oxford: Clarendon Press.

Wilkinson, P. (Ed.) (1981) *British Perspectives on Terrorism*. London: Allen & Unwin.

Yair, A. and Berkowicz, S. M. (1989) Climatic and nonclimatic controls of aridity: the case of the Northern Negev of Israel. *Catena Supplement 14: Arid and Semi- arid Environments*.

Yemen Observer, The (1999) Arabs face uncertain water future. 1, 9.

Zohary, M. (1962) *Plant Life of Palestine, Israel and Jordan*. New York: The Ronald Press Company.

찾아보기

지리학과 지정학으로 읽는 중동 사전

초판 1쇄 2025년 1월 24일 발행

지은이 이완 W. 앤더슨 옮긴이 이주성 해제 인남식
펴낸이 김현종 출판본부장 배소라
책임편집 최세정 편집도움 이솔림 디자인 조주희 김기현
마케팅 안형태 김예리 경영지원 신혜선 문상철 신잉걸

펴낸곳 ㈜메디치미디어
출판등록 2008년 8월 20일 제300-2008-76호
주소 서울특별시 중구 중림로7길 4
전화 02-735-3308 팩스 02-735-3309
이메일 medici@medicimedia.co.kr 홈페이지 medicimedia.co.kr
페이스북 medicimedia 인스타그램 medicimedia

ISBN 979-11-5706-396-3 (93300)